EINZELSCHRIFTEN

Thomas Krupp
Benchmarking als Controlling-Instrument für die Kontraktlogistik – Prozessbenchmarking für Logistikdienstleister am Beispiel von Lagerdienstleistungen
Lohmar – Köln 2006 • 268 S. • € 47,- (D)
ISBN-13: 978-3-89936-487-3 • ISBN-10: 3-89936-487-2

Winfried Zapp (Hrsg.)
Ökonomische Analysen in der Stationären Altenhilfe
Lohmar – Köln 2006 • 282 S. • € 48,- (D)
ISBN-13: 978-3-89936-496-5 • ISBN-10: 3-89936-496-1

Detlef Hellenkamp
Bankvertrieb – Privatkundengeschäft der Kreditinstitute im Wandel
Lohmar – Köln 2006 • 336 S. • € 53,- (D)
ISBN-13: 978-3-89936-499-6 • ISBN-10: 3-89936-499-6

Tobias Grünberg
Die obligatorische Verlustanzeige
Lohmar – Köln 2006 • 316 S. • € 52,- (D)
ISBN-13: 978-3-89936-501-6 • ISBN-10: 3-89936-501-1

Herbert Strunz
Management im militärischen Bereich
Lohmar – Köln 2006 • 128 S. • € 36,- (D)
ISBN-13: 978-3-89936-505-4 • ISBN-10: 3-89936-505-4

Helmut Krcmar, Claus Rautenstrauch, Holger Wittges und Heino Schrader (Hrsg.)
Wirtschaftsinformatik-Ausbildung mit SAP®-Software – Reader zum Track der Multikonferenz Wirtschaftsinformatik 2006 in Passau
Lohmar – Köln 2006 • 278 S. • € 48,- (D)
ISBN-13: 978-3-89936-514-6 • ISBN-10: 3-89936-514-3

Hans J. Oppelland (Hrsg.)
Deutschland und seine Zukunft – Innovation und Veränderung in Bildung, Forschung und Wirtschaft – Festschrift zum 75. Geburtstag von Prof. Dr. Dr. h. c. Norbert Szyperski
Lohmar – Köln 2006 • 800 S. • € 89,- (D)
ISBN-13: 978-3-89936-515-3 • ISBN-10: 3-89936-515-1

JOSEF EUL VERLAG

Prof. Dr. Hans J. Oppelland (Hrsg.)

Deutschland und seine Zukunft

Innovation und Veränderung
in Bildung, Forschung und Wirtschaft

Festschrift zum 75. Geburtstag von
Prof. Dr. Dr. h. c. Norbert Szyperski

Bibliographische Information der Deutschen Bibliothek

Die Deutsche Bibliothek verzeichnet diese Publikation in der Deutschen Nationalbibliographie; detaillierte bibliographische Daten sind im Internet über <http://dnb.ddb.de> abrufbar.

ISBN-13: 978-3-89936-515-3
ISBN-10: 3-89936-515-1
1. Auflage Oktober 2006

© JOSEF EUL VERLAG GmbH, Lohmar – Köln, 2006
Alle Rechte vorbehalten

Printed in Germany
Druck: hager DruckDesign, Kürten
Cover: Heike Szyperski
          Die Gestaltungswerkstatt, Rösrath

JOSEF EUL VERLAG GmbH
Brandsberg 6
D-53797 Lohmar
Tel.: +49 (0) 22 05 / 90 10 6-6
Fax: +49 (0) 22 05 / 90 10 6-88
http://www.eul-verlag.de
info@eul-verlag.de

Bei der Herstellung unserer Bücher möchten wir die Umwelt schonen. Dieses Buch ist daher auf säurefreiem, 100% chlorfrei gebleichtem, alterungsbeständigem Papier nach DIN 6738 gedruckt.

Worte des Dankes

Mein erster Dank geht an den Jubilar, zu dessen Ehre diese Festschrift entstanden ist. Er hat als Vorbild, Förderer, Katalysator und Kristallisationspunkt so viele Gedanken bewegt, so viele Kräfte bei so Vielen frei gemacht, dass es nicht erstaunlich ist, dass diese Festschrift so viele Seiten und so viele Beiträge von Schülern, Kollegen und Weggefährten umfasst.

Dank schulde ich allen Autoren, die nicht nur die Zeit für das Denk- und Schreibwerk frei gemacht haben, sondern dann auch noch die – wenn auch wohlwollend gemeinten – kritischen Fragen des Herausgebers über sich ergehen lassen mussten. Ich kann Ihnen versichern, dass es mein Anliegen war, eine qualitativ hervorragende Festschrift zu erarbeiten und ich zu diesem Zweck die Autoren bei ihrem Bestreben unterstützen wollte, das Beste aus ihren Gedanken zu machen. Ich hoffe, dass die Autoren mir im Nachhinein etwaige Fehler oder ungerechtfertigte Kritik nachsehen können.

Diese Festschrift wäre wohl nicht zustande gekommen, wenn Frau Dr. Margot Eul, Geschäftsführende Gesellschafterin des JOSEF EUL VERLAGES, aber auch Schülerin und ehemalige Wissenschaftliche Mitarbeiterin von Prof. Dr. Dr. h. c. Norbert Szyperski, sowie Prof. Dr. Dietrich Seibt, Weggefährte und Kollege von Norbert Szyperski, nicht bereit gewesen wären, soviel Energie und Zeit in dieses Projekt zu stecken. Sie verdienen das größte Lob, weil sie die Initiatoren der Festschrift sind. Die meisten Autoren können sich sicherlich erinnern, dass sie von einem der beiden eingeladen wurden, einen Beitrag für diese Festschrift zu schreiben, und wenn einige dann zögerten, weil sie eigentlich wirklich keine Zeit hatten, dann war ihre Überzeugungskraft gefragt und der Hinweis, dass Norbert Szyperski doch wohl diese Mühe wert sei. Den Herausgeber haben sie genauso überzeugt.

Über diesen Einsatz von soviel Energie und Zeit hinaus haben in erster Linie Frau Dr. Eul mit dem JOSEF EUL VERLAG und einige großzügige Förderer unter den Autoren die erheblichen finanziellen Lasten auf ihre Schultern genommen. Als Herausgeber bin ich insbesondere Frau Eul, aber auch allen anderen, die einen finanziellen Beitrag geliefert haben, zu großem Dank verpflichtet, wäre ich doch ohne sie gar nicht Herausgeber dieser Festschrift geworden. Und die Festschrift selbst wäre nicht in der vorliegenden Form erstellt worden, wenn nicht Frau Judith Winand von der Firma GENES GmbH das Formatieren und Korrigieren der Beiträge und Frau Karen Kuhlmann vom JOSEF EUL VERLAG die Produktion der Festschrift mit vorzüglichem Einsatz und geduldig erledigt hätten, wofür ich ihnen sehr dankbar bin.

Hans J. Oppelland   Rotterdam, im Juli 2006

Prof. Dr. Dr. h. c. Norbert Szyperski

Tätigkeiten in fünf Jahrzehnten

Norbert Szyperski

Prof. Dr. Dr. h. c. Norbert Szyperski ist geschäftsführender Gesellschafter der InterScience GmbH, die neben ihrer Forschungs- und Entwicklungsberatung für Unternehmungen vor allem auch Kommunen bei ihrer Revitalisierung durch neue Aktivitäten auf diesen Gebieten unterstützt und an Software- und Systemhäusern beteiligt ist. Er ist Vorsitzender oder Mitglied von Aufsichts- und Beiräten in der Informations- und Kommunikations- sowie in der Medien-Branche.

Als Honorarprofessor für Betriebswirtschaftslehre an der Wirtschafts- und Sozialwissenschaftlichen Fakultät der Universität zu Köln leitet er die „Betriebswirtschaftliche Forschungsgruppe Innovative Technologien" (zuvor „Betriebswirtschaftliche Forschungsgruppe Mediendienste") und die „Arbeitsgemeinschaft Gründungsökonomie und Entrepreneurship". In diesem Rahmen führte und führt er Forschungsprojekte mit Partnern von anderen Universitäten und Unternehmungen verschiedener Branchen durch. So wie das vom BMBF geförderte Projekt DeMeS (Entwicklung zukunftsträchtiger Mediendienste), in dem die Arbeiten von vier weiteren Universitäten und insgesamt sechzehn Partnern der Medienwirtschaft koordiniert und insbesondere die Entwicklung des Business TV in der Bundesrepublik untersucht und mitgestaltet wurde. Diese Aktivitäten erwuchsen aus einem von ihm geleiteten Arbeitskreis „Mediendienste im Rahmen des BMBF-Programms „Dienstleistung 2000". Ein von der Stiftung für Industrieforschung gefördertes Projekt „Bio4C" untersucht mit sieben Partnern der Biotechnischen Wirtschaft die Voraussetzungen und Erfolgskriterien für netzbasierte Formen der unternehmerischen Kooperation.

Als Leiter des Arbeitskreises „Electronic Commerce im Mittelstand" des Forums „Info2000" der Bundesregierung, vertreten durch den Bundeswirtschaftsminister, war er zugleich auch Leiter der Jury des bundesweiten Internet-Wettbewerbs 1998 und Mitglied des BMWi-Beirates „Electronic Commerce".

Seine frühen Arbeiten seit 1974 auf dem Gebiet der Unternehmungsgründung ließen die Kölner Schule zu einer Wiege der Gründungsforschung in Deutschland werden.

Dies nicht nur im akademischen Raum, sondern auch durch Spin-Off-Gründungen aus dem Kreis ehemaliger Mitarbeiter in der regionalen Wirtschaft. Mehr als sechzig Unternehmungen sind inzwischen aus diesem Inkubatorkreis hervorgegangen. Dabei betätigte er sich schon seit dieser Zeit als „Business Angel". Dies wirkt bis in die Gegenwart. So ist er Gründungsmitglied von BAND („Business Angel Netzwerk Deutschland"), leitete erst die Jury und ist nun Vorsitzender des Sachverständigen-Beirats des BMBF-Programms EXIST, das die modellhafte Entwicklung von gründungsorientierten Netzwerken in ursprünglich fünf und nunmehr zehn weiteren deutschen Regionen zur besseren Entfaltung von Gründungen aus den Hochschulen und außeruniversitären Forschungseinrichtungen zum Ziele hat. Sein Engagement auf diesem Gebiet spiegelt sich auch in der Gründungsmitgliedschaft in DABEI (Deutsche Arbeitsgemeinschaft Bildung, Erfindung, Innovation) wider.

Als Ordinarius für Betriebswirtschaftslehre an der Universität zu Köln von 1970 bis 1981 baute er den ersten „Lehrstuhl für Allgemeine Betriebswirtschaftslehre und Betriebswirtschaftliche Planung" in der Bundesrepublik Deutschland auf. Als Direktor dieses Seminars und Direktor am BIFOA (Betriebswirtschaftliches Institut für Organisation und Automation), das er über viele Jahre zusammen mit dessen Gründer, Erwin Grochla, leitete, wurden Konzeption und Realisierung von „Forschung durch Entwicklung" etabliert. In zahlreichen Projekten – im Rahmen der DV-Programme des Bundesministeriums für Forschung und Technologie (BMFT) – konnten in Zusammenarbeit mit namhaften Industrie-Unternehmungen auf diese Weise neue informationstechnische Anwendungssysteme entwickelt und in ihrem Verhalten erforscht werden. Damit konnten wesentliche Impulse für den inzwischen hohen Entwicklungsstand der Informations- und Kommunikationstechnik in deutschen Anwendungsunternehmen gegeben werden.

Als Leiter von Arbeitskreisen der Schmalenbach-Gesellschaft für „Beschaffung, Vorrats- und Verkehrswirtschaft" mit dem zentralen Thema „Beschaffung und Unternehmungsführung" und „Innovative Unternehmungsgründungen" konnte er seit 1978 auch weitere Wege zur direkten Zusammenarbeit mit Experten der Wirtschaft finden. Aus dem letzteren Arbeitskreis ging dann auch der „Förderkreis Gründungsforschung (FGF)" hervor, dessen Gründungspräsident er war und dem er nunmehr als Ehrenvorsitzender verbunden ist.

Nach einer kurzen Phase als kommissarischer Wissenschaftlicher Geschäftsführer der „Gesellschaft für Information und Dokumentation (GID)" im Jahre 1978 wurde er 1979 in den Aufsichtsrat der „GMD Gesellschaft für Mathematik und Datenverarbeitung" berufen, bevor er 1981 den Vorsitz des Vorstandes dieser Großforschungseinrichtung in Birlinghoven, Sankt Augustin, übernahm. In den kommenden fünf Jahren konnte er die Aktivitäten dieser informationstechnischen F&E-Gesellschaft neu strukturieren und durch neue Institute in Berlin und Karlsruhe ausbauen. In diese Zeit fällt auch die von ihm initiierte Gründung des „International Computer Science Institute (ICSI)" in Berkeley (Cal.), USA, das von der deutschen Industrie und dem BMBF bzw. BMBF wesentlich gefördert und in enger Kooperation mit der University of California Berkeley zu einem wichtigen Standort für deutsche Postdocs und Professoren der Informatik wurde. Er war von Anfang an Mitglied des ICSI-Boards und ist heute dort Senior Board Member. Er war von 1988 bis 1991 Gründungspräsident des deutschen ISCI-Fördervereins und war im Jahre 2002/3 wiederum Interims-Präsident dieses Vereins zur Förderung der deutsch-amerikanischen Zusammenarbeit auf dem Gebiet der Informatik und ihrer Anwendungen.

Für seine Verdienste um die deutsche Informatik-Entwicklung ernannte ihn die Gesellschaft für Informatik 2003 zu einem ihrer GI-Fellows.

Die Verbindung zu den USA hat tiefe Wurzeln, die während seines Eisenhower Exchange Fellowships als deutscher Vertreter im Jahre 1962 gelegt und durch seine Tätigkeit 1963 als Visiting Assistant Professor of Management an der University of Florida, Gainesville, Florida, vertieft wurden. Später gründete er mit weiteren Eisenhower Fellows den „Eisenhower Exchange Fellowships Deutschland – Gesellschaft für deutsch-amerikanische Freundschaft e. V.", dessen Präsident er bis zum Sommer 2002 war und nun Ehrenpräsident dieses Vereins ist.

Aus der Arbeit der GMD heraus wurde er 1984 Gründungspräsident des Trägervereins für das Deutsche Forschungsnetz (DFN) und blieb, nach zweimaliger Wiederwahl, über sieben Jahre in dieser ehrenamtlichen Position. In dieser Zeit wurde die Basis für das hochleistungsfähige Kommunikations-Netzwerk für die deutsche Hochschul- und Forschungslandschaft und dessen Einbindung in die weltweiten Netze gelegt.

Ein Wechsel in die Wirtschaft erfolgte 1986, als er vom Vorstand der Mannesmann AG zum Vorsitzenden der Mannesmann Kienzle GmbH in Villingen-Schwenningen auserwählt wurde und aus dem beamteten Hochschuldienst im Lande Nordrhein-Westfalen ausschied. Die Kölner Kollegen schlugen ihn, um eine weitere Verbindung mit ihrer alma mater zu ermöglichen, als Honorarprofessor der Kölner Universität vor. Die Ernennung durch die zuständige Ministerin erfolgte nahtlos. So konnte er auch seine Betreuung von Doktoranden während dieser Zeit in der Wirtschaft fortsetzen und inzwischen auf 65 Promovierte, acht Universitäts- und sechs Fachhochschulprofessoren aus den eigenen Reihen blicken.

Sein Wirken in der Mannesmann-Gruppe führte u. a. zu deren Start in die Telekommunikation. 1988 initiierte er die ersten Schritte in der Bewerbung um die D2-Mobilfunklizenz und förderte in seinem Haus die Bewerbungsaktivitäten und schließlich nach Gewinn des Lizenzwettbewerbs im Jahre 1989 die Gründung der Mannesmann Mobilfunk GmbH in Düsseldorf. Auch 1988 wurde er für drei Jahre zum Vorsitzenden des Aufsichtsrates der GMD gewählt, in dem er seit seinem Wechsel in die Wirtschaft wieder Mitglied war.

In diesem Jahr wurde er auch in das Kuratorium des „Organisationsforum Wirtschaftskongress (OFW) e. V." an der Universität zu Köln berufen, zu dessen Ehrenmitglied der Vorstand ihn 2001 ernannte.

Aus gesundheitlichen Gründen wechselte er 1990 in die selbständige Beratertätigkeit und übernahm dennoch 1993 für sechs Semester die Vertretung betriebswirtschaftlicher Lehrstühle mit einem vollen Lehrprogramm in der Allgemeinen Betriebswirtschaftslehre und auf dem Spezialgebiet Unternehmungsführung an der Universität zu Köln. Damit schloss sich der Kreis „Universität – Wirtschaft – Universität", der nach einer Industriekaufmann-Lehre in der Getreide- und Futtermittelindustrie, im Anschluss an das Abitur 1950 an der Freiherr-vom-Stein-Schule in Berlin-Spandau, mit dem Studium an der Wirtschafts- und Sozialwissenschaftlichen Fakultät der Freien Universität 1952 begann. Die „Nebentätigkeit" als Organisationsberater und Büromaschinenverkäufer wurde eingeschränkt, als er 1955 Studentische Hilfskraft am Institut für Industrieforschung der FU wurde und dessen Direktor, Erich Kosiol, ihn nach dem mit „sehr gut" abgelegten Examen 1957 als Wissenschaftlichen Mitarbeiter einstellte und ihn zur Promotion ermunterte, die er 1961 mit „summa cum laude" abschloss. Nach dem USA-Aufenthalt 1962/63 arbeitete er als Wissenschaftlicher Assistent am selben Institut. Ab 1966 gewährte ihm die Deutsche Forschungsgemeinschaft ein Habilitanden-Stipendium. Nach der Neubesetzung des Lehrstuhl Kosiols sowie Umstrukturierungen und weiteren personellen Veränderungen in der Wiso-Fakultät der FU wurde er in seiner Assistentenstelle 1968 gekündigt und nahm das Angebot, Forschungsleiter am BIFOA in Köln zu werden und einen Lehrauftrag an der dortigen Wiso-Fakultät zu übernehmen, an. An der Kölner Fakultät wurde er dann auch 1969 für das Fach Betriebswirtschaftslehre habilitiert. Nach Rufen an die Universitäten Erlangen-Nürnberg und Augsburg sowie an die Hochschule St. Gallen, Schweiz, entschied er sich 1970 für die Annahme eines Gegenrufs an die Universität zu Köln.

In den Jahren 1971 bis 1991 engagierte er sich zusammen mit Paul Schmitz als Herausgeber der Fachzeitschrift „Angewandte Informatik" (später „Wirtschaftsinformatik") im Vieweg-Verlag. Seit 1997 ist er Mitherausgeber der Fachzeitschrift „Die Betriebswirtschaft" im Schäffer-Poeschel-Verlag. Für den Josef Eul Verlag initiierte und betreut er als Mitherausgeber beginnend 1983 die Schriftenreihen „Planung, Organisation und Unternehmungsführung", „Gründung, Innovation und Beratung", „Telekommunikation @ Medienwirtschaft", „Electronic Commerce" und „InterScience Reports": zudem ist er Mitherausgeber der von Heinz Klandt initiierten Reihe „FGF Entrepreneurship-Research Monographien" und Wissenschaftlicher Beirat dieses Verlages.

Seine vielfältigen Erfahrungen als Referent und Moderator bedeutsamer Veranstaltungen nutze er 2003 zum Start der „Sylter Runden – Individuelle Gesprächskreise zu Themen aus Wirtschaft, Wissenschaft und Gesellschaft", die er seitdem in Westerland auf Sylt (www.sylter-runde.de) durchführt. Sein besonderes gesellschaftliches Engagement dokumentiert sich auch in der Übernahme des Gründungsvorsitzes des Wissenschaftlichen Beirates des „Europäischen Wirtschaftssenat e. V. (EWS)" im Jahre 2004.

Die Leistungen von Prof. Szyperski um die Fundierung, den Aufbau und die Verbreitung des Faches Wirtschaftsinformatik, dem er mit seinen ersten Arbeiten zu diesem Thema 1968 den Boden zu bereiten half, fanden 1994 eine besondere Anerkennung durch die Ehrenpromotion an der Wirtschafts- und Sozialwissenschaftlichen Fakultät der Johann Kepler Universität in Linz, Österreich. Sein allgemeines Engagement fand schon 1984 eine Würdigung durch die Verleihung des „Verdienstkreuzes 1. Klasse des Verdienstordens der Bundesrepublik Deutschland". Im Oktober 2004 wurde ihm in Anerkennung seiner besonders Leistungen auf dem Gebiet der Betriebsgründungen aus der deutschen Hochschul- und Forschungslandschaft heraus durch den Bundespräsidenten, Herrn Prof. Dr. Horst Köhler, „Das Grosse Verdienstkreuz des Verdienstordens der Bundesrepublik Deutschland" verliehen und persönlich überreicht: „Der Hochschullehrer an der Universität Köln hat sich in herausragender Weise dafür eingesetzt, Betriebsgründungen aus der deutschen Hochschul- und Forschungslandschaft heraus zu erleichtern und zu forcieren. Auch das EXIST-Programm des Bundesministeriums für Bildung

Foto: Presse- und Informationsamt der Bundesregierung/Thomas Köhler

und Forschung verfolgt dieses Ziel. Als Vorsitzender des EXIST-Sachverständigenbeirates fördert er den Aufbau der erforderlichen Netzwerke und hat so erheblichen Anteil an einer positiven Entwicklung des Entwicklungs- und Innovationsstandortes Deutschland. Auch sein Wirken in anderen wichtigen staatlichen Förderprojekten wird in dieser Zielsetzung geleitet." (Auszug aus der Laudatio vom 04.10.2004)

Editorial

Wege in die Zukunft – Mehr Eigenverantwortung und Innovation

1. Prolog

Diese Festschrift zum 75. Geburtstag von Norbert Szyperski ist geplant als eine Art „**Streitschrift für Innovation**". Diese Absicht erschien mir passend für die Ehrung des Jubilars, um damit deutlich zu machen, dass so wie Norbert Szyperski als Wissenschaftler und Unternehmer, als Innovator und Anreger, als Mentor und Förderer ist und lebt, das was er uns vorlebt – ohne das demonstrativ zu tun – beispielhaft verstanden werden kann für uns alle in Deutschland: keine Angst vor der Zukunft zu haben, Rückschläge – auch persönliche – zu überwinden sowie kraftvoll und mit innovativen Ideen zur Gestaltung der Zukunft beizutragen.

Norbert Szyperski als homo sapiens (academicus) und homo oeconomicus ist immer auch ein forschender und unternehmender Wissenschaftler, Unternehmensgründer und Innovator. Innovation, Kreativität, Flexibilität und Unternehmertum können auch als Schlagworte für den Aufbruch (Umschwung) stehen, den Deutschland in den nächsten Jahren zustande bringen muss, um nicht weiter bzgl. Sozialsystem und wirtschaftlicher Konkurrenzfähigkeit an Boden zu verlieren.

Deutschland, Europa und die anderen Industrieländer sind nicht nur Nutznießer der zunehmenden Globalisierung der Wirtschaft, sondern auch mit den Konsequenzen konfrontiert. Das bedeutet, dass nicht nur Arbeit ausgelagert werden kann in Länder mit niedrigerem Arbeitskostenniveau, sondern aus Sicht des Standortes Deutschland eben auch Arbeitsplätze dahin abwandern, wo Produkte und Dienstleistungen bei vergleichbarer Qualität zu erheblich niedrigeren Kosten produziert werden können. Niedrige Transportkosten machen es möglich, die Produktion in nahezu jede Region der Welt zu verlagern. Das gilt mehr oder weniger für alle Europäischen Länder genauso wie für Nordamerika. Eine Rückkehr dieser Produktion und der daran gekoppelten Arbeitsplätze kann solange nicht erwartet werden, wie das Lohnkostenniveau in den so genannten ‚Billiglohnländern' nicht das Niveau der Europäischen Region erreicht hat. Solange wird der bestehende hohe Prozentsatz der Arbeitslosigkeit strukturell nicht abnehmen, sondern steigen.

Das Ziel, effektiv mehr Arbeitsplätze zu schaffen, ist nicht durch eine Reduktion der tariflichen oder tatsächlichen Arbeitszeit zu erreichen oder durch Umverteilung der existierenden Arbeit, sondern erfordert geeignete Rahmenbedingungen. Zu diesen zählen in erster Linie:

- innovative Produkte und Dienstleistungen, für die auf dem Weltmarkt Preise erzielt werden können, die entsprechend höhere Produktions- und Herstellkosten möglich machen,
- ausreichendes Qualifikationsniveau der Arbeitskräfte sowie
- Bereitschaft zu Risiko und Unternehmertum.

Das alles kann unter dem Schlagwort **Innovation** zusammengefasst werden, wobei Innovation auch die Veränderung von Haltung und Mentalität von Individuen umfasst, aber auch die Veränderung von Inhalten, Strukturen und Prozessen in Bildung, Forschung und Organisationen erfordert.

In diese Festschrift sind Beiträge von Schülern, Kollegen und Weggefährten von Norbert Szyperski aufgenommen und den folgenden Themen zugeordnet worden:

- Rückblick auf Innovationen
- Innovation durch Unternehmungsgründung
- Innovation und Universität
- Innovationen in der Wirtschaft – Innovationsprojekte
- Innovationen in der Wirtschaft – Organisation und Führung
- Innovationen in der Wirtschaft – IKT, Informationssysteme und Management
- Innovationen in der Wirtschaft – Lernen und Kooperation

2. Die Herausforderung

Im November 2004 beendete die EU ‚High Level Group' unter Leitung von Wim Kok[1] ihren Bericht an die Europäische Kommission. Unter der Überschrift „Executive summary" lesen wir dort:

---

[1] Dem früheren Premierminister der Niederlande

"For Europe to increase its living standards, it needs to accelerate employment and productivity growth via a wide range of reform policies as well as a wider macroeconomic framework as supportive as possible of growth, demand, and employment. No single action will deliver higher growth and jobs. Rather, there are a series of interconnected initiatives and structural changes that through concurrent action in the European Union will release its undoubted potential. This requires urgent action across five areas of policy:

- **the knowledge society**: increasing Europe's attractiveness for researchers and scientists, making R & D a top priority and promoting the use of information and communication technologies (ICTs);
- **the internal market**: completion of the internal market for the free movement of goods and capital, and urgent action to create a single market for services;
- **the business climate**: reducing the total administrative burden; improving the quality of legislation; facilitating the rapid start-up of new enterprises; and creating an environment more supportive to businesses;
- **the labour market**: rapid delivery on the recommendations of the European Employment Taskforce; developing strategies for lifelong learning and active ageing; and underpinning partnerships for growth and employment;
- **environmental sustainability**: spreading eco-innovations and building leadership in eco-industry; pursuing policies which lead to long-term and sustained improvements in productivity through eco-efficiency"[2].

Inzwischen sind beinahe zwei Jahre seit dem Report der Kommission Kok vergangen und die Herausforderungen sind eher größer geworden. Selbst wenn der Arbeitsmarkt sich hier und da etwas positiver präsentieren sollte, kann noch keine Entwarnung gegeben werden. Ein Rückfall in die Selbstzufriedenheit ist also nicht angesagt. Niemand zweifelt daran: In Deutschland[3] müssen Produktivität und Beschäftigungslage in absehbarer Zeit deutlich verbessert werden.

Es wäre zu einfach, sich hier auf Schuldzuweisungen zu beschränken und mit dem Finger in eine bestimmte Richtung zu zeigen, selbst aber keine zukunftsweisenden

---

[2] Siehe EU High Level Group (2004), S. 6
[3] Entsprechend gilt das für Europa insgesamt und auch für die anderen 'alten' G7-Länder.

Gedanken anzubieten. Ebenso wäre es trügerisch, Lösungen vorzuschlagen, die sich beim näheren Hinsehen als nicht praktikabel erweisen oder aus anderen Gründen nicht implementiert werden können.

Wir wollen uns deshalb an dieser Stelle auf Überlegungen beschränken, die auf Beobachtungen und Analysen gegründet sind und von denen erwartet werden kann, dass sie einen positiven Beitrag zur Suche nach Lösungswegen liefern können.

3. Situationsanalyse

Der Zustand der Republik

Deutschland ist immer noch eines der reichsten Länder der Erde, auch wenn das dem Bürger in den letzten Jahren etwas anders vorkommt und eine wachsende Gruppe Ärmerer unterhalb des Existenzminimums lebt. Aber die Deutschen werden bereits seit einer Reihen von Jahren im statistischen Durchschnitt jedes Jahr älter, weil zu wenig Kinder geboren werden, die das natürliche Altern ausgleichen. Zusätzlich ist die Arbeitslosigkeit trotz aller staatlichen Maßnahmen und Eingriffe immer noch auf einem inakzeptabel hohen Niveau von 10–20 Prozent der arbeitsfähigen Bevölkerung. In den neuen Bundesländern ist die Arbeitslosigkeit unter den jungen Arbeitsfähigen teilweise so hoch, dass sich der Gedanke von einer ‚verlorenen Generation' aufdrängt.

Aber was viel wichtiger ist: Ich denke, dass Deutschland viel besser ist, als die Menschen im Lande selbst wahrhaben wollen. Deutsche können mehr, als sie selbst denken. Sie wissen und können mehr, aber sie machen zu wenig Gebrauch davon oder nicht mit dem richtigen Ziel und Ergebnis. Warum das so ist, ist nicht deutlich erkennbar. Aber wenn es um das geringe Wirtschaftswachstum und die schlechte Arbeitslage geht, scheinen noch viele Mythen gepflegt zu werden, die vielleicht im individuellen Fall als Trostpflaster dienen können, im Übrigen den betroffenen Menschen aber den Blick auf die Realität versperren.

Die Mythen entzaubert

Die Ausländer sind nicht schuld. Die Osteuropäer nehmen uns die Arbeitsplätze weg. Das stimmt und stimmt auch nicht. Richtig ist, dass Osteuropäer eben doch

Autos mit marktgerechter Qualität bauen können und (vorläufig noch) mit einem niedrigeren Lohn zufrieden sind (sein müssen). Und zögern wir denn, etwas zu kaufen, wenn es billiger ist, nur weil es nicht ‚Made in Germany' ist? Das ist jedoch erst der Anfang. Was uns bevorsteht, wenn die Chinesen erst Autos in großer Zahl nach Europa exportieren, können wir nur erahnen: Wir werden erst die Nase rümpfen, wie wir das bei den ersten Generationen japanischer Autos getan haben und sie dann doch kaufen. Im Endeffekt werden noch weniger Volkswagen verkauft werden und noch weniger Arbeitsplätze in Deutschland bleiben.

Unternehmer sind keine Vaterlandsverräter. Wenn die Kosten der Produktion von Gütern und Dienstleistungen steigen und den Gewinn mindern, spätesten dann schauen Manager, wie sie Kosten sparen können. Unternehmerisches Ziel ist es, Produkte und Dienstleistungen dort zu produzieren (produzieren zu lassen), wo sie bei vergleichbarer Qualität (inklusive Transportkosten) kostengünstig produziert werden können. Nur Dienstleistungen, die nicht an einem anderen Ort erbracht werden können, werden weiterhin hier erbracht werden müssen. Aber Vorsicht, es können viel mehr Dienstleistungen, als viele denken, bereits heute woanders erbracht werden: der Zahnersatz in Krakow, die Operation der Hüfte an der Costa Blanca und die perfekt Deutsch sprechende Kundendienstberaterin, die nicht mehr auf dem irischen Flughafen Shannon am Telefon sitzt, sondern in Indien.

Zu unserem Glück ist Chinesisch ein so anderes Sprachsystem und das Erlernen von Englisch oder Deutsch für Chinesen so schwierig, dass wir vorläufig noch nicht erwarten können oder müssen, von einer Chinesin auf Deutsch am Telefon beraten zu werden. Vielleicht ist das auch Pech für unsere Kinder oder Enkelkinder, wenn sie eines Tages gezwungen werden, Chinesisch zu lernen, weil nur so noch der Geschäftserfolg möglich ist.

Und je weniger Anforderungen die Produktion an das Können und die Erfahrung von Arbeitern, Angestellten und Managern stellt, desto sicherer können wir sein, dass irgendwo auf der Welt jemand diese Arbeit bereits heute oder sonst morgen für weniger Geld genauso gut macht und der Arbeitsplatz dorthin abwandert. Mit anderen Worten, die Arbeitsplätze werden dorthin abwandern, wo Produkte und Dienstleistungen bei vergleichbarer Qualität (inklusive Transportkosten) kostengünstiger angeboten werden. Das ist genau das, was wir unsere Studenten der Betriebswirtschaftslehre im Studium lernen lassen. Wenn sie dann als Manager dieses Wissen anwenden, ist es nicht sinnvoll, sie deshalb Vaterlandsverräter zu nennen; zumal sie auf diese Weise noch einen Teil der Wertschöpfung im Lande ermöglichen – anders als bei einer Geschäftsaufgabe, bei der alle Arbeitsplätze verloren gehen.

Die Unternehmen schaffen zuwenig neue Arbeitsplätze. Wenn Unternehmen in Deutschland Arbeitsplätze erhalten oder gar neue schaffen sollen, muss die Arbeit konkurrenzfähig sein oder gemacht werden. Wir können auch versuchen, die Binnennachfrage[4] durch Aufträge der öffentlichen Hand zu stimulieren: Die öffentliche Hand kann die nachlassende Binnennachfrage im Sinne einer antizyklischen Reaktion durch sinnvolle infrastrukturelle, das heißt nicht-konsumtive Investitionsvorhaben teilweise kompensieren und z. B. Schulen und Hochschulen (aus-)bauen, Glasfasernetze verlegen oder die öffentliche Verkehrsinfrastruktur verbessern.

Aber was mittel- und langfristig viel wichtiger ist: Unternehmungen müssen sich auf zunehmend innovative und noch intelligentere Produkte konzentrieren. Auch wenn Autos im Ausland gebaut werden, können sie doch einen großen Anteil hochwertiger und in Deutschland gefertigter Technik enthalten. Dass das funktionieren kann, haben wir auch bei den Kernkraftwerken gesehen. Als die Erwartungen hinsichtlich der Anzahl zu errichtender Kernkraftwerke drastisch nach unten gingen, haben deutsche Unternehmungen sich auf die nukleare Sicherheitstechnik konzentriert und ihre Produkte weltweit erfolgreich verkauft. Des Weiteren können wir an innovative Sicherheitssysteme für den Verkehr auf der Straße, dem Wasser und in der Luft denken. Umweltschutz und Biotechnologie sind ebenfalls Gebiete mit hohen Zukunftsaussichten.

Es gibt genug Probleme oder Herausforderungen in der Welt, für die wir Produkte zur Lösung oder Verbesserung entwickeln und exportieren können. Notwendig ist, dass wir das begreifen und zu der Überzeugung gelangen, dass wir dazu in der Lage sind,

---

[4] Ich denke, dass auch die Bundesregierung begriffen hat, dass eine Mehrwertsteuererhöhung um mehrere Prozentpunkte die Binnennachfrage nicht nur erheblich belasten, sondern vermutlich zum Kollaps führen wird. Aber gut, das Problem ist, dass die öffentliche Hand Geld benötigt. Vor diesem Hintergrund sind Steuererhöhungen rein rechnerisch die einfachste Lösung.

unser (Aus-)Bildungssystem hierfür renovieren und mit allen Kräften an dieser Zukunftsaufgabe arbeiten.

Die Regierung muss aktiv werden. Es wird nichts so sein, wie es war, das kann keine der Parteien erreichen, auch keine große Koalition. Die Kassen sind nicht leer, aber die Löcher im Haushalt sind unübersehbar und werden eher größer. Die Konsequenz ist unausweichlich: Die Lasten für alle werden größer oder die Leistungen werden kleiner, wahrscheinlich sogar beides. Wer den Bürgern vorgaukelt, eine andere Lösung zu kennen oder verspricht, dass sie von der Misere verschont bleiben, muss auch sagen, wo das Geld für die Finanzierung des Sozialsystems hergeholt werden soll. Sicher ist auch, dass Regierungen gute und weniger geeignete Entscheidungen treffen können, die entsprechende Rahmenbedingungen für größere Innovativität in Deutschland schaffen.

Umverteilung der Lasten. Die Steuerbelastung für höhere Einkommen erhöhen, für niedrigere Einkommen vermindern – die sozial(istisch)e Idee, jeder solle sich nach seiner Belastungsfähigkeit an den Kosten des Sozialsystems beteiligen, ist insbesondere für die attraktiv, die weniger Einkommen erzielen. Sie hat allerdings den großen Nachteil, dass sie Leistung weniger attraktiv macht. Und das kann sehr schädlich sein für das, was Deutschland insbesondere nötig hat: Innovation und Leistung. Und nur die Reichen zu belasten, ist eine Illusion. Das Ergebnis ist schon immer Kapital- und Steuerflucht gewesen und wird auch in Zukunft wohl nicht anders sein. So geschmacklos einige Äußerungen und Verhaltensweisen von Managern in den letzten Jahren waren, sie können als schwarze Schafe angesehen werden, aber ohne schwarze Schafe sehen die anderen viel grauer aus. Die Mehrzahl der Manager ist eher das, was wir sozial verpflichtet nennen können. Was immer eine Partei Ihnen weismachen will, die Umverteilung der Lasten funktioniert nur sehr begrenzt und reicht bei weitem nicht aus, um die notwendigen Korrekturen der gesellschaftlichen Bedingungen leisten zu können. Wer etwas anderes behauptet, sagt entweder bewusst die Unwahrheit oder weiß es nicht besser.

Wenn wir so weitermachen wie bisher – falls „Brüssel" uns überhaupt so weitermachen ließe – ist das so, als ob wir einen Kredit aufnehmen, den unsere Kinder und Kindeskinder mit Zinsen und Zinseszinsen zurückzahlen müssen: Wir belasten die

Zukunft der folgenden Generationen. Das Fazit lautet: Es ist unvermeidlich, dass alle in Deutschland den Gürtel enger schnallen müssen. Es muss jedoch dafür Sorge getragen werden, dass er für manche nicht so eng wird, dass sie nicht mehr leben können.

4. Der Weg in die Zukunft – Innovation

Die Kommission unter Vorsitz von Wim Kok hat in ihrem Report an die Europäische Kommission auf fünf Gebieten beachtenswerte Empfehlungen gegeben, die sie zwingend notwendig findet, um das in Lissabon ausgesprochene Ziel zu erreichen. Hauptsächlich wurden genannt:

- Forschung und Entwicklung müssen eine höhere Priorität erhalten und die Anwendung von ICT muss gefördert werden.
- Es ist dringend erforderlich, einen nationalen Markt für Dienstleistungen zu schaffen.
- Die Gründung neuer Unternehmen sollte unterstützt werden. Die Rahmenbedingungen für Unternehmen sollten fördernd und nicht abschreckend sein.
- Wachstum und Beschäftigung sollten Eckpfeiler der Wirtschaftspolitik sein. Strategien für ‚lifelong learning' müssen entwickelt werden.
- Die Erhaltung der Lebensgrundlagen durch ökologische Innovationen für die Verbesserung der ökologischen Effizienz ist notwendig.

4.1 Eine Hürde auf dem Weg – Der ‚Versorgungsstaat'

Die Soziale Marktwirtschaft als eine in soziale Bindungen eingebettete liberale Marktwirtschaft – als dessen geistiger Vater Alfred Müller-Armack[5] bezeichnet werden kann – ist ein großer Erfolg beim Wiederaufbau der deutschen Wirtschaft in den Jahrzehnten nach dem Zweiten Weltkrieg gewesen. Es scheint jedoch so, als ob das Konzept der Sozialen Marktwirtschaft in der gegenwärtigen sozialpolitischen Praxis inzwischen mehr einem Versorgungsstaat entspricht. Das Paradoxe ist, dass ein solcher Versorgungsstaat die versorgten Bürger tendenziell von seiner 'Fürsorge' ab-

---

[5] Siehe Müller-Armack, Alfred: Wirtschaftslenkung und Marktwirtschaft (1946), 2. Auflage (1948). Müller-Armack hat 1950 das Institut für Wirtschaftspolitik als unabhängiges wirtschaftswissenschaftliches Forschungsinstitut an der Universität zu Köln (mit)gegründet.

hängig macht und dadurch die Gefahr besteht, dass diese Bürger ihre Fähigkeit verlieren, für sich selbst zu sorgen und für ihren eigenen Lebensunterhalt sowie die Gestaltung ihrer Zukunft selbst verantwortlich zu sein. Im Ergebnis fehlt ihnen dann das, was für den Erfolg im Leben und im Beruf unabdingbar ist: Eigenverantwortung und Eigeninitiative.

Zweifellos sollte ein soziales Netz bestehen: Ob es das Kindergeld, ein Basiseinkommen oder die Sozialhilfe ist. In jedem Fall muss das Existenzminimum als Menschenrecht für jeden legal im Land lebenden Menschen gewährleistet sein, um die Grundlage für ein menschenwürdiges Leben zu schaffen. Dieses Basiseinkommen soll ein Leben ermöglichen, das frei ist von Hunger und Durst, mit einem Dach über dem Kopf und einem Platz zum Schlafen[6]. Ob das bereits menschenwürdig genannt werden kann, darüber lässt sich streiten. Aber es sollte auch nicht den Anreiz nehmen, durch Eigeninitiative das zu erreichen, was jeder für sich als menschenwürdiges Leben anstrebt.

4.2 Mentalität – Die Hürde in uns selbst

Es gibt heute bereits eine zu große Anzahl von Menschen, für die der Verlust des Arbeitsplatzes keine Bedrohung mehr ist, sondern Realität. Und es gibt viele, deren Aussichten, einen (neuen) Arbeitsplatz zu finden, mit jedem Tag geringer werden. Wer unverschuldet in diese Situation kommt, ist nicht zu beneiden. Und doch erscheint es mir wichtig, deutlich zu machen, dass die Angst, die viele Menschen vor dem haben, was passieren könnte, ein denkbar schlechter Partner ist. Natürlich ist eine mit Realitätssinn gepaarte Vorsorge notwendig. Aber ein Leben in Angst vor dem, was vielleicht gar nicht eintritt, zerstört die Freude am Leben. Angst lähmt und nimmt uns damit viel von der Möglichkeit, unsere eigene Zukunft, soweit es in unserer Macht steht, zu gestalten. Selbst wenn der Staat versagen und die Politiker nicht mehr taugen sollten, bleibt mehr für uns selbst zu tun, wenn wir es wagen, es zu tun. Notwendig erscheint darum eine Veränderung der Mentalität, die es möglich macht, keine Angst vor der Zukunft aufkommen zu lassen.

---

[6] Dass wir außerdem den Zugang zu Krankenversorgung, Schulen und Ausbildungen auch für illegale Zuwanderer und deren Kinder gewähren, erscheint mir selbstverständlich.

Es stellt sich nun die Frage, warum so viele Deutsche soviel Angst haben[7], so wenig Selbstvertrauen und soviel Selbstmitleid zeigen. Könnte es sein, dass Deutsche immer noch unter der Last der kollektiven Schuld als Nachfolgegemeinschaft des 1000-jährigen Reiches gebückt gehen? Auf diese Frage könnte die sozialwissenschaftliche Forschung eine Antwort geben und hoffentlich auch Möglichkeiten aufzeigen, wie wir davon befreit werden können, und realistischer Optimismus ja vielleicht auch anerzogen oder in der Schule gelernt werden könnte.

Was die deutsche Vergangenheit des letzten Jahrhunderts betrifft, bin ich der Ansicht, dass wir sie als geschichtliche Tatsache akzeptieren, aber als hinderliche Fesseln abstreifen sollten. Nicht in dem Sinn, dass wir von „der Gnade der späten Geburt" sprechen sollten – das wäre die Wiederholung eines historischen Missverständnisses –, sondern dass wir Deutschland (dennoch) akzeptieren können als ein wunderbares Land mit vielen Millionen liebenswerten Menschen mit Talenten, Stärken und natürlich auch Schwächen[8].

Wenn Deutsche dann begriffen haben, dass sie ‚okay' sind[9], ist vielleicht ein Beginn gemacht mit dem Ausrotten des Selbstmitleids. Das Selbstmitleid ist ganz offensichtlich ein Angehöriger der Familie der Angst. Wer sich selbst bemitleidet, übersieht die Möglichkeiten, die sich dem eröffnen, der nicht jammert, sondern selbst die Initiative ergreift. Es ist daher Zeit, dass viel mehr Menschen unternehmerischer werden und selbst die Initiative ergreifen. Und ob wir wollen oder nicht, viel mehr Menschen müssen lernen (noch) innovativer zu sein. Für die alten Industrieländer geht es darum, wie lange wir noch unseren Lebensstandard aufrechterhalten können. Wir haben Innovationen nötig. Wir müssen Produkte und Dienstleistungen auf dem Weltmarkt anbieten können, die den hohen Preis erzielen, den wir brauchen, um unseren Lebensstandard zu erhalten. Selbst wenn sie wollten, können unsere Kinder ja nicht

---

[7] Vgl. die R+V-Studie: „Die Angst der Deutschen 2005"
[8] Wenn ich es richtig wahrgenommen habe, ist das wichtigste Ergebnis der Fußballweltmeisterschaft 2006, dass Deutschland als Gastgeberland so viele (unerwartet) positive Rückmeldungen erhalten hat.
[9] Vgl. hierzu die Transaktionsanalyse bei Eric Berne: „Spiele der Erwachsenen, Psychologie der menschlichen Beziehungen" und Thomas A. Harris: „Ich bin o. k. Du bist o. k.".

alle Bodybuilder, Klempner, Müllmänner, Friseurinnen, Krankenschwestern oder Softwareprogrammierer werden[10].

Die Suche nach Antworten auf die oben gestellten Fragen ist nicht ganz neu. Bereits 1999 hat ein Thinktank des MIT die Fragen formuliert, die sich jeder in Deutschland stellen sollte: Was können wir selbst in dieser Situation tun?

"What can we do?"

Many people believe that the economic and social changes we are now undergoing are as important as any that have ever occurred in human history. Whether they are right or not, we all have opportunities to make choices about what our future will be like.

As nations and as societies, we constantly answer questions like: What values do we honor? What legislative policies will we enact?

As organizations our choices include: What products will we sell? How will we organize ourselves to produce and sell these products? What kind of working environment will we provide? How will we interact with our social and physical environment?

And as individuals we make choices like: What kind of work will we do? What kind of organizations will we work for? How will we treat our fellow humans, at work and elsewhere?

The choices we make today will create the world in which we, and all our children's children, will live tomorrow. We hope, with this document, to stimulate you to think about these choices as deeply, as creatively – and as wisely – as you possibly can"[11].

Hans J. Oppelland   Rotterdam, im Juli 2006

---

[10] Vgl. The Occupational Outlook Handbook, 2006-07 Edition: "[...] Health occupations will account for some of these increases in employment, as well as occupations in education, sales, transportation, office and administrative support, and food service. [...] Only 3 out of the 20 fastest growing occupations – home health aides, personal and home care aides, and computer software application engineers – also are projected to be among the 20 occupations with the largest numerical increases in employment." (Quelle: U. S. Department of Labor, Bureau of Labor Statistics, Bulletin 2600 (http://www.bls.gov/oco/print/oco2003.htm, 15.7.2006)
[11] The MIT 21st Century Manifesto Working Group (1999), S. 8

Literaturverzeichnis

Berne, Eric (2002)

Spiele der Erwachsenen, Psychologie der menschlichen Beziehungen. 5. Auflage, Neuausgabe. Reinbek bei Hamburg (Rowohlt Taschenbuch Verlag)

EU High Level Group (2004)

Facing the challenge. The Lisbon Strategy for Growth and Employment. Report from the High Level Group Chaired by Wim Kok, November 2004. ISBN 92-894-7054-2. (Quelle: http://europa.eu.int/comm/lisbon_strategy/index_en.html)

Harris, Thomas A. (1975)

Ich bin o. k. Du bist o. k. 40. Auflage. Reinbek bei Hamburg (Rowohlt Taschenbuch Verlag)

The MIT 21st Century Manifesto Working Group (1999)

What Do We Really Want? A Manifesto for the Organizations of the 21st Century, Sloan School of Management, Massachusetts Institute of Technology, MIT Initiative on Inventing the Organizations of the 21st Century, Discussion Paper, November 1999

Müller-Armack, A. (1946)

Wirtschaftslenkung und Marktwirtschaft (1946), 2. Auflage (1948), Verlag für Wirtschaft u. Sozialpolitik, wieder abgedruckt in: „Wirtschaftsordnung und Wirtschaftspolitik", erschienen 1966 (Rombach Verlag) bzw. 1976 (Paul Haupt Verlag, Bern) sowie 1990 unter dem Originaltitel (Kastell-Verlag)

R+V Versicherung (2005)

R+V-Studie „Die Ängste der Deutschen 2005". Quelle: http://www.ruv.de/de/presse/r_v_infocenter/studien/aengste_deutsche_2005.jsp

U. S. Department of Labor (2005)

The Occupational Outlook Handbook, 2006-07 Edition, Bureau of Labor Statistics, Bulletin 2600 (http://www.bls.gov/oco/print/oco2003.htm, 15.7.2006)

Glückwunsch und Dank an Prof. Dr. Dr. h. c. Norbert Szyperski zum 75. Geburtstag

Dr. h. c. Norbert Burger,
Oberbürgermeister der Stadt Köln 1980–1999

Ehre wem Ehre gebührt: Dieses „liber amicorum", wie es der Herausgeber Prof. Oppelland bezeichnet, macht den enormen Wirkungskreis und die Beliebtheit von Norbert Szyperski deutlich und ehrt zu Recht den außergewöhnlich aktiven, kreativen und erfolgreichen Kölner Forscher und den gesellschaftlich vielfältig engagierten Bürger unserer Region und unseres Staates. Prof. Szyperski hat sich durch seine Initiativen für den Standort Köln – für seine Hochschulen wie für seine Wirtschaftskraft – verdient gemacht, und er hat Menschen aus unserer Region neue Wege gewiesen durch seine weltoffenen und an internationalen Kooperationen immer interessierten Aktivitäten, vor allem mit Partnern in den USA, in Osteuropa und in den aufstrebenden Wirtschaftsriesen Indien und China. Köln hat davon vielfältig profitiert.

Ich habe Prof. Szyperski, den gebürtigen Berliner (man hört es immer noch etwas heraus), der früh an der Universität zu Köln Wurzeln schlug und dieser alma mater – mit zwischenzeitlichen Lern- und Anwendungszeiten an anderen Hochschulen und in Führungspositionen der Wirtschaft – bis heute immer treu geblieben ist, kennen und schätzen gelernt und freue mich, ein Geleitwort zu dieser Festschrift für ihn beitragen zu können. Norbert Szyperski war während meiner gesamten Zeit als Oberbürgermeister der Stadt Köln ein aktiver und überparteilicher Ratgeber der Stadt und unterstützte in dieser Zeit immer wieder Initiativen zur Stärkung der Innovationskraft der Region. Insbesondere angesichts der Bedeutung, die „seine" Themen für die aktuelle

Stadtpolitik gewannen, war er als uneigennütziger, exzellent vernetzter externer Partner ein Glücksfall für das Stadtmanagement in schwierigen Zeiten.

Die Stadtpolitik wurde in den 80er Jahren nämlich zunehmend von wirtschafts- und finanzpolitischen Problemen geprägt, vor denen die Städte nach einer langen Phase des quantitativen und des qualitativen Wachstums oft ohne Strategiekonzepte und manchmal auch ohne Kompetenzen standen und sich fragten, woher denn nun Ressourcen für die erkennbar notwendigen Umsteuerungen kommen könnten: Ressourcen vor allem in Form von Ideen, von Partnerschaften mit Menschen aus Zusammenhängen außerhalb des Rathausbereiches und auch von Projektinitiativen, die auf neue Arbeitsplätze und Wertschöpfungen zielten. Wie unvorbereitet die Stadt damals auf diese Situation war, macht folgender Vorgang deutlich: Als der damals für Stadtentwicklung zuständige Dezernent, Dr. Rüdiger Göb, zum ersten Mal für Köln ein Wirtschafts- und Arbeitsmarktkonzept erstellen ließ und auf den bedenklichen Anstieg der Arbeitslosigkeit in Köln (zum ersten Mal seit dem letzten Krieg zweistellige Zahlen) und auf die Notwendigkeit aktiverer Standortentwicklungspolitik hinwies, gab es erbitterte Kontroversen zwischen ihm und seinen Ämtern einerseits und Teilen der verbandlichen Wirtschaft und der Öffentlichkeit andererseits, die ihm Schwarzmalerei und Nestbeschmutzung vorwarfen.

In dieser Situation konnte ich wichtige Persönlichkeiten aus der Stadt, den Hochschulen, der Wirtschaft, den Gewerkschaften und den Trägern sozialer Aufgaben dafür gewinnen, sich im Rathaus zu Beratungsrunden zu treffen und Zukunftsperspektiven zu entwickeln. Dabei war Prof. Szyperski für mich wie für die diesen Prozess begleitende Stadtverwaltung eine zentrale Stütze und ein unermüdlicher Anreger. In der „Kölner Technologierunde", die sich etwa vierteljährlich im Rathaus traf, wurden Projekte angedacht und auf den Weg gebracht, die Jahre später, also bei Projektreife, Kölns Wirtschaftsentwicklung deutlich positiv beeinflusst haben, wie etwa die Projekte zur Förderung der IT-Kompetenzen in Köln, zur Entwicklung wirtschaftlicher Anwendungen aus den Kölner Forschungsfeldern Bio- und Gentechnik (Universität) und Energietechnik (Fachhochschule), zur Stärkung des Versicherungsstandortes Köln und nicht zuletzt zum Ausbau Kölns als dem Zentrum für Medienwirtschaft in NRW.

Prof. Szyperski machte nicht nur in der „Kölner Technologierunde" und dann in der „Arbeitsmarktrunde Köln" mit, sondern er gründete auch mit Kollegen aus den Hochschulen und mir die Gesprächsreihe „Universität im Rathaus", die bis heute ihre Fortsetzung in immer intensiveren Austauschen zwischen den Kölner Hochschulen, der Stadtgesellschaft und der Wirtschaft findet und viele Anstöße für innovative Projekte in Köln gibt. Dabei war sich Prof. Szyperski auch nie zu schade, sich mit Politikern oder Experten aus der Verwaltung, deren Arbeit ihn interessierte und die er fördern wollte, zu treffen und viele Stunden über eine Projektentwicklung zu diskutieren. Ich erinnere mich an die Anfangsphase des MediaPark-Teams, in der er von den „heißen Jungs in der Stadtverwaltung" sprach, mit denen er diese Initiative besprach und denen er Kontakte zu potenziellen Partnern außerhalb Kölns eröffnete. Norbert Szyperski war dabei immer freundlich und ein sympathischer Anreger, der Menschen zusammenbrachte, ermutigte und unterstütze. Dafür waren und sind wir ihm bei der Stadt Köln sehr dankbar.

Mir ist nicht bekannt, wie viele Studierende Prof. Szyperski an der Kölner Universität mit Diplom, Doktortitel und Habilitation begleitet hat: Es waren sehr viele, und er erfreute sich auch dort großer Beliebtheit. Man kann sicher auch nicht messen, welchen Anteil er bei dem Aufbau von IT- und Medienkompetenz in Köln hatte, rechtzeitig übrigens, bevor die New Economy entstand und gerade Köln stark mitprägte. Niemand wird heute feststellen können, wie viele Menschen Prof. Szyperski gerade durch seine Mut machende und unternehmerische Aktivität dazu gebracht hat, neue Unternehmen in dieser Region zu gründen. Nicht zuletzt die Kölner Software Hanse und das Neue Unternehmertum Köln sind Initiativen, die ohne Norbert Szyperski nicht oder jedenfalls nicht in Köln zustande gekommen wären. Bis heute („Sylter Runde") gibt er Anstöße und fördert Innovationen, in Firmen wie in der Regionalentwicklung.

Diese Festschrift anlässlich seines 75. Geburtstages gibt einen guten Anlass, Prof. Szyperski für seine Beiträge zu einer guten Kölner Stadtentwicklung zu danken. Die Autoren dieses „liber amicorum" haben ihm eine schöne Würdigung bereitet, die die große Bandbreite seines innovativen Wirkens deutlich macht. Möge dem Jubilar und den Autoren noch mancher guter Anstoß gelingen und ihnen auch die Freude zuteil werden, mitzuerleben, wie aus den Anstößen gute und bleibende Veränderungen erwachsen.

Ich danke Prof. Dr. Dr. h. c. Norbert Szyperski und seiner geschätzten Gattin für ihr Wirken in und für Köln und wünsche ihnen weiterhin alle Gute!

Ihr Norbert Burger								Köln, im August 2006

Inhaltsverzeichnis

Hans J. Oppelland
Worte des Dankes V

Aus dem Leben von Norbert Szyperski...
Tätigkeiten in fünf Jahrzehnten VII

Hans J. Oppelland
Editorial: Wege in die Zukunft – Mehr Eigenverantwortung und Innovation XIII

Norbert Burger
Grußwort: Glückwunsch und Dank an Prof. Dr. Dr. h. c. Norbert Szyperski zum 75. Geburtstag XXV

Teil 1: Rückblick auf Innovationen 1

Lorenz, Thomas und Clemens Szyperski
Innovation und Zukunft fangen bei den eigenen Kindern an! 3

Utz Ingo Küpper
Von F&E zur Anwendung betriebswirtschaftlicher Konzepte in Strategien zur Standortentwicklung – Innovationsbeiträge besonderer Art von N. Szyperski 17

Eike Jessen und Klaus Ullmann
Das Deutsche Forschungsnetz (DFN): Beiträge zur Technologie- und Marktentwicklung im Bereich der Datenkommunikation seit 1984 41

Teil 2: Innovation durch Unternehmensgründung 57

August-Wilhelm Scheer
Der Forscher als Unternehmer – Der Unternehmer als Forscher 59

Barbara Breuer
Unternehmensgründung als Berufsperspektive für Hochschulabsolventen und
Wissenschaftler 75

Elisabeth Slapio
Neues Gründungsklima versus Anstand und Sitte des ehrbaren Kaufmanns –
Über die Vereinbarkeit von Tradition und modernem Unternehmertum 99

Heinz Klandt
Das aktuelle Gründungsklima in Deutschland 117

Klaus Nathusius
Elite der Universitäten, der Unternehmer und des Technologietransfers –
Zusammenhänge, Anforderungen und Lösungsansätze moderner
Kommerzialisierungsverfahren und -strukturen 149

Teil 3: Innovation und Universität 189

Detlef Müller-Böling
Nach der Reform ist vor der Reform: Neue Herausforderungen für die
entfesselte Hochschule 191

Felicitas G. Albers
Innovation der Lehre, Innovation durch Lehre – Bachelor- und
Masterstudiengänge in der Betriebswirtschaftslehre 209

Edda Pulst und Teja Finkenbeiner
Interkulturelles Arbeiten mit System – Als Wirtschaftsinformatiker im Iran 237

Stefan Klein
Spielraum für die universitäre Forschung in Deutschland – Beobachtungen und
Anmerkungen aus irischer Perspektive 255

Fred G. Becker
Explorative Forschung mittels Bezugsrahmen: Ein Beitrag zur Methodologie 281

Teil 4: Innovationen in der Wirtschaft – Innovationsprojekte 307

Hans-Jörg Bullinger, Markus Korell und Alexander Slama
Schneller zu Innovationen – Ansätze zur Beschleunigung von
Innovationsprojekten 309

Thilo Tilemann
Mit Organisation und Planung zur Hochleistung in der Fertigungsindustrie? 329

Gerd Wolfram
Innovation im Handel am Beispiel der METRO Group 347

Matthias von Bechtolsheim
Innovation in Dienstleistungsunternehmen – Vom konservativen zum smarten
Innovator..363

Teil 5: Innovationen in der Wirtschaft – Organisation und Führung 375

Erich Frese
Organisationsinnovationen und globale Gestaltungsparadigmen............................377

Horst Strunz
Innovation im fraktalen Unternehmen – Innovationsprozesse als intellektuelle
Herausforderung...419

Gerhard Reber
Steigende Wirtschaftskriminalität – Indikator abnehmender Führungseffektivität....443

**Teil 6: Innovationen in der Wirtschaft – ICT, Informationssysteme und
Management..483**

Joachim Griese
Innovation durch Informations- und Kommunikationssysteme im Unternehmen 485

Heinz Bons und Rudolf van Megen
‚Quality Governance': Ein Rahmenwerk für die Industrialisierung von IT-
Projekten 501

Udo Winand und Jörg Schellhase
Migration als Methode – Spezielles Innovationsmanagement 521

Juliane Kronen
Unterstützung von Innovationen in Unternehmen durch IT – Hemmnisse und
Ansätze zu deren Beseitigung 543

Klaus Höring und Robert Dekena
Dokumentenlogistik – Ein Schwerpunkt der Informationslogistik 559

Hans J. Oppelland und Ksenia Iastrebova
‚Shooting in the Dark': Der Einfluss von Informationsüberlastung auf das
Entscheidungsverhalten 577

Teil 7: Innovationen in der Wirtschaft – Lernen und Kooperation 609

Ulrich Thomé
Kooperations-Engineering: Zur lernorientierten Gestaltung von Kooperationen
innovativer Biotechnologieunternehmungen 611

Dietrich Seibt
Wertschöpfung mit Hilfe betrieblicher IKT-gestützter Lernprozesse in
Unternehmen 653

Harald F. O. von Kortzfleisch
E-Wissensmanagement: Innovativer Einsatz von Informations- und
Kommunikationstechnologien zur Unterstützung von Wissensmanagement 691

Autorenverzeichnis 709

Schriftenverzeichnis Prof. Dr. Dr. h. c. Norbert Szyperski 723

Teil 1

Rückblick auf Innovationen

Innovation und Zukunft fangen bei den eigenen Kindern an!

Lorenz, Thomas und Clemens Szyperski

Inhaltsverzeichnis

1. Wer sät, der soll auch ernten 7
2. Lorenz: Innovativ die Zukunft gestalten 7
   - 2.1 Nachhaltigkeit: Was ist das? 8
   - 2.2 Was steckt hinter der „nachhaltigen Entwicklung"? 9
   - 2.3 Die Natur als Innovationsmotor – Die Bionik 10
   - 2.4 Deutschland hat Zukunft – Nachhaltige Zukunft 11
3. Thomas: Vernetzte Welt 12
4. Clemens: Startschuss 13
   - 4.1 Initiierungen wohin ich schaue 14
   - 4.2 Der Weg ist das Ziel 15
5. Ausklang 16

1. Wer sät, der soll auch ernten

Mit 75 Jahren voller Schaffenskraft hat man sich eine Festschrift verdient! Es ist nicht die erste und hoffentlich auch nicht die letzte. Es ist aber die erste, die einen Beitrag der Kinder enthält. Genauer, Lorenz, Thomas und Clemens Szyperski konnten es nicht lassen, den Anlass beim Schopf zu fassen. Wir möchten diese Gelegenheit nutzen, unseren Dank auszudrücken. Unsere Gedanken sind auch bei unserem jüngsten Bruder Marcus, der bereits 1989 im Alter von nur 22 Jahren viel zu jung verstorben ist. Unsere Schwester Tanja, die Jüngste im Bunde, konnte sich diesem Projekt leider nicht anschließen, steht uns aber immer mit aufmunternden Worten zur Seite. Schließlich gilt auch ein ganz besonderer Dank unserer Mutter, ohne die auch unser Vater nicht nur uns nicht, sondern auch sonst viel weniger erreicht hätte.

In den folgenden Abschnitten folgen Lorenz', Thomas' und schließlich Clemens' Beitrag. Jedem der drei kurzen Beiträge diente ein einzelnes Schlagwort als Leitfaden. Lorenz orientierte sich an der Nachhaltigkeit, Thomas an der Vernetzung und Clemens an der Initiierung. Ist die Reihenfolge der Beiträge auch durch die (ansteigende) Altersfolge der Autoren bestimmt, so wird doch deutlich, dass nur das wirken kann, was nachhaltig initiiert und vernetzt wurde.

2. Lorenz: Innovativ die Zukunft gestalten

Als dritter Sohn in der Familie war mir eins früh klar: Kompromisse sind wichtig, Ziele sind wichtig und langfristiges Denken ist wichtig. Dies kombiniert mit meiner seit jeher bestehenden Liebe zur Natur ließ im Grunde nur einen Werdegang offen, das Studium der Geographie. Womit auch gleich die Basis für eine berufliche Nachhaltigkeit gegeben war. Dank der elterlichen Unterstützung fand ich während meines Studiums die eine oder andere Möglichkeit, Reisen in alle Herren Länder zu unternehmen. Mit der steten aber nie aufdringlichen Aufmunterung meines Vaters, den eigenen Horizont ständig zu erweitern und tolerant allen Neuerungen und fremden Dingen gegenüber zu sein, entwickelte ich mich zu einem *Generalisten* und genoss meine Forschungsaufenthalte im Ausland in vollen Zügen. Nach dem Studium führte mich eine einjährige, sehr vielseitige Weiterbildung zum Umwelt-Auditor in meinen heutigen Arbeitsbereich, den betrieblichen Umweltschutz in einer großen deutschen Bank. Hier kann ich das Gelernte nun hervorragend und nachhaltig beeinflussend (im positiven gemeint) einsetzen.

Es zeigte sich, wie Recht meine Eltern haben sollten. Fünf Kinder sind fünf Individuen. Alle sind unterschiedlich, wollen anders behandelt werden und auch anders motiviert werden. Wir wurden mit großer Sensibilität erzogen und ein entscheidendes Augenmerk lag dabei immer auf unseren speziellen Fähigkeiten: bei mir die Stärken der Kontaktaufnahme und der Kommunikation auch unter schwierigen Bedingungen. Ohne diese liebevolle elterliche Schulung (oder war es eine einprägsame nachhaltige Konditionierung?) wäre ich sicher nicht soweit gekommen.

Als Schlagwort für meinen kleinen Textbeitrag zu dieser Festschrift wählte ich die Nachhaltigkeit. Sie ist in meinen Augen der Inbegriff der Zukunft, wenn sie richtig verstanden und umgesetzt wird. Da Nachhaltigkeit aus mehr besteht, als aus den bekannten drei Kernaspekten Ökologie, Ökonomie und Soziales nun im Folgenden einige Gedanken.

2.1 Nachhaltigkeit: Was ist das?

Scheinbar neue, moderne oder vielleicht sogar trendige Themen wie Nachhaltigkeit, sind, wenn man genau hinsieht, so alt wie die Menschheit selbst. Schon in frühen Zeiten wurde darüber nachgedacht, die Ackerflächen nur so stark auszunutzen, wie sie es aus sich heraus wieder schaffen, sich zu regenerieren. Der etwas neuere Ansatz der *Nachhaltigkeit* kommt aus der Forstwirtschaft, beinhaltet aber im Prinzip den gleichen Ansatz: Schlage nur so viele Bäume aus dem Wald, dass es zu keinen langfristigen Schäden kommen kann. Es war also bekannt, wie wirklich nachhaltig mit den Ressourcen umgegangen werden kann. Meinen Eltern war das sowieso klar: Schone die Kinder, denn sie sind die Zukunft.

Gerade in der heutigen Zeit ist es wichtig, über das nachhaltige Wirtschaften nachzudenken, es ist sogar elementar wichtig. Die Medien spiegeln es in unzähligen Artikeln mit einer Vielzahl von Erklärungs- und Informationsansätzen wieder: Wir müssen uns global Gedanken über das Morgen machen, Naturressourcen wie Erdöl oder

Erdgas sind endlich, die Energieversorgung ist abhängig von dieser Endlichkeit gepaart mit politischer Willkür. Was steckt also hinter der „nachhaltigen Entwicklung" und was können wir und was müssen wir machen, um unsere Zukunft lebenswert zu gestalten?

2.2 Was steckt hinter der „nachhaltigen Entwicklung"?

1992, die Konferenz von Rio de Janeiro, war ein Meilenstein für den weltweiten Natur- und Umweltschutz. Erstmalig waren sich die Teilnehmer einig, dass die akutesten der aktuellen Umweltprobleme nicht an den jeweiligen Staatsgrenzen halt machen: Emissionen ist es zum Beispiel egal, wo ein Schlagbaum steht. Dieser scheinbar revolutionär-neue Gedanke brachte viele enorm wichtige Schritte ans Laufen. Am bekanntesten dürfte in diesem Zusammenhang das so genannte Kyoto-Protokoll sein. Der Kerngedanke ist in seiner Theorie denkbar einfach: Das Geld ist da am effektivsten eingesetzt, wo Emissionen besonders günstig vermieden werden können, in aller Regel in den weniger entwickelten Ländern. Das heißt, deutsche Unternehmen, die ihre Emissionen reduzieren müssen[1], bekommen eine gewisse Anzahl an Emissionszertifikaten zur Verfügung gestellt. Reichen diese nicht aus, müssen Zertifikate dazu gekauft werden, wurde jedoch weniger emittiert, können Zertifikate verkauft werden. Es entstand ein neuer Markt mit neuen Einkommensmöglichkeiten und auch neuen Arbeitsplätzen. Umweltschutz kann also neue Arbeitsplätze schaffen und somit für ein besseres soziales Umfeld sorgen.

Ist Umweltschutz damit endlich aus seiner Ecke >*Umweltschutz kostet doch nur Geld*< herausgekommen? Noch nicht, aber die Ansätze stimmen. Denn es ist längst offensichtlich, wie nahe sich Ökologie, Ökonomie und Soziales sind. Meiner Meinung nach einer Art Symbiose, so dass die eine Seite ohne die andere gar nicht auskommt. Mein Vater suchte bei wirtschaftlichen Problemen immer nach Lösungen, die verschiedentlichen Ansprüchen genügten; wenn auch das eine oder andere Mal durch meine Mutter gedrängt[2].

---

[1] Wer zu dieser Gruppe gehört, regelt der deutsche, nationale Allokationsplan.
[2] Musste mein Vater zum Beispiel bei mündlichen Promotionsprüfungen eine schlechte Note vergeben, wurde er grundsätzlich von meiner Mutter zu einer plausiblen Erklärung für dieses schlechte Abschneiden „verdonnert".

Doch zurück zum eigentlichen Gedanken, denn wie oft kann man in Artikeln und Diskussionen zwischen den Zeilen herauslesen beziehungsweise heraushören, dass wir Menschen uns gar nicht mehr als Teil der Natur fühlen. Aber wir Menschen sind nun mal originärer Teil der Natur und haben speziell aufgrund unseres evolutionären Erfolges eine ganz besondere Verantwortung, eben der Umwelt und unserer Gesellschaft gegenüber. Nachhaltigkeit ist also keine Form der Redundanz! Und wenn man genau hinschaut, ist die Umwelt oder auch der Bereich des Umweltschutzes einer *der* modernen Innovationsmotoren.

2.3 Die Natur als Innovationsmotor – Die Bionik

Die Raffinesse und Vielfalt der Natur lässt sich nur im Ansatz erahnen, viele Lösungen der Natur widersprechen allen physikalischen Gesetzen, so kann der dicke Maikäfer eben doch fliegen. Und von den Materialleistungen eines Spinnenfadens träumt manch ein Ingenieur, wenn er eine Hängebrücke plant. Und wie steht es mit der ausgeklügelten Klimatisierung eines Termitenhügels? Dessen Heizungsanlage basiert auf erneuerbaren Energien – Pilzkulturen. Und wird es doch mal zu warm, dienen doppelwandige Außenhüllen dazu, die Wärme dank der Thermik abzuführen. Wie lange brauchte der Mensch, um Passivhäuser bauen zu können (oder zu wollen?) oder den Lotuseffekt zu kopieren. Und viele Lösungen der Natur hat noch niemand entdeckt oder vielleicht noch nicht verstanden.

Dieser Bereich der Wissenschaft, die Bionik, hat es, wie man sieht, in sich. Bionik ist also nicht nur wortimmanent interessant[3], sondern birgt auch viele, viele Innovationen, die unsere Zukunft lebenswerter und sicher auch ökologischer gestalten werden. Nutzen wir die Umwelt als Quelle unendlicher Lösungsvorschläge – wie auch mein Vater eine ist –, jedoch ohne sie zu zerstören.

---

[3] Bionik, zusammengesetzt aus den scheinbaren Gegensätzen von BIOlogie und TechNIK. Einer der faszinierendsten wissenschaftlichen Bereiche überhaupt.

2.4 Deutschland hat Zukunft – Nachhaltige Zukunft

Existenzgründungen, Stakeholderanalysen, Firmenberatungen, Fusionen, etc. alleine reichen nicht aus[4], das Umfeld, genau genommen die Umwelt, muss stimmen. Die Basis dazu kann in der Nachhaltigkeit gefunden werden. Denn ein Job ist gut, ein Haus mit Familie dazu ist besser, aber wirklich gut wird es erst, wenn alle zusammen in einer gesunden Umwelt leben können. Durch eine gesunde Umwelt schaffen wir einen (Mehr)Wert, der sich durch Nichts ersetzen lässt.

Denken wir also an das Morgen, berücksichtigen ökonomische Ansätze, halten soziale Aspekte dabei im Hinterkopf, und nehmen als gemeinsamen Nenner die Umwelt. Dann wird aus „ökologisch" schnell öko-*logisch*.

Deutschland hat Zukunft und je stärker sich das Bewusstsein hin zu mehr Ökologie ändern wird, umso lebenswerter und damit nachhaltiger wird sie sein, die deutsche Zukunft. Deutschland ist ein Pool von Ideen, dieser muss wieder eine Chance bekommen zu sprudeln. Schauen wir also innovativ nach vorne, nutzen unseren Ideenreichtum und gestalten aktiv Deutschland und seine Zukunft. Das schafft Vertrauen, positive Stimmung und nicht zuletzt die bitter nötigen Arbeitsplätze.

Wie auch die Nachhaltigkeit selbst kein Ende kennt, kann der Gedanke zu einem überzeugenden Deutschland fast beliebig fortgesetzt werden:

- Ausbildungs- und Studiengänge mit Umweltbezug nehmen stetig zu.
- Deutsche Umwelttechnologien sind ein Exportschlager.
- Deutsche Gesetze wie das Erneuerbare-Energien-Gesetz oder deutsche Umweltzeichen wie der „Blauer Engel" finden europaweit, wenn nicht gar weltweit Nachahmer.

Das sollte doch ein ganz besonderer Anreiz zu *mehr* sein, zu mehr Innovation, zu mehr Engagement, zu mehr Umweltschutz und vor allem zu mehr Vertrauen in Deutschland. Denken Sie mal nachhaltig darüber nach! Meine Frau würde es so sagen: Nachhaltig darüber nachdenken lohnt sich!

---

[4] Papa, verzeih mir diese anmaßende Einstellung.

3. Thomas: Vernetzte Welt

Ein 'Vernetzter' war unser Vater natürlich immer. Meine Gedanken an eine gemeinsame 'Prä-Vernetzungs-Ära' reichen jedoch an morgendliches Schwimmen vor der Schule, Spazierengehen nach dem ‚Auto waschen' (als ich in der Grundschule war) und später natürlich an ‚Phototouren' mit den schönen Canon Spiegelreflexkameras Ftb und A1 zurück (als ich in der Mittelstufe des Gymnasiums war). Bei diesen Aktivitäten konnte ich mit Vater 'so ganz alleine' sprechen, was angesichts der vier Geschwister ein bedeutendes und geachtetes Privileg war. Von früh auf geprägt hat mich bei diesen Gesprächen Vaters liberale Art komplexe Gegebenheiten zu kommentieren, sowie eine angenehme Tendenz, Probleme mit einer gutmütig abgewogenen Bestimmtheit anzugehen. Beide Eigenschaften sind sicher von zentralen Bedeutung für sein ‚Vernetzungstalent'.

Vaters Talent zur Vernetzung zeigte sich bei mir zunächst darin, mich überhaupt nicht zu vernetzen. Während der Oberstufe des Gymnasiums und des Grundstudiums an der Universität haben wir uns mit großer Freude über die verschiedensten, durchaus anspruchsvolleren Themen unterhalten. Ich hatte währenddessen jedoch immer das Gefühl recht unvernetzt, das heißt eben auch unbeeinflusst, meinen Aufgaben und Zielen nachgehen zu können. Als erstes großes Lob sei hiermit also zu Papier gebracht, dass mein Vater niemals ein 'zwanghafter' oder 'aufdringlicher' Vernetzer war.

Im Verlaufe der beruflichen Entwicklung war es dann natürlich von unschätzbarem Wert, dass Vater selbst Hochschullehrer war und das damit verbundene ‚Netzwerken' sehr gut kannte. Der nächste Schritt des ‚Vernetzer-Einflusses' war somit durch passives Netzwerk-Coachen geprägt, und es war schön zu sehen, mit welcher Geduld sich mein Vater meiner Probleme angenommen hat. Die in frühen Jahren assimilierte, primär liberale Grundhaltung, der ich auch heute noch anhänge, war weiterhin ein wichtiges, verbindendes Element, das uns häufig recht schnell und in vielen Punkten übereinstimmen ließ.

Während der letzten Jahre, in denen ich als Forscher und Hochschullehrer tätig war, haben wir schließlich angenehm zusammengearbeitet, um Vernetzungen direkt anzustreben. Das war immer eine große Freude für mich. Die sehr verschiedenen Arbeitsgebiete der Ökonomie und der Lebenswissenschaften lassen natürlich weiten Spielraum für spannende Gedanken bezüglich der Synergie von Methoden, und die resultierenden Zusammenarbeiten bieten die Chance, außergewöhnliche Persönlichkeiten aus den so unterschiedlichen Gebieten kennen zu lernen.

Ich kam während meiner Karriere als ‚Vaters Sohn' also in den Genuss der ganzen ‚Vernetzungs-Bandbreite' von der gezielten Nichtvernetzung, über sensibles Netzwerk-Coachen, bis hin zur fruchtbaren Realisierung von Vernetzungen. Dafür bin ich meinem Vater sehr dankbar.

4. Clemens: Startschuss

Blicke ich zurück über die vergangenen bald 44 eigenen Lebensjahre, so kann ich kaum umhin ein organisches und zielgeführtes Muster zu erspähen. Meine Geburt in Philadelphia machte mich zum Doppelstaatsbürger (Mutter: „Ich wollte ein Ami-Baby!") – aber das wusste ich zunächst nicht zu schätzen. Auch wusste ich mit 8 Jahren noch nicht, warum ich mich täglich im Entwerfen (damals von Grafiken sowie von Häusern und ihren Grundrissen) übte. Und doch scheint mir jetzt, dass ich nicht eine Minute ‚verschwendet' habe. In denselben Jahren wechselte ich von Lego über Fischertechnik zur Elektronik. Mit 12 waren es programmierbare Taschenrechner, ausgeliehen im Rechenzentrum der Uni Köln. Software-Experimente „verbrauchten" keine Hardware und meine Faszination paarte sich mit dem Willen, schier unendlich viel Zeit zu investieren. Mit 14 ein Commodore PET – einer der ersten „PCs" Deutschlands in dieser Zeit. Mit 16 folgte der erste selbstverdiente Rechner (ein Apple II) nach mehreren Arbeitsferien bei der Firma BASIS, die ich mit Mutter auf einer Computermesse in Düsseldorf „gefunden" hatte. Mit 18, wieder mit großzügiger Hilfe der Eltern, eine Apple LISA. Zur Feier des Abiturs dann mit Vater auf eine siebenwöchige(!) Geschäftsreise durch die ganzen USA. Beim späteren Schreiben des über hundertseitigen Reiseberichtes wurde mir dann klar, wie viel ich an mentalen Kontaktpunkten in amerikanischer Uni- und Industriewelt mitnehmen durfte – neben den vielen, vielen touristischen Highlights.

4.1 Initiierungen wohin ich schaue

Bevor ich mich versah, war ich bereits fast diplomierter Elektrotechniker an der RTWH Aachen und saß im Flugzeug nach Zürich, zusammen mit Vater auf einer seiner Dienstreisen. Sein Ziel: mich an der ETH mit dem Institut von Prof. Wirth vertraut zu machen. Auf dem Hinflug habe ich noch Pascal gedacht, auf dem Rückflug studierte ich das Handbuch zum neuen MacMETH: dem Modula-2 Compiler und Entwicklungswerkzeug aus Wirths Gruppe. Ich habe den Kontakt beibehalten und Dank Prof. Jürg Gutknechts Vermittlung eine Assistenzstelle nach dem Diplom angenommen und schließlich an der ETH in der Informatik promoviert, mit Niklaus Wirth als meinem Doktorvater. Gerade passend zu diesem Abschluss begab sich das von meinem Vater initiierte International Computer Science Institute (an der University of California in Berkeley) in sein drittes Jahr. Meine Bewerbung als Schweizer(!) Doktorand auf ein ICSI Postdoc-Stipendium war erfolgreich und so verbrachte ich ein Jahr im schönen Berkeley, wo ich auch meine Frau Bianca heiratete (die ich kurz vor der Ausreise aus Zürich auf Sylt kennen gelernt hatte).

Noch während des Berkeley-Aufenthalts verdichtete sich die Idee, mit Mitdoktoranden von der ETH eine Firma zu gründen um ein neuartiges Software-Entwicklungswerkzeug zu entwickeln. Diese Firma, Oberon microsystems, wurde dann im Frühjahr 1993 in Zürich gegründet. Endlich! Ich hatte schon in Schuljahren die Firmengründung mehrfach in Gedanken und simulierten Taten durchexerziert. Im Studium war das nicht anders gewesen. Die finanzielle Unterstützung der Eltern hielt mich über Wasser, nachdem ich meine schmalen Reserven abgebaut hatte – und es wurde die erste Tochter, Leonie, in Zürich geboren. Der Bedarf nach Sicherheit in der Startphase einer neuen Familie und der nachhallende Lockruf der akademischen Welt führten mich und meine junge Familie nach Australien, wo ich als Associate Professor an der Queensland University of Technology in Brisbane für die nächsten fünf Jahre arbeiten sollte. Dort wurden dann auch der erste Sohn, Lennard, und die zweite Tochter, Amelie, geboren.

Wir hatten gerade beschlossen in Australien auf Dauer zu bleiben und ich hatte gerade mein erstes großes Buchprojekt (nach Dissertation und Mitarbeit am Oberon Handbuch) abgeschlossen. *Component Software* war ein Glücksgriff: Thema und

Timing stimmten und das Buch verkaufte sich sehr gut. Microsoft bekam Wind davon (genauer: ich hatte den Entwurf kurz vor Drucklegung bei einer Veranstaltung in Redmond jemandem zur Einsicht gelassen) und *the rest is history*. Heute arbeite ich als Software-Architekt bei Microsoft in Redmond – erst in der Forschung, dann in Inkubationsprojekten und jetzt an der Basis für die nächste große Plattform-Technologie. Nebenher entstand auch *Software Ecosystem*, ein Buchprojekt mit David Messerschmitt von der UC Berkeley. Wenn sich dieses Buch auch viel schleppender verkauft als *Component Software*, so verkapselt es doch vieles, das mir wichtig ist.

Hier in Redmond wurde dann auch unser zweiter Sohn, Luca, geboren. Er und seine drei Geschwister entwickeln sich prächtig und zeigen bereits jetzt ein so breites Talent- und Interessensspektrum, wie meine Geschwister und ich das für unsere Eltern getan haben. Dank genetischer Beiträge, die ich nur auf Seiten meiner Frau und vielleicht auf Seiten der Großeltern ausmachen kann, zeigen alle vier große musische Talente: vom Ballett, Singen im Knabenchor, Klavierspiel bis hin zum Schauspieltalent. Letztlich auch Dank der herrlichen Natur um uns herum – ob auf dem Segelboot, auf Fahrrädern, beim Wandern oder auf Skiern – sehe ich der Zukunft mit Spannung und Freude entgegen.

4.2 Der Weg ist das Ziel

Und die Quintessenz dieses knappen Abrisses meines bisherigen Lebens? Wie am Anfang erwähnt, scheint im Rückblick alles logisch aufeinander aufzubauen. Nicht ein größerer Schritt scheint überflüssig. Nicht eine helfende Hand der Eltern scheint verfehlt oder falsch beraten. Nicht ein Leuchtfeuer Vaters auf der langen Karrierelandebahn hätte ausbleiben können. Oder ist das alles eine Illusion? Führt jede beliebige Folge von Schritten und beeinflussenden Faktoren zu einem Ziel? Ist der Weg das Ziel?

Ohne in der Endlosigkeit der Philosophie zu verschwinden, kann ich doch sagen, dass zwischen den initiierenden Weichenstellungen Vaters und meiner etwas schillernden aber doch auf ihre eigene Weise geradlinigen Laufbahn eine klare Kausalität zu sehen ist. Und so versuche ich nun mit meinen eigenen Kindern das Generationenexperiment fortzusetzen: nicht bestimmen, wohl aber ermutigen; nicht einengen, wohl aber behüten; nicht ausrichten, wohl aber initiieren.

5. Ausklang

Kinder sind Zukunft pur – ob die eigenen oder die anderer Eltern – und alles was in der Zukunft stattfindet, wird von ihnen und ihren Kindeskindern geprägt. Fragt man sich, was Innovation sein kann, was sie bewirken soll, so stößt man unweigerlich auf die tiefsten aller Sinnfragen. Denken in Initiierung, Vernetzung und Nachhaltigkeit ist Denken mit Blick nach vorne. Nur bei der bewussten Investition in die zukünftigen Generationen schließt sich der Kreis, hat innovative Tatkraft letztlich ihren Sinn. Denn: Innovation und Zukunft fangen immer bei den Kindern an!

Von F&E zur Anwendung betriebswirtschaftlicher Konzepte in Strategien zur Standortentwicklung – Ein deutscher Engpass

Innovationsbeiträge besonderer Art
von Norbert Szyperski

Utz Ingo Küpper

Inhaltsverzeichnis

1. Interdisziplinarität und Kommunikation 21

2. Projektimpulse für die Stadt- und Regionalentwicklung 24
   2.1 Köln: Technologie- und Projektorientierung 24
   2.2 Nürnberg: Innovationsorientierung 27
   2.3 Dortmund: Ein New Economy Thema für die Immobilienentwicklung 34

3. Clusterpolitik – Eine neue Konvergenz betriebswirtschaftlicher und regionalwissenschaftlicher Strategien? 35

4. Schlussfolgerungen 37

Literaturverzeichnis 40

Dieser Beitrag ist sicher subjektiv: Er stellt Arbeiten zu regionalpolitischen Entwicklungen dar, die der Verfasser, der nie bei Professor Szyperski studiert hat, aufgrund produktiver Gespräche mit ihm mitgestalten konnte. Er ist aus der Sicht des Schülers geschrieben, der zielführende Impulse aus der Wissenschaft in die kommunale Anwendungspraxis einbringen konnte und dabei von N. Szyperski immer wieder ermutigt und angeregt wurde.

1. Interdisziplinarität und Kommunikation

Für Grenzgänger zwischen Forschungsfächern, Berufsfeldern, privatwirtschaftlicher und administrativer Betätigung und Politikfeldern, die zu Recht oder je nach Zeitgeist unter Ideologieverdacht stehen, ist eine wissenschaftliche wie auch eine unternehmerische Karriere in Deutschland nicht leicht: Insbesondere Politik und Wirtschaft stehen sich immer noch in großer Distanz und mit vielen Vorbehalten und Informationsdefiziten gegenüber. Der berufliche Wechsel zwischen Hochschule, Unternehmen und Politik ist – im Gegensatz zu den USA und Großbritannien – eher selten und oft nicht karrierefördernd. Und auch aktuell, da sich viele vom Verwalten zum Unternehmen, vom Unternehmer zum politischen Mitgestalter, von der Kameralistik zum kaufmännisch rechnenden Stakeholder umorientieren, ist die Kenntnis der Sprache, der Entscheidungsstrukturen und der Rationalität der jeweils „anderen" Seite, mit der man netzwerken oder promoten oder wertschöpfen soll, auffallend defizitär.

Auffällig wird dies besonders bei gemischtwirtschaftlichen Projektversuchen und bei interdisziplinären Aufgabenstellungen. In meinen Berufsfeldern (Stadtentwicklungsplanung und Wirtschaftsförderung) gibt es nur Grenzüberschreitungsprojekte. Und es gab lange auch einen heute auffallenden Mangel an Persönlichkeiten, die sich – trotz ihrer oft starken Belastung in ihren Kernaufgaben – in zunächst oft ergebnisoffene Austauschprozesse mit Vertretern von Wirtschaft, Politik und Wissenschaft einbrachten.

Ich habe als Leiter der Kölner Stadtentwicklungsplanung Norbert Szyperski Mitte der 80er Jahre kennen gelernt, ohne seine 1980 erschienene Veröffentlichung „Unternehmens- und Gebietsentwicklung als Aufgabe einzelwirtschaftlicher und öffentlicher Planung" zu kennen. Ich habe von ihm betriebswirtschaftliche Beiträge und eventuell auch Unterstützung beim Aufbau von Kontakten zur ihm offenkundig nahe stehenden IT-Wirtschaft erwartet. Erfahren habe ich dann aber zunächst Unterstützung in meinem Engagement für den Standort in einem umfassenden Sinn, die ich mir zunächst mit Lokalpatriotismus des Professors erklärte. Wenn ich dann 20 Jahre später in seinem letzten „regelmäßigen" Editorial für die DBW von der „motivationalen Kraft einer ‚begeisterten' Region" lese, wird mir deutlich, dass sich unsere Engagements hier gekreuzt haben, er von der Betriebswirtschaft kommend, ich von der Wirtschaftsgeographie her. Das Schnittfeld war der Standort bzw. der Wirtschaftsraum und die seine Entwicklung bestimmenden Kräfte und die Möglichkeiten der in unterschiedlicher Weise an der gesellschaftlichen Entwicklung Beteiligten, positive Impulse auszulösen, zu nutzen und zu verstetigen.

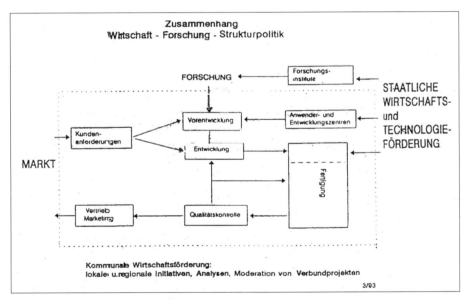

Abb. 1: Zusammenhang Wirtschaft – Forschung – Strukturpolitik (1993)

Abb. 1 entstand in unseren Diskussionen über die Strukturprobleme Mittelfrankens und die Möglichkeiten der Politik und auch der Unternehmer der Region Nürnberg, innovative Interventionen auszulösen und dabei ein neues Förderinstrumentarium und eine neue Art der Zusammenarbeit in der Region zu initiieren. Der Ansatz war komplex und zum Beispiel für die damalige bayrische Regierung durchaus ungewohnt. München zog schon bald daraus unter Verwendung der „Privatisierungserlöse" großen Nutzen für seine bis heute anhaltenden „High-Tech-Offensiven" und „Kompetenzfeldprogramme". Die Verknüpfung von gezielter Hochschulförderung mit der Unterstützung innovativer, von der Wirtschaft überwiegend selbst getragener Projekte zur Produktentwicklung und Standortprofilierung wurde ein Markenzeichen moderner Wirtschafts- und Regionalförderung.

Wir lernten bei den Kontakten mit N. Szyperski auch, uns in den kommunalpolitisch oder regionalwirtschaftlich organisierten Gesprächsrunden auf konkrete Projekte zu konzentrieren. Nicht das „immer mal wieder miteinander reden", sondern die unternehmerische Umsetzung neuer Ideen standen im Mittelpunkt seines Interesses. Wir haben uns so sehr darauf eingelassen, dass mir später gelegentlich Kollegen vorwarfen, ich würde die Projektorientierung der Stadtpolitik und damit die Abkehr von systematischer Planung betreiben. Das war natürlich ein Schein-Gegensatz, beides ist nötig und bedingt sich gegenseitig, aber konkrete wirtschaftliche Effekte (Arbeitsplätze insbesondere) lassen sich nur über erfolgreiche Projekte darstellen, deren Förderung deshalb zu einer wichtigen Aufgabe der Technologie- und Entwicklungspolitik werden sollte.

Das wichtigste Schlüsselwort für Norbert Szyperski war jedoch nach meiner Einschätzung „Innovation". Es ist rückblickend gesehen sensationell, dass er dieses große Ziel gerade so intensiv mit Verwaltungs- und Politikmenschen diskutiert hat, denen man in der Regel ganz andere Qualitäten zuordnet. Wir haben uns an konkreten regionalen Anwendungsfällen Gedanken gemacht über

- Innovationszyklen und ihre Basistechnologien,
- Innovationsschritte: von der Grundlagenforschung (Invention) über die Produktentwicklung und Produktion bis zum Marketing, und über die
- Betätigungsfelder, wie sie Abb.1 zeigt.

Insofern haben wir N. Szyperski sozusagen als „vorgeschobenen Beobachter" und Impulsgeber erlebt, der gleichzeitig in beide Richtungen – von der Hochschule in die politisch-administrative Praxis und von der Wirtschaft in die Wissenschaft Leuchtraketen zündete und dadurch „Leitprojekte" initiierte.

Dass er dabei ein unermüdlicher Netzwerker und Mutmacher war (in McWissen 01/2002, S.118-121 beschrieben als „Der große Kommunikator"), hat seinen Wirkungsgrad enorm erhöht und ihn als Partner für innovative Standortstrategien qualifiziert.

2. Projektimpulse für die Stadt- und Regionalentwicklung

2.1 Köln: Technologie- und Projektorientierung

In den achtziger Jahren entstanden in Ländern und Regionen vielfach Gesprächsrunden, die Politiker, Wirtschafts- und Verwaltungsführer, Vertreter von Verbänden, Hochschulen und Arbeitsmarktpartnern an einen Tisch brachten und der Diskussion aktueller Strukturprobleme aussetzten. Der Schritt von der überwiegend rathausinternen Strategieplanung (Stadtentwicklungsprogramme z. B.) hin zu offenen Dialogrunden war sicher oft einem neuen Bewusstsein ansteigender Wirtschafts- und Fiskalprobleme geschuldet; leider blieben die Erörterungen häufig folgenlos für die Beteiligten und für die strukturellen Fehlentwicklungen, über die man sich Sorgen machte.

Nicht so in Köln, das Mitte der 80er Jahre eine ungekannte Zunahme der Arbeitslosigkeit und die erste ernsthafte kommunale Finanzkrise nach der Wiederaufbauzeit erlebte. Über die Möglichkeiten und die Sinnhaftigkeit kommunalen Gegensteuerns wogten bald zwischen den Kammern, den Rathausparteien und der Verwaltung sehr kontroverse Diskussionen, und es bestand die Gefahr der Verfestigung eines Klimas pessimistischer Zukunftserwartungen, der Suche nach Schuldigen (vor allem bei den Investitionen angeblich hemmenden Planern) und des allgemeinen Attentismus.

Diese Stimmung wurde nachhaltig durch die Etablierung der „Kölner Technologierunde" überwunden, in der unter Leitung des Oberbürgermeisters Spitzenvertreter aus Politik, Wirtschaft, Gesellschaft und Verwaltung Initiativen zur Verbesserung der

Wirtschafts- und Arbeitsmarktsituation überlegen sollten. Unter maßgeblichem Einfluss von N. Szyperski hat sich diese Gesprächsrunde – wie später auch ähnliche Treffen der Kölner Arbeitsmarktrunde – weniger auf allgemeinen Meinungs- (und Vorurteils-)austausch, sondern vielmehr auf konkrete Handlungsoptionen fokussiert. Es wurde beschlossen, in für Köln wichtigen, weil endogenes Potenzial und kritische Masse aufweisenden Handlungsfeldern nach konkreten Projekten zu suchen, diese notfalls auch zu entwickeln, für jedes Projekt Promotoren, eine Entwicklungskapazität (Geschäftsstelle) und Stakeholder zu identifizieren und Projektfortschritte vierteljährlich zu berichten.

Wenn man das Organigramm (Abb.2) betrachtet, wird die Rolle Szyperskis schnell deutlich: zwei der drei von ihm mit initiierten Projekte GIZ und ITZ waren als erste realisiert (AK 1 bis 3) und er nutzte zur Förderung dieser Initiativen, bei denen er mit dem Stadtentwicklungsamt eng zusammenarbeitete, manche seiner Ressourcen als Universitätsprofessor, als Chef der GMD (der großen IT-Forschungseinrichtung des Bundes) und als Promotor für Unternehmensgründungen.

Die Wirkung der Kölner Technologierunde ging nachhaltig weit über die Themen der Arbeitskreise und ihrer konkreten Projekte (die nicht alle realisiert wurden, aber meist gute Abstöße für Brancheninitiativen waren) hinaus. Sie schuf einen neuen regionalen Konsens, der den Mut für Projektinitiativen und die Arbeitsbedingungen der Entwicklungsplaner deutlich verbesserte. Es entstand auch ein neuer Arbeitsschwerpunkt, der den Entwicklungs-Vorlauf für Projekte sicherte, die gemeinsam von privaten Interessenten und der öffentlichen Hand realisiert werden sollten. Durch diese Kooperation wurde nicht nur das Standortklima (die metaökonomische Standorteinschätzung) verbessert, es geschah auch ein Stück Legitimierung privater wie öffentlicher Aktivitäten durch Anerkennen ihrer gegenseitigen Abhängigkeiten und Berechtigungen.

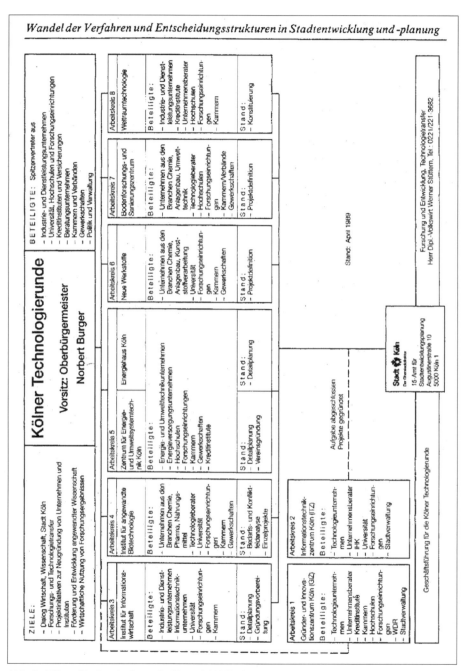

Abb. 2: Kölner Technologierunde (Stand 1989)

Dadurch wurde eine Grundlage für noch umfangreichere PPP-Projektentwicklungen in Köln gelegt, wie vor allem den MediaPark Köln. Auch bei diesem Projekt beteiligte sich Prof. Szyperski in Arbeitskreisen zur Identifizierung neuer Infrastruktur- und Anwendungsprojekte im Bereich der neuen, insbesondere der privatwirtschaftlich wachsenden I+K-Industrien. Der MediaPark wurde von Beginn an als Leitprojekt für die Ambitionen der Stadt konzipiert, der langsam „erwachsen" werdenden Branche (maturing industry) einen spezifischen Führungsstandort zu geben (in Analogie zu den Kölner Banken- und Versicherungs- und Einkaufsquartieren) und dadurch Köln zu einer Hauptstadt der Medienwirtschaft in Deutschland (neben München, Hamburg und Berlin) zu machen.

Die Ergebnisse dieses frühzeitigen, typischen Clusteransatzes sind inzwischen beschrieben (www.mediapark.de; U. I. Küpper und St. Röllinghoff: Clustermanagement: Anforderungen an Städte und regionale Netzwerke – in: Deutsche Zeitschrift für Kommunalwissenschaften, 44. Jg., 2005/I). Die Realisierung des Gesamtprojekts dauerte länger als vorausgesehen, aber nach Fertigstellung des Media-Quartiers auf dem ehemaligen Güterbahnhof Gereon ist die einhellige Einschätzung, dass die Initiative einen großen Beitrag zur Stärkung des Standortes Köln geleistet hat.

Der Stadt Köln wurde für ihre Initiativen für „Neue Dienste einer alten Stadt" 1987 der Prognos-Preis verliehen, was den Ehrgeiz der Stadtentwickler, Projektentwicklungen zu leisten, nachhaltig bestärkte. Norbert Szyperski war – und blieb – dabei ein wesentlicher Partner.

2.2 Nürnberg: Innovationsorientierung

Der Verfasser dieses Beitrags übernahm im Herbst 1992 die Leitung des Nürnberger Dezernates für Stadtentwicklung, Wohnen und Wirtschaft, und fand dort eine Stadt vor, deren Einwohnerzahl und Einzelhandelskraft stieg (durch die Öffnung der nahen Grenzen nach Osten), deren Beschäftigtenzahl aber sank. Nach langen Jahrzehnten industriellen Aufstiegs, der Nürnberg mit 35.000 Beschäftigten zum drittgrößten Standort der Elektrotechnik in der BRD nach München und Berlin werden ließ, entwickelte sich eine massive Strukturkrise, die die städtische Wirtschafts- und Sozialpolitik vor neue Herausforderungen stellte. Während bei IHK und im Rathaus aus der

Zeit konservativerer, wenn auch SPD-geführter Stadtregierungen die Überzeugung vorherrschte, die Stadt könne (und dürfe) nichts gegen Konjunkturen und Krisen tun, und der Freistaat Bayern sich viel mehr für München als für Nürnberg interessierte, engagierten sich soziale Gruppen, eine modernisierungsorientierte IG Metall und auch viele lokal engagierte Mittelständler für eine aktivere Standortpolitik Nürnbergs. Der Abbau von 10-15.000 Stellen der Elektroindustrie wurde angekündigt, insbesondere bei Triumph-Adler, Philips/PKI und Philips/Grundig, und weitere Produktionskapazitäten, z. B. bei Bosch, Siemens und dem Triumph Adler direkt benachbarten AEG Hausgeräte waren gefährdet.

Die **Neuorientierung der Kommunalpolitik** setzte bei drei Überlegungen an, für die vor allem die betroffenen Unternehmen und Tarifpartner gewonnen werden mussten:

- Bei Produktions- und Beschäftigungsabbau sollte das noch einsetzbare Geld der Firmen nicht (nur) in konsumaffine Ausgaben (Sozialpläne) fließen, sondern auch in neue Arbeitsplätze und in die Entwicklung neuer Produkte und Dienste und in Qualifizierungsmaßnahmen für Arbeitslose.
- Unternehmen und (ggfs. neu zu bildende) Firmenverbünde und Netzwerke sollten besonders in den Feldern besonderer Standortstärke der Region Nürnberg in Produktentwicklungen und innovative Standortgemeinschaften investieren.
- Der Freistaat Bayern (mit neuen Förderprogrammen, die sich später zu „High-Tech-Offensiven" entwickelten) und die Region (z. B. mit einem neuen „Wirtschaftsforum Nürnberg-Fürth-Erlangen") sollten den Umstrukturierungsprozess unterstützen.

Der neue, durchaus interventionistische Ton der Nürnberger Kommunalpolitik war für das Bundesland, die Kammern und erfahrenere Kommunalpolitiker durchaus ungewohnt und stieß auch einzelnen Unternehmern, z. B. dem Konzernvorstand von Philips, negativ auf. Er war entwicklungspolitisch umfassend angelegt und äußerte sich auch in Statements wie: "Wir denken jetzt an die bereits gekündigten bzw. vom Arbeitsplatzverlust bedrohten Mitarbeiter und ihre Familien und wissen, dass die meisten von ihnen arbeiten und sich nicht in ‚Hängematten' ausruhen wollen. Wir denken aber auch an die Manager in diesen Firmen, die Leute entlassen und Kosten senken müssen, warum auch immer. Diese Stadt ist nicht nur eine Wohlstandsgesellschaft, manche haben es jetzt schwer." (Ansprache des Verfassers im Stadtrat in Nürnberg am 14.7.1993).

Vertrauen in die neuen standortpolitischen Initiativen entstand vor allem durch die Unterstützung Betroffener (Firmen und Gewerkschaften) und qualifizierte Projektvorschläge.

Abb. 3: Photo Verhandlung Vorstand Olivetti Italien – Prof. N. Szyperski – Dr. U. I. Küpper, Frühjahr 1993 (vor der Werksschließung von Triumph-Adler)

Hierbei spielte N. Szyperski, der Nürnberg auch durch familiäre Verbindungen nahe stand, eine entscheidende Rolle. Er beriet Stadtverwaltung, firmeninterne Entwicklungsgruppen und regionale Netzwerktreffen und war ein wesentlicher Akteur bei der Selbstorganisation des Nürnberger Führungsclusters in der „Nürnberger Initiative für die Kommunikationswirtschaft – NIK", die 1994 gegründet wurde und immer noch besteht und gute Arbeit zur Standortprofilierung und Projektakquise leistet (www.nik-nbg.de). Allein aus 1993 habe ich noch 3 Manuskripte von InterScience aus der Feder von Norbert Szyperski vorliegen, deren Titel bereits die Bandbreite seines Engagements deutlich machen:

- Innovative Industrie-Entwicklung in Nürnberg (Firmengutachten mit Projektvorschlägen auf der Basis von über 40 Interviews, April1993),
- Initiativen zur Innovativen Weiterentwicklung der Region Nürnberg (Veröffentlichungskonzept, zusammen mit dem Verfasser, Juli 1993),
- Innovations-Invest Nürnberg und Mittelfranken – Eine private Gesellschaft zur Innovationsförderung (Vorschlag, Oktober 1993).

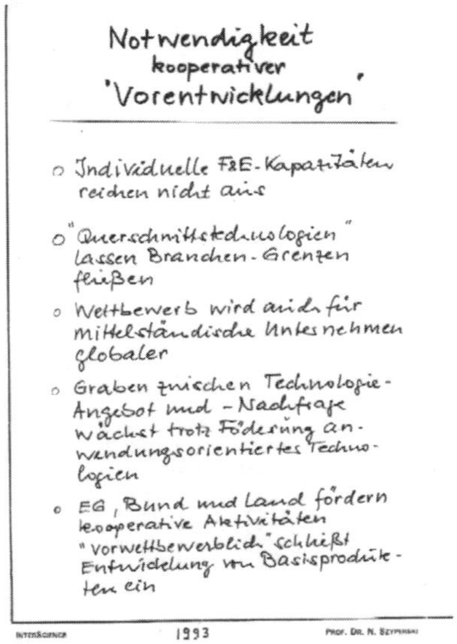

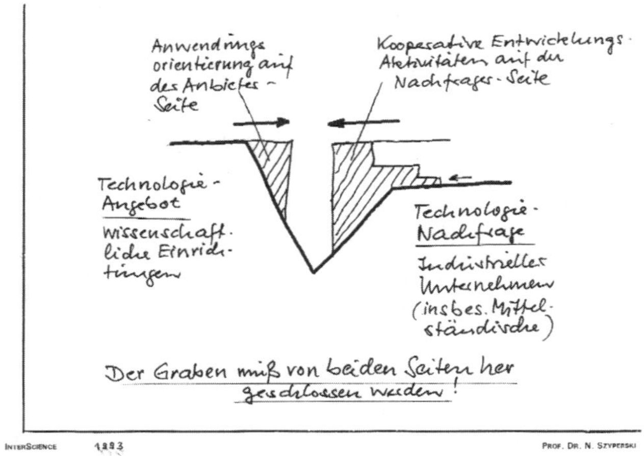

Abb. 4: Handskizzen von N. Szyperski zur Rolle der Produktentwicklungen im Schnittfeld von Forschung und Wirtschaft

Aus den Skizzen für politische Diskussionen, vor allem im Rathaus, mit der IHK und mit dem Wirtschaftsministerium und für konkrete Projektentwicklungen und geplante Veröffentlichungen (für deren Fertigstellung wir beide dann keine Zeit fanden), seien die herausgegriffen, die Szyperskis „Handschrift" in diesem Erneuerungsprozess und seinen Hauptansatz bei Innovation und Produktentwicklung deutlich machen (Abb. 4a+b).

Die Projektvorschläge, die N. Szyperski in Zusammenarbeit mit der städtischen Wirtschaftsförderung und Stadtentwicklung sowie mit kooperativen Managern, oft aus den mittleren Leitungsebenen der vom Rückbau betroffenen Konzernunternehmen entwickelte, können hier nicht wiedergegeben werden. Zusammengefasst sprachen sie vor allem folgende Themenfelder an:

- **Sicherung des regionalen Wissens**, vor allem in Führungsbranchen, durch Herstellung innovativer Produkte und durch die Stärkung korrespondierender Aktivitäten in Forschung und Entwicklung. Hierbei kommt seines Erachtens der vorwettbewerblichen Entwicklung und ihrer Unterstützung durch die öffentliche Wirtschaftsförderung ebenso große Bedeutung zu wie der zwischenbetrieblichen Kooperation in Verbundprojekten.
- **Aufbau innovativer Standortgemeinschaften**, insbesondere ansetzend an vorhandenen Werten wie Gebäuden, die bereits Entwicklungsarbeiten in den Altfirmen dienten. Ein Beispiel hierzu: In vorher von den Voreigentümern TA, dann VW und dann Olivetti genutzten Gebäuden sollte ein Technologie- und Anwenderzentrum als T+A Center eingerichtet und der Start dieser neuen Keimzelle für Neuentwicklungen sollte durch das Einbringen von Immobilien, Entwicklern, Aufträgen, Geräten und Finanzmitteln aus den schrumpfenden oder ganz schließenden Altbetrieben unterstützt werden (Das T+A Center kam zunächst als PPP-Initiative von drei Nürnberger „Standortpromotoren" mit der Stadt zustande und wurde erfolgreich vom Erwerber der gesamten TA-Immobilie im Kontext der Standortentwicklung privatwirtschaftlich weitergeführt.). Ein weiteres Beispiel für Szyperskis Projektansätze, die die Verknüpfung von Firmen, Technologien und Marktchancen zum Ziel hatten, war das „Produktstudio", das eine Gemeinschaftsinitiative Nürnberger Firmen sein sollte, die neue kommunikationstechnische Komponenten mit innovativen Angeboten anderer Branchen verbinden sollte

(Das Projekt überforderte in seiner Komplexität insbesondere die angesprochenen Mittelständler und den als Fördergeber eingeplanten Freistaat und kam deshalb nur in TA-bezogenen Ansätzen zustande.).

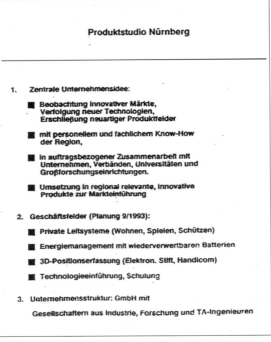

Abb. 5: Konzept „Produktstudio Wohnen, Spielen, Schützen" für Nürnberg (Projektvorschlag für Nürnberger Unternehmer von N. Szyperski 1993)

- **Initiierung einer „Neuen Gründerzeit" in der Region**: Dieses Thema bewegte N. Szyperski damals (mit D. Müller-Böling und anderen) stark; erst Jahre später wurde es zu einem Lieblingsthema von Beratern (McK u. a.) und Kommunalpolitikern (NUK). In Nürnberg deklinierte er das Thema Top Down (Bundes-, Landes-, Regionalebene) und Bottom Up mit den Beteiligten durch und kam zum Schluss, dass der Bottom Up-Ansatz gewählt werden müsste: Akteure, Promotoren, Cluster werden lokal mobilisiert, Initiativprogramme und Kooperationsprojekte werden mit der Landesregierung verhandelt, und auf Bundesebene werden Referenzergebnisse zum Benchmarking eingespielt. Das Ziel war, viele neue Gründungsfirmen zu starten und diese durch korporative Projektentwicklungen zu unterstützen. Flankierend hat N. Szyperski eine seiner frühzeitigen Lieblingsideen, den Stiftungslehrstuhl für Unternehmensgründungen, mit der Nürnberger Hochschule und Unternehmern besprochen, ohne ausreichend Resonanz für seine – nachträglich gesehen – so zukunftsträchtige Idee zu finden.

- **Finanzierungsidee einer Innovations Invest Firma**: Die Arbeiten am Projekt „Produktstudio Nürnberg GmbH" haben Szyperski zur Überzeugung geführt, dass es damals eine Anlauf- und Zwischenfinanzierungslücke bei der Gründung innovativer Unternehmen in Bayern gab, die auch nicht durch öffentliche Förderangebote kompensierbar war. Deshalb konzipierte er eine Invest-Gesellschaft als „Kapitalsammelstelle mit Promotorenaufgaben für die innovative Revitalisierung der Region". Eigentlich hätte Szyperski gerne F&E-Genossenschaften intiiert, immer wieder verwies er in Nürnberg auf das Vorbild der Datev e. G. oder der genossenschaftlichen Banken, aber die Überzeugung der Kapitaleigner der Region gelang trotz mancher Gespräche, die er führte, nicht. Deshalb erfand er die Innovations Invest KG a. A. und sah die Aufgaben dieser Gesellschaft nicht als Venture Capital Firma, sondern im Vorfeld dieser Finanzierungsgesellschaften als „Explorations-Gesellschaft" für Markt-, Produkt- und Know How-Entdeckungen in den unternehmerischen Potenzialen der noch stark mittelständisch geprägten Region. Das von N. Szyperski kompetent und engagiert angestoßene Projekt wurde von der Wirtschaftsförderung und dem Wirtschaftsforum Nürnberg-Fürth-Erlangen jahrelang weiterverfolgt, scheiterte letztlich aber am mangelnden Engagement der potenziellen Geldgeber.

N. Szyperski blieb den Arbeiten zur innovativen Entwicklung der Region Nürnberg noch in den Folgejahren verbunden, insbesondere bei der Mitgestaltung der jährlichen Nürnberger Symposien für die Kommunikationswirtschaft. Diese Symposien wurden von der durch N. Szyperski mit initiierten NIK veranstaltet. Auch Projektgespräche im Kontext des Zusammenbruchs der Philips-Grundig-Betriebe begleitete er. Seine Hauptwirkung entfaltete sein starkes persönliches Engagement in der Verbesserung von Kooperation und Standortklima und beim Aufbau eines neuen Selbstvertrauens der Kommunalpolitik und der Unternehmerschaft durch kompetente Beratung und Ermutigung.

2.3 Dortmund: Ein New Economy Thema für eine Immobilienentwicklung

Dem Standort Dortmund ist N. Szyperski schon seit dem Aufbau der neuen Universität dort verbunden, nicht zuletzt wieder mit dem Thema eines Stiftungslehrstuhls für Unternehmensgründungen. 1997 gab er für die Neuorientierung der Standortpolitik hin zu IT-orientierten Aktivitäten wichtige Impulse.

Am Ende des letzten Jahrhunderts war Dortmund durch das Auslaufen seiner drei Führungsindustrien (Kohle, Stahl, Bier), entsprechende Arbeitsplatz- und Qualifizierungsverluste und das Fehlen neuer Perspektiven gekennzeichnet. Stärkste Hoffnungsträger waren die jungen Hochschulen und der benachbarte Technologiepark; hier wuchs eine neue Stärke heran, die den Standort mit über 6000 Studierenden in IT-bezogenen Fächern und über 600 überwiegend jungen und kleineren Betrieben mit IT-Angeboten auf New Economy-Kurs brachte. Nur war diese neue Standortqualität noch wenig bekannt; sie begann erst ab Mitte der 90er Jahre, sich auch in Büroflächennachfrage und in der Dortmunder Gesellschaft (IHK-Präsident wurde 1997 der Softwarehersteller Dr. Materna) auszuwirken.

N. Szyperski wurde von der Dortmunder Wirtschafts- und Beschäftigungsförderung, deren Leitung ich Ende 1996 übernommen hatte, zu zwei Brainstormings ins Rathaus eingeladen, bei denen über Ideen für technologieorientierte Entwicklungsprojekte für Dortmunder Konversionsflächen nachgedacht wurde. Thyssen und Krupp-Hoesch, ab 1997 auf Konvergenzkurs, besaßen in Dortmund allein über 1000 ha Flächen, deren stahlwirtschaftliche Nutzung beendet war oder bis 2001 auslaufen sollte. Hinzu kamen große Umnutzungspotenziale auf den ehemals durch die britischen Truppen genutzten Flächen, so z. B. die an hervorragender B1-Lage gelegenen Kasernenflächen, die unter der Lagebezeichnung „Stadtkrone Ost" für eine neue Mischnutzung (Gewerbe + Wohnen) aufbereitet werden sollten. Leider gab es trotz der Förderzusagen des Landes und einer Ausschreibung unter Maklerfirmen und auch nach einem mehr städtebaulich geprägten Kolloquium mit Planern, Förderprogrammexperten und Entwicklern zunächst keine „zündende Idee" für einen Nutzungsstart auf Stadtkrone Ost.

In den Rathausgesprächen ging es um die Nutzbarkeit der Impulse aus der heranwachsenden Dortmunder IT-Wirtschaft und entsprechender Förderprogramme des Landes NRW für diese Branche für investive Projektvorschläge. Der maßgebliche Anstoß zum „ersten deutschen electonic commerce center" (ECC) kam von N. Szyperski, der auf die wachsende Relevanz der neuen Kommunikationstechnologien für Handel/Logistik, für die Prozessabläufe in gegliederten Fertigungen und für die Zusammenarbeit zwischen den Unternehmen und auf den hohen Qualifizierungsbedarf hinwies, der hieraus vor allem in der mittelständischen Wirtschaft entstehen werde. Dies war damals ein durchaus risikobehafteter Ratschlag, gab es doch in Deutschland erst ca. 500.000 Internetnutzer und zwar viel E-Commerce-Phantasien, aber wenig gewerblichen Umsatz mit E-Business.

Die Grundidee, hierzu ein Institut mit angegliederten Ansiedlungsflächen und Infrastrukturen zu schaffen und dies als Entwicklungskern für die völlig brach liegende Stadtkrone Ost zu propagieren, wurde von Stadtpolitik, Landesförderung und auch von lokalen Partnern aufgegriffen, die 1998 die ECC GmbH starteten. Die für die Flächenentwicklung zuständige Stadtkrone Ost GmbH trieb in Zusammenarbeit mit dem Dortmunder IT-Institut FTK diese Projektentwicklung voran und nutzte sie für die Positionierung der neu entstehenden Lage im wachsenden Dortmunder Immobilienmarkt. Das ECC wurde zur Entwicklungsmarke für die Konversionsfläche Stadtkrone Ost und in der Hand des FTK (Fachliche Betreuung) und der Firma Freundlieb (Dortmunder Investor und Bauträger) ein Ansiedlungsmagnet und Qualifizierungszentrum für E-Business (www.ecc-dortmund.de). Bis Frühjahr 2006 entstanden so auf dem Standort ca. 60 Betriebe mit 1600 Mitarbeitern, unter anderem aus dem IT-Bereich adesso, IBM, sowie 25 kleinere IT-Firmen im ECC, seit 2005 mit dem neuen Schwerpunkt Mobile Technology Lab.

3. Clusterpolitik – Eine neue Konvergenz betriebswirtschaftlicher und regionalwissenschaftlicher Strategien?

Meine eigene akademische Ausbildung in der Schule des Wirtschaftsgeografen Erich Otremba eröffnete mir Zugänge zu regionalwissenschaftlichen Fragen über eine ganzheitliche Betrachtung räumlicher Zusammenhänge (Struktur, Funktion, Zeit, Entwicklungsprozesse). Der Gegenstand betriebswirtschaftlicher Sicht regionaler Ausprägungen von Verteilungen und Veränderungen war, sofern diese überhaupt forschungsrelevant waren, meist der einzelne Betrieb und seine Standortparameter. Dabei bestimmten in der BWL die messbaren Kostenstrukturen („harte Standortfaktoren") lange die Standortediskussion, während die Regionalökonomen (mit den Geographen) zur Erklärung besonderer räumlicher Entwicklungsverläufe schon lange auf die qualitativen Entscheidungskomponenten („weiche Standortfaktoren") verweisen.

Eine neue interdisziplinare Qualität ist in die Regionalforschung in den letzten zehn Jahren dadurch eingezogen, dass sich die Makroökonomen wieder stärker unternehmensbezogenen Erkenntnissen öffneten, und dass sich die Betriebswirte ganz neu den Fragen der regionalen Einbettung der Unternehmen und ihrer Beteiligung am regionalen Change Management zuwandten. N. Szyperski hat hierzu frühzeitig wichtige Transferbeiträge geleistet, wie die vorstehenden Beispiele zeigen. Thematisch soll die neue Konvergenz von Mikro- und Makroökonomik an jeweils einem zentralen Thema der Disziplin festgemacht werden:

- In der BWL, vor allem in der Wettbewerbs- und der Managementforschung, entstand in den 90er Jahren des letzten Jahrzehnts ein neues Interesse an den die unternehmerische Wettbewerbsfähigkeit mit prägenden Standortfaktoren. Michael Porter (z. B. 1998) und seine Schule, aber auch einige zum Change Management in Unternehmen forschende Betriebswirte wie J. Sydow und eben auch N. Szyperski entdecken die Agglomerationsvorteile von Betrieben in „gut aufgestellten" regionalen Kompetenzfeldern. Die Clusterstrategien der Wirtschaftsförderer werden ganz stark von diesen Erkenntnissen abgestützt.
- Auf der Seite der Makroökonomen werden dagegen Untersuchungen, die die Faktoren für Unternehmensgründungen und das „business climate" von Standorten bestimmen, wieder wichtig, die früher ja schon die Theorien von den Growth Poles bzw. Entwicklungsschwerpunkten bestimmt hatten. Beispielhaft seien für die US-Forschung die Hinweise von Richard Florida in „The Rise of the Creative Class" (2002) genannt, der bei seinen Forschungen zu den unterschiedlichen Entwicklungsverläufen der Stadtregionen dem gängigen Klischee Good Business Climate das seines Erachtens viel wichtigere Good Peoples' Climate („the power

of the place") und Kennziffern für die Offenheit der Gesellschaft (Diversity, Openness) entgegensetzt. Auch die deutsche Regionalwissenschaft ist wieder stark mit den Bestimmungsgründen unternehmerischer Entscheidungen befasst, die auf Einschätzungen von Verhalten und Präferenzen der an den Standorten betroffenen bzw. benötigten Menschen (Mitarbeiter, Fachleute, Kunden) beruhen.

Die neue Konvergenz von BWL und Regionalforschung tut der Forschungsanwendung in regional- und standortpolitischen Fragen gut. Besonders deutlich wird dies derzeit an den Cluster- bzw. Kompetenzfeldstrategien der Wirtschaftspolitik. Aber auch nach dem Cluster-Hype wird der Beratungs- und Qualifizierungsbedarf der Wirtschaftspolitik weiter bestehen und es werden Promotoren neuer strategischer Ausrichtungen gefragt sein.

4. Schlussfolgerungen

Die Anregungen, die N. Szyperski in die kommunale Wirtschafts- und Strukturpolitik einbrachte und die sich in Verbindung mit lokalen Partnern zu Projektinitiativen verdichteten, bedeuteten für uns „vor Ort" eine Legitimierung aktiver Entwicklungsstrategien und eine große Ermutigung für ehrliche Public Private Partnerships (dazu U. I. Küpper: Kommunale Wirtschaftsförderung – Strategien mit Akteuren, Clustern, Leuchttürmen und viel Konkurrenz im Tagesgeschäft; in: Küpper/Henckel/Rothgang/Kiepe: Die Zukunft unserer Städte gestalten – Chancen aus Krisen = Neue Schriften des Deutschen Städtetages, Heft 85, 2003). Aufgrund meiner Erfahrungen in den genannten Städten (und durch den kollegialen Austausch über Ergebnisse an anderen Standorten) bin ich fest von der Sinnhaftigkeit regionaler Struktur- und Entwicklungsstrategien überzeugt. Die unterschiedlichen Beispiele vom Aufstieg und Abstieg von Regionen bei vergleichbaren Rahmenbedingungen zeigen, dass es deutliche lokale Einflüsse und Handlungsspielräume gibt, die allerdings entdeckt, spezifisch adressiert und genutzt werden müssen. Vier strategische Überlegungen scheinen mir dabei besonders wichtig zu sein:

- Begonnen werden muss mit der Mobilisierung „frischer", zusätzlicher Ressourcen am Standort und für den Standort durch gemeinsame Arbeit (Lobekartell) der

Stakeholder an einem attraktiven, akquisitorischen Profil und an der Positionierung von Kompetenzfeldern und Leitprojekten (unique selling points).

- Wichtig ist dabei die bewusste Ansprache und Stärkung des Selbstvertrauens einer „begeisterten Region" (Szyperski, 2002), die über diffuses Wollen und das Mitnehmen von öffentlicher Förderung hinauswächst und sich effektiv organisiert. Der Aufbau einer solchen, die besonderen Kompetenzen des Standortes gezielt ausbauenden „organising capacity of a region" (Leo van den Berg, 1999 et al.) ist mehr als traditionelle Wirtschaftsförderung, es ist Clustermanagement in regionalpolitischem Verständnis. Einige der „Projektkinder" Szyperskis sind Piloten für diese Strategie geworden (NIK Nürnberg, Medienstadt Köln, ECC Dortmund).

- Dabei ist ein Erneuerungs- und Innovationskonzept zu verfolgen, das integrativ ist, die gesamte Gesellschaft mitnimmt und positiv in die Region und darüber hinaus ausstrahlt. Eine enge Führung des innovations- und Modernisierungskonzepts auf High-Tech und Eliten ist nicht zielführend, weil diese unsere Finanz- und Arbeitsmarktprobleme nicht lösen. Aber es ist trotzdem richtig, regionale Förderprioritäten auf junge Leitbranchen mit nachweisbaren und relevanten Potenzialen zu setzen, um mit deren Wachstum den Arbeits- und Qualifizierungsdefiziten den Nachwuchs zu entziehen und Erneuerungsimpulse in alle Branchen und Betriebe zu senden.

- Was wir überhaupt nicht brauchen, was aber leider viele in Deutschland mit Inbrunst tun und oft ideologisch überhöhen: das Schlecht-Reden und das Angst-Machen, das Verweigern des eigenen Engagements mit Hinweis auf die angeblich schlechten Rahmenbedingungen, ein Attentismus, und das „Mitnehmen" der Subventionen und anderer Vorleistungen öffentlicher Hände bei gleichzeitigem Beschwören des Abbaus der Staatsquote. Manche öffentlichen, durchaus auch klimabildenden Äußerungen sind kontraproduktiv und standortpolitisch verantwortungslos. Strategische Regionalentwicklung, z. B. auch in Form der Kompetenzoffensiven Bayerns oder der Clusterpolitik von NRW, sollte mit der Zielsetzung erfolgen, erfolgreiche Standortgemeinschaften aufzubauen, die sich selbst organisieren, sich gut finden und Zukunft auch im überregionalen Wettbewerb haben.

Den Städten kommt eine zentrale Rolle als Generatoren von Innovation und Wachstum zu. Diese Erkenntnis ist regionalwissenschaftlich seit langem belegt, wird aber politisch nicht umgesetzt. Die wirtschaftliche und soziokulturelle Vitalität der Städte ist grundlegend infrage gestellt durch ihre langjährige politische und fiskalische Schwächung. Außerdem ist sie existentiell gefährdet durch die Spaltung fast aller Ballungsräume in ältere Kernräume, in denen sich Infrastruktur- und Finanzsorgen häufen, und prosperierende Umlandbereiche, die sich der Leistungen der Städte bedienen, sich aber politisch und gesellschaftlich oft anti-städtisch aufstellen. Bund und Länder versagen seit Jahren vor dieser Doppelproblematik, der Kommunalfinanzreform und einer Aufgaben- und Gebietsreform zugunsten einer regionalen Gestaltungsdimension. Jetzt wirken sich die langjährigen Defizite so aus, dass die Großstädte zunehmend als Investoren und Infrastrukturbetreiber ausfallen und die Stadtbevölkerung den Polarisierungstendenzen einer marktideologisch einseitigen Gesamtpolitik ausgeliefert ist.

Norbert Szyperski ist den Städten und ihren Sorgen sehr verbunden. Seine Initiativen für innovative Kommunalpolitik haben viel bewirkt. Damit hat er – und er ist sicherlich weder parteipolitisch „links" noch wirtschaftspolitisch ein Keynesianer – eine gutes Beispiel für verantwortliches Citizenship gegeben und einen bedeutenden Transferbeitrag für die Anwendung von Betriebswirtschaftslehre und Technologieforschung auf lokale strukturelle Aufgabenstellungen gegeben. Damit hat er der Stadtentwicklung – gerade in Zeiten reduzierter öffentlicher Finanzierungsspielräume – neue Ressourcen und neue Partnerschaften eröffnet und damit auch neue Wege für ein verstärktes Bürger- und Unternehmerengagement für ihre Städte gewiesen.

Literaturverzeichnis

FLORIDA, RICHARD:

The Rise of the Creative Class. New York, 2002

GRABHER, GERNOT (ED.):

The Embedded Firm. On the Socioeconomics of Industrial Networks. London, 1993

KÜPPER, UTZ INGO, UND RÖLLINGHOFF, STEFAN:

Clustermanagement: Anforderungen an Städte und regionale Netzwerke. In: Deutsche Zeitschrift für Kommunalwissenschaften, 44.Jg., 2005/I, S. 60–93

KÜPPER, UTZ INGO:

Kommunale Wirtschaftsförderung – Strategien mit Akteuren, Clustern, Leuchttürmen und viel Konkurrenz im Tagesgeschäft. – In: Küpper, Henckel, Rothgang, Kiepe (Hrsg.): Die Zukunft unserer Städte gestalten – Chancen aus Krisen. = Neue Schriften des Deutschen Städtetages, H. 85, 2003

MCK WISSEN: 01/2002

Themenheft „Cluster",S.118–125: Der große Kommunikator. Bericht über N. Szyperski

PORTER, MICHAEL:

Clusters and the New Economics of Competition. In: Harvard Business Review, Nov./Dec. 1998

SZYPERSKI, NORBERT:

Regional Clustering – zwischen Bremse und Motor? = Editorial in DBW 3/2002

VAN DEN BERG, LEO, MIT BRAUN, ERIK, UND VAN WINDEN, WILLEM:

Growth Clusters in European Cities. Euricur, Rotterdam 2001

Das Deutsche Forschungsnetz (DFN)

Beiträge zur Technologie- und Marktentwicklung im Bereich der Datenkommunikation seit 1984

Eike Jessen und Klaus Ullmann

Das Deutsche Forschungsnetz (DFN)

Inhaltsverzeichnis

1. Einführung 45

2. Schritte der Entwicklung des Wissenschaftsnetzes 46
    2.1 Startumgebung 1984 46
    2.2 Erste Generation: 1984– 1990 47
    2.3 Zweite Generation: 1990–1996 48
    2.4 Dritte Generation: 1996–2000 49
    2.5 Vierte Generation: 2000–2005 50
    2.6 Fünfte Generation: ab 2006 51

3. Innovation für den Kommunikationsmarkt 51

4. Innovative Anwendungen auf dem Netz 52

5. DFN als Gemeinschaftsorganisation der Wissenschaft 53

6. Ergebnis 54

1. Einführung

Die Idee, wissenschaftliche Einrichtungen in Deutschland datentechnisch zu verbinden, wurde in den achtziger Jahren entwickelt, als bereits erste Pilotimplementierungen in Deutschland existierten, als aber aus den USA schon über erste, sehr positive Erfahrungen im praktischen Umgang mit Rechnervernetzungen berichtet wurde. Der wesentliche, bereits damals formulierte Nutzen von Wissenschaftsvernetzungen wurde in der Synergie gesehen, die durch die gemeinsam für alle Wissenschaftler verfügbare technische Plattform ermöglicht wurde. Dies war etwas vereinfacht dargestellt die Vision, aus der die Gründer an den Aufbau des Deutschen Forschungsnetzes gingen.

Das Bundesministerium für Forschung und Technologie griff die zu einem Projektantrag ausgearbeitete Idee auf und hat fast über zwanzig Jahre durch großzügige Finanzierung über Projektmittel dafür gesorgt, dass die Idee realisiert werden konnte. Nicht zuletzt ist dies auch durch eine innovative Projektform gelungen, die beim BMBF zwar die Globalverantwortung, beim DFN, als der Organisation der Wissenschaft, aber die fachliche und organisatorische Verantwortung für die Durchführung des gemeinsam verabredeten Programms ansiedelte. Dadurch wurde dem DFN eine Nähe zu den datentechnischen Problemen der Wissenschaft und deren Anwendungen praktisch in die Wiege gelegt.

In den folgenden Abschnitten wird dargestellt, welche Schritte das Wissenschaftsnetz (WiN) des DFN durchlaufen hat. Ferner wird beschrieben, in welcher Weise DFN dabei bestimmte Marktsegmente des Kommunikationsbereiches vorgeprägt hat. Schließlich wird an ausgewählten Beispielen gezeigt, wie aus den BMFT geförderten Projekten im Entwicklungsprogramm des DFN neue Ideen für die Nutzung innovativer Netztechnik entstanden und wie die Arbeiten des DFN organisatorisch in die deutsche Wissenschaftswelt eingebettet sind.

2. Schritte der Entwicklung des Wissenschaftsnetzes

2.1 Startumgebung 1984

Die Rechnernetze heutiger Technik nahmen mit dem ARPANet1969 ihren Anfang. Auf der Grundlage dieser Technik entstanden weitere Netze in den USA, das CSNET (Computer Science Network), und vor allem ab 1985 das NSFNet der National Science Foundation. In den siebziger Jahren entstanden Herstellerarchitekturen (z. B. IBM SNA, Digital Equipment DECNet, Siemens Transdata). CCITT und ISO bemühten sich um die internationale Normung der Kommunikationsprotokolle. Diese Arbeiten führten in der ersten Hälfte der achtziger Jahre zum Aufbau von technisch ausgereiften, paketvermittelnden Netzen einfacher Funktionalität (CCITT-Empfehlung X.25). Die Deutsche Bundespost betrieb auf dieser Grundlage ab 1985 ihr Datex-P-Netz. Die weiterentwickelten Kommunikationsprotokolle des ARPANet (TCP/IP) wurden 1982 Military Standard und 1983 in den aus dem ARPANet in den USA entstandenen Wissenschaftsnetzen verbindlich eingeführt. Daneben bestanden in der Wissenschaft andere Netzansätze, z. B. Bitnet (USA), das durch Förderung von IBM ab Mitte der achtziger Jahre auch in Europa (EARN) Verbreitung fand.

Abgesetzte Batch- und Dialog-Stationen verbreiteten sich in den siebziger Jahren im Großrechnerbetrieb. In den Netzen auf der Grundlage des ARPANets wurden Electronic Mail und File Transfer die wichtigsten Nutzungsformen.

In den USA hatte sich die Nutzung der Netze in einigen Disziplinen bereits sehr fruchtbar auf die wissenschaftliche Arbeit ausgewirkt. Anfang der achtziger Jahre wuchs auch in Deutschland schnell die Überzeugung, dass ein Wissenschaftsnetz für die deutsche Wissenschaft bereitzustellen sei. Es gab in der deutschen Wissenschaft einige erste Erfahrungen mit kleineren Pilotnetzen und mit der Nutzung der Datenkommunikation für die Wissenschaft, insbesondere in Berlin (Bernet), Darmstadt, Düsseldorf (RJE Verbund NRW), Karlsruhe und München. Es gab kein Vorbild für eine technisch/betriebliche Organisation der deutschen Wissenschaft, die eine wichtige Infrastruktur spezifizieren und betreiben würde. Sieben deutsche Wissenschaftseinrichtungen gründeten eine Arbeitsgemeinschaft, in der das Konzept des DFN (Verein zur Förderung eines Deutschen Forschungsnetzes, e. V.) entstand. Das

Bundesministerium für Forschung und Technologie drang darauf, dass die deutschen Wissenschaftseinrichtungen diese Infrastruktur verantwortlich tragen würden, wozu ein Verein mit Mitgliederversammlung, Verwaltungsrat und aus diesem gebildeten Vorstand die richtige Konstruktion zu sein schien. Auf dieser Grundlage wurde der DFN-Verein 1984 gegründet.

In der Tat hat sich diese Konstruktion über 20 Jahre unter sich durchaus wandelnden Ansprüchen sehr gut bewährt, auch im Vergleich zu anderen denkbaren Konstruktionen, wie z. B. Gründung auf einen Staatsvertrag der Bundesländer. Zu den wichtigsten technischen Entscheidungen gehörte, herstellerunabhängige Kommunikationsprotokolle und hier besonders die entstehenden Standards der ISO/CCITT einzusetzen; damit würde nicht nur die Unabhängigkeit von Herstellern gesichert sein, sondern auch die nachhaltige Wirkung der bereits abzusehenden großen Investitionen in Betrieb und Anwendungen des Netzes. Ferner machte gerade diese Herstellerunabhängigkeit das Deutsche Forschungsnetz interessant für DV-Hersteller als Partner, die an einer Pilotierung der international standardisierten Protokolle interessiert waren. Und so kam es, dass die Industrie neben den Wissenschaftseinrichtungen in der Gründungsphase eine wichtige Rolle übernahm.

2.2 Erste Generation: 1984–1990

Die Umsetzung des Protokollentscheids stellte große Aufgaben in der Evaluierung und Feinspezifikation der internationalen Standards, die Spielräume offen ließen und verbreitet nicht streng implementiert wurden. Gestützt auf die nachdrückliche finanzielle Hilfe des Bundesministeriums für Forschung und Technologie, wurden die Protokolle für die wichtigsten Systemarchitekturen implementiert und auf ihre Interoperabilität getestet. Daneben lief die Entwicklung von Grunddiensten für die Wissenschaft an, etwa Auswahl und Einführung von Mailsystemen und Diensten für verteilte Graphik. Das Deutsche Forschungsnetz definierte sich zu dieser Zeit weitgehend durch sein Protokollhandbuch, auf das gestützt verschiedene regionale Verbunde entstanden, die unterschiedliche Basistechniken verwendeten, ab Mitte der achtziger Jahre in wachsendem Umfang Datex-P, das aber zu teuer und nicht genügend leistungsfähig erschien.

In der zweiten Hälfte der achtziger Jahre war leider zu erkennen, dass die großen DV-Hersteller die standardisierten Kommunikationsprotokolle nicht mit ausreichendem Nachdruck unterstützen. Noch weniger waren diese Akteure geneigt, die TCP/IP-Protokollwelt zu unterstützen; der Glaube, am Markt mit proprietären Kommunikationssystemen erfolgreich sein zu können, war noch nicht gebrochen.

2.3 Zweite Generation: 1990–1996

Ende der achtziger Jahre wurde ersichtlich, dass die deutsche Wissenschaftsinfrastruktur nicht aus regionalen Inseln, fußend auf verschiedenen Basistechniken, betrieben werden könnte, und dass in dieser Struktur auch keine ausreichende Wirtschaftlichkeit erreicht werden könnte. DFN nahm Verhandlungen mit dem Bundespostministerium auf, mit dem Ziel, auf der technischen Basis von Datex-P ein deutsches Wissenschaftsnetz zu betreiben und – unter Verzicht auf die kostspielige detaillierte Abrechnung der einzelnen Kommunikationsvorgänge – einen Vertrag mit einem festen jährlichen Preis zu schließen. Die Bereitstellung von Netzen war bis dahin in Deutschland ein hoheitlicher Akt gewesen, der dem Monopolbetrieb Deutsche Bundespost zugewiesen war; für das Deutsche Forschungsnetz schloss das Bundesministerium für Post- und Fernmeldewesen erstmals einen privatwirtschaftlichen Vertrag mit üblichen Haftungsbedingungen ab.

Der Schritt in das eigene Wissenschaftsnetz war ein großer Erfolg. Das Bundesministerium für Forschung und Technologie übernahm eine Ausfallgarantie. Innerhalb weniger Monate entschlossen sich etwa 200 Wissenschaftseinrichtungen, einen Anschluss an dieses Netz zu beauftragen. Die Bandbreite der Anschlüsse reichte bis 64 KB/s; solche Leistungen waren im Datex-P-Netz nicht verfügbar und es bestand verbreitete Skepsis bei der Bundespost, ob es hierfür überhaupt einen Markt gäbe. Der Erfolg des („X.25-") Wissenschaftsnetzes räumte mit dieser Skepsis auf; schon 1991 war absehbar, dass auch Anschlüsse bis 2 MB/s gebraucht werden würden. Die zugrunde liegende X.25-Technik erwies sich als so ausgereift, dass dem DFN-Verein 1990 schnell die Erweiterung des Netzes in die neuen Bundesländer mit Hilfe einiger Gruppen der Akademie der Wissenschaften der DDR und der TU Dresden gelang. Vielfach konnten dort Wissenschaftseinrichtungen leistungsfähige Netzanschlüsse erhalten, bevor das Fernsprechen auf einen akzeptablen Stand gebracht worden war.

Das Wissenschaftsnetz erwies sich als außerordentlich erfolgreich; in den 10 Jahren von 1990 bis 1999 stieg der Durchsatz des Netzes um den Faktor 10.000. In das Vakuum, das durch die unzureichende Unterstützung der international standardisierten Protokolle seitens der Hersteller und Netzbetreiber entstanden war, drangen in der Wissenschaft ab Ende der achtziger Jahre auf breiter Front die TCP/IP-Protokolle ein. Die X.25-Technik des Wissenschaftsnetzes erlaubte zunächst einen Modus Vivendi, indem IP-Pakete in X.25-Pakete verpackt wurden („Tunnelung"). Für die breite Nutzung der TCP/IP-Protokolle würde das kein wirtschaftlicher Weg sein.

Einen ähnlichen Weg, der allerdings durch die ungleiche Deregulierung in den Mitgliedsländern der EU verschiedene andere Charakteristika zeigte, nahm die Entwicklung der trans-europäischen Vernetzung. Hier war das sogenannte International-X.25-Exchange (IXI) das erste Netz, das neben dem IBM gesponsorten EARN Betriebsfunktionen (64Kbit/s X.25) erbrachte.

2.4 Dritte Generation: 1996–2000

Der große Erfolg des X.25-Wissenschaftnetzes machte es notwendig, sich in der nächsten Generation von der Standardtechnik der Deutschen Bundespost zu lösen; diese – nunmehr als Deutsche Bundespost Telekom erstmals am Markt agierend – gewann aber die Ausschreibung für das Nachfolgenetz, das Breitbandwissenschaftsnetz B-WiN, das auf der Technologie des Asynchronen Transfermodus (ATM) beruhte. Diese Protokollgrundlage erlaubte es, Anteile von breitbandigen Übertragungskanälen (Lichtleitern) definiert und wirtschaftlich zu nutzen und auf dem Gerüst der physischen Leitungen ein virtuelles Netz mit der erforderlichen Konnektivität und Struktur aufzubauen. ATM versprach obendrein grundlegende Vorteile, wenn multimediale Übertragungen in Echtzeit auf dem Netz einsetzen würden; entgegen den Erwartungen spielte das allerdings in den neunziger Jahren eine noch untergeordnete Rolle. Das Breitbandwissenschaftsnetz kostete etwa das Vierfache des X.25-Wissenschaftsnetzes, die deutsche Wissenschaft brachte jedoch die erforderlichen Mittel auf, im Hintergrund wieder auf eine Ausfallgarantie des Bundesministeriums für

Forschung und Technologie gestützt. Immer wichtiger wurden leistungsfähige Auslandsverbindungen. DFN trug ganz wesentlich zum Aufbau eines europäischen Gemeinschaftsnetzes der Wissenschaft (TEN 34/155) bei, aus dem sich später GEANT 1 und GEANT 2 entwickelten.

Vorbereitend zur Einführung des Breitbandwissenschaftsnetzes, wurden einige regionale Testbeds aufgebaut, in denen die Netznutzer sich zu einem frühen Zeitpunkt mit den neuen Leistungsmöglichkeiten vertraut machen und Anwendungen entwickeln konnten. Dieses Verfahren bewährte sich auch 5 Jahre später bei der Vorbereitung des Gigabitwissenschaftsnetzes.

Mit dem gemeinsamen Netz der Deutschen Wissenschaft entstand die Chance und die Notwendigkeit, Probleme, die bei der Nutzung des Netzes entstanden, anzugreifen und gemeinsam zu lösen. Dies manifestiert sich vor allem im Aufbau des ersten Computer Emergency and Response Team (CERT) und später im Aufbau der Forschungsstelle Recht, die für die Gemeinschaft Rat und Unterstützung in den schnell wachsenden Problemen der Rechtsverhältnisse von Kommunikation und neuen Medien liefert.

2.5 Vierte Generation: 2000–2005

Das Breitbandwissenschaftsnetz hatte Deutschland, das 1984 etwa 5 Jahre in der Wissenschaftsvernetzung gegenüber den USA zurücklag, zu deren Stand aufschließen lassen. Das nachfolgende Gigabitwissenschaftsnetz G-WiN übertraf bereits bei seiner Betriebsaufnahme den technischen Stand der Wissenschaftsnetze in den USA. Inzwischen waren die Entwicklung der Ansprüche an das Wissenschaftsnetz und der spezifischen Kosten am Markt für Kommunikationsdienste soweit absehbar, dass in dem Vertrag, den abermals auf der Basis einer europaweiten Ausschreibung die Deutsche Telekom gewann, festgelegt werden konnte, dass das Kernnetz des G-WiN eine jährliche Leistungsverdoppelung bei konstantem Preis erhalten würde. Neue Anwendungen (unter anderem das File Sharing) setzen das Wachstum fort. Mit einigem Bedauern wurde ATM aufgegeben, weil sich die qualitativen Anforderungen der Anwendungen nicht in einem Ausmaß entwickelt hatten, das ATM gerechtfertigt hätte und weil Übertragungen guter Qualität angesichts der immer preiswerter verfügbaren Netzkapazität auch ohne ATM geboten werden konnten. Auch in dieser Generation entwickelte die deutsche Wissenschaft auf der Grundlage des Netzes neue Gemeinschaftsdienste: Hochqualitative Viel-Partner-Videokonferenzen und ein Roaming-Verfahren, das einem Wissenschaftler erlauben soll, in einer fremden Wissenschaftseinrichtung fast wie zu Hause mit dem Netz arbeiten zu können.

Auf der Grundlage der Wissenschaftsnetze wurden international neue Dienststrukturen in Umrissen sichtbar. Sie beruhen auf der gemeinschaftlichen Nutzung von Rechnern, Speichern, Daten, Software usw. und sind unter dem Namen Grids bekannt geworden. Das Deutsche Forschungsnetz beteiligte sich mit Nachdruck am Aufbau der so genannten D-Grid-Initiative in Deutschland.

2.6 Fünfte Generation: ab 2006

Am 1.1.2006 nahm das X-WiN seinen Betrieb auf. Es nutzt aus, dass der Markt von Netzkomponenten aller Art und von Dienstleistungen für die Integration und das Management von Komponenten und Netzen inzwischen soweit angewachsen ist, dass man vom Generalunternehmerprinzip abrücken kann. Damit erhält das Deutsche Forschungsnetz, das mit dem X-WiN diesen Weg geht, neue Dimensionen der Flexibilität und der Wirtschaftlichkeit für das Wissenschaftsnetz. Besonders kennzeichnend ist, dass das Kernnetz des X-WiN nun weitgehend aus eigenen Glasfasern besteht. Trotz des Sprungs in der vom DFN-Verein damit zu bewältigenden Komplexität verlief die Betriebsaufnahme völlig reibungslos; die Benutzer dürften sie kaum bemerkt haben. Das Deutsche Forschungsnetz hat hier wieder einen Schritt vollzogen, der von vielen großen Unternehmen in den nächsten Jahren in ähnlicher Weise vollzogen werden dürfte.

3. Innovation für den Kommunikationsmarkt

Der Abschluss des Vertrages zum X-25-Wissenschaftsnetz im Jahre 1989 war ein Markstein auf dem Wege zu einem privatwirtschaftlich geordneten Markt für Datennetze in Deutschland. Die nachfolgenden Netze, B-WiN, G-WiN und X-WiN lösten sich in verschiedenem Grade von dem jeweiligen Standardangebot der Deutschen

Bundespost, der Deutschen Telekom bzw. heute anderen Kommunikationsanbietern und sind jeweils beispielgebend für neue Produktformen auf dem Markt der Kommunikationsnetze. Hier ist durch das Wissenschaftsnetz bei der Mitgestaltung des deutschen Marktes etwas Ähnliches vollzogen worden, wie es die Wissenschaft weltweit in der Erfindung und Pilotnutzung des Internet von den ersten Anfängen bis zum World Wide Web demonstriert hat.

Das Wissenschaftsnetz formt den Markt auch noch auf andere Art: Aus den Entwicklungsprojekten des Deutschen Forschungsnetzes sind mehr als 1000 Fachleute für Netze und Netznutzung hervorgegangen; in den letzten 30 Jahren haben Millionen von Hochschulabsolventen die Nutzung von modernen Netzen gelernt, unter Rückgriff auf die Dienste des Deutschen Forschungsnetzes. Sie betreten das Arbeitsleben geprägt von Arbeitsformen und Ansprüchen, die entscheidend zur Ausweitung des Kommunikationsmarktes beitragen. An 3000 Schulen gibt es Anschlüsse an das Deutsche Forschungsnetz.

In den neunziger Jahren entstanden in Deutschland die ersten Internet-Serviceprovider. Mehrere von diesen sind aus der kommunikationstechnischen Qualifikation hervorgegangen, die an den Hochschulen erarbeitet wurde.

Schließlich demonstrierte DFN als Organisation der Anwender (Bündelung der Nachfrage durch DFN), wie organisierte Anwender in der Internetwelt bei stetiger Verbesserung der Leistungen und Senkung der Kosten selbst Markt- und Unternehmenskrisen der Jahre 2000/2002 bewältigen konnten.

4. Innovative Anwendungen auf dem Netz

Mit der Stabilisierung der Netzinfrastruktur ab 1990 wurden Anwendungen ein wesentlicher Schwerpunkt der Entwicklungsarbeit des Deutschen Forschungsnetzes, die bis 2005 weiterhin vom Bundesforschungsministerium gefördert wurden. Der DFN-Verein konnte sich auf zahlreiche Keimzellen an den Hochschulen und Forschungseinrichtungen stützen, in denen netzgestützte Anwendungen vorbereitet waren. Wichtige Beispiele sind:

- **Netzgestütztes Lehren und Lernen:** Hier wurden ab 1990 wichtige Pilotprojekte ermöglicht, deren Bedeutung aktuell erst weithin sichtbar wird, nachdem die Hochschulen eine verhältnismäßig lange Frist brauchten, um die neuen Techniken in die akademische Lehre erfolgreich einzubinden.

- **Wissenschaftliches Informationswesen:** Hierzu zählt vor allem die Entwicklung von Techniken für den Zugriff auf digitale Bibliotheken, die Einrichtung netzgestützter Recherchedienste und die Unterstützung des elektronischen Publizierens; auch hier war ein langer zeitlicher Vorlauf erforderlich, bis die Bedeutung dieser Entwicklungen angesichts der erprobten Strukturen von wissenschaftlichen Bibliotheken, wissenschaftlichen Verlagen sichtbar wurde.

- **Medizin:** Verteilte Information und Konsultation, hochqualitative Visualisierung von medizinischen Vorgängen und Dokumenten und rigorose Sicherheitsanforderungen ergeben hier ein Anforderungsprofil, in dem Hochleistungsnetze und hochqualitative Dienste besonders notwendig sind.

- **Verteiltes wissenschaftliches Rechnen:** Die gemeinschaftliche Nutzung der Rechenkapazitäten, Speicherkapazitäten, Daten- und Programmbestände der Wissenschaft ist nicht nur wirtschaftlich attraktiv, sondern führt auch zu engerer Kooperation und damit vielfach zu produktiverer Arbeit in der Wissenschaft. Auf der Grundlage dieser Ideen entstanden die schon genannten Ansätze für Grids; Vorformen von Grids sind seit langer Zeit Bestandteil von DFN-Entwicklungen gewesen.

5. DFN als Gemeinschaftsorganisation der Wissenschaft

1984, bei der Gründung des DFN, gab es keine vergleichbare Struktur in der deutschen Wissenschaft. Die Gründung einer Netzorganisation in der Verantwortung der benutzenden Einrichtung war auch international ohne Beispiel, wo Netze meist „von oben" aufgebaut und dann den Benutzern übergeben worden, meistens dank der Weitsichtigkeit von Einrichtungen der Forschungsförderung. In den USA etwa dauerte es bis in die 2. Hälfte der neunziger Jahre, bis die Überforderung dieser Einrichtungen mit der inzwischen in große Dimensionen gewachsenen Aufgabe endgültig klar wurde, zugleich auch die Nachteile von Wissenschaftsinfrastrukturen offenbar wurden, die aus dem Sponsoring von Wirtschaftsunternehmen lebten: Mit der Gründung von Internet 2 wurde auch in den USA der organisatorische Weg des DFN-Vereins beschritten.

Der Erfolg der DFN-Organisation beruhte ganz wesentlich auf der nachdrücklichen finanziellen und wissenschaftspolitischen Unterstützung aus dem Forschungsministerium. Dazu kam aber ein hohes Engagement der führenden Fachleute in Deutschland und die Bindung von einflussreichen Personen der deutschen Wissenschaftspolitik, wie z. B. die Gewinnung von Norbert Szyperski als Gründungsvorsitzender des Vereins zur Förderung eines Deutschen Forschungsnetzes. Die Mitglieder haben ihrerseits durch viele Initiativen den DFN-Verein geformt und sich auch in speziellen Nutzergruppen geeignete Plattformen geschaffen.

Weder die Mitgliedschaft im DFN-Verein noch die Nutzung des Deutschen Wissenschaftsnetzes ist je obligatorisch gewesen. Die fast vollständige Durchdringung der deutschen Wissenschaft durch die Dienste und die Organisation des Deutschen Forschungsnetzes ist um so höher zu veranschlagen.

6. Ergebnis

Das Deutsche Forschungsnetz ist seit seiner Gründung eine technologische und wissenschaftspolitische Innovation mit beispielhaften Erfolgen. Es gelang, die heterogen orientierten und organisierten Wissenschaftseinrichtungen in Deutschland zur verbindlichen und solidarischen Zusammenarbeit in einer Basistechnik der wissenschaftlichen Arbeit zusammenzuführen, deren Potenzial noch immer nicht erschöpft erscheint. Reserven an Leistungsbereitschaft der Wissenschaftler – insbesondere des Nachwuchses und der Studierenden – wurden mobilisiert, die sonst nicht für ein

Gemeinschaftswerk zu gewinnen gewesen wären. Die Absolventen der Hochschulen tragen die neue Technik in die Berufswelt. Die Wissenschaft schuf sich mit der DFN-Konstruktion eine über Jahrzehnte effiziente und effektive Organisation für eine große technische Gemeinschaftsaufgabe. Das BMBF/BMBW entwickelte für diese Aufgabe ein neuartiges, auf Delegation beruhendes Projektförderungsverfahren, das bedauerlicherweise 2002 abgebrochen wurde. Die starke Stellung des DFN-Vereins erlaubte, eine wesentliche Rolle beim Aufbau der europäischen Wissenschaftsnetzinfrastruktur zu spielen.

Gründungsvorsitzender des DFN und zentrale Persönlichkeit in dem Beziehungsfeld zwischen Wissenschaftseinrichtungen, Industrie und Wissenschaftspolitik war Norbert Szyperski, der hier die gesamte Autorität, die er in der Wissenschaftspolitik und als Chef der Gesellschaft für Mathematik und Datenverarbeitung und in seinem Fach[1] genoss, einbringen konnte. Er führte die Neugründung sicher durch die Klippen institutioneller, persönlicher und wirtschaftlicher Risiken und Empfindlichkeiten und fand Personen als Alliierte und organisatorische Konstruktionen, die sich als langfristig tragfähig erwiesen.

---

[1] Allgemeine Betriebswirtschaftslehre und betriebswirtschaftliche Planung

Teil 2

Innovation durch Unternehmensgründung

**Der Forscher als Unternehmer –
Der Unternehmer als Forscher**

August-Wilhelm Scheer

Inhaltsverzeichnis

Prolog 63

1. Innovative Produkte als Bedingung für künftigen Wohlstand 63
   1.1 Ausgangssituation 63
   1.2 Chancen 65

2. Anforderungsprofile 67
   2.1 Unternehmerische Anforderungen an Forscher 67
   2.2 Forschungsrelevante Anforderungen an Unternehmer 69

3. Vorschläge zur Beschleunigung des Strukturwandels 70
   3.1 Maßnahmen im Forschungsbereich 70
   3.2 Vorschläge für die Wirtschaft 72

Prolog

Norbert Szyperski gehört zu den wenigen Wissenschaftlern, die sich als Forscher **und** unternehmerischer Manager in gleicher Weise ausgezeichnet haben. Es ist mir deshalb eine besondere Freude, diese Festschrift als Anlass zu nehmen, über das Profil moderner Forscher und unternehmerischer Manager nachzudenken[1]. Viele der damals gemachten Aussagen sind auch heute, nach zwölf Jahren, noch gültig. Dies bedeutet, dass sich die Verbindung von Wissenschaft und Wirtschaft zum Nutzen des Innovationsstandortes Deutschland noch nicht entscheidend gebessert hat. Allerdings ist das Bewusstsein für die Notwendigkeit innovativer Produkte gestiegen. Das wird nicht zuletzt durch die Einrichtung von Innovationsräten auf Landes- und Bundesebene sowie vielfältige Unternehmensgründungskampagnen unterstrichen. Insgesamt ist aber die Verbindung von Unternehmertum und Forschergeist in Deutschland noch weiter zu entwickeln. Dies nutzt der Wirtschaft und stärkt die Wettbewerbsfähigkeit des deutschen Universitäts- und Forschungssystems.

1. Innovative Produkte als Bedingung für künftigen Wohlstand

1.1 Ausgangssituation

Die konjunkturellen Aufwärtsbewegungen können nicht darüber hinwegtäuschen, dass die deutsche Wirtschaft Strukturprobleme hat. Aufgrund der bekannten Standortnachteile wandern weiterhin Produktionskapazitäten in Niedriglohnländer ab und verringern damit die Anzahl der Arbeitsplätze in Deutschland. Relativ kostenunempfindlich und damit für Hochlohnländer weiterhin wettbewerbsfähig sind nur solche Produkte, die einen hohen Innovationsgehalt aufweisen. Aber auch diese werden mit ihrem Reifegrad abwanderungsgefährdet und müssen deshalb ständig durch neue Prozess- und Produktinnovationen gestützt werden. Vor dem Hintergrund, dass die deutsche Volkswirtschaft vierzig Prozent ihrer erzeugten Produkte

---

[1] Der Verfasser dieses Beitrages hat bereits am 16.08.1994 einen Aufsatz mit dem Titel „Der Forscher als Unternehmer" geschrieben, der im „Blick durch die Wirtschaft" als Beilage der Frankfurter Allgemeinen Zeitung (FAZ) veröffentlicht worden ist. Der Einleitungsteil diese FAZ-Artikels wird in diesem Beitrag als Gliederungspunkt 1.1 übernommen. Um den Beitrag kenntlich zu machen, ist er *kursiv* geschrieben.

exportiert, wird klar: Ein Zurückziehen aus dem internationalen Innovationswettbewerb müssten wir mit einem drastischen Absinken des Lebensstandards bezahlen.

Der Innovationswettlauf unter den westlichen Industrienationen hat deshalb begonnen. Wer am Ende zu den Gewinnern oder Verlierern gehört, wird davon abhängen, inwieweit es einer Volkswirtschaft gelingt, ihre Innovationsreserven zu mobilisieren. Ganz entscheidend für die Bundesrepublik Deutschland ist die Frage, ob die Hemmnisse, die es bei der Nutzung der universitären oder universitätsnahen Forschungspotenziale zweifelsfrei gibt, überwunden werden. Denn Forschungsergebnisse führen erst dann zu Produktinnovationen und damit zu neuen Arbeitsplätzen, wenn sie den langen Weg von einer Grundlagenidee über anwendungsnahe Forschungsergebnisse in Form von feasibility studies oder Prototypen zu technisch stabilen Produkten mit einer Vermarktungs- und Vertriebsstrategie durchwandert haben.

Gegenwärtig konzentriert sich aber die Forschungspolitik noch zu wenig auf in Produkte umsetzbare Ergebnisse. An deutschen Universitäten sind allein die Noten von Diplomarbeiten, Dissertationen und Habilitationen der Maßstab für Erfolg. Die Bewertungskriterien sind weitab von einer Produktumsetzung. Vielmehr dominieren auch in vielen anwendungsorientierten Fächern wie Betriebswirtschaftslehre oder Informatik künstlich aufgebaute Miniwelten die Realität, die häufig so konstruiert sind, dass sie zwar gute Beispiele für die in den Fachgebieten gerade aktuellen Methodenmoden liefern, die bearbeiteten Problemstellungen aber nicht die wirklichen Probleme der Realität widerspiegeln. Auch im weiteren Belohnungs- und Karrieresystem der Universitäten, das zu Rufen an andere Universitäten mit entsprechenden Möglichkeiten der Gehalts- und Ressourcenaufbesserung der Forscher führt, spielt Produktumsetzung eine völlig untergeordnete Rolle. Wichtiger für das Renommee sind wissenschaftliche Aufsätze in angesehenen Zeitschriften oder die lobende Erwähnung in Arbeiten von Kollegen. Eine enge Zusammenarbeit mit der Industrie wird kaum gewürdigt, zumal ihre Ergebnisse häufig nicht in der beschriebenen Form dokumentiert sind. Im Gegensatz dazu gilt für die Wirtschaft, dass Forschungsausgaben erst dann als erfolgreich eingesetzt gelten, wenn ihre Ergebnisse in Produkte umgesetzt sind.

Auch die im Umkreis der Universitäten angesiedelten Großforschungseinrichtungen der Max-Planck-Gesellschaft oder der Fraunhofer-Gesellschaft folgen weitgehend diesen Kriterien. Insbesondere die Max-Planck-Institute sind auf Grundlagenforschung ausgerichtet, und viele ihrer Mitglieder streben die gleichen akademischen Karrieren an wie Hochschullehrer. Bei den Instituten der Fraunhofer-Gesellschaft ist zwar eine stärkere Anwendungsorientierung gegeben, häufig verdecken aber veröffentlichte Zahlen über Auftragsforschungsprojekte, dass viele Auftraggeber staatliche Institutionen sind, die auch bereits die Basisfinanzierung dieser Institute leisten. In vielen Fällen hat sich eine Art Forschungsbeamtentum gebildet mit der Folge, dass Großforschungsinstitute für eine effiziente Unterstützung der Wirtschaft nicht attraktiv genug sind.

Forschung ist kein Selbstzweck, sondern dient zur Besserung der Lebensbedingungen des Menschen. Da hierzu auch Wohlstand und der Besitz eines Arbeitsplatzes zählen, muss die Forschung hierzu ihren Beitrag leisten. Deshalb wächst die Erkenntnis, dass Forschungspolitik nicht mehr nur die vorwettbewerbliche, daher in aller Regel auch produktferne Forschung unterstützen darf. Es gibt keine Alternative, wollen wir den Wettlauf um Innovation nicht verlieren.

1.2 Chancen

Die deutsche Forschungsinfrastruktur mit universitären Forschungsinstituten, grundlagenorientierter Forschung durch die Institute der Max-Planck-Gesellschaft, Anwendungsforschung durch die Institute der Fraunhofer-Gesellschaft sowie Forschungsinstitute der Leibniz-Gesellschaft, der Helmholtz-Gemeinschaft sowie weiterer Forschungsunterstützungen durch die Volkswagen-Stiftung, Bertelsmann-Stiftung, den Stifterverband der Deutschen Wirtschaft usw. ist nach wie vor im internationalen Vergleich recht gut. Es fehlt meiner Ansicht nach aber eine konsistente Strategie zur Koordination der vielfältigen Forschungseinrichtungen und zur Weiterführung der Forschungsergebnisse in Produkte und deren erfolgreiche Marktdurchdringung. Bekanntestes und viel zitiertes Beispiel ist die Entwicklung des MP3-Formates am Fraunhofer-Institut für Integrierte Schaltungen in Erlangen, das in Deutschland aber keinen industriellen Verwerter gefunden hat, sondern dessen Hardware-Produkte, also die MP3-Player, vornehmlich in Asien produziert werden und umrankende

Dienstleistungen, wie zum Beispiel die Musikbörse iTunes, aus den USA kommen. Die Ideen sind in Deutschland entwickelt worden, die daraus entstandenen Arbeitsplätze befinden sich aber im Ausland.

Die großen Chancen für interessante und zukunftsorientierte Hightech-Arbeitsplätze aus der Forschung sind aber international nicht zu übersehen. Aus den USA sind Beispiele wie Google zu nennen – das Unternehmen ist ein Spin-off der Elite-Universität Stanford[2] – sowie das Weltunternehmen Cisco. Neben diesen bekannten Beispielen aus den USA zeigt sich aber auch, dass in Europa diejenigen Länder, die einen 'turnaround' in der Hightech-Industrie geschafft haben, eine enge Verquickung zwischen Forschung, Bildung und industrieller Umsetzung realisieren.

- Irland, das heute als einer der wichtigsten europäischen Standorte für IT-Unternehmen gilt, hat sich auf die Ausbildung von Computerspezialisten an seinen Universitäten konzentriert, um qualifizierte Mitarbeiter für die ins Land kommenden IT-Unternehmen bereitzustellen.

- Finnland hat eine klare Strategie entwickelt, um aus dem Hersteller für Gummistiefel und Autoreifen, NOKIA, den Weltmarktführer im Bereich von Handy-Geräten zu entwickeln.

- Südkorea hat beim Aufbau seiner Halbleiterindustrie eine Strategie entwickelt, koreanische Forscher, die in Forschungslaboratorien in den USA arbeiteten, gezielt wieder in ihr Heimatland zurückzurufen.

- Malaysia hat große Anstrengungen unternommen, um durch Steigerung von Forschung und Bildung das Land aus einer Agrarstruktur, insbesondere einer Abhängigkeit von der Teeproduktion und damit von der Londoner Teebörse, zu einem Hightech-Land zu entwickeln.

---

[2] Die Stanford-Universität hat beim Börsengang von Google ihr Vermögen durch ihre Gründungsbeteiligung enorm erhöht. Man spricht von mehreren hundert Millionen bis über eine Milliarde Dollar.

- Indien und China gehen zur Zeit einen erfolgreichen Weg, indem sie gezielt Hightech-Industrien aufbauen und gleichzeitig Forschungs- und Ausbildungsstrukturen um die Industrie herum beschleunigt weiterentwickeln.

Diese Beispiele zeigen, wie wichtig eine umfassende Strategie zur Unterstützung der gesamten Wertschöpfungskette von der Grundlagenforschung über Anwendungsforschung, zu Spin-off-Unternehmen und deren Markterfolg ist. Sie zeigen außerdem, wie notwendig eine stärkere Verflechtung zwischen Forschung und Industrie ist. Dies setzt aber zudem voraus, dass Forscher und Unternehmer sich gegenseitig nicht nur besser verstehen, sondern darüber hinaus in der Zusammenarbeit ähnlichen Zielvorstellungen und Führungsmethoden folgen. Beide müssen bereit sein, voneinander zu lernen.

Zuversichtlich stimmt meine Wahrnehmung, dass sowohl die Arbeit in der Forschung bei knapper werdenden Mitteln unternehmerische Fähigkeiten zur Projektakquisition erfordert als auch die Anforderungen bei Hightech-Unternehmen, die Forschungsszene zu verstehen, zunehmen.

2. Anforderungsprofile

Im Folgenden sollen einige Überlegungen angestellt werden, welche unternehmerischen Anforderungen an erfolgreiche Forscher zukünftig gestellt werden und welche Kenntnisse der Forschungsszene für erfolgreiche Hightech-Unternehmer wesentlich sind.

2.1 Unternehmerische Anforderungen an Forscher

Während am Anfang des vorigen Jahrhunderts die Verknüpfung von Wirtschaft und Wissenschaft durchaus gegeben war[3], und auch die technischen Universitäten im Zuge der Industrialisierung zur Ausbildung der erforderlichen Ingenieure gegründet wurden, ist nach dem Zweiten Weltkrieg ein eher distanziertes Verhältnis entstanden.

---

[3] Es heißt, dass selbst Albert Einstein eine Reihe von Patenten für Produkte besaß.

Ein wesentlicher Grund war sicher die erzwungene Zusammenschaltung während des Dritten Reiches, die Konsequenzen bei der Grundgesetzgestaltung in Form des Grundsatzes der Freiheit von Forschung und Lehre mit sich brachte. Zusammenarbeit von Forschern mit der Industrie musste sich häufig den Vorwurf gefallen lassen, diese „Freiheit" der Forschung und Lehre quasi zu verraten, da bei einem industriell finanzierten Forschungsprojekt Ziele und Vorgehensweisen bei der Forschung zu stark von dem Auftraggeber beeinflusst würden.

Dies hat zu der Erwartungshaltung vieler Universitätsprofessoren geführt, dass ihre Forschung durch eine vom Staat erhaltene Basisausstattung ihrer Lehrstühle finanziert wird. Bereits das Einwerben von Drittmitteln durch Forschungsanträge bei staatlichen Forschungsunterstützungsorganisationen, wie der Deutschen Forschungsgemeinschaft oder dem Bundesministerium für Forschung und Technologie, wird nicht als normale Pflicht eines Universitätsprofessors angesehen, sondern eher als zusätzliche Anstrengung. In Einzelfällen wird sogar von Universitätsprofessoren die Meinung vertreten, dass bereits eine Antragstellung bei diesen Forschungsorganisationen ein Verstoß „gegen die Freiheit der Forschung" ist, da man sich hier einem von Dritten aufgestellten Forschungsprogramm oder auch einer Beurteilung durch Dritte unterzieht.

Die Finanzenge der Länder und damit auch die Finanzenge der Universitäten führt nun aber immer mehr dazu, dass die durch die Grundausstattung unterstützten Ressourcen nicht mehr ausreichen, um den gewünschten Forschungsthemen nachgehen zu können. Gleichzeitig wird die Einwerbung von Drittmitteln auch als Maßstab für die Beurteilung der Leistung von Universitäten, Fakultäten, Fachbereichen und Lehrstühlen gewählt. Das zunächst von den Universitäten belächelte Ranking, wie es z. B. von dem Centrum für Hochschulentwicklung (CHE) oder von öffentlichkeitswirksamen Magazinen durchgeführt wird, bekommt faktische Bedeutung. Durch die Einführung von Studiengebühren entsteht zunehmender Wettbewerb zwischen den Universitäten. Auch die Exzellenz-Initiative verstärkt den Wettbewerb.

Damit werden gerade Fähigkeiten zur Einwerbung von Drittmitteln immer wichtiger. Ein erfolgreicher Hochschullehrer in einem Ressourcen-intensiven Fach, wie z. B.

Informatik, Medizin, Physik, Ingenieurwissenschaften usw., muss auch ein unternehmerisch denkender Manager sein. Er muss in der Lage sein, eine Strategie für seine Organisation aufzustellen und ein Finanzierungskonzept zu entwickeln. Er muss Netzwerke zu anderen Forschungsinstitutionen und möglichen Partnern aus der Wirtschaft unterhalten, ein Netzwerk zu den Forschungsförderungsorganisationen aufbauen, um rechtzeitig von neuen geplanten Forschungsprojekten zu erfahren und sich mit seiner Forschungskompetenz frühzeitig darauf vorzubereiten. Weiter muss er, wenn sein Forschungsprojekt bewilligt wird, in der Lage sein, dieses durch ein professionelles Projektmanagement zeit-, qualitäts- und kostengerecht abzuwickeln.

Ein erfolgreicher Institutsleiter muss damit Anforderungen erfüllen, wie sie auch ein erfolgreicher Manager in einem Unternehmen erfüllen muss. Und dies gilt nicht nur für den Forschungs- und Entwicklungsbereich, denn da der Institutsleiter die Einwerbung von Drittmitteln bei Kunden tätigen muss, ist sein Anforderungsspektrum bezüglich der Vertriebsseite noch stärker ausgeprägt als bei einem F+E-Manager in der Industrie – ob man dies wahrhaben will oder nicht.

2.2 Forschungsrelevante Anforderungen an Unternehmer

Da sich viele Hochschullehrer und auch Grundlagenforscher durch die beschriebene Entwicklung nach dem Zweiten Weltkrieg in einen „Elfenbeinturm" zurückgezogen hatten, war auch die Neigung von Unternehmen gering, Forschungskooperationen einzugehen. Es herrschte das Vorurteil, entweder hätten Forscher kein Interesse an einer Zusammenarbeit mit der Wirtschaft oder mit den Ergebnissen könne ohnehin nichts Verwertbares angefangen werden. Da die Innovationswellen, insbesondere in der Hightech-Industrie, mittlerweile aber so schnell sind und frisches Know-How im Ausland, wie durch die oben angeführten Beispiele gezeigt wurde, zu erfolgreichen Unternehmensgründungen geführt hat, ist eine Wende unvermeidlich.

Unternehmensgründer aus dem Hochschulbereich, die mit einer Anfangsidee gestartet sind, brauchen weiteren Ideenzufluss aus ihrer „alten" Forschungsumgebung. Sie sind deswegen gehalten, den Kontakt zu ihrer früheren Forschungsstätte zu halten. Etablierte Unternehmen müssen in der Lage sein, interessante Forschungspartner zu evaluieren und auszuwählen. Auch zeigt sich, dass für eine erfolgreiche Karriere in der Wirtschaft ein akademischer Hintergrund mittlerweile selbstverständlich ist und eine längere (aber nicht zu lange) forschungsintensive Tätigkeit an einem Forschungsinstitut hilfreich ist. Analytisches Denken und Kreativität sind hervorragende Fähigkeiten, die auch in der Wirtschaft zu einer Erfolgskarriere beitragen.

Beispiele von erfolgreichen Wissenschaftlern, die anschließend auch erfolgreiche Wirtschaftskarrieren aufweisen können, sind auch in Deutschland vorzuzeigen. Der Professor für Theoretische Physik an der Universität Braunschweig, Henning Kagermann, ist heute Vorstandssprecher der SAP AG, unser Jubilar, Norbert Szyperski, war als Professor für Betriebswirtschaftslehre und betriebswirtschaftliche Planung später Vorstandsvorsitzender von Mannesmann Kienzle[4]. Eine Wissenschaftskarriere muss also nicht hinderlich sein für eine Wirtschaftskarriere, sondern kann gerade im Hightech-Umfeld besondere Chancen bieten.

Man kann sogar so weit gehen, dass heute sowohl im Forschungsumfeld als auch in der Wirtschaft diejenigen die besten Karrierechancen haben, die in beiden Bereichen, also in der Forschung und in der Wirtschaft, gleichermaßen ausgewiesen sind und von beiden Bereichen die besten Anforderungsmerkmale erfüllen.

3. Vorschläge zur Beschleunigung des Strukturwandels

3.1 Maßnahmen im Forschungsbereich

Im Forschungsbereich ist der wichtigste, aber am schwierigsten umzusetzende Beschleunigungsfaktor die Änderung des Wertesystems. Nicht mehr derjenige Forscher, der die meisten Fußnoten produziert, der in hoch spezialisierten und wenig gelesenen Zeitschriften Insiderwissen publiziert, ist allein der ideale Forscher, sondern auch derjenige, der seine Ideen bis zur marktreifen Umsetzung verfolgt.

---

[4] Weiterhin kann der Autor als Gründer der IDS Scheer AG genannt werden.

Dies bedeutet, dass neben introvertierten und der Welt abgewandten Persönlichkeiten auch extrovertierte, der Welt aufgeschlossene und dynamische Forschungsmanager anerkannt werden müssen. Sie auszubilden und für das Forschungssystem zu interessieren, ist aber keine leichte Aufgabe. Personen mit dem Profil, sowohl in Forschung als auch im Management und Unternehmertum gleichermaßen ausgewiesen zu sein, sind selten und deshalb auch nicht durch eine übliche Bezahlung, wie sie im Öffentlichen Dienst vorgesehen ist, anzuziehen.

Solange das Management an Universitäten und auch an großen Forschungsorganisationen durch ein Rotationsverfahren bestimmt wurde, da die strategische Weiterentwicklung der Organisationen keine dynamischen Persönlichkeiten erforderte, mag eine solche Besoldung ausreichend gewesen sein. Im (internationalen) Wettbewerb um die besten Forschungsmanager reicht diese Bezahlungsstruktur aber nicht mehr aus. Das Gehalt des Leiters des Forschungs- und Entwicklungsbereiches (F+E-Bereiches) in einem mittleren Unternehmen der Automobilzulieferindustrie ist rund zweieinhalb- bis dreimal so hoch wie das eines Universitätsprofessors oder des Leiters eines Fraunhofer-Instituts. Hier kann nur eine tief greifende wettbewerbs- und leistungsorientierte Reform des Vergütungssystems helfen.

Eng mit dieser Frage verbunden, ist auch der Prozess zur Suche und Einstellung von Forschungsmanagern. Der übliche Berufungsprozess ist an Universitäten und außeruniversitären Forschungsinstituten eher administrativ ausgerichtet. Eine vakante Stelle wird ausgeschrieben, wobei es schon als besonders fortschrittlich gilt, wenn die Ausschreibung nicht nur in deutschsprachigen Zeitungen, sondern auch in ausländischen Zeitschriften veröffentlicht wird. Die lange Liste an Anforderungen ist häufig beeindruckend, erzeugt damit aber nicht automatisch geeignete Bewerber. Im Gegenteil, wenn zu breite Anforderungen gestellt werden, fragt man sich, ob geeignete Kandidaten es überhaupt nötig hätten, sich auf eine solche Anzeige zu bewerben. Gerade der Wechsel aus der Industrie, z. B. für einen Leiter eines Forschungs- und Entwicklungsbereiches, ist bezüglich des Gehaltes unattraktiv.

Der Einstellungsprozess muss deshalb durch die Einschaltung von Personalberatern verbessert werden. Diese können gezielt auch auf Bewerber zugehen, die sich vielleicht noch nicht vorstellen können, in einem öffentlichen Forschungsumfeld zu arbeiten. Gleichzeitig können sie auf Ausnahmeregeln hinweisen, die bei der Vergütung eventuell möglich sind, die aber in einem Ausschreibungstext nicht genannt werden können. Drittens kann die Beurteilung und Vorauswahl durch einen erfahrenen Personalberater verhindern, dass geeignete Kandidaten frühzeitig ausgeschaltet weden.

Die gegenwärtig bei der Ausschreibung von Forschungsmanagern eingesetzten Prozesse erfüllen nicht diese Anforderungen. Die Berufungsgremien sind relativ groß, von verschiedenen Interessengruppen bestimmt und häufig nicht mit der geeigneten Fachkompetenz ausgestattet. Ob außerhalb der eingegangenen Bewerbungen auch gezielt Kandidaten angesprochen werden sollen und können, hängt von der Qualität des Vorsitzenden des Berufungsausschusses ab. Eine professionelle Beurteilung und intensive Personalgespräche werden in der Regel nicht durchgeführt. Insbesondere erfolgen kaum mehrfache Einstellungsgespräche.

Ein flexibler Besoldungs- und ein effizienter Berufungsprozess sind die wesentlichen Voraussetzungen, um Forschungsinstitutionen effizienter und effektiver zu organisieren. Weitere Beschleunigungsfaktoren für innovative Forschungs- und Umsetzungsprozesse sind bekannt und werden zum Teil bereits mit mehr oder weniger Nachdruck verfolgt. Hierzu gehört die Forderung, öffentliche Forschungsförderung in so genannten Verbundprojekten zu betreiben, bei denen Forscher aus öffentlichen Institutionen mit Industriepartnern zusammenarbeiten. Hierbei muss dann auch die Rolle des Institutes als Ideengeber und den Umsetzungsprozess begleitende Institution gewürdigt werden. Das Institut sowie die Forscher als Personen müssen an dem wirtschaftlichen Erfolg ihrer Ideen beteiligt werden.

Forscher, die ihre Ideen bereits einmal erfolgreich in Produktinnovationen überführt haben, sollten bei der Beantragung neuer Forschungsmittel aufgrund ihrer ausgewiesenen Erfolge bevorzugt werden.

3.2 Vorschläge für die Wirtschaft

Die Bereitschaft von Unternehmen, sich an öffentlich finanzierten Forschungsprojekten zu beteiligen, kann vor allen Dingen durch einen Abbau bürokratischer

Hemmnisse erreicht werden. Die Beantragung von Forschungsmitteln z. B. bei der EU ist für kleinere und mittlere Unternehmen (KMU) mit einem unverhältnismäßig hohen bürokratischen Aufwand verbunden. Das Antragswesen muss deshalb für kleinere und mittlere Unternehmen vereinfacht werden. Insbesondere sollten solche Unternehmen, die sich bereits erfolgreich an Forschungsprojekten beteiligt haben, bei neuen Antragsstellungen bevorzugt werden.

Um das Forschungssystem für die Wirtschaft transparenter zu machen, sollten möglichst viele Vertreter der Wirtschaft in Aufsichtsgremien von Instituten, Universitäten und außeruniversitären Forschungseinrichtungen berufen werden. Der persönliche Kontakt ist immer noch der beste Weg, um Vorurteile abzubauen und Felder gemeinsamer Interessen zu entdecken. Es ist allerdings nicht leicht, hierfür das Engagement hervorragender Praktiker zu gewinnen. Die mit viel Elan ins Leben gerufenen Universitätsräte zeigen, dass die Teilnahmefrequenz viel beschäftigter Wirtschaftsmanager an den Sitzungen und auch die Beteiligung bei kritischen Entscheidungsproblemen verbesserungsfähig sind. Deshalb ist es wichtig, die Sitzungen dieser Gremien mit möglichst viel Informationen auszustatten, die für Wirtschaftsvertreter von hohem Nutzen sind, und weniger administrative Fragen und Formalien der Institutsorganisation zu behandeln.

Auch das Angebot von Forschungsinstitutionen, Informationsveranstaltungen, Weiterbildungsseminare und die Nutzung ihrer apparativen Ausstattung für Wirtschaftspartner zu öffnen, ist eine wirksame Möglichkeit, die Bereitschaft zu einer engeren Zusammenarbeit zu erhöhen.

Die aufgezeigten Beschleunigungsfaktoren für Forschung und Wirtschaft sind sicher nicht vollständig. Sie geben aber bereits einen deutlichen Hinweis, dass es wichtige Potenziale gibt, die Zusammenarbeit zwischen Forschung und Wirtschaft im Interesse eines effizienteren Innovationszyklus zu verbessern.

Unternehmensgründung als Berufsperspektive für Hochschulabsolventen und Wissenschaftler

Barbara Breuer

Inhaltsverzeichnis

1. Unternehmensgründung als Verwertungsform von Forschungsergebnissen durch Wissenschaftler 79
   1.1 Aktuelle Situation 79
   1.2 Phasen im Verwertungsprozess bis zu einer Gründung 80
   1.3 Rollenwechsel vom Wissenschaftler zum Unternehmer 81

2. Stimulierung von Ausgründungen aus Hochschulen und Forschungseinrichtungen 85
   2.1 Bisherige Gründungsförderung 85
   2.2 Leitziele von EXIST 86
   2.3 Die Rolle des EXIST-Sachverständigenbeirats 92

3. Gründungsforschung im Kontext der Kölner Schule 93

4. Resümee 95

Literaturverzeichnis 97

1. Unternehmensgründung als Verwertungsform von Forschungsergebnissen durch Wissenschaftler

1.1 Aktuelle Situation

Deutschland wird seit langem attestiert, dass es Stärken in der Forschung, aber Schwächen in der ökonomischen Umsetzung von Forschungsergebnissen hat. Diese Einschätzung gilt auch für die deutschen Hochschulen. In diesem Kontext wurde 1997 im § 2 Abs. 7 des Hochschulrahmengesetzes der Auftrag der Hochschulen zum Technologietransfer neu formuliert. Eine direkte Form der ökonomischen Nutzung vorhandener Wissens- und Kompetenzpotenziale ist der Transfer über Köpfe in Unternehmensgründungen, so genannte **Spin-off-Gründungen**[1]. Generell versteht man darunter technologie- oder wissensintensive Unternehmensgründungen, die aus einer Inkubatoreinrichtung – im Sinne einer 'parent organisation' – hervorgegangen sind. Dabei stammt das intellektuelle Kapital im Wesentlichen aus der Herkunftseinrichtung. Spin-off-Gründungen sind mit der Erwartung verbunden, dass es durch sie zu einer schnellstmöglichen Umsetzung von Errungenschaften der Forschung im Wissenschaftsbereich in vermarktungsfähige Ergebnisse kommt. Doch haben in der Vergangenheit erst wenige Forscher in Deutschland eine unternehmerische Selbständigkeit als Alternative zu einer wissenschaftlichen Laufbahn gesehen. In ingenieurwissenschaftlichen Fachbereichen sind häufiger als z. B. in den Naturwissenschaften Professoren und wissenschaftliche Mitarbeiter an Gründungen beteiligt. Sie übernehmen dabei unterschiedliche Funktionen: Mentoren, nicht-tätige Gesellschafter, Berater bisheriger Mitarbeiter oder Kollegen, gelegentlich auch aktive Mitgründer.

Allerdings führen Forscher in deutschen Wissenschaftsorganisationen selten ihre Forschungsarbeiten so weit, dass deren Ergebnisse annäherungsweise eine Marktreife erlangen. Daher sind im Anschluss an solche Forschungsarbeiten aufwändige Tätigkeiten im Bereich der Forschungs- und Entwicklung (FuE) erforderlich, um ein Verfahren oder Produkt soweit zu konkretisieren, damit es die Basis für ein neues Unternehmen darstellt. Diese umfangreichen Entwicklungsarbeiten können z. B. in der Neugründung erfolgen, wozu in größerem Umfang Fremd- oder Beteiligungskapital eingeworben und ein Geschäftsbetrieb neu aufgebaut werden müssen. Ohne

---

[1] Zur Quantität und Bedeutung von Spin-off-Gründungen aus öffentlichen Forschungseinrichtungen in Deutschland im Zeitraum 1996 bis 2000 siehe Egeln et al. (2002).

Partner ist der gründende Wissenschaftler damit zwangsläufig gezwungen, die ihm vertraute Forschungswelt zu verlassen und zumindest temporär Aufgaben zu lösen, zu denen er aus seiner bisherigen beruflichen Tätigkeit und durch seine Ausbildung kaum über nennenswerte Erfahrungen verfügt.

1.2 Phasen im Verwertungsprozess bis zu einer Gründung

Das Selbstverständnis von Wissenschaftlern und die Wissenschaftskultur in den Forschungsorganisationen sind jedoch in Deutschland generell nicht so ausgestaltet, dass ausreichende Verwertungsqualifikationen und Verwertungsressourcen vorhanden sind. Bei einer Verwertung durch Unternehmensgründungen kann man unterschiedliche Phasen unterscheiden, die spezifische Kompetenzen erfordern:

Phase 1	Erkennen und Bewerten der Anwendungspotenziale von Forschungsergebnissen (Einsatzbereiche, Problemlösungen, Zeithorizonte, Weiterentwicklungsmöglichkeiten, technologische Alternativlösungen usw.) durch eigene Instrumente oder Kenntnisse sowie durch Einbezug von Technikexperten (primär technologische und Methodenkompetenzen, Kontakte in die 'Science Community')
Phase 2	Erkennen und Bewerten der wirtschaftlichen Potenziale (Umsetzungsoptionen in konkrete Produkte, Verfahren oder Dienstleistungen, Markteintrittshürden, Marktvolumina, Wettbewerbssituation, ökonomische Alternativlösungen usw.) durch eigene Instrumente oder Kenntnisse sowie durch Einbezug von Marktexperten (primär Anwendungskenntnisse und Methodenkompetenzen, Kontakte zu Marktkennern)
Phase 3	Bewerten der Ergebnisse im Hinblick auf die Attraktivität unterschiedlicher Verwertungswege, insbesondere auch zu den Möglichkeiten einer Unternehmensgründung
Phase 4	Weiterentwicklung der Forschungsergebnisse zu wirtschaftlich umsetzbaren Konzepten und Lösungen als Basis für die Gründung (technologische und Umsetzungskompetenzen, Marktorientierung)
Phase 5	Aufbau eines neuen Unternehmens, Schaffung eines marktfähigen Leistungsangebots, Markteinführung und Etablierung des Unternehmens am Markt (unternehmerische Schlüsselqualifikationen einschließlich Marketing-, Management- und kaufmännische Fähigkeiten, Fähigkeiten zum 'Networking').

Tabelle 1: Phasen im Verwertungsprozess bis zu einer Gründung

1.3 Rollenwechsel vom Wissenschaftler zum Unternehmer

Inwieweit muss ein Wissenschaftler tatsächlich diesen gesamten Prozess von der Forschung hin zum Aufbau eines neuen Unternehmen selbst gestalten und zum Unternehmer werden, um eine bestmögliche wirtschaftliche Verwertung von Forschungsergebnissen über eine Gründung zu erreichen? Eine Spin-off-Gründung ist für die beteiligten Wissenschaftler mit einem grundlegenden Rollenwechsel verbunden. Dessen Intensität und Nachhaltigkeit von der Funktion eines Forschers zu der eines Unternehmers sind von der Zusammensetzung des Gründer- und Gesellschafterkreises der Neugründung abhängig:

(1) Am gravierendsten ist ein Rollenwechsel, wenn Wissenschaftler die Forschungseinrichtung ohne nennenswerte Übergangsphase verlassen und als Einzelgründer oder mit Partnern, die einen vergleichbaren beruflichen Hintergrund aufweisen, ein neues Unternehmen aufbauen. Die tätigen Gründer müssen alle (Schlüssel-)Funktionen des Unternehmensmanagements ausfüllen. Es sind dabei erhebliche Lernprozesse erforderlich. Sie sind für FuE, Vertrieb, kaufmännische Fragen, gegebenenfalls Produktion und Personalführung sowie die Kapitalbeschaffung gleichermaßen zuständig und tragen die volle unternehmerische Verantwortung und das ganze Risiko.

(2) Der Rollenwechsel fällt bereits weniger deutlich aus, wenn eine Teamgründung durch Wissenschaftler gemeinsam mit unternehmenserfahrenen Mitgründern (insbes. Kaufleuten) erfolgt. Entsprechend den jeweiligen Stärken und Schwächen, erfolgt eine Arbeitsteilung zwischen den Partnern, und die Wissenschaftler behalten meist als Kernbereich die Zuständigkeit für FuE ergänzt um weitere Bereiche. Dennoch ist auch eine solche Konstellation mit einem erheblich geänderten Anforderungsprofil verbunden, da der bisher im Kontext einer Wissenschaftsorganisation Arbeitende nun unternehmerisch handeln und denken muss. Es erfolgt aber in den gemischten Teams eine Teilung in der unternehmerischen Verantwortung und im Risiko.

(3) In den USA sind bei Spin-off-Gründungen aus Hochschulen und Forschungsinstitutionen häufig Konstellationen anzutreffen, bei denen Beteili-

gungskapitalgesellschaften den Ausgründungsprozess in der Form gestalten, dass ein Wissenschaftler mit seinem Know-how und seinen (gegebenenfalls durch Patente geschützten) Forschungsergebnissen aus dem Forschungsbereich in eine Neugründung wechselt, die von einem unternehmenserfahrenen Managementteam aufgebaut wird. Der Know-how-Träger ist lediglich Juniorpartner in einem größeren Gründerkreis und begrenzt auf die Funktion des Forschungsleiters. Es sind meist temporäre personelle Kombinationen, die Teams verändern sich nach wenigen Jahren. Nicht selten kehren die früheren Wissenschaftler wieder in Forschungseinrichtungen zurück oder beteiligen sich später am Aufbau neuer Unternehmen. Hier ist mit der erstmaligen Gründung der Rollenwechsel nicht so stark ausgeprägt, es findet lediglich ein Übergang von der universitären in den privaten Forschungsbereich – allerdings eines kleinen Unternehmens – statt.

Die Partnerfindung ist bei (2) meist Ergebnis eines Suchprozesses im bisherigen beruflichen oder privaten Umfeld oder ergibt sich eher zufällig. Sie kann bei (2) und ist immer bei (3) Ergebnis eines gesteuerten Prozesses des ‚team recruitment', z. B. wenn Beteiligungskapitalgeber einem Wissenschaftler einen erfahrenen Manager (vor allem mit kaufmännischen oder Vertriebskenntnissen) zur Seite stellen. Solche Tandemlösungen dienen sowohl der Risikominderung wie auch der Bereitstellung der erforderlichen Kompetenzen für den Aufbau ambitionierter, wachstumsstarker Unternehmen. Dies kann eine temporäre (Gründungsteam auf Zeit) oder eine dauerhafte Lösung sein.

In Deutschland ist jedoch das Bild einer Unternehmensgründung in der Regel an die Vorstellung geknüpft, dass die Gründer ihre bisherige berufliche Tätigkeit völlig aufgeben und sich vollzeitig dem Aufbau der neuen Geschäftstätigkeit widmen. Beteiligungen an der Gründung eines Unternehmens zur ökonomischen Umsetzung von Forschungsergebnissen in Nebentätigkeit passen weder zum Verständnis der Rollen eines Wissenschaftlers noch lässt das geltende Dienstrecht an Hochschulen oder in außeruniversitären Forschungseinrichtungen hierzu die erforderlichen Spielräume. Dazu zählt auch, dass die Funktion als Unternehmer vielfach immer noch als Lebensaufgabe angesehen wird, d. h. ein Ausscheiden bereits wenige Jahre nach der

Gründung und eine Rückkehr in die Wissenschaft sind Ausnahmen. Ein durch eine Ausgründung vollzogener Seitenwechsel ist damit unumkehrbar.

Damit es dennoch in Deutschland in größerem Umfang zu einem Rollenwechsel vom Wissenschaftler zum unternehmerisch Handelnden kommt, wie ihn Prof. Szyperski in ähnlicher Weise z. B. durch Mitgründungen erster Spin-offs 1976 oder mit dem Wechsel aus seiner Hochschultätigkeit in das Management eines Großunternehmens 1986 bereits vollzog, sind deutliche Änderungen in der Wissenschafts- und in der Verwertungskultur notwendig: Eine Unternehmensgründung als Berufsoption und Verwertungsform von Forschungsergebnissen muss dazu stärker in das Blickfeld von Hochschulabsolventen und Wissenschaftlern an Hochschulen und Forschungseinrichtungen rücken. Außerdem erscheint es erforderlich, die Umsetzungs- oder Konkretisierungslücke zwischen Erfolg versprechenden Forschungsergebnissen und vermarktungs- bzw. bewertungsfähigen FuE-Ergebnissen zu schließen. Die Kienbaum Management Consultants GmbH (2005, S. 67f.) schlägt in diesem Zusammenhang vor, Projekte noch in der Herkunftsorganisation der gründungswilligen Wissenschaftler zu fördern, um damit technische Nachweise ('Proof of Technology') wie Labormuster oder -proben, Funktionsmodelle oder Demonstrationsversionen zu erstellen, und dies noch im Umfeld der Hochschulen, ohne dass der risikoreiche Schritt in die Selbständigkeit bereits vollzogen sein muss. D. h. die Gründungsvorhaben befinden sich in einem Inkubatorumfeld vor der formalen Unternehmensgründung. Ergebnisse dieser Projekte sollen eine für den Markt (bzw. für Beteiligungs- und sonstige Kapitalgeber) attraktive Entwicklungsreife aufweisen. Dieser Vorschlag hat bereits zu Veränderungen in den Förderangeboten des BMBF gefunden und soll zukünftig noch weiter ausgebaut werden. So startete im Jahr 2005 das Förderprogramm "Go-Bio", welches jüngeren, in der Forschung erfahrenen Wissenschaftlern aus Hochschulen, außeruniversitären Forschungseinrichtungen, Unternehmen und Kliniken die Möglichkeit bietet, mit einer eigenen Arbeitsgruppe Forschungsthemen mit hohem Innovationspotenzial in Richtung Marktreife weiterzuentwickeln. Die Förderung soll dazu führen, das Anwendungspotenzial der Entwicklung herauszuarbeiten, technologisch zu validieren und die kommerzielle Verwertung vorzubereiten. Go-Bio bezieht sich auf Projekte aus dem Gebiet der Biowissenschaften, die ein hohes kommerzielles oder klinisches Innovationspotenzial aufweisen, entsprechende Förderungen in weiteren Technologiefeldern sind vom BMBF geplant.

Aber bereits lange vorher können an Hochschulen die Voraussetzungen geschaffen werden, damit es zu einer Spin-off-Gründung kommt: durch die Vermittlung von Grundwissen für eine Gründung, durch Schulung unternehmerischer Schlüsselqualifizierungen, d. h. die Herausbildung von Handlungskompetenzen für eine unternehmerische Tätigkeit, und die Schaffung eines positiv besetzten Unternehmerbildes während des Studiums. Erforderlich ist ferner die Vermittlung von Kenntnissen zu Instrumenten und Vorgehensweisen, um die ökonomischen Potenziale von Forschungsergebnissen besser bewerten zu können und Wege zu finden, wie sie in wirtschaftliche Wertschöpfung umgesetzt werden können. Außerdem sind infrastrukturelle Hilfen und eine Beratung zur Unterstützung von Gründungsvorbereitung und Verwertung erforderlich. Nach Meyer-Krahmer und Kulicke (2002, S. 272) kann eine Hochschule auf einer Reihe von Feldern Unterstützung für Ausgründungen ihrer Mitarbeiter und Absolventen geben:

- Beratung und Begleitung der Gründung durch Hochschul-/Institutsmitarbeiter, Mentorenschaft durch den bisherigen Arbeitgeber
- Bereitstellung von Räumlichkeiten, Infrastruktur, günstiger Rechner- und Gerätenutzung (Inkubator-Rolle),
- kostenlose Übernahme von Forschungsergebnissen aus der bisherigen Tätigkeit
- Gewährung von Nutzungsrechten an gewerblichen Schutzrechten (Patenten, Lizenzen u. ä.),
- Abschluss eines für die Neugründung günstigen Kooperationsvertrags, z. B. bei Forschungsprojekten
- Teilzeit-Arbeitsverhältnis in der Übergangszeit bzw. Freistellung zur Gründungsvorbereitung („Absicherungs-"/Fangnetz)
- Funktion als Pilot- oder Referenzkunde zur Erleichterung des Markteinstiegs
- Erleichterung des Zugangs zu Ressourcen (Wissen, Technologien, Kontakte)

Tabelle 2: Unterstützungsfelder von Hochschulen für Ausgründungen (Meyer-Krahmer und Kulicke 2002, S. 272)

2. Stimulierung von Ausgründungen aus Hochschulen und Forschungseinrichtungen

2.1 Bisherige Gründungsförderung

Die Förderung von Existenz- und Unternehmensgründungen hat mittlerweile eine jahrzehntelange Tradition in Deutschland. Typische Instrumente auf Bundes- und Länderebene sind nicht-rückzahlbare Zuschüsse, Darlehen und Beteiligungskapital zur Finanzierung des Aufbaus neuer Unternehmen. Bei technologieorientierten oder innovativen Unternehmensgründungen wurden bzw. werden dadurch notwendige, z. T. umfangreiche FuE-Arbeiten finanziert, die die Basis für ein wettbewerbsfähiges Produkt- oder Dienstleistungsprogramm bilden sollen. Darlehen und Beteiligungskapital dienen ferner dazu, die Errichtung der Fertigungskapazitäten und die Schritte für die Markteinführung und Marktetablierung zu finanzieren. Zwar gab es im Zuge der Börseneuphorie rund um die ‚New Economy' auch unter Wissenschaftlern an Hochschulen und außeruniversitären Forschungseinrichtungen ein großes Gründungsinteresse und eine Reihe ambitionierter Gründungen, doch schlug das Pendel mit dem Einbruch der Börsenkurse in die umgekehrte Richtung. Dies hat als Folgen:

- geringes Interesse von Wissenschaftlern an der Gründung eines eigenen Unternehmens, da diese als sehr risikobehaftet eingestuft wird;
- Verwertungsform Gründung spielt für die Ausschöpfung des wirtschaftlichen Potenzials von Forschungsergebnissen keine große Rolle;
- geringe Bereitschaft von Beteiligungskapitalgebern an der Finanzierung von Gründungsvorhaben, da die Renditeerwartungen sehr niedrig sind.

Ab 2001 schlug sich dies in stark zurückgegangenen Gründungszahlen in technologieorientierten und wissensbasierten Bereichen nieder (ZEW 2005, S. 1 f.). Doch gibt es Entwicklungen, die diesem negativen Trend entgegen wirken. Hierzu trug nicht zuletzt die BMBF-Fördermaßnahme "EXIST – Existenzgründungen aus Hochschulen" bei.

2.2 Leitziele von EXIST

EXIST[2] beschreitet seit der Ausschreibung des EXIST-Wettbewerbs 1997 und mit der Förderung von auf Hochschulen gerichteten Gründungsinitiativen ab 1998 einen neuen Weg zur Stimulierung von Spin-off-Gründungen. Die Fördermaßnahme möchte eine Kultur der unternehmerischen Selbständigkeit in Lehre, Forschung und Verwaltung an deutschen Hochschulen dauerhaft etablieren. Nicht die Förderung einzelner Gründungen ab dem Zeitpunkt, da diese formal durch Gewerbeanmeldung oder Handelsregistereintrag entstehen, ist der Ansatzpunkt von EXIST. Im Mittelpunkt stehen vielmehr die einzelnen Personen, die als Wissensträger gute Voraussetzungen für eine Ausgründung aus Hochschulen und Forschungseinrichtungen aufweisen, und das Umfeld im Wissenschaftsbereich, das offen sein soll für eine Unterstützung. In der Umsetzung der EXIST-Leitziele hat sich der Anspruch eigentlich noch erweitert, es geht zunächst natürlich darum, dass Wissenschaftler verstärkt zu Entrepreneuren werden, indem sie den Schritt in die Selbständigkeit wagen und die Rolle eines unabhängigen Unternehmers übernehmen. Es geht auch darum, dass möglichst viele Akademiker während ihrer Fachausbildung an den Hochschulen dazu qualifiziert werden, als abhängig Beschäftigte unternehmerisch zu handeln und so zu Intrapreneuren werden.

Dem Programm "EXIST – Existenzgründungen aus Hochschulen" liegen vier ambitionierte Leitziele zugrunde, wie die Grafik verdeutlicht. Das Erreichen von Leitziel 1 ist eine Basisvoraussetzung für die übrigen Leitziele von EXIST. Die Erfolge bei der Umsetzung der drei ersten Ziele sind Voraussetzung dafür, dass es zu einer deutlichen Steigerung der Anzahl innovativer Unternehmensgründungen und damit Schaffung neuer und gesicherter Arbeitsplätze kommt.

Die Schaffung einer gründungsförderlichen Kultur in den Hochschulen ist eingebettet in die Netzwerkförderung. In regionalen, auf Hochschulen fokussierten Netzen wurden die Voraussetzungen zur Motivierung, Ausbildung und Unterstützung von unternehmerischen Persönlichkeiten geschaffen.

---

[2] Siehe hierzu die detaillierte Darstellung des Förderansatzes in Kulicke (2006, S. 1 ff.).

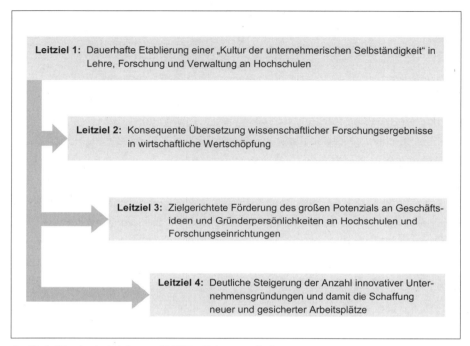

Grafik 1: Die vier Leitziele von EXIST – Existenzgründungen aus Hochschulen
(siehe www.exist.de)

Die Hochschulen arbeiten dabei zusammen mit externen Partnern aus Wissenschaft, Wirtschaft und Politik. Sie entwickelten gemeinsam ein abgestimmtes Angebot für Studierende, Mitarbeiter und Absolventen. EXIST ist ein Baustein in der öffentlichen Unterstützung der Bundesregierung von innovativen Unternehmensgründungen und soll mit seiner speziellen Zielsetzung zur Verbesserung des Wissens- und Technologietransfers aus den Hochschulen beitragen.

In der Ausschreibung des EXIST-Wettbewerbs im Dezember 1997 war eine Kooperation von mindestens drei verschiedenen Partnern aus einer Region gefragt, darunter eine Hochschule. Die Anreize lagen in der Aussicht auf eine großzügige finanzielle Förderung durch das BMBF für die Konzeptumsetzung. Insgesamt beteiligten sich über 200 Hochschulen mit 109 Ideenskizzen (darunter 80 ausschreibungsgemäß) für regionale Netzwerke. Eine unabhängige Jury unter Vorsitz von Prof. Szyperski wählte in einem zweistufigen Verfahren zunächst zehn Initiativen aus, deren Konzeptausarbeitung mit jeweils 100.000 DM unterstützt wurde. Basierend auf den danach vorgelegten Konzepten erfolgte die Auswahl der fünf Modellinitiativen:

- bizeps (Region um Wuppertal und Hagen in Nordrhein-Westfalen),
- Dresden exists (Region Dresden in Sachsen),
- GET UP (Ilmenau, Jena und Schmalkalden in Thüringen),
- KEIM (Technologieregion Karlsruhe und Pforzheim in Baden-Württemberg) und
- PUSH! (Großraum Stuttgart in Baden-Württemberg).

Sie erhielten über den Förderzeitraum von gut sechs Jahren insgesamt BMBF-Mittel in Höhe von 34,3 Mio. €. Die regionale Verteilung mit zwei von fünf ausgewählten Initiativen in Südwestdeutschland unterstreicht, dass nicht regionales Proporzdenken die Auswahl bestimmte, sondern die Qualität der Netzwerkkonzepte und die Überzeugungskraft der dahinter stehenden Promotoren.

Die Wirkungen von EXIST aus dieser Wettbewerbsrunde gingen aber weit über die geförderten EXIST-Modellinitiativen hinaus: Krantz, Lilischkis, Wessels (2000) untersuchten 47 nicht durch EXIST geförderte Netzwerke, die einen Antrag in der ersten Stufe des Wettbewerbs stellten. Ein großer Prozentsatz dieser Konzepte wurde zumindest teilweise realisiert. Eine ganze Reihe der Antragsteller in der zweiten Förderphase von EXIST (EXIST-Transfer) hat ihren Ursprung in der Zusammenarbeit von Institutionen für die Erarbeitung eines Beitrags für den EXIST-Wettbewerb. EXIST gab damit Anstöße für die Realisierung einer größeren Anzahl an Unterstützungsnetzwerken für Gründungen aus Hochschulen. Viele dieser Initiativen erhielten durch andere Institutionen (Bundesländer, private und öffentliche Stiftungen, Kreditinstitute, Unternehmen u. ä.) eine finanzielle Unterstützung.

Im ersten, gut dreijährigen Förderzeitraum entwickelten die fünf EXIST-Modellinitiativen adaptiert an ihr jeweiliges regionales und hochschulisches Umfeld eine große Reihe von Einzelmaßnahmen zur Motivation Studierender und wissenschaftlicher Mitarbeiter, zur Gewinnung von Promotoren vor allem im Professorenkreis und zur Beratung von Gründungsinteressierten und angehenden Gründern. Ein besonderer Schwerpunkt bildete die ‚**Entrepreneurship Education**'. Sie basiert auf der Grundannahme, dass Handlungskompetenzen eines Gründers lehr- und erlernbar sind, und zwar auch im Rahmen der akademischen Ausbildung durch Lehrende an Hochschulen. Es entstanden – im EXIST-Kontext, aber finanziert durch Stiftungen und Einrichtung von Lehrstühlen aus Mitteln der jeweiligen Hochschulen – eine ganze Reihe von Gründungslehrstühlen bzw. Professuren mit ausgewiesenem Gründungsbezug in der Lehrstuhlbezeichnung oder in den Lehrgebieten. EXIST-Hochschulen haben mit gut 40% einen überdurchschnittlichen Anteil an den gegenwärtig in Deutschland bestehenden etwa 50 Gründungslehrstühlen.

Mit **EXIST-Transfer** wurden ab Mitte 2002 bis Ende 2005 zehn weitere Netzwerke in der deutschen Hochschullandschaft gestärkt und ausgebaut und dabei die Erkenntnisse aus den fünf EXIST-Modellinitiativen genutzt. EXIST-Transfer fördert explizit den Transfer und Erfahrungsaustausch mit den fünf Modellinitiativen. Aus den ursprünglich 45 eingegangenen Bewerbungen hat der EXIST-Sachverständigenbeirat unter Vorsitz von Prof. Szyperski in einem zweistufigen Verfahren zehn Initiativen ausgewählt, die mit insgesamt rund 10,9 Mio. € gefördert werden:

- BEGiN (Potsdam – Brandenburg),
- BRIDGE (Bremen),
- fit-exist (Trier),
- G-Dur (Dortmund),
- GROW (Ostbayern),
- Gründerflair MV (Mecklenburg-Vorpommern),
- KOGGE (Lübeck – Kiel),
- Route A 66 (Frankfurt – Wiesbaden – Offenbach),
- START (Kassel – Fulda – Marburg – Göttingen) sowie
- SAXEED (Südwestsachsen).

Der Förderansatz von EXIST hat unterschiedliche Dimensionen, die sich in den Aktivitäten der EXIST-Initiativen niederschlagen:

- Motivation/Erschließung von Studierenden und wissenschaftlichen Mitarbeitern in Hochschulen und Forschungseinrichtungen für eine selbständige Tätigkeit und Verwertung wissenschaftlicher Forschungsergebnisse durch Gründungen
- Vermittlung von Gründungswissen und Schlüsselfähigkeiten für unternehmerisches Denken und Handeln durch die akademische Gründungslehre ('Entrepreneurship Education') und die Weiterbildung angehender Gründer
- Unterstützung und Beratung von Gründern aus dem Wissenschaftsbereich bei der Gründungsvorbereitung und beim Unternehmensaufbau
- stärkere Vernetzung der Hochschulen mit Institutionen im regionalen Umfeld und Förderung des innovationsfördernden Milieus in der Region

Tabelle 3: Aktionsfelder der Initiativen zum Erreichen der Leitziele von EXIST

Der Bericht des Fraunhofer-Institut für System- und Innovationsforschung (ISI) (Kulicke 2006) als wissenschaftliche Begleitung von EXIST zeigt für den Zeitraum von 1998 bis 2005, dass eine Reihe wesentlicher Fortschritte bei der Umsetzung der ambitionierten Leitziele erreicht wurde, aber letztlich hierzu ein langwieriger Veränderungsprozess innerhalb der Hochschulen und im gründungsrelevanten Umfeld erforderlich ist. Dieser Veränderungsprozess braucht deutlich länger als die bisherige zeitliche Dimensionierung der EXIST-Förderung. Die notwendigen Anstöße und die Realisierung der ersten Phasen in diesem Prozess konnte EXIST aber erfolgreich leisten.

Die Evaluierung (S. 294 ff.) zeigt die Wirkungen von EXIST auf folgenden Feldern:

- **Motivation und Anschub:** EXIST hat in den Hochschulen der EXIST-Initiativen zu einer Erhöhung der Motivation für eine selbständige Tätigkeit bei Studierenden und wissenschaftlichen Mitarbeitern in Hochschulen und Forschungseinrichtungen geführt. Das Thema Gründung als Berufsoption ist durch EXIST in diese Institutionen getragen worden, bedingt erst auch als Weg zur Verwertung von Forschungsergebnissen und Wissen. Doch auch im nicht geförderten Bereich gab es erhebliche Effekte. Aus heutiger Sicht ist diese Entwicklung nachhaltig.
- **Aus- und Weiterbildung:** Der Aufbau der Entrepreneurship Education an den Hochschulen und einer gründungsqualifizierenden Weiterbildung im Kontext der Hochschulen führt zu einer Stärkung der Kenntnisse und Fähigkeiten zur Reali-

sierung einer Gründung und zum Management eines neuen Unternehmens. Im Vergleich zur Ausgangssituation 1997 sind erheblich Fortschritte zu konstatieren.

- **Beratung und Coaching:** Die Förderung durch EXIST führte zur Schaffung von Unterstützungs- und Beratungsangeboten, die den Weg der Gründungsvorbereitung und des Unternehmensaufbaus begleiten und dabei auf die spezifischen Anforderungen von Ausgründungen aus Hochschulen und Forschungseinrichtungen zugeschnitten sind.
- **Vernetzung und Integration:** Die Knüpfung der EXIST-Förderung an die Voraussetzung einer stärkeren Vernetzung der Hochschulen mit Institutionen im regionalen Umfeld hat zur Herausbildung von Netzwerken geführt, die Gründungen in vielfältiger Weise unterstützen. Die Vernetzung bewirkte ferner eine Beteiligung von Institutionen, die einen großen Teil der Wertschöpfungskette (Forschung, Qualifizierung, teilweise Beratung und Finanzierung) abdecken.
- **Umfeldentwicklung:** Es hat teilweise eine Neu- oder Umgestaltung von Angeboten speziell zugeschnitten auf die Anforderungen von Ausgründungen aus Hochschulen bei den Netzwerkpartnern der Initiativen stattgefunden.
- **Stabilisierung:** EXIST hat bewirkt, dass auch nach der Gründungseuphorie der Jahre 1996 bis 2000 das Gründungsthema in den Köpfen und den Hochschulen geblieben ist und inhaltlich weiter getragen wird.
- **Generierung von Erfahrungen:** Die EXIST-Initiativen entwickelten eine ganze Reihe neuartiger Ansätze und Instrumente zur Erschließung der Zielgruppen in den Bereichen Entrepreneurship Education, unternehmerische Weiterbildung, Beratung, Coaching und infrastrukturelle Unterstützung, von denen andere Institutionen in Deutschland profitieren.

Der EXIST-Wettbewerb gab bundesweit Anstöße, so dass eine größere Anzahl an Unterstützungsnetzwerken und Einzelaktivitäten für Spin-off-Gründungen aus Hochschulen entstanden sind. EXIST hat dabei als Vorbild fungiert und die Aktivitäten anderer Institutionen für einen höheren Stellenwert einer selbständigen Tätigkeit verstärkt. Dadurch gibt es mittlerweile in Deutschland eine Vielzahl von Initiativen zur Förderung unternehmerischen Denkens und Handelns. EXIST konnte zusammen mit diesen eine deutliche Breitenwirkung erzielen.

2.3 Die Rolle des EXIST-Sachverständigenbeirats

Im Jahr 1998 übernahm Prof. Szyperski den Vorsitz der Jury zum EXIST-Wettbewerb und später des Sachverständigenbeirates zu EXIST, der die strategische Ausrichtung, konkrete Umsetzung und konsequente Fortentwicklung der Fördermaßnahme begleitet. Prof. Szyperski hat als Vorsitzender des EXIST-Sachverständigenbeirats sowohl in der Konzeptions- wie auch in der Umsetzungsphase durch hohes Engagement und großen Zeiteinsatz Akzente gesetzt. Eine große Rolle spielten dabei seine langjährigen und sehr vielfältigen Erfahrungen sowohl als Wissenschaftler an einer Hochschule, als Gründungsforscher, als Manager in einem großen Unternehmen, als Mentor, Finanzier und Berater von innovativen Gründungen und nicht zuletzt seine vielfältigen Kenntnisse der US-amerikanischen Hochschullandschaft. So betätigte er sich schon 1976 als Mitgründer eines ersten Spin-offs, dem in den darauf folgenden Jahren Beteiligungen an über einem Dutzend erfolgreicher Start-ups und Beratungen bei über 50 weiteren Neugründungen folgten. Lange bevor diese Personengruppe in das Blickfeld der Öffentlichkeit rückte und deren volkswirtschaftliche Bedeutung deutlich wurde, übernahm er ab Mitte der 1970er Jahre immer wieder die Rolle eines Business Angel, d. h. eines Privatinvestors, der Gründungen in der frühen Phase ihrer Entstehung, wenn andere Finanzierungsquellen noch nicht offen stehen, mit Managementberatung und risikotragendem Kapital unterstützt. Er gab zudem Anstöße, dass Aktivitäten zur Stimulierung und Unterstützung von Gründungen und die Forschung hierzu institutionell verankert wurden, vor allem:

(1) durch Gründung und Leitung des Schmalenbach Arbeitskreises „Innovative Unternehmungsgründungen", der zum Förderkreis Gründungsforschung (FGF) e. V. führte, dessen Gründungspräsident er 1987 wurde und Ehrenvorsitzender er heute noch ist;
(2) als Gründungsmitglied von BAND „Business Angels Network Deutschland" im Jahr 1998.

Unter seinem Vorsitz übte der EXIST-Sachverständigenbeirat keine bloße Beratungsfunktion für das Bundesministerium für Bildung und Forschung, sondern eine deutlich mitgestaltende Funktion aus. Dessen Empfehlungen aus Vor-Ort-Begutachtungen zum Umsetzungsstand der EXIST-Modellinitiativen oder aus der Bewertung von Zwischenberichten der 15 EXIST-Initiativen hatten deutliche Verschiebungen bei Maßnahmen einzelner Initiativen zur Folge. Nicht zuletzt basiert auch die Betonung der ‚Entrepreneurship Education' als Kernbereich der EXIST-Initiativen auf Empfehlungen des EXIST-Sachverständigenbeirats wie auch beispielsweise die Forderung an die Leitungen der in die EXIST-Modellinitiativen involvierten Hochschulen, durch sichtbare Mittelumwidmungen das Gründungsthema nachhaltig zu verankern.

3. Gründungsforschung im Kontext der Kölner Schule

Neben der skizzierten Vielzahl an anderen Aktivitäten begleitete das Gründungsthema Prof. Szyperski bereits seit mehreren Jahrzehnten in seiner Tätigkeit als Hochschulforscher. Als langjähriger Inhaber des Lehrstuhls für Allgemeine Betriebswirtschaftslehre und betriebswirtschaftliche Planung an der Universität zu Köln markiert das Jahr 1974 den Start der Gründungsforschung am Betriebswirtschaftlichen Institut für Organisation und Automation an der Universität zu Köln (BIFOA). Damit wurde die so genannte Kölner Schule begründete, die eine Wiege der Gründungsforschung in Deutschland darstellt.

Ein wesentlicher Ansatzpunkt der Gründungsforschung ist die Untersuchung der Zusammenhänge, die Menschen dazu bewegen, den Schritt in die berufliche Selbständigkeit zu tun und Unternehmungen zu gründen. Also alle diejenigen Faktoren, die bereits wirken müssen, bevor eine Unternehmung formal entsteht und die wesentlich mit über deren Erfolg oder Misserfolg entscheiden. Dazu gehören ferner die Rahmenbedingungen für selbständige Tätigkeiten, wie Rechtssystem, Steuerregelungen, Finanzierung, sozio-kulturelle Umgebung für Unternehmungen, Förder- und Finanzierungsmöglichkeiten, Beratungsinfrastruktur usw.

Solche Fragen wurden bereits in den 1970er Jahren im Projektbereich Gründungsforschung des BIFOA durch Prof. Szyperski und seine Mitarbeiter behandelt. Etliche Veröffentlichungen, z. B. Szyperski, Nathusius (1977), Nathusius et al. (1984), unter anderem über die Struktur und Entwicklung der Gewerbeanmeldungen in Nordrhein-Westfalen 1973 bis 1975, konfrontierten die theoretische Diskussion der Wirtschaftswissenschaften mit der Empirie. Zugleich versuchten die Kölner Gründungsforscher, potenziellen Unternehmungsgründern (z. B. mit SPIG und Miniplan) Instrumente in die Hand zu geben, die im Vorfeld der eigentlichen Gründung eine bessere Abschätzung der Chancen für die jeweilige Gründungsidee ermöglichen sollten. Damals ein völlig neuer Ansatz, heute muss jeder Gründer einen belastbaren Geschäftsplan vorweisen.

Intensiv untersucht wurde ferner ein weiterer, für den Erfolg neu gegründeter Unternehmungen sehr wesentlicher Faktor: Die Person des Gründers. Ausgehend von Schumpeters „dynamischem Unternehmer" stellte sich die Frage, was eine solche Person im modernen wirtschaftlichen Kontext auszeichnet, welche Persönlichkeits- und Charaktermerkmale Einfluss auf den Erfolg oder Misserfolg von Unternehmensgründungen haben. Hierfür wurden umfangreiche Befragungen beispielsweise von technisch-wissenschaftlichen Mitarbeitern an Hochschulen, Forschungseinrichtungen und in Unternehmungen im Bereich Aachen, Köln, Düsseldorf und Bonn durchgeführt. Dabei stand die Frage im Vordergrund nach den Gründen, warum sich die Region entlang der Route 128 bei Bosten, USA im Vergleich zur Untersuchungsregion doch sehr unterschiedlich bezüglich der Gründungen neuer, innovativer Unternehmen entwickelt, obwohl beide Großräume von ihrer technisch-wissenschaftlichen Infrastruktur ähnlich sind. Eine Schlussfolgerung der Untersuchung bestand darin, dass in den USA eine Unternehmensgründung fast eine selbstverständliche Verwertungsform für erworbenes Wissen und eine selbständige Tätigkeit eine attraktive Berufsoption für wissenschaftliche Mitarbeiter in Hochschulen und Forschungsinstitutionen darstellt. In Deutschland bestand diese Sichtweise nicht. Bevorzugt wurde (und wird) eine akademische Laufbahn als Wissenschaftler oder die traditionelle Festanstellung in einem bestehenden Unternehmen. Daher kamen hier Ingenieure, Maschinenbauer und Naturwissenschaftler nicht auf die Idee, im Anschluss an ihre Ausbildung oder wissenschaftliche Tätigkeit zu gründen.

Die Kölner Gründungsforscher beschränkten sich jedoch nicht nur auf theoretisch-methodische Arbeiten und empirische Untersuchungen zum Gründungsgeschehen, sondern unterstützten auch innovative Unternehmensgründungen durch Hochschulmitarbeiter und ehemalige Studenten (Alumni). Gerade in den 1980er Jahren bot dafür der DV-Bereich gute Chancen mit der raschen Verbreitung der Personalcomputer und deren Vernetzung.

Von den ersten Anfängen der Gründungsforschung in den 1970er Jahren in Köln dauerte es noch eine ganze Reihe von Jahren, bis die Gründungsforschung an deutschen Hochschulen eine nennenswerte Verbreitung erlangte. In den letzten etwa sieben bis acht Jahren beginnt sie, sich als interdisziplinäre, thematisch weitgesteckte Wissenschaft herauszubilden. Fachliche Beiträge stammen aus den Wirtschafts- und den Regionalwissenschaften, der Soziologie, der Psychologie, den Erziehungs- und Rechtswissenschaften. Dies hat auch eine Ausdifferenzierung der Methoden und konzeptionell-theoretischen Grundlagen zur Folge. Doch erreicht die Gründungsforschung in Deutschland bei weitem noch nicht die thematische Vielfalt und empirische Absicherung wie im angelsächsischen Raum. Vor allem im Bereich des technologieorientierten und wissensbasierten Gründungsgeschehens generell und speziell zu Ausgründungen aus Hochschulen oder Forschungseinrichtungen gibt es noch erhebliche Lücken in der hochschulischen Gründungsforschung. Betrachtet man die typischen Themenfelder der aktuellen Gründungsforschung (siehe Kulicke 2006, S.149 ff.), dann wird deutlich, dass eine Reihe dieser Fragen bereits in der Mitte der 1970er Jahre am Seminar von Prof. Szyperski untersucht wurde. Dies trifft beispielsweise auf Themen zu, die auf die Person des Gründers gerichtet sind, wie Gründungsmotive und -hindernisse, soziodemographische Merkmale, umfelddeterminierte Aktivierungs- und Hemmfaktoren, oder auf mikroökonomische Aspekte, wie Erfolgs- und Misserfolgsfaktoren, Ablauf von Gründungsprozessen und Entwicklungsverläufen neu gegründeter Unternehmen.

4. Resümee

Prof. Szyperski hat den in Deutschland insgesamt noch zu seltenen, aber zur besseren Verwertung wissenschaftlicher Forschungsergebnisse wünschenswerten Rollenwechsel vom Wissenschaftler zum unternehmerisch Handelnden bereits vor vielen Jahren vorgelebt. Er hat sich in besonders herausragender Weise für die Schaffung eines echten Gründungsklimas in der deutschen Hochschul- und Forschungslandschaft eingesetzt. Durch sein vielfältiges berufliches und soziales Engagement der zurückliegenden Jahre sind wichtige Impulse zur Entwicklung des Innovationssystems in Deutschland gesetzt worden. Mit Leidenschaft und Taten verdeutlicht er immer wieder Ansatzpunkte für mehr Innovation. Sein Ziel ist es dabei, die Umsetzung von Forschungsergebnissen stärker zu fördern und damit einen wichtigen Beitrag zur Innovation zu leisten.

Literaturverzeichnis

EGELN, J.; GOTTSCHALK, S.; RAMMER, C.

Spinoff-Gründungen aus der öffentlichen Forschung in Deutschland. Herausgegeben vom Bundesministerium für Bildung und Forschung. Bonn 2002.

KIENBAUM MANAGEMENT CONSULTANTS GMBH

Wissens- und technologieorientiertes Gründungsgeschehen. Kienbaum-Bestandsaufnahme für eine Weiterentwicklung von EXIST. Studie im Auftrag des Bundesministeriums für Bildung und Technologie, 2005.

KLANDT, H.

Entrepreneurship: Unternehmerausbildung an deutschen Hochschulen. In: Betriebswirtschaftliche Forschung und Praxis. Heft 3 (1999), S. 241-255.

KRANTZ, H.; LILISCHKIS, S.; WESSELS, J.

Der Wettbewerb EXIST – Impulse für Gründungen aus Hochschulen. Eine Analyse 47 ausgewählter Netzwerkkonzepte sowie der Lehrangebote für Unternehmensgründer an den beteiligten Hochschulen. Exist-Studien 1. Bonn 2000.

KULICKE, M.

EXIST – Existenzgründungen aus Hochschulen. Bericht der wissenschaftlichen Begleitung zum Förderzeitraum 1998 bis 2005. Studie im Auftrag des Bundesministeriums für Bildung und Forschung. Stuttgart 2006.

MEYER-KRAHMER, F.; KULICKE, M.

Gründungen an der Schnittstelle zwischen Wissenschaft und Wirtschaft. In: PWP Perspektiven der Wirtschaftspolitik. Eine Zeitschrift des Vereins für Socialpolitik, Band 3, Heft 3, 2002, S. 257-277.

NATHUSIUS, K.; KLANDT, H.; KIRSCHBAUM, G. (HRSG.)

Unternehmensgründung – Konfrontation von Forschung und Praxis – Festschrift für Norbert Szyperski. Bergisch Gladbach 1984.

SZYPERSKI, N.; NATHUSIUS, K.

Probleme der Unternehmungsgründung – Eine betriebswirtschaftliche Analyse unternehmerischer Startbedingungen. Stuttgart 1977.

ZEW (HRSG.)

Technologie- und wissensintensive Unternehmensgründungen wieder im Aufwind – Spitzentechnik weiter im Minus. In: ZEW Gründungsreport. Aktuelle Forschungsergebnisse und Berichte zu Unternehmensgründungen. Jahrgang 5, Nr. 1, Mai 2005, S. 1-2.

Neues Gründungsklima versus Anstand und Sitte des ehrbaren Kaufmanns

Über die Vereinbarkeit von Tradition und modernem Unternehmertum

Elisabeth Slapio

Inhaltsverzeichnis

1. Des Kaufmanns gute Sitten 103

2. Neues Gründungsklima für den Mittelstand 104

3. Die Sehnsucht nach dem ehrbaren Kaufmann 107

4. Was sind Anstand und Sitte des ehrbaren Kaufmanns 109

5. Fazit – Zurück in die Zukunft 112

Literaturverzeichnis 114

Elisabeth Slapio

1. Des Kaufmanns gute Sitten

Des Kaufmanns gute Sitten – wo sind sie geblieben? Zur Diskussion dieses Themas traf sich im Jahr 2004 eine kleine Gruppe namhafter Vertreter des Wirtschaftslebens[1]. In Zeiten des Glaubens an die grenzenlosen Gestaltungsfähigkeiten modernen Managements erscheint es geradezu anachronistisch, sich mit traditionellen Werten wie Vertrauen, Verantwortung, Respekt und Glaubwürdigkeit als Teil des modernen Unternehmertums auseinander zu setzen. Und erst Recht erstaunt, dass das Memorandum der 'Sylter Runde'[2] die Rückkehr zu des Kaufmanns guten Sitten anmahnt. Es fordert vom Unternehmer, dass er modernes Fairplay als unabdingbare Voraussetzung des heutigen Wirtschaftslebens anerkennt und in gleicher Weise zum Wertesystem seines eigenen Handelns macht. Nur ein Jahr später beschreibt ein mittelständischer Unternehmer, Heinz-Paul Bonn, in seiner Publikation "Das Mittelständische Mehr" als treibende Kraft für den Start einer Unternehmertätigkeit das Motiv, in Selbstverantwortung Werte zu schaffen und andere daran Teil haben zu lassen. Was aber bewegt Entscheider in der heutigen Zeit, sich mit diesem Thema zu befassen? Gibt es eine Renaissance des ehrbaren Kaufmanns?

Seit einiger Zeit wird wieder einmal diskutiert, den Wirtschaftsstandort Deutschland durch erleichterte Formen der Existenzgründungen zu stärken. Vereinfachte Rechts- und Verfahrensvorschriften werden ebenso erörtert wie die Frage, welche betriebswirtschaftlichen Sekundärtugenden den Erfolg junger Unternehmer garantieren. Klassische Existenzgründungsberatung ist von Fakten geprägt, schnell verfügbar und konzentriert sich auf die Kernaussagen zu den wirtschaftlichen Rahmenbedingungen. Gelegentlich wird auch die Anforderung an die Unternehmerpersönlichkeit erwähnt. Diese Anforderungen werden weniger von den öffentlichen Beratungsstellen vermittelt, sondern bleiben im Einzelfall den Seminaranbietern und Beratern überlassen.

Können die Gedanken aus dem Memorandum der Sylter Praktikerrunde ein erster Hinweis auf aktuelle Anforderungen sein, die bei der Beratung von Gründungswilli-

---

[1] Das Treffen fand auf Einladung von Prof. Dr. Dr. h. c. Norbert Szyperski am 7. und 8. Mai 2004 im Hotel Vier Jahreszeiten, Westerland/Sylt statt.
[2] Szyperski, Norbert et al. 2004

gen neue Akzente setzen? Welche Rolle übernehmen Institutionen wie beispielsweise Industrie- und Handelskammern, deren gesetzliche Aufgabe es heute noch ist, für Wahrung von Anstand und Sitte des ehrbaren Kaufmanns zu sorgen? Welche Einflüsse haben aktuell diskutierte Gedanken der Ethik des Unternehmertums auf das Selbstverständnis von Beratungseinrichtungen, die im Dialog mit potentiellen Existenzgründern ein erster Baustein für das neue mittelständischen Unternehmer sind? Muss jeder, der heute potentielle Unternehmer im Gründungsbereich verantwortungsvoll begleiten möchte, es als eine persönliche Herausforderung betrachten, sich auch mit den weitergehenden Anforderungen an Kaufmannseigenschaften zu beschäftigen?[3] Denn letztlich schafft der Existenzgründer von heute nicht nur das Unternehmen von morgen. Seine ethischen und moralischen Vorstellungen wirken sich langfristig über das Gründungsklima hinaus auf den Umgang von Marktteilnehmern untereinander aus. Alleine diese Fragen sind Anlass genug, sich mit der Vereinbarkeit von traditionellen Werten des ehrbaren Kaufmanns im Kontext des neuen Gründerklimas zu beschäftigen.

2. Neues Gründungsklima für den Mittelstand

In Deutschland sind derzeit etwa 3,2 Millionen Menschen unternehmerisch tätig[4]. Sie schaffen für sich und im Durchschnitt für fünf weitere Personen Arbeitsplätze. Sie sind der so genannte Mittelstand, jener von Politik und Gesellschaft inflationär zitierte Kronzeuge, der in beliebig oft wechselndem Kontext für Vieles seinen Kopf hinhalten soll.

Aktuell ist nahezu jeder vierte Deutsche in einem mittelständischen Unternehmen beschäftigt. Das sind etwa 20 Millionen Menschen, die etwa dem Anteil von zwei Drittel an der gesamten arbeitenden Bevölkerung in Deutschland entsprechen. Von

---

[3] Vergleiche § 1, Abs.1 des Gesetzes zur Regelung des Rechts der Industrie- und Handelskammern vom 18. Dezember 1965 (BGBl I, Seite 920), in der Fassung vom 23. März 2005 (BGBl I, Seite 931): "Die Industrie- und Handelskammern haben…, die Aufgabe, das Gesamtinteresse der ihnen zugehörigen Gewerbetreibenden ihres Bezirks wahrzunehmen, für die Förderung der gewerblichen Wirtschaft zu wirken und dabei die wirtschaftlichen Interessen der einzelner Gewerbezweige oder Betriebe abwägend und ausgleichend zu berücksichtigen; dabei obliegt es ihnen insbesondere, durch Vorschläge, Gutachten und Berichten die Behörden zu unterstützen und zu beraten sowie für Wahrung von Anstand und Sitte des ehrbaren Kaufmanns zu wirken."
[4] Auswertung aus dem Unternehmensregister, Stand: 31.12.2005, siehe www.statistik-portal.de

jedem mittelständischen Arbeitsplatz hängen mehr als zwei Personen direkt ab[5]. Hinzu kommen weitere belegbare Fakten, wie beispielsweise die Zahl der von mittelständischen Unternehmen geschaffenen Ausbildungsplätze. Und täglich kommen neue Unternehmer hinzu. Ideenreiche Erfinder ohne vorherige betriebswirtschaftliche Erfahrung sind es ebenso wie Töchter oder Söhne, die elterliche Handels-, Handwerks- oder Dienstleistungsbetriebe übernehmen werden. Der vorzeitig in den Ruhestand gewechselte Mittfünfziger reiht sich ein in die Warteschlange gründungswilliger Menschen, wie die arbeitslosen Mitarbeiterinnen und Mitarbeiter großer Konzerne, die mangels fachlicher Vermittelbarkeit oder aus anderen Gründen eine alternative Zukunft in der Selbstständigkeit suchen.

Alleine im Jahr 2005 gab es etwa 495.000 Neugründungen in Deutschland[6]. Der Deutsche Industrie- und Handelskammertag verweist im Jahr 2004 auf über 400.000 Kontakte mit angehenden Unternehmerinnen und Unternehmern, die in Einstiegsberatungen oder vertiefende Beratungen von den IHKs Hinweise für ihre Existenzgründungen in Handel, Industrie und Dienstleistungssektor erhielten. Hinzu kommen die Beratungsleistungen der Handwerkskammern und anderer öffentlicher Organisationen, Institutionen und Verbänden. Nach allgemeinem Sprachgebrauch fallen die Existenzgründer als potentielle Unternehmer ebenso wie alle Neugründer unter den Begriff des Kaufmanns (aus Lesbarkeitsgründen auch verwendet als Synonym für die Kauffrau), verstanden als selbständiger Unternehmer mit Kompetenz, eigener Verantwortung und der täglichen Herausforderung des Handelns auf eigenes Risiko. Früher wie heute verbindet man mit dem traditionellen Begriff das Bild des Unternehmers, der – eingebettet in fest vorgegebene Sitten und Gebräuche seiner Zeit – nicht nur Teil des Wirtschaftslebens, sondern auch des gesellschaftlichen Umfelds ist.

Die Darstellung des Kaufmanns in den Schulbüchern verkörperte bis in die Mitte des 20. Jahrhunderts den gesellschaftlich anerkannten Einzelunternehmer. Er repräsentierte zugleich eine positive Wertvorstellung der Gesellschaft. In dieser Zeit war der ‚Kaufmannsladen' in der gutbürgerlichen Erziehung bewusst oder unbewusst die spielerische Vermittlung von Wissen über den Umgang mit Kunden. In der modernen

---
[5] Bonn 2005, S. 1 ff.
[6] Quelle: www.ifm-bonn.org.

Terminologie ist das Bild des ehrbaren Kaufmanns nahezu verschwunden. Ersetzt oder verdrängt wird der Begriff des Kaufmanns im allgemeinen Sprachgebrauch durch den Oberbegriff des Unternehmers, geprägt von der unscharfen Berichterstattung moderner Medien. So werden angestellte Manager in internationalen Konzernen als Unternehmenslenker bezeichnet und in einem Atemzug mit dem geschäftsführenden Gesellschafter eines Familienbetriebes genannt. Das Verständnis vom integren, persönlich haftenden Kaufmann verschwimmt mit dem Bild des mit unvorstellbar hohen Summen dotierten Interims-Managers. Selten gelingt den Hochglanzmagazinen und Fernsehspots der Wirtschaftsberichterstattung die erforderliche Detaillierung komplexer Zusammenhänge, sofern sie zur Unterhaltung des Massenpublikums jenseits von Sozialneid überhaupt noch gewollt ist.

Im Kontext dieses vereinfachten Öffentlichkeitsbildes wird das neue Gründungsklima in Deutschland derzeit intensiv diskutiert. Da werden unter verschiedenen Arbeitstiteln Unternehmensgründungen und -übernahmen, Existenzgründungen, der Start in die Selbständigkeit etc. untersucht, analysiert, und mit Verbesserungsvorschlägen versehen. Die Hoffnung, damit zur Stabilisierung des Standortes ein neues Heilmittel gegen wegfallende Arbeitsplätze zu schaffen, führt zu vielfältigen Anreizmodellen, wie die Ich-AG gezeigt hat. Häufig wird der Eindruck vermittelt, dass sich moderne Unternehmer ausschließlich über betriebswirtschaftliche Kriterien des selbst erstellten Business Plans definieren.

Nicht immer sind es dabei die Fakten, die die politische Diskussion rund um das neue Gründungsklima bestimmen. Richtig ist beispielsweise, dass eine Vielzahl gesetzlicher Bestimmungen vor allem bei geplanten Produktionsunternehmen zu nachhaltigen Verzögerungen der Unternehmenseröffnung führen kann. Übersehen wird dabei oft, dass die Mehrheit der Gründer lediglich eine Gewerbeanmeldung benötigt, die in der Regel zunächst gegen Zahlung einer Gebühr ohne weitere Auflagen den Beginn der Geschäftstätigkeit ermöglicht. Im fröhlichen Durcheinander vollmundiger Entbürokratisierungsforderungen wird gelegentlich vergessen, dass es schon einer differenzierten Betrachtung bedarf, um festzustellen, ob der Gründer an Gesetzen und Verordnungen scheitert. Oder ob es die mangelnde Vorbereitung und unzureichende Fachkenntnisse oder Fertigkeiten sind. Diese Defizite liegen in der Verantwortungssphäre des Gründers. Und wenn es dann noch um Finanzierungsfragen geht, geraten Forderungen an Banken und Sparkassen auf erleichterten Zugang zu Kapital in eine undifferenzierte Mixtur von marktgerechten Finanzierungsideen und halbwahren Subventionsvorstellungen.

Sicher ist, dass gerade heute ein neues Gründerklima dringender denn je benötigt wird. Dazu aber bedarf es der sorgfältigen Ermittlung von Fakten ebenso wie evidenzbasierter Überlegungen und Entscheidungen. Erfolgreiche Unternehmer und/ oder Kaufleute sind eben nicht nur neue Marktteilnehmer, die es geschafft haben, ihre Geschäftsidee zu realisieren. Jeder neue Existenzgründer ist darüber hinaus Kunde oder Lieferant, möglicher Kooperationspartner, Ideenbringer, Konsument, Vertreter seiner Branche in Verbänden und Institutionen, Meinungsmacher im gesellschaftlichen und politischen Geschehen und vieles mehr. Die Summe seiner persönlichen Eigenschaften, die ihn in seiner Tätigkeit als belastbaren Mitarbeiter, durchsetzungsfähigen Manager oder kreativen Entwickler in einem Betriebes früher auszeichnete, ist in der Erfolgseinschätzung des geplanten Gründungsvorhabens noch keine Garantie für ein solides Fundament mittelständischer Geschäftstätigkeit. Noch weniger wird in der klassischen Gründungsberatung der Kontext ethischer und moralischer Leitlinien erörtert, die nach früherem Verständnis des ehrbaren Kaufmanns auch heute noch ein Leitbild unternehmerischer Tätigkeit darstellen.

3. Die Sehnsucht nach dem ehrbaren Kaufmann

Um einschätzen zu können, ob das traditionelle Verständnis des ehrbaren Kaufmanns mit dem heutigen Gründungsklima in Einklang zu bringen ist, bietet sich ein Blick auf die Begrifflichkeiten an. Der Begriff des ‚ehrbaren Kaufmanns' wird seinem konzeptionellen Inhalt nach dem Franziskanermönch Luca Pacioli zugeschrieben, der zugleich als Erfinder der doppelten Buchführung gilt. Ausgehend von einer vorbildlichen, gleichermaßen guten wirtschaftlichen und ethischen Unternehmensführung, war der ehrbare Kaufmann ein Synonym für den verlässlichen Geschäftspartner.[7]

---

[7] Schützeichel 2005, S. 1 ff.

Über Jahrhunderte entwickelte sich der Begriff innerhalb seines jeweiligen Zeitgeistes. Geprägt durch soziologische, wirtschaftliche und rechtliche Elemente, assoziiert der Begriff das Bild einer unternehmerischen Persönlichkeit, die durch ein hohes vertrauensbildendes Element gekennzeichnet ist. Nicht umsonst sind Vorstellungen des ‚Geschäftes per Handschlag', einer hervorgehobenen Stellung und Verantwortung oder einer besonderen charakterlichen oder moralischen Integrität prägender Teil des ehrbaren Kaufmanns.

Im Geschäftsleben geht die Vorstellung vom ehrbaren Kaufmann auf eine Vertragstreue zurück, die den Marktteilnehmern gemeinsam ist. Ihren Ursprung hat diese Vertragstreue aus gemeinsamen Wertvorstellungen der ständischen Gesellschaft entwickelt. Diese versuchte, damit unter Ihresgleichen das Risiko des betrügerischen Verhaltens zu begrenzen. So verkörperte der ehrbare Kaufmann eine Reputation des Wirtschaftslebens und verschaffte sich zugleich eine hohe positive Identität als vertrauenswürdiger Wirtschaftspartner. In der Sozialforschung verbindet Sven Reichardt[8] damit die Überlegung, dass für den ehrbaren Kaufmann die Angst vor der Drohung mit Reputationsverlust wichtig sei, die im Wirtschaftsleben als eine Art von Erzwingungsinstrument wirken könne. Die rekursive Vernetzung von Kooperation und Wettbewerb sei eingebettet in der Möglichkeit zur schnellen Verbreitung der die Reputation schädigenden Handlungen durch öffentliche Medien.

Anschaulich beschreibt Schützeichel die Haltung des ehrbaren Kaufmanns, der aufgrund eines eigenen Wertesystems handelt, das neben dem staatlichen, gesellschaftlichen und religiösen Wertesystem besteht. Es ermöglicht ihm, den Kunden in den Mittelpunkt zu stellen, über Generationen hinweg langfristige Ziele zu verfolgen, sich ohne persönliche Eitelkeiten im Gemeinwesen zu engagieren und nach außen erkennbar die Wichtigkeit seines Unternehmens vor die seiner eigenen Person zu stellen[9]. Die Eigenschaften des ehrbaren Kaufmanns stehen in direkter Ableitung der Primärtugenden. Sie sind eine Grundhaltung, die jegliches Handeln im Kontext umfassender weltanschaulicher und ethischer Werte für sich und die Gemeinschaft zuordnen lässt.

---

[8] Siehe dazu die Untersuchung von Reichart
[9] Schützeichel 2005, S. 2 ff.

Zweifelsohne darf nicht vergessen werden, dass sich die Einordnung von Wertigkeit und Akzeptanz des ehrbaren Kaufmanns im Wandel der Jahrhunderte verändert hat. Beispielhaft erwähnt sei die Situation der Kaufmannschaft innerhalb der seit Beginn des 16. Jahrhunderts freien Reichsstadt Köln. Die Reichsunmittelbarkeit bedeutete, dass bis zu Beginn des 18. Jahrhunderts ein bürgerlicher Rat, anfangs bestehend aus 49 Mitgliedern, die Innen- und Außenpolitik der Stadt lenkte. Alle wirtschaftspolitischen Angelegenheiten wurden von ihm gestaltet. Die demokratische Verfassung bildete sich unter anderem darin ab, dass alljährlich Bürgermeister und Rat von der in 22 Gaffeln zunftmäßig vertretenen Bevölkerung gewählt wurden. Der ehrbare Kaufmann gestaltete unmittelbar die Geschicke seines Handels- und Gewerbeumfeldes. Mit der wirtschaftlichen Verlagerung in den internationalen Geschäftsverkehr, dem Aufblühen anderer Wirtschaftstandorte und einer weiteren Internationalisierung des Geschäfts durch die Entwicklung der Kolonialmächte beklagte die Kölner Wirtschaft im 18. Jahrhundert ihre Schwächung ebenso wie die Schwierigkeiten mit der Verwaltung[10]. Dennoch gab es ein stabileres Werteumfeld in Politik, Gesellschaft und Religion, das die Unmittelbarkeit des positiven Bildes des ehrbaren Kaufmannes deutlicher zur Wirkung kommen ließ. Hinzu kamen zahlenmäßig weniger Gesetze und Verordnungen, so dass Rechtsfragen noch bis zur Reichsgesetzgebung im 19. Jahrhundert mehr durch Generalklauseln, wie im Bürgerlichen Gesetzbuch von 1896, als durch Einzelfallregelungen bestimmt wurden. Statt eines umfassenden Vertragswerkes mit Allgemeinen Geschäftsbedingungen dienten Sitten und Gebräuche einzelner Branchen und Gewerke der Interpretation fehlender Vertragsklauseln. Letztlich war auch das ehrenamtliche Engagement, wie beispielsweise unternehmerische Selbstverwaltung im Handelsvorstand und der späteren Handelskammer, nicht nur räumlich begrenzt, sondern auch durch eine klare Struktur mit wenigen Fällen von "Ämterhäufung" geprägt[11].

4. Was sind Anstand und Sitte des ehrbaren Kaufmanns

Die Renaissance des Bildes vom ehrbaren Kaufmann zeigt den Wunsch, positive Erfahrungswerte des Wirtschaftslebens in einem modernen Kontext wiederherzu-

---
[10] Kellenbenz, van Eyll 1972, S. 11 ff.
[11] Siehe auch Kellerbenz, von Eyll 1972, S. 15 ff.

stellen. Sehr differenziert hat die Sylter Runde in ihrem Memorandum dargestellt, das ein Grundvertrauen im Wirtschaftsleben eine Basis benötigt. Dazu gehören feste Regeln und ein Vertrauen auf den gleich bleibenden Umgang mit Situationen sowie die Sicherheit, dass es im Falles des Streites eine institutionelle Verlässlichkeit der Konfliktlösung durch Dritte gibt. Dieses sind die Kernbestandteile eines Wunschbildes, das es auch im Rahmen des neuen Gründerklimas zu vermitteln gilt.

Umbruchsituationen in Wirtschaft und Gesellschaft, wie die industrielle Revolution, die Globalisierung oder die Einführung marktwirtschaftlicher Rahmenbedingungen in Mittel- und Osteuropa Endes des 20. Jahrhunderts, lösen bewährte und bekannte Strukturen des Miteinanders auf. Internetbasierte technische Plattformen als Ersatz für den stationären Geschäftsbetrieb setzen partiell durch ihre virtuelle Realität die Prinzipien des realen Kontaktes im Wirtschaftsleben außer Kraft. Die Folge ist neben objektiven Veränderungen auch ein Vertrauensverlust. Er basiert auf der Abwandlung eingeübter Gewohnheiten und Verhaltensweisen, aber auch auf dem schwindenden Zutrauen in eigene Fertigkeiten, Situationen richtig einzuschätzen. Verstärkt wird der Vertrauensverlust durch mangelnden persönlichen Kontakt, der in den letzten Jahren häufig durch den elektronischen Geschäftsverkehr abgeschwächt wird und mit einem Verlust von persönlicher Kommunikation verbunden ist.

Dies führt zu neuen Fragestellungen bei der Entscheidungsvorbereitung. Verhält sich ein unbekannter Geschäftspartner eines anderen Kontinents in gleicher Weise wie der frühere Geschäftspartner aus dem regionalen Umfeld? Vertraue ich bei der Kreditvergabe allein den Vergaberichtlinien oder verlasse ich mich auch auf die eigenen Kenntnisse über mittelständische Kunden, gewonnen aus deren wirtschaftlichem Umfeld bis hin zum Hintergrundwissen über soziales, familiäres und sonstiges Umfeld? Kenne ich die Gewohnheiten politischer Meinungsbildung an meinem Unternehmensstandort aus eigener Betätigung in Parteien, Verbänden und sonstigen Institutionen? Wie wirken sich Eindrücke und Erfahrungen, gewonnen aus einem ehrenamtlichen Engagement in Bildung, Kultur, Sport oder anderen Bereichen, auf die Meinungsfindung und den Kontakt zu den jeweiligen institutionellen Gesprächspartnern in Wirtschaft und Verwaltung aus? Fragen, die sich häufig der mittelständische Unternehmer stellt, der das Handeln auf eigenes Risiko täglich praktiziert. Vor allem ihm stellt sich die Frage, ob er sich die möglicherweise folgereichen Entscheidungen auf der Basis neu definierter Primärtugenden wirtschaftlich leisten kann.

Ihm hilft die Diskussion um Corporate Governance nicht weiter, ebenso wenig, wie sie auf ihn anwendbar ist. Das Management moderner Konzerne verbunden mit weltweiten variablen Standorten und zeitlich begrenzten vertraglichen Bindungen ist im Regelfall nur vorübergehend an sein Unternehmen gebunden. Dieses Management war und ist nicht automatisch der Bezugspunkt für die moderne Interpretation des ehrbaren Kaufmanns. Nicht, weil das Management sich den Spielregeln nicht unterwerfen oder den ethischen Anforderungen nicht genügen kann. Schon aus der Definition der persönlichen Primärtugenden und ihrem Stellenwert im übergeordneten Werteverständnis ist die Zielgruppe des Corporate Governance Kodex nicht identisch mit der Zielgruppe, die die Rahmenbedingungen der neuen Diskussion über den ehrbaren Kaufmann schafft. Die bereits zitierte[12] Motivation, in Selbstverantwortung Werte zu schaffen und damit auf eigenes Risiko zu handeln, bleibt auch heute noch deutliches Unterscheidungsmerkmal zwischen Management und eigenständigem Unternehmertum.

Gleichfalls verfehlt ist es, ohne sich mit dem Details der Wirtschaftsprozesse auseinanderzusetzen, sich in oberflächlichen Verfahrenskorrekturen oder verschwommenen Entbürokratisierungsdebatten zu ergehen. Wer bereits die verkürzte fachliche Unterrichtung im Gaststättengewerbe als bürokratische Zulassungsvoraussetzung ablehnt, sollte zugleich den Ruf nach immer mehr Verordnungen und Lebensmittelkontrollen im laufenden Betrieb überdenken. Wer jährlich neue Gesetze zum Schutze des mündigen Verbrauchers entwickelt, muss sich irgendwann die Frage stellen lassen, wo Mündigkeit endet und Schutzwürdigkeit beginnt. Wer klare Spielregeln der Kaufmannschaft fordert, muss selber bereit sein, an der Transparenz mitzuwirken.

Was aber bedeutet dies für das aktuelle Gründerklima. Welche Konsequenzen ergeben sich beispielsweise daraus für die Unternehmensgründungen? Wie vereinbar sind moderne Unternehmensgründungen mit den Vorstellungen aus der langen Tradition des ehrbaren Kaufmannes?

---

[12] Siehe Bonn 2005

5. Fazit – Zurück in die Zukunft

Die Einsicht, dass der scheinbare Widerspruch von Tradition und Moderne sich bei näherem Hinsehen auflösen lässt, ist keine neue Erkenntnis. Sie gilt für viele Bereiche der Wirtschaft und des allgemeinen Lebens. Und sie bedarf bei der Vielzahl wissenschaftlicher Veröffentlichungen zu ihrer Verifizierung keiner weiteren Studien. Weil dieses so ist, sollten alle Diskussionen über ein neues Gründungsklima in Deutschland dort einsetzen, wo mit sachgerechtem Blick auf bewährte Verfahren neue Erkenntnisse die Zukunft des Mittelstandes sichern.

Zu kurz gedacht ist es, in Zeiten hoher Arbeitslosigkeit dem Phänomen des ‚Gründen um jeden Preis' zu huldigen, auch wenn damit kurzfristige Statistikbereinigungen erzielt werden. Gerade weil der Gründer als potentieller mittelständischer Unternehmer auf eine hohe persönliche Kompetenz, Belastbarkeit und Verwurzelung in den Tugenden angewiesen ist, die das Bild des ehrbaren Kaufmannes über Jahrhunderte prägten, reichen betriebswirtschaftliche Sekundärtugenden im Regelfall nicht aus, erfolgreich zu sein.

Ebenfalls verfehlt dürfte es sein, neues Gründungsklima mit der oberflächlichen Restrukturierung einzelner Abläufe zu verwechseln. Wer fachliche Inkompetenz und mangelndes strukturiertes Denken von Gründern verkennt und alle Hindernisse im Wege einer verschwommenen Entbürokratisierungsdiskussion beseitigen will, erlebt garantiert Enttäuschungen. Evidenzbasierte Entscheidungen sind gefragt. Erfolg wird derjenige haben, der auch bereit ist, sich auch mit dem scheinbar Banalen zu beschäftigen, um zu sachgerechten Lösungen zu kommen.

Die Bereitschaft, Fakten zu ermitteln und sie neben Methodik und Erfahrung als weitere Säule des Handels einzusetzen, schafft die Nachvollziehbarkeit einer Entscheidung und zugleich Vertrauen.

All diese funktioniert umso besser, je mehr sich die Beteiligten durch die Selbstbindung eines Leitbildes oder einer Leitkultur eigene stabile Rahmenbedingungen schaffen, die sie gemeinsam weiterentwickeln. Nicht umsonst beruht die wirtschaftliche Selbstverwaltung seit Jahrhunderten auf dieser Erkenntnis.

Die Rolle der Kammern kann dabei sein, mit einem weniger an Bürokratie und einer präzisen funktionalen Aufgabenteilung zwischen sich, der Politik, Verwaltung und Verbänden neue Energien für die traditionelle Interessenvertretung im abwägenden und ausgleichenden Sinne freizusetzen. Neue Ressourcen werden dadurch frei, dass im Sinne moderner Subsidiarität auf jene Aufgaben verzichtet wird, die den Unternehmen, der Politik und der Verwaltung vorbehalten sind. Dieses kann eine tragfeste Grundlage sei, den Gründern und späteren Unternehmern in einer neu definierten Leitkultur jene Tugenden zu vermitteln, die den Mittelstand ausmachen. Frei gesetzte Ressourcen schaffen Zeit und Kapazität für einen direkten und intensiven Kontakt zu den Handelnden, d. h. vorrangig zu den mittelständischen Unternehmen. Geprägt vom Bild des ehrbaren Kaufmannes, verhilft dies zu einer neuen, modernen Vernetzung von Unternehmern als Beweis für die Vereinbarkeit von Tradition und Moderne im Zeitalter eines neuen Gründungsklimas.

Literaturverzeichnis

Aus der Vielzahl der teilweise sehr lesenswerten Veröffentlichungen zum Mittelstand sind einige wenige Literaturhinweise aufgelistet, die im Nachgang zum Memorandum der Sylter Runde dazu anregten, sich mit dem Thema des ehrbaren Kaufmanns zu beschäftigen. Die Auswahl ist weder repräsentativ noch ausschließliche Grundlage der Meinungsbildung zu diesem Thema gewesen.

ALBACH, HORST:

Zurück zum ehrbaren Kaufmann. Zur Ökonomie der Habgier in: WZB-Mitteilungen, Heft 10, Juni 2003, Seite 37 ff.

BONN, HEINZ-PAUL UNTER MITWIRKUNG VON MARTIN VOLLMER UND THOMAS MORSCH:

Das Mittelständische Mehr, Herdecke, Bochum, 2005

CROMME, DR., GERHARD:

Festvortrag Corporate Governance – Brauchen wir neue Wirtschaftsunternehmensethik?, Festvortrag anlässlich der Verleihung des Max Weber Preises 2004 an Joachim Fester, veröffentlicht vom Institut der Deutschen Wirtschaft unter www.kirche-und-wirtschaft.de

DEUTSCHER INDUSTRIE- UND HANDELSKAMMERTAG:

Gründerreport 2005. Zahlen und Einschätzungen der IHK-Organisation zum Gründungsgeschehen in Deutschland, Berlin 2005

GORIßEN, STEFAN:

Der Preis des Vertrauens. Unsicherheit, Institutionen und Rationalität im vorindustriellen Fernhandel, in: Frevert, Ute (Hrsg.): Vertrauen. Historische Annäherungen. Göttingen 2003, S. 90 ff.

KELLENBENZ, HERMANN; VON EYLL, KLARA:

Die Geschichte der unternehmerischen Selbstverwaltung in Köln 1797–1914, Köln 1972

RAMMER, CHRISTIAN:

Unternehmensdynamik in Deutschland 1959–2004 im internationalen Vergleich, Mannheim 2006, www.zew.de

REICHARDT, SVEN:

Soziales Kapital "im Zeitalter materieller Interessen". Konzeptionelle Überlegungen zum Vertrauen in der Zivil- und Marktgesellschaft des langen 19. Jahrhunderts (1780-1914), in: Veröffentlichung der Arbeitsgruppe "Zivilgesellschaft: historisch-sozialwirtschaftliche Perspektiven" des Forschungsschwerpunkts Zivilgesellschaft, Konflikte und Demokratie des Wissenschaftszentrums Berlin für Sozialforschung

SCHÜTZEICHEL, HARALD:

Managertugenden, Management und Führungskultur 2/2005, S. 1 ff.

SZYPERSKI, NORBERT ET AL.:

(Bal-)Last des Misstrauens – Auf der Rückkehr zu des Kaufmanns guten Sitten, Memorandum zur Sylter Runde: "Des Kaufmanns gute Sitten – Wo sind sie geblieben?" am 7. und 8. Mai 2004 im Hotel Vier Jahreszeiten, Westerland/Sylt, www.sylter-runde.de

Weiterführende Links im Internet:

www.corporate-governance-code.de, Website der Regierungskommission Deutscher Corporate Governance Kodex

www.inms.de/lexikon/U/Unternehmensgruendungen: Initiative Soziale Marktwirtschaft mit ausführlichen Darstellungen zur Unternehmensgründung

www.staat-modern-de/Buerokratieabbau/Dokumente, Website der Bundesregierung zum Beschluss des nationalen Reformprogramms Deutschland im Rahmen der europäischen Lissabon-Strategie

Das aktuelle Gründungsklima in Deutschland

Heinz Klandt

Inhaltsverzeichnis

1. Einführung 121

2. Bedeutung von Gründungen und KMU/Mittelstand 121

3. Aktuelle Situation und Potenzial für Gründungen 123

4. Stand und Entwicklung der Gründungsaktivitäten 125

5. Hürden und Anreize für Gründungen 130
   - 5.1 Werte unserer Gesellschaft und das Image des Unternehmertums 131
   - 5.2 Kapitalmarkt und Förderung 134
   - 5.3 Steuern 138
   - 5.4 Ausbildung zum Unternehmertum 139

Literaturverzeichnis 146

1. Einführung

Schaut man drei Jahrzehnte zurück, so war um 1975 das Thema Gründungsklima weder in den Medien noch in der politischen Arena noch in der akademischen Forschung und Lehre akzeptiert, es hat sich in diesem Zeitraum aber Vieles hin zu einer ungleich intensiveren Wahrnehmung der Gründungsproblematik entwickelt.

Beim Thema Gründungen ist es wichtig, zumindest zwei Ebenen zu differenzieren:

- **Gründungen in der Breite**: Imitatorische, life style, kleine, u. a. auch Teilzeit-Gründungen,
- eine ungleich kleinere Gruppe von besonderen **Gründungen**: Innovative, wachstumsorientierte, schnell wachsende, große (Vollzeit-)Gründungen.

Um nicht missverstanden zu werden: Wir brauchen beide Extremgruppen und auch die weite Variabilität von Gründungsfällen, die dazwischen liegt. Aber: die Problemlagen dieser Gründungsgruppen, ihr Einfluss und ihre Rolle auf bzw. für unsere Wirtschaft sind fundamental unterschiedlich.

2. Bedeutung von Gründungen und KMU/Mittelstand

Es hat über viele Jahre hinweg Diskussionen über die Wertigkeit von Neugründungen und KMU gegeben. International gesehen, waren hier insbesondere die Arbeiten von Birch[1] in den USA und der Bolton Report[2] in UK wesentliche Anstöße und Meilensteine.

Gründungen und damit ein positives Gründerklima haben heute in der wissenschaftlichen und wirtschaftspolitischen Diskussion einen festen Platz. Es setzt sich immer mehr durch, dass die Schlüsselfunktion dieser Phänomene erkannt wird. Eine Marktwirtschaft funktioniert schließlich nur auf der Basis einer ausreichenden Anzahl von Akteuren, die in einem arbeitsteiligen System zueinander in Wettbewerb stehen.

---

[1] Vgl. Birch, D.: Who creates jobs?, in: The Public Interest, 1991.
[2] Vgl. Bolton, J. E.: Small firms: report of the Committee of Inquiry on small firms, 1971.

Wo diese Anzahl durch Konkurs, stille Liquidation oder Konzentration auf der einen Seite schrumpft, müssen auf der anderen Seite neue Akteure nachwachsen.

These 1
Die Qualität des Gründungsklimas ist ein Schlüssel für die Zukunft Deutschlands, da sie entscheidend ist für:

- Innovation, Strukturwandel,
- Aufbau von Zukunftsbranchen,
- internationale Wettbewerbsfähigkeit,
- zukunftsträchtige Arbeitsplätze.

Es ist heute weitgehend akzeptiert, dass Gründungen einen wesentlichen Beitrag zur internationalen Wettbewerbsfähigkeit und vor allem zur kontinuierlichen Innovation und Restrukturierung unserer Volkswirtschaft leisten und dass sie die wichtigste Chance zum dauerhaften Erhalt und zur Schaffung neuer Arbeitsplätze bieten. Gerade die Diskussion über Arbeitsplätze hat den Gründungsaktivitäten und KMU im letzten Jahrzehnt zunehmend Aufmerksamkeit in der Politik und in der Wirtschaftswissenschaft gebracht.

Die nach wie vor vorhandene Brisanz und Aktualität dieser Thematik wird dadurch deutlich, dass im Jahre 2003 in Deutschland 425.000 Stellen abgebaut wurden – der stärkste Beschäftigungsrückgang seit 10 Jahren[3] – und in 2005 die Zahl der Erwerbstätigen weiter um 121.000 abgenommen hat[4].

Die jungen und kleinen Unternehmen sind also berechtigterweise die Hoffnungsträger der Arbeitsplatzentwicklung. Das war nicht immer so. In der Nachkriegszeit schien es bis zur Mitte der siebziger Jahre so, dass KMU und Selbständigkeit immer weiter an Boden verlieren würden u. a. mit einem Tiefstand der Selbständigenquote. Dann aber setzte eine Wende ein, die erst heute angemessen gewürdigt wird. Der Anteil der Beschäftigen in westdeutschen KMU (i. e. weniger als 500 Beschäftige)

---

[3] Vgl. KfW Bankengruppe (2004), Gründungsmonitor 2004, S. 23.
[4] Vgl. KfW Bankengruppe (2005), Mittelstandsmonitor 2005, S. 17.

stieg 1970-1987 von 55% auf 58%. Diese 3% machten eine Nettoverschiebung von 2 Millionen Arbeitsplätzen von großen Unternehmen zu kleinen Unternehmen aus.

Die heutige Situation kann wie folgt beschrieben werden: Nach dem Mikrozensus arbeiten 51% der Erwerbstätigen in Betrieben mit weniger als 50 Beschäftigten. Nach der IAB-Betriebsdatei sind 43% der Beschäftigen in Betrieben mit weniger als 50 Beschäftigen und 35% der Beschäftigen in Betrieben zwischen 50 und 499 Beschäftigen, d. h. also in der Summe 78% der Beschäftigen in KMU tätig[5].

Im Zeitraum 1993 bis 1997 verzeichnen kleine Betriebe durchweg einen Beschäftigungszuwachs, während die absoluten Neubeschäftigungsbeiträge für mittlere und größere Betriebe in diesem Zeitraum deutlich negativ sind[6]. Die Beschäftigungsbeiträge der originären Gründungen sind, sowohl gemessen an der absoluten Zahl neuer Arbeitsplätze als auch am Anteil an allen neuen Arbeitsplätzen, gestiegen. Die Zahl der neuen Arbeitsplätze in westdeutschen Gründungen ist von unter 240.000 (d. h. ca. 60% aller neuen Arbeitsplätze) Mitte der 80er Jahre auf 300.000 seit Mitte der 90er Jahre gestiegen, d. h. Gründungen schaffen damit zwischen *19% und 22%* aller neuen Arbeitsplätze[7].

Auch über die Beschäftigung hinaus zeigt sich heute der Stellenwert von Gründungen. Der GEM 2001 Bericht konnte feststellen, dass bei den Westeuropäischen GEM-Ländern eine positive Korrelation von r=0,7 zwischen dem volkswirtschaftlichen Wachstums und der „Total Entrepreneurship Activity" besteht, d. h. dass fast 50% der Varianz des Wachstums durch die Gesamt-Gründungsaktivitäten erklärt wird.

3. Aktuelle Situation und Potential für Gründungen

Wir hören es immer wieder und es wird immer mehr zu unserer Realität: das Global Village. Die Wirtschaft insgesamt und damit auch die Neugründungen sehen sich in einer Situation, bei der Informationen, Waren und Dienstleistungen sowie Kapital in

---

[5] Vgl. KfW Bankengruppe (2004), Gründungsmonitor 2004, S. 83.
[6] Vgl. KfW Bankengruppe (2004), Gründungsmonitor 2004, S. 93-95.
[7] Vgl. KfW Bankengruppe (2004), Gründungsmonitor 2004, S. 96.

einem bislang unbekanntem Maße auf der Welt verkehren. Dies kreiert Wettbewerb in einem bislang ungewohnten Ausmaß. Dies gilt vor allem für einen Standort wie Deutschland, der mit hohen Arbeits-, Umwelt- und Energiekosten arbeiten muss.

Eine leitende These des Beitrages ist, dass es vor allem Gründungen sind (und hier ist es die zweite genannte Gruppe, also die innovativen, wachstumsorientierten Gründungen), die neue Branchen kreieren und damit in einer Volkswirtschaft die Chancen schaffen, dass die im eigenen Land in retardierenden und sterbenden Branchen verlorengehenden Arbeitsplätze durch neuentstehende Arbeitsplätze kompensiert werden. Leider sieht die Branchen-Bilanz und die daraus resultierende Arbeitsplatzentwicklung unseres Landes seit Jahrzehnten nicht zufriedenstellend aus.

These 2
- Etablierte Unternehmen können mit Technologiesprüngen (disruptive technologies) nicht angemessen umgehen.
- Neue Branchen entstehen insbesondere auf der Basis innovativer Technologien und vorzugsweise durch dafür neugegründete Unternehmen.
- Der Umsetzungsschritt von der Invention in die Innovation, also der wirtschaftlichen Nutzung im Markt, ist eine Schwäche der deutschen Wirtschaft.

Es ist in den letzten beiden Jahrzehnten nur unzureichend gelungen, bei der Etablierung neuer Branchen auf der Basis neuer Technologien international mitzuhalten. Dies gilt für den IT-Bereich (Hardware, Software, Internetkommunikation), den Life Science Bereich, den nano- und mikrotechnischen Bereich und viele andere mehr.

Der Abbau traditioneller Branchen sowie der Export ganzer Industrieanlagen in Entwicklungsländer haben in Deutschland Arbeitsplätze vernichtet, ohne dass es gelungen wäre, sie in neuen Branchen in gleicher Weise wieder aufzubauen. Insbesondere die USA haben es in ganz anderer Weise verstanden, ihre Wirtschaftsstruktur im Sinne der Schaffung neuer Branchen durch innovative und wachstumsstarke Unternehmensgründungen zu erneuern.

So findet man unter den 10 US Firmen mit der höchsten Marktkapitalisierung sechs, die erst nach 1968 gegründet worden sind. Wohingegen bezogen auf Deutschland erst mit SAP auf dem Platz 73 des europäischen Rankings ein entsprechendes Unternehmen zu finden ist.

Das Potenzial für Selbständigkeit in Deutschland ist andererseits bei weitem nicht erschöpft. So werden bislang z. B. nur zwischen 25% und 28% der Gründungen durch Frauen ausgeführt.

Offensichtlich verlieren wir auch im Prozess der Umsetzung Gründungskandidaten:

- 11,4% der Befragten geben einen Gründungswunsch an, aber nur 1,8% dieser Personen zählen am Ende zu werdenden Gründern[8].
- Von den Personen, die Mitte 2002 die Gründung planten, hatte nach 6 Monaten 29% tatsächlich ihr Gründungsvorhaben realisiert, 21% befanden sich noch in der Gründungsphase, 32% hatten es verschoben und 18% hatten aufgegeben[9].
- 37% der Europäer überlegen oder haben überlegt, Unternehmer zu werden, aber nur 15% realisieren diesen Wunsch[10].

In Summa gilt für das Potenzial an Gründungen: Das Potenzial an Gründungswilligen wird nur zur Hälfte ausgeschöpft[11].

4. Stand und Entwicklung der Gründungsaktivitäten

Es ist überraschend, welche Details man beim Blättern in der amtlichen Statistik der Bundesrepublik findet, bis hin zu präzisen Angaben über die zur Produktion von Wollsocken. Umso mehr ist es enttäuschend, dass es bis heute keine wirklich umfassende Auskunft über die Zahl der Gründungen und Liquidationen, also die Dyna-

---

[8] Vgl. KfW Bankengruppe (2004), Gründungsmonitor 2004, S. 61.
[9] Vgl. KfW Bankengruppe (2004), Gründungsmonitor 2004, S. 65.
[10] Vgl. Commission of the European Communities (2003), Green Paper, S. 12.
[11] Vgl. KfW Bankengruppe (2004), Gründungsmonitor 2004, S. 67.

mik der selbständigen Wirtschaftseinheiten in unserer Volkswirtschaft gibt, obwohl diese doch die zentralen Bausteine unseres Marktwirtschaftlichen Systems sind.

Erfreulicherweise gibt es wenigstens seit 1996 eine auf den Gewerbemeldungen basierende amtliche Statistik – 20 Jahre nach dem Memorandum zur Gründungs- und Liquidationsstatistik von Norbert Szyperski und Klaus Nathusius in Köln! Geht man von dieser Statistik aus, so haben wir es im Jahr mit einer Größenordnung von rund 500.000 Gründungen zu tun. Allerdings ist von vorneherein klar, dass dort z. B. keine freiberuflichen Gründungen oder Gründungen in der Urproduktion erfasst werden. Wie unvollständig diese Statistik allerdings ist, wurde aber erst in den letzten Jahren durch Studien der KfW deutlich.

Die Gründungszahlen für das Jahr 2004 schwanken dementsprechend je nach Quelle erheblich von 270.000[12] über 783.000 (573.000 Vollerwerb, 210.000 Nebenerwerb – beim IfM auf Gewerbemeldungsbasis) bis hin zu 1,43 Mill. (die auf der Befragung einer repräsentativen Bevölkerungsstichprobe von n = 40.000 durch die KfW ermittelt wurden)[13]. Schätzungen der KfW für das Jahr 2005 liegen bei 1.380.000 (623.000 Vollerwerb, 757.000 Nebenerwerb) und des IfM bei 495.000 Vollerwerbsgründungen. Der Gründungssaldo für 2005 wird vom IfM mit 54.000 angegeben, was einem Rückgang um 90.000 gegenüber dem Jahr 2004 entspricht.

Man muss Gründungen offensichtlich nach verschiedenen Merkmalen differenzieren, damit ein angemessenes und aussagefähiges Bild auch für die Wirtschaftspolitik entsteht:

- originäre und derivative Gründungen (also Neugründungen und Übernahmen/ Übergaben)
- selbstständige und unselbständige Gründungen (Tochtergründungen etc.),
- Vollzeit- und Teilzeitgründungen
- Sologründungen und Gründungen mit Mitarbeitern
- Einzel- oder Teamgründungen

---

[12] Vgl. ZEW wirtschaftsaktive Gründungen.
[13] Vgl. KfW Bankengruppe (2005), Mittelstandsmonitor 2005, S. 40.

- unterschiedliche Größenklassen des Startkapitals
- innovative und imitatorische Gründungen
- no-, low- und high-Tech Gründungen
- gewerbliche und freiberufliche Gründungen
- Handwerks-, handwerksähnliche und nicht handwerkliche Gründungen
- etc.

Es ist nach einer Vielzahl von Forschungsarbeiten der vergangenen 30 Jahre, die das Territorium der Gründungen sondiert haben, an der Zeit, dass eine qualitativ hochwertigen jährliche Routinestatistik ein differenziertes Bild der Marktein- und -austritte auch nach diesen Untergruppen liefert. Auch bei der Bestandsstatistik finden sich ähnliche Lücken.

Wie dem auch sei, auf der Basis der heute verfügbaren Zahlenmaterialien zeichnen sich nach einigen problematischen Jahren in 2004 wie bereits in 2003 erneut positive Tendenzen ab:

- Die Zahl der Unternehmensgründungen in Deutschland weist in 2004 den 2. starken Anstieg in Folge auf, nachdem bis zum Jahr 2002 ein kontinuierlicher Abwärtstrend zu beobachten war. Die Förderung von Neugründungen, auch aus dem Bereich der Arbeitslosigkeit durch Ich-AGs oder Überbrückungsgeld, trägt dazu bei.
- Auch der Mittelstandsmonitor der KfW-Gruppe kommt zu dem Schluss, dass sich 2005 die Zahl der Firmengründungen trotz leichtem Rückgang auf dem hohen Niveau von 2004 halten konnte. In den Jahren 1999-2002 hatte die Zahl der Neugründungen kontinuierlich abgenommen. Ein Grund für die deutlich gestiegene Zahl von Neugründungen seit 2003/2004 ist die Förderung von Existenzgründungen aus der Arbeitslosigkeit, Stichwort „Ich-AG". Zu beachten im Sinne der oben angesprochenen Differenzierung ist, dass ein sehr hoher Anteil von 52,94% (2004) bzw. 55,47% (2005) der Neugründungen lediglich im Nebenerwerb stattfindet.
- Die Gründungsintensität (d. h. Zahl der Gründungen bei 10.000 Einwohnern im Alter von 18 bis 65 bzw. der Erwerbsfähigen) hat sich in 2005 im Westen trotz

leichter Abnahme stabilisiert, im Osten ist sie jedoch relativ stark zurückgegangen. Dies liegt vornehmlich an der geänderten Anspruchsberechtigung auf Förderung durch die Bundesagentur für Arbeit. Diese wirkt sich stärker auf den Osten aus, da dort der Anteil an den Vollerwerbsgründungen, die aus der Arbeitslosigkeit gestartet sind, in 2005 bei 60% lag, während in Westdeutschland dieser Anteil nur 27% betrug[14].

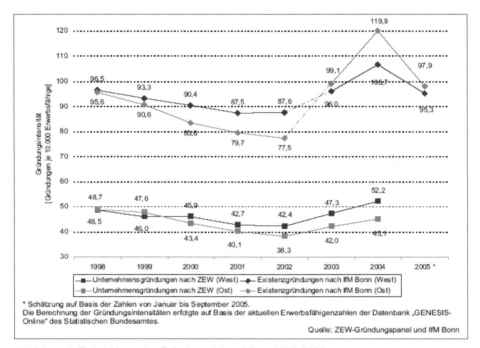

Abbildung 1: Entwicklung der Gründungsintensitäten 1998-2005
(Quelle: KfW Bankengruppe (2006), Mittelstandsmonitor 2006, S. 41)

- Mit Inkrafttreten des Vierten Gesetzes für moderne Dienstleistungen am Arbeitsmarkt (Hartz IV) am 1. Januar 2005 sind die gesetzlichen Grundlagen, insbesondere die Anspruchsvoraussetzungen, verändert worden. So ist für die Bezieher von Arbeitslosengeld II – der vormaligen Arbeitslosenhilfe – die Möglichkeit einer

---

[14] Vgl. KfW Bankengruppe (2006), Mittelstandsmonitor 2006, S. 42.

Existenzgründung mit Überbrückungsgeld oder Existenzgründungszuschuss de facto ab dem 01.02.2005 entfallen[15].

- Zunehmend wählen Personen die Selbstständigkeit als eine Alternative aus der Arbeitslosigkeit. Laut der KfW-Erhebung 2003 waren zwischen *20% und 25% aller jungen Selbstständigen vor der Gründung arbeitslos*. Diese gehen zumeist allerdings in die Richtung der Kleinunternehmer bzw. Solo-Unternehmen[16] (s. o. 60% bei Vollerwerb im Osten, 27% bei Vollerwerb im Westen in 2005)[17].

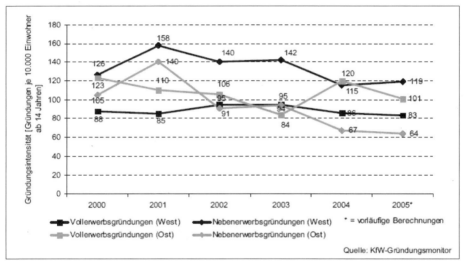

Abbildung 2: Gründungsintensitäten im Voll- und Nebenerwerb 2000-2005
(Quelle: KfW Bankengruppe (2006), Mittelstandsmonitor 2006, S. 42)

Ein Hinweis auf die erhebliche Dynamik der deutschen Wirtschaft zeigt das Folgende:

In Bezug zum Jahresdurchschnitt des Unternehmensbestandes sind ¼ der Unternehmen in den Markt ein- oder ausgetreten[18]: Wahrlich kann man da sagen: Nichts ist beständiger als der Wandel.

---

[15] Vgl. KfW Bankengruppe (2006), Mittelstandsmonitor 2006, S. 47.
[16] Vgl. KfW Bankengruppe (2004), Gründungsmonitor 2004, S. 69.
[17] Vgl. KfW Bankengruppe (2006), Mittelstandsmonitor 2006, S. 51.
[18] Vgl. KfW Bankengruppe (2004), Gründungsmonitor 2004, S. 48.

Letztlich bleiben Fragen offen, wie: Wie viele Gründer brauchen wir? Brauchen wir mehr Breite oder müssten wir bestimmte Teilgruppen von Gründungen stärken, wie die innovativen Technologieunternehmen? Also die, die wesentliche Impulse für neue Zukunftsbranchen legen und durch schnelles Wachstum einen besonderen Beitrag für neue Jobs leisten könnten.

Leider hat die Volkswirtschaftstheorie dort bislang keine klaren Sollwerte für die Wirtschaftspolitik.

These 3:
Die Intransparenz der Gründungs- und Marktdynamik führte zu einer Unterschätzung des Phänomens in Theorie und Politik.

Wir brauchen klare und differenzierte Statistiken der Gründungen bzw. der Markteintritts- und -austrittsdynamik als eine wichtige Basis politischer Entscheidungen.

5. Hürden und Anreize für Gründungen

Es stellt sich die Frage, was Gründungen für Menschen grundsätzlich unattraktiv macht bzw. die Menschen, die einen Gründungswunsch haben, davon wieder abbringt. Dies beginnt allgemein mit der Bewertung des Standortes Deutschland, wozu im folgenden einige Befunde aufgeführt werden.

75% der befragten Unternehmer einer KfW/IKW-Studie halten den Standort Deutschland international nicht für wettbewerbsfähig. Als Standortnachteile werden insbesondere das hohe Lohnniveau bzw. die hohen Lohnnebenkosten, der Kündigungsschutz und die starren Arbeitszeitregeln angegeben. Positiv werden hingegen die Qualifizierung der Arbeitnehmer, die gute Infrastruktur, das duale Ausbildungssystems und das Innovationspotential der BRD angesehen. In der Summe wird der komparative Vorteil Deutschlands in der Herstellung und Entwicklung humankapitalintensiver und innovativer Güter und Dienstleistungen betrachtet.

Speziell auf Gründungsabsichten bezogen, sehen die Gründe ähnlich aus. Hürden werden insbesondere in der schlechten Konjunkturlage, im hohen finanziellen Risiko, in den schlechten Erfolgsaussichten aufgrund mangelnder Nachfrage, daneben auch in der Angst vor dem sozialen Abstieg beim Scheitern der Selbstständigkeit[19] gesehen. Weiterhin kommen der Nichterhalt notwendiger Finanzierungen und die bürokratischen Hürden und Verzögerungen dazu[20]. Gründe für das Aufgeben des Gründungsvorhabens sind einerseits die schlechte Konjunkturlage und schlechte Erfolgsaussichten, zum anderen aber auch der Nichterhalt notwendiger Finanzierungen bzw. das zu hohe finanzielle Risiko[21].

5.1 Werte unserer Gesellschaft und das Image des Unternehmertums

Die allgemeine Einstellung in der deutschen Gesellschaft ist gegen Risiken gerichtet. Relativ wenige Menschen besitzen Aktien, vergleichsweise viel Geld wird für Lebensversicherungen ausgegeben, das Sozialversicherungssystem für Beschäftigte erfreut sich großer Wertschätzung (allerdings wachsen die Zweifel an der Tragfähigkeit immer mehr), innovative Produkte werden traditionell nur langsam akzeptiert. Hochschulabsolventen bevorzugen traditionelle Stellen im öffentlichen Sektor und in Großunternehmen, wie Siemens oder Daimler Benz. Wir sind in Deutschland durch ganz andere Grundhaltungen geprägt als z. B. durch den American Dream, der in den heutigen USA heute nicht mehr im Going West, sondern im Entrepreneurship ausgelebt wird. Bei uns hat Sicherheit, Vermeidung von Risiken und soziale Ausgeglichenheit einen zentralen Stellenwert. In aktuellen Studien wird auch eine gewisse Ängstlichkeit deutlich. Entrepreneurship bedeutet aber ein klares Leistungsbekenntnis, verbunden mit der Bereitschaft, überschaubare Risiken einzugehen. Dies setzt natürlich auch voraus, dass die Anreize stimmen müssen, dass Leistung und Mut zum Risiko sich lohnen. Grundsätzlich scheint die Bereitschaft dazu heute größer zu sein, als sie noch vor Jahren war.

---

[19] Vgl. KfW Bankengruppe (2004), Gründungsmonitor 2004, S. 65.
[20] Vgl. KfW Bankengruppe (2004), Gründungsmonitor 2004, S. 66.
[21] Vgl. KfW Bankengruppe (2004), Gründungsmonitor 2004, S. 68.

Bezüglich Image und Hintergrund von Unternehmertum gilt, dass das traditionelle deutsche Wertesystem u. a. niedriges Ansehen gewerblicher/kaufmännischer Tätigkeiten und höheres Ansehen von Ärzten und Hochschullehrern impliziert. Vor allem nach der sogenannten „Studentenrevolution" (1968er Bewegung) galt der Unternehmer als „Ausbeuter" oder „Kapitalist" und genoss ein sehr schlechtes Ansehen. Vor 30 Jahren war da noch der Einfluss der 68er sehr dominant, heute hat sich das Bild vom Unternehmer doch deutlich positiver entwickelt. Zu den möglichen Anreizen oder auch Hindernissen für die unternehmerische Selbständigkeit zählt aber auch das Ansehen des Unternehmers in der Gesellschaft.

These 4:

Es ist notwendig, dass ein positives Bild vom Unternehmertum und von Gründern in TV Soaps, Magazine und Nachrichten, Print Medien, wie Zeitschriften und Illustrierte, transportiert wird. Unternehmer sind in den Medien eher im Hintergrund oder negativ besetzt[22].

Hinführen zu einer unternehmerischen Gesellschaft und zu einer positiveren Einstellung gegenüber Entrepreneurship können wir durch Verbreitung von Rollenmodellen und Erfolgsstories in den Printmedien, den elektronischen Medien aber natürlich auch durch Businessplan Wettbewerbe wie StartUp.

Ein zweiter Aspekt ist die Problematik der Stigmatisierung derer, die es als Unternehmer versucht haben, aber nicht erfolgreich waren und daher insolvent werden. Allerdings ist diese Insolvenz ja nach wie vor der Ausnahmefall; den meisten erfolglosen Unternehmern gelingt die stille Liquidation als Ausstieg aus dem Markt. Es sollten daher den Marktzugängen (Gründungen) nicht die Marktabgänge (also die Insolvenzen) gegenüber gestellt werden. Zum Vergleich: Insolvenzen in 2004: 39.213 (-0,3% zum Vorjahr), in 2005: 37.900 (Prognose)[23].

---

[22] Vgl. Klandt/Brüning (2002), Das Internationale Gründungsklima, S. 201.
[23] Vgl. KfW Bankengruppe (2005), Mittelstandsmonitor 2005, S. 45.

Das neue Insolvenzrecht, das durchaus Verbesserungen gebracht hat, hat leider die Optik, sprich die Statistik belastet, ohne dass es andererseits bislang in seinen positiven Möglichkeiten (Stichwort Insolvenzplan) angenommen worden ist. Wichtig ist, dass es nach *ehrlichen* Insolvenzen auch eine gesellschaftliche Akzeptanz für eine zweite Chance geben muss.

Ein weiterer Aspekt wichtiger gesellschaftlicher Grundhaltungen in diesem Kontext ist unsere Beziehung zu Innovation und Technik und gesellschaftlichem Wandel: Verteidigen wir den Status quo, sind wir technik- und veränderungsfeindlich oder offen für die Zukunft? Das öffentliche Bewusstsein für Bedeutung und Chancen, die in wissenschaftlichen Inventionen und neuen Technologien stecken, muss durch die Kommunikation von Positiv-Beispielen und durch die Herausstellung des Nutzens von Innovationen auch in breiteren Bevölkerungsschichten stärker verankert werden. Insbesondere sollten Musterbeispiele erfolgreichen Unternehmertums im Verbund eines funktionierenden Kapitalmarktes und der Venture Capital Industrie in den Medien kultiviert werden. Erfolgreiche und innovative Unternehmer sollten als Vorbilder in den Massenmedien verbreitet werden.

Der Blick zurück zeigt, dass wir in den letzten 10 Jahren bezüglich des Unternehmerimages Fortschritte gemacht haben, dass wir aber auch heute noch viele Defizite haben.

Verwaltungsbelastungen: Administration/Regulierungen
Wichtiges Hemmnis für Unternehmensgründungen neben den hohen Kosten sind vor allen Dingen die Bürokratie und die hohe regulative Dichte in Deutschland. Subjektiv in der Wahrnehmung, aber auch objektiv liegt bezüglich der Bürokratielasten hier Vieles im Argen. So wird der Bürokratieaufwand bei kleinen Unternehmen mit einer Größenordnung von 4.000 Euro pro Mitarbeiter und Jahr beziffert. Für einen Gründer ist es bei heutiger Gesetzeslage grundsätzlich unmöglich, die gesamte Breite der ihn betreffenden Gesetze und vor allem auch noch ihre Veränderungsdynamik auch nur wahrzunehmen. Damit wird aber das an sich schon erhebliche wirtschaftliche Risiko nochmals durch ein rechtliches Risiko multipliziert. Hier stellt sich z. B. auch die grundsätzliche Frage, inwieweit der einzelne Unternehmer oder doch eher die Ge-

sellschaft/der Staat für die Lasten und Risiken der Sozialschutzrechte eintreten sollte.

Wege, dieser Bürokratie zu begegnen, sind z. B.:

- In Portugal gibt es seit 1997 Business Formality Center, die als One-Stop-Shop für die Unternehmensgründung arbeiten[24].
- In Dänemark wurde ein neues System der Lohnhandhabung „EasyPay" eingeführt, das freiwillig und ohne Gebühren genutzt werden kann und dem Arbeitgeber Informationen über Gehälter und Mitarbeiter konzentriert anbietet. EasyPay ist Teil der E-Administration Initiative, wo alle Formulare von der Verwaltung, die für Unternehmer relevant sind, elektronisch gesammelt sind[25].

These 5:
Regulationen sollten einfach und angemessen greifen. Soweit wie möglich sollten Reduzierung administrativer Lasten sowie Ausbau von Ausnahmen für kleine Unternehmen bzw. Gründungen erfolgen[26].

Vielleicht können wir eine Schonzeit für die ersten drei Jahre nach der Gründung einrichten, damit sich auch der deutsche Unternehmensgründer auf seine Kernaufgaben, auf seine Kunden und Zielmärkte, die organisatorische Gestaltung seiner Betriebsabläufe und die Führung seiner Mitarbeiter, konzentrieren kann.

5.2 Kapitalmarkt und Förderung

Zwar ist die große Breite der Gründungen (also die zuvor genannten 1,4 Mio. p. a.) aufgrund des niedrigen Kapitalbedarfs nicht durch einen Mangel an Kapitalzugang behindert, aber dennoch führt Basel II schon im Vorfeld zu Veränderungen in der Wahrnehmung und lässt Befürchtungen entstehen.

---

[24] Vgl. Commission of the European Communities (2003), Green Paper, S. 11.
[25] Vgl. Commission of the European Communities (2003), Green Paper, S. 15.
[26] Vgl. Commission of the European Communities (2003), Green Paper, S. 11.

Basel II dürfte Gründungsunternehmen im Grunde nicht wirklich beeinflussen, da diese vom Aspekt der Retail-Kredite bzw. der KMU-Behandlung betroffen sind (max. 1 Million Euro als Kreditvolumen bei Unternehmen, die weniger als 5 Millionen Jahresumsatz haben).

Zur Charakterisierung des aktuellen Finanzmarktes (KfW-Unternehmerbefragung *2003/2004)* hier einige Befunde:

- Kreditaufnahme ist für 43% der Unternehmen in den letzten 12 Monaten spürbar schwieriger geworden.
- 12% der Unternehmen berichten von der Ablehnung eines Kreditantrages; dies gilt insbesondere für Kleinunternehmen und Handwerker. Dies passiert insbesondere vor dem Hintergrund eines wachsenden Risikobewusstseins der Kreditinstitute mit Blick auf Basel II.
- Das Problem ist, dass sich aus Sicht der Kreditinstitute für kleinere Unternehmen eine aufwendige Risikoanalyse nicht lohnt. So konzentrieren sie sich verstärkt auf die Einforderung von Sicherheiten und lehnen Kreditanträge ab.
- ¾ der von Kreditablehnung betroffenen Unternehmen wären bereit gewesen, auch höhere Zinsen zu bezahlen, aber der Zugang zu einem Kredit ist ihnen erschwert, d. h. kleinere Unternehmen sind von einer Kreditrationierung betroffen.
- Eine neue Ausrichtung/Verstärkung auf mehr Eigenkapitalfinanzierung und den Einsatz neuer Finanzierungsinstrumente ist festzustellen: Innenfinanzierung oder Factoring, Leasing, Beteiligungsfinanzierungen, Mezzanine.
- Günstige Kredite sind die beliebtesten Förderinstrumente; auf diese greifen etwa 30% der Unternehmen zurück (Zuschüsse, Zulagen, Förderkreditbürgschaften).
- Fast ¾ derjenigen, die entsprechende Fördermittel beantragt haben, haben auch eine Zusage bekommen.

Die Entwicklung des Kapitalmarktes, insbesondere des Marktes für EK/Risikokapital, ist wie folgt gekennzeichnet: Um den in 2001 in Deutschland eingebrochenen Venture Capital Markt, insbesondere für Seed und Startup Financing, wieder zu beleben, muss als Signal von Seiten der Politik bei den steuerlichen Bedingungen für Sicherheit und Klarheit gesorgt werden, so dass Investoren in Deutschland besser als in den USA gestellt sind. Dies wäre mal ein wirklich mutiger, aber auch erfolgsversprechender Schritt.

Die Einstellung des neuen Marktes war ein schlechtes Signal an die ohnedies durch die unsichere steuerliche Lage seit 3 Jahren retardierende Venture Capital Industrie. Insbesondere ist der Seed-Bereich und der Startup-Bereich, wo Business Angels aktiv sind, durch ungünstige steuerliche Regelungen (Absenkung der Wesentlichkeitsgrenze auf 1%) und bürokratische Barrieren abgeschreckt.

IPOs haben in Deutschland nach dem Einbruch kaum mehr stattgefunden, während sie in England durchaus nennenswert sind: Während in Deutschland in 2004 nur fünf neue Börsengänge erfolgten, sind von Januar 2004 bis April 2004 in Großbritannien IPOs von mehr als 60 Firmen mit einer Kapitalisierung von 2 Milliarden Euro erfolgt. 2005 waren es in Deutschland dann immerhin 14.

Förderung

Die Förderlandschaft für Gründungen ist in Deutschland vergleichsweise gut und vielfältig ausgebaut, was u. a. auch mit einem Spitzenplatz in der Bewertung durch Experten in der GEM Studie wiederholt belegt wurde. Methodische Bedenken ergeben sich bei dieser Studie allerdings dadurch, dass jeweils in den Ländern nur die nationalen Experten nach einer Einschätzung des eigenen Landes befragt wurden, die nationalen Zahlen daher kaum vergleichbar sind.

Die Staatliche Förderung ist also laut der in GEM befragten deutschen Experten in Deutschland hervorragend, ebenso die Verkehrsinfrastruktur, wohingegen das schulische Vorbild für die Gründung denkbar schlecht ist. Es herrscht Angst vor der Selbständigkeit. Die KfW hat im übrigen ab März 2004 eine Neustrukturierung der Gründungs- und Mittelstandsförderprogramme vorgenommen in: Kapital für Gründung, Kapital für Arbeit, Kapital für Wachstum; dies hilft durch Bereinigung des oft zitierten Förderdschungels.

Seit 1986 gibt es das Überbrückungsgeld. In 2003 erfolgt 157.000 Zusagen in Höhe von 1,4 Milliarden Euro[27], in 2004 183.542 und in 2005 165.592. Seit 2003 ist die Ich-AG mit Existenzgründungszuschuss (auch Familien-AG) eingeführt worden, die aktuell in 2006 zur Diskussion steht. Die Zuschüsse im Jahr 2003 betrugen 270 Millionen Euro, der Existenzgründungszuschuss in 2003: 97.253; in 2004: 171.259 und in 2005: 98.044[28].

Im Februar 2004 wurde der offizielle Startschuss für den EAP/EIF-Dachfonds bekannt gegeben, der die Innovationsfinanzierung junger Technologieunternehmen erleichtern soll. Dies sind insbesondere Investitionen in die Frühphasen- und Wachstumsunternehmen. Der Kapitalfonds startet mit einer Ausstattung von **500 Millionen Euro** als Teil des High-Tech-Masterplans und soll im Laufe der nächsten fünf Jahre mit Hilfe privater Investoren **1,7 Milliarden Euro für junge innovative Unternehmen** mobilisieren. Mit Hilfe dieses Dachfonds soll die Errichtung und Finanzierung von Venture Capital Fonds unterstützt werden, die in deutsche Unternehmen in der Früh- und Gründungsphase investieren. Dieser Dachfonds zielt auf zwei Segmente des VC-Marktes: Der Frühphasenfonds legt den Schwerpunkt auf Technologietransfer, d. h. auf Fonds, die über Zugang zu oder Kooperationen mit wichtigen öffentlichen oder privaten Forschungszentren und -einrichtungen verfügen, mit der Priorität für die Einrichtung neuer Fonds. Der zweite Fokus liegt in der Anschlussfinanzierung für Technologieunternehmen in der Frühphase sowie Wachstumsphase (Extension stage, Developing Stage). Hier geht es also typischerweise um Folgeinvestitionen, die in späteren Finanzierungsrunden durchgeführt werden. Mit den neu initiierten Fonds soll die Kapitallücke im Frühphasensegment geschlossen werden, da die Investitionen im Early Stage Bereich in den letzten Jahren deutlich eingebrochen sind.

Der von der Bundesregierung propagierte **Hightech-Masterplan** setzt auf folgende Schwerpunkte:

- Beteiligungskapital für junge Technologieunternehmen (Dachfonds)

---

[27] Vgl. KfW Bankengruppe (2004), Gründungsmonitor 2004, S. 45.
[28] Vgl. KfW Bankengruppe (2006), Mittelstandsmonitor 2006, S. 48.

- International wettbewerbsfähige steuerliche Rahmenbedingungen für junge Technologieunternehmen und ihre Investoren
- Unterstützung eines neuen Börsensegments für Wachstumsunternehmen
- Erleichterung von unternehmerischen Ausgründungen aus den Hochschulen
- Forschungsförderung durch Fachprogramme und Innovationsnetzwerke
- Förderung einer Gründermentalität durch entsprechende Initiativen an den Hochschulen

Der Ende 2005 unter der Ägide der KfW eingeführte **Hightech-Gründerfonds** besitzt ein Volumen von aktuell 262 Mio. Euro, davon allein 240 Mio. Euro aus dem Bundeshaushalt. Mit diesem Geld sollen rund 300 Unternehmensgründungen über die nächsten fünf Jahre angestoßen werden. Für die Abwicklung der Beteiligungen und die Betreuung der Unternehmen ist eine eigenständige Management-Gesellschaft zuständig. Sie wird durch ein regionales Netzwerk an Coaches gestützt, die sich um die Vor-Ort Betreuung der Gründer kümmern und sich selbst am Unternehmen beteiligen sollen.

5.3 Steuern

Die Komplexität des Steuersystems ist eine administrative Bürde für den Unternehmer, insbesondere wenn die unternehmerischen Aktivitäten über die Grenzen hinweg gehen sollen[29]. Eine direkte Gründungswirkung ist bezüglich der Ertragsteuern eher gering, da anfangs noch keine oder geringe Gewinne entstehen, d. h. ESt, KSt, GewSt trifft die Jungunternehmer erst, wenn Gewinne da sind, nicht in Zeiten von Anlaufverlusten.

Aber es gibt administrative Belastungen durch das Steuersystem, z. B. aktuell durch neue formale Anforderungen an die Einnahmen-Überschussrechnungen und Verschärfung der USt-Handhabung auch bei Gründungen (formale Anforderung bei der Rechnungsstellung und Hinterlegung bei hohen Vorsteuerguthaben. Dadurch entsteht auch eine zusätzliche **Liquiditätsbindung**).

---

[29] Vgl. Commission of the European Communities (2003), Green Paper, S. 17.

Ertragsteuern haben aber auch Auswirkungen auf die Entwicklung der EK-Quote (= Binnenfinanzierung): Vielleicht kann man über steuerliche Bevorzugung von thesaurierten Gewinnen in den ersten Jahren nach Gründung nachdenken. Indirekte Wirkungen auf Gründungen ergeben sich bzgl. der Einschränkung des Private Equity/ VC Marktes durch die Absenkung der Wesentlichkeitsgrenze von 25% auf 1%: (unternehmerische Beteiligung → Gewerbliche Einkünfte; gewerblich/Verwaltung eigenen Vermögens → spez. BA, Fondsgestaltung) bzw. durch die dadurch entstandene Komplizierung für Business Angels (Kapitalgesellschaft notwendig; Fondsverlagerung ins Ausland).

Ein positives Beispiel bzgl. der steuerlichen Wirkungen auf unternehmerische Aktivitäten ist die Reduktion der Erbschaft- und Schenkungsteuern in Spanien. Der Transfer von Unternehmen oder Unternehmensanteilen erfährt eine 95%ige Reduktion des Wertes der Besteuerungsgrundlagen, vorausgesetzt dass der Teil für wenigstens 10 Jahre gehalten wird (Ausnahme Grundsteuer, Grundstücksteuer)[30].

These 6:
Einfachheit und Stabilität der steuerlichen Rahmenbedingungen wären für die Attraktivität für Unternehmensgründer schon ein wesentlicher Fortschritt.

5.4 Ausbildung zum Unternehmertum

Bei der Sensibilisierung, Motivierung und Qualifizierung für die berufliche und speziell die unternehmerische Selbständigkeit hat das Ausbildungssystem eine hervorragende Rolle. In Deutschland hat der tertiäre Bereich der wissenschaftlichen Hochschulen und Fachhochschulen im internationalen Vergleich sehr lange gebraucht, um sich dieses Themas ernsthaft anzunehmen. Die wichtigsten internationalen Impulse dazu kamen aus den USA.

- 1947 bietet Harvard Entrepreneurship-Kurse für entlassene Offiziere der US-Armee an[31].

---

[30] Vgl. Commission of the European Communities (2003), Green Paper, S. 17.
[31] Vgl. Finkle/Deeds (2001), Trends in the market for entrepreneurship faculty, S. 616.

- Babson College offeriert 1968 den ersten Undergraduate Major in Entrepreneurship[32].
- University Southern California (USC) bietet 1972 den ersten Entrepreneurship Major auf MBA Level an[33].
- 16 Universitäten und Colleges in den USA bieten 1970 Entrepreneurship-Kurse an. 1995 bieten mehr als 400 Universitäten und Colleges Entrepreneurship-Kurse an[34].
- 1996 gibt es in den USA mehr als 50 Universitäten, die nicht nur einzelne Kurse, sondern komplette Programme, z. B. als Concentration im Entrepreneurship Training, anbieten[35].

Die Historie der Unternehmerausbildung an Hochschulen in Deutschland beginnt wesentlich später, hat aber eine schnelle Entwicklung genommen. Die traditionelle Unternehmerausbildung fand fast ausschließlich im Kammerbereich/VHS statt, es gab aber keine speziellen Angebote im Hochschulbereich.

- 1996 gibt es laut bifego Studie für das BMBF zwar eine gewisse Anzahl von extracurricularen Angeboten, wie Ringvorlesungen mit externen Referenten, aber noch keine einzige auf Gründungsmanagement/Entrepreneurship spezialisierte Professur.
- 1997 wird von der DtA an der EUROPEAN BUSINESS SCHOOL die erste Entrepreneurship Professur im deutschsprachigen Bereich finanziert. Nun ist ein überraschend rasanter Entwicklungssprung festzuhalten. 2002 werden vom FGF nicht weniger als 49 derartige Professuren in Deutschland identifiziert. Dies relativiert sich vielleicht, wenn man sieht, dass es gleichzeitig in Deutschland rund 50 Professuren mit Denomination für Wirtschaftsgeschichte gibt.
- Im Jahre 2004 sind in Deutschland 56 Gründungsprofessuren im engeren Sinne etabliert, von denen 45 bereits ihre Arbeit aufgenommen haben[36].

---

[32] Vgl. Finkle/Deeds (2001), Trends in the market for entrepreneurship faculty, S. 616.
[33] Vgl. Finkle/Deeds (2001), Trends in the market for entrepreneurship faculty, S. 616.
[34] Vgl. Vesper/Gartner (1997), Measuring Progress in Entrepreneurship Education, S. 406.
[35] Vgl. Vesper/Gartner (1997), Measuring Progress in Entrepreneurship Education, S. 406.
[36] Vgl. Klandt/Koch/Knaup (2005), FGF-Report 2004, S. 25.

- 35 dieser 56 Professuren sind mit Unterstützung von Stiftern realisiert worden. Von diesen 35 Professuren sind 18 an Universitäten und 17 an Fachhochschulen etabliert[37].
- 41 der insgesamt 56 Professuren sind im Bereich Wirtschafts- und Sozialwissenschaften und Recht als Fakultät platziert, 11 im naturwissenschaftlichen und ingenieurwissenschaftlichen Bereich[38] sowie 4 in anderen Fakultäten
- Neben Gründung allgemein werden als spezifische Arbeitsschwerpunkte und inhaltliche Ausrichtungen innovative Gründungen und technologieorientierte Gründungen, Finanzierung, insbesondere Venture Capital, Business Angel Aktivitäten, Intrapreneurship und Unternehmensnachfolge genannt[39].

Das aktuelle Bild der Entrepreneurship Ausbildung an deutschen Hochschulen ist also inzwischen eher positiv. Es gibt allerdings einen gravierenden Haken. 61% der Entrepreneurship Professuren sind mit einer Befristung eingerichtet worden. Bei fast der Hälfte der Professuren, über die entsprechende Daten vorliegen, läuft die Anschubfinanzierung im Jahre 2006 aus[40]. Bei der aktuellen Landschaft des Sponsorships kann man nur hoffen, dass es zu Anschlussfinanzierungen oder Übernahmen in das reguläre Budget kommt und die Gründungsprofessuren sich nicht als ein Strohfeuer erweisen.

Neben den Lehrstühlen gibt es weitere wichtige Ansätze an den Hochschulen, z. B. durch Inkubatoren und Akzeleratoren, Technikzentren, Transferstellen.

- Aus dem Bereich der Forschung hat der DFG Schwerpunkt interdisziplinäre Gründungsforschung in 3 Wellen seit 1999 eine Vielzahl von interessanten und wichtigen Forschungsergebnissen geliefert und wird im Herbst mit einer Veranstaltung in Mannheim abschließen.
- Sensibilisierung von Forschung und Lehre in den Hochschulen für die wirtschaftliche Verwertung, insbesondere von innovativen Forschungsergebnissen durch Neugründungen von Unternehmen, Förderung von Teamarbeit und Förderung von eigenständigem Handeln.

---

[37] Vgl. Klandt/Koch/Knaup (2005), FGF-Report 2004, S. 25.
[38] Vgl. Klandt/Koch/Knaup (2005), FGF-Report 2004, S. 14.
[39] Vgl. Klandt/Koch/Knaup (2005), FGF-Report 2004, S. 16.
[40] Vgl. Klandt/Koch/Knaup (2005), FGF-Report 2004, S. 17.

- Zusammenwirken durch Vernetzung von Wissenschaft und Wirtschaft durch Karriereservices (Unternehmen, Venture Capital, Industrie- und Handelskammer, Rechtsanwälte, Steuerberater), wie dies durch **Exist** zum Teil erreicht werden konnte.
- Weiterhin durch die Schaffung von **Existenzgründernetzwerken**, die dem Informations- und Erfahrungsaustausch dienen, vor allem duch Erschließung von **Alumninetzwerke**n als Alternative zur Spin-off Gründung von frisch Examinierten.
- Erfahrungen mit dem EXIST-SEED-Programm: Die positiven Erfahrungen mit diesem Förderinstrument übertreffen die Erwartungen: 420 Anträge und Skizzen wurden zur Prüfung eingereicht und 245 Vorhaben zur Förderung bewilligt (Stand Juni 2005). Die Zahl der geförderten Gründerinnen und Gründer liegt bei etwa 430, denn zwei Drittel der EXIST-SEED-Projekte sind Teamgründungen. Die Schwerpunkte der Gründungsvorhaben liegen in den Bereichen Biotechnologie, Medizintechnik sowie in den Informations- und Kommunikationstechnologien. Über 80% der Gründerinnen und Gründer verfolgen nach dem Förderzeitraum ihr Gründungsvorhaben weiter. Zur Zeit ist das EXIST III Programm in Diskussion.

Allgemeinbildende Schulen

Die Bewegung an den Hochschulen sollte allerdings nicht den Blick dafür verstellen, dass wir anachronistischerweise auch im Jahre 2006 in den Allgemeinbildenden Schulen des Sekundar- und Primarbereichs keine curriculares Fach „Wirtschaft" kennen (Ausnahme Bayern) und Unternehmertum weithin eine Unbekannte bleibt.

Aus Finnland – Pisastudien-Bester – berichtet derweil ein Kollege auf der FGF IntEnt Conference 2003 in Grenoble von Erfahrungen mit der Vermittlung von Entrepreneurship im Kindergarten[41].

Im schulischen Bereich gibt es allerdings auch aus Deutschland manches Erfreuliche zu berichten, wie z. B. das Juniorprojekt. Aber leider haben diese positiven Einzel-

---

[41] Vgl. www.intent-conference.de.

initiativen keine flächendeckende Reichweite. Positive Beispiele sind bei der Ausbildung an Allgemeinbildenden Schulen:

- Schüler im Chefsessel
- Unternehmer im Klassenzimmer
- JUNIOR Modellversuch und Programm „Erziehung zu Eigeninitiative und Unternehmergeist"
- Reif zum Unternehmer
- business@pool
- Pilotseminar zur Lehrerfortbildung „Unternehmergeist"
- Unterrichtsmaterial „Unternehmer-Kultur"
- Praktikumsbörse
- GO! to school

Es gibt da durchaus auch Modelle und Vorbilder im Ausland, wie z. B. Lehrerfortbildung (Beispiel University of Strathclyde, UK), die positive Einstellungen zum Unternehmertum bei Lehrern entwickeln.

These 7:
Unser Ausbildungssystem in Deutschland muss allgemein wesentlich stärker auf Eigeninitiative und Kreativität ausgerichtet werden.

Dies sollte in den Kindergärten und Allgemeinbildenden Schulen beginnen und in den Hochschulen fortgeführt werden. Wirtschaft und Unternehmertum müssen als ein Teil der Allgemeinbildung gesehen werden und daher zu den festen Curricula unserer Schulen in allen Bundesländern gehören. Es sollte eine Sensibilisierung aller Studierenden im Bereich der Natur- und Ingenieurwissenschaften für die Bedeutung der wirtschaftlichen Umsetzung und Verwertung von Forschungsergebnissen erfolgen.

Der Blick der wirtschaftswissenschaftlichen Ausbildung in der Betriebswirtschaft und Volkswirtschaft sollte verstärkt vom Leitbild der gereiften Großunternehmen auf die vitalen innovativen kleinen und jungen Wachstumsunternehmen gerichtet werden und auf die Möglichkeiten der Lebensperspektive in einer Gründungsunternehmung.

Schon in Kindergärten und an Grund- und Hauptschulen sollte selbständiges kreatives Handeln am Rollenbeispiel von Erfindern und Unternehmern gefördert werden und die berufliche Selbständigkeit als attraktive Lebensperspektive vorgestellt werden.

Unmittelbar an die Ausbildungsfrage schließt sich auch der Aspekt des Brain Drain an. Anstatt sich international gesehen damit abzufinden, dass Deutschland ständig führende Forscher und Ingenieure und Spitzenkräfte der Wirtschaft verliert, sollte verstärkt an der Attraktivität Deutschlands gearbeitet werden, um für Wissenschaftler, Ingenieure und Spitzenmanager so attraktiv zu werden, dass wir diese auch international anziehen, d. h. hier muss eine Gestaltung des Ausländerrechtes, des Beamtenrechtes, des Hochschulrechtes so erfolgen, dass Unternehmer- und Wissenschaftler-Talente angelockt werden können. Außerdem sollte dafür gesorgt werden, dass die Durchlässigkeit von Hochschulangehörigen in die Wirtschaft und umgekehrt wesentlich besser ablaufen kann.

Es sollte auch versucht werden und ganz bewusst gesteuert werden, dass hervorragende ausländische Studenten nach ihrem Studienabschluss in Deutschland verbleiben könnten. Insbesondere sollte für Spitzenkräfte die bürokratische Hemmschwelle bei Einreise- und Aufenthaltsrecht gesenkt werden. Weiter sollte an Beurlaubungsregelungen für Hochschullehrer und andere Hochschulangehörige gedacht werden, die sich mit der Gründung von innovativen Unternehmen befassen wollen bzw. in solchen tätig werden wollen. Zum akademischen Brain Drain kommt aber auch in Zukunft möglicherweise ein Entrepreneurial Drain und ein Manager Drain etc. bzw. der Verlust der Leistungsfähigen und Motivierten für unser Land, wenn wir nicht bald und bewusst gegensteuern.

Auch die Frage des Transfers gehört in das Wissenschaftsumfeld. Es muss endlich gelingen, die hervorragende Qualität von Forschung & Entwicklung in Deutschland in marktfähige Produkte, Verfahren etc. umzusetzen, d. h. den Transfer von der Invention zur Innovation herzustellen. Es müssen Leistungsanreize für Wissenschaftler, potentielle Unternehmer und Investoren geschaffen werden, die diesen Prozess in Bewegung setzen und dafür sorgen, dass der Brain Drain am Wissenschaftler gestoppt wird bzw. Deutschland ganz bewusst einerseits Wissenschaftler, andererseits aber auch Unternehmer und Investoren anlockt, um an breiter Front innovativ zu sein und neue Zukunftsbranchen aufzubauen. Die Universitäten, die sich nach Abschaffung des Hochschullehrerprivilegs nun in der Lage sehen, Ergebnisse von Forschungsarbeiten selbst zu verwerten, sind auf die Aufgabe bislang eher unzureichend vorbereitet, was statt zu einer vermehrten Verwertung von Technologien eher zu einer weiteren Retardierung führt.

Der Staat als Nachfrager (Staatsanteil ca. 50%!) sollte in der öffentlichen Verwaltung nicht hinter dem Einsatz von neuen Technologien, insbesondere im IT-Bereich der Wirtschaft herlaufen, sondern sollte in seiner Einflusssphäre eine vorbildliche Innovationsoffenheit zeigen. Vergaberecht und Ausschreibungsverfahren sollten so gestaltet werden, dass auch innovative junge Unternehmen zum Zuge kommen.

Zu erwähnen sind noch die **Businessplan Wettbewerbe** mit ihrer Motivationsfunktion, Vorbildfunktion und Qualifizierungsfunktion.

Literaturverzeichnis

BIRCH, D.

Who creates jobs?, in: The Public Interest, 1991.

BOLTON, J. E.:

Small firms: report of the Committee of Inquiry on small firms, 1971.

COMMISSION OF THE EUROPEAN COMMUNITIES (HRSG.)

Entrepreneurship in Europe, Green Paper, Brüssel 2003.

FINKLE, T. A./DEEDS, D.

Trends in the Market for Entrepreneurship Faculty, 1989–1998, Journal of Business Venturing, Vol. 16, 2001, S. 613-630.

KFW BANKENGRUPPE (HRSG.)

Mittelstandmonitor 2005 – Den Aufschwung schaffen. Binnenkonjunktur und Wettbewerbsfähigkeit stärken, Frankfurt 2005.

KFW BANKENGRUPPE (HRSG.)

Mittelstandmonitor 2006 – Chancen zum Aufschwung nutzen, Frankfurt 2006.

KFW BANKENGRUPPE (HRSG.)

Gründungsmonitor 2004 – Gründungen aus der Arbeitslosigkeit gewinnen an Bedeutung, Frankfurt 2004.

KLANDT, H./KOCH, L. T./KNAUP, U.

FGF Report Entrepreneurship-Professuren 2004: Eine Studie zum Stand der Institutionalisierung der Gründungsforschung und -lehre an deutschsprachigen Hochschulen, Bonn 2005.

KLANDT, H./BRÜNING, E.

Das Internationale Gründungsklima. Neun Länder im Vergleich ihrer Rahmenbedingungen für Existenz- und Unternehmensgründung, Berlin 2002.

VESPER, K. H./GARTNER, W. B.

Measuring Progress in Entrepreneurship Education, Journal of Business Venturing, Vol. 12, 1997, S. 403-421.

ZENTRUM FÜR EUROPÄISCHE WIRTSCHAFTSFORSCHUNG MANNHEIM, ZEW

Schwerpunkt Innovation, Sonderteil ZEWnews, Mai 2004.

Elite der Universitäten, der Unternehmer und des Technologietransfers

Zusammenhänge, Anforderungen und Lösungsansätze moderner Kommerzialisierungsverfahren und -strukturen

Klaus Nathusius

Inhaltsverzeichnis

1. Zur aktuellen Elitediskussion in deutschen Hochschulen 153
2. Die Rolle unternehmerischer Aufgabenträger 155
3. Anforderungen an Unternehmer 160
4. Management des Technologietransfers 161
   4.1 Anforderungen an die am Technologietransfer beteiligten Manager und Berater 163
   4.2 Technologietransfer-Funktionen 165
   4.3 Generierung zusätzlicher Einnahmen durch Technologietransfer 168
   4.4 Ansätze anderer bereits existierender Technologietransfer-Managementgesellschaften 169
5. Die Rolle von „Seed Coaches" 170
   5.1 Zielplanung 174
   5.2 Strategiefindung 174
   5.3 Geschäftsmodell-Generierung 175
   5.4 Gründungsplanung 175
   5.5 Vernetzung 176
   5.6 Finanzierung 176
   5.7 Team Building 176
6. Seed Coaches: Aufgaben, Anforderungen, Incentivierung 177
   6.1 Aufgaben von Seed Coaches 178
   6.2 Anforderungen an Seed Coaches 179
   6.3 Incentivierung von Seed Coaches 181
7. Profilierung geeigneter Organisationsformen 182
   7.1 Lösungsvorschläge 182
   7.2 Strukturbestimmende Merkmale einer Technologietransfer-Managementgesellschaft 183
   7.3 Erstellung von Risiko-Chancen-Profilen 185
8. Die Quintessenz 187

Literaturverzeichnis 188

1. Zur aktuellen Elitediskussion in deutschen Hochschulen

Deutschland braucht für die Dynamisierung seiner wirtschaftlichen Entwicklung neue Entwicklungsimpulse, schlankere Strukturen, mehr unternehmerische Motivationen, größere Entscheidungs- und Handlungsspielräume auf allen Ebenen und konsequente Deregulierung und Privatisierung. Deutschland braucht ein gesamtwirtschaftlich wirkendes „Triebwerk mit einem Nachbrenner". Solche Zusatzeinrichtungen werden in der Luftfahrt mit Strahltriebwerken für mehr Schubkraft und Schnelligkeit eingesetzt. Deutschland braucht den Nachbrenner für die Wirtschaft in Form eines Gründungs- und Innovationsschubes.

Die Zauberformel der politischen Diskussion der letzten Jahre heißt „Eliteuniversitäten". Eliten der Wissenschaft in Universitäten und Forschungszentren sollen das Land wieder in die Höhen der in vielen Technologie- und Marktbereichen im Wettbewerb zeitlich vor uns durchgestarteten internationalen Wettbewerber führen. Die Zauberformel verspricht wirtschaftliches Wachstum, marktseitige Führerschaft, Entspannung des Arbeitsmarktes und gehobenen Wohlstand und Zufriedenheit. Wie realistisch ist diese Vision?

Als Elite bezeichnet man das Ergebnis der Auslese der Besten aus einer größeren Gruppe. Dabei kann es sich handeln um die besten

- Wissenschaftler,
- Fakultäten,
- Universitäten,
- Universitätsverwaltungen,
- Technologietransferorganisationen,
- Vermarkter,
- Chancensensoren,
- Risikomanager,
- Gründer und
- Unternehmer.

Bei Eliteuniversitäten denkt man zunächst an die bekanntesten Wissenschaftler, die Anzahl der Nobelpreisträger pro Hochschule, die gewonnenen wissenschaftlichen Preise, die Anzahl wissenschaftlicher Veröffentlichungen in internationalen – zumeist englischsprachigen – Fachzeitschriften und die prominenten Karrierewege habilitierter Jungwissenschaftler einer Universität. Das ist eine weitgehend eindimensionale Welt mit Fokus auf wissenschaftliche Exzellenz.

Kaum wird geurteilt über die Fähigkeiten der Universitätsverwaltungen, deren Verfassungen, Statuten, Kulturen, Mechanismen der Erfolgsbewertung und Erfolgsbelohnung, Organisationsgrundsätze und Jahresbudgets. Noch weniger interessieren die Merkmale der universitären Technologietransferorganisationen und der mit dem Transfer beauftragten Vermarkter. Als eher grundsätzlich unpassend würden Fragen nach den Mechanismen zur Erkennung von Marktchancen für neues Wissen, nach den Prinzipien des universitären Technologiemanagements, nach den erfolgreichen Gründern, Unternehmern und Unternehmerteams unter den Alumni und nach Entrepreneurship und Innovationsmanagement Programmen in Lehre, Forschung und Transfer empfunden. Ein Ranking der Jahreseinnahmen deutscher Hochschulen aus Technologietransfer ist nicht bekannt. Ließe sich daran nicht auch ein Elitestandard festmachen?

Die „Sylter Runde"[1] sagt zum 'Turn Around' Deutschlands programmatisch: „Wir setzen auf das in der deutschen Gesellschaft vorhandene Potenzial an Erfindergeist und Unternehmertum"[2]. Wie sieht die Brücke zwischen diesen beiden Voraussetzungen für einen Gründungs- und Innovationsschub aus?

Wenn Erfindergeist neues Wissen produziert, kann aus dem Wissen durch Bezug auf die Anwendung gegebenenfalls auch eine Technologie entstehen. Wissen ist deshalb auch ein Rohstoff und sollte bei den Wissenserzeugern in den Wissensquellen und den Wissensvermarktern auch als solcher gesehen werden. Zur Vermarktung müssen allerdings einige Besonderheiten beachtet werden. Wissen allein verändert noch nicht die Welt, wenn nicht über die Anwendung auf bestimmte Markt- und Be-

---

[1] Siehe die Internetseite http://www.sylter-runde.de/index.html
[2] Siehe das Memorandum der Sylter Runde „Turn Around Deutschland! Mündige Bürger – Weniger Staat" (http://www.sylter-runde.de/mediapool/6/63715/data/041022_Memorandum%20TAD.pdf)

darfssituationen hin Prozesse der Aufbereitung, Weiterentwicklung, Verformung, Konkretisierung und Fokussierung des Wissens stattfinden.

- Wissen ist kein homogenes und unmittelbar einsetzbares Gut, sondern ist in hohem Maße erklärungsbedürftig und ist ein auf bestimmte wissenschaftliche oder auch kommerzielle Nutzen hin zu verformendes Gut.
- Wissen kann ein flüchtiges Gut sein, das seine Schutzbedürftigkeiten hat und durch seinen immateriellen Zustand leicht transportiert werden und abhanden kommen kann.
- Wissen ist – zumindest im Fall des neuen und im internationalen Maßstab als 'Leading Edge Technology' zu bezeichnenden anwendungsbezogenen Wissens – häufig nicht ohne den Wissensträger einsetz-/anwendbar.
- Wissen ist nicht beliebig vermehrbar (synthetisierbar), sondern bedarf zu seiner Entstehung eines geeigneten Umfeldes.
- Wissen ist allerdings lizenzierbar und übertragbar, auch wenn diese Eigenschaft im Zielvektor vieler Wissensträger nur gering ausgeprägt ist.

Aus Wissen wird durch die Weiterentwicklung und Anwendung für spezifische Aufgabenstellungen eine Technologie, die sehr viel mehr den konkreten Bedürfnissen und Anforderungen aus der Praxis entspricht.

2. Die Rolle unternehmerischer Aufgabenträger

Wo ist nun angesichts der spezifischen Merkmale akademischer Wissensgenerierung die Rolle unternehmerischer Aufgabenträger, die bei der Diskussion über die Notwendigkeit von Eliteuniversitäten bisher weitgehend ignoriert wurden? Der Prozess der Wissensgenerierung und des sich anschließenden Wissens- bzw. Technologietransfers vollzieht sich in vier Stufen, wobei Stufe 1 und 2 häufig zusammengefasst werden.

Die erste Stufe ist die Grundlagenforschung ohne unmittelbare Nutzenbindung. Wesentlicher Leistungsträger ist der Wissenschaftler als reiner Forscher. Leistungsträger ist der Forscher, Entdecker, Erfinder und „Inventor". Ort des Geschehens sind primär die Wissensquellen in Hochschulen und Forschungszentren, weniger die Forschungseinrichtungen der Industrie.

Die zweite Stufe ist die anwendungsbezogene Forschung mit einer ersten Ausrichtung auf zukünftige Nutzenpotenziale. Wesentlicher Leistungsträger ist der Wissenschaftler als Erfinder. Auch bei dieser Stufe ist der Ort des Geschehens typischerweise die Wissensquelle, möglicherweise gibt es keine komplette Personenidentität zwischen der ersten und zweiten Stufe.

Die dritte Stufe ist die Identifikation des auf der neuen Technologie beruhenden konkreten Kundennutzens (Voraussetzung: funktionierender „Chancen-Sensor") und die darauf bezogene Produktentwicklung und erstmalige Durchsetzung im Markt (Innovation). An dieser Stelle kommt der „Pionierunternehmer" nach Schumpeter[3], der vom Altmeister der wissenschaftlichen Beschreibung wirtschaftlicher Entwicklungsprozesse – aus heutiger Sicht zu einseitig – im Singular beschrieben wird, zu seiner wesentlichen Aufgabe des Durchsetzens neuer Kombinationen von Wissensbausteinen. Als neue Kombination kann aus der Sicht der Wissensgenerierung die Kombination bisher nicht zusammen gedachter und kombinierter Wissensbausteine durch die Inventoren angesehen werden, die durch Kombination mit weiteren Wissens-, Erfahrungs- und Durchsetzungsmodulen zur Innovation mutieren.

Wesentlicher Leistungsträger sind der „Innovator" als Funktionsbezeichnung bzw. das Innovatorenteam als organisatorische Leistungseinheit. Diese arbeiten häufig im Team mit den Forschern, Entdeckern, Erfindern (Inventoren), um den Technologietransfer aus den Wissensquellen (Hochschulen und Forschungszentren) in den Markt zu erleichtern. Ort des Geschehens ist entweder im Übergang weiterhin die Wissensquelle, gegebenenfalls in einer speziellen Einrichtung (Inkubator), oder das unternehmerische Umfeld des Innovatorenteams.

Die vierte Stufe ist nach der erfolgreichen Innovation (erstmaligen Durchsetzung im Markt) der Prozess der Diffusion des neuen Produktes oder Prozesses im Markt. Leistungsträger sind „Imitatoren", die das Entwicklungspotenzial der Innovation er-

---

[3] Vgl. Schumpeter (1997) S. 112-113

kannt haben und an den Erfolgen mit der neuen Technologie partizipieren wollen. Aus den drei Leistungsträgern in diesem gestuften Prozess ergibt sich die Theorie der „I-Akteure" im Innovationsprozess. Der Zusammenhang zwischen den Prozessstufen wird in der folgenden Abbildung dargestellt.

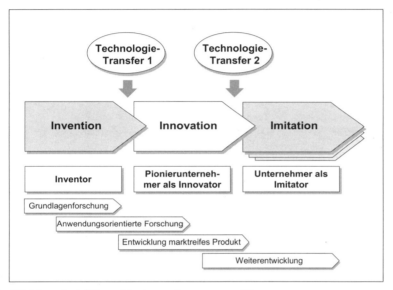

Abbildung 1: „I-Akteure" im Innovationsprozess (1)

Aus der Abbildung wird deutlich, dass der Technologietransferprozess in zwei Prozessstufen geteilt ist. Die Innovation mit dem vorangegangenen Transfer aus der Wissensgenerierung in den marktbezogenen, nutzenorientierten Aktionsraum wird als Technologie-Transfer 1 verstanden. Die weitere Transferierung in imitierende Unternehmen zum Zwecke der Marktdiffusion erfolgt als Technologie-Transfer 2. In beiden Stufen haben Universitäten und Forschungszentren eine wesentliche Rolle als 'Gate keeper', Vermarkter und Organisator von Transfer- und Kommerzialisierungsprozessen.

In der nachfolgenden Abbildung wird die Rolle der wesentlichen Leistungsträger im Innovationsprozess verdeutlicht. Die Inventoren sind im Wesentlichen eine Innenaufgabe für Universitäten und Forschungszentren. Sie unterliegen weitestgehender Gestaltungsfreiheit bezüglich der Ziele, Gegenstände und Instrumente der Forschungsaufgaben. Im Einzelfall kann es für diese Personengruppe der Professoren und wissenschaftlichen Mitarbeiter von außen Anstöße geben, sich mit bestimmten Themen zu beschäftigen. Es ist aber weitgehend von den wissenschaftlichen Neigungen und persönlichen Motiven abhängig, wie sich der Prozess der Invention vollzieht und inwieweit im Rahmen der Grundlagenforschung wie auch der anwendungsorientierten Forschung nicht-wissenschaftliche Ziele und Kriterien eine Rolle spielen.

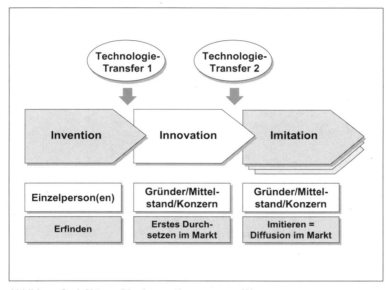

Abbildung 2: „I-Akteure" im Innovationsprozess (2)

Zielgruppen von Technologietransferaktivitäten durch Universitäten und Forschungszentren sind im Technologie-Transfer 1 und 2 einerseits die Erfinder (Inventoren) aus dem eigenen Haus und andererseits die am Technologietransfer als potenzielle Technologieempfänger Interessierten. Dazwischen stehen Technologietransfer-Managementorganisationen als Intermediäre und Vermarkter.

Zu den potenziellen Technologieempfängern gehören als wesentliche Gruppen:

- Gründer und Gründerteams und deren junge Unternehmen,
- mittelständische Unternehmen und

- Konzerne sowie Konzernteilbetriebe.

Die mit dem Technologietransfer beauftragten Managementorganisationen der Wissensquellen haben damit eine äußerst heterogene Gruppe von internen und externen Verhandlungspartnern. Ihre Aufgaben als Intermediär beziehen sich – unter strengen regulativen Auflagen – auf die Anregung, die Vorbereitung, die Organisation und Moderation, die Dokumentation und die Nachbereitung von geschäftlichen Besprechungen und Verhandlungen. Der Intermediär hat dabei nicht nur die Rolle eines ausgleichenden Mediators. Der Intermediär ist auch dadurch gekennzeichnet, dass der mit dem Technologietransfer beauftragte Manager im Wesentlichen die Interessen der Universität bzw. der Forschungszentren zu vertreten hat. Diese sind regelmäßig nach dem Wegfall des „Hochschullehrerprivilegs" Miteigentümer der entstandenen Schutzrechte.

Die Aufgaben des mit dem Technologietransfer beauftragten Managers werden im Zusammenhang mit dem Technologie-Transfer 1 (Projekten mit Universitätsausgründungen) noch dadurch kompliziert, dass ehemalige Inventoren aus dem eigenen Haus in die Rolle von Jungunternehmern schlüpfen, ohne darauf angemessen vorbereitet oder überhaupt geeignet zu sein. Die hohe Komplexität und die entsprechenden Anforderungen an die mit dem Technologietransfer beauftragten Managementorganisationen werden gerade bei solchen Ausgründungen besonders deutlich.

Aus der Sicht der drei „I-Akteurs" Stufen ist festzustellen, dass sich die bisherige Diskussion zur Bewertung von Elitebildungen in Hochschulen weitgehend auf die frühen Stufen im Innovationsprozess konzentriert hat. Die erste Stufe der Erfindung (Invention) wird bei der deutschen Definition der Eliteuniversitäten als zentraler Maßstab herangezogen. Von guter Forschung und vielen Veröffentlichungen wird auf den Elitecharakter der Universität geschlossen. Bei der zweiten Stufe ist das wegen des Anwendungsbezuges und der Marktnähe nicht so eindeutig.

Die dritte Stufe läuft Gefahr – wie es die aktuelle Diskussion meiner Ansicht nach zeigt – gänzlich ignoriert zu werden. Dies ist umso erstaunlicher, da ohne die dritte Stufe die gesamtwirtschaftlichen Auswirkungen und politisch gewünschten Folgen gänzlich ausbleiben. Dementsprechend ist zu fordern, dass auch der Technologietransfer der Wissensquellen einen international anerkannten Elitestatus haben sollte. Hochschulen und Forschungszentren ohne diese Eliteetikettierung werden künftig auch nicht als Eliteeinrichtungen im internationalen Benchmarking anerkannt werden. Bei Elitehochschulen im Ausland sind diese Zusammenhänge offensichtlich. Spitzenuniversitäten haben auch Spitzenergebnisse im Technologietransfer, wie die Beispiele von Cambridge, UK über MIT USA-Ostküste, University of Chicago, USA bis Stanford sowie das University of California Verbundsystem an der USA-Westküste zeigen. Beredte Beispiele in Deutschland mit gleichem positiven Zusammenhang zwischen Spitzenuniversität und Spitzeneinrichtungen des Technologietransfers sind die RWTH Aachen und die TU München.

3. Anforderungen an Unternehmer

Erfahrungen des Autors mit einer Vielzahl von Unternehmerteams im wissenschaftsnahem Bereich deuten darauf hin, dass es beim Team Building Optimierungskriterien gibt. Im Sinne des Eliteanspruchs sollten bei der Auswahl für Gründer- und Unternehmerteams die Besten

- der Wissenschaft,
- einer Branche,
- im Hinblick auf Erfahrungen im Lebens- und Innovationszyklus und
- bei den Unternehmerfunktionen

im Team oder gegebenenfalls als externe Ratgeber, Coaches, Finanziers und Betreuer beteiligt sein.

Die Anforderungen an technologiebasierte Unternehmer- bzw. Gründerteams hat Müller-Böling schon in den achtziger Jahren formuliert: Zum High Tech Gründungsprojekt gehört auch das Kompetenzspektrum eines High Oec (für Ökonomie) Managements[4]. Dieser Forderung entsprechend, verlangen Technologietransferprojekte mit High Tech Technologien die folgenden Eigenschaften:

---

[4] Vgl. http://www.sylter-runde.de/mediapool/6/63715/data/Technology%20Review.pdf

- High Sen unternehmerische (Chancen-)Sensorik,
- High Inn Innovativität und Durchsetzungsvermögen,
- High Oec Oekonomischen Sachverstand und Gespür,
- High Cap Finanzierungs-Know-how,
- High Mar Marketing- und Vertriebsfähigkeiten und Branchenkenntnisse sowie
- High Man Managementfähigkeiten für Gründungs-, Innovations- und Projektmanagement.

Der Prozess der Übertragung des Wissens aus der Wissensquelle in die Umsetzung und Durchsetzung im Markt stellt regelmäßig ein komplexes Projekt dar. Deutschland hat in vielen Fällen die Erfahrungen und die notwendigen Netzwerke für erfolgreichen Technologietransfer verloren. Andererseits fordern Technologietransferprojekte in Form von Spinoffs durch Universitätsangehörige, Gründungen durch Alumni, Gründungen von Joint Ventures, von Venture Groups in Konzernen oder von komplett neuen Geschäftsbereichen beim Käufer oder Lizenznehmer vom Management auf beiden Seiten (bei der mit dem Technologietransfer beauftragten Managementorganisation und beim Innovator) Spitzenleistungen. Management dieser Projekte gehört zur hohen Schule des Managements.

Damit wird der folgende Zusammenhang deutlich und ruft nach politischen Konsequenzen. Wenn zur Elitebildung in den Universitäten nicht auch die Elitenbildung im Technologietransfer zur Erzeugung einer Entrepreneurship geprägten „Gründungs- und Innovationselite" kommt, verpufft jede zusätzliche Milliarde Euro an Kapital für Forschung und Entwicklung (F&E), die den Eliteaspiranten unter den Hochschulen zufließt. Auch und insbesondere in dieser Hinsicht ist beim internationalen Benchmarking mit führenden Industrienationen ein dringender deutscher Nachholbedarf zu sehen.

4. Management des Technologietransfers

Im Rahmen der Verantwortung deutscher Hochschulen und Forschungszentren für die Intensivierung der Aktivitäten zur Vermarktung von Technologien sollten deshalb auch die Aktivitäten in den verantwortlichen Organisationseinheiten dem Elitegedanken entsprechen und – parallel zum Anspruch der Entwicklung bestimmter Universitäten zu Eliteanstalten – in eine weitere Entwicklungsstufe eintreten.

Dazu gehört der Aufbau von verwaltungsfernen Managementorganisationen für den Technologietransfer. Diese können nur durch gezielte Besetzung der Management- und Beratungsstellen zur vollen Funktionsfähigkeit gebracht werden. Universitätsinterne Besetzungen und Besetzungen im Rahmen von BAT- oder Beamtenstellen sind keinesfalls zielkonform. Durch solche Konstruktionen erfolgt zwar die Einbettung und Vernetzung der Transferfunktion in der Universität oder Forschungseinrichtung entsprechend der dort herrschenden Organisationskultur, aber die ebenso wesentliche Verzahnung mit der Wirtschaftspraxis und das Verständnis der Intermediäre für die Unternehmenskultur fehlt. Unter diesem Aspekt kann man annehmen, dass etwa 95 % aller deutschen Technologietransfereinrichtungen personell falsch besetzt sind.

Des Weiteren sollte der organisatorische Gestaltungsansatz auf den folgenden Prinzipien moderner Strukturierung in Netzwerken fußen:

- Die Ergänzung der schon existierenden – und nach unseren Erfahrungen selbst in herausragenden Wissenschaftseinrichtungen zumeist wenig professionell gemanagten – Transfereinrichtungen und -prozesse in Richtung auf marktbezogene Aktionsprogramme muss erfolgen.
- Die Gründung neuer Unternehmenseinheiten (Vermarktungsgesellschaften, Inkubator- und Akzelleratorgesellschaften, Beteiligungs-Managementgesellschaften, VC-Fondsgesellschaften etc.) als direkte Schnittstellen zur Wirtschaftspraxis muss möglich sein und frühzeitig implementiert werden.
- Die Manager sowie die Berater in diesen Gesellschaften benötigen einen höheren Selbständigkeitsgrad, als er typischerweise in einer Universität oder einem öffentlichen Forschungszentrum realisierbar ist. Darüber hinaus sollten die unter dem Aspekt der Exzellenz angeworbenen Manager und Mitarbeiter solcher Transfereinrichtungen mit einer risikoadäquaten Bezahlung ausgestattet werden.
- Gleichzeitig muss auf die weiterhin enge Verflechtung der Technologietransfer-Managementorganisation mit den Fakultäten, Fachbereichen, Instituten und Geschäftsbereichen der Hochschulen und Forschungszentren hingewirkt werden.

Zur Erhaltung des „Wir-Gefühls" sind die persönlichen Beziehungen in den zu etablierenden Netzwerken ausschlaggebend.

- Andererseits darf das wirksame Schnittstellen-Management zur Marktseite und zu marktorientierten und unternehmerisch motivierten Funktionsträgern hin nicht vernachlässigt werden. Dabei sind Unternehmer und unternehmerisch Handelnde immer den „Würdenträgern" vorzuziehen.

- Der Einsatz von marktbewährten Unterstützungs- und Betreuungsinstrumenten für Technologietransfer sollte laufend an den Erfahrungen von erfolgreichen mit dem Technologietransfer beauftragten Managementorganisationen, insbesondere aus dem Ausland, orientiert werden. Dabei sollten Entrepreneurship-orientierte Instrumente und Mechanismen (Venture Consulting und Guidance, Technology Scouting, Seed Coaching, Team-Building, Innovations Training, Inkubation, Akzelleration, Seed und Venture Finanzierung) zum Einsatz kommen.

Die Erfolgsfaktoren dieses Ansatzes sind die Kombination (1) des höheren Selbständigkeitsgrades der Vermarktungsaktivitäten mit der intensiven Vernetzung nach innen und nach außen und (2) dem gleichzeitigen marktorientierten Management und (3) dem pro-aktivem 'Value Adding' durch hoch qualifizierte Leistungsträger.

4.1 Anforderungen an die am Technologietransfer beteiligten Manager und Berater

Die Bedeutung der Qualifikation und des Erfahrungshintergrunds des Managements der Technologietransfer-Managementgesellschaft ist – wie schon an anderer Stelle dargelegt – von entscheidender Bedeutung für den Erfolg des Kommerzialisierungsansatzes. Hier liegt auch eine der zentralen, systembedingten Beschränkungen von öffentlichen Hochschulen und Forschungszentren bei der Definition von Transfer- und Vermarktungsmodellen. Es wird kaum möglich sein, die Anforderungen an das mit dem Technologietransfer beauftragten Management ausschließlich durch Berufung alt gedienter interner Kräfte zu erfüllen. Andererseits ist die Attraktivität der Besoldungsordnung des öffentlichen Dienstes für die Akquisition Externer ein wesentliches Hindernis. Ähnliches gilt für die nicht mit Managementaufgaben innerhalb der Managementgesellschaft zu betrauenden Mitarbeiter, die z. B. Senior Consulting Coach und Sparringspartner für Gründer und Unternehmer sein müssen und dementsprechend auch einen Teil ihrer beruflichen Erfahrungen im Management – vorzugsweise mit unternehmerischer Verantwortung – gesammelt haben sollten.

Bei so komplexen Aufgaben, wie sie bei Unternehmensgründungen in den verschiedenen Formen auftreten, ist der Einsatz von Beratern zwingend. Gründung hat durch den Charakter der Fundamentlegung für ein neues Unternehmen einen eminent strategischen Anspruch, der zu entscheidenden Weichenstellungen und Vorprägungen für den Lebenszyklus des Unternehmens führt. Dementsprechend sind die Beraterkosten auch als Quasi-Investitionen zu werten und entsprechend bei der Finanzplanung als Einmalaufwand im Rahmen der Gründungsaktivitäten zu berücksichtigen. Diese Zusammenhänge sind insbesondere für technologiebasierte Unternehmensgründungen von Bedeutung, da diesen typischerweise kein Netzwerk an Beratern zur Verfügung steht und die Beratungskosten im Verhältnis zu den Gesamtkosten des Projekts einen erheblichen Anteil ausmachen.

Da entsprechende Leistungsträger nur im Ausnahmefall im Markt zur Verfügung stehen, wird es nicht ausbleiben, eine Personalentwicklung und ein Management-Training für die Mannschaft einer neuen mit dem Technologietransfer beauftragten Managementorganisation zu entwerfen und die Maßnahmen, gegebenenfalls in Kooperation mit anderen Technologietransfer-Einrichtungen, in Bootcamp-Einrichtungen oder anderen Lehr- und Lernszenarien umzusetzen. Das entsprechende 'Teaching' und 'Coaching', kann an dem seit 1978 entwickelten[5], auf USA-Erfahrungen[6] fußenden und international anerkannten Lehr- und Trainingskonzept zum Venture Management ausgerichtet werden. Dies sollte – analog zum USA-Vorbild – im Rahmen der Betrachtung der Unternehmensentwicklung in Prozessstufen und Lebenszyklusphasen erfolgen. Dementsprechend sind die Trainings- und Coaching-Inhalte an den folgenden Betrachtungsebenen orientiert:

- Gründungschancen und -risiken,
- Gründungsstrategien,
- Gründungsformen und Geschäftsmodelle,

---

[5] Vgl. Nathusius (2004)
[6] Gemeint sind Kurse für Entrepreneurship Educators am Babson College, Wellesley und das Entrepreneurship Development Program am MIT, Cambridge/Massachusetts

- Gründungsbedingungen,
- Gründungsressourcen,
- Gründungsmarketing,
- Gründungs-HRM,
- Gründungsfinanzierung,
- Gründungsplanung und -organisation,
- Gründungsprozess,
- Gründungsmanagement sowie
- Gründungserfolge.

Die Aus- und Weiterbildung der im Transfergeschäft Tätigen sollte auf alle Ausprägungen der verschiedenen Ebenen des Entrepreneurship-Ansatzes bezogen sein, um sich auf die verschiedenen, vielfältigen Herausforderungen in den verschiedenen Phasen der zu erwartenden Gründungsprojekte vorzubereiten. Deshalb werden alle oben genannte Betrachtungsebenen als Inhalte des 'Teaching' und 'Coaching' abzuarbeiten sein.

4.2 Technologietransfer-Funktionen

Die Tatsache, dass Technologietransfereinrichtungen nach Aufnahme der operativen Tätigkeit vielfältig in Gründungsprozesse involviert sein werden, spielt dabei auch eine wesentliche Rolle. So ist der moderne Ansatz des Technologietransfer-Managements darauf ausgerichtet, die Vermarktung von in Hochschulen und Forschungszentren (Wissensquellen) generierten Technologien, von Know-how, von Dienstleistungen und gegebenenfalls auch von Forschungs- und Entwicklungskapazitäten als unternehmerische Aufgabe zu sehen. Diese bezieht sich nicht nur auf die Ebene der Wissensquellen und der Vermarktungsgesellschaften, sondern insbesondere auch auf die Ebenen des Marktes, der Spinoff-Ausgründungen, der Käufer und der Lizenznehmer von Technologien.

Technologie-Transfer ist dementsprechend auf der Marktebene zunehmend mit Unternehmensgründungen verschiedener Art verbunden. Dabei kann es sich um die Gründung selbständiger Technologieunternehmen durch Gründerteams handeln. Ebenso ist auch die Gründung von Technologie-Tochtergesellschaften zum Aufbau neuer Geschäftsbereiche durch mittelständische, große oder Konzern-Unternehmen ein häufiges Szenario. Sicherlich werden in der Zukunft auch die Fälle der Gründung von Gemeinschaftsunternehmen ('Joint Venture'-Gründungen) zwischen Unternehmen oder zwischen Unternehmen und Forschungs- und Entwicklungseinrichtungen in Form von Entwicklungsgesellschaften größere Bedeutung erlangen.

Der Gründungs- bzw. Entrepreneurship-Ansatz (letzterer unter Schwerpunktsetzung bei den funktionalen und prozessualen Aspekten) ist in Hinsicht auf die Eliteanforderungen der politischen Seite eine zwingende Ergänzung zu dem Ziel der Verbesserung der Besten in der Wissenschaft auf ein internationales Spitzenniveau. „Elite Entrepreneurship" muss flankierendes Mittelpunktthema der aktuellen Diskussion sein, damit die höhere wissenschaftliche Exzellenz nicht als Rohrkrepierer bezüglich der gewünschten Verbesserungen im Bereich der Wirtschafts- und Arbeitsmarktentwicklung und der Verbesserung der internationalen Wettbewerbsfähigkeit verpufft.

Breiten Raum bei der Formierung von Gründungs- und Managementteams müssen die mit dem Transfer beauftragten Managementorganisationen haben. Szenarien reichen von der Abstinenz der Transfer-Managementorganisation hinsichtlich der Initiierung komplementär besetzter Teams und der Delegation dieser Funktion an kooperierende Partner im Inkubator- und Venture Capital Bereich (die Funktion ist angesichts ihres Erfolgsbeitrages allerdings nur begrenzt delegierbar) bis hin zu der aktiven Rolle der Geschäftsführer und Senior-Berater der mit dem Transfer beauftragten Managementorganisationen bei der Suche nach passenden Ergänzungen der Managementteams von Ausgründungen oder Alumni-Gründungen. Ein wesentlicher Schlüssel liegt in der Vernetzung mit gründungswilligen Personen, mit Head Huntern und Personalberatern sowie mit anderen Intermediären, wie z. B. Venture Catalysts, Business Angels, Innovations- und Gründerzentren, Inkubatoreinrichtungen, Kammern, Verbänden und Einrichtungen der Regional- und Wirtschaftsförderung.

Ein Kennzeichen von Unternehmensgründungen in der so genannten „New Economy" bestand in der typischen Arbeitsteilung von Aufgabenpaketen des operativen Geschäfts mit Zulieferern, Kooperationspartnern und anderen in der Wertschöpfungskette tätigen Unternehmen. Die besonderen Chancen von Spinoff-Gründungen aus Universitäten heraus bei der Allokation wesentlicher Ressourcen sind durch die verschiedenen Möglichkeiten der Nutzung von universitären Einrichtungen (z. B. Prüf-, Test- und Laboreinrichtungen) geprägt. Hier ist durch die mit dem Technologietransfer beauftragten Managementorganisationen im Rahmen der Marketingaktivitäten ein USP (Unique Selling Proposition/Alleinstellungsmerkmal) gegeben, um interessante Projekte zu unterstützen und weiter an sich zu binden sowie eigene Kapazitäten besser auszunutzen.

Die Fragen der optimalen Finanzierung und des optimalen Finanzpartnermixes haben bei der Betreuung von Gründerteams einen breiten Raum. Da die Hilfe bei der Finanzierung von Transferprojekten zum Leistungsspektrum jeder mit dem Transfer beauftragten Managementorganisation gehören wird, sind die Grundlagen der Gründungsfinanzierung mit der Vielfalt von Finanzierungsformen, Finanzierungsinstrumenten und Finanzierungspartnern eingehend zu lernen und bezogen auf die konkreten Gründungsfälle zu erörtert. Dabei ist auch im Vorfeld die Frage zu klären, inwieweit eine auf Universitätsausgründungs-Projekte dedizierte Venture Capital Gesellschaft den Transfer- und Vermarktungsprozess unterstützen kann. Die Vorteile liegen offensichtlich

- in dem Verständnis der Venture Capital Manager für die Technologiespezifik,
- in den Erfahrungen der Venture Capital Manager mit vergleichbaren Gründungs- und Finanzierungsprojekten,
- in der Chance, qualifizierte weitere Finanzierungspartner einzubinden, die sich von dem Involvement der universitätsnahen Venture Capital Gesellschaft einen Value Added und eine Begrenzung des Risikos des Investments versprechen und
- in der Möglichkeit für die Universität, an den Wertsteigerungen der Fonds-Beteiligungen (Capital Gains) zu partizipieren und darüber auch eine wirtschaftliche Teil-Absicherung der Existenz der Transfer-Managementorganisation zu erreichen.

Ein weiterer Aspekt ist die Vermittlung von Partnern in Form von Corporate Venture 'Capital Fonds' oder auch als 'Corporate Incubator'. Hier können sich projektspezifisch attraktive Möglichkeiten ergeben. Ein solcher Vorteil wäre, die Vertriebs- und Marketingkapazitäten eines etablierten Unternehmens zu nutzen und dadurch schneller und effizienter in die angestrebten Märkte eindringen zu können. Partnerschaften mit etablierten Unternehmen sind auch bezogen auf andere unternehmerische Funktionen im Rahmen von Intrapreneurship-Programmen möglich und nützlich. Allerdings sind auch die Gefahren einer zu starken Anlehnung an eine marktmächtige und ressourcenreiche Gesellschaft zu bewerten.

4.3 Generierung zusätzlicher Einnahmen durch Technologietransfer

Ein weiterer Zentralpunkt der Erreichung von Exzellenz in Technologietransfer-Managementorganisationen betrifft unterschiedliche Szenarien von Möglichkeiten, aus den Vermarktungsaktivitäten budgetwirksame, zusätzliche Einnahmen für die Hochschulen und Forschungszentren zu generieren. Im Wesentlichen ist dies über die folgenden Wirkungsmechanismen darstellbar:

- Die Universitäten und Forschungszentren stellen für eine bestimmte Kategorie von Projekten Einrichtungen, Personal und Dienstleistungen zur Verfügung, die von den Empfängern dieser Leistungen, je nach Entwicklungsstand und Liquiditätsstatus, bezahlt werden.
- Die Universitäten und Forschungszentren stellen Know-how und Intellectual Property Rights (IPRs) zur Verfügung und werden dafür mit Einmalzahlungen, laufenden Zahlungen oder einer Kombination aus beiden Ansätzen honoriert. Zusätzlich oder alternativ zu diesen Zahlungsverpflichtungen kann auch eine Abgeltung der IPRs – ganz oder teilweise – durch die Übertragung von Beteiligungen an Spinoff-Gründungsunternehmen erfolgen. Denkbar ist auch die Vereinbarung von Options- oder Wandlungsrechten als Instrumente „mezzaniner" Finanzierungsformen.
- Die Universitäten und Forschungszentren erhalten über das Involvement in Technologiegründungsprojekten neue Kontakte und Ansätze für weitergehende Projekte und Aufträge im Markt, die von den Käufern, Lizenznehmern, den Gründungsunternehmen und möglicherweise von Kooperationspartnern, Zulieferern, Abnehmern etc. stammen können.

- Die Universitäten und Forschungszentren können von den Erträgen der angeschobenen Venture Capital Aktivitäten einen Anteil des „Carried Interest" (der einer Teilnahme an den Wertzuwächsen von VC Fonds-Vermögen nach einer Vorab-Mindestverzinsung der Investorengelder entspricht) erhalten, was bei guter Performance der VC-Fonds-Investments in exitreichen Jahren zu erheblichen Beträgen für die „Carried Interest" Berechtigten führen kann.

Wesentlich ist sicherlich, dass die Aufgabenübernahme durch eine mit dem Technologietransfer beauftragte Managementorganisation die Universitäten und Forschungszentren als Wissensquellen in keiner Weise bezüglich ihrer IPRs schwächen darf. Die Wissensquellen können und dürfen für eigene Belange nicht auf wesentliche IPRs verzichten. Das hindert aber nicht, dass man sich im Einzelfall über die vermarktungsfähigen Teile eines IPR-Pakets verständigt und vertraglich einigt. Gerade aus der Öffnung bestimmter IPR-Pakete (oder von Teilen davon) gegenüber dem Markt können sich neue Ansätze für Weiterentwicklungen und Kooperationen für die Wissensquellen ergeben.

Die Vermarktung der IPRs durch die Wissensquellen bedarf nicht – ähnlich wie in der Beschaffungsproblematik von Gründungsunternehmen – der Übertragung des Eigentums an den Rechten. Vielmehr ist das Nutzungsrecht an den IPRs entscheidend und damit die Fähigkeit der Technologietransfer-Managementorganisation, die Kontrolle über die zur Nutzung übertragenen IPRs zu sichern. Allerdings sind jeweils auch die Vorstellungen der Finanziers zu den entsprechenden Gestaltungen und Übergängen von Rechten zu beachten.

4.4 Ansätze anderer bereits existierender Technologietransfer-Managementgesellschaften

Professionelle Technologietransfer- und Vermarktungsansätze anderer Hochschulen und Forschungseinrichtungen, die als Benchmark für neue Initiativen in diesem Gebiet geeignet erscheinen, sind im Allgemeinen gut dokumentiert. Dazu gehören:

- Steinbeis-Stiftung, Steinbeis-Transferzentren, Stuttgart[7]

---

[7] Siehe http://www.steinbeis.de/

- Garching Innovation GmbH, Garching bei München (GI)[8]
- Fraunhofer Gesellschaft – Venture Gruppe, München (FhG)[9]
- HGF-Life Science Stiftung/Ascenion GmbH[10]
- ESA – Technology Transfer Program & IRCs[11]
- European Space Business Incubator Initiative (ESBI)[12] und ESINet
- TNO Kommerzialisierungsmodell[13]
- NASA Kommerzialisierungsmodell
- TVC Technology Ventures Corporation/Sandia National Laboratory
- Los Alamos National Labs (LANL) Technology Transfer

Zu dem bemerkenswerten TVC (Technology Ventures Corporation) Modell liegt ein gesonderter Bericht vor[14].

Die oben genannten Ansätze sind unabhängig von der Nationalität grundsätzlich vor dem Hintergrund einer unbefriedigenden Kommerzialisierung von Technologien, die zu wesentlichen Teilen mit öffentlichen Mitteln entwickelt worden sind, entstanden. Sie unterscheiden sich in erheblichem Umfang nach den Kriterien in Tabelle 1.

5. Die Rolle von ‚Seed Coaches'

Mit sogenannten ‚Seed Coaches' können die Qualifizierungs- und Betreuungsaktivitäten für die Zielgruppe der in der Seed Phase befindlichen Gründungsprojekte auf ein höheres Niveau gehoben und in der Ausgründungspraxis getestet werden. Der Einsatz von ‚Seed Coaches' ist optimal im Zusammenwirken mit einem Programm aus Lehrveranstaltungen, Trainings und Coaching Maßnahmen, die in den jeweiligen Hochschulen, Hochschulregionen und Forschungszentren angeboten werden sollten.

---

[8] Siehe http://www.garching-innovation.de/index2.html
[9] Siehe http://www.venturecommunity.fraunhofer.de/
[10] Siehe http://www.helmholtz.de/de/Helmholtz_als_Partner/Technology_Transfer.html
[11] IRCs = Interdisciplinary Research Centres
[12] Siehe http://www.esa.int/SPECIALS/Technology_Transfer/SEMALURMD6E_0.html
[13] Siehe z.B. http://www.tno-bedrijven.nl/tno/destination.do?style=home
[14] GENES GmbH (2002); ein weiteres interessantes Dokument ist die ESA-Hitec Untersuchung (2002); vgl. auch ESA European Space Agency (1999).

Alter/Erfahrung:	USA sind führend, aber Garching Innovation (GI) GmbH ist auch seit über 20 Jahren im Geschäft
Breite des Geschäftsgegenstands:	von reiner Patent- und Lizenzvermarktung (GI) bis zur aktiven Inkubatorrolle (TVC) und Venture Capital Funktion (FhG: geplant)
Zentralisierungsgrad:	von zentralistischen Ansätzen (ESA TTP) über dezentrale Strukturen (NASA) bis zu Kombinationen aus beiden Strukturierungsprinzipien (Steinbeis, Ascenion, ESBI at ESTEC)
Standortbindung:	von standortgebundenen und regionalen Konzepten (TVC, LANL) bis zu internationalen und nationalen Clusterbildungen (ESINet, FhG, Ascenion)
Selbständigkeitsgrad der Vermarktungseinheit:	von quasi-selbständigen Gesellschaften (TVC) bis zu der rein internen Lösung (LANL)
Finanzierungsmodell:	von ausschließlich aus dem Budget der Muttergesellschaft finanzierten Ansätzen (Garching) zu gemischt-finanzierten Ansätzen (ESBI-ESTEC, Steinbeis) bis zu extern finanzierten Ansätzen (TVC, FhG-VC).

Tabelle 1: Kriterien zur Abgrenzung der verschiedenen Ansätze bereits existierender Technologietransfer Managementgesellschaften

Die grundsätzliche Zielsetzung besteht darin, zur Erreichung von Gründungen einer höheren Qualitätsstufe die Optimierung des „genetischen Codes" von Technologieausgründungen zu betreiben. Dazu sollen zum frühestmöglichen Zeitpunkt geeignete Lehr-, Trainings- und Betreuungsmaßnahmen eingesetzt werden. Diese sind von „Seed Coaches", die für diese Aufgabe spezielle Voraussetzungen mitbringen müssen (siehe unten) und gezielt ausgewählt sowie geschult werden, umzusetzen. Durch die Aktivitäten des „Seed Coachings" sollen grundsätzliche Fehler und Hindernisse auf dem Weg zu einem erfolgreich und schnell wachsenden Unternehmen vermieden werden.

Als ergänzender Aspekt ergibt sich die Frage nach einer ausreichenden Anzahl an Ausgründungsvorhaben aus Hochschulen und Instituten. Aktuelle Untersuchungen zeigen, dass die Anzahl der wissenschaftlichen Ausgründungen aus Mutterorganisationen in Deutschland unzureichend ist. Mit einem Seed Coaching Programm können auch geeignete Aktivitätspakete zur Sensibilisierung und Motivierung der Zielgruppe in Richtung auf Ausgründungsmaßnahmen implementiert werden. Damit wird beabsichtigt, die Zahl der Gründungswilligen in den Technologiequellen zu steigern und fördernd auf den Unternehmernachwuchs zu wirken.

Dabei ist der Übergang von der Sensibilisierungs- und Motivierungsphase in die Qualifizierungs- und Umsetzungsaktivitäten fließend. Die betreuenden Personen (z. B. Seed Coaches) sind in dieser Phasenabfolge die wesentlichen Aktionsträger, die in geeigneter Weise – zum Beispiel in der Lehrtätigkeit – mit Spezialisten zu ergänzen sind.

Die Betreuung von Gründungsvorhaben in der frühesten genetischen Phase eines Ausgründungsprojekts aus Hochschulen und Forschungszentren wird insbesondere in den nachfolgenden Bereichen ansetzen.

- Zielplanung,
- Strategiefindung,
- Geschäftsmodell-Generierung,
- Gründungsplanung,
- Vernetzung,
- Finanzierung und
- Team Building.

Eine Gründungsberatung in Form eines „Lotsendienstes" ist mit diesem Ansatz der extrem frühen und damit entscheidend Profil gebenden Betreuung von Gründern, Gründergruppen und Gründungsprojekten – die häufig in der „pränatalen" Phase (Seed- und Pre-Seed-Phase) noch keine formale Unternehmensstruktur haben – nicht gemeint.

Die in Deutschland in erheblicher Anzahl vorhandenen „Gründungslotsen" sind operativ und projektplanungsbezogen – häufig mit Branchenfokus – tätig. Sie zeigen Gründungswilligen die Wege zu

- den jeweiligen Antragsstellen für Genehmigungen und Förderungen,

- Beratungsstellen für branchenspezifische Gründungen im Bereich der imitierenden Gründungen (Industrie- und Handelskammern, Handwerkskammern, Verbandsberatungsabteilungen etc.),
- den Finanzierungsquellen der öffentlichen Anbieter (KfW, Landesförderbanken, regionalen und kommunalen Banken, Sparkassen und GeNo-Bereich, Bürgschaftsbanken etc.),
- einer regionalen/kommunalen und branchenspezifischen Vernetzung.

Darüber hinaus empfehlen „Gründungslotsen" freiberufliche Berater der steuerberatenden, rechtsberatenden und unternehmensberatenden Berufsstände und leisten Interpretationshilfen bei der Auswahl des jeweils optimalen Fördermixes und dem Ausfüllen von Anträgen.

Gründungslotsen kommen typischerweise in der Gründungsphase, die der Seed Phase nachgelagert ist, zum Einsatz. Sie werden von den Gründern in ihre Ziele, Strategie und weitere Vorgehensweise eingeführt und geben dann für die Realisierung des Gründungsvorhabens ihre Hilfen und Anregungen.

Die Lotsenaktivitäten der Gründungsförderung können mit dem Ansatz des Seed Coachings zeitlich vorgelagert und in strategischer Richtung ergänzt werden. Hier soll es keinen Wettbewerb mit existierenden und bewährten Aufgabenträgern geben. Vielmehr ist das Seed Coaching als eine Dienstleistung für komplexe, innovative, häufig von Beginn an international ausgerichtete und umfangreich vernetzte Unternehmensgründungen zu verstehen. Diese stellen, u. a. durch das Fehlen von vergleichbaren Vorbildern, sehr anspruchsvolle Anforderungen an die Konzipierung und Planung der jungen Unternehmen und an deren Betreuer.

Im Folgenden werden die wesentlichen Aufgabenfelder des Seed Coachings in sieben Modulen beschrieben.

5.1 Zielplanung

Die Aktivitäten zur Zielplanung sollten möglichst frühzeitig bei den Projektinitiatoren durch einen erfahrenen Seed Coach angeregt und begleitet werden. Themen sind dabei z. B.

- die zukünftigen Tätigkeiten der Beteiligten im Rahmen des Gründungsprojekts einschließlich der Berücksichtigung ihrer Kernkompetenz,
- die angestrebte Art der Zusammenarbeit unter den Projektinitiatoren,
- die angestrebte finanzielle und haftungsbezogene Risikoübernahme und gegebenenfalls laufende Honorierung aus dem Gründungsprojekt,
- die Formalziele (Rendite, Vermögensaufbau, Gemeinnützigkeit o. ä.) und die Sachziele (Branche, Marktauftritt, Technologieorientierung, regionaler oder internationaler Fokus, Unternehmensgröße, grundsätzliches Unternehmensentwicklungsmodell etc.) der geplanten unternehmerischen Aktivitäten,
- die ersten Geschäftsgrundsätze (Unternehmensverfassung),
- die Stärken und die Defizite im Team und
- die Möglichkeiten der Optimierung des Gründerteams.

5.2 Strategiefindung

Die Strategiefindung sollte in mehreren Sitzungen unter Moderation durch den Seed Coach und auf der Basis erster Analysen des Marktes erfolgen. Es geht um den grundsätzlichen Zuschnitt des Unternehmens und die angestrebte Wachstumsstrategie unter Berücksichtigung alternativer Unternehmensentwicklungsmodelle. Dabei steht die Vermeidung des in Deutschland noch immer überwiegenden „Zwergensyndroms" im Gründungsgeschehen (zu kleine und zurückhaltende Definition von Gründungskonzepten und Marktansprüchen) im Vordergrund.

Die Stufe der Strategiefindung dient auch der Feststellung, ob das Potenzial für einen „High Flyer" (Gründungsunternehmen mit rapider Wachstumskonzeption zur Sicherung eines schnellen Zugriffs auf eine wesentliche Marktposition im In- und Ausland und guten Exit-Chancen für Investoren) gegeben ist. Zur Strategiefindung gehört auch die Definition der wesentlichen Marktsegmente, der erfolgreichen Wege zum Markt und die Identifikation der Erfolgspotenziale. Gegebenenfalls ist die Einschaltung von Branchenspezialisten und zukünftigen Beiräten an dieser Stelle des Entwicklungsganges sinnvoll.

5.3 Geschäftsmodell-Generierung

Auch die Generierung eines Geschäftsmodells ist typischerweise nur im Rahmen eines in Monaten zu beschreibenden Zeitraumes zu leisten. Es geht dabei darum, ein Gründungsprojekt nach den Erfolgspotenzialen im Markt zu definieren und die zur Realisierung notwendigen Ressourcen, Strukturen und Prozesse zu beschreiben. Dazu werden die profilgebenden Elemente des Gründungsprojektes und die Interdependenzen zwischen diesen erarbeitet. Das Geschäftsmodell beschreibt, wie das Gründungsunternehmen Nutzen- und Wertsteigerungen bei den Kunden erzeugen kann und dadurch langfristig auch die Entwicklung und Wertsteigerung des Gründungsunternehmens absichert. Wesentlicher Bestandteil der Generierung von Geschäftsmodellen ist die Erarbeitung und Bewertung der Chancen und Risiken (Außensicht) und der Stärken und Schwächen (Innensicht).

5.4 Gründungsplanung

Mit der Gründungsplanung erfolgt eine weitere Konkretisierung und Fokussierung des Gründungskonzepts. Die Gründungsplanung versteht sich dabei nicht als reines Zahlenwerk, sondern setzt an der qualitativen Betrachtung der Märkte, der Wettbewerber und der Ausgangssituation des Gründungsunternehmens an und entwickelt alternative Wege zum Unternehmenserfolg. Typischerweise ist damit ein erheblicher Lernprozess für die an der Planung Beteiligten verbunden, die sich über die Komplexität des Vorhabens und die Zusammenhänge der vielfältigen Strukturen und Prozesse im Rahmen der planerischen Arbeit die notwendigen Erkenntnisse erarbeiten. Neben der „Geländerfunktion" der Gründungsplanung wird dadurch auch die Funktion der Unterstützung der Erfolgskontrolle mit Hilfe der Vorgaben des Planes deutlich.

5.5 Vernetzung

Teil der Komplexitätsreduktion anspruchsvoller, technologiebasierter Gründungsvorhaben ist der Aufbau und die laufende Arbeit mit Netzwerken, die auf der Beschaffungsseite, der Fertigungsseite, der Absatzseite oder auch der Forschungs- und Entwicklungsseite des Unternehmens hilfreich und in vielen Fällen auch erfolgsbestimmend sein können. Insbesondere bei technologiebasierten Gründungen geht die Vernetzung weit über den nationalen Rahmen hinaus. Die Coaching-Aufgabe besteht darin, Netzwerkpartner für bestimmte Aufgaben definieren zu lassen und bei der Suche nach entsprechenden Kooperationspartnern Wege und Zugänge zu finden.

5.6 Finanzierung

Typischerweise sind komplexe Ausgründungsvorhaben aus Universitäten und Forschungszentren mit erheblichem Finanzbedarf verbunden, der die finanziellen Mittel der Gründergruppe weit übersteigt. Insbesondere bei dem Gründungstypus des „Verwertungs-Spinoffs" werden regelmäßig Finanzmittel in Größenordnungen von € 5-30 Millionen benötigt, die in mehreren Finanzierungsrunden im Rahmen eines so genannten „Staged Financings" von externen Finanziers eingeworben werden.

Dabei gilt der Grundsatz des „finance follows strategy", was auf die Priorität bei der Definition der Profil gebenden Elemente des Gründungsvorhabens hindeutet: Die Strategie des Unternehmens und die markt- und kundenorientierte Vorgehensweise sind die verbindlichen Vorgaben. Die dafür notwendigen finanziellen Mittel sind als wesentliche Ressourcen zu beschaffen. Ein finanzierungsbedingtes „Downsizing" des Geschäftsmodells wird typischerweise dessen Stringenz beschädigen und die Erfolgspotenziale in Frage stellen. Der Seed Coach wird bei den Fragen der Finanzplanung und der Finanzierung seine Fähigkeiten des „Financial Engineering" und seine Verbindungen – primär in die Eigenkapital-„Community" – einzubringen haben.

5.7 Team Building

Das Team Building ist einerseits eine für den Gründungserfolg entscheidende Voraussetzung. Andererseits sind die Möglichkeiten eines solchen Matchings von Personen aus unterschiedlichen beruflichen Erfahrungsbereichen (Wissenschaft, spezifische Branchen, Vertrieb und Marketing, Finanzen und Controlling) für den Bereich der Gründungsfälle und jungen Technologieunternehmen in keiner Weise aufgearbeitet. Etablierte Instrumentarien fehlen. Kürzlich ist aus Hessen von der Initiative „Best Exzellenz" ein Versuch unter der eher verniedlichenden Begrifflichkeit „Gründer-Flirt" bekannt geworden.

Das Team Building sollte zunächst in den Hochschulen beginnen. Dabei sind die Möglichkeiten, Gründer aus mehreren Fachbereichen zu Gründerteams zusammenzustellen, zunächst zu prüfen. Allerdings können damit noch keine Gründerteams erreicht werden, die im Sinne einer optimalen Finanzierung als „fundable" anzusehen sind. Im Rahmen des zu beantragenden Projekts sollen deshalb in systematischer Weise die sich bietenden Alternativen des Team Buildings mit Universitäts-Externen, inklusive Universitäts-Alumni, erfasst, analysiert und praktisch eingesetzt werden. Dazu gehören die nachfolgend genannten Instrumente:

- Eigensuche des Teams,
- Suche durch Business Angels und Venture Capital Gesellschaften,
- Einschaltung von Personalberatern u. Head Huntern,
- Einschalten von Alumni-Organisationen,
- Matching Events (können regelmäßig z. B. 1x pro Jahr zusammen mit einer EVENT Agentur veranstaltet werden),
- Multidisziplinäre Lehrveranstaltungen mit Alumni und Regionalvertretern,
- Managerbörsen sowie
- Anzeigensuche.

6. Seed Coaches: Aufgaben, Anforderungen, Incentivierung

Coaches sind Berater, die typischerweise in Personalentwicklungskonzepten eingesetzt werden. Sie beraten im Normalfall Einzelpersonen und haben dafür eine gehobene Vertrauensbasis mit dem Beratenen („Coachee"). Die Zielsetzung eines Coachings besteht darin, das Verhältnis der Interessen eines Einzelnen mit denen des

Unternehmens in Einklang zu bringen. Zusätzlich ist die Aufgabe des Coaches, auf Selbstmotivation und Selbstorganisation der Beratenen hinzuwirken.

Im Falle des Seed Coachings gibt es im Vergleich mit dem normalen Coaching Ansatz eine Reihe von Besonderheiten:

- Gründer treten im Normalfall im Team auf.
- Falls es eine Einpersonen-Gründung gibt, wird die Aufgabe des Coaches u. a. darin bestehen, die Möglichkeiten und gegebenenfalls Notwendigkeiten eines Teamansatzes mit dem Coachee zu erörtern.
- Durch die frühe Entwicklungsphase des Seed Projekts kann von einer Abstimmung der Interessen zwischen einem Unternehmen und den Gründern nicht gesprochen werden, da das Unternehmen noch nicht existiert.
- Eine hervorgehobene Aufgabe des Coaches besteht dann darin, einerseits bei der Definition der Unternehmensidentität und den Unternehmensanforderungen an die Gründer und Mitarbeiter mitzuwirken und dabei andererseits die individuellen Interessenlagen der Gründerpersonen zu berücksichtigen und im Team deutlich zu machen.
- Die Aktivitäten der Hinführung zur Selbstorganisation müssen sich dem Teamansatz folgend auf die Optimierung der Verhaltensweisen aller Beratenen in dem Team ausrichten.

6.1 Aufgaben von Seed Coaches

Der Seed Coach ist zunächst mit einer kaum strukturierten Aufgabe konfrontiert. Eine Gruppe von Menschen hat die Absicht bekundet, ein Unternehmen zu gründen. Über die Ausmaße einer solchen Zielsetzung und die Komplexität der Aufgabenstellung sind sich die Gründerpersonen zu einem solchen frühen Zeitpunkt im Lebenszyklus eines neuen, zukünftigen Unternehmens eher nicht im klaren.

Die angestrebte Leistungsoptimierung der involvierten Coachees wird sich deshalb zunächst auf allgemeine Maßnahmen und Instrumente der unternehmerischen Sensorik, der Organisation und Planung und der Konfliktbewältigung beziehen. Danach werden dann stärker geschäftsbezogene, strategische und operative Aufgabenstellungen Gegenstand des Coachings sein. Dementsprechend wird der Coach die folgenden Aufgaben wahrnehmen:

- die Entwicklung eines auf geschäftliche Chancen und Risiken ausgerichteten geschärften Wahrnehmungsvermögens,
- dementsprechend auch die Lösung von vorhandenen und hinderlichen Wahrnehmungsblockaden,
- die Unterstützung des Entstehens zusätzlicher Möglichkeiten des Denkens in neuen (zumeist ökonomischen) Kategorien,
- die Förderung von gezielt auf das Gründungsprojekt ausgerichtetem Gestalten von Prozessen und Strukturen und von durchsetzendem Handeln,
- die Initiierung von Selbstorganisationsprozessen und entsprechenden Abstimmungen im Team, um damit besser auf das Lösen von Problemen und die Bewältigung bisher nicht bekannter und erlebter Anforderungen und Hindernisse vorbereitet zu sein,
- die Beratung und Begleitung des Gründungsteams oder Einzelgründers als Coach (keinesfalls als Vorgesetzter) durch die ersten Entwicklungsphasen eines neuen Unternehmens,
- die Vermittlung von Führungsgrundsätzen, Verhaltensregeln und „do's" und „dont's" des Vorgründungs- und Gründungsmanagements,
- die Vorstellung von Instrumenten, Systematiken und Marktregeln zur Bewältigung grundsätzlich neuer Aufgaben und zur Lösung von Rollenkonflikten, Spannungen im Team und mit Kooperationspartnern, Kunden, Finanziers, Gesellschaftern,
- die Hilfestellung zur Selbstmotivation und Stressbewältigung des Einzelnen Coachees und im Teamzusammenhang.

6.2 Anforderungen an ‚Seed Coaches'

Seed Coaches können beiderlei Geschlechts sein und sind nicht an die deutsche Staatsangehörigkeit gebunden. Sie sollten Deutsch und Englisch sprechen und verhandeln können. Sie sollten an folgenden persönlichen Eigenschaften gemessen werden:

- Leistungsmotivation,
- internale Kontrollüberzeugung,
- mittlere Risikoneigung,
- Belastbarkeit,
- Antriebsstärke,
- Problemlösungsorientiertheit und
- soziale Verantwortung und Anpasssungsfähigkeit.

Die zu gewinnenden Seed Coaches für das EXIST Seed Coaching Projekt werden im Rahmen des Auswahlprozesses u. a. durch einen Assessment Center Ansatz auf ihre Passigkeit mit dem Aufgaben- und Persönlichkeitsprofil geprüft. Dabei spielen die genannten Anforderungen eine wesentliche Rolle.

Aus der Aufgabenbeschreibung wird deutlich, dass Seed Coaches gehobenen Anforderungen gerecht werden müssen:

- Seed Coaches sollten über eine zumindest 30-jährige Lebenserfahrung verfügen, die in unterschiedlichen Umfeldbedingungen erworben wurde;
- Seed Coaches sollten über eine zumindest 5-10-jährige Berufserfahrung außerhalb von Universitäten und Forschungszentren und außerhalb von öffentlichen Einrichtungen verfügen;
- Seed Coaches sollten über Führungs- und Gründungserfahrungen sowie über Erfahrungen im Umgang mit neuen Technologien und den dazugehörigen Märkten verfügen;
- Seed Coaches sollten eine akademische Ausbildung – egal welcher Studienrichtung – genossen haben und gute Lehr- und Präsentationsfähigkeiten in ihre Tätigkeit einbringen;
- Seed Coaches sollten selbstbewusst auftreten und auf Augenhöhe mit Mitgliedern der oberen Managementränge verhandeln können;
- Seed Coaches sollten Auslandserfahrung haben und über ein funktionierendes Business Netzwerk verfügen.

6.3 Incentivierung von Seed Coaches

Die Qualität der Seed Coaches wird neben dem grundsätzlichen Konzept des Seed Coaching Ansatzes, den schon entwickelten Lehrveranstaltungen, Trainings- und Gründungstools und den gesamten im START Netzwerk gemachten Erfahrungen mit Universitätsausgründungen die wesentliche Erfolgsdeterminante des Projekts sein.

Darauf müssen die Angebote des Projekts an die Seed Coaches hinsichtlich Einkommenshöhe, Bonusregelungen, Einbindung in ein anspruchvolles Team, Außenauftritt des Seed Coaching Projekts und Unabhängigkeit des Einzelnen in der Berufsausübung abgestellt werden. Traditionelle Lösungen werden nicht ausreichend sein.

Die Seed Coaches werden Wert darauf legen, mit dem „Franchisegeber" in einem freien Mitarbeiterverhältnis zu stehen. Es ist davon auszugehen, dass der gesuchte Typ des Unternehmers/Beraters/Hochschullehrers an einer öffentlichen Besoldung nicht interessiert ist und eine solche Lösung gegebenenfalls auch ablehnt.

Da die Personen der Seed Coaches das wesentliche Erfolgsmoment für das gesamte Seed Coaching Projekt sind, wird man auf diese Bedingungslage eingehen und flexibel reagieren müssen.

Als weitere Randbedingung wird zu beachten sein, dass die Seed Coaches die Freiheit besitzen müssen, auch anderen Tätigkeiten nachzugehen, solange sie ihre Aufgaben im Rahmen des Seed Coaching Projekts ordnungsgemäß erledigen. Die Seed Coaches werden dazu zu verpflichten sein, eine Zeitaufschreibung zu führen und ihre anderen Einkommensquellen dem Projektleiter zur Vermeidung von Interessenkonflikten zu offenbaren.

Wesentlich wird bei der Gestaltung des Incentive-Pakets die Kombination der Basis-Vergütung mit einer Bonus-Regelung sein. Hier ist an die Nutzung von Sponsoring Beiträgen aus dem Banken- und Beraterumfeld zu denken.

7. Profilierung geeigneter Organisationsformen

Die Frage nach den für die Technologietransferaufgaben geeigneten Organisationsformen ist unter zwei Prämissen zu stellen:

- Es sollten diejenigen Organisations-Modelle, die sich in anderen, aber vergleichbaren Märkten bzw. Organisationen bewährt haben, Berücksichtigung finden, um nicht zusätzliche Risiken durch neue Organisationsformen einzugehen.
- Es sollten Lösungen gefunden werden, die für die jeweiligen Strukturelemente der Universitäten und Forschungszentren (Patent- und Lizenzvermarktung, Patentinformationszentrum, Beratung u. Betreuung, Inkubation, Alumni-Betreuung) passend sind, um nicht durch Vereinheitlichung von Strukturen selbstgeschaffene Behinderungen einzubauen.

7.1 Lösungsvorschläge

Die Breite des Geschäftsgegenstandes der Technologietransfer-Managementorganisation kann nicht allgemeingültig definiert werden. Angesichts der Vielfalt unterschiedlicher Entwicklungsstadien und Innovationspotenziale von Wissensbeständen und Technologien und angesichts unterschiedlicher unternehmerischer Ambitionen der die Technologien tragenden Personen ist ein mehrgliedriges Modell zu empfehlen, mit dem fallspezifisch unterschiedliche Vermarktungswege beschritten werden können:

- Patent- und Lizenzvermarktung (Geschäftsbereich),
- Beratungs- und Betreuungsmodell (Geschäftsbereich),
- Inkubatormodell (Geschäftsbereich, gegebenenfalls in Kooperation),
- Seed/Venture Capital Fonds für Spinoff Gründungen (outgesourct an Kooperationspartner) sowie
- fallabhängige Sondermodelle (Geschäftsführung).

Die Beachtung der oben erwähnten Prinzipien führt bezogen auf die angedachten vier Geschäftsbereiche einer Technologietransfer Managementorganisation zu den folgenden Lösungsvorschlägen.

Patent- und Lizenzvermarktung:
Organisiert als Abteilung/Geschäftsbereich der Technologietransfer-Managementorganisation mit starker Öffnung zum Markt hin und intensivierter Vernetzung. Proaktive Ansätze, mit denen ein gezieltes Marketing betrieben wird, sind in dieser Funktion gefragt.

Beratung und Betreuung:
Organisiert als Abteilung/Geschäftsbereich der Technologietransfer-Managementorganisation mit der Entwicklungsstrategie „klein starten und aufbauen". Damit kann die Option verbunden sein, diese Aktivitäten in der Zukunft mit einem Privatisierungsansatz zu verbinden.

Inkubatormodell:
Organisiert nach dem Modell der Steinbeis-Zentren (bedarfsbedingter Aufbau neuer semi-selbständiger Einheiten mit zentraler Administration), wobei die zentrale Administration auch ausschließlich administrative Funktionen haben sollte. Ansonsten wäre bei der Definition von Inkubatororganisationen auf Clusterbildungen in der Region und in den Wissensquellen Rücksicht zu nehmen.

Seed/Venture Capital Fonds:
Nach den Branchen-Usancen Gründung einer VC Fondsgesellschaft als Personengesellschaft, an der sich institutionelle und industrielle Investoren beteiligen (Kapitaleinlage: EUR 25-100 Mio.). Parallel sollte die Gründung einer Management-Gesellschaft als GmbH erfolgen, an der sich die Universität/das Forschungszentrum sowie das Management Team beteiligen.

7.2 Strukturbestimmende Merkmale einer Technologietransfer-Managementgesellschaft

An Hand der Kriterien zur Unterscheidung verschiedener nationaler und internationaler Technologie-Vermarktungsansätze sind die für das Konzept einer Technologietransfer-Managementorganisation empfohlenen Ausprägungen analysiert und zugeordnet worden:

Zentralisierungsgrad:

Angesichts der dezentralen Struktur der Universitäten und Forschungszentren mit z. T. über 30 Instituten in etlichen Standorten ist ein Kombinationsmodell zu empfehlen, bei dem die spezifischen Funktionen des Vermarktungsansatzes mit der notwendigen Kompetenz (z. B. Patent- und Lizenzvermarktung, Venture Capital Finanzierung) zentral als „gemeinsam genutzte Ressourcen (shared resources)" angeordnet sind und die Betreuungs- und Beratungsaktivitäten im kombinierten zentralen/dezentralen Ansatz realisiert werden.

Standortbindung:

Eine Standortbindung der Aktivitäten an einen Standort kann beim Vorliegen von dezentralen Strukturen von Universitäten und Forschungszentren nicht empfohlen werden. Die schon existierenden, regionalen Cluster von Spinoff-Gründungen sollten ausgebaut werden. Im Einzelfall kann aber auch die Standortwahl einer Spinoff-Gründung an einem nicht zum eigenen Netzwerk gehörigen Standort eine optimale Lösung darstellen.

Selbständigkeitsgrad:

Angesichts der oben geschilderten, bewussten Konfliktsituation zwischen Selbständigkeitsgrad und Internum-Aspekt ist eine Lösung mit erheblich höherem Selbständigkeitsgrad, als zur Zeit in Universitäten üblicherweise realisiert, für das Technologietransfer-Management zwingend.

Argumente für einen höheren Selbständigkeitsgrad sind im Wesentlichen die folgenden Erwägungen:

- höhere Akzeptanz im Markt (Signalfunktion),
- flexibler in der Marktbearbeitung,
- schnellere Entscheidungswege,
- erfolgreicheres Management Recruiting für die Technologietransfer-Managementorganisation,
- erfolgreicheres Management Recruiting zur Ergänzung von Gründerteams,

- bessere Motivation zur Kooperation mit den Lehrstuhlinhabern und Instituts-Direktoren wegen aktiverer Vernetzung der Managementgesellschaft und dadurch bedingt größerer Chancen für erfolgreiche Vermarktung,
- geringerer Verwaltungsaufwand und Effizienzverlust,
- moderneres Konzept mit guter Motivationswirkung und klarer Ergebnisorientierung der Technologietransfer-Managementorganisation,
- Einbeziehung der häufig vernachlässigten „weichen Faktoren" im Innovations- und Gründungsprozess durch eine auf den sozialen Kontext und auf Gewinnerzielung ausgerichtete Entrepreneurship-Kultur.

Finanzierungsmodell:

Angesichts der schwierigen Kassenlage in den Ministerien ist eine gemischt strukturierte Finanzierung aus Anlaufmitteln aus Sponsoren-Töpfen, aus Projektfördermitteln des BMBF und der betroffenen Landesministerien und aus Finanzinstitutionen (Banken, Versicherungen, Vermögensverwaltungen) sowie aus privaten und industriellen Stiftungen und industriellen Investoren anzustreben. Die am Finanzmarkt einzuwerbenden Mittel sind davon abhängig, dass die Mittelverwendung und die potenziellen Investmentgewinne überzeugend und professionell dargestellt werden.

7.3 Erstellung von Risiko-Chancen-Profilen

Die vier oben genannten Geschäftsbereiche sind jeweils auf ihr spezifisches Risiko-Chancen-Profil hin untersucht werden. Dabei stand als allgemeine Zielsetzung im Raum, einen Risiko-Chancen-Mix über alle Geschäftsbereiche zu realisieren, so dass Ausfälle in einem Teil durch andere Aktivitäten kompensiert werden können.

Patent- und Lizenzvermarktung:

Es handelt sich bei den meisten Universitäten und Forschungszentren um ein laufendes Geschäft, das unter aktuellen Bedingungen am Break Even operieren müsste und für das bei Kostendisziplin und aggressiverem Marktauftreten Renditesteigerungen möglich sein müssten. Aufgrund der Langfristigkeit der vertraglichen Geschäftsbeziehungen zu manchen Technologienachfragern und der privilegierten Position als Technologielieferant ist die Performance mit zunehmender Erfahrung und Vernetzung kalkulierbar.

Beratung und Betreuung:

Vom Geschäftsmodell her handelt es sich um klassische Unternehmensberatung, auf die unter dem Coaching-Gesichtspunkt keinesfalls verzichtet werden darf. Ein überzeugend profitables Geschäft ist allerdings aus diesem Geschäftsbereich nicht zu erwarten. Geleistete Arbeit wird nach Tagewerken abgerechnet, wobei die Klientel durch geringe Honorarsätze und schwache Liquiditätsausstattung gekennzeichnet ist. Die erzielbaren Margen (Chancen) sind gering. Das Risiko ist bei vorsichtigem Personalaufbau überschaubar. Die wirklichen Chancen ergeben sich bei erfolgreicher Entwicklung der betreuten Unternehmen durch Lizenzeinnahmen und Einnahmen aus Beteiligungen (andere Programmbereiche).

Inkubatormodell:

Das Modell sollte nur nach Bedarf eingesetzt werden. Finanzielle Risiken trägt im wesentlichen der Initiator. Eine Risikoabfederung erfolgt gegebenenfalls durch eine Kooperation, z. B. mit einer Stiftung, die ihre Erfahrungen mit einbringt. Einkommensströme der Managementgesellschaft aus dem Inkubatorgeschäft sind auf eine Beteiligung an der Umsatzumlage in Höhe von 4-5 % und auf eventuell in Anspruch genommene Beratungsleistungen und Dienstleistungsverträge begrenzt.

Venture Capital Fonds:

Der Prototyp eines Geschäfts, bei dem das Risiko („downside risk") begrenzt ist. Es handelt sich um reines Eigenkapitalgeschäft mit Externen als Kapitalgeber (keine Überschuldungsproblematik). Zum Erfolg muss die Investmentpolitik den allgemein anerkannten Regeln (Best Practice) entsprechen und der Deal Flow (die potenziellen Investment-Projekte) den üblichen Anteil an High Flyern und On Target Investments bieten. Die Chance im VC Geschäft wird typischerweise mit „Multiples" und nicht in Prozenten gemessen, so dass das „Upside Potential" (die Chance) im Vergleich zu den Risiken im einzelnen Investment übergewichtig ist. Wesentliches Mittel der Risikobegrenzung ist das besondere Augenmerk auf die Zusammensetzung des Fonds Managements, des Management-Teams der Universitätsausgründungen und auf die Markt-, Kunden- und Nutzenorientierung. Die Chance errechnet sich aus dem Anteil am Wertzuwachs, den die Venture Capital Managementgesellschaft und deren Gesellschafter erhalten und von dem sie einen Prozentsatz an die Manager abgeben.

Sonderprojekte (Geschäftsführung):

Sonderprojekte können Fälle sein, bei denen die Geschäftsführung von potenziellen Technologiekäufern aufgefordert wird, Weiter- oder Anpassungsentwicklungen vorzufinanzieren, bevor der Käufer zum Vertrag kommt. Hier ruht das Entwicklungsrisiko auf der Managementgesellschaft, während die Chance aus dem Projekt möglicherweise auf ungewisse Lizenzeinnahmen oder auf die Erträge einer Minderheitsbeteiligung an der Projektgesellschaft (die bewusst am Break Even gefahren wird) begrenzt ist.

Aus den Risiko-Chancen-Profilen wird deutlich, dass sich die ersten drei Geschäftsbereiche durch ein ausgeglichenes Verhältnis von Risiken und Chancen kennzeichnen lassen, die outgesourcte Venture Capital Investment Aktivität mit externen Kapitalgebern für die Managementgesellschaft ein Chancenübergewicht darstellt (bei Beachtung der Best Practice Regeln) und die Sondermodelle eher ein Risikoübergewicht erkennen lassen.

8. Die Quintessenz

Der Transaktionsriemen, mit dem das Wissen aus den Universitäten und Forschungszentren als Wissensquellen in die wirtschaftlichen Anwendungen übertragen wird (Technologietransfer) ist vielschichtig und in Deutschland in vielen Fachdisziplinen weitgehend verschlissen.

Wenn zur Elitenbildung in den Universitäten nicht auch die Elitenbildung im Technologietransfer zur Erzeugung einer Entrepreneurship geprägten „Gründer- und Innovationselite" kommt, verpufft jede zusätzliche Milliarde Euro an Forschungs- und Entwicklungskapital, die den Eliteaspiranten unter den Hochschulen zufließt. Auch und insbesondere in dieser Hinsicht ist beim internationalen Benchmarking mit führenden Industrienationen ein deutsches Defizit zu sehen.

Geeignete Organisationsmodelle für die Technologietransfer-Funktionen liegen vor. Wesentlich ist eine exzellente Besetzung der Funktionen Management, Beratung und Coaching.

Literaturverzeichnis

GENES GMBH (2002)
Bericht zur TVC Technology Ventures Corporation des Sandia National Laboratorium USA, Frechen

ESA EUROPEAN SPACE AGENCY (1999)
Spin-off successes. Preparing for the future. Le Bourget Special. ESA Publications BR152e, Noordwijk, Niederlande
(Quelle: http://www.esa.int/esapub/br/br152/br152e.pdf)

NATHUSIUS, K. (2004)
Zertifiziertes Ergänzungsstudienprogramm „International Entrepreneurship" – Certificate in International Entrepreneurship (CIE), Arbeitsbericht 1/2004 des START Intra+Entrepreneurship Centers, Universität Kassel

ESA GENERAL STUDIES PROGRAM (2002)
Distributed Innovation Systems. HiTec Marketing Untersuchung. GSP Strategy 00/L92. Contract N. 14107. Noordwijk, Niederlande
(Quelle: http://www.esa.int/SPECIALS/GSP/SEMTWSYO4HD_0.html)

SCHUMPETER, J. (1997)
Theorie der wirtschaftlichen Entwicklung, 9. Aufl., Berlin 1997

SYLTER RUNDE (2004)
Memorandum der Sylter Runde „Turn Around Deutschland! Mündige Bürger – Weniger Staat"
(http://www.sylter-runde.de/mediapool/6/63715/data/
041022_Memorandum%20TAD.pdf)

Teil 3

Innovation und Universität

Nach der Reform ist vor der Reform

Neue Herausforderungen für die entfesselte Hochschule

Detlef Müller-Böling

Inhaltsverzeichnis

1. Die entfesselte Hochschule – 2006 195

2. Wie geht es weiter? 198

3. Die entfesselte Hochschule der Zukunft 204

Literaturverzeichnis 205

1. Die entfesselte Hochschule – 2006

Die seit 1994 von mir begleitete und hier und da forcierte Hochschulreform in Deutschland hat Etliches in Bewegung gebracht. Die Vision der „entfesselten Hochschule" beschreibt in sieben Leitbildern, wie die Hochschule der Zukunft aussehen müsste, um an der Schwelle zum 21. Jahrhundert die künftigen Herausforderungen meistern zu können (Müller-Böling 2000). Diese sieben Leitbilder sehen vor, dass die Hochschulen

- im Wettbewerb ihre Leistungsfähigkeit entwickeln,
- wirtschaftlich den Einsatz ihrer Ressourcen gestalten,
- international an der globalen Wissenschaftsentwicklung teilhaben,
- virtuell die Chancen neuer Medien nutzen,
- profiliert ihre je eigene Identität finden,
- autonom ihre Ressourcen, ihr Personal und ihre Organisation entwickeln sollten, damit sie
- wissenschaftlich ihre Aufgaben in Forschung, Lehre und Weiterbildung erfüllen könnten.

Im Jahre 2006 sind – erstaunlicherweise angesichts der Änderungsgeschwindigkeit sozialer Systeme – weite Teile der Reformen zumindest in der Grundphilosophie umgesetzt:

Der Wettbewerb ...
zwischen den Hochschulen beherrscht die Szene. Die Fiktion der Gleichheit aller Hochschulen in Deutschland hat sich aufgelöst (Müller-Böling 2000, S. 123 f.). Mit einem beispiellosen Exzellenzwettbewerb werden die Elitehochschulen (in der Forschung) gesucht und angemessen zusätzlich finanziert. Der Hochschulzugang ist geändert von der Kinderlandverschickung durch die ZVS zum Auswahlrecht der Hochschulen (Müller-Böling 2000, S. 125 ff.). Und letztlich haben wir aufgrund von Evaluationen und dem CHE-HochschulRanking (Berghoff u. a. 2006) die wohl beste Transparenz über die wissenschaftlichen Leistungen in Forschung und Lehre, die man sich derzeit vorstellen kann (Usher/Savino 2006).

Die Wirtschaftlichkeit ...

ist deutlich erhöht worden. Von einer inputorientierten Ex-ante-Feinsteuerung mit Eingriffen in einzelne Leistungsprozesse der Hochschulen ist der Staat – teils aus Hilflosigkeit, teils aus Einsicht – zu einer outputorientierten Ex-post-Grobsteuerung mit ordnungspolitischen Rahmensetzungen übergegangen (Müller-Böling 2000, S. 179 ff.). Leistungsorientierte Mittelverteilung einerseits und Globalisierung der Haushalte andererseits haben zu einem zielorientierteren und transparenteren Umgang mit knappen Finanzmitteln geführt (Jaeger u. a., 2005). Die Einnahmenseite wird nicht zuletzt durch Studiengebühren diversifiziert, die finanzielle Abhängigkeit der Hochschulen vom Staat damit gemindert (Müller-Böling 2000, S. 197 ff.).

Die Internationalität ...

der Hochschulen hat einen deutlichen Schub erhalten. Bachelor- und Master-Studiengänge, dem Bologna-Prozess folgend, werden flächendeckend eingeführt. Der Anteil ausländischer Studierender ist so hoch wie nie. Und was letztlich am wichtigsten ist: Nicht nur in der Forschung, sondern auch in der Lehre orientiert man sich zunehmend an internationalen Benchmarks.

Die Virtualität ...

in der Lehre ist durch zahlreiche Programme von Bund und Ländern und nicht zuletzt durch eine Vielzahl von begeisterten Technik-Freaks in der Lehre stark vorangetrieben worden. Erfreulich, wenn auch noch nicht abgeschlossen, ist der Prozess der Integration von E-Learning-Elementen in die regulären Curricula (Kleimann/ Wannemacher 2004).

Die Profilierung ...

jeder Hochschule ist zum anerkannten Maßstab für die strategische Weiterentwicklung geworden. Stärken werden eruiert und ausgebaut, Schwächen abgebaut. Über Leitbilder wird eine hochschulweite Verständigung von Ziel, Zweck und Identität der Einrichtung erreicht. Hochschulräte, Hochschulleitungen, Fakultätsleitungen und Mitglieder der Hochschulen arbeiten auf diesem Gebiet (mal besser, mal schlechter) zusammen.

Die Autonomie ...

der Hochschulen ist anerkannter Leitgedanke der Politik. Die notwendigen Voraussetzungen der Handlungsfähigkeit in den Willensbildungs- und Entscheidungsstrukturen der Hochschulen sind in den Landesgesetzen weitestgehend geschaffen worden. Die Hochschulen treten zunehmend gegenüber Staat und Gesellschaft als aktive Korporationen auf, die ihre Ziele und Strategien selbst erarbeiten, ihre Budgets eigenständig verwalten und Studiengänge selbständig und verantwortlich entwickeln. Die Trennung von Leitungs- und Aufsichtskompetenzen ist umgesetzt, die doppelte Legitimation in vielen Gesetzen eingeführt (Müller-Böling 2000, S. 52 ff.). Zielvereinbarungen als hochschuladäquates Steuerungs- und Koordinationsinstrument von autonomen und gleichberechtigten Partnern sind sowohl innerhalb der Hochschulen als auch zwischen Hochschulen und Staat ein vielfach praktiziertes Instrument (Müller-Böling 1997; Müller-Böling 2000, S. 58 ff.). Und letztlich werden neue Formen des Personalmanagements eingesetzt, von der leistungsorientierten Professorenbesoldung bis zur Nachwuchsqualifizierung als Juniorprofessor (Müller-Böling 2000, S. 69 ff.).

Die Wissenschaftlichkeit ...

ist zum anerkannten Paradigma für die Hochschulen geworden. Leistung, Exzellenz, Qualität in Forschung, Lehre und Weiterbildung sind wieder die Hauptforderungen an die Hochschulen. Frauenförderung, Demokratisierung der Gesellschaft, Ausländerförderung sind wichtige, aber nachgelagerte Nebenziele. Autonomie allein aber sichert noch keine Qualität. Vielfältige Qualitätssicherungsinstrumente neben der Berufung sind eingeführt. Von ISO 2000 bis 'peer reviews' nutzen und erproben die Hochschulen unterschiedlichste Instrumente und betreiben ein vielfältiges und aktives Qualitätsmanagement (Müller-Böling 2006).

Fasst man diese Entwicklung zusammen, so kann man unbestreitbar feststellen: Das deutsche Hochschulsystem hat sich innerhalb von zehn Jahren grundlegend reformiert in den Strukturen ebenso wie in den Leitbildern, in den faktischen Gegebenheiten wie in den Köpfen. Damit ist die Hochschulreform allen anderen Reformen in diesem Staat von der Steuerreform über das Rentensystem bis hin zum Gesundheitssystem weit voraus (Müller-Böling 2003a).

2. Wie geht es weiter?

Aber 'universitates semper reformanda est' oder in Abwandlung eines gelassenen Wortes eines großen Deutschen: nach der Reform ist vor der Reform. Insofern bestehen etliche Desiderata aufgrund von Fehlern, Halbheiten oder Unvollkommenheiten der bisherigen Entwicklung ebenso wie angesichts neuer Herausforderungen aufgrund sich ändernder Rahmenbedingungen und Anforderungen. Die folgende Aufzählung ist sicherlich nicht vollständig und selbstverständlich auch zukünftigen, zeitlichen Wandlungen unterworfen. Sie gibt aber immerhin eine Vorstellung von den weiteren Herausforderungen, die auf die Hochschulen zukommen.

Herausforderung I: Wissenschaftsbasierte Gesellschaft schaffen

Die Hochschule hat in der Wissensgesellschaft einen neuen Stellenwert erlangt. Prozesse der Produktion und der Vermittlung bzw. Aneignung hoch qualifizierten Wissens durchdringen nicht länger nur bestimmte Segmente der Gesellschaft und der Wirtschaft, sondern werden zu einem Merkmal immer weiterer Lebenskreise (Willke 2001, S. 388). Wissenschaft ist erforderlich nicht alleine zur Befriedigung von Neugier und wissenschaftlichem Erkenntnisinteresse, sondern sie hat auch zur Lösung von lebensweltlichen Problemen einen neuen Stellenwert gewonnen. Die Hochschulen nehmen an diesem Wandel, der sicherlich nicht erst im 21. Jahrhundert begonnen, sich in diesem aber beschleunigt hat, in mehrfacher Hinsicht teil. Sie haben einerseits die Aufgabe, den rasanten wissenschaftlichen Fortschritt in Forschung und Lehre zu organisieren und damit – volkswirtschaftlich formuliert – den Standort Deutschland an diesen Prozessen teilhaben zu lassen (Dierkes/Merkens 2002; van Vught 2004: S. 96 f.). Zugleich geht es darum, dies für immer größere Bevölkerungsteile zu tun und den schon vor dreißig Jahren begonnenen Prozess der ‚Massification' fortzusetzen. Die Hochschulen müssen sich diesen Entwicklungen einerseits als Ort der Wissensproduktion, andererseits als Lehr- und Lernort stellen (Schulze 2002, S. 118).

Herausforderung II: Disziplingrenzen überschreiten

Wissenschaftlicher Fortschritt schreitet dort am schnellsten voran, wo an den Schnittstellen der Wissenschaftsbereiche die unterschiedlichen Kompetenzen und Qualifikationen zusammengeführt werden (Mittelstraß 2003; Krücken 2001, S. 334). Hochschulen sollten dies organisatorisch stützen. Sie müssen hierzu in ihren Organisationsstrukturen flexibler werden und einen rascheren Wandel nicht alleine auf der Ebene des Managements vollziehen, sondern sie müssen dies auch in Forschung und Lehre selbst durch Modelle ermöglichen, deren Erprobung bislang in Deutschland noch eine Ausnahme ist. Matrixstrukturen, die sich auf die ‚Produkte' der Wissenschaft in Forschung und Lehre beziehen, sollen nicht alleine die Leistungsfähigkeit steigern und einen erhöhten Grad an Reaktions- und Gestaltungsfähigkeit mobilisieren, sie sollen auch der Entwicklung hin zur Interdisziplinarität und zur problemorientierten Wissenschaft besser gerecht werden als dies bislang der Fall war. Beispiele hierfür sind im Ausland – etwa in den Niederlanden – zu finden, aber auch in Deutschland gibt es entsprechende Ansätze, wie etwa an der Technischen Universität München oder der Technischen Universität Hamburg-Harburg (Müller-Böling 2003b). Auch Organisationseinheiten wie die vielerorts entstehenden Zentren für Lehrerbildung verweisen darauf, wie Interdisziplinarität und Problemorientierung organisatorisch unterfüttert werden können.

Herausforderung III: Humankapital aktiv gestalten

Der demographische Wandel fordert in besonderer Weise, dass die gesellschaftlichen Potenziale genutzt werden, um die Wettbewerbsfähigkeit einer alternden und schrumpfenden Gesellschaft in einem scharfen globalen Wettbewerb zu erhalten (Birg 2004; Just 2004). Um die Lebensqualität in einer Gesellschaft zu sichern, die sich nur noch partiell durch Wachstum auszeichnen wird, ist die umsichtige und nachhaltige Nutzung vorhandener Ressourcen – und dazu gehört auch das Humankapital – von hoher Wichtigkeit (Priddat 2005). Eine Hochschule in der Gesellschaft des zweiten demographischen Übergangs hat insofern wichtige Aufgaben in der Entwicklung des Humankapitals und des Wirtschaftsstandorts. Hier geht es ebenso um die Seite der Studierenden wie um die der Wissenschaftlerinnen und Wissenschaftler. Für die Hochschulen hat dies wichtige Folgen, und zwar, erstens, mit Blick auf Fragen der Konfiguration von Bildungsbiographien, zweitens mit Blick auf Fragen der Bildungschancen und drittens mit Blick auf die Hochschulen als Arbeits- und Lernort, der Studierende und Wissenschaftler durch das Angebot von unterstützenden Dienstleistungen fördert.

Herausforderung IV: Lebenslanges Lernen organisieren

Die Hochschulen haben in einer bislang noch immer unterschätzten Weise die Aufgabe, lebenslanges Leben zu organisieren (Priddat 2005). Dabei geht es einerseits um die Erhaltung der Arbeitskraft von Personen, deren akademische oder nicht-akademische Erstausbildung zunehmend länger zurückliegt. Als weiteren ‚Markt' haben die Hochschulen andererseits aber auch den Bereich des Seniorenstudiums in den Blick zu nehmen. Die regulative Idee des Lebenslangen Lernens verdeutlicht, dass hochschulische Ausbildung in Deutschland nicht länger am Modell des Studiums vor dem Eintritt ins Berufsleben orientiert sein kann, sondern dass eine enge wechselseitige Durchdringung von beruflichen Arbeitsphasen und berufsorientierten Aus- und Fortbildungsphasen den Normalzustand darstellen muss (Bergmann 2005; Dierkes/Merkens 2002, S. 66). Dafür ist in Europa der Prozess der Umstellung auf die konsekutive Studienstruktur mit ihren Abschlüssen Bachelor und Master ein wichtiger Schritt. Sie soll nicht nur einen frühzeitigen Eintritt ins Berufsleben ermöglichen und zugleich die Orientierung an Kompetenzen, Ergebnissen und Lernzielen stärken, sondern sie soll zugleich auch einen Einstieg in ein differenziertes System unterschiedlicher Studiengänge und bildungsbiographischer Phasen leisten (Hüning/Buch 2005).

Herausforderung V: Durchlässigkeit im Bildungssystem fördern

Zur Organisation des lebenslangen Lernens gehört aber auch, dass die Hochschulen ganz generell Durchlässigkeit für unterschiedliche Bildungsbiographien schaffen und dabei auch solche Elemente entwickeln, die einen Ausgleich in Hinblick auf unterschiedliche Bildungschancen ermöglichen (Wissenschaftsrat 2004). Grenzen zwischen bildungsnahen und bildungsfernen Schichten sind zu überwinden. Die Flexibilisierung des Zugangs zu hochschulischer Bildung, die in den letzten Jahren erheblich zugenommen hat, gehört in diesen Kontext. So haben in verschiedenen Ländern flexible Regelungen das bisherige Dogma von der Erforderlichkeit des Abiturs zum Universitätsbesuch abgelöst. Hiermit korrespondiert, dass die Hochschulen selbst die Verantwortung für die Studierenden übernehmen, die sie in ihre Studiengänge aufnehmen. Sie können und müssen ihre Studierenden mittlerweile passgenau für ihre Angebote auswählen und umgekehrt sowie hierfür entsprechende Verfahren und Maßstäbe entwickeln. Alleine mit der Flexibilisierung formaler Anforderungen und dem Recht zur Auswahl ist es aber noch nicht getan. Hierher gehört auch die entsprechende Ausprägung von Curricula und Förderangeboten sowie ein entsprechend entwickeltes Hochschulmarketing.

Herausforderung VI: Verantwortung für Studierende und Nachwuchs übernehmen

Die Hochschule als nachgeordnete Behörde (Müller-Böling 2000, S. 20 ff.) ging mit den ihr anvertrauten Menschen verwaltungsmäßig um. Die entfesselte Hochschule übernimmt als Korporation Verantwortung für Studierende wie Personal. Die Schaffung von Bildungsgerechtigkeit darf nicht nur nicht unter der Einführung von Studiengebühren leiden – was sie, das zeigen internationale Beispiele, keineswegs muss (EPI 2005) – sondern sie kann in besonderer Weise zum Profilmerkmal gemacht werden, indem entsprechende Services und Unterstützungsleistungen angeboten werden. Die Verantwortung der Hochschulen für ein erfolgreiches Studium wird gerade unter den Bedingungen der Einführung von Studiengebühren zunehmen (Müller 2004). Bei der Verantwortung für das wissenschaftliche und nichtwissenschaftliche Personal geht es um verbesserte Förderung für die jeweilige Tätigkeit, beispielsweise aber auch um eine gute Vereinbarkeit von Karriere und Beruf. Wenn nur noch 25 Prozent des Mittelbaus Kinder bekommen (Akademiker in Deutschland insgesamt nur 40 Prozent), dann sind die Hochschulen in der individuellen aber auch gesellschaftlichen Verantwortung, durch ein Bündel von Maßnahmen von der Kinderbetreuung bis zur flexiblen Arbeitsgestaltung dafür zu sorgen, dass dieser Trend durchbrochen wird (Auferkorte-Michaelis u. a. 2006).

Herausforderung VII: Europa als Hochschulraum ansehen

Politische Grenzen zwischen Staaten sind zwar sicherlich in vielerlei Hinsicht noch von hoher Bedeutung, für Wissenschaft, Bildung und Wirtschaft sind diese Grenzen aber bereits weitestgehend gefallen (Albert/Brock 1996). Deutlich manifestiert sich dies in der Vorstellung neuer internationaler Bezugsräume, die für die Hochschulen in Europa wirksam werden. Es wird seit 1998 an der Herstellung eines Europäischen Hochschulraumes gearbeitet, der durch einen Europäischen Forschungsraum flankiert wird. Mobilität von Wissenschaftlern und Studierenden in Europa soll zum Normalzustand werden. Die so genannte Lissabon-Strategie der Europäischen Union macht zugleich deutlich, dass Wettbewerb sich in einem größeren Maßstab als dem nationalen abspielt (Müller-Böling/Buch 2006a). So wurde das Ziel definiert, dass Europa zum wettbewerbsfähigsten globalen Raum werden soll. Bestimmend sind hier insofern nicht mehr Konkurrenzen innerhalb Europas, sondern solche zwischen Europa und Nordamerika oder Südostasien. Damit konfigurieren sich auch Verhältnisse von Kooperation und Konkurrenz neu. In dieser Entwicklung stehen wir sicherlich erst am Anfang, aber es wird deutlich, dass neue Märkte die Hochschulwelt des 21. Jahrhunderts ebenso bestimmen werden wie die Wirtschaftswelt.

Herausforderung VIII: Hochschulen als Klassengesellschaft überwinden

In Deutschland ist das System des Nebeneinander von Fachhochschulen und Universitäten nach dem Motto „gleichwertig, aber andersartig" auf eine Zeit gefolgt, in der es durchaus eine Vielzahl unterschiedlicher Hochschultypen mit abgestuften und inhaltlich differenzierten Profilen von den pädagogischen über die landwirtschaftlichen bis zu den medizinischen Hochschulen gegeben hat. Mit der Integration der Spezialhochschulen in die Universitäten ging dann rund dreißig Jahren die Vorstellung einher, die Universitäten seien einander gleich und es gebe zudem eine weniger forschungs- und dafür aber praxisorientiertere Ausbildungsstätte in Gestalt der Fachhochschulen. Diese Vorstellung weicht nun nach und nach wieder einem differenzierteren Modell, in dem nicht länger solche ex ante-Zuschreibungen von Aufgaben und Leistungsniveaus maßgeblich sind, sondern in dem die hergebrachte binäre

Unterscheidung forschender Universitäten und lehrender Fachhochschulen an Bedeutung verliert (Wissenschaftsrat 2006, 28).

So wie Fachhochschulen inzwischen Forschung auf hohem Niveau betreiben und forschungsorientierte Masterangebote mit Qualität entwickeln und anbieten, ist für eine große Zahl zumindest von Fakultäten an Universitäten Forschung heute nicht mehr konstitutiver Bestandteil ihrer Tätigkeit. Einerseits ist der Forschungsoutput gering bzw. vernachlässigbar, wie das jährliche CHE-ForschungsRanking ausweist (Berghoff u. a. 2005), andererseits gibt es auch hier Masterangebote, die vor allem die berufliche Praxis in den Vordergrund rücken. Das binäre System entwickelt sich hin zu einem wohl formal unitaren wie etwa in Großbritannien, faktisch aber sehr differenzierten und nach wissenschaftlicher Leistung unterscheidbaren System von Hochschulen, bei dem dann auch – so ist zu vermuten – das zentrale Unterscheidungsmerkmal des Promotionsrechts seinen heutigen Stellenwert verlieren wird.

Herausforderung IX: Humboldt neu denken

Aus der veränderten Rolle der Wissenschaft in der Gesellschaft ergibt sich, dass die Ausbildung an den Hochschulen verstärkt unterschiedliche Anwendungsgebiete von akademischem Wissen in den Blick zu nehmen hat. Es hat wenig Sinn, weiterhin beträchtliche Teile der Studierenden so auszubilden, dass sie im Wesentlichen dem Berufsziel des Wissenschaftlers und Hochschullehrers entsprechen. Die Frage der Einheit von Forschung und Lehre stellt sich neu. Eine klare Differenzierung in eine forschende Bildung, in der Studierende aktiv in die Forschung eingebunden werden, und eine forschungsbasierte Lehre, in der sie die Erkenntnismethoden des Faches lernen, ist dringend geboten, um eine bessere Lehre unter den Bedingungen zunehmender Akademisierung gewährleisten zu können (Müller-Böling/Buch 2006b). Zugleich muss die außeruniversitäre Forschung näher an und in die Universitäten hineingeführt werden. Es ist insbesondere die Existenz eines ausgebauten Systems der außeruniversitären Forschung, die den Hochschulen wichtige Ressourcen und attraktive Arbeitsmöglichkeiten vorenthält und die andererseits der Spitzenforschung den Kontakt zur Gewinnung des Nachwuchses erschwert (Wissenschaftsrat 2006, 31; Krull u. a. 2005).

3. Die entfesselte Hochschule in der Zukunft

Das Leitbild der entfesselten Hochschule konzentriert sich zunächst auf den Abbau von Denkblockaden in den Hochschulen, das Verhältnis von Staat und Hochschule, den Wettbewerb als leistungsförderliches Steuerungsprinzip und darauf bezogen die Forderungen an die Selbststeuerungsfähigkeit der Hochschulen. Der vorliegende Beitrag nimmt nunmehr gesellschaftliche Trends und aktuelle internationale Entwicklungen der Hochschullandschaft zusätzlich in den Blick und leitet daraus die Herausforderungen für die Hochschulen in den nächsten zehn Jahren ab.

Es zeigt sich, dass angesichts der zunehmenden Selbstverantwortlichkeit der Hochschulen nicht nur in erheblichem Ausmaß neue Aufgaben auf sie zukommen, sondern sie auch nun weitgehend allein für die Erfüllung der Aufgaben und die Lösung der Probleme zuständig sein werden. Anders als in vergangenen Zeiten kann das Schwarze-Peter-Spiel der Schuldzuschreibungen zwischen Politik und Hochschulen nur mehr begrenzt gespielt werden. Die Verantwortung für die zukünftige Gestaltung unserer Gesellschaft liegt nun zu einem großen Teil eindeutig bei den Hochschulen und ihren verantwortlichen Mitgliedern.

Literaturverzeichnis

ALBERT, M. &. BROCK, L. (1996):
Debordering the World of States: New Spaces in International Relations. New Political Science 35, S. 69–106

AUFERKORTE-MICHAELIS, NICOLE/SIGRID METZ-GÖCKEL/JUTTA WERGEN/ANNETTE KLEIN UNTER MITARBEIT VON CHRISTINA MÖLLER UND ELISABETH KOCIEMBA (2006)
„Junge Elternschaft und Wissenschaftskarriere". Wie kinderfreundlich sind Wissenschaft und Universitäten? Dortmund

BERGHEIM, STEFAN (2005):
Humankapital wichtigster Wachstumstreiber. Erfolgsmodelle für 2020. Frankfurt/M. (Deutsche Bank Research. Aktuelle Themen 324, 14.06.2005)

BERGHOFF, SONJA/GERO FEDERKEIL/PETRA GIEBISCH/CORT-DENIS HACHMEISTER/DETLEF MÜLLER-BÖLING/DANIEL RÖLLE (2006):
HochschulRanking Vorgehensweise und Indikatoren Arbeitspapier Nr. 75, Gütersloh

BERGHOFF, SONJA/GERO FEDERKEIL/PETRA GIEBISCH/CORT-DENIS HACHMEISTER/DETLEF MÜLLER-BÖLING/MEIKE SIEKERMANN (2005):
Das CHE-ForschungsRanking deutscher Universitäten 2004. Gütersloh

BIRG, HERWIG (2004):
Demografische Alterung. In: Philipp Oswalt (Hg.): Schrumpfende Städte, Bd. 1: Internationale Untersuchung. Ostfildern, S. 112–120

DIERKES, MEINOLF/HANS MERKENS (2002):
Zur Wettbewerbsfähigkeit des Hochschulsystems in Deutschland. Gutachten erstellt für die Enquete Kommission ‚Globalisierung der Weltwirtschaft' des Deutschen Bundestages. Berlin

EDUCATIONAL POLICY INSTITUTE (EPI) (2005):
Global Higher Education Rankings. Affordability and Accessibility in Comparative Perspective. Washington D. C.

HÜNING, LARS/FLORIAN BUCH (2005):
Beschäftigungsfähigkeit und Hochschulpolitik – Trends und Perspektiven im Bologna-Prozess, in: Jens U. Prager, Clemens Wieland (Hrsg.): Von der Schule in die Arbeitswelt. Bildungspfade im europäischen Vergleich, Gütersloh, S. 135–152

JAEGER, MICHAEL/MICHAEL LESZCZENSKY, M./DOMINIC ORR/ASTRID SCHWARZENBERGER (2005):
Formelgebundene Mittelvergabe und Zielvereinbarungen als Instrumente der Budgetierung an deutschen Universitäten: Ergebnisse einer bundesweiten Befragung. Hannover

JUST, TOBIAS (2004):
Demografische Entwicklung verschont öffentliche Infrastruktur nicht. Frankfurt/M. 2004 (Deutsche Bank Research. Aktuelle Themen 294, 28.04.2004)

KLEIMANN, BERND/KLAUS WANNEMACHER, (2004):
E-Learning an deutschen Hochschulen. Von der Projektentwicklung zur nachhaltigen Implementierung. Hannover

KRÜCKEN, GEORG (2001):
Wissenschaft im Wandel? Gegenwart und Zukunft der Forschung an deutschen Hochschulen. In: Erhard Stölting/Uwe Schimank (Hg.): Die Krise der deutschen Universität. Wiesbaden, S. 326–345 (Leviathan Sonderheft 20)

KRULL, WILHELM/ANDREAS GEIGER/PETER HOMMELHOFF/KLAUS LANDFRIED/WILFRIED MÜLLER/DETLEF MÜLLER-BÖLING/HANS N. WEILER/MARGRET WINTERMANTEL/JOHANN-DIETRICH WÖRNER (2005):
Eckpunkte eines zukunftsfähigen deutschen Wissenschaftssystems – Zwölf Empfehlungen. Hannover

MITTELSTRAß, JÜRGEN (2003):
Die Geisteswissenschaften und die Zukunft der Universität, 2. Aufl. Köln

MÜLLER, ULRICH (2004):
Aktueller Begriff: Student Services, in: Wissenschaftsmanagement – Zeitschrift für Innovation (4/04), 10, (2004), S. 39–42

MÜLLER-BÖLING, DETLEF (1997):

Zur Organisationsstruktur von Universitäten, in: Die Betriebswirtschaft, 57. Jg. 1997, S. 603–614

DERS. (2000):

Die entfesselte Hochschule. Gütersloh.

DERS. (2003A):

Die Reformuni. Deutschland einig Stillstandland? Nein! Die Hochschulen sind dabei, sich von Grund auf zu erneuern, Die Zeit, 20.2.2003, S. 71–72

DERS. (2003B)

Freiräume zur kreativen Gestaltung nutzen – Kriterien und Beispiele für neue Organisationsstrukturen, in: Stefan Titscher und Sigurd Höllinger (Hrsg.): Hochschulreform in Europa – konkret. Österreichs Universitäten auf dem Weg vom Gesetz zur Realität, Opladen, S. 235–251

DERS. (2006)

Hochschule und Profil – zwischen Humboldt und Markt?, in: Hochschulrektorenkonferenz (Hrsg.): Von der Qualitätssicherung der Lehre zur Qualtitätsentwicklung als Prinzip der Hochschulsteuerung, Beiträge zur Hochschulpolitik, 1/2006 Band I, Bonn, S. 15–23

MÜLLER-BÖLING, DETLEF/FLORIAN BUCH (2006A):

Hochschulentwicklung in Zeiten der Entgrenzung. Implikationen aktueller Makrotrends für die Hochschule als Lernort, in: Zeitschrift für Hochschulentwicklung 2006 (im Druck).

DIES. (2006B):

Das binäre Hochschulsystem am Ende? Vom Sinn einer anderen Differenzierung – 200 Jahre nach Humboldt, in: Christa Cremer-Renz/Kathleen Battke (Hrsg): Hochschulfusionen in Deutschland: Gemeinsam stark ?! Bielefeld (im Druck)

PRIDDAT, BIRGER P. (2005):

Schützt uns Lebenslanges Lernen vor dem alt werden?, in: Perspektiven. Zeitschrift der Universität Witten/Herdecke für Wissenschaft, Kultur und Praxis 10, S. 10 f.

SCHULZE, WINFRIED (2002):

Zwischen Elfenbeinturm und Beschäftigungsorientierung: Was ist die beste Dienstleistung der Universität für die Gesellschaft? In: Emil Brix/Jürgen Nautz (Hg.): Universitäten in der Zivilgesellschaft. Wien, S. 117–131

USHER, ALEX/MASSIMO SAVINO (2006):

A World of Difference. A Global Survey of University League Tables. Washington

VAN VUGHT, FRANS A. (2004):

Closing the European Knowledge Gap? Challenges for the European Universities of the 21st Century. In: Luc E. Weber/James J. Duderstadt (Hg.): Reinventing the Research University. London, S. 89–106

WILLKE, HELMUT (2001):

Wissensgesellschaft. In: Georg Kneer/Armin Nassehi/Markus Schroer (Hg.): Klassische Gesellschaftsbegriffe. München, S. 379–398

WISSENSCHAFTSRAT (2004):

Empfehlungen zur Reform des Hochschulzugangs. Köln

DERS. (2006):

Empfehlungen zur künftigen Rolle der Universitäten im Wissenschaftssystem. Köln

Innovation der Lehre, Innovation durch Lehre

Bachelor- und Masterstudiengänge
in der Betriebswirtschaftslehre

Felicitas G. Albers

Inhaltsverzeichnis

1. Ausgangssituation 213
   1.1 Bologna-Prozess als Innovationsimpuls für die Lehre 213
   1.2 Aktuelle Anforderungen an die betriebswirtschaftliche Lehre 215
       1.2.1 Employablility als hochschulpolitischer Auftrag 215
       1.2.2 Innovationsbedarf der Wirtschaft und Innovationsfähigkeit der Absolventen als praxisintendierte Anforderung 217
   1.3 Traditionelles Interaktionsmodell in der betriebswirtschaftlichen Lehre 218

2. Konsequenzen für betriebswirtschaftliche Studienangebote 220
   2.1 Lehre und Lernen 220
       2.1.1 Informationsrecherche als Schlüsselqualifikation des Wissenserwerbs 221
       2.1.2 Selbsterwerb theoretischen Fachwissens durch forschendes Lernen bei verstärktem Einsatz elektronischer Medien 222
       2.1.3 Fallstudienbasierte Anwendung des Fachwissens 222
       2.1.4 Einsatz von Beschreibungsmodellen in Forschung und Lehre zur Integration induktiv gewonnener Erkenntnisse 223
       2.1.5 Rollenverständnis der Dozenten 223
   2.2 Gestaltung von Studienorganisation, Rekrutierung und Prüfung 224
       2.2.1 Studienorganisation 224
       2.2.2 Rekrutierung 226
       2.2.3 Leistungskontrolle und Studienabschluss 226
       2.2.4 Zusammenarbeit mit der Praxis 227
       2.2.5 Studiengangleitung 228

3. Perspektive: Modifiziertes Interaktionsmodell in der betriebswirtschaftlichen Lehre 229

Literaturverzeichnis 232

1. Ausgangssituation

Die Innovationsforschung[1] hat sich, von Norbert Szyperski in Teilen forciert und immer aufmerksam begleitet[2], als eigenständige Teildisziplin der Betriebswirtschaftslehre etabliert, die sich durch immer wieder neuartige Aspekte weiterentwickelt: Unternehmertum, Forschung und Entwicklung, Ideenmanagement, Entscheidungstheorie, Diversifikation, Unternehmensgründungen, Risikomanagement, Venture Capital, Technologietransfer, Wissensmanagement seien hier nur zur Veranschaulichung des Facettenreichtums genannt. Die in dieser Festschrift darzulegenden **Impulse zur Innovation in Forschung, Lehre und Wirtschaft in Deutschland** haben in diesem Beitrag die in den Hochschulen selbst stattfindenden Innovationen zum Gegenstand, die sich aus dem sog. Bologna-Prozess und der Entwicklung des europäischen Hochschulraumes ergeben. Das Phänomen der Innovation spielt dabei eine vielschichtige Rolle: Innovation bei Inhalten und Lehr- und Lernformen, die in der Lage sind, die Innovationsfähigkeit von Absolventen zu fördern und gleichermaßen die Innovationsfähigkeit des Systems Hochschule und seiner Mitglieder im Sinne einer Anpassungs- und Dominanzstrategie erfordern.

1.1 Bologna-Prozess als Innovationsimpuls für die Lehre

Die europäische Hochschulausbildung im Allgemeinen und die wirtschaftswissenschaftliche Ausbildung an deutschen Universitäten und Fachhochschulen im Besonderen haben durch den 1999 ausgelösten und fortwährenden Bologna-Prozess zur ‚Errichtung des europäischen Hochschulraumes innerhalb der ersten Dekade des dritten Jahrtausends'[3] eine grundlegende und nachhaltige Erneuerung erfahren. Diese Innovation bezieht sich zunächst auf das in Studiengängen organisierte Ausbildungs- und Forschungsangebot. Im Sinne einer **Produktinnovation** lösen die Hochschulen ihre bisherigen Diplomstudiengänge durch akkreditierte Bacherlor- und Masterprogramme ab. Aktuell meldet die Stiftung zur Akkreditierung von Studiengängen in Deutschland 102 akkreditierte wirtschaftswissenschaftliche Bachelor- und

---

[1] Vgl.: Kieser 1969, Sp. 741 ff.; Pfeiffer, Staudt 1974/75, Sp. 1943 ff.; Marr 1980, Sp. 947 ff.; Thom 1980; Hauschildt 1992, Sp. 1029 ff.; Marr 1993, Sp. 1796 ff.; Frese 2004, Sp. 1009 ff.; Gemünden, Solomo, 2004, Sp. 505 ff.
[2] Siehe z. B. Szyperski 1987
[3] Der Europäische Hochschulraum. Gemeinsame Erklärung der Europäischen Bildungsminister 19. Juni 1999, Bologna

145 Masterstudiengänge[4]. Die Umsetzung von Bachelor- und Masterprogrammen erfordert auf Hochschulebene und in den Fachbereichen im Sinne von **Verfahrensinnovation**en grundlegende inhaltliche und methodische Reformen in weiten Teilen des Studiums.

Parallel dazu führt in Deutschland eine veränderte Wissenschafts- und Hochschulpolitik[5] zunehmend zu Deregulierung, Delegation und Entlassung der Hochschulen aus der Fachaufsicht ihrer Länder bei gleichzeitiger Übertragung weit reichende Kompetenzen in Finanz-, Personal- und Organisationsentscheidungen[6]. Dabei verfolgtes Ziel ist es, die Innovationsfähigkeit der Hochschulen, ihre Leistungskraft und Autonomie zu stärken. Teile bisher staatlicher Fachaufsicht sind an privat- bzw. gemeinwirtschaftlich verfasste Akkreditierungsinstitutionen[7] übergegangen, die als Träger externer Zertifizierung und Qualitätssicherung neue Partner der Hochschulen sind. Als eine Folge veränderten Steuerungsverhaltens auf staatlicher Seite sind die Zielvereinbarungen im Hochschulbereich anzusehen[8], die auch den Übergang von stärker input- zur stärker outputorientierter Steuerung der Hochschulen widerspiegeln.[9]

Diese wissenschafts- und hochschulpolitischen Veränderungen intendieren zusätzliche **Sozial- und Organisationsinnovationen** innerhalb der Hochschulen. Damit ergibt sich die Chance zu einem weit reichenden Paradigmenwechsel, einer ‚Innovation im Denken', der die stakeholder der Hochschulen insgesamt betrifft. Würde hingegen die Umsetzung der europäischen Hochschulreform nur als ein formaler Vollzug eines hochschulpolitisch erzwungenen, mit den Erfordernissen der Internationalität scheinbar vordergründig begründeten aber primär – aufgrund verkürzter Regelstudienzeiten – finanzpolitisch motivierten Systemwechsels verstanden, verstriche diese Chance ungenutzt.

Der vorliegende Beitrag basiert auf Erfahrungen beim Aufbau und der Einführung betriebswirtschaftlicher BA/MA-Programme am Fachbereich Wirtschaft der Fach-

---

[4] Akkreditierungsrat: Akkreditierte Studiengänge nach Fächern. Zentrale Datenbank – Statistik, Stand 13. Mai 2006; http://www.hochschulkompass.de/kompass/xml/akkr/akkr_nach_fach.htm
[5] Vgl. Stifterverband für die Deutsche Wissenschaft e. V. 2002
[6] Vgl. z. B. http://www.innovation.nrw.de/Hochschulen_in_NRW/Recht/ Hochschulfreiheitsgesetz.html
[7] Der Akkreditierungsrat nennt derzeit 6 Agenturen, von denen vier (ZEvAS, FIBAA, AKQUIN e. V., AQUAS e. V.) Studiengänge aller Fachrichtungen bzw. wirtschaftswissenschaftliche Studiengänge zertifizieren. http://www.akkreditierungsrat.de/agenturen-synopse.htm (Stand 5/2006)
[8] Siehe z. B. König 2003, S. 34 ff.
[9] Schmidt 2003, S. 31

hochschule Düsseldorf.[10] Er reflektiert – ohne eine weitergehende empirische Bestätigung aufweisen zu können – insbesondere Auswirkungen auf Lehrinhalte und ihre theoretische Fundierung, Lernformen, Zusammensetzung der Teilnehmergruppen, Veränderungen der Rollen von Lehrenden und Lernenden sowie der Interaktion zwischen ihnen, Etablierung des Praxisbezugs durch Integration geeigneter Kooperationspartner, die Studien- und Prüfungsorganisation, kurzum: einen Pradigmenwechsel.

1.2 Aktuelle Anforderungen an die betriebswirtschaftliche Lehre

Die wirtschaftswissenschaftliche Ausbildung ist schon immer sowohl akademisches und theoriegestütztes Studium als auch Wirtschaftserziehung im Sinne einer wirtschaftsbezogene Sozialisation[11]. Der Lehr- und Lernerfolg erfordert dabei neben der externen Wissensvermittlung das persönlichkeitsfördernde Eigenbemühen der Studierenden in Verbindung mit qualifizierenden Hilfen zu dieser Selbsthilfe[12].

1.2.1 Employability als hochschulpolitischer Auftrag

Der aktuelle staatliche Auftrag an die Hochschulen ‚Studierende auf eine berufliche Tätigkeit vorzubereiten'[13] und dafür Sorge zu tragen, dass Studiengänge ‚unter Berücksichtigung der Anforderungen und Veränderungen in der Berufswelt'[14] in der Regel zu einem ‚**berufsqualifizierenden Abschluss**' führen[15], zielt im wesentlichen – neben der Förderung des wirtschaftswissenschaftlichen Nachwuchses – auf den berufspraktisch orientierten Akademiker. Dies gilt für die einen ersten berufsqualifizierenden Abschluss bietenden Bachelor-Studiengänge gleichermaßen wie für die anwendungs- und forschungsorientierten Master-Studiengänge[16].

---

[10] Albers 2005
[11] Vgl. Baumgarth 1993, Sp. 4736
[12] ebenda
[13] § 7 Hochschulrahmengesetz (HRG) in der Fassung der Bekanntmachung vom 19. Januar 1999 (BGBl. I S. 18), geändert durch Artikel 1 des Gesetzes vom 8. August 2002 (BGBl. I S. 3138)
[14] Vgl. z. B. § 81, Abs. 1, Satz 1 Hochschulgesetz NRW (HG) in der Fassung des Gesetzes zur Weiterentwicklung der Hochschulreformen (Hochschulreformweiterentwicklungsgesetz) – HRWG – vom 30.11.2004 (GV. NRW S. 752)
[15] Ebenda § 84 Abs.1, Satz 2
[16] Akkreditierungsrat: Deskriptoren für die Zuordnung der Profile ‚forschungsorientiert' und ‚anwendungsorientiert' gemäß der Strukturvorgaben der KMK vom 10.10.2003, beschlossen in der 37. Sitzung des Akkreditierungsrates 1./2. April 2004, übernommen durch den Beschluss des Akkreditierungsrates der Stiftung zur Akkreditierung von Studiengängen in Deutschland vom 25. April 2005, zitiert nach FIBAA: Dokumentensammlung, Bonn, November 2005, S.25 ff.

Eine solche **Berufsorientierung** war bereits Ende der 1970er Jahre, damals noch ohne arbeitsmarktintendierte Notwendigkeit, Gegenstand einer Hochschulreform, woraus sich die ‚**Praxisorientierung**' der Lehre zum wesentlichen Leitmotiv entwickelt hat.[17] Auch wenn ‚Praxisorientierung' nicht mit ‚**Praxisrelevanz**' gleichgesetzt werden kann,[18] sind solche Bemühungen in der Betriebswirtschaftslehre kompatibel mit einem anwendungsorientierten Verständnis. Sie intendieren eine gerade für die Wirtschaftswissenschaften sinnvolle Nähe zum Erkenntnis- und Erfahrungsobjekt. Damit wird der Bedarf der Wirtschaftspraxis zu einer wichtigen Rahmenbedingung für betriebswirtschaftliche Curricula und Lehre.

Die aktuellen, auf ‚Employability' ausgerichteten Bemühungen in der Hochschullehre haben insofern eine neue Qualität, als dass sie mit grundlegenden Strukturveränderungen der Hochschullandschaft (‚Qualität durch Wettbewerb und Autonomie'[19]) einhergehen.

Die ‚Berufsqualifizierung' ist neben der ‚Qualität des Curriculums', dem ‚personellen Potenzial' und der ‚materiellen Ausstattung der Hochschulen' ein Kriterium der fachlich-inhaltlichen Prüfung von Studiengängen im Rahmen von Akkreditierungsverfahren.[20] ‚Zentrale Fragen dabei sind:[21]

- Bereiten die Studieninhalte (...) und die vorgesehenen Lehrmethoden tatsächlich auf die von der Hochschule angegebenen möglichen Berufsfelder vor?
- Werden auch die absehbaren Entwicklungen in den potenziellen Berufsfeldern berücksichtigt?
- Gab es Gespräche mit Vertretern der Berufspraxis? Wurden Vertreter aus den genannten Berufsfeldern bei der Entwicklung des Studienganges mit einbezogen?
- In welchem Umfang werden berufsvorbereitende Studieneinheiten wie beispielsweise Studienprojekte oder betreute Praktika in den Studienverlauf integriert?'

---

[17] Thom 1981, S. 115
[18] Grand 2003, S. 601
[19] Siehe Fußnote 5
[20] FIBAA: Leitfaden für Gutachter/-innen in Akkreditierungsverfahren vom 20. Juni 2001, übernommen durch den Beschluss des Akkreditierungsrates der Stiftung zur Akkreditierung von Studiengängen in Deutschland vom 25. April 2005, zitiert nach FIBAA: Dokumentensammlung 2005, S.21 ff.
[21] Ebenda, S. 23

Ein erstes Rating des Centrums für Hochschulentwicklung zur Employability betriebswirtschaftlicher Bachelor-Studiengänge zeigt, dass 12% der untersuchten Programme die Beschäftigungsbefähigung ihrer Studierenden vorbildlich fördern, 20% aber nur unzureichend auf den Berufseinstieg vorbereiten.[22]

1.2.2 Innovationsbedarf der Wirtschaft und Innovationsfähigkeit der Absolventen als praxisintendierte Anforderung

Zur Gewährleistung eines berufsorientierten wirtschaftswissenschaftlichen Ausbildung kommt dem unvermindert und anhaltendem **Innovationsbedarf** der Wirtschaft und der Innovationsfähigkeit der Absolventen eine Schlüsselrolle zu.

Der Innovationsbedarf der Wirtschaft besteht in zweifacher Hinsicht: Für die bestehenden Unternehmen stellt deren Innovationsfähigkeit angesichts

- weltweiten Wettbewerbs und internationaler Arbeitsteilung,
- hoher Markttransparenz und stark reduzierter Transaktionskosten im Rahmen der Globalisierung,
- hoher Dynamik des wissenschaftlichen Fortschritts und der technischen Entwicklung,
- Verkürzung der Produkt-Lebenszyklen,
- Variantenvielfalt durch individualisiertes Angebot in nachfrageorientierten Märkten

mehr denn je ein wesentliches betriebliches Erfolgspotenzial dar.[23] Darüber hinaus bedürfen die Volkswirtschaften nicht zuletzt aufgrund hoher Arbeitslosigkeit[24] einer ‚neuen Kultur der Selbständigkeit'.[25] Diese, als ‚Entrepreneurship' bezeichnete,

---

[22] Centrum für Hochschulentwicklung: Welche Hochschule macht fit für den Job? Erstes Rating zur Förderung der Beschäftigungsbefähigung. Untersucht wurden Bachelor-Studiengänge in BWL. Als Kriterien der Employability werden genannt: Fachkompetenz (nicht untersucht), Methodenkompetenz, Praxisbezug, Sozialkompetenz und Internationalität. Pressemitteilung vom 31. März 2006; http://www.che.de
[23] Vgl. z. B. Marr 1993, Sp. 1796 ff.
[24] Albach, Hunsdieck 1987, S. 562 ff.
[25] Siehe hierzu bereits: Szyperski und Nathusius 1977

dynamische und innovative Form des Unternehmertums schlägt sich insbesondere in Unternehmensgründungen nieder.[26]

Der Erfolg von Innovationsvorhaben ist seinerseits wie kaum eine andere betriebliche Aufgabe personenabhängig, wodurch u. a. der Personalauswahl und -entwicklung eine zentrale Rolle zufallen[27]. Dies gilt sowohl für die Herausbildung potenzieller Unternehmensgründer als auch für die Ausbildung innovativer zukünftiger Mitarbeiter für bestehende Unternehmen. Die Erfolgsfaktorenforschung bei Unternehmensgründungen zeigt, „dass Betriebe von Gründern mit besserer Humankapitalausstattung höhere Überlebens- und Wachstumswahrscheinlichkeiten" aufweisen.[28] Soweit die Mitarbeiterrekrutierung ein wichtiger Aspekt des Innovationsmanagements der Unternehmen ist, kommt den Hochschulen die Funktion einer **externen Personalentwicklung** zu.[29]

Dem Innovationsbedarf der Wirtschaft muss im Sinne einer bedarfsorientierten Hochschulausbildung die **Innovationsfähigkeit** der Absolventen entsprechen. Die innovative Persönlichkeit, die im Sinne der ‚schöpferischen Zerstörung' Schumpeters in der Lage ist, Altes aufzugeben und Neues durchzusetzen[30], kennzeichnet ein wichtiges, in diesem Sinne bedarfsintendiertes Leitbild wirtschaftswissenschaftlicher Ausbildung.

1.3 Traditionelles Interaktionsmodell in der betriebswirtschaftlichen Lehre

Interaktionspartner in der betriebswirtschaftlichen Lehre sind zunächst Lehrende und Studierende. Wissenschaft und Praxis können als Träger betriebswirtschaftlicher Forschung und Entwicklung sowie des Anwendungstransfers zusätzlich indirekte Akteure der Lehre sein.

Im traditionellen Interaktionsmodell (Abb. 1) in der betriebswirtschaftlichen Lehre werden auf der Grundlage der Studien- und Prüfungsordnungen dozentenspezifische

---

[26] Brüderl 2004, Sp. 215
[27] Vgl. z. B. Marr 1993, Sp. 1809; Gemünden, Solomo 2004, Sp. 512
[28] Brüderl 2004, Sp. 220
[29] Vgl. z. B. Dahm, 2005, 12 ff.
[30] Schumpeter, 1997, S.100 f.

Curricula als Teilmengen des globalen Lehr- und Prüfungsgebietes der Wirtschaftswissenschaften den Studierenden vermittelt. Das Selbstverständnis der Professoren ist traditionell geprägt von der grundgesetzlich garantierten Freiheit von Forschung und Lehre.[31] Die ‚Vorlesung' spielt als Vermittlungsform eine große Rolle, die Studierenden sind hier in der konsumtiven Rolle des ‚Hörers'. Seminaristische Vermittlungsformen höherer Fachsemester mit kleineren Teilnehmergruppen zielen auf die stärkere Beteiligung und Interaktion der Studierenden ab.

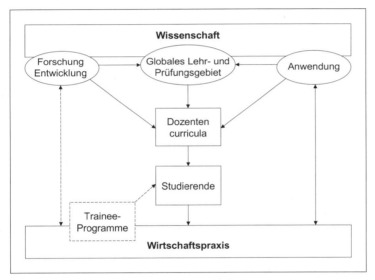

Abbildung 1: Traditionelles Interaktionsmodell

Forschungs- und Entwicklungsergebnissen sowie Anwendungswissen finden naturgegeben nur mit Verzögerungen und im Rhythmus von Studienreformen Eingang in wirtschaftswissenschaftliche Lehr- und Prüfungsgebiete. Die Innovation der Lehrinhalte der individuellen Dozentencurricula erfolgt im Rahmen der Freiheit von Forschung und Lehre.

Die hohe Bedeutung von Trainee-Programmen der Praxis, von Personalentwicklungskonzepten wie ‚training on the job' und ‚learning by doing' geben Anlass zu der

---

[31] GG, Art. 5 Abs. 3, Satz 1 ‚Kunst und Wissenschaft, Forschung und Lehre sind frei.'

Mutmaßung, dass sich Wissensbedarf der Praxis und Wissen der Hochschulabsolventen bisher insgesamt nicht im erforderlichen Maße entsprechen.

Eine Konsequenz dieser Situation ist, dass die von den Hochschulen auf dem europäischen Ausbildungsmarkt angebotenen Produkte in Form von Studiengängen und -abschlüssen bei der Zielgruppe der Unternehmen an Singularität verloren haben. In Folge dessen hat die **Rekrutierungsrelevanz betriebswirtschaftlicher Hochschulabschlussgrade und -noten** für die Wirtschaftspraxis in den vergangenen Jahren abgenommen. Sie sind nicht mehr hinreichende, sondern allenfalls notwendige Bedingung, häufig auch lediglich eine mögliche Einstellungsvoraussetzung neben anderen. Daraus resultieren für

- die Unternehmen erhöhte Kosten zur Rekrutierung und Qualifizierung,
- die Hochschulabsolventen ein erhöhtes Risiko ihrer 'employability' und die Notwendigkeit der über die Hochschulausbildung hinausgehenden Profilierung, um im Wettbewerb am Arbeitsmarkt erfolgreich zu sein,
- die Hochschulen verstärkter Wettbewerb mit anderen Hochschulen und mit alternativen berufsqualifizierenden Aus- und Weiterbildungsangeboten.

2. Konsequenzen für betriebswirtschaftliche Studienangebote

Um den Herausforderungen von Autonomie und Wettbewerb überzeugend gewachsen zu sein und die sich mit dem Bologna-Prozess bietenden Chancen nutzen zu können, müssen die Hochschulen sich selbst und ihre betriebswirtschaftlichen Lehr- und Forschungsleistungen nachhaltig innovieren.

2.1 Lehre und Lernen

Die Anforderungen an die Innovationsfähigkeit der Hochschulabsolventen erfordern neben entsprechenden Persönlichkeitsmerkmalen Fach- und Schlüsselkompetenzen der Studierenden sowie eine Infrastruktur der Lehre und des Lernens, die in einem innovativen Klima der Hochschule Geschäftsideen und Problemlösungskompetenzen entstehen und erfahrbar werden lässt.

Die dazu im Rahmen der berufsqualifizierenden Hochschulausbildung zu vermittelnden bzw. zu erwerbenden Wissens- und Kompetenzbereiche spiegeln sich in der für die Bachelor- und Master-Studiengänge typischen Modularisierung. Module (es werden unterschieden: core modules, organization und communication skills modules, support modules, specialisation modules, transferable skills modules)[32] werden gebildet durch ‚Zusammenfassung von Stoffgebieten zu thematisch und zeitlich abgerundeten, in sich abgeschlossenen und mit Leistungspunkten versehenen abprüfbaren Einheiten'[33].

Bei der Umsetzung treten folgende methodisch-didaktische Elemente neu oder verstärkt in den Vordergrund:

2.1.1 Informationsrecherche als Schlüsselqualifikation des Wissenserwerbs

Angesichts der grundsätzlich zunehmend unbeschränkten Verfügbarkeit von Wissen sinken die Marktzutrittsbarrieren für Expertenwissen. Der Erwerb externen Fach- und aktuellen Faktenwissens durch Recherche ist in zunehmenden Wissensgebieten der Betriebswirtschaftslehre erfolgreich möglich. Darüber hinaus erfordern – auch im Sinne aktueller Konzepte des lebenslangen Lernens[34] – abnehmende Bedeutungsdauer von Wissen dessen stetige Aktualisierung durch geeignete Recherchen.

Die Studierenden müssen die Fähigkeit erwerben, geeignete Recherchestrategien zu entwickeln und umzusetzen, die den Recherchezielen[35] der inhaltlichen Relevanz und Aktualität, der Vollständigkeit und der Authentizität genügen und der – unverzichtbaren – Quellenkritik standhalten.

---

[32] EU-Sokrates Projekt: Tuning Education Structures in Europe Final Report Line 2 Subject Specific Competences Business Subject Area Group: Business/Management Subject Related Competences, 01/2003, zitiert nach FIBAA: Materialien für die Qualitätssicherung von Bachelor- und Masterstudienangeboten im deutschsprachigen Raum, April 2004, S. 46
[33] Ständige Konferenz der Kultusminister der Länder in der Bundesrepublik Deutschland: Rahmenvorgaben für die Einführung von Leistungspunktesystemen und die Modularisierung von Studiengängen. Bonn 15.9.2000, S. 3
[34] Bund-Länder-Kommission für Bildungsplanung und Forschungsförderung 2004
[35] Albers, Rüschenbaum 2002, S.19

2.1.2 Selbsterwerb theoretischen Fachwissens durch forschendes Lernen bei verstärktem Einsatz elektronischer Medien

In Erweiterung der Recherche kommt dem Selbststudium der Studierenden, unterstützt durch elektronische Medien (z. B. e-learning-Konzepte[36], virtuelle Hochschulen[37]) eine wachsende Rolle bei der Vermittlung des betriebswirtschaftlichen Wissensbestandes und beim bedarfsbezogenen Wissenserwerb („on demand') zu. Das ‚forschende Lernen' einschließlich der Vermittlung des Gebrauchs von Forschungsmethoden ist ein geeignetes Mittel zur Sicherung des Praxisbezugs der Lehre und unterstützt die Studierenden bei einem leichteren Zugang zu lehrbuchartigen Darstellungen und bei der selbständigen wissenschaftlichen Bearbeitung praxisorientierter Fragestellungen.[38] Dabei ergibt sich eine Verlagerung der Vermittlungsressourcen von der traditionellen Vorlesung auf projektbezogene Vermittlungsformen.

2.1.3 Fallstudienbasierte Anwendung des Fachwissens

Berufs- und damit praxisorientiertes betriebswirtschaftliches Wissen bedeutet immer auch praxisbezogene Handlungsfähigkeit im Sinne konkreter Problemlösungen[39]. Die Erfahrung als dabei wesentliche zur Verfügung stehende Erkenntnisquelle kann durch experimentelles Vorgehen gewonnen und durch Induktion in allgemeine Aussagen überführt werden.[40] Zum Aufbau eigenen, praxisrelevanten Erfahrungswissens der Studierenden, zur Schulung ihrer Problemlösungskompetenz und ihrer Fähigkeiten, Transferleistung zu erbringen, sind fallstudienbasierte, nicht an enge Fächergrenzen gebundene Lehrinhalte von zentraler Bedeutung. In Verbindung mit projektorientierten Vermittlungsformen können dabei sowohl aktuelle Forschungsvorhaben als auch konkrete Fragestellungen der Wirtschaftspraxis integriert werden.

---

[36] Siehe z. B. Beutner, Twardy 2003, S. 584
[37] Siehe z. B. das Projekt virtuelle Universitätssysteme der Universität zu Köln (VIRTUS) http://www.virtus.uni-koeln.de/virtus/index.html, den ‚Lernraum virtuelle Universität. Der virtuelle Studienplatz an der Fernuniversität Hagen in Hagen' https://vu.fernuni-hagen.de/lvuweb/lvu und die Plattform http://www.studieren-im-netz.de
[38] Braun 1993, Sp. 1224
[39] Vgl. von Kroh, Grand 2004, Sp. 1649
[40] Vgl. zum ‚Empirismus' Behrens 1993, Sp. 4764

2.1.4 Einsatz von Beschreibungsmodellen in Forschung und Lehre zur Integration induktiv gewonnener Erkenntnisse

Das anwendungsorientierte, fallstudienbasierte Vorgehen und die Berücksichtigung aktueller Entwicklungen in der Wirtschaftspraxis erfordern eine theoretische Fundierung, ohne dass die Entwicklung entsprechender Theorien aus Erfahrungen allein möglich wäre.[41] Hier bedarf es zumindest aufeinander abgestimmter, fachbezogener und theoriegestützter Beschreibungsmodelle[42] zur Einordnung einzelfallbezogener Aspekte. Diese Modelle dienen als Orientierungshilfen, ('maps') zur Wissenssystematisierung und -integration. Solche Beschreibungsmodelle sind auch geeignet, Erkenntnisfortschritt und neue Wissensfelder einzuordnen.

2.1.5 Rollenverständnis der Dozenten

In dem Maße, in dem Studierende Wissen erarbeiten und den passiven Hörerstatus zugunsten aktiven Wissenserwerbs ablegen, kommen Dozenten verstärkt in die Rolle des Moderators in der Lehre. Sie sind darüber hinaus Promotoren[43] bei der Erarbeitung fallbezogener Lösungsentwürfe in projektorientierten Vermittlungsformen. Schließlich kommt den Dozenten in der Verantwortung für den einzelnen Studierenden die Rolle studienbegleitender 'coaches' zu. Sie begleiten und beraten die Studierenden bis zu ihrem Eintritt in das Berufsleben in Fragen ihrer persönlichen, berufsorientierten Entwicklung.

Die durch ein solches Rollenverständnis geprägte, auf starke Aktivierung der Studierenden ausgerichtete Lehre, kann weit weniger input-orientiert in ihrer Qualität gesichert werden als dies bei traditionellen Vermittlungsformen der Fall ist. Vielmehr bedarf es der studienbegleitenden, zeitnahen Qualitätssicherung und Evaluation des Studienerfolgs, auch eines Monitorings der Studierenden, um mögliche Defizite frühzeitig erkennen und beseitigen zu können.

---

[41] Siehe zum ‚Induktionsproblem' Popper 2005; Behrens 1993, Sp. 4765
[42] Vgl. Überlegungen zu ‚gedanklichen Bezugsrahmen' als ‚Ordnungsschemata für erkenntnisbezogene und handlungsbezogene Vorstellungen über die Realität' bei Grochla 1978, S. 65
[43] Witte 1999, S. 11 ff.

2.2 Gestaltung von Studienorganisation, Rekrutierung und Prüfung

Die Einführung von Bachelor- und Master-Studiengängen wird ‚zu einer stärkeren Differenzierung der Ausbildungsangebote im Hochschulbereich' führen.[44] In Folge dessen wird zwischen einzelnen Studiengängen, privaten und öffentlichen Bildungsinstitutionen, Hochschularten und -standorten verstärkt Wettbewerb entstehen, der die Profilierung und Positionierung der jeweiligen Studiengänge ('programs') und ihre bedarfsgerechte Weiterentwicklung erfordert.

Um diesen Wettbewerb erfolgreich zu bestehen, bedarf es neben effizienten Hochschulstrukturen und Steuerungsinstrumenten der professionellen Gestaltung der Studiengangprofile und des Hochschul- bzw. Fachbereichsportfolios, der Preis- und Konditionenpolitik (Höhe von Studiengebühren, Stipendiaten, Aufnahmebedingungen) bis zur Distributions- und Kommunikationspolitik.

2.2.1 Studienorganisation

Die Studienorganisation in Bachelor- und Masterprogrammen stellt sich im Vergleich zu herkömmlichen Diplomstudiengängen als insofern stärker reglementiert, oft hört man auch das Wort ‚verschult', dar, als dass die tatsächliche Studierbarkeit innerhalb der Regelstudienzeit ein wichtiges Kriterium sowohl in bildungsökonomischer Hinsicht als auch als Einstellungsmerkmal der Wirtschaft ist.

Ist schon bisher die Regelstudienzeit als formale Angebotsgarantie für die individuelle Studienplanung zu verstehen, sehen die Bachelor- und Masterstudiengänge eine stärkere Segmentierung der Studierenden in überschaubare (ca. 25-50 Teilnehmer) studienjahrbezogene Kursgruppen, die im Verbund und mit möglichst geringer Fluktuation ihr Programm streng nach Studienordnung und mit jahrgangsorientiertem Fortschritt durchlaufen. Dies bedeutet auch, dass das jeweilige Kursangebot nicht unbedingt jedes Semester besteht, sondern eben nach Studienverlaufsplan. Somit erlangen die Studienverlaufspläne für die Studierenden faktisch bindende und nicht mehr nur empfehlende Bedeutung.

---

[44] Kultusministerkonferenz: 10 Thesen zur Bachelor- und Masterstruktur in Deutschland. 12.6.2003, zitiert nach HRK (Hrsg.) 2005, S. 31

Diese gewollte Inflexibilität erlaubt mit der Bildung quasi geschlossener Teilnehmergruppen die Schaffung einer kurs- und gruppenorientierten Lernumgebung mit hoher Kommunikationsdichte innerhalb des Kurses. Dies ermöglicht den verstärkten Einsatz von Projekt- und Gruppenarbeit, wie sie für forschendes Lernen und fallstudienbezogenen Wissenstransfer sinnvoll sind. Die eigenständige Präsentation der Arbeitsergebnisse durch die Studierenden bietet darüber hinaus Gelegenheit, Schlüsselkompetenzen aufzubauen und zu trainieren.

Eine weitere Möglichkeit zur Aktivierung der Studierenden liegt in der Nutzbarmachung von Expertenwissen der Teilnehmer. Die schon erwähnten abnehmenden Marktzutrittsbarrieren für Expertenwissen, unterschiedliche Lern- und Berufsbiographien, die auch im Rahmen des Bemühens um lebenslanges Lernen sowie in Postgraduierten-Programmen zunehmend zu erwarten sind, lassen zukünftig Teilnehmergruppen erwarten, die über vielfältige und heterogene, wenn auch gleichwertige, so eben gerade nicht gleichartige Qualifikationen verfügen. Solche gemischten Teams können als besonders innovationsfähig gelten.[45] Dieses Innovationspotenzial ist auszubauen und nutzbar zu machen.

Auf der Basis geeigneter Konzepte des ‚Lernens durch Lehren' kann darüber hinaus ausgewählten Studierenden die Möglichkeit zur Demonstration, Reproduktion und Vermittlung ihrer Kenntnisse an die Gruppe gegeben werden. Dies erlaubt die Teilhabe des gesamten Kurses z. B. an aktuellen Projektkenntnissen jeweils eines ihrer Mitglieder und ermöglicht diesem, eigene Schlüsselkompetenzen zu erwerben.

So können die einzelnen Kohorten jeweils zu einer aktiven Interaktionsgemeinschaft werden, die als 'communities of practice'[46] nicht nur ein hohes Innovationspotenzial haben,[47] sondern auch Gelegenheit bieten, teamorientiert Erfahrungswissen zu sammeln und einen qualifizierten Wissensfortschritt zu realisieren.

---

[45] Gemünden, Solomo 2004, Sp. 510; vgl. Büchel, Armbruster 2006, S. 507 ff.
[46] 'Communities of Practice' waren ursprünglich ein Phänomen der informellen Organisation. Sie entstanden als Orte des Austauschs über sperrige situationsgebundene Aufgaben und unkonventionelle Lösungspraktiken, die aus geschickten Interpolationen zwischen Abstraktem Wissen und Kontextbedingungen erwuchsen'. Schneider 2004, Sp. 144
[47] Ebenda, Sp. 145

2.2.2 Rekrutierung

Im Rahmen verstärkter Hochschulautonomie ist auch die stärkere Dezentralisation der Studierendenauswahl und damit die Gestaltung des Hochschulzugangs durch die einzelne Hochschule hochschulpolitisch gewollt[48]. Sie stellt die Hochschulen administrativ und konzeptionell vor neue Herausforderungen.

Konzeptionell spielen bei der Gestaltung des Hochschulzuganges sowohl studiengangbezogene Zulassungsvoraussetzungen als auch eine sinnvolle Verteilung oder Bündelung von individuellen Erfahrungs- und Wissensbiographien der Studierenden eine Rolle. Je nach definierter Kohortenstruktur werden entsprechende Aufnahmeverfahren und Eignungstests oder aber Quotierungen zum Tragen kommen. Während bei den Bachelor-Studiengängen aufgrund ihrer Ausrichtung auf einen ersten berufsqualifizierenden Abschluss die allgemeinen Hochschulzulassungsvoraussetzungen um programmspezifische Eignungsmerkmale ergänzt werden können (z. B. Fremdsprachenkenntnisse), ist für die Masterstudiengänge die Nennung weiterer besonderer Zulassungsvoraussetzungen eine unabdingbare Grundlage der Beurteilung der Qualität des Curriculums im Akkreditierungsverfahren.

2.2.3 Leistungskontrolle und Studienabschluss

Wird der Zugang zu einzelnen Studiengängen mit dem Ziel gestaltet, eine Kohorte mit homogenem und hohem Leistungspotenzial zu selektieren, bleibt dies natürlich nicht ohne positive Auswirkung auf die späteren Studienleistungen und die Studienabschlüsse. Die Differenzierungswirkung der Leistungskontrollen und Prüfungen wird dabei tendenziell abnehmen.

Die Studiensituation in den entsprechend gestalteten Studiengängen ist geprägt durch individualisierte Dozenten-Studierenden-Beziehungen, die die traditionelle Anonymität des Lehrbetriebes großer Universitäten ablöst. Dies erlaubt kleinschrittige, studienbegleitende Leistungskontrollen. Die Aktivierung der Studierenden ermöglicht den Dozenten stärker als bisher, neben der rein fachlichen Beurteilung auch

---

[48] Wissenschaftsrat 2004; Arnold, Hachmeister 2004.

die formal nur bedingt prüffähigen Softskills zu bewerten und ein fundiertes persönliches Werturteil abzugeben.

Der Lernerfolg einer so auf Aktivierung der Studierenden ausgerichteten Studienorganisation hängt ganz entscheidend ab von der Leistungsfähigkeit und -bereitschaft eines jeden einzelnen Programmteilnehmers. Das Leistungspotenzial der Studienbewerber ist ein wesentliches Kriterium für die Leistungsfähigkeit der gesamten Kohorte. In Verbindung mit qualifizierten Aufnahmeverfahren und dem dadurch gewährleisteten guten Leistungspotenzial der Teilnehmer werden insbesondere in den Masterstudiengängen Abbrecher- und Durchfallquoten im Vergleich zu traditionellen Studiengängen deutlich abnehmen.

2.2.4 Zusammenarbeit mit der Praxis

Zur Gewährleistung einer berufsorientierten Hochschulausbildung sind studienbegleitende Praxiskontakte und -kooperationen auf allen Ebenen (Hochschulleitung und -administration, Fachbereiche, Dozenten, Studierende) sinnvoll. Sie ermöglichen den Wissensaustausch zwischen Theorie und Praxis sowie den Transfer unternehmens- und hochschulbezogener Wissensbereiche zum Zwecke ihrer wechselseitigen Ergänzung. Dies erlaubt auch die Prüfung der Relevanz der Curricula im Hinblick auf die Berufspraxis. Beispiele für solche Kooperationsinhalte sind:

- die Bereitstellung von Thesisprojekt- und Praktikaplätzen für Studierende,
- die Durchführung von Praxisfreisemestern der Professoren in Unternehmen,
- Integration von Praxisprojekten in die Lehre,
- Public-Private-Partnership bei der Durchführung von Forschungsprojekten,
- die Wahrnehmung von Beratungs- und Auditorenfunktionen durch die Kooperationspartner für die Hochschule und Studierende,
- Stiftungsprofessuren,
- die Übernahme von Gastvorträgen oder Lehraufträgen zu praxisorientierten Fragestellungen durch Unternehmensvertreter,
- die Bildung eines Bewerbungsmarktplatzes mit privilegierter Teilhabe der Kooperationspartner.

Aktuell lässt sich – auch in Folge der Differenzierung und Profilierung von Studienangeboten – beobachten, dass einzelne Firmen, Förderkreise oder Branchen enge und gegebenenfalls exklusive Kooperationen mit privaten oder öffentlichen Hochschulen bzw. wirtschaftswissenschaftlichen Fachbereichen eingehen bzw. selbst Träger neu gegründeter Hochschulen oder berufsintegrierter, dualer Studiengänge sind[49]. Eine Konsequenz solcher Kooperationen ist die bevorzugte Rekrutierung junger Akademiker aus dem Kreis der Absolventen der Partnerhochschulen. Die Unternehmen kennen aus der Kooperation die bedarfsorientierte Relevanz der Ausbildung und können aufgrund der kleineren Grundgesamtheit an Bewerbungen ihren Rekrutierungsaufwand erheblich reduzieren. Möglicherweise kennen sie die Bewerber bereits persönlich aus gemeinsamen Projekten. Diese Entwicklung wird dazu führen, dass die Kooperation mit der Wirtschaftspraxis ein wesentliches Kriterium für Studierende bei der Wahl ihres Studienortes im Hinblick auf die spätere Berufstätigkeit darstellen wird und Hochschulen entsprechend dieses Merkmal als wettbewerbsrelevant zu berücksichtigen haben.

2.2.5 Studiengangleitung

Ein Studienangebot wird sich nur dann als erfolgreich erweisen, wenn der jeweilige Studiengang unternehmerisch geleitet ist. Dies gilt in wissenschaftlicher wie auch geschäftsführender Hinsicht. Dies erfordert insbesondere auch eine professionelle Administration, die für die Verfahren der Rekrutierung von Studierenden, der Evaluation und des Monitoring im Rahmen der Qualitätssicherung, der Leistungskontrollen und Prüfungen, des Projektmanagements von Forschungs- und Kooperationsvorhaben und nicht zuletzt der Vorbereitung der regelmäßigen Reakkreditierungen unerlässlich ist. Dazu zählen auch geeignete Dokumentations- und Dispositionsverfahren und -systeme. Verantwortlich für diese Aufgaben ist der die Studiengangleitung verantwortende ‚program director', ggf. unterstützt von einem ‚program manager'.

---

[49] Vgl. z. B.: Hochschule für Bankwirtschaft, Frankfurt a. M.; Hochschule der Sparkassen-Finanzgruppe – university of applied science – Bonn GmbH; Fachhochschule der Wirtschaft, Bergisch Gladbach; Internationale Fachhochschule für Touristik und Hotelmanagement Bad Honnef GmbH; Zeppelin University gGmbH, Friedrichshafen

3. Perspektive: Modifiziertes Interaktionsmodell in der betriebswirtschaftlichen Lehre

Die geschilderten Konsequenzen führen perspektivisch zu einem Interaktionsmodell (Abb.2), das sich auf der Basis bedarfsorientierter Inhalte gegenüber dem traditionellen (Abb.1) in zweifacher Hinsicht grundlegend unterscheidet:

- Beziehung zwischen Dozenten und Studierenden
- Beziehung zwischen Hochschule und Praxis.

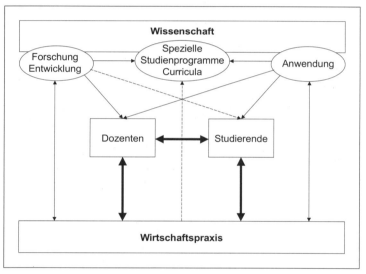

Abbildung 2: Modifiziertes Interaktionsmodell

Differenzierte Studiengangprofile werden zu einem differenzierten Angebot mit speziellen Curricula führen. Im Falle sich ändernder Bedarfe bzw. veränderter Nachfrage werden Studiengänge sehr viel schneller als bisher üblich modifiziert, ggf. auch eingestellt bzw. neue Programme entwickelt und vermarktet werden. Es bleibt abzuwarten, ob dadurch die Vergleichbarkeit von Studiengängen und -abschlüssen im europäischen Hochschulraum – und damit ein wesentliches Ziel des Bologna-Prozesses – materiell gefährdet wird.

Dozenten und Studierende werden fachlich wie habituell in qualitativer und quantitativer Hinsicht intensiver interagieren, die Kohorten werden sich zu communities of practice formieren. Sie werden – insbesondere in den Master-Studiengängen – bei hohem homogenem Leistungspotenzial über heterogenes Fach- und Erfahrungswissen verfügen. Dies ergibt sich aus unterschiedlichen Ausbildungs- und Berufsbiographien sowie durch eigenständigen Wissenserwerb und fallbezogenen Wissenstransfer während des Studiums.

Hochschule und Wirtschaftspraxis werden ihre Kooperationen – institutionalisiert in Beiräten, Förderkreisen u. ä. – bei Forschung, Entwicklung und Anwendung intensivieren. Praxisbezug und Innovationsbedarfe werden stärker in differenzierte Studienprogramme einfließen und so die Bedarfsorientierung der curricula sichern.

Die dargelegte Zweckmäßigkeit der Zusammenarbeit von Hochschulen und Praxis darf nicht missverstanden werden als Verzicht auf wissenschaftliche Unabhängigkeit. Vielmehr können Lehre und Forschung ihre Praxisrelevanz gleichermaßen aus ihrer Nähe wie auch aus ihrer Distanz zur Praxis gewinnen.[50] Der Praxiskontakt bietet immer nur ein empirisches Example und einen Erfahrungsraum als Transferobjekt theoretischer Erkenntnisse. Ohnehin unberührt von der empirischen Basis bleibt die normative Auseinandersetzung mit praktischen Erscheinungsformen der Wirtschaft, wie sie im Bereich der Unternehmensethik („Begründung der handlungsleitenden Normen und Werte von Unternehmungen'[51]) behandelt werden und sich in der alle stakeholder betreffenden Unternehmensverfassung ('corporate governance', „verstanden als Ordnungsrahmen für die Unternehmensführung'[52]) z. B. auch als 'corporate social responsability' zeigen.

Über die Auswirkung der skizzierten Entwicklung auf die wissenschaftliche Positionierung der ohnehin anwendungsorientierten Betriebswirtschaftslehre[53] kann zunächst nur spekuliert werden: Das Schmalenbachsche Verständnis der BWL als ‚Kunstlehre', deren Aufgabe die Bereitstellung praktisch verwertbaren Wissens ist[54],

---

[50] Vgl.: Grand 2003, S. 603
[51] Löhr 2004, Sp. 1511
[52] v. Werder 2004, Sp. 160
[53] Behrens 1993, Sp. 4786
[54] Schmalenbach 1911, S. 304 ff.

dürfte aus dieser Entwicklung ebenso gestärkt hervorgehen wie die Auffassung, dass ‚Ursprung und Zweck der Betriebswirtschaftslehre die einzelbetriebliche Praxis'[55] ist. Sollte sich diese Einschätzung empirisch bestätigen, bleibt interessant zu beobachten, ob sich die Entwicklung der Volkswirtschaftslehre hiervon möglicherweise abhebt und wie sich das Verhältnis von Volks- und Betriebswirtschaft in Forschung und Lehre entwickelt[56] und sich ggf. differenziert in universitären und fachhochschulspezifischen Studienprogrammen niederschlägt.

---

[55] Mellerowicz 1952, S. 146
[56] Vgl. z. B. Sorbeck 2006

Literaturverzeichnis

ALBACH, HORST; HUNSDIECK, DETLEF

Die Bedeutung der Unternehmensgründungen für die Anpassung der Wirtschaft an veränderte Rahmenbedingungen. ZfB, 57. Jg. 1987, S. 562 - 580

ALBERS, FELICITAS

Erfahrungen mit der Umsetzung von BA/MA-Programmen aus hochschuldidaktischer Sicht. Vortrag anlässlich des 2. Forum Hochschullehre 6. April 2005, Hagen; Forum 1: Neue Lehr- und Lernformen.

ALBERS, FELICITAS; RÜSCHENBAUM, FERDINAND

Wirtschaftsinformatik. Informationssysteme im Unternehmen. Stuttgart 2002

ARNOLD, NINA; HACHMEISTER, CORT-DENIS

Leitfaden für die Gestaltung von Auswahlverfahren an Hochschulen. Arbeitspapier Nr. 52 des Centrum für Hochschulentwicklung. Gütersloh Februar 2004

BAUMGARTH, JOHANNES

Wirtschaftspädagogik. In: HWB, 5. Aufl., hrsg. von Waldemar Wittmann u. a., Stuttgart 1993, Sp. 4734 - 4749

BEHRENS, GEROLD

Wissenschaftstheorie und Betriebswirtschaftslehre. In: HWB, 5. Aufl., hrsg. von Waldemar Wittmann u. a., Stuttgart 1993, Sp. 4763 - 4772

BEUTNER, MARC; TWARDY, MARTIN

Neue e-learning-Konzepte in der betrieblichen und universitären Aus- und Weiterbildung. Grundstrukturen eines e-learning-Modells. In: Innovationsmanagement. Neue Herausforderungen in Zeiten des E-Business. Festschrift für Dietrich Seibt anlässlich seines 65. Geburtstags, hrsg. von Hans-Georg Kemper und Wilhelm Mülder, Lohmar und Köln 2003, S. 569 – 604

BRAUN, WOLFRAM

Forschungsmethoden der Betriebswirtschaftslehre. In: HWB, 5. Aufl., hrsg. von Waldemar Wittmann u. a., Stuttgart 1993, Sp. 1220 - 1236

BRÜDERL, JOSEF
Entrepreneurship. In: HWO, 4. Aufl., hrsg. von Georg Schreyögg und Axel v. Werder, Stuttgart 2004, Sp. 215 - 222

BÜCHEL, BETTINA; ARMBRUSTER, HEIDI
Erfolgsfaktoren von Innovationsteams: Der Einfluss der übereinstimmenden Wahrnehmung zwischen Teammitgliedern und unternehmensinternen Stakeholdern. ZfbF, 58. Jg. 2006, S. 506 - 524

BUND-LÄNDER-KOMMISSION FÜR BILDUNGSPLANUNG UND FORSCHUNGSFÖRDERUNG
Strategie für lebenslanges Lernen in der Bundesrepublik Deutschland. Materialien zur Bildungsplanung und zur Forschungsförderung. Heft 115, Bonn 2004

DAHM, JOHANNA
Personalentwicklung beginnt im Hörsaal. Personalmagazin, Heft 5/2005, 12 ff.

FIBAA
Dokumentensammlung, Bonn, November 2005

FIBAA
Materialien für die Qualitätssicherung von Bachelor- und Masterstudienangeboten im deutschsprachigen Raum, April 2004

FRESE, ERICH
Organisationsinnovation. In: HWO, 4. Aufl., hrsg. von Georg Schreyögg und Axel v. Werder, Stuttgart 2004, Sp. 1008 - 1017

GEMÜNDEN, HANS GEORG; SOLOMO, SÖREN
Innovationsmanagement. In: HWO, 4. Aufl., hrsg. von Georg Schreyögg und Axel v. Werder, Stuttgart 2004, Sp. 505 - 514

GRAND, SIMON
Praxisrelevanz und Praxisbezug der Forschung in der Managementforschung. DBW, 63. Jg. 2003, S. 599 - 604

GROCHLA, ERWIN
Einführung in die Organisationstheorie. Stuttgart 1978

HAUSCHILDT, JÜRGEN

Innovationsmanagement. In: HWO, 3. Aufl., hrsg. von Erich Frese, Stuttgart 1992, Sp. 1029 - 1044

HRK (HRSG.)

Bologna-Reader. Texte und Hilfestellungen zur Umsetzung der Ziele des Bologna-Prozesses an deutschen Hochschule. Beiträge zur Hochschulpolitik 8/2004, 3. Aufl. Bonn Februar 2005

KIESER, ALFRED

Innovation. In: HWO, hrsg. von Erwin Grochla, Stuttgart 1969, Sp. 741 - 750

KÖNIG, KARSTEN

Zielvereinbarungen. Bundesweiter Überblick und praktische Konsequenzen. Die neue Hochschule, 44. Hj. 2003, Heft 3-4, S. 34 - 38

LÖHR, ALBERT

Unternehmensethik. In: HWO, 4. Aufl., hrsg. von Georg Schreyögg und Axel v. Werder, Stuttgart 2004, Sp. 1511 – 1520

MARR, RAINER

Innovation. In. HWO, 2. Aufl., hrsg. von Erwin Grochla, Stuttgart 1980, Sp. 947 - 959

MARR, RAINER

Innovationsmanagement. In: HWB, 5. Aufl., hrsg. von Waldemar Wittmann u.a., Stuttgart 1993, Sp. 1796 - 1812

MELLEROWICZ, KONRAD

Eine neue Richtung in der Betriebswirtschaftslehre? Eine Betrachtung zu dem Buch von E. Gutenberg: ‚Grundlagen der Betriebswirtschaftslehre. I. Band: Die Produktion'. ZfB 22. Jg. 1952, S. 145 - 161

PFEIFFER, W.; STAUDT, E.

Innovation. In: HWB, 4. Aufl., hrsg. von Erwin Grochla und Waldemar Wittmann, Stuttgart 1974/75, Sp. 1943 - 1953

POPPER, KARL RAIMUND
Gesammelte Werke 3. Logik der Forschung, 11. Aufl. Tübingen 2005

SCHMALENBACH, EUGEN
Die Privatwirtschaftslehre als Kunstlehre. ZfhF 6. Jg. 1911/12, S. 304 - 316

SCHMIDT, ULRICH
Führen über Ziele. Ein Sachstandsbericht zur Situation in Brandenburg. Die neue Hochschule, 44. Jg. 2003, Heft 3-4, S. 31 - 33

SCHNEIDER, URSULA
Community of Practice. In: HWO, 4. Aufl, hrsg. von Georg Schreyögg und Axel v. Werder, Stuttgart 2004, Sp. 144 – 152

SCHUMPETER, JOSEPH A.
Theorie der wissenschaftlichen Entwicklung. Eine Untersuchung über Unternehmensgewinn, Kapital, Kredit, Zins und Konjunkturzyklus. 9. Aufl. Berlin 1997, unveränderter Nachdruck der 1934 erschienenen 4. Aufl. (1. Aufl. 1911),

SORBECK, OLAV
Grenzgänger zwischen Volks- und Betriebswirtschaftslehre. Handelsblatt 6. Januar 2006; http://www.handelsblatt.com/pshb?fn=tt&sfn=go&id=1168325

STÄNDIGE KONFERENZ DER KULTUSMINISTER DER LÄNDER IN DER BUNDESREPUBLIK DEUTSCHLAND
Rahmenvorgaben für die Einführung von Leistungspunktesystemen und die Modularisierung von Studiengängen. Bonn 15.9.2000

STIFTERVERBAND FÜR DIE DEUTSCHE WISSENSCHAFT E.V.
Qualität durch Wettbewerb und Autonomie. Landeshochschulgesetze im Vergleich. Positionen. Essen, August 2002

SZYPERSKI, NORBERT
Wissenschaftlich-technische Mitarbeiter von Forschungs- und Entwicklungseinrichtungen als potenzielle Spin-off-Gründer. Eine empirische Studie zu den Entste-

hungsfaktoren von innovativen Unternehmensgründungen im Lande Nordrhein-Westfalen. Opladen 1987

SZYPERSKI, NORBERT; NATHUSIUS, KLAUS

Probleme der Unternehmensgründung. Eine betriebswirtschaftliche Analyse unternehmerischer Startbedingungen. Stuttgart 1977

THOM, NORBERT

Grundlagen des betrieblichen Innovationsmanagements. 2. Aufl. Königstein/Taunus 1980.

THOM, NORBERT

Ansätze zur Entwicklung eines Curriculums der Organisationslehre an Hochschulen. In: Organisation, Planung, Informationssysteme. Festschrift zum 60. Geburtstag von Erwin Grochla, hrsg. von Erich Frese, Paul Schmitz und Norbert Szyperski, Stuttgart 1981, S. 111 - 133

VON KROH, GEORG; GRAND, SIMON

Wissensmanagement. In: HWO, 4. Aufl., hrsg. von Georg Schreyögg und Axel v. Werder, Stuttgart 2004, Sp. 1649 - 1656

V. WERDER, AXEL

Cooperate Governance. In: HWO, 4. Aufl., hrsg. von Georg Schreyögg und Axel v. Werder, Stuttgart 2004, Sp. 160 - 170

WISSENSCHAFTSRAT

Empfehlungen zur Reform des Hochschulzugangs. Drucksache 5920/04 Berlin, 30. Januar 2004, http://www.wissenschaftsrat.de/texte/5920-04.pdf

WITTE, EBERHARD

Das Promotoren-Modell. In: Promotoren. Champions der Innovation, hrsg. von Jürgen Hauschildt und Hans-Georg Gemünden, 2. Aufl., Wiesbaden 1999

Interkulturelles Arbeiten mit System

Als Wirtschaftsinformatiker im Iran

Edda Pulst und Teja Finkbeiner

Inhaltsverzeichnis

1. Wirtschaftsinformatik in der multikulturellen Welt 241

2. Der Iran als Untersuchungsobjekt 243

3. Konzept für die Entwicklung praxistauglicher Lösungsalternativen 245

4. Anwendung des Konzepts 246

5. Gründe für das Entwicklungsprojekt 249

6. Hochschule-Wirtschaft-Kooperation im Iran 250

7. Konzepte mit Praxisorientierung 251

8. Zusammenfassung 253

Literaturverzeichnis 254

1. Wirtschaftsinformatik in der multikulturellen Welt

Im Geleitwort[1] von „Digitale Brücken" beschreibt Norbert Szyperski, wie aus der allmählichen Verschmelzung von Betriebswirtschaft und Informatik eine neue Wissenschaftsdisziplin hervorgegangen ist. „Ende der sechziger Jahre kreierten wir den Begriff Wirtschaftsinformatik"[2], so der Jubilar, und spricht von einer Anwendungswissenschaft, deren wesentliches Merkmal die Praxisorientierung ist. „Die elektronische Datenverarbeitung als Werkzeug der Betriebswirtschaft", hieß das damals, eine Kernbotschaft, die auch heute noch gilt. Seit diesen Gründerjahren hat sich die Welt in nie gekanntem Tempo tiefgreifend gewandelt. Das industrielle Zeitalter ist zu Ende, der Ost-West-Konflikt und der Kalte Krieg sind Vergangenheit, ein neues globales Machtgefüge ist entstanden. Informationsgesellschaft, globaler Markt, grenzenloser Wettbewerb, lauten die Schlagwörter der Neuzeit. Die Globalisierung hat Menschen miteinander verkettet, die davon nichts ahnen. Sie hat ein tausendfach verknotetes Netz auf die Welt geworfen, ein Netz aus wechselnden Abhängigkeiten.

Und damit steht auch die Wirtschaftsinformatik am Beginn des dritten Jahrtausends vor neuen Herausforderungen. Denn diese vergleichsweise junge Wissenschaft wird direkt mit mehreren, sich laufend verändernden, Größen konfrontiert. Die Variablen sind: Betriebswirtschaft, Informatik und eine multikulturelle Welt voller Gegensätze. Kleine und mittlere Betriebe agieren weltweit, die Digitalisierung schreitet unaufhaltsam fort, und der sich abzeichnende Trend des „Alles-mit-allem-Vernetzen" setzt sich fort. Der ungeheure Technologieschub der 80er und 90er Jahre fällt mit der weltweiten Umsetzung neoliberaler Wirtschaftsprogramme zusammen: Öffnung der Märkte, Deregulierung und Privatisierung der staatlichen Telekommunikationsgesellschaften, Produktionsverlagerungen, internationale Arbeitsteilung.

Da gibt es Gewinner und Verlierer. Im globalen Arm-Reich-Gefälle steckt beachtliches Konfliktpotenzial, mehr noch in der Instrumentalisierung der großen Weltreligionen. „In dieser Welt werden die hartnäckigsten, wichtigsten und gefährlichsten Konflikte nicht zwischen sozialen Klassen, Reichen und Armen oder anderen ökonomisch definierten Gruppen stattfinden, sondern zwischen Völkern, die unterschiedli-

---
[1] Vgl. Pulst, E.; Finkbeiner, T. (2003). S. VII ff.
[2] ebenda

chen kulturellen Einheiten angehören."³ Religion ist Wertelieferant und wichtiger Teil der Identität eines Volkes und kann auch die Form von religiösem Fundamentalismus annehmen, der sich bis zum fanatischen Terrorismus steigern kann. Trotz kultureller Bruchlinien und sich verschärfendem Kampf um Energieressourcen, die wirtschaftlichen Verflechtungen nehmen zu.

Vor diesem Hintergrund genügt es heutzutage nicht mehr, die Arbeitsbereiche der Wirtschaftsinformatik an Fachhochschulen mit dem Zusatz „interkulturell" zu etikettieren. Es geht vielmehr darum,

- Studierende für die Arbeit in kulturübergreifenden Geschäftsprozessen zu qualifizieren, gefragt ist interkulturelle Handlungskompetenz,
- in Ländern außerhalb unseres Kulturkreises bewährte Theorie-Praxis-Netzwerke vorzustellen und Kooperation anzubieten sowie
- die Fähigkeit zu Hochschule-Wirtschaft-Kooperationen im Zielland zu entwickeln.

Der seit Einführung der Bachelor- und Master-Studiengänge in Mode gekommene akademische Bildungstourismus ist letztlich wenig hilfreich, genauso wie die auf dem Papier abgeschlossenen, aber ansonsten leblosen Hochschulkooperationen.

Internationale Zusammenarbeit von Hochschulen mit ihren Netzwerken braucht unseres Erachtens Modelle, klare Strukturen, realisierbare Konzepte und zusätzlich die ständige Auseinandersetzung mit den kulturellen, politischen, historischen und geografischen Besonderheiten des Landes, mit dem Kooperation gestaltet werden soll. Und Einblick mit der notwendigen Tiefe in ein Land und seine Kultur erhält nur, wer neben der Beschäftigung mit allgemein zugänglichen Informationsquellen bereit ist, vor Ort authentische Erfahrungen zu sammeln. Nur bei direkter Wahrnehmung bekommt man eine Ahnung von der Mentalität, den Vorlieben, Stärken und Schwächen der Menschen, die in einem uns fremden Umfeld sozialisiert worden sind.

Aus der Einschätzung der aktuellen Situation der Wirtschaftsinformatik im interkulturellen Kontext werden nachfolgend vorgestellt:

---

[3] Huntington, S. P. (2002), S. 24 ff.

- ein aus dem Konzept „Forschung durch Entwicklung"[4] hervorgegangenes Modell, mit dessen Hilfe klare praxistaugliche Lösungsalternativen entwickelt werden können,
- Optionen, wie Kooperationen zwischen Hochschule und Wirtschaft im Iran gestaltet werden können, sowie
- Rahmenbedingungen, welche die Arbeit vor Ort und in Netzwerken beeinflussen.

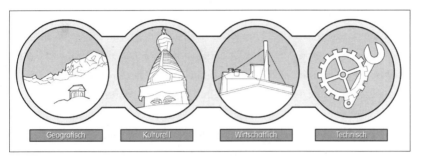

Abbildung 1: Rahmenbedingungen (Machbarkeitsstudie) für Netzerwerkarbeit vor Ort

2. Der Iran als Untersuchungsobjekt

Wegen seiner herausragenden geopolitischen Bedeutung wurde bewusst Iran als Untersuchungsobjekt ausgewählt. Das ehemalige Persien liegt im Krisengebiet Naher Osten und entwickelte sich seit Ende des Ostwest-Konflikts zur Regionalmacht mit zunehmend wirtschaftlicher Bedeutung. Mit dem Verkauf von Erdöl und Erdgas erzielt Iran Milliardengewinne, mit denen vor allem die Autoindustrie subventioniert wird. Wichtigster Handelspartner des Landes zwischen dem Kaspischen Meer und dem Persischen Golf ist Deutschland. Das Handelsvolumen nähert sich der Vier-Milliarden-Grenze bei zunehmender Tendenz.

Iran ist geprägt vom schiitischen Islam und gehört schon aus diesem Grund zu einem Kulturkreis mit einem aus europäischer Sicht erheblichen Fremdheitsgrad. Dass die Beziehung zwischen Iran und den USA problematisch ist, hat seinen Ursprung nicht im aktuell schwelenden Atomkonflikt, sondern reicht zurück bis in die fünfziger Jahre:

---

[4] Vgl. Szyperski, N.; Müller-Böling, D. (1979)

Mit tatkräftiger Unterstützung der schon damals ölhungrigen Vereinigten Staaten wurde der iranische Ministerpräsident Mossadeq aus dem Amt gehebelt und das Schahregime wieder etabliert, das erst 1979 zu Ende ging. Seither regieren die Mullahs in Teheran.

Die Verfassung, die sich die Islamische Republik nach der Revolution gegeben hat, ähnelt der einer parlamentarischen Demokratie. Parlamentsabgeordnete und Präsident wählt das Volk, tatsächlich aber bestimmt der Revolutionsführer, ein vom Expertenrat auf Lebenszeit gewählter Theologe, die Richtlinien der Politik. Staat und Religion bilden eine untrennbare Einheit, Grundlage der Rechtsprechung sind Koran und Scharia. Aber die Gottesstaatsidee ist selbst in Iran nicht unumstritten und steht auf tönernen Füßen. Es gibt durchaus Ayatollahs, die eine Trennung von staatlicher Macht und Religion befürworten. Internationalen Druck erfährt Iran unter seinem konservativen Präsidenten Machmud Ahmadinejad, der sich wie so viele Perser gut aufs Lavieren versteht, vor allem wegen seiner Haltung im Atomstreit.

Natürlich wollen auch die Leute in Iran den Fortschritt im westlichen Sinn. Lawrence E. Harrison[5] schreibt: „Die Idee des Fortschritts – eines längeren, gesünderen, weniger mühseligen und erfüllteren Lebens – ist nicht auf den Westen beschränkt. Aber da gibt es noch stark wirksame traditionelle kulturellen Werte, die noch tief im Volk verwurzelt sind. Die beeinflussen den Fortschritt und hemmen ihn gelegentlich." Die amerikanischen Experten gehen noch weiter und beschäftigen sich mit der Frage, inwieweit man den Fortschritt durch Veränderung kultureller Faktoren fördern kann.

Trotz planwirtschaftlicher Hemmnisse und Misswirtschaft der Mullahs und einer seit 1980 von den USA praktizierten Embargopolitik gibt es in vielen Bereichen der Wirtschaft einen rasanten Fortschritt. Damit verbunden ist ein stetig wachsender Bedarf an modernen IT-Anwendungen. Und die sollen auf die besonderen Bedürfnisse der Iraner zugeschnitten und gleichzeitig im interkulturellen Kontext kompatibel sein. Mit dem Modell „Wirkungskreislauf" kann ein IT-Werkzeug in enger Zusammenarbeit zwischen Hochschule und Betrieb zur Praxistauglichkeit reifen.

---

[5] Huntington, S. P.; Harrison, L. (2004)

3. Konzept für die Entwicklung praxistauglicher Lösungsalternativen

Ausgewählte, zum Beispiel aus einer Machbarkeitsstudie hervorgegangene IT-Fragestellungen, durchlaufen den „Wirkungskreislauf", der aus den Elementen „Labor", „Lehrtransfer", „Praxistransfer", „Praxisanwendung" und „Lerntransfer" besteht. Diese Elemente sind Forschungs- und Tätigkeitsfeld zugleich. Im Verbund gesehen, stellen sie ein Konzept für ein Netzwerk mit folgenden Beteiligten dar:

- Institutionen, die Software entwickeln, sowie
- Hochschule und deren Praxispartner, die die Software testen und anwenden.

Wird interkulturell gearbeitet, kommen noch Hochschule und Praxispartner des Landes, in dem die IT-Anwendung etabliert werden soll, hinzu. Ziele sind maßgeschneiderte, wirtschaftlich und technisch realisierbare Lösungsalternativen.

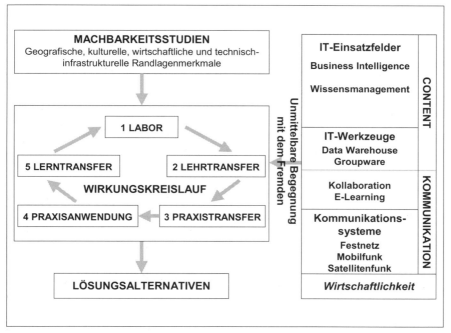

Abbildung 2: Der Wirkungskreislauf

4. Anwendung des Konzepts

Die Zentralbank der Islamischen Republik Iran (CBI) – bezüglich Ausstattung und Anwendung von IT sicher einer der modernsten Betriebe des Landes und während des Entwicklungsprojekts Praxispartner der Uni Teheran – beabsichtigt, ihr elektronisches Ausbildungssystem zu modernisieren. Die Zentralbank nutzt IBM ES/9000 9121-521 und Pentium 4 als Hardware. Im Softwarebereich sind im Datenbankbereich ADABAS, VSAM sowie Orakle BTRIEVE, SQL Server und Access im Einsatz, als Programmiersprachen Cobol, PL1, Natural sowie Visual Basic C++, ASP, ASP.Net und DataEase. Im LAN steht ein Ethernet mit 100 Mb/s für die Clients sowie 1000 Mb/s für den Backbone zur Verfügung. Für das Internet bietet die CBI 1,2 und 3 Mb-Zugänge an. Zwischen den drei Gebäuden der Zentralbank besteht eine 2 Mb/s Standleitung. Achtundvierzig Server und 2000 Clients arbeiten in diesem Netzwerk mit siebzig verschiedenen – 'Server based' – Anwendungen.

Die Bank hat bereits in sechs offen zugänglichen 'Learning Objekt'-Datenbanken 20.000 Lerneinheiten identifiziert, die unentgeltlich über das Web genutzt werden können.

Die Aufgabe in Deutschland war, ausgehend von den Systemvoraussetzungen, herauszufinden, wie bei der CBI die zusätzlich benötigten Lerneinheiten auch in der Landessprache Farsi zu produzieren sind. Die CBI sucht Antworten auf folgende Fragen:

1. Welche Ausbildungsinhalte sind Just-in-Time zu vermitteln?
2. Welche IT-Werkzeuge sind geeignet, um diese Inhalte zu produzieren?
3. Wie sind die Lerneinheiten (Nuggets) zu verwalten?

Antwort zu 1: Aktuelle Verfahrensänderungen im Tagesgeschäft der Bank und Vermittlung neuer Softwareversionen müssen schnell in die Betriebsstruktur einfließen, sie eignen sich deshalb besonders gut für Just-in-Time-Lernen.

Antworten zu Frage 2 und 3 können im Labor der Deutschen Hochschule gefunden werden.

Labor:

Der Begriff Labor steht für Experimentieren mit unterschiedlichen Hard- und Softwarekomponenten und deren Anwendungsmöglichkeiten. Im Labor der deutschen Hochschule nimmt man für die „Vermittlung neuer Software" exemplarisch das Contentmanagement-System „TimetoWeb". Als Produktionswerkzeug finden Autorentools Eingang. Die so produzierten Nuggets sollten in dieser ersten Phase der Entwicklung nur dazu dienen, Studierende mit Autorentools und Just-in-Time-Lernen vertraut zu machen.

Lehrtransfer:

Lehrtransfer bedeutet im hier skizzierten Zusammenhang die Umsetzung zunächst vermuteter Zusammenhänge zwischen IT-Werkzeugen und IT-Anwendungsfeldern in konkrete Lernziele für die Hochschule und die betriebliche Ausbildung. Das Ziel: Im Hörsaal das Wissen über IT (im dem Fall Autorentools) mit methodischen Fragestellungen zu vernetzen und erste Anwendungsmuster zu entwerfen. Im Iran bedeutet dies, auch zu berücksichtigen, dass Lernen im Team und Präsentationen in Englisch fast Verweigerungshaltung erzeugen, während Aufforderungen zu schriftlicher Wiedergabe einer Idee oder eines erlernten Stoffes bereitwillig, schnell und präzise nachgekommen wird.

Praxistransfer

Das im Labor Erprobte und im Lehrtransfer Gelernte kommt in die Praxis, die der Situation im Empfängerland am nächsten kommt. Mit anderen Worten: Die Problemstellung verlässt den Schonraum Hochschule. Einführung neuer Software und Systemwechsel, wie für die Iranische Zentralbank vorgesehen, konnten in Zusammenarbeit mit der Firma Henkel ausgiebig probiert und trainiert werden. Für die Nuggetproduktion wurde ein Autorenwerkzeug der Team Training Net GmbH ausgewählt. Der TeamTrainer simuliert das zu schulende Produkt und generiert automatisch Schulungsunterlagen.

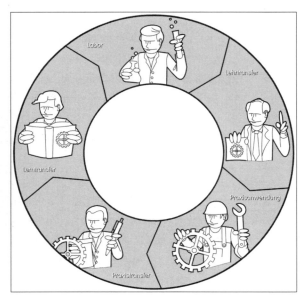

Abbildung 3: Die Stationen des Wirkungskreislaufs

Praxisanwendung
Im nächsten Schritt findet die Anwendung an dem Ort statt, für den sie konzipiert worden ist. Nun gibt es Antworten auf die eingangs gestellten Fragen. Der Teamtrainer hilft bei der Nuggetproduktion und das Content-Management-System bei der Verwaltung der Lerneinheiten.

Beide Systeme sind im Labor hinlänglich getestet worden, erfuhren im Lehrtransfer theoretische Ergänzung und Aufarbeitung, haben sich im Praxistransfer in der betrieblichen Praxis bewährt und könnten nun nach menschlichem Ermessen an ihrem Bestimmungsort, Zentralbank Iran, funktionieren.

Lerntransfer
Durchläuft ein System die Stationen des Wirkungskreislaufes – bisweilen auch in einem fremden kulturellen, politischen, geografischen und technischen Umfeld –, werden ganz zwangsläufig positive und negative Erfahrungen gemacht. Steckt allein in dem auf Basis von Vor-Ort-Studien auf spezielle Bedürfnisse zugeschnittenen Produkt schon beachtliches Know-How, kommt beim echten Einsatz in der Praxisanwendung noch einmal ein Mehrwert an Wissen und Erfahrung hinzu. Dieses wert-

volle Erfahrungswissen gilt es festzuhalten und so aufzubereiten, dass es für vergleichbare Anwendungen von Hochschullehrern, Studierenden, Praktikern im eigenen Land und Partnern im anderen Kulturkreis gleichermaßen genutzt werden kann. Es macht durchaus Sinn, Studierende in diesen Prozess des Festhaltens und Aufbereitens einzubinden, denn schließlich waren sie an der Entwicklung des Produktes in unterschiedlicher Form beteiligt.

5. Gründe für das Entwicklungsprojekt

Das Modell „Wirkungskreislauf" ist nur zu realisieren, wenn sowohl im Hochschulbereich als auch bei der Wirtschaft ein hohes Maß an Kooperationsbereitschaft besteht. Nur wenn beide Seiten davon überzeugt sind, dass Zusammenarbeit zu einem Mehrwert führt, von dem die Wirtschaft als Ganzes profitieren kann, wird es zu messbaren Erfolgen kommen. Und genau das ist in Iran nicht der Fall. Eine vergleichende UNESCO-Studie gab den Persern in Sachen Teamarbeit die denkbar schlechtesten Noten. Untersuchungen und eigene Recherchen bestätigen: Es existiert gegenwärtig keine nennenswerte Zusammenarbeit zwischen Hochschule und Wirtschaft. Dies hat Auswirkungen, die natürlich auch moderne IT-Anwendungen tangieren. Die Hochschule orientiert sich zu wenig an der Praxis mit der Folge, die Entwicklung vor allem im Bereich IT zu verschlafen. Dies wiederum führt zu Qualifikationsdefiziten ihrer Absolventen. Auf der anderen Seite ist da eine aufstrebende Industrie, die sich zunehmend am Weltmarkt orientiert. Ihre Kommunikationsinfrastruktur und ihre IT-Werkzeuge muss sie deshalb internationalen Standards anpassen. Dieser markwirtschaftlich orientierte Teil der Wirtschaft fühlt sich von den großen Universitäten des Landes im Stich gelassen. Die saugen fast gierig modernes IT-Know-How aus aller Welt auf, die Weitergabe dieses dringend benötigten Wissens an die Industrie erfolgt aber nur partiell, zögerlich und zu überzogenen Preisen. So war vorrangiges Ziel eines zunächst auf ein Jahr befristeten Entwicklungsprojekts, dieses universitäre Inseldasein der Teheran University zu durchbrechen.

6. Hochschule-Wirtschaft-Kooperation im Iran

Zunächst ging es um Inhalte, die Bestandteil einer iranischen Hochschule-Wirtschaft-Kooperation werden können. Werkzeuge aus dem Kommunikations- und Contentmanagement standen zur Auswahl:

- *Groupware* verwaltet Dokumente, unterstützt die Zusammenarbeit und automatisiert die Vorgangsbearbeitung. Dokumentenmanagement und Workflow sind spezifische Ausprägungen.
- *Synchrone Kollaborationswerkzeuge* ermöglichen netzbasierte Zusammenarbeit, wie Online-Besprechungen und „Application Sharing".
- *Wissensmanagementwerkzeuge* unterstützen unterschiedliche Phasen des Arbeits- bzw. Geschäftsprozesses, helfen Fakten zu sammeln, eigene oder von anderen gemachte Erfahrungen wiederzuverwenden, Expertenwissen zu integrieren oder für die Problemlösung am Arbeitsplatz noch just-in-Time zu lernen.
- Der *K-Pool* vernetzt gespeichertes Wissen, aktuelles Expertenwissen und Personen, die zur Erledigung der Arbeit oder einer Problemlösung beitragen können.
- *Business Intelligence* hilft, in vorher fragmentierten Unternehmens- und Wettbewerbsdaten bislang nicht erkannte Zusammenhänge oder strategische Vorteile zu erkennen.
- *Data Warehouse* Tools ermitteln aus den operativen Systemen Muster und Prinzipien.
- *Portalsoftware* verbindet Unternehmensanwendungen unter einer Benutzeroberfläche.
- *E-Learning Werkzeuge* unterstützen das Lernen mit elektronischen Medien.

Die beschriebenen Werkzeuge bildeten den thematischen Kern einer Veranstaltungsreihe im Rahmen einer dreimonatigen Gastprofessur an der Teheran University vor Beginn des Entwicklungsprojekts; sie waren somit der aus Studenten und Vertretern der Wirtschaft bestehenden Zielgruppe des Entwicklungsprojektes in Grundzügen vertraut. Es galt, folgende Frage zu beantworten:

- *Welche der angesprochenen IT-Werkzeuge können in der aktuellen Situation iranische Geschäftsprozesse am besten unterstützen?*

Die Teilnehmer wählten E-Learning und Groupware mit den Facetten Dokumentenmanagement und Workflow sowie den K-Pool.

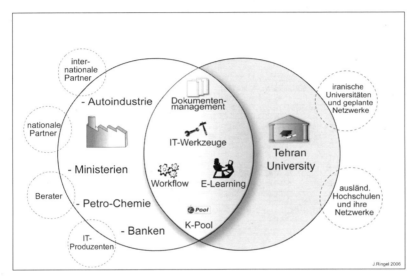

Abbildung 4: Ausgewählte IT-Werkzeuge im Iran

7. Konzepte mit Praxisorientierung

Der technische Fortschritt in Iran und die Tatsache, dass importierte Technologien an die Bedürfnisse des Landes anzupassen sind, sprechen für die Notwendigkeit von mehr Praxisorientierung an der iranischen Hochschule. Konzepte mit Praxisanbindung sind in Deutschland eine Selbstverständlichkeit, in Iran aber weitgehend unbekannt. Es gab deshalb Präsentationen zu folgenden Themen:

- Wirtschaftsinformatik: Von vornherein verstand sich diese Disziplin als Anwendungswissenschaft mit Brücke in die betriebliche Praxis.
- Praxissemester: Eine Spezialität der Fachhochschulen. Studierende verbringen ein Semester in einem Betrieb.

- Das BIFOA-Konzept: „Forschung durch Entwicklung"[6] lautet der wissenschaftliche Ansatz, in dem ein in der Praxis erkanntes Problem der Hochschule zugeführt wird.
- Der Wirkungskreislauf: Weiterentwicklung des BIFOA-Konzepts.

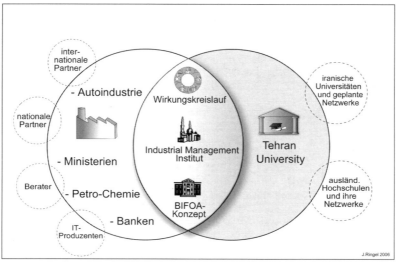

Abbildung 5: Von iranischen Studenten priorisierte Kooperationsmodelle[7]

Die Teilnehmer der Vorlesungen bevorzugten das BIFOA-Konzept, erweitert um den Wirkungskreislauf, eine Einführung von Praxissemestern oder Wirtschaftsinformatik-Studiengängen. Das liegt möglicherweise daran, dass ein vergleichbarer Ansatz bereits existiert. Das dem BIFOA ähnliche Institut in Teheran heißt „Industrial Management Institut (IMI). Die Teheran University ist im IMI allerdings nicht vertreten. Hier sind es Beraterfirmen, die Lösungsoptionen entwerfen. Bis die Hochschule diese Aufgabe in eigener Regie übernehmen kann, wird es wohl noch einige Zeit dauern. Um dieses Ziel zu erreichen, ist es notwendig, weiter am Abbau von Berührungsängsten zu arbeiten. Was mit noch so intensiven Technologietransfer nicht gelernt werden kann, ist das Denken in Geschäftsprozessen. Die in Deutschland mit Erfolg operierenden Bildungsnetzwerke lassen sich nicht einfach kopieren. Mit wachsender Fähigkeit zu Prozessanalyse und -beobachtung können auch in überschaubarer Zeit

---

[6] Szyperski, N.; Müller-Böling, D. (1979)
[7] Pulst, E.; Finkbeiner, T. (2006), S. 99 ff.

im Iran moderne IT-Anwendungen zum Einsatz kommen. Dass dies geschieht, liegt in unserem ureigensten Interesse. Denn, wenn wir in diesem Teil der Welt im weitesten Sinn Geschäfte machen wollen, wenn Iran vermehrt in den globalen Markt einbezogen werden soll – und alles deutet darauf hin – ist es unerlässlich, dass die IT, die weltweites digitales Arbeiten erst möglich macht, dort auch bekannt ist. Die genialen Erfindungen der IT-Ideenschmieden, die mehr und mehr auf die Unterstützung weltweiter Geschäftsprozesse fokussieren, machen nur dann Sinn, wenn sie auch zur Anwendung kommen.

8. Zusammenfassung

Die Internationalisierung der Wirtschaftsabläufe zwingt zu Kooperationen mit Ländern mit anderer Kulturen, unzulänglicher technischer Infrastruktur und unterschiedlichen IT-Standards. Die Zusammenarbeit vor allem mit islamischen Ländern wird schwieriger, zumal diese häufig untereinander zerstritten sind und von instabilen Regimes regiert werden. Der Teil der Wirtschaftsinformatik, der sich mit interkultureller Anwendung von moderner Software befasst, kann mit systematischen Ansätzen einen konstruktiven Beitrag leisten, um Kooperation konzeptionell zu gestalten. Um den technischen, kulturellen und politischen Status quo festzustellen, eignen sich Machbarkeitsstudien. Am Beispiel „Einsatz von Autorensoftware im Iran" wurde eine Möglichkeit aufgezeigt, wie mit dem Modell „Wirkungskreislauf" über Grenzen und kulturelle Barrieren hinweg praktikable IT-Lösungsoptionen entwickelt werden können. Zielgerichtetes und exploratives Vorgehen, wie am Entwicklungsprojekt „Förderung der Zusammenarbeit zwischen der Teheran University und iranischen Wirtschaftsbetrieben" aufgezeigt, kann bei der Auswahl von IT-Inhalten und praxisorientierten Bildungskonzepten helfen. Letztlich besteht nur dann die Berechtigung, von Innovation zu sprechen, wenn das „erfundende" strukturierte Vorgehen auch eine praktische Umsetzung erfährt.

Literaturverzeichnis

HUNTINGTON, S. P. (2002)
Kampf der Kulturen, München, Wien 2002

HUNTINGTON, S. P.; HARRISON, L. (2004)
Streit um Werte, München, Wien 2004

PULST, E.; FINKBEINER, T. (2003)
Digitale Brücken, Köln, Lohmar 2003.

PULST, E.; FINKBEINER, T. (2006)
Iran im Informationszeitalter, Köln, Lohmar 2006.

SZYPERSKI, N.; Müller-Böling, D. (1979)
Empirische Forschung und Forschung durch Entwicklung. Ein Plädoyer zur Nutzung von Ergebnissen und Techniken der empirischen Forschung bei der Verfolgung des technologischen Wissenschaftszieles. BIFOA-Arbeitsbericht Nr. 20, Köln 1979.

Spielraum für die universitäre Forschung in Deutschland

Beobachtungen und Anmerkungen aus irischer Perspektive

Stefan Klein

Inhaltsverzeichnis

1. Vorbemerkung 259
2. Die universitäre Forschung in der Krise 259
   - 2.1 Unterentwickelte Stärken 260
     - 2.1.1 Der Bolognaprozess 260
     - 2.1.2 Die Einheit von Forschung und Lehre 261
     - 2.1.3 Doktorandenausbildung 262
     - 2.1.4 Differenzierte Formen der Forschungsdokumentation ... 263
   - 2.2 Diagnose: Zunehmende Diskrepanz zwischen Zielen und Mitteln 264
     - 2.2.1 Strukturelle Überlastung 265
     - 2.2.2 Zunehmende Asymmetrie zwischen Forschung und Lehre 266
3. Handlungsoptionen 267
   - 3.1 Vorüberlegungen und Prämissen 268
     - 3.1.1 Rolle, Leitbild und Identität der Universität 268
     - 3.1.2 Praktiken und Strukturen der Forschung 269
   - 3.2 Gesellschaftlicher Diskurs über die Rolle der Universitäten und den Wert von Forschung und Bildung 270
   - 3.3 Ansatzpunkte zur Balancierung von Forschung und Lehre 270
     - 3.3.1 Differenzierung der Ausbildung 271
     - 3.3.2 Ausweitung des Lehrangebots durch qualifizierte Dozenten 272
     - 3.3.3 Evaluation und Transparenz über die faktische Belastung 272
     - 3.3.4 Modelle finanzieller Anreize für die Forschung 273
   - 3.4 Differenzierung und Flexibilisierung wagen 273
     - 3.4.1 Entlastung von Lehraufgaben 274
     - 3.4.2 Kooperationsmodelle im internationalen Rahmen 274
     - 3.4.3 Internationalisierung der Doktorandenausbildung 275
     - 3.4.4 Wissenschaftlicher Diskurs und formative Evaluation ... 275
4. Zum Schluss: Blick zurück nach vorn 276

Literaturverzeichnis 278

1. Vorbemerkung

Seit 2003 arbeite ich – von meiner Position als Ordinarius für Wirtschaftsinformatik und Interorganisationssysteme an der Universität Münster beurlaubt – am University College Dublin (UCD), einer staatlichen Universität (National University of Ireland, Dublin). Die UCD wurde vor 150 Jahren von Kardinal John Henry Newman als katholische Hochschule gegründet und ist mit 20.000 Studierenden eine der größten Universitäten der Republik Irland.

Meine Ausführungen zur Situation der Forschung und Lehre spiegeln meine Situation und meine Erfahrungen im Bereich der Wirtschaftswissenschaften, speziell der Wirtschaftsinformatik, wider. Sie werden daher mit einer Mischung von Innen- und Außenperspektive vorgetragen. Der Verweis auf irische Beispiele und Praktiken dient dabei vor allem der Kontrastierung der deutschen Erfahrungen und dem Blick über die irische See. Keineswegs ist es intendiert, die irische Situation in naiver Weise als Vorbild darzustellen.

2. Die universitäre Forschung in der Krise

Als ich vor kurzem eine Kollegin, die an einer renommierten kanadischen Universität lehrt und forscht, nach ihrer Befindlichkeit fragte, erhielt ich eine mit strahlenden Augen vorgetragene Antwort: „I am great. We have an exciting new research center. The faculty got a large grant from a corporate sponsor, which the Dean has decided to use to reduce the teaching load of junior faculty in order to provide them with more time for research."

Welcher Teil der Antwort wäre von deutschen Kollegen wohl kaum zu erwarten? *Forschungszentren* sind – in verschiedenen Ausgestaltungsformen – fester Bestandteil der deutschen Forschungskultur. *Schenkungen* von wohlhabenden Personen oder Unternehmen gibt es in Deutschland natürlich auch. Diese richten sich allerdings häufiger an Privatuniversitäten und sind um Größenordnungen geringer als in den USA, Kanada oder Irland. Dies hat viele Ursachen, vom Steuersystem bis zu kulturellen Unterschieden, liegt aber nicht zuletzt auch daran, dass das Einwerben von

Spendengeldern in kaum einer deutschen Fakultät wirklich professionell betrieben wird. Die UCD School of Business hat ein eigenes Büro für Fundraising, dem es in den letzten Jahren u. a. gelungen ist, EUR 10 Mio. für den Neubau der UCD Quinn School of Business zu akquirieren. Das neue Gebäude dient den Bachelor-Programmen und hat Konzepte wie Unterricht in kleinen Gruppen (maximal 50) und eTeaching mit Internetzugang an jedem Platz verwirklicht.

Am unwahrscheinlichsten wäre es vermutlich, dass eingeworbene Mittel dazu verwendet würden, die *Lehrbelastung* der jüngeren Mitglieder der Fakultät zu *reduzieren*, um ihnen bessere Chancen zur Forschung zu geben.

2.1 Unterentwickelte Stärken

Obwohl die deutschen Universitäten ein breites und insgesamt recht hohes Ausbildungsniveau erreichen, die Zahl der Doktoranden und die Höhe der eingeworbenen Drittmittel beachtlich sind, Kontakte zu Unternehmen – typischerweise das Ergebnis eines hohen persönlichen Einsatzes der Professoren – erfreulich gut sind und der Anteil der forschungsaktiven Professoren hoch ist, scheut man sich an deutschen Universitäten, die Verkettung von Forschung und Lehre zu lockern. Gerade dies aber könnte dazu führen, dass die vorhandenen Forschungspotenziale besser genutzt und nicht zuletzt auch in den Dienst der Lehre gestellt werden könnten.

2.1.1 Der Bolognaprozess

Die Verbesserung der Kompatibilität der Ausbildungsstrukturen ist ein nachvollziehbares politisches Ziel im Rahmen des europäischen Integrationsprozesses und die damit einhergehende kritische Reflektion und Reform der Studienprogramme ist wichtiger Teil eines notwendigen Innovationsprozesses.

Der Bolognaprozess bietet die Gelegenheit, die bisher entwickelten Curricula daraufhin zu überprüfen und zu präzisieren, welche Kenntnisse am Ende eines Ausbildungsabschnitts erreicht sein müssen und für welche Art von beruflicher Qualifikation diese erforderlich sind. Zugleich bietet sich die Möglichkeit einer stärkeren Ausdifferenzierung sowohl auf Bachelor- als auch auf der Masterstufe – so bietet die UCD

School of Business über 20 verschiedene Masterprogramme allein in Betriebswirtschaftslehre und Wirtschaftsinformatik an. Damit böte sich die Chance einer Entlastung der Universitäten im Bereich überwiegend berufsorientierter (Grund-)Qualifikation und eine stärkere Akzentuierung forschungsorientierter Ausbildung in kleineren Gruppen bereits auf der Masterstufe.

Auf der anderen Seite scheint in Deutschland das Bewusstsein für die zu bewahrenden Stärken des bisherigen Systems zu wenig ausgeprägt (oder eben unter dem politischen Diktat unterdrückt) zu sein. Integrierte Diplom- oder Magisterstudiengänge ermöglichen gegenüber den gestuften Studiengängen einen systematischeren Aufbau des Wissens und besitzen damit klare Vorteile für die Fächer, bei denen die forschungsnahe Ausbildung auf einer vorgängigen Vermittlung von Grundqualifikationen (wie Sprach- oder Methodenkenntnissen, theoretische oder interdisziplinäre Grundlagen) aufbaut.

2.1.2 Die Einheit von Forschung und Lehre

Die Einheit von Forschung und Lehre wird mit Recht als eine der Stärken der Universitäten angesehen. Sie entspringt der Vorstellung, dass Forschungsergebnisse wirkungsvoll in der Lehre vermittelt werden und die Lehre im Gegenzug Teil des Forschungsprozesses wird, in dem dort Ideen artikuliert und überprüft werden oder eben auch erst entstehen. Mehr als andere Länder gönnt sich Deutschland den Luxus, den größten Teil der universitären Lehre durch diejenigen erbringen zu lassen, die mit der *venia legendi* zugleich auch die höchste formale wissenschaftliche Qualifikation erworben haben.

In Irland ist der Anteil der Professoren in den Fakultäten deutlich geringer, die Lehre wird zu überwiegenden Teil durch *(Senior) Lecturers* erbracht. Dort wird der Mangel an erfahrenen Kolleginnen und Kollegen, die gerade auch im Forschungsbereich Vorbilder sein könnten und als Mentoren arbeiten können, zunehmend deutlich.

In Deutschland – so scheint mir – nutzen wir dieses Potenzial viel zu wenig zum Ausbau von Forschungskapazitäten, zur Förderung des wissenschaftlichen Nachwuchses und zur Akzentuierung forschungsorientierter Lehre.

2.1.3 Doktorandenausbildung

Das dominierende Modell der Doktorandenausbildung an deutschen Universitäten im Rahmen einer wissenschaftlichen Assistenz entspricht in etwa dem dualen Ausbildungsprogramm in der Wirtschaft und könnte auch als Apprenticeship-Modell beschrieben werden: Durch die Mitarbeit in Forschung, Lehre und Administration wird – finanziell abgesichert – (potenziell) ein breites Spektrum von Erfahrungen und Fertigkeiten vermittelt. Die Beteiligung an internationalen Forschungsvorhaben bietet darüber hinaus die Möglichkeit, bereits während der Promotionszeit internationale Netzwerke aufzubauen und die Herausforderungen der Arbeit in verteilten, interkulturellen Teams zu erfahren. Dem steht die Notwendigkeit entgegen, dass der Promovend einen hohen Teil der eigenen Arbeitszeit für Aufgaben zu verwenden hat, die im günstigsten Fall noch einen Bezug zum Promotionsthema haben, häufig aber davon weitgehend losgelöst sind. Trotz einer Stärkung der strukturierten Ausbildung der Doktoranden in den vergangenen Jahren werden Umfang und Systematik der Doktorandenausbildung im anglo-amerikanischen Bereich kaum erreicht. Dies wiegt umso schwerer, als Forschungsmethodik, im Gegensatz zu forschungsorientierten Masterprogrammen in diesen Ländern, bislang kaum Eingang in die deutschen Masterprogramme gefunden hat.

Eine Ausnahme bildet demgegenüber die Ausbildung in Graduiertenkollegs. Sie entspricht weitgehend dem angelsächsischen Modell eines in der Regel 3-4 jährigen Vollzeitdoktorandenprogramms. Nun decken Graduiertenkollegs nur einen Teil der Doktorandenausbildung ab, und sie bieten eben gerade nicht die Vorteile einer breiter angelegten Ausbildung durch die Mitarbeit in Forschungsprojekten und der Lehre. Bisher konnten ergänzende berufsbezogene Ausbildungsteile in die Habilitationsphase verlagert werden. Das Modell der Juniorprofessur lässt dafür allerdings kaum Spielraum, da diese Fähigkeiten weithin vorausgesetzt werden.

Mit den Graduiertenkollegs, die weiter ausgebaut werden sollten, und dem Apprenticeship-Modell verfügen die deutschen Universitäten über ein differenziertes System der Doktorandenausbildung. Die Potenziale des Apprenticeship-Modell wirklich zu nutzen, erfordert jedoch einen erheblichen zeitlichen Einsatz der Professoren, der unter dem Druck steigender Anforderungen in Lehre, Verwaltung und eben auch

Forschungsmanagement immer weniger realisierbar ist. Das Apprenticemodell verdient es, gestärkt, gefördert und gezielt eingesetzt zu werden, statt ihm gegenüber den Forschungskollegs eine zweitrangige Rolle zuzuweisen (Löffler 2006).

2.1.4 Differenzierte Formen der Forschungsdokumentation

In Deutschland gibt es eine lange Tradition differenzierter Formen der Dokumentation und Publikation von Forschungsergebnissen. Demgegenüber wird nun ein einziges Publikationsgenre, der Aufsatz in international angesehenen Zeitschriften („A journal publication"), als relevantes Maß der Forschungsleistung gesetzt. Dies entspricht internationalen Maßstäben und wird selbst dort, wo einzelne Fakultäten andere Maßstäbe anlegen, durch die Bewertungspraxis der DFG und die gängige Berufungspraxis zum dominierenden Maßstab.

So wichtig und unstritig auf der einen Seite die erfolgreiche Beteiligung deutscher Wissenschaftler an der internationalen Forschungsgemeinschaft ist, so problematisch scheint auf der anderen Seite die Preisgabe breiterer und differenzierter Bewertungskriterien und der Wertschätzung einer Vielfalt von Publikationsgenre. Der Wettbewerb um Plätze in den international führenden Journalen ist keineswegs aussichtslos und sollte auch geführt werden, nicht zuletzt, um jungen Wissenschaftlern bessere Chancen auf dem internationalen akademischen Arbeitsmarkt zu geben. Allerdings darf dabei nicht vergessen werden, dass in diesem Wettbewerb mit komparativen Wettbewerbsnachteilen (Sprache, Forschungskultur, Ressourcenausstattung) zu rechnen ist. Außerdem sollten die Anreiz- und Nebenwirkungen einer einseitigen Aufwertung von Journalpublikationen schärfer in den Blick genommen werden: Zeitschriftenaufsätze sind für die Darstellung hoch spezialisierter Gebiete oder Fragestellungen geeignet; die sorgfältige Durchdringung, Grundlegung und Aufarbeitung einer komplexen Fragestellung oder eines umfangreichen Themengebiets ist jedoch häufig nicht auf Zeitschriftenformat reduzierbar. Wissenschaftliche Neugier und Eigensinn sowie Generalistentum werden derzeit aus gutachterlicher Sicht nur selten gewürdigt. Wird bloße Publizierbarkeit zum entscheidenden Maßstab, setzt dies klare Anreize für Opportunismus und Wiederverwendung bereits publizierter Gedanken (bis hin zum Selbstplagiat) (vgl. Collberg und Kobourov, 2005). Im Ergebnis droht eine Mainstreamwissenschaft.

Differenzierte Formen der Publikation von Forschungsergebnissen sind essentieller Bestandteil einer offenen und aufgeklärten Forschungstradition. Statt diese Vielfalt zugunsten von Journalpublikationen, durchaus nicht unproblematischen Peer-Review Prozessen (vgl. Backhaus 2006) und darauf aufbauende quantitative Bewertung der produzierten Artefakte (vgl. Tsoukas, 1998) aufzugeben, sollten wir eher den kritischen inhaltlichen Diskurs über die Forschungsergebnisse, egal in welchem Genre sie dokumentiert sind, pflegen und ausbauen.

2.2 Diagnose: Zunehmende Diskrepanz zwischen Zielen und Mitteln

Hugh Brady kritisierte in seiner Antrittsvorlesung als Präsident der UCD die Kürzungen der Universitätsbudgets durch die irische Regierung mit dem Verweis auf den Wert der Bildung: "Education is a deep pockets game but this investment yields rich social, cultural and economic rewards. The investment must be made, must be at a level enjoyed by our competitors and must be sustained. If we are serious about our future, the value of education demands more than lip-service" (Brady, 2004).

Die Kritik an Lippenbekenntnissen und Sonntagsreden der Politik lässt sich sicher auch auf Deutschland übertragen. Gleichzeitig sind die Universitäten konfrontiert mit einem präzedenzlosen Umfang von Anforderung – „The University has never before been asked to fulfill more roles, take on more tasks and solve more problems. It has never before attracted more students and resources and many organizations want to use the name in order to improve their status and attractiveness." (Olson 2005, 38) – und gleichzeitig der Behauptung, dass sie international nicht wettbewerbsfähig seien (European Commission 2003). Die renommiertesten amerikanischen Forschungsuniversitäten werden in diesem Zusammenhang häufig als Maßstab und leuchtendes Vorbild hochgehalten.

Wenn ich meinen irischen Kollegen die Besonderheiten des deutschen Universitätssystems (bezogen auf Wirtschaftswissenschaften und Wirtschaftsinformatik) beschreiben will, verwende ich manchmal, zugegeben pointiert und halb scherzhaft, das Bild der ALDI Universität. Viele Universitäten sind erfolgreich auf einen hohen Durchsatz an Studierenden und eine – gemessen am Preis – gute Qualität der Breitenausbildung optimiert. Die Mitarbeiter werden im internationalen Vergleich durchaus angemessen bezahlt, sehen sich aber mit deutlich höheren Erwartungen als die Kollegen in anderen Systemen konfrontiert. Drittmittelforschung findet nach einem ähnlichen Muster der Optimierung der vorhandenen Ressourcen, einschließlich der Doktoranden, statt. Der operative Druck des Tagesgeschäfts definiert Rhythmus und Intensität der Arbeit.

Während diese Struktur aus einer oberflächlichen Sicht als ausgesprochen produktiv angesehen werden kann, wird dabei allerdings der Notwendigkeit des wissenschaftlichen Diskurses und der eigenen Forschung nicht ausreichend Rechnung getragen. Nachhaltigkeit und Exzellenz in der Forschung werden unter solchen Rahmenbedingungen nicht gefördert. Der Vergleich mit Forschungsuniversitäten im anglo-amerikanischen Raum ist dann so angemessen wie der Vergleich einer ALDI-Filiale mit einem Bio-Supermarkt oder der Feinkost-Abteilung führender Warenhausketten.

Während ein breiter gesellschaftlicher Konsens über einen möglichst offenen Zugang zur Hochschulausbildung und das Ziel der Exzellenz der Hochschulen besteht, gibt es fast keine öffentliche Diskussion über den Preis und die notwendigen Strukturen für ein Universitätssystem, das in Ausbildung des wissenschaftlichen Nachwuchses und der Forschung im internationalen Wettbewerb mithalten kann. Im internationalen Vergleich liegen die Ausgaben für Bildung in Deutschland recht niedrig (vgl. Schmidt 2003).

2.2.1 Strukturelle Überlastung

Alle Parameter weisen auf eine weiter steigende Lehrbelastung in den Universitäten hin (Lehrdeputat, Vorlesungszeit, Studienreformen, Quote Studierende/Dozenten) während Reformen zur Schaffung der Voraussetzungen einer stärker forschungsorientierten Ausbildung (kleine Gruppen, Auswahl der Studierenden) in Ansätzen stecken bleiben. Zugleich steigen die Erwartungen an Drittmittelforschung und internationale Publikationen (als Indikatoren für Exzellenz).

Im Ergebnis sehen wir eine zunehmende strukturelle Überlastung. Je erfolgreicher etwa ein Hochschullehrer in der Akquisition von Drittmitteln ist, umso höher ist die

Arbeitslast in den Bereichen Forschungsmanagement[1] und Betreuung von Doktoranden, fast immer ohne eine Kompensation bei den Lehrverpflichtungen. Fast zwangsläufig leidet darunter die Intensität der Betreuung des wissenschaftlichen Nachwuchses, von den notwendigen Spielräumen und der Muße für die eigene wissenschaftliche Arbeit ganz zu schweigen. Ein systematische Diskussion über eine angemessene Relation von Zielen oder Anforderungen und denen gegenüberstehende Mittel bzw. Ressourcen als Grundlage nachhaltiger Strukturen findet meines Wissens nach nicht statt.

2.2.2 Zunehmende Asymmetrie zwischen Forschung und Lehre

Implizit wird von einer groben Gleichverteilung zwischen Aufgaben in der Lehre und der Forschung ausgegangen, typischerweise werden die Aufgaben in Forschung, Lehre und Verwaltung in einem Verhältnis von – aus Sicht der Forschung – bestenfalls 40:40:20 gesehen. Dass dieses Verhältnis nicht der Wirklichkeit in den großen Fächern entspricht und die Forschungsanteile durch ein steigendes Lehr-Deputat bei steigenden Studierendenzahlen und einer ausufernden Administration (Selbstverwaltung, Programmreformen etc.) faktisch reduziert werden, ist hinlänglich bekannt.

Hinzu kommt, dass finanzielle Anreize der öffentlichen Hand überwiegend auf eine effiziente Ausbildung, d. h. eine hohe Anzahl von Absolventen in kurzer Zeit, ausgerichtet sind. Die Anreize zur Forschung sind deutlich geringer und häufig indirekt (Förderung der Infrastruktur). Die dominierenden Finanzierungsmodelle (EU Kommission, DFG, BMBF) ermöglichen die Finanzierung von Nachwuchsstellen (Doktoranden, Postdocs) und damit den Aufbau von Forschungsgruppen. Professoren, die erfolgreich Drittmittel akquirieren, werden damit aber fast zwangsläufig immer mehr zu Forschungsmanagern, während sich der Spielraum für eigene und innovative Forschung weiter reduziert. Hinzu kommt, dass die meisten Drittmittelprojekte für die Universitäten als Investitionen (und nicht als Erträge) betrachtet werden müssen. So deckt etwa der Gemeinkostenzuschlag von 20% für EU Projekte nicht im Ansatz die

---

[1] Für den Aufbau eines professionellen Projektmanagements sind die meisten Forschungseinheiten zu klein.

Kosten für Projektanbahnung und Projektmanagement. Realistische Zuschlagsquoten liegen bei mindestens 50%[2].

Wenn Politik und Verbände[3] gleichwohl die Einheit von Forschung und Lehre weiter hochhalten, scheint dies weniger am Interesse an der Förderung forschungsorientierter Lehre zu liegen, sondern in der Verteidigung eines Universitätssystems, das (fast) nicht zwischen exzellenten Forschern und exzellenten Lehrern differenziert. In europäischen Nachbarländern verbreitete Modelle, die die Lehrbelastung der Hochschullehrer nach dem Einsatz für Forschungsaufgaben differenzieren, finden in Deutschland faktisch keine Verwendung. Zudem bietet die Struktur der Lehre in den Massenfächern nur wenige Möglichkeiten einer wirklich forschungsnahen Ausbildung. Eine Ausnahme bietet hier allenfalls die Einbeziehung studentischer Mitarbeiter in den Forschungsprozess.

Prinzipiell genießt Forschung im deutschen Universitätssystem ein hohes Ansehen, Anreizstrukturen, institutionelle Verankerung und Ressourcenausstattung sind jedoch nur selten auf Nachhaltigkeit angelegt. In anderen Ländern bewährte Mechanismen wie Forschungsprofessuren haben im deutschen System noch keine Verbreitung gefunden. Die wenigen vorhandenen Mechanismen zur Reduzierung der Lehrbelastung forschungsaktiver Professoren – so bietet etwa die DFG die Förderung eines Forschungssemesters (bis zu 12 Monaten) für die Durchführung eines Forschungsvorhabens auf internationalem Niveau an, das allerdings nur einmal alle 5 Jahre gewährt werden kann – sind nur ein Tropfen auf den heißen Stein.

3. Handlungsoptionen

Angesichts der Lage der öffentlichen Haushalte und der öffentlichen Wahrnehmung der Universitäten ist es zumindest kurz- bis mittelfristig unrealistisch, eine massive Steigerung der öffentlichen Aufwendungen für die Universitäten zu erwarten. Vor

---

[2] Das Problem ist zwar von der Regierung erkannt, eine umfassende Lösung allerdings in weiter Ferne.
[3] Z. B. der Deutsche Hochschulverband in einer kritischen Stellungnahme zu Empfehlungen des Wissenschaftsrats zwischen stärker lehr- und stärker forschungsbezogenen Professuren zu unterscheiden, vgl. http://www.hochschulverband.de/cms/fileadmin/pdf/pm/pm06-2006.pdf

diesem Hintergrund ist es daher umso dringender, mögliche Handlungsoptionen zu erörtern, die dazu beitragen können, ein realistischeres Bild des Werts und Preises der Forschung in der Öffentlichkeit zu vermitteln und in den Universitäten einen, den proklamierten Zielen angemessenen, Stellenwert der Forschung zu erlangen.

3.1 Vorüberlegungen und Prämissen

> "What are the organized settings that attract highly qualified people and encourage academic excellence and free inquiry and also make the University take seriously its social and cultural responsibilities in a democratic society?" (Olson 2005, 39)

Die 1988 in Bologna unterzeichnete Magna Charta Universitatum[4] unterstreicht die humanitären Werte der Universitäten und sieht die Universitäten als Vehikel des europäischen Einigungsprozesses und als Treuhänder der europäischen intellektuellen und normativen Tradition. Die Einbindung in den europäischen und internationalen Austausch wird damit zu einem Eckpfeiler der Universitäten. Wie aber kann eine solche Rolle wirksam ausgefüllt werden?

3.1.1 Rolle, Leitbild und Identität der Universität

In der Diskussion um Leitbilder der Universität – und speziell der universitären Forschung – lassen sich eine institutionelle und eine instrumentelle Sicht unterscheiden. Die institutionelle Sicht sieht die Universität als gesellschaftliches Subsystem, das einem eigenen Wertesystem (Wahrheitssuche und Bildung) verpflichtet ist und gerade durch die moralische und intellektuelle Unabhängigkeit seine gesellschaftliche Rolle des Aufbaus und der Bewahrung von Wissen erfüllt.

Demgegenüber steht eine instrumentelle Sicht der Universität, die spezifische Beiträge zur Lösung gesellschaftlicher, wirtschaftlicher oder wissenschaftlicher Probleme erwartet, entsprechend diesen Zielen Mittel und Anreize zur Verfügung stellt und damit steuernd in den Wissenschaftsprozess eingreift[5].

---

[4] Vgl. http://www.magna-charta.org/magna.html
[5] Vgl. Olson 2005

Fördergeber – wie etwa das BMBF oder die EU Kommission – folgen einer instrumentellen Sicht der Forschung und schreiben als relevant erachtete Themen aus und verbinden mit der Vergabe von Fördermitteln auch konkrete, über die eigentliche wissenschaftliche Arbeit hinausgehende Erwartungen etwa an die Verbreitung der Ergebnisse oder gar die Initiierung von Unternehmensgründungen.

Natürlich sieht auch die institutionelle Sicht der Universität die Notwendigkeit, Beiträge zur Lösung aktuelle Probleme zu leisten, sie akzentuiert aber gegenüber der instrumentellen Sicht, die Freiheit (und Notwendigkeit), auch solche Probleme zu bearbeiten, die (zunächst) dem Wissenschaftssystem immanent sind und von anderen gesellschaftlichen Gruppen oder Stakeholdern möglicherweise weder verstanden noch als relevant betrachtet werden.

Während gerade die international führenden Universitäten als Institutionen angesehen werden, die durch ihre Eigenständigkeit und den verantwortlichen Umgang mit wissenschaftlicher Freiheit ihr internationales Ansehen erworben und begabte Wissenschaftler angezogen haben, versuchen Wissenschaftspolitiker hierzulande, deren Erfolg durch Exzellenzinitativen zu reproduzieren, die einer instrumentellen Logik der Forschung folgen.

3.1.2 Praktiken und Strukturen der Forschung

Wissenschaft ist ein komplexes, hoch differenziertes System der Wissensproduktion, -dokumentation und -vermittlung. Sie umfasst vielfältige Praktiken der Forschung, die durch Prozesse der Diskussion in gegenseitiger Bewertung geprüft und weiterentwickelt werden. Sie ist dabei eingebunden in nationale, internationale und kollegiale Systeme (Konferenzen, Tagungen, Workshops, Kommissionen etc.), die fast ausschließlich auf ehrenamtlicher Tätigkeit der Forscher und dem Prinzip der Gegenseitigkeit basieren. Dies bedeutet, dass ein erheblicher, notwendiger und im Hinblick auf Journalpublikationen steigender Teil der wissenschaftlichen Arbeit in den gängigen Performance-Maßen nicht erfasst wird. Wir stehen vor einem offensichtlichen Dilemma, dass gutachterliche Tätigkeit an Umfang, Bedeutung und Einfluss auf die Karriere von Wissenschaftlern zunimmt[6], in den Arbeitslastberechnungen der

---
[6] Vgl. Backhaus 2006

Gutachter – sofern es die überhaupt gibt – aber fast keine Berücksichtigung findet. Im Effekt hängen immer größere Teile der Forschung von freiwilliger und ehrenamtlicher Tätigkeit ab, für die immer weniger Zeit zur Verfügung steht.

3.2 Gesellschaftlicher Diskurs über die Rolle der Universitäten und den Wert von Forschung und Bildung

Gerade in einer wissenschaftsbasierten Gesellschaft (Müller-Böling 2000, 27) müsste der öffentliche Diskurs über den Wert (und Preis) der Bildung intensiver geführt werden. Wenn den Hochschulen eine entscheidende Rolle für die Wettbewerbsfähigkeit eines Landes oder einer Region zugewiesen wird und sie international wettbewerbsfähig sein sollen, dann müssen die Mittel, die dafür bereitgestellt werden, den internationalen – sprich amerikanischen – Standards entsprechen. Hiervon sind nicht nur deutsche Universitäten weit entfernt.

Im Gegenzug sind natürlich auch die Universitäten gefordert, den Diskurs mit verschiedenen Teilen der Gesellschaft aktiver zu suchen. Zwei Beispiele aus dem europäischen Umfeld veranschaulichen mögliche Wege: Die Universität St. Gallen, deren Finanzierung auch von der Zustimmung der Bürger in Stadt und Kanton abhängt, nutzt ein Bündel von Maßnahmen – von der Kinderuni über öffentliche Vorlesungen bis hin zu Programmen für Senioren –, um die Rolle und kulturelle wie wirtschaftliche Bedeutung der Universität wirksam zu kommunizieren. Die UCD School of Business hat ein nord-amerikanisches sowie ein irisches Board, mit dem ein regelmäßiger Austausch gepflegt wird und deren Mitglieder auch um die Unterstützung konkreter Projekte und Maßnahmen gebeten werden. Die institutionalisierte Kommunikation erweist sich als ausgesprochen hilfreich für den Diskurs mit Gesellschaft und Wirtschaft.

3.3 Ansatzpunkte zur Balancierung von Forschung und Lehre

Angesichts bestehender (und absehbar steigender) Überlast gilt es, Wege zu suchen, die

- Forschung und Lehre als Aufgaben gleichberechtigt nebeneinander stellen,

- eine Ausweitung forschungsorientierter Lehre und Ausbildung ermöglichen und
- eine nachhaltige Ressourcenausstattung gewährleisten.

3.3.1 Differenzierung der Ausbildung

Der Bolognaprozess und die Stärkung der Autonomie der Hochschulen ermöglichen eine stärkere Ausdifferenzierung von Lehrprogrammen, wie sie aus dem anglo-amerikanischen Bereich seit Jahren bekannt ist. Aus Sicht der Forschung gilt es dabei, an Universitäten vorrangig solche Programme zu entwickeln, die eine enge Verzahnung von Forschung und Lehre ermöglichen. Auch wenn das Argument nicht neu ist, so scheint angesichts der hohen Zahl der Studierenden mit einer ausgesprochenen Präferenz für eine berufs- und praxisnahe und dezidiert nicht wissenschaftlich-theoretische Ausbildung eine entsprechende Stärkung der Rolle der Fachhochschulen in der Bachelorausbildung und bei berufs-orientierten Masterprogrammen als Option, die den gesellschaftlichen Zielen unseres differenzierten Hochschulsystems entspricht. Die Universitäten werden nur dann auf Dauer ihrem gesellschaftlichen Bildungsauftrag gerecht werden "..., wenn es ihnen gelingt, die bloße Anhäufung von praktischem Wissen zugunsten einer verstärkten Durchdringung einzelner Themen und einer vertieften Einführung in die historischen und philosophischen Fundamente der Fächer zu begrenzen." (Morkel 2002, 589)

An der UCD School of Business gibt es ein differenziertes Angebot von über 20 Masterprogrammen (neben der inhaltlichen Differenzierung erfolgt eine Differenzierung nach Vollzeit/Teilzeit/Executive) mit Studiengebühren zwischen EUR 10.000 und 20.000 für 2-3 semestrige Programme. Dabei wird von den irischen Universitäten ein hoher Anteil an forschungsorientierten Masterprogrammen erwartet. Der Unterricht in kleinen Gruppen (< 40) ermöglicht forschungsnahes Unterrichten und die Heranführung von Studierenden an die Promotion.

Auch wenn bei der Gestaltung von Studiengebühren noch viele Fragen offen sind, insbesondere dürfen sie nicht zu einer indirekten Steuererhöhung für Familien führen, eröffnen sie doch Gestaltungs- und Differenzierungsspielräume, von denen gerade die forschungsnahe Ausbildung profitieren dürfte.

3.3.2 Ausweitung des Lehrangebots durch qualifizierte Dozenten

Eine realistische Bewertung der vorhandenen Lehrkapazitäten bei angemessener Berücksichtigung von Forschungsbeiträgen wird mit hoher Wahrscheinlichkeit bei den Massenfächern zum Ausweis massiver (und steigender) Überlast führen. Vorschläge zu einem temporären Abbau von Überlast, etwa durch die vorgezogene Wiederbesetzung von Stellen, liegen bereits vor. Ein angemessener Ausbau von Professorenstellen wird vermutlich dennoch kaum finanzierbar sein. Vor diesem Hintergrund wäre der Ausbau von Lehrkapazitäten durch Dozenten und Tutoren eine Option.

Über konkrete Gestaltungsvarianten wäre zu diskutieren; der Blick nach Irland zeigt, wie der pädagogisch wünschenswerte Unterricht in kleinen Gruppen (maximal 50 Teilnehmer bereits auf der Bachelorstufe) realisiert werden kann: Die Rolle des inhaltlich verantwortlichen Koordinators und des durchführenden Dozenten werden getrennt. Die Kurse werden von erfahrenen Dozenten konzipiert, aber dann von einem Team von temporär beschäftigten Dozenten und Tutoren durchgeführt.

3.3.3 Evaluation und Transparenz über die faktische Belastung

Eine Erarbeitung and Anwendung von Modellen, die eine realistische Einschätzung der Arbeitslast der akademischen Mitarbeiter der Universitäten erlauben, ist unerlässlich und wird zum Teil von Akkreditierungsagenturen (so etwa der AACSB) verlangt. Sie bilden eine wichtige Grundlage für Erwartungsmanagement und Leistungsanreize, einen fairen Lastausgleich, Anerkennung und Kompensation für erbrachte Leistungen und Schaffung von Flexibilität. Dabei geht es nicht um eine mechanische Berechnung von Aufgaben, sondern vielmehr um einen Diskurs unter Kollegen über Ziele und Prioritäten im Verhältnis zur faktischen Belastung und der Qualität der erbrachten Leistung. Während manchem Hochschullehrer Arbeitslastmodelle und Performance Review als Eingriff in die eigene Freiheit erscheinen mögen, sind auf der anderen Seite Transparenz und Verantwortlichkeit die Voraussetzung für eine stärkere Flexibilisierung und Differenzierung von Aufgaben.

Die UCD sieht Performance Review als essentiellen Teil eines mit-arbeiterbezogenen Lern- und Entwicklungsprozesses, um die strategischen Ziele im Hinblick auf Forschung, Gelehrsamkeit (*scholarship*), Innovation und Kreativität zu erreichen.

3.3.4 Modelle finanzieller Anreize für die Forschung

Analog zu den Lastmodellen stellt sich bei der Finanzierung der Forschung das Problem, dass zumeist keine realistische Bewertung der tatsächlichen Aufwendungen und des zu erwartenden Nutzens erfolgt. Erst wenn transparent wird, wie aufwändig die Akquisition und Durchführung eines Forschungsprojekts ist oder wie hoch etwa die (kalkulatorischen) Kosten für die Betreuung eines Doktoranden sind, und wie hoch auf der anderen Seite der erwartete Nutzen der Forschung ist, kann angemessen über Kompensation etwa im Hinblick auf Entlastung bei Lehre oder Administration verhandelt werden.

Zugleich bilden derartige Kalkulationsmodelle die Voraussetzung zu einer differenzierteren und realistischen Diskussion über Ressourcenallokation und Priorisierung von Aktivitäten. Die geringe zeitliche Kompensation für Forschungsleistungen resultiert aus meiner Sicht auch daraus, dass Anforderungen und Beiträge weniger tangibel sind als in der Lehre.

Die UCD schreibt regelmäßig – auf Universitäts- wie auch auf Fakultätsebene – Förderprogramme zur Anschubfinanzierung von Forschungsprojekten aus, um ein deutliches Signal der Wertschätzung der Forschung zu geben.

3.4 Differenzierung und Flexibilisierung wagen

> „Es geht um Reformen, die im Interesse der Zukunftsfähigkeit unserer Hochschulen stehen. Umso mehr sind aber die Hochschulen selbst gefordert, den Veränderungsprozess in die Hand zu nehmen, ihn aktiv voranzutreiben und in kreativer Weise zu gestalten" (Müller-Böling, 2000, 30).

Universitäre Forschung ist ein komplexes System hoch differenzierter Praktiken. Dies gilt nicht nur im Vergleich zwischen Disziplinen, sondern auch innerhalb von Disziplinen. Die notwendigen Veränderungen des Universitätssystems lassen sich weder zentral steuern noch durch einheitliche Regelungen (one-size-fits-all) bewältigen. Vielmehr sind kontrollierte Experimente erforderlich, um die Spielräume für die Forschung zu erweitern. Verantwortlichkeit des Einzelnen und formative, auf Lernen und Entwicklung ausgerichtet Evaluation sichern dabei die Zielkonformität der Maßnahmen. Und auch hier gilt: Reformen sind zu finanzieren und brauchen Spielräume. Wer mit dem universitären, unterfinanzierten und überbelasteten Alltag vertraut ist, wird dem in obigem Zitat formulierten Appell solange skeptisch gegenüberstehen, wie er sich einreiht in eine immer länger werdende Liste von Forderungen, denen keine angemessenen Ressourcen für die Durchführung entsprechenden Maßnahmen und Reformen gegenüber gestellt werden. Um die Diskussion zu möglichen Reformen inhaltlich zu füllen, werden im Folgenden Vorschläge zur Ausweitung und Internationalisierung der Forschung unterbreitet, die „im Interesse der Zukunftsfähigkeit unserer Hochschulen" stehen könnten.

3.4.1 Entlastung von Lehraufgaben

Universitäten können gestärkt werden, indem die partielle Befreiung von Lehraufgaben zu Forschungszwecken gefördert wird. Die meisten Forscher erachten zusätzliche Zeit für die Forschung als Kernproblem und als wichtiger als zusätzliches Geld. Das Modell der Befreiung von Lehraufgaben im Ausgleich für Fördergelder, d. h. der Fördergeber finanziert die Lehrvertretung, bietet so offensichtliche Vorteile, dass unverständlich ist, dass dieses Modell bisher so wenig und restriktiv verwendet wird, bietet es doch den Universitäten die Möglichkeit, die Forschungskapazitäten der Professoren aufwandsneutral zu vergrößern und im günstigen Fall zu einer Ausweitung des internationalen Austauschs und internationaler Lehrangebote beizutragen.

3.4.2 Kooperationsmodelle im internationalen Rahmen

Universitäten können gestärkt werden, indem Kooperationen mit ausländischen Hochschulen durch Zweitberufungen unterstützt werden. Zwar unterstellt das deutsche Beamtenrecht einen uneingeschränkten Einsatz für die Dienstbehörde, gleichwohl erscheinen institutionalisierte Modelle der Mitarbeit von Professoren – in einem definierten Umfang – an einer Hochschule im Ausland prädestiniert, nicht nur die

Weiterbildung und den Erfahrungsaustausch zu fördern, sondern auch die Internationalisierung.

Meine eigene Beurlaubung gab mir nicht nur größere Freiräume für Forschungs(management)aufgaben, sondern eröffnete zusätzlich Einblicke in die institutionellen Strukturen, Praktiken und Traditionen eines völlig anderen Universitätssystems. Die Vertreter meiner Stelle erhielten die Chance einer Weiterqualifizierung und die beurlaubende Universität eine Ausweitung des internationalen Netzwerks, das insbesondere für Dozentenaustausch und den Aufbau gemeinsamer Forschungsvorhaben genutzt wurde.

Allerdings gibt es in Deutschland kaum Modelle, um derartige Kooperationen auf Professoren- und Dozentenebene zu verstetigen und den Erfahrungsaustausch institutionell zu verankern.

3.4.3 Internationalisierung der Doktorandenausbildung

Universitäten können gestärkt werden, indem die Internationalisierung der Doktorandenausbildung gefördert wird. Der Ausbau der strukturierten Doktorandenausbildung erfordert zusätzliche Lehrkapazitäten. Gleichwohl wird sich ein spezialisiertes Kursangebot an einer Hochschule häufig nicht sinnvoll darstellen lassen, sei es, dass zu wenig Nachfrage da ist oder nicht in ausreichendem Maße qualifizierte Professoren verfügbar sind. Hier bietet sich der Ausbau standortübergreifender oder internationaler Doktorandenprogramme bzw. -seminare an, wie er etwa in den Niederlanden bereits realisiert ist[7].

3.4.4 Wissenschaftlicher Diskurs und formative Evaluation

Universitäten können gestärkt werden, indem die Disputation, die kritische und offene Diskussion von Forschungsanträgen, -inhalten und -ergebnissen gestärkt wird. Die Vorteile von doppelt-blinden Peer-Review Verfahren für Forschungsanträge wie Forschungsergebnisse sind hinlänglich bekannt. Allerdings darf Kritik nicht aus-

---

[7] Vgl. http://www.nobem.nl/

schließlich anonymisiert oder gar unzugänglich[8] erfolgen. Vielmehr müssen Peer-Review Verfahren eingebunden sein in den offen wissenschaftlichen Diskurs in und zwischen den Fachdisziplinen. Innovation und Änderungen in komplexen Gebilden wie Universitäten sind stets mit Prognoseunsicherheit und nicht antizipierten Wirkungen verbunden. Die Ausweitung von Handlungsspielräumen geht einher mit der Rechenschaftspflicht der Forschenden und sollte um Praktiken der formativen, auf Lernen und Entwicklung ausgerichteten Evaluation[9] (Scriven 1967) ergänzt werden. An irischen Universitäten gibt es ausdifferenzierte, in regelmäßigen Abständen durchgeführte Verfahren der Qualitätskontrolle und -verbesserung auf Ebene der Departments[10] sowie versuchsweise durchgeführte formative Peer- und Non-Peer-Evaluationen auf Ebene der Forschungszentren. Dort wo sie von den Beteiligten akzeptiert und als Chance einer kritischen Reflektion des eigenen Tuns begriffen werden, sind sie Ausdruck einer reifen Diskurs- und Forschungskultur.

4. Zum Schluss: Blick zurück nach vorn

> „The Humboldtian model needs rethinking and adaptation to new circumstances and a possible renaissance for the European University requires that Europe finds its way forward on the basis of its own strengths. ... The solution is to be found in a diversity of models, reflecting the diversity of European cultures and perspectives. ... One should not aspire for a hierarchy of excellence but a system of excellence in diversity, and there is a need for a massive effort to raise the level of universities' missions in training and research across Europe". (Olson 2005)

Norbert Szyperski hat sich stets für die Internationalisierung der Forschung und die Gestaltung innovationsfördernder Strukturen für die Forschung eingesetzt. Meine Überlegungen lassen sich – wie ich glaube in seinem Sinne – als Plädoyer für mehr Spielraum für die Forschung zusammenfassen. Eine, über eine rein instrumentelle Betrachtung hinausgehende, gesellschaftliche Rolle der Forschung muss meines

---

[8] Mit dem Argument des Schutzes der Gutachter verwehrt die DFG die Einsicht in die Gutachten.
[9] Die für die nationale Akkreditierung der Bachelor- und Masterprogramme durchgeführte Evaluation dient der Sicherstellung von Mindeststandards. Wegweisende Impulse für Innovation und Entwicklung der untersuchten Einheiten sind davon nicht zu erwarten.
[10] Vgl. http://www.iuqb.ie/

Erachtens einhergehen mit der Betonung und Wertschätzung der intellektuellen und moralischen Unabhängigkeit der Wissenschaft.

Damit die Universitäten ihre Rolle im Bereich der Forschung spielen können, benötigen sie dringend mehr Ressourcen und mehr Spielraum: Reformen, Innovation, Internationalisierung, Evaluationen sind aufwändig und bedürfen einer angemessenen, dem, den deutschen Universitäten häufig als Vorbilder hingestellten, internationalen Wettbewerb vergleichbaren Mittelausstattung. Exzellente Forschung kann nicht immer nur gefordert, sie muss auch gefördert werden. Dies erfordert auf Seiten der Universitäten und hier in erster Linie der Professoren die Bereitschaft zum kritischen Diskurs, gepaart mit Aufrichtigkeit, Verantwortlichkeit und Mut, die Probleme zu benennen und Differenzierung auch in den eigenen Reihen vorzunehmen.

Der europäische Einigungsprozess bietet dabei hervorragende Chancen des Lernens voneinander im Anknüpfen an mittelalterliche Traditionen des Austauschs zwischen den europäischen Hochschulen (Cardini, Fumagalli Beonio-Brocchieri 1991).

Literaturverzeichnis

BACKHAUS, K. (2006)
Editorial – Die neue Verantwortung Wissenschaftlicher Fachzeitschriften, in: DBW (2), 115-116.

BRADY, H. (2004)
The Value of Education – Inaugural Lecture as President of University College Dublin, 20.01.2004.

CARDINI, F.; FUMAGALLI BEONIO-BROCCHIERI, M. T. (1991)
Universitäten im Mittelalter – Die europäischen Stätten des Wissens, München: Südwest Verlag.

COLLBERG, C. S.; KOBOUROV, S. G. (2005)
Self-plagiarism in computer science. In: Communications of the ACM, 48(4): 88-94.

EINSTEIN, A. (1988)
"On Education" in: Ideas and Opinions, New York, Wings Books.

EUROPEAN COMMISSION (2003)
The Role of the Universities in the Europe of Knowledge. Brussels COM(2003) 58 final.

LÖFFLER, A. (2006)
Besserer Weg zum Doktortitel – Neue Graduiertenschulen machen die klassische Promotion für Ökonomen zum Karriererisiko. In: Handelsblatt 23.01. (16), 9.

MORKEL, A. (2002)
Kann die Universität heute noch zur Bildung beitragen? In: Forschung und Lehre (11), 586-589.

MÜLLER-BÖLING, D. (2000)
Die entfesselte Hochschule. Gütersloh, Verlag Bertelsmann Stiftung.

OLSON, J. (2005)
The Institutional Dynamics of the (European) University, Working Paper.

Schmidt, M. G. (2003)
Ausgaben für Bildung im internationalen Vergleich. In: Aus Politik und Zeitgeschichte (B 21-22/2003).

SCRIVEN, M. (1967)
The Methodology of Evaluation. Chicago, Rand McNally.

TSOUKAS, H. (1998).
"The word and the world: A critique of representationalism in management research." International Journal of Public Administration, 21(5): 781-817.

Explorative Forschung mittels Bezugsrahmen
Ein Beitrag zur Methodologie

Fred G. Becker[1]

---

[1] Herr Dipl.-Kfm. Christian Brinkkötter stand dem Autor als kritischer Leser und Ratgeber des Beitrags während der Manuskripterstellung hilfreich zur Seite.

Inhaltsverzeichnis

Vorspann 285

1. Explorative Forschung 285

2. Bezugsrahmenorientierung 289

3. Forschungsrahmen 291
   3.1 Entwicklungsphase des Forschungsrahmens 291
   3.2 Erprobungsphase des Forschungsrahmens 295
   3.3 Wahl der Forschungsmethodik 296
   3.4 Anwendungsphase des Forschungsrahmens 297

4. Erklärungsrahmen 297

5. Fazit 300

Literaturverzeichnis 302

Vorspann

Ein methodologisches Instrument der empirischen Forschung ist die explorative Studie. Um einen erkenntnistheoretisch sinnvollen Ablauf von solchen empirischen Forschungsprojekten zu gewährleisten, die weitgehend unerforschte Problemstellungen als Erkenntnisobjekt haben, wird das Konzept einer „bezugsrahmen-orientierten Studie" vorgestellt. Es hilft, erstmals für ein wenig bearbeitetes Problemfeld relevante Informationen herauszufiltern und für weitere Forschungsbemühungen vorzustrukturieren. Der Entdeckungszusammenhang[2] ist ja ein in der Betriebswirtschaftslehre vielfach vernachlässigtes Objekt der Forschungsmethodologie[3] und wurde sogar aus der Methodologie verbannt. Diese weit verbreitete Ansicht gilt mittlerweile als überwunden.[4] Das Manuskript befasst sich insofern mit einer Konstruktionsstrategie für die Erkenntnisgewinnung und Hypothesengenerierung im Rahmen explorativer Forschung. Dabei wird ein zweigeteiltes Vorgehen gewählt.

1. Explorative Forschung

Die **empirische Sozialforschung** beschäftigt sich mit der Erfassung und Deutung sozialer Tatbestände. Reale Erfahrungen über die Umwelt werden systematisch, d. h. nach bestimmten Regeln erfasst und beschrieben, es werden u. U. kreative Konzepte über die erhobenen Zusammenhänge generiert sowie gegebenenfalls die sich ergebenden Aussagen wiederum an der Realität überprüft.[5] In der Betriebswirtschaftslehre ist seit vielen Jahrzehnten eine hypothesenprüfende Vorgehensweise üblich. Aus theoretischen Ansätzen werden bezüglich des Erkenntnisobjektes Hypothesen (Wenn-Dann-Aussagen) abgeleitet, die dann an einem Ausschnitt aus der Realität überprüft, gegebenenfalls falsifiziert oder (modifiziert) bestätigt werden. Ein solcher Forschungsprozess ist vielfach beschrieben. Er basiert im Wesentlichen auf dem kritischen Rationalismus.[6]

---

[2] Zur Unterscheidung von Entdeckungs- und Erklärungs- bzw. Begründungszusammenhang s. bspw. Weber/Kolb 1977, S. 62 ff., auch Chmielewicz 1979 und Fischer-Winkelmann 1971.
[3] S. hierzu auch Fußnote 28 sowie grundsätzlich auch Szyperski 1971, S. 261 ff.
[4] S. Schanz 1988, S. 7, 39 ff
[5] S. bspw. Atteslander 2003, S. 3, Kubicek 1975, S. 34, Kromrey 2002, S. 13 ff.
[6] S. Popper 1984, Albert 1971 sowie kritisch Schanz 1988.

Gerade in der Anfangsphase der betriebswirtschaftlichen Empirie wurden solche Vorgehensweisen verwendet. Um die „Wissenschaftlichkeit" zu gewährleisten, wurde versucht, das Soziale ähnlich wie die Natur auf Gesetzmäßigkeiten zu überprüfen, mit der Folge der sehr starken Quantifizierung. Ziel einer solchen quantitativen Forschung ist im Wesentlichen die Hypothesenprüfung. Soziale Zusammenhänge, das Verstehen von Verhalten rückte in den Hintergrund bzw. kann mit diesen Methoden nur unzureichend erhoben werden.[7]

Weniger thematisiert ist dagegen der Forschungsprozess ohne eine solche theoriebasierte und hypothesenüberprüfende Anleitung für bis zum jeweiligen Forschungszeitpunkt wenig bekannte Erkenntnisobjekte („weiße Flecken") und/oder für den **Entdeckungszusammenhang** der Forschung. Hier bedarf es einer explorativen Vorgehensweise, die sich anderen Herausforderungen zu stellen hat. Unter Exploration im wissenschaftlichen Kontext ist die erfahrungsvermittelnde Spekulation zu verstehen.[8] Spekulation umschreibt einerseits die vorläufige Abkehr von dem Anspruch, allgemein gültige Aussagen formulieren zu wollen, sowie andererseits den Versuch, kreativ an noch ungelöste, schwierige Problemstellungen heranzugehen. Die **explorative Forschung** beschäftigt sich insofern mit der kreativen, aber dennoch systematisierten Erfassung, Präzisierung, Strukturierung und Erklärung von vorher weitgehend unbearbeiteten realen Problemen.

Eine explorative Studie ist dabei als methodologisches Instrument zu verstehen, welches der Theorie- und Hypothesenentwicklung dient. Insofern ist sie eine Art Vorstufe der hypothesenprüfenden Empirie. Bei einer explorativen Studie werden nicht vor Beginn der eigentlichen empirischen Phase zu prüfende nomologische Hypothesen aufgestellt bzw. aus übergeordneten theoretischen Modellen abgeleitet. Bei Erkenntnisobjekten mit informativen, empirischen und/oder theoretischen Arbeiten bei Fragestellungen ohne Theoriedefizit mag das möglich und sinnvoll sein. Bei den explorativen Studien vollzieht sich die Entwicklung solcher Hypothesen erfahrungsgeleitet und erst nach Beendigung der empirischen Phase.

---

[7] S. Atteslander 2003, S. 10.
[8] S. Wollnik 1977, S. 43.

Wie bei anderen Vorgehensweisen auch lassen sich als Forscher im Wesentlichen drei **Funktionen** mit der explorativen Forschung verfolgen:

- Reale Phänomene sollen hinreichend beschrieben werden (deskriptive Funktion).
- Erkannte und vermutete Beziehungen wesentlicher Elemente werden in hypothetischer Form empirisch begründet erfasst (erklärende Funktion).
- Soweit wie möglich erfolgt eine Formulierung handlungsanleitender Aussagen zur Lösung realer Probleme (praktische Funktion). Diese Funktion geht vermutlich nicht über eine Impulsgebung hinaus, da noch relativ wenig (Forschungs-) Kenntnis über die Zusammenhänge vorliegt.

Die explorative Forschung sollte prinzipiell methodenpluralistisch ausgerichtet sein, da nicht die Methode, sondern das Erkenntnisinteresse sie leitet. „Normalerweise" wird sie automatisch mit qualitativer Forschung verbunden. Entsprechende Studien sind aber nicht zwingend qualitative Erhebungen, auch quantitative Studien können als Forschungsmethode eingesetzt werden. Es gibt im Entdeckungszusammenhang verschiedene, auch kombinierbare Wege,[9] Hypothesen über einen Gegenstand zu generieren. Im Zeitablauf hat sich eine Vielzahl möglicher Erhebungsmethoden etabliert, die sich, um Erfahrungswissen zu generieren, im Prinzip auch für die explorative Forschung eignen.

- Auch eine **quantitative Studie** kann prinzipiell einen nützlichen Zugang zu unbekannten realen Phänomenen darstellen. Bspw. lassen sich – für die Fragestellung des Commitment oder ähnlich schwierig zu erfassender Konstrukte – mit voll strukturierten Fragebogen für ein kleines oder auch großes Sample und nachfolgender Faktorenanalyse Hinweise über die möglicherweise wesentlichsten Determinanten sowie deren Zusammenhänge zu anderen Variablen bzw. zur Effizienz ermitteln. Dieses Vorgehen ist im Übrigen in der sozialwissenschaftlichen Forschung weit verbreitet und akzeptiert.[10] Auch die Methode des Data Mining passt in diesen Zusammenhang.[11]

---

[9] S. bspw. Engler 2003, S. 118 ff.
[10] S. hierzu Hopf 1979, van Maanen 1979, Osterloh 1982, Kubicek/Wollnik/Kieser 1981.
[11] S. bspw. Decker 2003.

- **Qualitativ** bedeutet im Rahmen einer empirischen Studie den weitgehenden Verzicht auf eine Standardisierung des Erhebungsinstruments und vorab fixierter kategorialer Systeme sowie die Zuwendung zu nicht- oder halbstrukturierten Interviews, zur Inhaltsanalyse von Gesprächen, zur Beobachtung, zur Interpretation erhobener Informationen sowie der weitgehende Verzicht auf das „Zählen" – zumindest dort, wo keinerlei Erkenntnisse dadurch zu erwarten sind.[12] Eine solche qualitative Vorgehensweise ist von daher hervorragend dazu geeignet, Erkenntnisse über „weiße" Flecken zu gewinnen.[13]

Da bei der Exploration das Verstehen sozialer Verhaltensweisen im Mittelpunkt steht, bilden qualitative Methoden den Schwerpunkt der Erhebungsverfahren. Sie werden manchmal als „zu subjektiv" diskreditiert. Dabei wird missachtet, dass Subjektivität (der Forscher) ebenso bei „objektiven" Forschungsmethoden in die Formulierung des Projekts, in die Strukturierung der Fragestellung und der Untersuchung sowie in die Auswahl der Methodik und deren Verwendung einfließt. Selbst durch mit „objektiven" Forschungsmethoden erarbeitete Ergebnisse können keine nomologischen Hypothesen über betriebswirtschaftliche Forschungsfragen wie in der Naturwissenschaft aufgestellt werden: Solche Ideale sind seit Kants Überlegungen zur Erkenntnisfähigkeit des Menschen, Einsteins Relativitätstheorie und dem Beginn der Quantentheorie selbst für die naturwissenschaftliche Forschung **nicht** mehr haltbar.

Letztlich lässt die bezugsrahmenorientierte explorative Forschung eine breite Methodenvielfalt zu. Im Mittelpunkt steht die Eignung einer Methode, das gewünschte Ziel zu erreichen. Eine Grundsatzentscheidung zu Gunsten qualitativer oder quantitativer Verfahren steht nicht zur Debatte. Die tolerante Haltung gegenüber den verschiedenen Methoden ermöglicht einen breiteren, vielleicht auch tieferen Zugang zu komplexen, qualitativen und/oder unstrukturierten Problemen.

---

[12] Der dazu jeweils notwendige Zeitbedarf führt dazu, dass nur ein kleines Sample erhoben werden kann. Dieses Sample wird genauso wenig repräsentativ sein können, wie das in dem o. g. quantitativen Forschungsprojekt. Es ist zwar kleiner, bietet dafür aber durch intensivere Befragungsmöglichkeiten mehr Hintergrundinformationen und auch dadurch valide(re) Ergebnisse. S. zu qualitativen Forschungsprozessen Mayring 1999, Lamneck 1995, Flick/Kardorff/Steinke 2000, Friebertshäuser/Prengel 2003, Lau 1977, van Maanen 1979, Oswald 2003, Morgan/Smirnich 1980, aber auch http://qualitative-research.net/fqs/fqs.htm [14.03.2006].
[13] Die orthodoxe kritische Haltung von Holweg (2005) ist in einer pluralistischen Forschungstradition nicht wirklich nachvollziehbar.

Exploration bedeutet nicht automatisch absolute Freiheit im Forschungsprozess. Vielmehr gelten für sie ähnliche Ansprüche, die auch an andere wissenschaftliche Studien gestellt werden. Notwendig ist jedoch eine hohe Disziplin der Forscher, da noch keine spezifizierten und eindeutigen theoretischen Konzepte existieren, die das Forschungsfeld abstecken. Bei der inhaltlichen wie methodischen Vorgehensweise ist das wichtigste Kriterium das der intersubjektiven Nachvollziehbarkeit. Es muss einem sachkundigen Dritten möglich sein, das Vorgehen sowie die gezogenen Schlüsse nachvollziehen und kontrollieren zu können. Eine systematische Vorgehensweise ist daher zwingend notwendig. Es ist von daher zweckmäßig, **Konstruktionsstrategien** zu entwickeln und anzuwenden, die kreative Forschungsbemühungen unterstützen und (noch) diffuse Forschungsobjekte aufklaren helfen. Die Gewinnung von Erfahrungswissen und auch die Generierung von Theorien ist zwar keineswegs eine durch Regeln bestimmte, sie ist aber eine durchaus durch Regeln strukturierbare und nachvollziehbare Tätigkeit. Dieses zu gewährleisten, helfen Bezugsrahmen.

2. Bezugsrahmenorientierung

Bezugsrahmen ermöglichen eine – vorläufige – begrifflich-theoretische Integration der wichtigsten Komponenten zu Beginn und am Ende eines Forschungsprozesses über ein Forschungsobjekt. Sie helfen, die „Konstruktion wissenschaftlicher Aussagen als einen von theoretischen Absichten geleiteten und auf systematischen Erfahrungswissen basierenden Lernprozeß [!] zu begreifen ..."[14] und zu dokumentieren. Gerade bei schlecht-strukturierten Problemen wie den „weißen Flecken" dienen sie einer Ordnung des Denkens über komplexe reale Problemzusammenhänge sowie auch der Vorbereitung und Steuerung explorativer Studien und der Erklärung realer Phänomene.[15] Sie stellen in diesem Zusammenhang ein Hilfsmittel der Forschung („Theorieersatz")[16] dar, mit versuchsweisen Annahmen einen sinnvollen Anfang der Forschungsarbeit zu ermöglichen und die Ergebnisse der Forschung darzustellen.[17]

---

[14] Kubicek 1977, S. 13.
[15] Vgl. Kirsch 1977, Bd. 3, S. 241.
[16] Rößl 1990, S. 99.
[17] S. Kubicek 1975, S. 39, Grochla 1978, S. 62 f., Schmidt 1972, S. 393, Rößl 1990, Becker 1993.

Durch die sorgfältige Entwicklung eines Bezugsrahmens mit inhaltlichen, prozessualen und methodischen Elementen kann dann eine explorative Studie systematisch erarbeitet, durchgeführt und nachvollzogen werden. Die Forschung wird zu einem gezielten, systematischen und nachvollziehbaren Erkenntnisprozess, indem Suchen, Beobachten, Formulieren, Überprüfen, Auswerten, Präzisieren, Reformulieren, Verwerfen von Fakten und Thesen nach Regeln stattfindet und dokumentiert wird. Letztendlich liegt so ein gut dokumentierter, nachvollziehbarer Forschungsprozess vor, der es auch anderen ermöglicht, die Plausibilität der Argumentationen zu prüfen.

Wegen des im Laufe des Forschungsprozesses üblichen Erkenntnisfortschrittes – und den nachfolgend notwendigen Modifizierungen der Annahmen – empfiehlt sich eine Differenzierung zweier unterschiedlicher, wenngleich aufeinander bezogener Bezugsrahmen.[18] Es wird unterschieden in einen **Forschungsrahmen**, der selbstkonzipiert als erste Stufe der Hypothesen- und Theorieentwicklung dem empirischen Forschungsprojekt als Orientierungshilfe zugrunde liegt, und in einen **Erklärungsrahmen**, der im Ergebnis des Forschungsprojekts als Deskriptions- und Erklärungsmuster dient. Wie weiter unten noch zu lesen sein wird, kann auch ein so genannter Entscheidungsrahmen folgen. Der zugrunde liegende **Forschungsprozess** lässt sich dabei idealtypisch in verschiedene Forschungsepisoden gliedern. Nachdem die Forschungsfrage befriedigend geklärt ist, erfolgt zunächst (1) die Generierung eines Forschungsrahmens, der der theoretischen Strukturierung des Forschungsfeldes dient. Es folgt die (2) Erprobungs- und die (3) Anwendungsphase des Forschungsrahmens, die eigentliche empirische Erhebung. Abschließend wird ein (4) Erklärungsrahmen erarbeitet, der die Erkenntnisse in Bezug auf die Problemstellung analysiert. Auf die Rahmen und Episoden (s. Abbildung 1) wird nun näher eingegangen.

---

[18] S. ähnlich Kirsch 1977, 1984; Kubicek 1975; Grochla 1978.

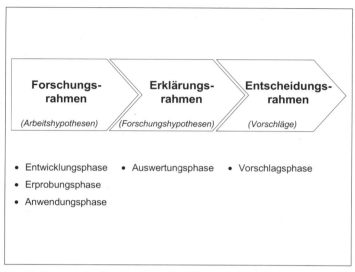

Abb. 1: Bezugsrahmenorientierte Forschungsepisoden

3. Forschungsrahmen

3.1 Entwicklungsphase des Forschungsrahmens

Ein selbst zu konzipierender Forschungsrahmen liegt als erste Stufe der Hypothesen- und Theorieentwicklung einem explorativen Forschungsprojekt als Orientierungshilfe zugrunde. Seine Entwicklung kann den Forschern helfen,

1) ihr **Vorverständnis** über das Erkenntnisobjekt zu erfassen und zu erweitern, die Breite und Tiefe des Forschungsobjektes zu erfassen, den Forschungsgegenstand zu konkretisieren, sie vor voreiligen Schlussfolgerungen zu schützen, ihnen die Interdependenzen und den Umfang des Objekts zu verdeutlichen,
2) systematisch, sprachlich eindeutig formuliert, nachvollziehbar sowie weniger von impliziten Forscherannahmen abhängig **Arbeitshypothesen** über das Erkenntnisobjekt aufzustellen,
3) die **empirische Forschung anzuleiten**, die Entwicklung des Erhebungsinstruments zu unterstützen sowie

4) es Dritten zu ermöglichen, die **Schlussfolgerungen** nachzuvollziehen und die Annahmen auf ihren Gehalt überprüfen zu können.

Zu 1): Vorverständnis, Konkretisierung u. Ä.

Gerade in einem relativ unbekannten Forschungsbereich dient der Forschungsrahmen der intersubjektiven Transparentmachung des vagen Vorverständnisses"[19], auf dem die weitere Studie aufbauen soll. Es gilt dabei v. a., sich mit dem angesammelten Wissen zum Erkenntnisgebiet und -objekt vertraut zu machen, von den Erfahrungen vieler zu profitieren und eigene Vorstellungen darzulegen sowie später auch diese kritisieren zu lassen und zu erweitern.

Die Umsetzung in einen dokumentierten Forschungsrahmen erweitert die Erkenntnisfähigkeit der Forscher. Diese Erweiterung bezieht sich v. a. auf zwei Aspekte: Eine ausführliche und später systematisierte Beschäftigung mit dem Erkenntnisobjekt schafft zum einen die Möglichkeit zur umfassenden Kenntnis relevanter Elemente und Zusammenhänge. Zum anderen wird die individuelle Auffassungs- und Kombinationsgabe gerade in qualitativen Erhebungssituationen prinzipiell verbessert.[20] Die intensive Beschäftigung mit der Erarbeitung eines Forschungsrahmens verhindert, „blind" das Forschungsobjekt zu erheben bzw. sich weitgehend unreflektiert dem Objekt zu nähern. Erst eine gute Kenntnis dieser Zusammenhänge ermöglicht die Erarbeitung eines problemadäquaten Erhebungsinstruments sowie ein Verständnis der Antworten bei der Erhebung und der Auswertung.

Mit der Erarbeitung des Forschungsrahmens wird zudem versucht, ein gegenseitiges und/oder gemeinsames Verständnis zu erlangen. Sachlich begründete unterschiedliche Positionen sowohl bei der Erarbeitung des Forschungsrahmens als auch bei der Interpretation von Ergebnissen befruchten den Forschungsprozess und helfen, Ein-

---

[19] Rößl 1990, S. 100.
[20] Vgl. Hopf 1978, S. 97ff., Osterloh 1982. Einordnungen und Verständnis sind eher möglich, weil i. d. R. nur Interpretationen des – meist in anderer Terminologie – Gesagten notwendig sind. Kommt hinzu, dass inhaltlich sowie nicht nur sprachlich Neues dargeboten wird, sind zwei Probleme durch den Interviewer zeitlich parallel zu lösen: Die Antwort ist sprachlich zu verstehen und gleichzeitig auf ihren Neuigkeitsgehalt zu prüfen und einzuordnen. Die dazu notwendige kognitive Kapazität kann zu Verzögerungen im Interview, aber auch zur wenig konsequenten Nachfrage in der Interviewsituation führen. Das „Neue" kann in seinem Umfang ad hoc nicht so umfassend erfasst und hinterfragt werden, als wenn man sich bereits vorab mit der Möglichkeit des „Neuen" beschäftigt hat.

äugigkeit und vorschnelle Schlussfolgerungen zu verhindern. Dazu zählt letztlich auch die Terminologie. In diesem Zusammenhang bemerkt Szyperski: „Begriffliche Studien sind ... nie Wortspielereien. Das Bemühen um die Definition der Begriffe ist vielmehr stets auf die sach- und zweckgerichtete Abgrenzung bestimmter Gegenstände ausgerichtet."[21] Diese Aussage trifft abgeleitet auch auf den Forschungsrahmen zu.

Zu 2): Bildung von Arbeitshypothesen
Bei der Erfassung der einzelnen Elemente und Zusammenhänge im Forschungsrahmen ist v. a. die Frage der **prinzipiellen Möglichkeit** und nicht primär die der Wahrscheinlichkeit zu beachten. So sind alle im Rahmen der Problemstellungen nach einer ausführlichen Analyse der relevanten Quellen für denkbar gehaltenen Komponenten und deren Beziehungen zu erfassen, ohne unbedingt Aussagen zu deren wahrscheinlichen Beziehungen zu machen. Nicht selten beschränken sich die Aussagen darauf, dass zwischen bestimmten Komponenten alternative funktionale Beziehungen angenommen werden, ohne dass diese Beziehungen inhaltlich eingehender präzisiert werden. Der Forschungsrahmen umfasst damit einige – unter Umständen auch sehr allgemeine – Vermutungen, die tendenziell Inhalte und Zusammenhänge realer Phänomene andeuten. Er stellt ein **provisorisches Erklärungsmodell** (Integrationsinstrument mit Hypothesencharakter) dar. Erst später, nach der empirischen Phase, wird selektiert und präzisiert (s. Erklärungsrahmen). Der Forschungsrahmen ist nicht so zu verstehen, dass die Wenn-Dann-Aussagen Invarianzen enthalten; er liefert keine nomologischen Erklärungen. Er enthält lediglich vorläufige, alternative Interpretationsmuster über mögliche reale Phänomene und deren Zusammenhänge, die so genannten **Arbeitshypothesen**. Diese werden durch den Forschungsrahmen intersubjektiv nachvollziehbar gebildet.

Die Methodik ihrer Erarbeitung ist letztlich ohne Bedeutung. Herangezogen werden könnten: Intuition, Theorien, Praxiserfahrungen, Analogieschlüsse, Plausibilitätsüberlegungen, Gespräche mit Kollegen, Beratern und Praktikern (strukturierte oder unstrukturierte Experteninterviews) u. a. Als Ausgangspunkt der Generierung der Ar-

---

[21] Szyperski 1962, S. 18.

beitshypothesen dient i. d. R. eine kumulierte Literaturauswertung möglicherweise für das Untersuchungsobjekt methodisch und inhaltlich relevanter Studien.[22]

Zu 3): Anleitung und Veränderung

Durch die Erarbeitung des Forschungsrahmens besteht ausreichendes Know-how, geeignete Erhebungsmethoden zweckorientiert auszuwählen, zu begründen und gedanklich umzusetzen. Dies betrifft die Erhebung ebenso wie die Auswertung und Darstellung der Untersuchungsergebnisse. Der entwickelte Inhalt des Forschungsrahmens gibt die Leitlinie für die empirische Erhebung vor. Aus ihm werden die Frageleitfäden für qualitative Interviews, die Erfassungsbögen für Fallstudien, die Fragen und Antworten für u. U. auch vollstrukturierte Fragebögen entwickelt. Entsprechende Dokumentations- und Auswertungstools sind argumentativ zu wählen. Dadurch bietet er ähnlich wie Theorien heuristische Anweisungen.

Die empirischen Forschungsbemühungen während der Erhebung und auch bereits während der Vorphase ergeben vielfach Impulse für die Weiterentwicklung des Rahmens sowohl bezüglich einzelner Elemente als auch der Struktur. Die Inhalte des Forschungsrahmens sind insofern nicht als starrer Rahmen mit unveränderlichem Charakter zu verstehen. Sie und auch die gerade bei qualitativen Forschungsmethoden angewendeten Frageleitfäden in Interviews sind laufend für **Reformulierungen** offen.[23] Dies führt zu einer elastischen Handhabung des Forschungsrahmens. Bspw. nach Ablauf einer Pilotstudie zur Vorbereitung der Hauptstudie werden die Arbeitshypothesen des Forschungsrahmens gegebenenfalls revidiert, modifiziert und ergänzt. Der Forschungsrahmen verdichtet sich quasi im Zeitablauf. Im Rahmen fundierter Überlegungen können sich Fragegegenstände bzw. Antworten als nicht erhebbar, bereits berücksichtigt, irrelevant oder redundant erweisen. Andere Fragegegenstände sind hinzuzufügen oder genauer zu formulieren. Die im Laufe des Forschungsprozesses gemachten Modifizierungen werden insofern bewusster gemacht, als dass sie als Veränderungsentscheidungen offenbart und begründet werden. Mit einem solchen Vorgehen wird die Trennung von Entdeckungs- und Begründungszusammenhang aufgehoben und eine enge Verbindung von Theoriebildung, Hypothesengenerierung und Operationalisierung bzw. Begriffsbildung eingegangen. Die Be-

---

[22] S. die Vorschläge in Kubicek 1977, S. 20 ff.
[23] Vgl. Kubicek 1977, S. 14; Staehle 1977, S. 113; Osterloh 1982, S. 14.

griffe und die verschiedenen theoretische Annahmen der Forscher werden in einem steten Austauschprozess mit den aus dem Untersuchungsobjekt ermittelten Daten weiter entwickelt und gegebenenfalls modifiziert. Dadurch werden die Forscher davon befreit, ihr Vorgehen bei der Erfassung bereits detailliert vorab zu strukturieren und sich daran auch in der empirischen Phase strikt zu halten.[24] Die Reformulierungsmöglichkeit trägt zudem dazu bei, eine vorzeitige Selbstbindung der Forscher zu verhindern.

Zu 4): Dokumentation und Nachvollziehbarkeit für Dritte

Das Vorverständnis der Forscher und erst recht deren Weiterentwicklung wird selten dokumentiert. Um aber die Aussagen für sich selbst und durch andere besser überprüfen zu können, ist eine solche Dokumentation in allen Phasen unabdingbar. Die Gefahr, dass bei den theoretischen Vorarbeiten einer empirischen Erhebung unkontrollierte Interpretationen und Deutungen der Forscher in die Untersuchung eingehen, wird – idealiter – durch die Erarbeitung eines Forschungsrahmens vermieden. In ihm sind die Einschätzungen der Forscher zur gegebenenfalls zugrunde gelegten Theorie, zu den ausgegrenzten Sichtweisen, zum Gegenstand und zu den Ansichten anderer offen zu legen. Diese Vorgehensweisen werden dadurch zum Diskussionsobjekt, nicht nur innerhalb der Forschergruppe. Externen wird bei der Dateninterpretation eine bessere Einschätzung der – späteren – Ergebnisse ermöglicht[25] und „ein Teil der Verantwortung für die Intersubjektivität der Ergebnisse aufgebürdet"[26].

3.2 Erprobungsphase des Forschungsrahmens

Auch eine empirische explorative Studie fängt nicht unmittelbar mit der empirischen Phase an. Auch hier sind Erprobungen notwendig, um sowohl Instrument als auch Verhalten zu überprüfen und in Folge verbessern zu können. In der Erprobungsphase wird der Rahmen zur Diskussion gestellt: Seine Qualität hinsichtlich der Vorgehensweise, die Präzision, Verständlichkeit und Konsistenz der Begriffe sowie des Verständnisses über die vermuteten Zusammenhänge ist zu überprüfen. Der Er-

---

[24] S. Kubicek 1977, S. 28.
[25] Vgl. Glaser/Strauss 1979, S. 102 ff., Kohli 1978, S. 6.
[26] Osterloh 1982, S. 13.

kenntnisgewinn liegt v. a. auf der inhaltlichen Seite, wenn auch methodische Erfahrungen sowie Verhaltensimpulse vermittelt werden können.

Die Arbeitshypothesen werden ebenso wie die Erhebungsmethodik v. a. mit Hilfe von Pilotstudien und/oder Expertenbefragungen „getestet".

1. Die **Pilotstudie**[27] beispielsweise bei eher willkürlich ausgewählten Interviewpartnern aus dem Sample (oder vergleichbaren Zusammenhängen) wird quasi als Erprobung des Ernstfalls durchgeführt. Sie ist unabdingbar zur inhaltlichen Überprüfung sowie zur Überprüfung von Erhebungsmethodik und -instrument.

2. Bei der **Expertenbefragung**[28] – sei es als Interview, als Gruppengespräch, mit Hilfe der Delphi-Methode u. a. – gilt es, individuelle Erfahrungen sachkompetenter Partner aus Wirtschaftspraxis und/oder -forschung zu erfassen. Die Expertenurteile stellen die ad hoc geäußerte Quintessenz einer Auseinandersetzung der Experten mit ihren inhaltlichen und/oder methodischen Erfahrungen und ihrem Background dar. Sie können den Hintergrund der Forscher verbessern helfen.

3.3 Wahl der Forschungsmethodik

Nach Fertigstellung des Forschungsrahmens steht die Wahl der Forschungsmethodik an.[29] Sie ist nicht Bestandteil des Forschungsrahmens, sondern folgt ihm ebenso wie die Anwendung des entwickelten Forschungsinstrumentes. Zunächst handelt es sich bei der Forschungsmethodik um die Formulierung des Untersuchungsverfahrens und -design, also Ausführungen zur Art und Weise des Einsatzes von Forschungsinstrumenten sowie des vorgesehenen Prozesses. Danach steht die Wahl der sinnvollen Erhebungsmethodik an. Eine Vielzahl an Methoden steht hier zur Verfügung: qualitative Interviews, Fragebogenaktionen, Experimente, Dokumenten- und Inhalts-

---

[27] S. bspw. Atteslander 2003, S. 315 ff.
[28] S. bspw. Bogner/Littig/Menz 2005, Atteslander 2003, S. 150 ff.
[29] Es ist explizit zu differenzieren in die Forschungsmethodologie und die Forschungsmethodik. Während Ersteres die grundsätzliche Vorgehensweise des gesamten Forschungsprojektes thematisiert und vom Forschungsinteresse der Forscher abhängt, ist Letzteres Bestandteil des Forschungsprojektes selbst und orientiert sich an den im Forschungsrahmen entwickelten Inhalten. Der Terminus „Methodologie" wird oft fälschlicherweise für den Terminus „Methodik" gebraucht ("Die vorliegende Studie bedient sich folgender Methodologie: ...") – ähnlich wie bei vielen Verwendungen des Wortes „Technologie", mit dem man eine Technik bezeichnet.

analysen, Beobachtungen u. a. m. Hierzu und zum Erkenntnisziel passend ist danach die Auswertungs- und Darstellungsmethodik festzulegen: ob qualitative Inhaltsanalyse, typologische Analyse, Faktorenanalyse o. a., steht in unmittelbarem Zusammenhang zur gewählten Erhebungsmethode. Schlussendlich sind die Untersuchungseinheiten festzulegen.[30]

3.4 Anwendungsphase des Forschungsrahmens

In der Anwendungsphase wird die Haupterhebung mittels qualitativer Interviews, einer (teilnehmenden) Beobachtung, einer Fragebogenerhebung, der Durchführung von Fallstudien o. a. durchgeführt. Ebenso findet die Dokumentation der gegebenenfalls durchgeführten Einzelerhebungen statt sowie die Auswertung der empirischen Daten. Auch in dieser Phase sind Erkenntnisgewinne, was die Qualität des zugrunde gelegten Forschungsrahmens betrifft, möglich und wahrscheinlich. Inwieweit solche Erkenntnisse zu Modifizierungen des Forschungsrahmens führen, ist vom Einzelfall abhängig. Der Erhebungsleitfaden oder ein anderes verwendetes Erhebungsinstrument ist – sofern noch möglich – den sich gegebenenfalls wandelnden oder den zusätzlichen Fragestellungen anzupassen, um mögliche Erkenntnisverluste bei den noch ausstehenden Erhebungssequenzen zu verhindern. Eine deutliche Dokumentation und Begründung ist selbstverständlich, ebenso wie die entsprechende Berücksichtigung bei der Auswertung.

4. Erklärungsrahmen

Im Erklärungsrahmen wird das Ergebnis des Forschungsprojekts dargestellt. Er enthält die als relevant angegebenen Problemelemente, deren Beziehungen und eine eigene Interpretation der erhobenen Daten und dient so als Deskriptions- und Erklärungsmuster. Die **Hauptziele** sind: (1) Beschreibung realer Phänomene (deskriptives Modell), (2) Bildung eines theoretischen Ansatzes (explanatorisches Modell) und (3) Schaffung eines ersten Handlungsansatzes (praxeologisches Modell). Im Idealfall enthält er empirisch erhobene und begründete (wenngleich nicht bewiesene) **For-**

---

[30] S. hierzu bspw. insgesamt Kromrey 2002, Atteslander 2003, Mayring 1999.

schungshypothesen (Teilmenge der – bestätigten – Arbeitshypothesen) und dadurch eine gute Grundlage für nachfolgende, großzahlige empirische Prüfstudien.

Bei der Formulierung des Erklärungsrahmens wird **stufenweise** vorgegangen:[31]

1. Zuerst werden die gesammelten empirischen Ergebnisse nuanciert unter Angabe der Randbedingungen dargestellt und im Hinblick auf die Arbeitshypothesen diskutiert. Wichtig ist eine klare und eindeutige Trennung der Darstellung und Interpretation. Auf Bewertungen ist zumindest im Darstellungsteil zu verzichten und ansonsten sind sie immer klar erkenntlich zu machen. Das betrifft die lediglich im Forschungsrahmen angesprochenen Elemente, die in den empirischen Erhebungen erhobenen Informationen sowie die Schlussfolgerungen. Mit diesen Informationsgrundlagen ist es möglich, die im Hinblick auf die Fragestellung wesentlichsten Elemente und deren Zusammenhänge in hypothetischer Form zu formulieren. Es wird so deutlich, welche Arbeitshypothesen des provisorischen Erklärungsmodells vermutlich aufrechterhalten werden können und welche nicht.

2. Im zweiten Schritt werden sich die Forscher damit beschäftigen, generellere Forschungshypothesen aufzustellen. Die im realen empirischen Feld erhobenen Informationen werden auf Basis des theoretischen Vorverständnisses (des Forschungsrahmen) erklärend ausgeschöpft und zu einem theoretischen Konzept (Erklärungsmodell) zusammengefasst. Dabei kommt der Spekulation über die tatsächlich vorliegenden Daten eine bedeutende Rolle zu. Hier sind durchaus „induktive (Fehl-)Schlüsse"[32] verlangt: Über die erhobenen Informationen hinausgehende und durch eigene Eindrücke, Intuition und Fingerspitzengefühl beeinflusste, aber wohl formulierte Ansichten führen zu den Forschungshypothesen.

Das **heuristische Potenzial** eines Forschungsrahmens wird dann völlig ausgenutzt, wenn im Erklärungsrahmen Antworten auf die Fragen nicht bloß wiedergegeben, sondern weiter hinterfragt und über die Daten hinaus Antworten (Spekulationen) transzendiert werden. Die als wichtig erachteten Elemente und Beziehungen des Erkenntnisobjekts sind jeweils als abhängige, unabhängige und intervenierende Vari-

---
[31] S. ähnlich Wollnik 1977, S. 45 f.
[32] S. hierzu bspw. Chmielewicz 1979, S. 88 ff.

able zu kennzeichnen und zu begründen. Wechselseitige Interdependenzen sind offen zu legen. Drei **Bedingungen** sollten erfüllt sein, um eine solche Überschreitung bzw. Transzendenz von Bezugsrahmen akzeptieren zu können: Erklärung als Erkenntnisabsicht, Erklärung mithilfe von im ursprünglichen Forschungsrahmen nicht vorhandenen Daten, Erklärungsinteresse wird systematisch verschoben.[33]

Aus den Aussagen ergibt sich, dass die strengen Gütekriterien der empirischen Sozialforschung auf den Erklärungsrahmen nicht sinnvoll angewendet werden können. Als **Mindestanforderungen** an ein Erklärungsmodell genügen auch Plausibilität, Erklärungsbemühung, Offenheit, Flexibilität und mit Abstrichen auch Konsistenz. Die **Prognosebasis** von Erklärungsrahmen ist dabei weder von Forschern noch von Praktikern zu überschätzen, sie ist stark beschränkt. Eine Unschärfe bei prognostischen Aussagen wird sich bei ihnen immer ganz deutlich zeigen. Speziell bei kleineren, nicht repräsentativen Sample können keine signifikanten Schlussfolgerungen für – vergleichbare – Unternehmen getroffen werden. Auch die Hinzufügung eigener Interpretation, also die Transzendierung, lässt keine sicheren Aussagen zu.

Die Eindeutigkeit der Hypothesenformulierung im Erklärungsrahmen hängt vom weiteren **Verwendungsziel** ab. Dient er als Grundlage weiterer empirischer Forschungen (Prüfung der Forschungshypothesen) zur Erarbeitung eines ausführlicheren und verfeinerten theoretischen Erklärungsmodells, empfiehlt sich aus prüfungstechnischen Gründen eher eine prägnante und eindeutige Formulierung, als wenn er erste heuristische Hinweise für Problemdefinitionen in der Wirtschaftspraxis geben soll.

Der Erklärungsrahmen hilft dem **Praktiker** durch die von ihm ausgehende heuristischen Kraft in dem frühen Stadium der Problemerkenntnis, voreilige, undifferenzierte Problemdefinitionen zu verhindern, akzeptable, detaillierte(re) Problemdefinitionen zu formulieren, komplexe Entscheidungsprobleme zu strukturieren, in einfache Teilprobleme zu zerlegen und sie phantasievoll zu lösen. Er kann dann als Interpretationsmuster[34] oder Erklärungsskizze[35] zum Verständnis von Zusammenhängen für die Wirtschaftspraxis dienen, bevor das Stadium von wohlformulierten theoretischen An-

---

[33] S. Wollnik 1977, S. 46.
[34] S. Schmidt 1972, S. 393.
[35] S. Kirsch 1984, S. 759.

sätzen erreicht ist. In diesem Forschungsstadium ist aber das Fehlerpotential der Aussagen noch zu groß („problematische Wahrheiten"[36]). Eher empfiehlt sich hier der Verzicht auf solche praxeologischen Aussagen.

Anders stellt sich das Problem bei nachfolgender empirischer Forschung dar. Hier gilt es, generelle und präzise Forschungshypothesen zu gewinnen. Sie erleichtern die Vorgehensweise bei der Vorbereitung, Durchführung und Auswertung der Studie. Ergebnis dieser Nachfolgestudie könnte dann ein **Entscheidungsrahmen** sein.[37] Dieser bietet durch quasi-stochastische Hypothesen eine Entscheidungshilfe für die Praxis, obwohl es sich bei ihnen nur um qualitative Tendenzaussagen handelt.

5. Fazit

Eine Methodologie des Entdeckungszusammenhangs gibt keine Verhaltensvorschrift. Sie macht Angebote zur methodischen Vorgehensweise. Dieses Vorgehen bedeutet nicht den Verzicht auf oder gar die Diskreditierung von Kreativität, Intuition und Fingerspitzengefühl. Bezugsrahmen thematisieren sowohl die Gewinnung von Erfahrungswissen als auch den Prozess der Umsetzung in theoretische, allgemeine Aussagen. So ist auch dieser Vorschlag einer bezugsrahmenorientierten explorativen Forschung zu verstehen. Sie ist in ihren wesentlichen Episoden vorgestellt worden. Abbildung 2 gibt einen Überblick über diese Diskussion.

Die Praktizierung der Vorgehensweise fördert effizientere Forschungsprozesse sowie einen besseren Nachvollzug des Forschungsprojekts und die Möglichkeit, gegebenenfalls früher Handlungsempfehlungen geben zu können. Und selbst wenn es im konkreten Fall nicht gelingen sollte, die Grundlagen für ein prüfbares oder bewährtes Hypothesensystem (bzw. dessen Generierung) zu legen, so ist dann doch zumindest die Möglichkeit genutzt worden, über Probleme sowie ihre Grundlagen und Bedingungen theoretisch-geleitet aufzuklären.[38]

---

[36] S. Wiswede 1980, S. 139 ff.
[37] S. Grochla 1978, S. 63 ff.
[38] Zu Beispielen der Anwendung s. Rößl 1990, S. 101 ff., Berthel/Herzhoff/Schmitz 1990, Stöcker 1999, Quermann 2004, Pankoke 2005.

Art des Bezugsrahmens	Forschungsepisoden	Aktivitäten	Methoden	Probleme/ Grenzen
(1) Forschungsrahmen	Entwicklungsphase	- Erstellung der Arbeitshypothesen - Darlegung des Vorverständnisses - Entwicklung von Grundbegriffen - Problemspezifikation	- Intuition, Kreativität - Gespräche - Literaturlektüre - Auswertung sekundärer Daten - Infragestellen	- Nichtthematisierung des Vorverständnisses - Phantasie - Akzeptanz - Subjektivität ...
	Erprobungsphase	- Modifikation - Methodentest - Inhaltliche Überprüfung - Erprobung	- Pretest - Experteninterviews	- Einzelaussagen - Wahl der Experten - ...
	Forschungsmethodik	- Auswahl Untersuchungsverfahren und -design - Erhebungs- u. Auswertungsmethodik - Auswahl Untersuchungseinheiten	- Interviews - Fragebogen - Fallstudien - Beobachtung - ...	- Adäquatheit der Methoden zum Forschungsinteresse - Samplewahl - ...
	Anwendungsphase	- Modifikation - Einsatz des Erhebungsinstrumentes		- Qualität des Instruments - Qualifikation ...
(2) Erklärungsrahmen	Auswertungsphase	- Problembeschreibung - Problemerklärung - Aufstellung von Forschungshypothesen	- Induktion - Qualitative Inhaltsanalyse - Faktorenanalyse - Interpretation ...	- Kleines Sample - Vage Aussagen - Begrenzte Aussagefähigkeit - Subjektivität ...
(3) Entscheidungsrahmen	Vorschlagsphase	- Aufstellung des praxeologischen Modells - Beratung	- Interpretation - Falsifikationsversuche - Forschungshypothesen	- Kleines Sample - Raum-Zeit-Bezug - Akzeptanz ...

Abb. 2: Darstellung des Forschungsprozesses entlang der Bezugsrahmen

Literaturverzeichnis

ATTESLANDER, P.

Methoden der empirischen Sozialforschung. 10., neubearb. u. erw. Aufl., Berlin 2003

BECKER, F. G.

Explorative Forschung mittels Bezugsrahmen. In: Empirische Personalforschung. Methoden und Beispiele. Hrsg. v. F. G. Becker/A. Martin, München/Mering, 1993, S. 111-127

BERTHEL, J./HERZHOFF, S./SCHMITZ, G.

Strategische Unternehmungsführung und F&E-Management: Qualifikationen für Führungskräfte. Berlin 1990

BOGNER, A./LITTIG, B./MENZ, W.

Das Experteninterview: Theorie, Methode, Anwendung. 2., durchges. Aufl., Wiesbaden 2005

CHMIELEWICZ, K.

Forschungskonzeptionen der Wirtschaftswissenschaft. 2., überarb. u. erw. Aufl., Stuttgart 1979

DECKER, R.

Data Mining und Datenexploration in der Betriebswirtschaft. In: Empirie und Betriebswirtschaft. Hrsg. v. M. Schwaiger/D. Harhoff, Stuttgart 2003, S. 47-82

ENGLER, S.

Zur Kombination von qualitativen und quantitativen Methoden. In: Handbuch Qualitative Forschungsmethoden in der Erziehungswissenschaft. Hrsg. v. B. Friebertshäuser/A. Prengel, Weinheim/München 2003, S. 118-130

FISCHER-WINKELMANN, W. F.

Methodologie der Betriebswirtschaftslehre. München 1971

FLICK, U./KARDORFF, E. VON/STEINKE, I. (HRSG.)
Qualitative Forschung. Ein Handbuch. Reinbek 2000

FRIEBERTSHÄUSER, B./PRENGEL, A. (HRSG.)
Handbuch Qualitative Forschungsmethoden in der Erziehungswissenschaft. Weinheim/München 2003

GLASER, B. G./A. L. STRAUSS
The discovery of grounded theory. Strategies for qualitative research. Chicago 1967

GROCHLA, E.
Einführung in die Organisationstheorie. Stuttgart 1978

HOLWEG, H.
Methodologie der qualitativen Sozialforschung: Eine Kritik. Bern u. a. 2005

HOPF, C.
Die Pseudo-Exploration. Überlegungen zur Technik qualitativer Interviews in der Sozialforschung. In: Zeitschrift für Soziologie, 7 (1978) 2, S. 97-115

HOPF, C.
Soziologie und qualitative Sozialforschung. In: Qualitative Sozialforschung. Hrsg. v. C. Hopf/E. Weingarten, Stuttgart 1979, S. 11-37

KIRSCH, W.
Einführung in die Theorie der Entscheidungsprozesse. 2., durchgeseh. u. erw. Aufl. der Bände I bis III als Gesamtausgabe, Wiesbaden 1977

KIRSCH, W.
Bezugsrahmen, Modelle und explorative Forschung. In: Wissenschaftliche Unternehmensführung oder Freiheit vor der Wissenschaft? 2. Halbbd., München 1984, S.751-772

KOHLI, M.
„Offenes" und „geschlossenes" Interview. Neue Argumente zu einer alten Kontroverse. In: Soziale Welt, 29 (1978), S. 1-25

KROMREY, H.
Empirische Sozialforschung. Modelle und Methoden der standardisierten Datenerhebung und Datenauswertung. 10., vollst. überarb. Aufl., Opladen 2002

KUBICEK, H.
Empirische Organisationsforschung. Konzeption und Modelle. Stuttgart 1975

KUBICEK, H.
Heuristische Bezugsrahmen und heuristisch angelegte Forschungsdesigns als Elemente einer Konstruktionsstrategie empirischer Forschung. In: Empirische und handlungstheoretische Forschungskonzeptionen in der Betriebswirtschaftslehre. Hrsg. v. R. Köhler, Stuttgart 1977, S. 3-36

KUBICEK, H./WOLLNIK, M./KIESER, A.
Wege zur praxisorientierten Erfassung der formalen Organisationsstruktur. In: Der praktische Nutzen empirischer Forschung. Hrsg. v. E. Witte, Tübingen 1981, S. 79-114

LAMNECK, S.
Qualitative Sozialforschung, Bd. 1: Methodologie, 3., korrig. Aufl., Weinheim 1995

LAU, CH.
Zugänge zur Wirklichkeit. Methodeninnovationen im Forschungsschwerpunkt Industrie- und Betriebssoziologie. In: Soziale Welt, 28 (1977), S. 144-166

MAYRING, P.
Einführung in die qualitative Sozialforschung. 4. Aufl., Weinheim 1999

MORGAN, G./SMIRNICH, L.
The case for qualitative research. In: Academy of Management Review, 5 (1980), S. 491-500

OSTERLOH, M.
Plädoyer für eine breitere Anwendung qualitativer Interviews in der empirischen Organisationsforschung. Arbeitspapier Nr. 41 des Fachbereichs Wirtschaftswissenschaft der Freien Universität Berlin, Mai 1982

OSWALD, H.
Was heißt qualitativ forschen? Eine Einführung in Zugänge und Verfahren. In: Handbuch Qualitative Forschungsmethoden in der Erziehungswissenschaft. Hrsg. v. B. Friebertshäuser, B./Prengel, A., Weinheim/München 2003, S. 88-96

PANKOKE, A.
Organisation der strategischen Führung von Energiekonzernen: Fallstudien zu Führungsanspruch, Organisation und Restriktionen. Lohmar/Köln 2005

POPPER, K.
Logik der Forschung. 8. Aufl., Tübingen 1984

QUERMANN, D.
Führungsorganisation in Familienunternehmungen: Eine explorative Studie. Lohmar/Köln 2004

RÖßL, D.
Die Entwicklung eines Bezugsrahmens und seine Stellung im Forschungsprozeß. In: Journal für Betriebswirtschaft, 40 (1990) 2, S. 99-110

SCHANZ, G.
Erkennen und Gestaltung. Betriebswirtschaftslehre in kritischer-rationaler Absicht. Stuttgart 1988

SCHANZ, G.
Betriebswirtschaftslehre als Sozialwissenschaft. Eine Einführung. Stuttgart u. a. 1979

SCHMIDT, R. H.
Einige Überlegungen über die Schwierigkeiten, heute eine „Methodologie der Betriebswirtschaftslehre" zu schreiben. In: Zeitschrift für betriebswirtschaftliche Forschung, 24 (1972), S. 393-410

STAEHLE, W. H.

Empirische Analyse von Handlungssituationen. In: Empirische und handlungstheoretische Forschungskonzeptionen in der Betriebswirtschaftslehre. Hrsg. v. R. Köhler, Stuttgart 1977, S. 103-116

STÖCKER, H.

Leistungsbeurteilungsverfahren in deutschen Banken: Eine empirische Untersuchung. Lohmar/Köln 1999

SZYPERSKI, N.

Zur Problematik der quantitativen Terminologie in der Betriebswirtschaftslehre. Berlin 1962

SZYPERSKI, N.

Zur wissenschaftsprogrammatischen und forschungsstrategischen Orientierung der Betriebswirtschaftslehre. In: Zeitschrift für betriebswirtschaftliche Forschung, 23 (1971), S. 261-282

VAN MAANEN, J.

Reclaiming qualitative methods for organizational research: A preface. In: Administrative Science Quarterly, 4 (1979), S. 519-526

WEBER, W./KOLB, M.

Einführung in das Studium der Betriebswirtschaftslehre. Stuttgart 1977

WISWEDE, G.

Motivation und Arbeitsverhalten. München/Basel 1980

WOLLNIK, M.

Die explorative Verwendung systematischen Erfahrungswissens. Plädoyer für einen aufgeklärten Empirismus in der Betriebswirtschaftslehre. In: Empirische und handlungstheoretische Forschungskonzeptionen in der Betriebswirtschaftslehre. Hrsg. v. R. Köhler, Stuttgart 1977, S. 37-64

Teil 4

Innovation in der Wirtschaft – Innovationsprojekte

**Schneller zu Innovationen –
Ansätze zur Beschleunigung von
Innovationsprojekten**

Hans-Jörg Bullinger, Markus Korell
und Alexander Slama

Inhaltsverzeichnis

1. Zeit als Wettbewerbsfaktor 313

2. Was verhindert schnellere Innovationsprojekte? 316

3. Zeittreiberanalyse – Eine Vorgehensweise zur Beschleunigung von Innovationsprojekten 317

4. Zeittreiber aus Sicht der Unternehmen 322

5. Gezielte Überwindung der Zeittreiber durch Stärkung der Technologieadaptionskompetenz 324

Literaturverzeichnis 328

1. Zeit als Wettbewerbsfaktor

Unternehmen stehen untereinander in einem zunehmenden Innovationswettbewerb. Um nachhaltig Innovationen zu etablieren, bedarf es auf einem konkurrierenden Markt, der nicht selten von Nachahmern bedrängt wird, effektiver Schutzmechanismen. Die vom Bundesministerium für Bildung und Forschung BMBF 2003 veröffentlichte Studie „Zur technologischen Leistungsfähigkeit Deutschlands" zeigt auf, dass gerade ein zeitlicher Vorsprung von den befragten Unternehmen am häufigsten als Schutzmechanismus genutzt wird (vgl. Abbildung 1).

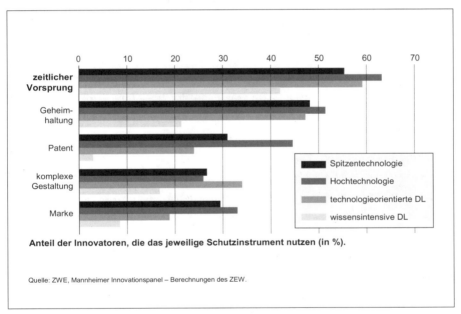

Abbildung 1: Verbreitung von Schutzmechanismen für Innovationen nach Branchengruppen im Verarbeitenden Gewerbe und im Dienstleistungssektor Deutschlands 1998 – 2000[1]

Der Faktor Zeit spielt aber nicht nur als Schutzmechanismus eine dominierende Rolle. Die Zeit beeinflusst als eine wesentliche Größe auch den Erfolg einer Innovation. Den richtigen Markteintrittszeitpunkt zu wählen und Entwicklungsressourcen möglichst nicht unnötig lange zu binden, sind nur zwei Herausforderungen, mit denen

---

[1] Vgl. Grupp et al. 2003, S. 64

sich Unternehmen auseinander setzen müssen. Die Beherrschung des Faktors Zeit ist dabei eine grundlegende Voraussetzung. Um den Faktor Zeit innerhalb von Innovationsvorhaben richtig managen zu können, um Innovationsprojekte beschleunigen beziehungsweise die Time-to-Market verkürzen zu können, ist Wissen über die Zeit beeinflussende Faktoren, über Faktoren, die den Projektablauf bremsen, so genannte Zeittreiber, aber auch Wissen, wie man diese Zeittreiber gezielt überwinden kann, unabdingbar. Im Rahmen des Projektes „Schneller zu Innovationen – Die Fraunhofer-Gesellschaft als Innovationsbeschleuniger", an dem insgesamt acht Fraunhofer-Institute aus unterschiedlichen fachlichen Disziplinen beteiligt waren, standen genau diese Fragen im Mittelpunkt der Untersuchungen. Die wesentlichen Ergebnisse hierzu werden im folgenden Beitrag zusammengefasst.[2]

Im Rahmen einer breit angelegten empirischen Studie wurde vom Fraunhofer-Institut für System- und Innovationsforschung (ISI) der Faktor Zeit innerhalb der Produktentwicklung untersucht[3]. Die bei 253 Unternehmen durchgeführte telefonische Befragung hat dabei unter anderem ergeben, dass im Vergleich zu den Wettbewerbern die Produktentwicklung bei 44 Prozent der befragten Unternehmen gleich lang und bei 37 Prozent kürzer dauert. Nur 18 Prozent der befragten Unternehmen gaben an, dass sie für die Entwicklung eines neuen Produktes länger brauchen als ihre Konkurrenten. Die unternehmensgrößenspezifischen Unterschiede sind hierbei vergleichsweise gering und betragen nur wenige Prozentpunkte. Dass die Produktentwicklungsdauer für den Erfolg eines neuen Produktes von herausragender Bedeutung ist, wurde ebenfalls in der Studie belegt. Über 75 Prozent der befragten Unternehmen schätzen die Rolle der Produktentwicklungsdauer als sehr wichtig beziehungsweise als wichtig für den Produkterfolg ein. Dieses Ergebnis trifft auf alle Unternehmensgrößenklassen zu. Lediglich bei der Differenzierung zwischen den Ausprägungen „sehr wichtig" und „wichtig" ergaben sich größenbedingte Unterschiede. Je größer das Unternehmen, umso häufiger wurde von den Befragten die Produktentwicklungsdauer als „sehr wichtig" eingestuft (vgl. dazu Abbildung 2).

---

[2] Die Ergebnisse des Projektes wurden ausführlich in Bullinger 2006 zusammengefasst.
[3] Zu den Ergebnissen der Zeittreiberstudie des Fraunhofer ISI vgl. Slama et al. 2006 S. 114 ff. sowie Kirner et al. 2006, S. 137 ff.

In Anbetracht dessen, dass die Unternehmen die Bedeutung der Entwicklungsdauer für den Erfolg eines neuen Produktes als wichtig oder sogar sehr wichtig einschätzen, überrascht doch, dass die große Mehrheit der Unternehmen es nicht schafft, ihre ursprüngliche Zeitplanung einzuhalten. 62 Prozent der befragten Unternehmen benötigten danach für die Produktentwicklung mehr Zeit als geplant (bei den Unternehmen mit mehr als 500 Mitarbeitern waren es sogar 73 Prozent). Nur bei 20 Prozent wurde die ursprüngliche Zeitplanung eingehalten, und bei gerade einmal 15 Prozent wurde sogar weniger Zeit benötigt. Es wird deutlich, dass trotz expliziter Berücksichtigung des Faktors Zeit bei der Planung von Entwicklungsprojekten ein Handlungsbedarf beim Management der Entwicklungszeiten besteht.

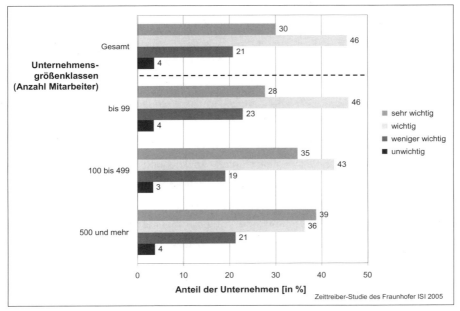

Abbildung 2: Einschätzung der Bedeutung der Produktentwicklungsdauer für den Erfolg des Produktes [4]

---

[4] Slama et al. 2006, S. 115

2. Was verhindert schnellere Innovationsprojekte?

Innovationsprojekte sind in der Regel komplexe, zeitkritische Prozesse. Dennoch lassen sich innerhalb des Projektablaufs Einflussgrößen finden, die das Erreichen einer optimalen Projektdauer verhindern und somit die tatsächlich benötigte Zeit unnötig in die Länge „treiben". So kann beispielsweise eine „zu späte Beschaffbarkeitsprüfung" zeittreibend wirken. Das heißt, eine benötigte Sachressource (Material oder Maschine) wird zu spät auf ihre Beschaffbarkeit hin geprüft. Die Verfügbarkeit wurde also nicht sofort, nachdem die geforderte Beschaffenheit der Sachressource bekannt war, abgefragt. Geschieht dies nicht, kann es durch nicht eingeplante Produktions- und Lieferzeiten zu Verzögerungen kommen. So wurde in einem untersuchten Innovationsprojekt die Lieferzeit und Lieferbarkeit eines notwendigen Laborgeräts zur Beschichtung nicht ausreichend geprüft. In diesem Fall musste das Beschichtungsgerät selbst konstruiert und gebaut werden, was den Zeitbedarf unnötig erhöhte. Das Erkennen des potenziellen Zeittreibers, das Wissen über die Ursache für die unnötige zeittreibende Wirkung sowie die frühzeitige Einplanung und Umsetzung von entsprechenden Vermeidungs- beziehungsweise Überwindungsstrategien hätte den Ablauf zeitlich optimiert.

Unter Zeittreiber verstehen wir eine, durch Abweichung vom Optimum gekennzeichnete, Zeitdauer verlängernd wirkende Einflussgröße im Innovationsprojekt. Durch die Anwendung von Überwindungsstrategien können Zeittreiber beziehungsweise die Ursachen für die zeittreibende Wirkung überwunden und die Verkürzung der Zeit bis zum Markteintritt erzielt werden. Einflussgrößen, die im Innovationsprojekt Zeitdauer optimierend wirken, werden als Zeitbeschleuniger bezeichnet (vgl. Abbildung 3).

Entscheidend für die Zeit treibende Wirkung einer Einflussgröße, wie zum Beispiel die Motivation eines Mitarbeiters, ist, dass ein geforderter Zustand für die optimale Wirkung nicht erreicht wird, das heißt, dass ein so genannter 'Mismatch' vorliegt. Der eintretende 'Mismatch' ist die Ursache für die Zeit treibende Wirkung. Wird der 'Mismatch' überwunden, so hat der Einflussfaktor in seinem neuen Zustand beschleunigende Wirkung im Vergleich zu seiner vorherigen Wirkung. So wirkt der Zeittreiber „mangelnde Motivation von Projektbeteiligten" nur dann Zeit treibend, wenn ein (individuell anzugebender) geforderter Wert für den Grad der Motivation zur zeitlich optimalen Projektdurchführung nicht erreicht wird.

Abbildung 3: Vom Zeittreiber zum Zeitbeschleuniger

3. Zeittreiberanalyse – Eine Vorgehensweise zur Beschleunigung von Innovationsprojekten

Wie kommt man schneller zur Innovation? Zur Beantwortung dieser Frage stellten sechs Fraunhofer-Institute ihre empirischen Erfahrungen aus insgesamt 17 Innovationsprojekten zur Verfügung. Dabei konnten unter anderem die typischen Zeittreiber in Innovationsprojekten identifiziert und eine Vorgehensweise zur Beschleunigung von Projekten, auch unter Einbeziehung von Industriepartnern, entwickelt und getestet werden. Auf dem Weg zu schnelleren Innovationsprojekten spielt das Wissen über Zeittreiber und darüber, wie man diese überwinden kann, eine zentrale Rolle. Die vom Fraunhofer-Institut für Arbeitswirtschaft und Organisation (IAO) entwickelte Zeittreiberanalyse[5] bietet ein systematisches Vorgehen in drei Schritten, um möglichst effizient Innovationsprojekte auch nachhaltig auf zeitliche Optimierungspotenziale zu analysieren und zu beschleunigen.

Um eine möglichst umfassende Zeittreiberanalyse erstellen zu können, bietet sich an, nicht nur Beteiligte an dem zu analysierenden Innovationsprojekt, sondern auch Experten für die Prozessanalyse und die Ablaufbeschleunigung mit einzubeziehen.

---

[5] Vgl. Slama et al. 2006, S. 118 ff.

Generell gilt, dass für alle Beteiligten an der Innovationsbeschleunigung ein annähernd gleicher Wissensstand, insbesondere über den Ablauf des Projektes, geschaffen werden muss. Die mehrmalige Durchführung der hier dargestellten Vorgehensweise, angewendet auf verschiedene Detaillierungsstufen, das heißt Phasenebene, Arbeitspaketebene, Prozessschrittebene, hat gezeigt, dass die „gröbste" Stufe, die Phasenebene, ausreicht, um Zeittreiber mittels der hier beschriebenen Methode zu diagnostizieren und entsprechende Beschleunigungsmaßnahmen anzuwenden.

1. Schritt: Projekt-Blitzlicht

Im ersten Schritt werden die im Innovationsprojekt vorgekommenen Phasen mit ihrer tatsächlichen Dauer, Reihenfolge, Bezeichnung, Kurzbeschreibung und ihrem Ergebnis erhoben. Zudem werden Informationen über die beteiligten Partner in einem Organigramm mit deren Aufgaben und möglichen Partnerwechseln und gegebenenfalls einer Begründung dafür dargestellt. Weiterhin wird eine inhaltliche Kurzbeschreibung des Projektes mit einer Stellungnahme zur wissenschaftlichen, technischen, finanziellen und personellen Ausgangslage, den besonderen Herausforderungen und Projektzielen sowie zur Abschätzung des Innovationsgrades zusammengestellt.

2. Schritt: Zeittreiberdiagnose

Die Ergebnisse des Projekt-Blitzlichtes dienen als Grundlage für die Zeittreiberdiagnose, die zum Ziel hat, Zeittreiber zu erkennen und zu benennen. Auf Basis des gewonnen Projektablaufwissens wird aus zurückblickender Sicht ein zeitlich optimaler Phasenablaufplan erstellt. Dazu kann in der Regel auch der zu Beginn des Projektes erstellte Projektplan als Grundlage dienen. Der direkte Vergleich zwischen dem tatsächlichen und optimierten Ablauf sowie die Rechtfertigung für eine aus jetziger Sicht optimierte Ablaufplanung liefern ein Indiz dafür, wo mehr Zeit benötigt wurde als ursprünglich geplant.

Bei der Frage nach den Ursachen für zeitlich suboptimale Abläufe, den Zeittreibern, werden am Projekt beteiligte Wissensträger möglichst verschiedener Hierarchiestufen und Vertreter über alle zu untersuchenden Phasen hinweg involviert. Dadurch können die oft verschiedenen Einblicke, Sichtweisen und Erfahrungen berücksichtigt werden. Zudem sollten Experten, firmenintern oder -extern, bezüglich Prozessoptimierung, Zeittreibern und deren Überwindung einbezogen werden. Durch Einzelinterviews und moderierte Workshops sind die individuellen Erfahrungen über die Ursachen zu erheben. Die Befragten geben dem Zeittreiber einen aus ihrer Sicht treffenden Namen und beschreiben ihn anhand eines tatsächlich vorgekommen Beispiels. Dieses Beispiel dient unter anderem dazu, den Zeittreiber sowie die zugehörige Situation besser verstehen und von anderen aufgenommenen Zeittreibern unterscheiden zu können.

Unterstützend dazu, kann die im Rahmen des Fraunhofer-Projektes entwickelte Zeittreiberlandkarte eingesetzt werden[6]. Diese Zeittreiberlandkarte fasst die 40 typischen in Innovationsprojekten vorkommenden Zeittreiber zusammen und ordnet sie Gestaltungsfeldern der Innovationsfähigkeit zu. Diese Gestaltungsfelder sind im Einzelnen[7]: Innovationskultur, Strategie, Kompetenz & Wissen, Technologie, Produkt & Dienstleistung, Prozess, Struktur & Netzwerk, Markt sowie Projektmanagement. In Abbildung 4 ist ein Ausschnitt aus dieser Zeittreiberlandkarte dargestellt. Der Einsatz dieses umfangreichen Erfahrungswissens hat gezeigt, dass damit Projektverantwortliche bei der Identifikation von Zeittreibern effizient unterstützt werden können. Nicht besetzte oder unterbesetzte Gestaltungsfelder können unter anderem ein Hinweis auf noch nicht entdeckte Zeittreiber darstellen.

Um weitere, möglichst alle im Projekt vorkommenden Zeittreiber zu erfassen und zu ordnen, können verschiedene Visualisierungsmethoden eingesetzt werden. Bewährt hat sich der Weg, die Zeittreiber direkt innerhalb des Projektablaufs zu verorten. Eine Zuordnung zu den einzelnen Projektphasen ermöglicht die gezielte Nachfrage bei den Workshopteilnehmern bezüglich der Phasen, in denen bisher keine oder sehr wenige Zeittreiber genannt wurden. Bei den bisher durchgeführten Zeittreiberdiagnosen (von abgeschlossenen Projekten) hat sich mehrheitlich ergeben, dass über alle Phasen hinweg Zeittreiber in einem Projekt auftraten. Gekoppelt mit einer farblichen Darstellung entsprechend den neun Gestaltungsfeldern, können darüber hinaus auf

---

[6] Vgl. zu den identifizierten 40 Zeittreibern Slama et al. 2006, S. 123 ff.
[7] Vgl. Spath et al. 2006, S. 59 ff.

einem Blick Häufungen und Auffälligkeiten identifiziert werden, ein Hinweis darauf, dass in bestimmten Gestaltungsfeldern besonderer Handlungsbedarf besteht.

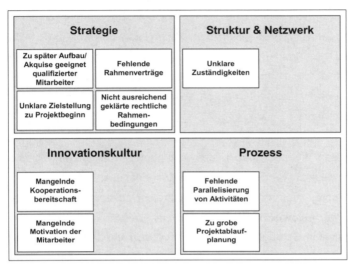

Abbildung 4: Ausschnitt aus einer Zeittreiberlandkarte

3. Schritt: Innovationsbeschleunigung

Im dritten Schritt werden Maßnahmen angestrebt, um die identifizierten Zeittreiber durch adäquate Strategien zu überwinden. Man spricht dabei auch von einer Innovationsbeschleunigung. Aufbauend auf der qualitativen Untersuchung in Schritt 2, werden die Zeittreiber zunächst quantitativ bewertet, um die Zeitdauer verlängernde Wirkung einzelner Zeittreiber zu erheben. Darauf aufbauend, kann mittels des zur Verfügung stehenden Methodenkatalogs schnell und umfassend auf entsprechende Überwindungsmaßnahmen von Zeittreibern zurückgegriffen und diese individuell angepasst werden. Die Abbildung 5 zeigt einen Ausschnitt aus dem Methodenkatalog.

Die Umsetzung von beschleunigenden Maßnahmen kann unterschiedlich großen Aufwand beanspruchen. Einzelne Maßnahmen können aber auch nicht nur Aus-

---

[8] Vgl. Spath et al. 2006, S. 59 ff.
[9] Das Ishikawa-Diagramm ist ein von Kaoru Ishikawa entwickeltes und später nach ihm benanntes Ursache-Wirkungs-Diagramm in der Form einer Fischgräte und dient zur systematischen Ermittlung von Problemursachen.

wirkungen auf einen Zeittreiber in einem Projekt haben, sondern über Projektgrenzen hinweg positiv wirken. Dies sollte bei der Nutzenbewertung berücksichtigt werden. Bei der Umsetzung der Maßnahmen, insbesondere der Reihenfolge, stellt sich abschließend die Frage nach der Wirkungsbreite, dem Aufwand-Nutzen-Verhältnis (Aufwand für die Maßnahmenumsetzung und zeittreibender Wirkungsgrad) und der Dringlichkeit, die projekt- beziehungsweise unternehmensspezifisch im Hinblick auf Folgeprojekte in moderierten Workshops geklärt werden muss.

Zeittreiber	Maßnahme(n)	Methode(n)
Unklare Zielstellung	Zielfoto – klare Zielstellung des Auftraggebers festlegen	Lastenheft, Conjoint-Analyse
Ungenügende Einbindung der Partner bei der Erstellung des Gesamtkonzepts	Frühe Einbeziehung aller Partner in die Spezifikation	Pflichtenheft, Netzplantechnik, Flussdiagramm, Lead User Analyse
Fehlende Motivation eines Mitarbeiters	Erhöhung der intrinsischen und/oder extrinsischen Motivation des Projektbeteiligten	Consensus Management (CM), offene Unternehmenskultur, Teamwork, Entscheidungsfreiräume, Eigenverantwortung, Wertschätzung, eigener Projektergebnisbeitrag klar erkennbar, Meister-Schüler-Prinzip, körperliche Fitness
Zu späte Beschaffbarkeitsprüfung	Festlegung von Standardbeschaffungsprozessen und Quality-Gates	Gantt-Chart, TQM
Zu späte Einbindung von Projektbearbeitern	Frühzeitige Interaktion verschiedener Kompetenzträger	Simultaneous Engineering, Front-Loading, Flussdiagramm, Netzplantechnik

Abbildung 5: Auszug aus dem Methodenkatalog zur Innovationsbeschleunigung

Hieraus wird ein Prioritätenkatalog erstellt, der für die wichtigsten Maßnahmen klare Handlungsanweisungen und Umsetzungspläne beinhaltet (siehe Abbildung 6). Dabei ist zu beachten, zunächst nur die wichtigsten Beschleunigungsmaßnahmen umzusetzen, um nicht zu viele verschiedene Verbesserungsprojekte parallel zu initiieren, was leicht zu einer Überlast führen kann.

Eine zyklische Durchführung der oben beschriebenen Vorgehensweise in drei Schritten führt zu einem Zeittreiber-Controlling mit systematisierter und nachhaltiger Beschleunigung der Innovationsprojekte. Dabei wird projekt- und unternehmensspezifisches Wissen über vorkommende Zeittreiber und entsprechende Überwindungsstrategien im Unternehmen aufgebaut und etabliert.

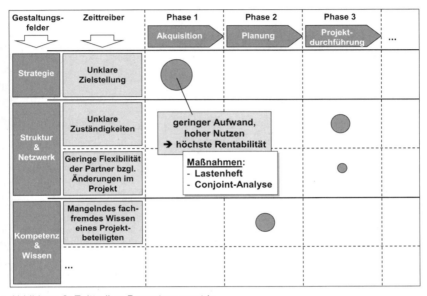

Abbildung 6: Zeittreiber-Bewertungsmatrix

4. Zeittreiber aus Sicht der Unternehmen

Im Rahmen des Fraunhofer-Projektes wurde vom Fraunhofer-Institut für System- und Innovationsforschung (ISI) eine umfassende Zeittreiberstudie durchgeführt. Dazu wurden die 40 identifizierten Zeittreiber zum Zweck der Telefonbefragung verdichtet und hinsichtlich ihrer Häufigkeit des Auftretens in Entwicklungsprojekten und hinsichtlich ihres Einsparungspotenziales bezüglich der Produktentwicklungsdauer untersucht. Die aggregierten 13 Zeittreiber können dabei vier Kategorien zugeordnet werden: Schnittstellenprobleme, Technische Probleme, Mitarbeiter- und Kompetenzprobleme sowie Probleme beim strategischen und operativen Innovationsmanagement. Das zusammengefasste Ergebnis der Untersuchung zeigt Abbildung 7.

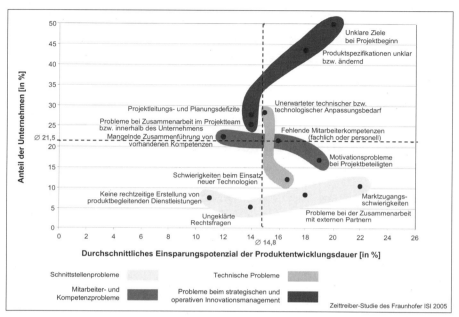

Abbildung 7: Häufigkeit einzelner Zeittreiber und Einschätzung ihrer Einsparungspotenziale[10]

Bei den am häufigsten genannten Zeittreibern handelt es sich vor allem um Probleme, die bei der Zieldefinition und beim Projektmanagement auftreten. Diese Zeittreiber zählen zur Kategorie Probleme beim strategischen und operativen Innovationsmanagement. Bei einem Drittel bis zur Hälfte aller befragten Unternehmen treten diese Probleme auf. Der Zeittreiber „Unklare Ziele bei Projektbeginn" wurde sogar von 50 Prozent aller befragten Unternehmen genannt. Darauf folgt die Kategorie Mitarbeiter- und Kompetenzprobleme, deren Verbreitung allerdings deutlich schwächer ausgeprägt ist. Probleme beim Technologiemanagement treten bei weniger als einem Drittel der befragten Unternehmen auf. Obwohl die Zeittreiber der Kategorie Schnittstellenprobleme am wenigsten oft genannt wurden, findet sich hier mit dem Zeittreiber „Marktzugangsschwierigkeiten" der Zeittreiber mit dem größten Einsparungspotenzial. Alleine durch Überwindung dieses Problems können nach Meinung der Befragten 20 Prozent der Entwicklungszeit eingespart werden. Als weiterer Zeittreiber mit einem Einsparungspotenzial von über 20 Prozent folgt „Unklare Ziele

---

[10] Vgl. Kirner et al. 2006, S. 155; die Befragten wurden gebeten, die drei wichtigsten Zeittreiber zu priorisieren und Angaben über die Zeiteinsparungspotenziale der drei wichtigsten Zeittreiber zu machen.

bei Projektbeginn", der Zeittreiber mit der höchsten Auftrittshäufigkeit. Gerade die Zeittreiber mit einem hohen Einsparungspotenzial, aber auch diejenigen, die besonders oft in Entwicklungsprojekten auftreten, sollten in Unternehmen sorgfältig beobachtet werden.

5. Gezielte Überwindung der Zeittreiber durch Stärkung der Technologieadaptionskompetenz

Eine Verkürzung der Entwicklungsdauer um 40 Prozent lässt sich schon allein dadurch erreichen, dass die drei wichtigsten Zeittreiber überwunden werden, so eines der zentralen Ergebnisse des Projektes „Schneller zu Innovationen". Dabei spielen die Unternehmensgröße und der Neuigkeitsgrad des Produktes oder der Dienstleistung keine Rolle. Dies zeigt, dass Innovationen in allen Unternehmen beschleunigt werden können, wenn auch im Einzelnen unterschiedliche Gründe für die Verzögerungen vorliegen.

Einer der bedeutendsten Zeittreiber ist: Unerwarteter technischer beziehungsweise technologischer Anpassungsbedarf. Wenn sich die verwendeten Technologien im Verlauf des Projektes ändern beziehungsweise aufgrund des technischen Fortschritts an den neuesten Stand angepasst werden müssen oder es im Extremfall zu einem Technologiewechsel kommt, hat dies zeitliche Verzögerungen im Projekt zur Folge. Ein solcher technologischer Anpassungsbedarf kann entstehen, wenn externe Kooperationspartner oder Zulieferer eine andere Technologie nutzen oder einen Technologiewechsel vornehmen. Es kann zudem auch vorkommen, dass sich die zunächst gewählte Technologie als nicht rechtzeitig realisierbar und einsetzbar erweist und daher eine Umorientierung erforderlich wird.

Ein weiterer Zeittreiber, in enger Beziehung zum Erstgenannten stehend, ist: Änderungen der Produktspezifikationen. Dies birgt Verzögerungspotenziale, da die ursprüngliche Planung verändert sowie unter Umständen zusätzliche, neue Funktionalitäten und Eigenschaften des Produktes gewährleistet werden müssen. Gründe dafür sind die unzureichende Kenntnis der Kundenanforderungen bei der

Projektplanung und die verspätete Analyse der Wettbewerbssituation beziehungsweise der Konkurrenzprodukte. Kundenanforderungen können sich aber auch während der Projektlaufzeit ändern, so dass plötzlich neue Funktionalitäten im Vordergrund stehen, an die zunächst nicht gedacht worden ist. Auch Konkurrenzprodukte können sich während der Projektlaufzeit weiter verbessern. Es kann aber auch vorkommen, dass Rohstoffe oder Zulieferteile überraschend nicht rechtzeitig zur Verfügung stehen, so dass aus diesem Grund eine Modifikation der Produktspezifikationen erforderlich wird. Der dritte Zeittreiber schließlich bezieht sich auf: Zieländerungen während des Projektes. Eine häufige Ursache für Zieländerungen liegt darin, dass zum Beispiel unerwartete Konkurrenzpatente während der Projektlaufzeit berücksichtigt werden müssen.

Die zentrale Ursache für die drei genannten Zeittreiber ist ein Mangel an technologischer Vorausschau und der damit verbundenen technologischen Anpassungsfähigkeit. Um die Position von Unternehmen aber auch der Fraunhofer-Gesellschaft selber weiter auszubauen, spielen Technologien und das Wissen über deren Kombinations- und Anwendungsmöglichkeiten eine zentrale Rolle. Das Ziel muss die Steigerung der Technologieadaptionsfähigkeit sein.

Neue Technologien oder neue Kombinationen aus Technologien treiben den Innovationsprozess dadurch an, dass durch funktionale Erfüllung der Marktanforderungen neue Problemlösungen geschaffen werden können (technology-push). Doch welche sind die zukünftigen, für die Unternehmen relevanten Technologien? Welche Kompetenzen müssen im Unternehmen frühzeitig aufgebaut werden, um diese Technologien nutzen zu können? Eine Lösung ist ein Anwendungsradar, das ausgehend von heutigen Technologien Technologieentwicklungspfade entlang den Kompetenzen und die entsprechenden zukünftigen Märkte identifiziert.

In gegenläufiger Richtung (market-pull) verlangen Märkte durch neue Anforderungen an Funktionalitäten der Produkte und Dienstleistungen nach entsprechenden Technologien, die die geforderten Funktionalitäten ermöglichen. Doch welche Bedürfnisse haben zukünftige Kunden? Welche Technologien erlauben die Realisierung der geforderten Funktionen? Welche Kompetenzen müssen im Unternehmen frühzeitig dazu entwickelt werden, um diese Technologien nutzen zu können? Ein Technologieradar, das ausgehend von heutigen Märkten zukünftig benötigte Technologien und entsprechende Kompetenzen identifiziert, fehlt derzeit zur Unterstützung der marktgetriebenen Technologieadaption (vgl. Abbildung 8).

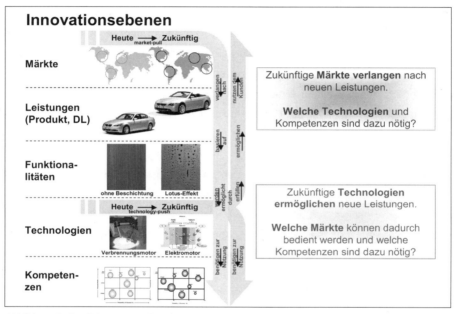

Abbildung 8: Beziehungen zwischen den einzelnen Innovationsebenen

Eine große Barriere bei der Anwendung des Technologiemanagements in der Industrie ist die fehlende Interoperabilität der Methoden in und zwischen den Innovationsebenen. Einem integrierten Technologieadaptionsmananagement, also der Beherrschung des markt- und technologiegetriebenen Innovationsprozesses über alle Innovationsebenen hinweg, kommt daher eine verstärkte Bedeutung zu. Insbesondere das Monitoring neuer Technologien und der dazu notwendigen Kompetenzen stellen eine zentrale Komponente des Adaptionsprozesses dar. Es gilt, die relevanten Märkte und Kunden mit deren Anforderung zu analysieren, die potenziellen Problemlösungsmöglichkeiten zu erkennen und zu entscheiden, welche der zur Problemlösung notwendigen Funktionen für ein Unternehmen von Bedeutung sind. Die Vorstellungen eines Unternehmens über die technologische Zukunft ist dabei einerseits durch die Möglichkeiten der Technologie selbst sowie andererseits durch den Markt, die Kunden und ihre Bedürfnisse sowie die damit verbundenen erforderlichen Technologien geprägt. Eine optimale Unterstützung des Technologieadaptionsprozesses kann durch interoperable Methoden und Werkzeuge über einzelne Innovationsebenen hinweg durch ein Technologie- beziehungsweise Anwendungsradar erzielt werden. Die Fraunhofer-Gesellschaft hat sich zum Ziel gesetzt, für diese aufgezeigten Herausforderungen adäquate Methoden und Vorgehensweisen zu entwickeln. Dazu haben sich in einem neu gestarteten Projekt wiederum acht Fraunhofer-Institut aus unterschiedlichen Disziplinen zusammengefunden, um gemeinsam neue Ansätze, innovative Methoden und Vorgehensweisen zu entwickeln und in der Praxis zu erproben.

Literaturverzeichnis

BULLINGER, HANS-JÖRG 2006
Fokus Innovation: Kräfte bündeln – Prozesse beschleunigen, München 2006

GRUPP, HARIOLF; LEGLER, HARALD; GEHRKE, BIRGIT; BREITSCHOPF, BARBARA 2003
Zur technologischen Leistungsfähigkeit Deutschlands 2002, Karlsruhe 2003

KIRNER, EVA; DREHER, CARSTEN; MALOCA, SPOMENKA 2006
Möglichkeiten zur Innovationsbeschleunigung aus Sicht der Unternehmen; in: Bullinger, Hans-Jörg 2006, S. 137-157

SLAMA, ALEXANDER; KORELL, MARKUS; WARSCHAT, JOACHIM; OHLHAUSEN, PETER 2006
Auf dem Weg zu schnelleren Innovationsprojekten; in: Bullinger, Hans-Jörg 2006, S. 111-136

SPATH, DIETER; WAGNER, KRISTINA; ASLANIDIS, STEPHANIE; BANNERT, MARC; ROGOWSKI, THORSTEN; PAUKERT, MARCO; ARDILIO, ANTONINO 2006
Die Innovationsfähigkeit des Unternehmens gezielt steigern; in: Bullinger, Hans-Jörg 2006, S. 41-109

Mit Organisation und Planung zur Hochleistung in der Fertigungsindustrie?

Thilo Tilemann

Inhaltsverzeichnis

1. Herausforderungen 333

2. Leistungssteigerung als Antwort 334
   2.1 Messung der Hochleistung 334
   2.2 Bestimmung der Erfolgsfaktoren 335

3. Organisation als Erfolgsfaktor 337
   3.1 Aufbauorganisation 337
   3.2 Klassische Ablauforganisation 338
   3.3 Neue organisatorische Ansätze 339

4. Planung als Erfolgsfaktor 341
   4.1 Operative Planung und Budgetierung 341
   4.2 Strategische Planung 342

Literaturverzeichnis 344

1. Herausforderungen

Die Globalisierung der Industrie findet heute unter ganz anderen Bedingungen statt als die Globalisierung vor hundert Jahren. Rangen damals die Unternehmen in Europa nur mit denen in den USA, so konkurrieren heute immer mehr Unternehmen aus aller Welt auf Augenhöhe. Das Sozialprodukt der Volksrepublik China überstieg in den Jahren 2003 bis 2005 mit 9.1%, 10.1% und 9.9% deutlich die besorgten Planungen[1]. Massiv gesunkene Kommunikations- und Transportkosten erleichtern den weltweiten Handel. Immer mehr Unternehmen werden durch Kapitalbeteiligungsgesellschaften übernommen und radikal verwertet. Allein die Private Equity-Gesellschaften am Standort London verfügen über rund 200 Mrd. Euro Liquidität[2]. Die Mentalität der Manager wechselt vom Aufbauwillen nach den Weltkriegen und nationalen Bindungen zu internationalen Methoden und Werten. „Wir haben keine Sonderverantwortung für deutsche Standorte", sagt Continental-Chef Manfred Wennemer.

In Europa weicht die Begeisterung über das Wachstum der Exporte und über preiswerte Importe zunehmend dem Unbehagen über die grenzenlose Marktwirtschaft[3]. Die Menschen, als Konsumenten zwar Gewinner, als Arbeitnehmer aber Verlierer, haben die massive Umverteilung ihrer Einkommen in den Osten noch nicht so deutlich erkannt, dass sie als Wähler zu großen Reformen der wirtschaftlichen Rahmenbedingungen bereit wären. Dabei mehren sich die Signale: Mercedes Benz, Volkswagen und andere haben Arbeitszeiten erhöht und Löhne reduziert. Das reichte nicht und zusätzlich werden Tausende von Arbeitsplätzen abgebaut – wegen der früheren Verzichte auf Kündigung jetzt mit teuren Abfindungen. Die IBM friert ihre legendär gute Altersversorgung ein. Sogar der öffentliche Dienst gerät in den Sog des Wohlstandsverlustes – jedoch noch ohne die Entwicklung ganz zu begreifen.

Die Unternehmen in Europa probieren unter dem Druck des Wettbewerbs sowie zu hoher Arbeitskosten Verlagerungen ihrer Fertigung in Niedriglohnländer[4]. Ferner verlockt das enorme Wachstum zum Einstieg in Ostasien über eigene Vertriebs- und Fertigungsstandorte. Doch oft sind die Margen dort gering, weil zu viele Wettbewer-

---

[1] Vgl. DPA 2006
[2] Vgl. Kloepfer 2006
[3] Vgl. Ortmann 2005
[4] Vgl. Hoffmann 2005

ber auftreten, die gewohnten Produkte und Fertigungstechniken zu teuer sind und die Märkte ihre Hürden haben. So garantiert eine Kapitalmehrheit am oft vorgeschriebenen Joint Venture nicht die uneingeschränkte Führung, da lokale Behörden, nur pachtweise überlassene Grundstücke und Vorschriften zu local content sowie Zöllen sie einschränken. Hinzu kommen die Abwerbung westlich ausgebildeter Mitarbeiter und Produktpiraterie[5]. Daher verzichtet der Flugzeugbauer Boeing auf eine Fertigung in China, während Airbus glaubt, die Probleme meistern zu können. Große Entfernungen und schwache Infrastrukturen erschweren die für Vertrieb und Service nötige Präsenz in der Fläche.

2. Leistungssteigerung als Antwort

Eine Reaktion vieler Unternehmen ist eine deutliche Steigerung ihrer Leistung an den alten Standorten[6]. Nachstehend stellen wir die Messung und die Treiber betrieblicher Hochleistung dar und untersuchen den Stellenwert der Funktionen Organisation und Planung im diesem Kontext. Ist die Optimierung der Geschäftsprozesse eine temporäre Mode angelsächsischer Unternehmensberater oder eine Daueraufgabe? Erreicht man optimale Abläufe über punktuelle Optimierungen oder übergreifende Planung? Tragen kurzfristige Maßnahmen oder strategische Planung zum Erfolg bei? Erfahrungen aus der Fertigungsindustrie, Hinweise auf Widersprüche und beobachtete Trends sollen hierzu praktische Anregungen liefern.

2.1 Messung der Hochleistung

Wie misst man Hochleistung von Industrieunternehmen? Messkategorien sind meist die organisatorische Kultur und der ökonomische Erfolg. Die einzelnen Messgrößen sind branchen-, zeit- und kontextabhängig. Eine Studie von zehn amerikanischen Analysen empfiehlt daher, jeweils Wettbewerber der gleichen Industrie zu vergleichen und ihre Leistung über fünf bis fünfzehn Jahre zu messen[7].

---

[5] Vgl. Häuslschmid 2006
[6] Vgl. Berger 2005
[7] Vgl. Kirby 2005

Wegen der Dominanz des wirtschaftlichen Wettbewerbs fokussieren wir uns auf den ökonomischen Erfolg. Ein Messsystem der Beratungsfirma Accenture verwendet hierfür folgende sechs Größen[8]:

- Umsatzwachstum,
- Ergebnis auf das eingesetzte Kapital minus Kapitalkosten,
- Anteil des Aktienkurses, der die IST-Rendite übersteigt (Zukunftswert),
- Volumen der mehrjährigen Aktienrendite,
- Volatilität der Aktienrendite und
- Vergleich der vorgenannten Maße mit Wettbewerbern.

Insbesondere die aktienbezogenen Kennzahlen sind jedoch fragwürdig. Die Kurse sind nämlich nicht nur Funktion der Leistung der betrachteten Gesellschaft, sondern auch der relativen Ertragschancen ihres Marktes im Verhältnis zu anderen Märkten sowie der verfügbaren Alternativen für Kapitalanlagen, der Zinsen und der Währungen. Für das nicht börsennotierte Gros der Unternehmen fehlen Aktien- Notierungen ganz.

2.2 Bestimmung der Erfolgsfaktoren

Eine Ermittlung der Faktoren des Unternehmenserfolgs ist nicht einfach: Werden alle wichtigen Faktoren untersucht oder nur die zwischen Siegern und Verlierern verschiedenen? Was ist Ursache, was Wirkung? In welcher nationalen Kultur arbeitet das Unternehmen? Ein 360-Grad Feedback zur Beurteilung der Manager ist zum Beispiel in den USA eher machbar als in Ostasien. In welcher Zeit arbeitet die Unternehmung? Die Komplexität des Geschäfts, die Turbulenz des Marktes und die technische Entwicklung können extrem zeitabhängig sein.

Kirby stellt zu Recht fest, dass eine deskriptive Erklärung im Einzelfall noch keine normative Vorschrift sein muss. Dennoch wollen wir einen Blick in einen Erklärungsansatz der Unternehmensberatung Accenture werfen, die zahlreiche Fallstudien konsolidiert hat[9]. Die Autoren fassen die Erfolgsfaktoren wie folgt zusammen:

---
[8] Vgl. Breene 01/2005
[9] Vgl. Breene 01/ 2005

a) Strategische Entscheidungen

Hochleistungsunternehmen ...

- entscheiden rechtzeitig über das optimale Produkt- und Leistungsportfolio, Art und Ort des besten Marktauftritts sowie (bevorzugt organisches!) Wachstum,
- klären, wie sie ihre Fähigkeiten für verschiedene Horizonte entwickeln können,
- lassen neue Geschäfte vom Kerngeschäft profitieren,
- verstärken ihre Wettbewerbsvorteile durch eine passende Führungsorganisation.

Für neue Geschäfte oder Märkte und verschiedene Horizonte können verschiedene Organisationsstrukturen und Planungssysteme gewählt werden, jedoch soll eine Unternehmung nur eine übergreifende Gesamtstrategie und Investitionsplanung haben.

b) Entwicklung der Bausteine

- Die Strategie zu Marktfokus und -position wird durch bessere Kenntnis der Industrie, bessere Fähigkeiten für Märkte, Portfolios und Rollen sowie kleine Fusionen umgesetzt. Größe allein bringt keine Hochleistung!
- In die Entwicklung unterscheidender und schwer kopierbarer Fähigkeiten wird früh investiert und gleichzeitig werden die vorhandenen Aktiva effizient genutzt.
- Die Organisation wird entwickelt für die Kombination von Marktschaffung und exzellenter Ausführung, strategische Nutzung von Informatik und Multiplikation von Talenten. Die Leistungsmessung erfolgt integriert und hochselektiv.

c) Balance, Anpassung und Erneuerung der Bausteine

Ständige Beachtung der Grenzen der eigenen Strategien und Fähigkeiten. Überdenken und erneuern bei neuen Erkenntnissen – Ohr am Kunden! Anpassen über guten, starken Führer und Verpflichtung der Mitarbeiter.

Aus der vorstehenden Synopse der Erfolgsfaktoren wird nachstehend die Rolle der – die Vita von Jubilar und Autor verbindenden – Funktionen Organisation und Planung als Erfolgsfaktoren für Fertigungsunternehmen betrachtet.

3. Organisation als Erfolgsfaktor

Die Funktion Organisation wird in der Theorie gern in Aufbau- und Ablauforganisation unterteilt. Allerdings soll die praktische Organisationsplanung eines Unternehmens diese Trennung nicht rigoros nachvollziehen. Denn funktionsübergreifend optimierte Abläufe brauchen „Eigentümer" in der Aufbauorganisation, dies wiederum verlangt eine kombinierte Planung der Teilbereiche. Im Bild des Skisports kann man von einem Abfahrtsläufer auch keine Bestzeit erwarten, wenn eine Strukturinstanz Slalomstangen in den Hang stellt, die er umfahren muss.

3.1 Aufbauorganisation

Die Erfahrungen der Berater nennen die Aufbauorganisation explizit als wichtigen Erfolgsfaktor. Grundsätzlich gibt es ex ante keine ideale Struktur für mehrere Unternehmen. Jedes Unternehmen hat die für ihre spezifische Situation ideale Aufbauorganisation zu finden. So betreibt die Linde-Gruppe Direktvertriebe neben Händlervertrieben nicht nur für verschiedene Staplermarken, sondern auch innerhalb der gleichen Marke. Dies ist teilweise historisch bedingt (z. B. durch Übernahmen von Händlern zur Erhaltung ihrer Marktanteile), bietet aber auch Vorteile wie Risikostreuung in verschiedenen Konjunkturen.

Dennoch gibt es eine Reihe allgemeingültiger normativer Vorschriften. Hierzu zählen klare Aufgabendefinitionen und Berichtswege, fachlich und disziplinarisch beherrschbare Führungsspannen sowie Kongruenz zwischen Kompetenz und Verantwortung. Beim letzten Punkt hatte zum Beispiel die ehemalige Klöckner Humboldt Deutz AG Probleme. Die nur aus den Teilfunktionen Entwicklung und Vertrieb bestehenden Profit Center Motoren sowie Landtechnik waren für die Gesamtergebnisse ihrer Produkte verantwortlich, obwohl ihnen Einkauf und Produktion nicht unterstanden.

Kulturübergreifend kommt es weltweit auf den guten, starken Führer an. Entscheidungen in Teams und Ausschüssen gelingen oft nur auf dem kleinsten gemeinsamen Nenner; für Misserfolge übernimmt keiner die Verantwortung. Allerdings ist die Monarchie nur dann die beste Staatsform, solange der Monarch ein guter Mann ist. Das gilt natürlich auch für Frauen.

3.2 Klassische Ablauforganisation

Die Ablauforganisation kommt bei den zitierten Analysen nur am Rande vor. Vielleicht hat das mit dem spezifischen Schicksal dieser Funktion im angelsächsischen Raum zu tun. Hier wurde 'business process optimisation' in den 1990er Jahren von Beratern oft nur als temporärer Handlungsbedarf verkauft. Die IT-Stellen vieler Unternehmen dort kümmern sich wenig um die Organisation der Geschäftsprozesse.

Dagegen haben Unternehmen in Kontinentaleuropa Ablauforganisation schon immer betrieben und als Daueraufgabe betrachtet. Wegen der engen Verflechtung mit der Anwendungssoftware wurden regelmäßig kombinierte Stellen für „Organisation und Informatik" geschaffen[10]. Hierzu passt ein älterer Befund aus den USA, nach dem die Höhe der IT-Ausgaben nicht mit dem Geschäftserfolg korreliert. Die von der IT-Industrie verlangte Prüfung wurde zum Bumerang: Eine Aufteilung der Stichprobe in schlecht und gut organisierte Unternehmen zeigte nur bei den letzteren eine positive Korrelation.

Weitere Beispiele bestätigen den Erfolg der gut gelungenen Kombinationen von Ablauforganisation mit IT:

- der Built to Order-Prozess von Dell Computer und
- die von Opel mitbenutzte Ersatzteilabwicklung von Caterpillar.

Der Streit um den monokausalen Erfolgsbeitrag von IT-Ausgaben hält jedoch an: An der London School of Economics glaubt man, diesen jüngst mit Statistiken erneut belegt zu haben[11].

Allerdings sind erfolgreiche Kombinationen guter Abläufe und effizienter IT-Lösungen sehr schwer realisierbar. Zentral geplante Großprojekte internationaler Unternehmen überschreiten oft massiv die Zeit- und Kostenpläne, ohne das Ideal zu erreichen. Integriert man IT-Werkzeuge zur Prozessentwicklung und Unternehmenssoftware,

---

[10] Vgl. Rinck 2006
[11] Vgl. Blom 2005

steigt die Komplexität weiter. ARIS und SAP unternehmen diesen Versuch gerade[12]. Ein Königsweg, wenn die Anwender damit zurechtkommen.

Viele Unternehmungen weichen bisher eher aus: Sie lassen ihre Töchter mit individuellen Lösungen für das weltweit gleiche Geschäft das IT-Rad mehrfach erfinden oder begrenzen Anwendungsentwicklungen auf sechs Monate. Das entstehende aufwendige Stückwerk verhindert eher die Hochleistung im Gesamtunternehmen. Mehr Erfolg bringt die Gestaltung und Modellierung aller übergreifenden Geschäftsprozesse einer strategischen Geschäftseinheit aus einer Hand. Hierzu sind allerdings entsprechende Expertise und Manpower erforderlich. Die Steuerung und Kontrolle der Prozesse kann dann auf einzelne Arbeitsplätze verteilt werden[13].

3.3 Neue organisatorische Ansätze

Man kann den Eindruck gewinnen, dass einige Unternehmen, die auf eine übergreifende Ablaufoptimierung verzichten, detaillierte Kennzahlensysteme wie Balanced Scorecards und Optimierungsprozesse mit Six Sigma-Methoden als einen Ersatz sehen.

Six Sigma setzt statistische Methoden zur Verbesserung determinierter und repetitiver Geschäftsprozesse ein, die in einem halben bis einem Jahr umgesetzt wird[14]. Die Methode macht einen Siegeszug in Fertigungsunternehmen, der unter den Methoden der angewandten Mathematik nur mit dem Erfolg der linearen Programmierung der Operations Research-Schule in der Mitte des vorigen Jahrhunderts vergleichbar ist. Die unter Jack Welsh sehr erfolgreiche General Electric hat eben auch Six Sigma gemacht. Natürlich bietet die Methode Chancen wie

- ehrgeiziges Ziel von nur 3,4 Fehlern auf eine Million Vorgänge,
- hohe Disziplin im Vorgehen: Define, Measure, Analyse, Improve und Control,

---

[12] Vgl. Wolf 2006
[13] Vgl. Jost 2005
[14] Vgl. Celerant 2005

- präzise Messungen und Ursachenbestimmungen sowie
- Zusammenarbeit in interdisziplinären Teams.

Allerdings sind auch die Risiken von Six Sigma-Projekten zu beachten:

- zu kurzer Horizont für große Organisations- und IT-Projekte,
- geringe Eignung für nicht uniform wiederkehrende Prozesse,
- lokale Ablaufverbesserungen zu Lasten des optimalen Gesamtablaufs,
- geringes Methodenangebot für die eigentliche Optimierung,
- hoher Zeitbedarf für das Erlernen der statistischen Methoden und für hochfrequente präzise Messungen sowie
- mangelnde Nachhaltigkeit von Verbesserungen, die primär auf temporärer Aufmerksamkeit des Managements beruhen.

Die Kennzahlen der Balanced Scorecards haben unstreitig den Vorzug, die Messung kritischer Erfolgsgrößen auch jenseits der Finanzgrößen zu operationalisieren[15]. Bei entsprechender Detaillierung und Messfrequenz können sie die operative Leistung hautnah verfolgen. Die Definition der Kennzahlen wird über Strategic Maps von den wichtigsten aktuellen Handlungsbedarfen einer Geschäftseinheit abgeleitet. Diese können natürlich auch für Einheiten mit dem gleichen Geschäft verschieden sein, so dass die Vergleichbarkeit ihrer Kennzahlen eingeschränkt wird. Für die realistische Modellierung der Wirkzusammenhänge der Kennzahlen gibt es kein Patentrezept. Dies haben schon vor über 30 Jahren Forrester mit System Dynamics und die Autoren des Kölner Integrationsmodells erkannt[16].

Zusammenfassend lässt sich den neuen organisatorischen Ansätzen eine stringentere Unterstützung der operativen Leistung bescheinigen. Dabei darf man aber die Ausrichtung auf das organisatorische Gesamtoptimum und die kulturellen Faktoren als Treiber der Hochleistung nicht aus den Augen verlieren.

---

[15] Vgl. Kaplan 1997
[16] Vgl. Grochla 1974

4. Planung als Erfolgsfaktor

Der grafische Verlauf einer mathematischen Funktion ist an ihrer Formel nicht immer leicht erkennbar. Setzt man aber Grenzwerte wie Null und Unendlich ein, wird der Kurvenverlauf schon deutlicher. Eine Grenzwertbetrachtung empfiehlt sich auch bei der Unternehmensplanung. Auf der einen Seite stehen etwa die Misserfolge der Fünfjahrespläne kommunistischer Planwirtschaften. Auf der anderen Seite haben übertriebene Ansätze des Planning, Programming and Budgeting oder Versuche, alle Planungsprobleme mit Methoden des Operations Research abzubilden, oft nur begrenzten Erfolg.

4.1 Operative Planung und Budgetierung

Der Harvard-Professor Michael Jensen geißelt übertriebene operative Planung so:

„Die Budgetierung braucht eine enorme Menge an Managerzeit, zwingt sie zu endlosen, stupiden Sitzungsrunden und stressvollen Verhandlungen. Sie ermutigt Manager zu lügen und zu schummeln, die Ziele niedrig zu halten und Ergebnisse aufzublasen. Sie bestraft den Verantwortlichen für Offenheit. Sie spielt Kollege gegen Kollege aus und erzeugt Misstrauen. Sie zerstört Anreize und motiviert Leute, gegen die Interessen ihrer Unternehmung zu handeln"[17].

Die geschilderten Erfahrungen zeigen, dass Planung im Unternehmen Augenmaß erfordert. Grundsätzlich kann eine verantwortungsvolle Unternehmungsleitung aber nicht darauf verzichten. Innerbetrieblich ist sie für die Investitionen und Ressourcen, die Liquidität sowie das Controlling notwendig, außerbetrieblich für Aktionäre und Kreditinstitute – um nur einige Zwecke zu nennen[18]. So führt die BASF-Gruppe ihre Erfolge auch auf die gekonnte Planung ihrer Produktionswerke zurück. An geeigneten Standorten werden langfristige Synergien in der Verwendung von Kuppelprodukten und Overheadfunktionen in sehr großen Werken erzielt.

---

[17] Vgl. Oehler 2005
[18] Vgl. Szyperski 1980

The Hackett Group hat die Schwächen der Budgetierung und Mittelfristplanung europäischer Unternehmungen erhoben:[19] Im Jahr 2003 sahen 80% der befragten Firmen großen Optimierungsbedarf bei Effizienz und Qualität der Planung. Im Jahr 2005 waren immer noch 70% unzufrieden – 4% hatten sogar ihre Budgets abgeschafft.

Operative Planung in der Unternehmung kann wesentlich zur Hochleistung beitragen, wenn folgende Erfahrungen beachtet werden:

a) Das Planungssystem auf den Kontext der Unternehmung ausrichten
   - klassische Budgetierung nur bei statischem, wenig komplexem Geschäft,
   - vereinfachte Verfahren bei komplexem oder dynamischem Geschäft.
b) Planvorgaben aus den strategischen Zielen top down ableiten (siehe BSC).
c) Komplexität und Buchhaltungsmentalität reduzieren, Aufwand durch effizienten Workflow und IT Tools senken.
d) Stärkere Dezentralisierung der Steuerung im kurzfristigen Horizont und mehr Flexibilität der Vorgaben im mittelfristigen.

4.2 Strategische Planung

Eine exzellente operative Planung mag zur Hochleistung eines Unternehmens beitragen. Aber alle Hochleistung kann verlorene Liebesmühe sein, wenn man zur falschen Zeit im falschen Geschäft ist. Ein Kommilitone des Autors hat dies schon als Student gewusst: Er trat im Sportfest der Hochschule immer im Turmspringen an und wurde regelmäßig Hochschulmeister. In dieser Disziplin gab es keine Wettbewerber. Schon immer träumten Top Manager von dem, was Kim und Mauborgne heute Blue Ocean Strategy nennen[20]. Raus aus dem harten, ja blutigen Geschäft im Red Ocean, rein in ein erfreuliches Geschäft im Blue Ocean, in dem der Wettbewerb irrelevant ist! Sie fanden, dass nicht eine Unternehmung oder eine Industrie den nachhaltigen Erfolg sichern, sondern die strategischen Schritte der Manager.

---

[19] Vgl. Hackett 2005
[20] Vgl. Kim 2005

Gute Manager erneuern die Marktgrenzen, indem sie Chancen identifizieren, die sie etwa bei Produktalternativen, -substituten und -ergänzungen, in verwandten Industrien, in der Käuferkette oder in entscheidenden Trends finden. Sie fokussieren sich in kreativen Gesprächen mehr auf das große Bild als auf 'number crunching' und denken 'outside the box'. Neue Geschäfte suchen auch starke Gemeinsamkeiten im Kundennutzen für Nichtkunden. Die Geschäftsmodelle unterscheiden sich im Kundennutzen von denen des Wettbewerbs und setzen strategisch geschickte Preise. Die Zielkosten ergeben sich aus strategischem Preis minus Wunschmarge und müssen auf konventionellen Wegen erreicht werden. Natürlich können alle Barrieren gegen Nachahmer kaum verhindern, dass der Blue Ocean irgendwann rot wird. Dann sucht man eben einen neuen! Kim und Mauborgne beschreiben wie.

Vielleicht kein Rezept für alle Arbeitsplätze in der europäischen Fertigungsindustrie. Aber ein Ansporn dazu, zur richtigen Zeit im richtigen Geschäft zu sein[21]. Wie es die Linde-Gruppe Jahrzehnte lang mit Erfolg praktiziert hat. Fast ohne Sozialpläne und Werksschließungen. So wurden die Betriebe für Dieselmotoren und Ackerschlepper auf Fördertechnik und Mobilhydraulik umgestellt, Kompressoren und Kühlmöbel rechtzeitig verkauft sowie technische und medizinische Gase neu aufgebaut. Mehr Flexibilität im Portfolio Management der Geschäfte kann auch der europäischen Fertigungsindustrie helfen – Unternehmertum eben.

---

[21] Vgl. Breene 03/2005

Literaturverzeichnis

BERGER 2005

Berger, S., How we compete. What Companies around the World are doing to make it in today's Economy, MIT Boston 2005

BLOM 2005

Blom, N., Sadem, R., von Reenen, J., It ain't what you do, it's the way that you do IT, CEP at London School of Economics, Okt. 2005

BREENE 03/2005

Breene, T., Mann, M., Nunes, P., The right Place, the right time, in: Accenture Outlook No.3 2005, S. 42-51

BREENE 01/2005

Breene, T., Nunes, P., Balance, Alignment and Renewal: Understanding competitive Essence, in: Accenture Outlook No.1 2005, S. 36-45

CELERANT 2005

Celerant Consulting, Six Sigma Black Belt Training, Interne Arbeitsunterlage, Düsseldorf 2005

DPA 2006

Deutsche Presse Agentur, Wirtschaftswunder China, Grafik 1930 in: Wiesbadener Kurier 27.1.2006

GROCHLA 1974

Grochla, E., Bischoff, R., Fezer, U., Gagsch, S., Garbe, H., Integrierte Gesamtmodelle der Datenverarbeitung, München, 1974

HACKETT 2005

The Hackett Group, Planning on the Move, London 2005

HÄUSLSCHMID 2006

Häuslschmid, V., Strategien gegen Piraterie in China: Bloß nicht aufgeben! In: VDMA-Nachrichten 1/2006, S. 26-28

HOFFMANN 2005

Hoffmann, C., Die Globalisierung läuft, wir laufen hinterher, In: FAS 25.12.2005, S. 47

JOST 2005

Jost, W., Der Ball muss ins Tor, In: Scheer Magazin 03/2005, S. 6-9

KAPLAN 1997

Kaplan, S. R., Norton, D. P., Balanced Scorecards, Stuttgart 1997

KIM 2005

Kim, W. C., Mauborgne, R., Blue Ocean Strategy. How to create uncontested Market Space and make the Competition irrelevant, Harvard Business School, Boston 2005, S. 3-22

KIRBY 2005

Kirby, J., Toward a Theory of High Performance, In: Harvard Business Review July-Aug 2005

KLOEPFER 2006

Kloepfer, I., Das Jahr der Heuschrecke, In: FAS 1.1.2006, S. 41

OEHLER 2005

Oehler, K., Sind Planung und Budgetierung reine Zeitverschwendung? In: MIS AG Dimensionen Dez.2005, S. 1-2

ORTMANN 2005

Ortmann, K., Quo vadis Deutschland? In: VISAVIS Economy 3/2005, S.11-12

RINCK 2006

Rinck, S., iPEP– innovative Prozesse und evolutionäre Produkte bei der Linde AG, In: VDMA (Hg.), Innovationsmanagement in der Investitionsgüterindustrie treffsicher voranbringen, Frankfurt 2006

SZYPERSKI 1980

Szyperski, N., Luther, F., FIESTA und PLAN – Dialogmodelle des BIFOA und der DATEV zur integrierten Finanz-, Ergebnis- und Steuerplanung, in: GI und VHB, Online-Systeme, Berlin 1980

WOLF 2006

Wolf, J., Was bringt die BPM-Suite? In: Scheer Magazin Nr. 1/2006, S. 6-7

**Innovation im Handel
am Beispiel der METRO Group**

Gerd Wolfram

Inhaltsverzeichnis

1. Einleitung 351

2. Herausforderungen für den Handel 352
   2.1 Die METRO Group 352
   2.2 Zielsetzung: Innovationsführer der Branchen 353

3. Unternehmensstrategische Ansätze 353

4. Innovation im Handel 354
   4.1 Geschäftsstrategie 355
   4.2 Mitarbeiter 355
   4.3 Handelspartner 355
   4.4 Technologien 356
      4.4.1 Interne Kommunikationsplattform 356
      4.4.2 Zentrales Lieferantenportal 357
      4.4.3 METRO Group Future Store Initiative 358

5. Schlussbemerkung 360

Literaturverzeichnis 361

1. Einleitung

Es wäre der Albtraum für viele Berufstätige: Das Mobiltelefon funktioniert nicht, obwohl der Akku aufgeladen ist. Der Rechner schaltet sich plötzlich ab und fährt auch nicht mehr hoch. Jeder Zugriffsweg ins Internet ist blockiert, E-Mails lassen sich nicht mehr verschicken. Sogar das Faxgerät ist tot. Arbeiten ist schlicht nicht mehr möglich. Das Szenario zeigt, wie selbstverständlich wir Innovationen aus den vergangenen 30 Jahren heute nutzen und wie hilflos wir im Berufsalltag ohne Technologien wie Computer, Handy oder Internet wären. Die Sensation von gestern ist heute Standard. Wer damals verstanden hat, wohin die technische Entwicklung geht, der konnte davon profitieren. Heute ist es unvorstellbar, dass ein Unternehmen wie Nokia noch vor 50 Jahren vor allem für seine Gummistiefel und Fahrradreifen bekannt war.

Was hat das mit der METRO Group oder dem Handel im Allgemeinen zu tun? Sehr viel, denn Handel ist Innovation, Erneuerung. Kaum eine andere Branche verändert sich so schnell. Ein Beispiel ist der Austausch von Waren über das Internet – eine Handelsform, die sich immer weiter etabliert. Aber auch der stationäre Handel muss sich kontinuierlich neu erfinden. Die politischen und wirtschaftlichen Rahmenbedingungen sind heute anders als noch vor zehn Jahren. Die Konsumgewohnheiten der Verbraucher unterliegen einem ständigen Wandel. Und der Wettbewerbs- und Preisdruck innerhalb der Branche nimmt stetig zu. All dies erfordert sehr viel Flexibilität und Innovationskraft.

„Wer will, dass alles so bleibt, wie es ist, muss bereit sein, alles zu verändern", so lautet das Motto von Media Markt – nicht ohne Grund. Nur wer das Streben nach Innovationen in seinen Strategien verankert, wird langfristig erfolgreich sein.

2. Herausforderungen für den Handel

Weltweit erwirtschaftet der Konsumgüterhandel jährlich fast 9.000 Milliarden US-Dollar[1]. Dabei ist ein Siebtel der Weltbevölkerung – die Menschen in Nordamerika und Westeuropa – für mehr als 60 Prozent der Umsätze verantwortlich. Doch das Verhältnis verschiebt sich: Während das Geschäft auf den etablierten Märkten stagniert, weisen Asien und Osteuropa hohe Wachstumsraten auf. Handelsunternehmen müssen sich flexibel auf diese neuen Rahmenbedingungen einstellen.

In Deutschland steht der Handel heute außerdem vor einer Vielzahl umfassender Herausforderungen. Die Bevölkerungsstruktur verändert sich, die Zahl der älteren Verbraucher nimmt kontinuierlich zu. Nach wie vor ist die Kauflust der rund 82 Millionen Bundesbürger gebremst. Gleichzeitig haben sich die Bedürfnisse gewandelt. Der moderne Kunde ist anspruchsvoll, aufgeklärt und selbstbewusst. Außerdem vereint er immer häufiger gegensätzliche Verhaltensmuster: heute Schnäppchenmarkt, morgen Luxus-Shopping.

Hinzu kommt, dass sich die Marktbedingungen erschwert haben: Überkapazitäten bei den Verkaufsflächen müssen abgebaut werden, ausländische Wettbewerber drängen in den Markt.

2.1 Die METRO Group

Die METRO Group ist 1996 aus dem Zusammenschluss verschiedener Partner hervorgegangen und zählt heute zu den bedeutendsten Handelskonzernen der Welt. Das Unternehmen ist in 30 Ländern an mehr als 2.100 Standorten tätig und beschäftigt rund 250.000 Mitarbeiter. Umfassende Handelskompetenz, Internationalität und hohe Innovationskraft zeichnen die METRO Group aus. Die Unternehmensgruppe setzt sich aus leistungsstarken, operativ eigenständig arbeitenden Einzelunternehmen und Gesellschaften zusammen:

- Metro Cash & Carry[2]

---

[1] Vgl. METRO AG [Hrsg.], S. 52
[2] Internationaler Marktführer im Selbstbedienungsgroßhandel

- Real-SB-Warenhäuser und Extra-Verbrauermärkte
- Media Markt und Saturn[3]
- Galeria Kaufhof[4]

Der Verbund profitiert von der Leistungsfähigkeit der Einzelunternehmen. Umgekehrt erhält jede Vertriebsmarke Rückhalt und Stärke aus dem geschäftlichen Potenzial des Gesamtunternehmens.

2.2 Zielsetzung: Innovationsführer der Branche

Die METRO Group ist ein hochkomplexes, weltweit operierendes Unternehmen. Sie muss täglich auf eine Vielzahl von Marktgegebenheiten reagieren und millionenfach Geschäftsprozesse abwickeln. Was bedeutet Innovation für einen Konzern von dieser Größe und Reichweite? Sie kann nicht das Ergebnis der Arbeit sein: Ein Handelsunternehmen generiert seine Umsätze letztendlich dadurch, dass es Waren verkauft. Es ist keine Forschungseinrichtung, die eigene Erfindungen vermarktet. Aber Innovation wird zunehmend wichtiger Bestandteil der Arbeit im Unternehmen. Unser Ziel lautet daher:

To be the first and the most effective in making change by introducing something new that adds sustainable differentiated value to customers.

Eine solche Definition führt nicht automatisch dazu, dass sich jeder Mitarbeiter im Unternehmen innovativ verhält. Vielmehr kommt es darauf an, eine umfassende Innovationskultur aufzubauen und diese in der Unternehmensstrategie zu verankern.

3. Unternehmensstrategische Ansätze

Die strategischen Grundsätze eines Unternehmens müssen Innovationen zulassen und Freiräume für neue Ideen bieten. Die METRO Group hat sich zum Ziel gesetzt,

---

[3] Europaweit führend bei den Elektrofachgeschäften
[4] Systemführer im Warenhausgeschäft

den Unternehmenswert zu steigern. Die wesentlichen Eckpfeiler der Konzernstrategie sind:

- **Umsatzwachstum:** Die METRO Group verfolgt ein profitables Umsatzwachstum durch Expansion und Internationalisierung. Ziel der Internationalisierung ist es, den Auslandsanteil des Gesamtumsatzes weiter auszubauen. Besonderen Stellenwert haben dabei die dynamischen Märkte in Osteuropa und Asien.

- **Portfolio-Optimierung:** Die METRO Group ist nur in Geschäftsfeldern aktiv, in denen Vertriebslinien von signifikanter Größe auf ausreichend großen Marktsegmenten agieren können. Das Portfolio lebt von der Vielfalt. Die Geschäftsfelder und Vertriebslinien ergänzen sich in ihren Leistungsspektren gegenseitig. Der wirtschaftliche Erfolg des Unternehmens wird durch das international bewährte Steuerungs- und Managementsystem Economic Value Added (EVA) gemessen.

- **Konzept-Optimierung:** Jede Vertriebslinie der METRO Group soll sich zu einer unverwechselbaren Marke, einer so genannten Retail Brand, entwickeln. Media Markt und Saturn haben beispielhaft gezeigt, dass strikte Kundenorientierung im Sortiment und im Service sowie neue Formen der Kundenbindung zum geschäftlichen Erfolg führen.

Für alle drei Eckpfeiler der Konzernstrategie haben Innovationen eine zentrale Bedeutung. Das Unternehmen muss sich in den genannten Feldern kontinuierlich weiterentwickeln, um auch künftig im Wettbewerb bestehen zu können.

4. Innovationen im Handel

Die METRO Group hat vier Ansatzpunkte für Innovationen identifiziert. Sie wirken sich auf die innovative Kraft des Unternehmens aus und ermöglichen eine Abgrenzung zum Wettbewerb.

4.1 Geschäftsstrategie

Die Geschäftsstrategie muss sich den Herausforderungen der modernen Handelswelt (vgl. Kapitel 2) anpassen. Es gilt, die passende Antwort auf zentrale Fragestellungen zu finden: Wie lassen sich die Retail Brands vermarkten? Welche Geschäftsprozesse sind charakteristisch für die Vertriebslinien? Nach welchen Anforderungen sollen sich Sortimente ausrichten?

Die METRO Group setzt auf strikte Kundenorientierung und eine offensive Positionierung im Markt. Die Internationalisierung ist der Motor für nachhaltig profitables Wachstum. Auf den meisten Auslandsmärkten ist es innerhalb kurzer Zeit gelungen, zu den Marktführern vor Ort aufzuschließen oder selbst die Marktführerschaft zu übernehmen. Vermarktungskonzept und Sortimente richtet das Unternehmen konsequent und äußerst flexibel auf die lokalen Erfordernisse aus.

4.2 Mitarbeiter

Die METRO Group beschäftigt weltweit rund 250.000 Menschen. Eine offene Unternehmenskultur erlaubt es ihnen, neue Ideen zu entwickeln und Vorschläge für Prozessverbesserungen zu machen. Die METRO Group unterstützt ihre Mitarbeiter konsequent, auch wenn sie sich außerhalb des eigenen Geschäftsbereichs engagieren. Dadurch können Netzwerke entstehen, die über die Grenzen von Vertriebsmarken hinausreichen.

4.3 Handelspartner

Unerlässlich für die Innovationskraft eines Unternehmens ist eine offene Kooperation mit den Handelspartnern. Ansätze wie Efficient Consumer Response (ECR) weisen den Weg. Händler und Lieferanten arbeiten eng zusammen, um Kosten zu reduzieren und die Bedürfnisse von Verbrauchern besser zu befriedigen. Beide Partner ziehen an einem Strang, weil sie das gleiche Ziel verfolgen: maximalen Umsatz und Profit. Die METRO Group liefert daher beispielsweise tagesgenaue Abverkaufsdaten an ihre Industriepartner oder entwickelt gemeinsam mit den Lieferanten neue Einsatzfelder für die Radiofrequenz-Identifikation (RFID), eine Technologie zur berührungslosen Identifizierung von Waren.

4.4 Technologien

Die METRO Group treibt den Modernisierungsprozess der Branche nachhaltig voran. Ziel ist es, die Servicequalität für die Kunden zu erhöhen und die Effizienz der Geschäftsprozesse zu verbessern. Ohne die richtige IT-Strategie kann sich langfristiger Geschäftserfolg nicht einstellen.

Die METRO Group fasst ihre Projekte auf dem Gebiet der neuen Informations- und Kommunikationstechnologien unter dem Schlagwort Advanced Retailing zusammen. Advanced Retailing stützt sich auf drei wichtige Säulen: Mitarbeiter, Lieferanten und Kunden.

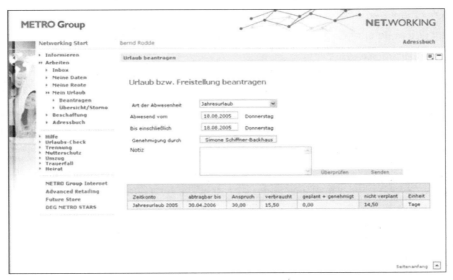

Abbildung 1: Webseite der zentralen Intranetplattform METRO Group Networking

4.4.1 Interne Kommunikationsplattform

Mitarbeiter der METRO Group nutzen die Arbeits- und Informationsplattform METRO Group Networking (Abb. 1). Die Intranetanwendung ermöglicht es, interne Verwaltungsprozesse mithilfe von neuartigen, teilweise speziell für den Konzern entwickelten IT-Systemen abzubilden und zu optimieren. Über METRO Group Networking können die Mitarbeiter beispielsweise selbstständig Büromaterial bestellen, Flüge buchen oder Urlaub beantragen. Alle für sie relevanten Informationen haben sie auf einen Blick verfügbar. Die internationale Zusammenarbeit wird unter anderem durch die so genannten Collaboration-Räume gefördert. Dabei handelt es sich um virtuelle Arbeitszimmer, in denen Mitarbeiter über Ländergrenzen hinweg auf die gleichen Dokumente und Datenbanken zugreifen. Mitarbeiter in 20 Gesellschaften aus 30 Ländern arbeiten mit der zentralen Intranetplattform METRO Group Networking und greifen auf die gleichen Strukturen und Systeme zu.

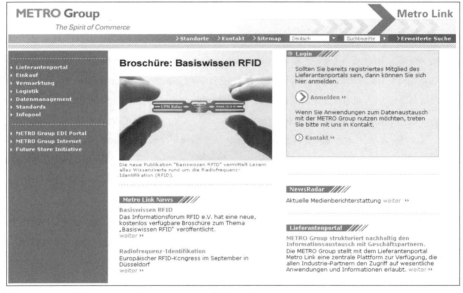

Abbildung 2: Webseite im Lieferantenportal Metro Link

4.4.2 Zentrales Lieferantenportal

Eine intensive Zusammenarbeit zwischen Handel und Industrie führt langfristig zu effizienteren Prozessen. Davon profitieren beide Seiten. Um die Kooperation mit ihren Lieferanten zu verstärken, hat die METRO Group vielfältige Softwareanwendungen entwickelt, darunter beispielsweise Data Warehouse für das Category Management sowie das Tool MMS-CAT für die Pflege von Artikelstammdaten. Bislang war jedes dieser Online-Programme unter einer Web-Adresse erreichbar. Das Lieferantenportal Metro Link (Abb. 2) bündelt nun diese Applikationen. Der Industriepartner braucht sich nur einmal anzumelden und kann dann auf die für ihn relevanten Anwendungen und Informationen im Lieferantenportal Metro Link mit einem Mausklick zugreifen.

4.4.3 METRO Group Future Store Initiative

Die „Zukunft des Handels" ist das Kernthema der METRO Group Future Store Initiative (FSI). Gemeinsam mit SAP, Intel, IBM, T-Systems und rund 60 weiteren Unternehmen aus der Konsumgüterindustrie, der IT-Branche und dem Dienstleistungssektor entwickelt die METRO Group praxistaugliche Konzepte für den Handel von morgen. Alle Beteiligten teilen die Vision, neue technologische Standards für die Konsumgüterwirtschaft zu setzen und den Modernisierungsprozess im Handel voranzutreiben. In praxisnahen Anwendungen testen und entwickeln die Kooperationspartner neue Technologien und Konzepte, die mehr Service, Information und Komfort für den Kunden bieten. Zentraler Baustein der Initiative ist der Future Store in Rheinberg, ein Verbrauchermarkt der Vertriebsmarke Extra. Hier erproben die Partner neue Konzepte für das Lagermanagement und den Verkaufsraum. Dazu gehört beispielsweise ein mobiler Kleincomputer für den Einkaufswagen, der als Persönlicher Einkaufsberater (Abb. 3) agiert. Intelligente Waagen erkennen, welches Obst beziehungsweise Gemüse der Kunde auflegt. An Selbstzahlerkassen kann der Verbraucher aktiv werden und seine Einkäufe scannen und anschließend bar oder mit Karte bezahlen. Dadurch verkürzen sich Wartezeiten. Die Anwendung kommt bei den Kunden sehr gut an. Inzwischen gibt es Selbstzahlerkassen in 50 Real-SB-Warenhäusern.

Auch die Kommunikation mit dem Kunden ist neu organisiert. So genannte Info-Terminals, Computer mit Touchscreen, helfen bei der Produktauswahl, geben Rezepttipps oder Ernährungsinformationen.

Im Lager des Future Stores nutzt die METRO Group die Radiofrequenz-Identifikation (RFID). Diese Technologie ermöglicht es, Produkte per Funk automatisch zu registrieren. Dadurch lässt sich der Warenfluss vom Hersteller in den Markt besser steuern. Bestände im EDV-System sind stets aktuell. Seit November 2004 setzt die METRO Group als eines der ersten Handelsunternehmen RFID weltweit in der Prozesskette ein.

Abbildung 3: Im Future Store testen die Partner der METRO Group Future Store Initiative neue Technologien für den Handel, hier den Persönlichen Einkaufsberater.

Mit der METRO Group Future Store Initiative stellt das Handelsunternehmen seine Innovations- und Umsetzungskraft unter Beweis: Die METRO Group ist Motor für die Entwicklung von Konzepten und Technologien für den Einzelhandel und treibt den Wandel der Branche maßgeblich voran. Darüber hinaus profitiert der Konzern von den Erfahrungen aus den Projekten der Initiative:

- Moderne Technologien unterstützen die METRO Group bei der systematischen Optimierung der Verkaufs- und Marketingkonzepte.
- Die Partner engagieren sich für globale technische Standards. Das reduziert Kosten und verbessert Prozesse.
- Die beteiligten Unternehmen entwickeln Anwendungen, die vor allem den Kunden Vorteile bringen. Die Qualität der Services und der Produkte steigt.

5. Schlussbemerkung

In der Handelswelt hat sich eine wichtige Erkenntnis durchgesetzt: Der Kunde entscheidet. Er hat vielfältige Wünsche und Bedürfnisse – von denen er manche heute vielleicht noch nicht einmal kennt. Aufgabe der METRO Group ist es, die Wünsche der Verbraucher zu erfüllen und neue Bedürfnisse vor den Wettbewerbern zu identifizieren. Der Kunde wird nur dann eine der Filialen von Metro Cash & Carry, Real, Extra, Media Markt, Saturn oder Galeria Kaufhof aufsuchen, wenn sie sich deutlich von den anderen Angeboten im Markt absetzen. Moderne Technologien helfen dem Handel dabei, immer einen Schritt voraus zu sein. Dabei darf Innovation nie zum Selbstzweck verkommen, denn:

„[I]nnovation isn't what innovators do; it's what customers, clients, and people adopt. Innovation isn't about crafting brilliant ideas that change minds; it's about the distribution of usable artifacts that change behaviour. Innovators – their optimistic arrogance notwithstanding – don't change the world; the users of their innovations do."[5]

---

[5] Vgl. Schrage 2004, Seite 18

Literaturverzeichnis

METRO GROUP [HRSG.]

Metro-Handelslexikon. Daten, Fakten und Adressen zum Handel in Deutschland, Europa und weltweit. Düsseldorf, 2005

SCHRAGE, MICHAEL

Making good ideas matter. In: Technology Review, 107, Seite 18. Cambrigde, 2004

Innovation in Dienstleistungsunternehmen
Vom konservativen zum smarten Innovator

Matthias von Bechtolsheim

Inhaltsverzeichnis

1. Sind Dienstleistungsunternehmen Nachzügler in Innovationen? 367

2. Dienstleister sind „konservative" Innovatoren 368

3. Innovation Excellence in Dienstleistungsunternehmen 370

4. Die Zukunft gehört den „Smart Investors" 372

Literaturverzeichnis 374

1. Sind Dienstleistungsunternehmen Nachzügler in Innovation?

Im Vergleich zu Unternehmen aus der Automobil-, Luft- und Raumfahrtindustrie sowie der Elektronikindustrie erzielen Banken, Versicherungen, Energieversorger und Logistikdienstleister weniger Umsatz mit neuen Produkten und investieren deutlich weniger in Forschung und Entwicklung (siehe Abb. 1). Das ist das Ergebnis einer internationalen Studie von Arthur D. Little. Diese Erkenntnis erstaunt, nimmt doch der Dienstleistungssektor für westliche Volkswirtschaften an Bedeutung zu und hat im Hinblick auf die Beschäftigungswirkung eine zentrale Rolle. Die Ergebnisse der Studie führen zu einer Reihe von Fragen: Sind Dienstleister Nachzügler in punkto Innovation? Worin liegen die Ursachen für eine andersgeartete Rolle der Innovation in Dienstleistungsunternehmen? Wie kann Innovation in Dienstleistungsunternehmen verbessert werden? Worin liegen die zentralen Ansatzpunkte für die Unternehmensleitung?

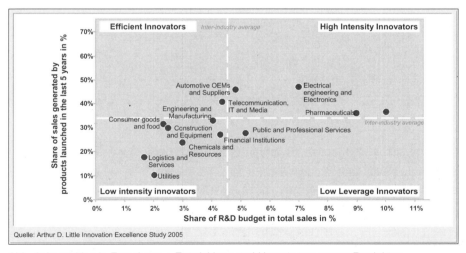

Abb. 1: Investition in Forschung + Entwicklung und Umsatz aus neuen Produkten

2. Dienstleister sind „konservative" Innovatoren

Betrachtet man das Phänomen Innovation in einzelnen Dienstleistungsbranchen, z. B. Banken und Versicherungsunternehmen, näher, so schälen sich erste Unterschiede heraus. Ist bei Industrieunternehmen die Produktinnovation der dominierende Anteil des F&E-Budgets, so liegen die innovationsrelevanten Investitionen bei Banken und Versicherungen auch in der Prozess- und Geschäftsmodell-Innovation (siehe Abb. 2).

Abb. 2: Bereiche der innovationsrelevanten Investitionen

So haben sich in den letzten 10 Jahren Produkte, Prozesse und Geschäftsmodelle insbesondere bei Banken durch den Einsatz von Informationstechnologie verändert. Online-Banking und -Broking ist eine Produkt-, Prozess- und Geschäftsmodellinnovation, die kaum durch explizit ausgewiesene R&D-Budgets abgedeckt gewesen ist, sondern vielfach in den IT-Budgets enthalten war. Ein weiteres Merkmal der Innovation im Dienstleistungsbereich ist die simultane Innovation von Produkten und Prozessen. Beispiel: Die Einführung eines neuen Finanzproduktes ist nicht nur mit Aufwand für Marktforschung, Produktkonzeption und Test verbunden, sondern mit der Veränderung von Prozessen und IT-Systemen für die Produkteinführung.

Welches sind die Merkmale des "konservativen" Innovationsverhaltens? Wir haben nach den Erfolgsfaktoren für Innovation gefragt und dabei festgestellt, dass Dienstleistungsunternehmen zwar den Instrumenten erfolgreichen Innovationsmanagements eine hohe Bedeutung zumessen, aber in der praktischen Umsetzung Defizite sehen (siehe Abb. 3).

Abb. 3: Erfolgsfaktoren der Dienstleistungsentwicklung

Es erstaunt uns, dass die Unternehmen neben der Innovationsstrategie die Kreativität und Verfügbarkeit von Mitarbeitern sowie die Unternehmenskultur als die wichtigsten Faktoren hervorheben. Dass die Innovationsstrategie zwar als bedeutend angesehen, aber auch als unzureichend umgesetzt betrachtet wird, mag darin begründet sein, dass Dienstleister weit weniger von neuen Produkten abhängig sind, sondern in stärkerem Maße von der Kundenbindung. Offensichtlich bestehen aber auch deutliche Defizite in der Innovationsfähigkeit und Innovationskultur bei Dienstleistungsunternehmen. Erstaunlich ist auch, dass Dienstleister dem Test neuer Produkte eine relativ geringe Bedeutung zumessen ebenso wie den Post-Launch-Berichten nach Produkteinführung. Ist das der Grund dafür, dass z. B. Banken ihre Produktportfolien in den letzten Jahren erheblich bereinigt haben? Eine namhafte deutsche Bank hat die Anzahl der Zahlungsverkehrsprodukte im Firmenkundengeschäft von 150 auf 20 Produkte reduziert und dabei gleichzeitig die Profitabilität gesteigert. Offensichtlich ist die Innovationsstrategie in diesem Unternehmen in der Vergangenheit nicht genügend fokussiert gewesen.

Analysiert man den Innovationsprozess in einem Dienstleistungsunternehmen, z. B. bei Banken, näher, so stellt man Erstaunliches fest (siehe Abb. 4). Weniger als die Hälfte der befragten Banken bindet den Kunden kontinuierlich in den Innovationsprozess ein. Zentrale wie dezentrale (bereichsübergreifende) Innovationsteams sind gänzlich unbekannt bzw. unbeteiligt. In der Industrie sind diese Ansätze seit langem Best Practice.

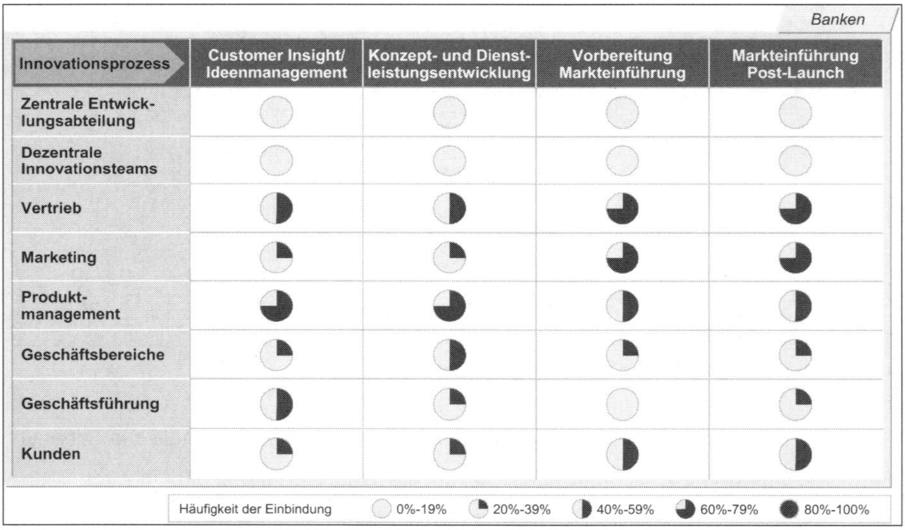

Abb. 4: Einbindung des Kunden in den Innovationsprozess

3. Innovation Excellence in Dienstleistungsunternehmen

Offensichtlich können Dienstleister in Bezug auf den Innovationsprozess von klassischen Industrien lernen. Aus einer Vielzahl von Projekten und Studien haben wir die Erfolgsfaktoren für Innovation Excellence herausgearbeitet und den Best-Practice-Innovationsprozess definiert (siehe Abb. 5). Wir sind der Auffassung, dass sich Dienstleistungsunternehmen an die Spitze der Innovatoren setzen können, wenn sie sich an erfolgreichen Innovatoren in klassischen Industrien orientieren. Was bedeutet das konkret? Wir haben die fünf wichtigsten Faktoren, das bedeutet die Faktoren mit dem höchsten Einfluss auf die Umsatzsteigerung, hervorgehoben.

Abb. 5: Best Practice Innovation Management

An erster Stelle steht das Ideenmanagement. So bedeutsam Marktforschung und externe Innovationsquellen sein mögen: das größte Innovationspotenzial liegt bei den Mitarbeitern des Unternehmens und seinen Kunden. Voraussetzung dafür ist eine innovationsfördernde Unternehmenskultur. Diese kann man gezielt anstreben durch ein strukturiertes und begleitendes Ideenmanagement, Schaffung von Foren für den Austausch von Ideen (z. B. Ideenwerkstatt) und Innovationspreise. Wir erleben bereits zahlreiche Unternehmen der Finanzdienstleistung, die die Bedeutung des Ideenmanagements erkannt haben und die Mitarbeiter mit entsprechenden Programmen mobilisieren.

Top-Innovatoren in der Industrie sehen einen Hauptansatzpunkt im Management von Technologien und Ressourcen konkret in Innovationsprojektmanagement und Technologiepartnerschaften. Hier haben Dienstleistungsunternehmen noch deutlichen Nachholbedarf. So spielen externe Partner in der Entwicklung von Dienstleistungen kaum eine Rolle. Erst langsam brechen die Wertschöpfungsketten auf und die Co-Entwicklung von Produkten bahnt sich ihren Weg. So seien innovative Fondskonzepte genannt, bei denen Finanzdienstleister neue Fonds gemeinsam mit Partnern entwickeln und teilweise auch managen.

Die strategische Produktplanung spielt eine elementare Rolle im Innovationsprozess. Klare Produktstrategie, Verzahnung von Entwicklung und Vertrieb sowie Produkt- und Technologieplattformen sind die Bausteine erfolgreicher Innovation in Industrieunternehmen. Hier können Dienstleister hinzulernen, denn es mangelt vielfach sowohl an einer marktgetriebenen Produktstrategie (oftmals dominiert die vom Kundenwunsch getriebene Einzelentwicklung) als auch an modularen Produktplattformen, die die schnelle und effiziente Entwicklung neuer Produkte ermöglichen.

Im Produktentwicklungsprozess liegt der Schlüssel zu einem nachhaltig effektiven und effizienten Innovationsmanagement. Für eine erfolgreiche Entwicklung in der Industrie sind cross-funktionale Entwicklungsteams, auf eine Folge von Meilensteinen gestützte Entwicklungsprozesse und Risikomanagement die wichtigsten Kernelemente. Wie Abb. 3 bereits zeigte, hat der systematische Produktentwicklungsprozess bei Dienstleistern nicht die Bedeutung, die ihm zukommt. Allein schon dadurch, dass ein Entwicklungsprozess mit Rollen, Aufgaben und Meilensteinen definiert und überwacht wird, kann der Innovationserfolg deutlich gesteigert werden, wie wir in zahlreichen Projekten bei Dienstleistern[1] erlebt haben. Nicht zuletzt – und wenig überraschend – spielt Marktforschung (Market Intelligence) eine tragende Rolle. Neben der klassischen Marktanalyse steht die Einbeziehung der Kunden im Vordergrund. Kunden stellen ein bei Finanzdienstleistern zu wenig genutztes Potenzial für Innovationen dar, sei es über die Einbeziehung von "Lead Usern" in die Entwicklung oder über Rückkopplung von Kundenwünschen durch den Kundenservice.

4. Die Zukunft gehört den „Smart Innovators"

Innovation wird bei Dienstleistungsunternehmen zum Erfolgsfaktor werden, seitdem auch Dienstleistungen aufgrund der Liberalisierung und den Potenzialen der Informationstechnologie einem steigenden Wettbewerbsdruck ausgesetzt sind. Verla-

---

[1] Neben Finanzdienstleistern insbesondere auch bei Telekommunikations- und Transportdienstleistern

gerung von Wertschöpfung in Niedriglohnländer (z. B. in der IT und bei Back-Office-Funktionen) und das Vordringen neuer Wettbewerber in heimische Märkte (z. B. ausländische Retailbanken mit standardisierten Produkten) erfordern innovative Produktkonzepte. Innovation muss allerdings einhergehen mit einer Beherrschung der Komplexität, da der Markt zunehmend kundenindividuelle und differenzierte Produkte fordert. Hierin liegt die Chance insbesondere deutscher Dienstleistungsunternehmen, die ihre Stärke eher in der Optimierung komplexer Prozesse und Systeme haben als ihre ausländischen Wettbewerber mit der hohen Standardisierung und geringer Wertschöpfungstiefe. Unsere Dienstleistungsunternehmen müssen also insofern "Smart Innovators" werden, indem sie Innovation und Komplexität simultan zu beherrschen lernen.

Literaturverzeichnis

BEYER, G.; BOESSENKOOL, I., JOHANSSON, A.; NILSSON, P. I.; VAN OENE, F.
How Top Innovators Get Innovation Right: Results from Arthur D. Little's Third Innovation Excellence Survey, Wiesbaden, Arthur D. Little, 2005

SEIDEL, G.; ZIEGERT, O.
Excellence in Dienstleistungsunternehmen, Wiesbaden, Arthur D. Little, 2005

Teil 5

Innovationen in der Wirtschaft – Organisation und Führung

Organisationsinnovationen und globale Gestaltungsparadigmen

Erich Frese

Inhaltsverzeichnis

1. Wie innovativ können Organisationsänderungen sein?...................382
   - 1.1 Innovationen als erstmalige Änderungen...................382
   - 1.2 Änderungspotenzial von Organisationsstrukturen...................384
   - 1.3 Kulturelle Verankerung von Organisationsinnovationen...................390
2. Wie innovativ waren einflussreiche historische Reorganisationen?...................391
   - 2.1 Organisatorische Änderungen der Großunternehmung aus historischer Sicht...................391
   - 2.2 Erste umfassende organisatorische Analyse der industriellen Großunternehmung durch ingenieurwissenschaftlich geprägte Unternehmer und Manager (Du Pont/General Motors-Modell)...................394
   - 2.3 Abkehr vom Leitbild der tayloristischen Planung im japanischen Produktionsmanagements (Toyota-Modell)...................400
3. Wie weit sind Organisationsinnovationen theorieinduziert?...................407

Literaturverzeichnis...................411

Die in Großunternehmungen weltweit etablierten Organisationsstrukturen sind das Ergebnis von Gestaltungskonzepten, die in ihren Strukturprinzipien, insbesondere hinsichtlich der Konfiguration der Unternehmungsbereiche, des Aufbaus der unternehmungsweiten Planung und der Prinzipien des Produktionsmanagements, ein hohes Maß an Übereinstimmung aufweisen.

Der Beitrag erörtert die These, dass sich die Herausbildung dieser globalen Gestaltungsparadigmen in einer hundertjährigen Entwicklung vollzogen hat. In dieser Zeitspanne haben innovative Reorganisationen das Organisationsverständnis des handelnden Managements, insbesondere seine Überzeugungen von den Wirkzusammenhängen zwischen Organisationsgestaltung und Unternehmungserfolg, geprägt.

Die Untersuchung beginnt mit der Frage, was unter innovativen Organisationsänderungen zu verstehen ist, und plädiert für einen zurückhaltenden Gebrauch des Begriffs „Organisationsinnovation". Organisationsinnovationen zeichnen sich durch neuartige Annahmen über Methoden-, Motivations- und Kognitionseffekte aus, die zu tief greifenden Änderungen der vorherrschenden Muster bei der Auswahl, Ausgestaltung und Verknüpfung von Gestaltungsinstrumenten führen.

Zwei historische Reorganisationen, die konzeptionell und personell eng verbundene Neugestaltung der Organisationsstrukturen von Du Pont und General Motors in der Zeit um den ersten Weltkrieg (Du Pont/General Motors-Modell) und das in Japan nach dem zweiten Weltkrieg entwickelte Konzept des Produktmanagements (Toyota-Modell) haben die heute dominierenden Gestaltungsparadigmen nachhaltig geprägt. Bei diesen historischen Organisationsinnovationen waren Manager, die sich mit schwerwiegenden, häufig krisenhaften Problemen in ihren Unternehmungen konfrontiert sahen, die treibenden Kräfte. Die Grundlage ihres Handelns bildeten nicht wissenschaftlich etablierte Organisationstheorien, sondern in der Praxis entstandene, subjektive Theorien (Gestaltungsphilosophien). Das führt im Gegenzug zu der Frage, ob sich auch Organisationsinnovationen nachweisen lassen, die durch die Umsetzung wissenschaftlicher Forschungsergebnisse entstanden sind.

1. Wie innovativ können Organisationsänderungen sein?

1.1 Innovationen als erstmalige Änderungen

Die Verwendung des Begriffs „Innovation" zeigt gegenwärtig in Wissenschaft und Praxis inflationäre Tendenzen. Das lässt sich auch in der Diskussion neuer Organisationskonzepte feststellen. Schon die verbreitete Zuerkennung des Attributs „innovativ" weckt Zweifel daran, dass hier immer die Regeln begrifflicher Sorgfalt beachtet werden. Versteht man, wie es in den Natur- und Ingenieurwissenschaften üblich ist, unter einer „Innovation" eine Änderung, die den Charakter des Erstmaligen und damit Einmaligen hat, dann bestünde Veranlassung, mit der Charakterisierung einer Organisationsänderung als innovativ sehr restriktiv umzugehen. Vor allem drei Besonderheiten organisatorischer Neuerungen legen diese Zurückhaltung nahe.

- Der Spielraum bei der Kombination von Gestaltungsinstrumenten zu neuen Organisationskonzepten ist begrenzt. Allein die Tatsache, dass alle Organisationsformen dem Prinzip der hierarchischen Strukturierung unterliegen (Simon 1965), reduziert die Menge der zulässigen Lösungen. Die Wahrscheinlichkeit, dass selbst eine als spektakulär empfundene Reorganisation auf Bekanntes zurückgreift, ist deshalb hoch.

- Überlagert wird die Ausschöpfung des Gestaltungsspielraums von der Tatsache, dass es bei Organisationsänderungen nur begrenzt möglich ist, die Wirksamkeit von Änderungen empirisch zu überprüfen. Hierin liegt ein wesentlicher Unterschied zum technisch-naturwissenschaftlichen Anwendungsbereich, der im Falle von Änderungsideen gesichertere Urteile hinsichtlich Wirkung und Funktionserfüllung zulässt. Insofern existiert bei Organisationsänderungen trotz des prinzipiell relativ beschränkten Lösungsraums kein rigoroses Selektionskriterium, das den Einfallsreichtum der mit praktischen Problemen konfrontierten kanalisieren könnte.

- Die Überprüfung auf Erstmaligkeit eines Organisationskonzepts ist ein aufwändiges Unterfangen. Die Verleihung des Prädikats „Erstmaligkeit" erfordert streng genommen den Rückgriff auf ein globales Informationssystem. Bei technischen

Neuerungen erlauben die etablierten Regeln des Patentsystems in den meisten Fällen ein eindeutiges Urteil. Der Zugriff auf Daten, die den Stand des Wissens repräsentieren, erfolgt in diesem Rahmen auf der Grundlage standardisierter Beschreibungen des technischen Konstrukts. Bei Organisationsneuerungen existiert kein vergleichbares Informationssystem. Es müsste auch äußerst schwierige Abgrenzungen vornehmen und zum Beispiel die Frage entscheiden, ob das allgemein als neuartig angesehene „Kanban-System" des japanischen Produktionsmanagements das Attribut „innovativ" verdient, obwohl sich der Initiator nach eigenem Bekunden am Vorbild US-amerikanischer Supermärkte orientiert hat (Ohno 1988, S. 25 ff.).

Vor diesem Problemhintergrund wird in diesem Beitrag in Einklang mit einem großen Teil der Literatur (s. den Überblick in Frese 2000) das strenge Kriterium der Einmaligkeit nicht herangezogen. Von „Innovationen" wird vielmehr gesprochen, wenn Organisationsänderungen sich hinsichtlich der bisher bei der Gestaltung von Organisationsstrukturen vorherrschenden Prinzipien wesentlich unterscheiden. Häufig führt die empfundene Neuartigkeit dazu, dass die Innovationen eine unternehmungs- und länderübergreifende Verbreitung erfahren. Charakteristisch für diese Sichtweise sind die Studien zur Verbreitung von Managementkonzepten in den USA von Fligstein (1990). Fligstein weist einzelnen Akteuren (key actors) eine herausragende, häufig bahnbrechende Rolle in solchen innovativen Änderungsprozessen zu: "These actors have interpreted their environments, both inside and outside their organization, and created new solutions to recurring problems. Their innovations have been adopted by other firms and become accepted business practices" (Fligstein 1990, S. 1). Die folgende Untersuchung betrachtet Organisationsinnovationen, die auf neuartiges Methoden-, Motivations- und Kognitionswissen zurückgreifen und eine globale Verbreitung erfahren. Betrachtet wird allerdings nur die Entstehung von Innovationen – und damit das Handeln der „key actors" bei der Generierung von neuem Organisationswissen. Der Prozess der Verbreitung der so entstandenen Konzepte, dem die Organisationstheorie in jüngster Zeit große Aufmerksamkeit widmet (Powell/DiMaggio 1991), wird weitgehend vernachlässigt.

1.2 Änderungspotenzial von Organisationsstrukturen

Welche Merkmale können herangezogen werden, um Organisationskonzepte zu unterscheiden? Diese Frage ist zunächst zu klären, bevor das Neuartige einer Reorganisation und damit das Innovationspotenzial von Organisationskonzepten betrachtet werden kann. Die Antwort hängt entscheidend von den vertretenen organisationstheoretischen Positionen ab. Vertreter der Organisationsökologie (Hannan/Freeman 1984) wählen einen anderen Zugang zum Verständnis des Organisationsproblems als Anhänger des Institutionalismus (Meyer/Rowan 1977) und diese unterscheiden sich wiederum von mikroökonomisch orientierten Organisationstheoretikern (Williamson 1991). Die folgenden Überlegungen verfolgen die Perspektive der Organisationsgestaltung (Frese 2005). Dieser gestaltungsorientierter Ansatz vermittelt methodische Grundlagen für Entscheidungen über Organisationsstrukturen. Das Management einer Unternehmung soll in die Lage versetzt werden, zwischen den verfügbaren Gestaltungsinstrumenten so zu wählen, dass die Unternehmungsziele im höchst möglichen Maße realisiert werden. Mit dem Anspruch, bei der Entscheidung zur Etablierung von Organisationsstrukturen dem Prinzip der intendierten Rationalität zu folgen (Simon 1955), d. h. fundierte Zweck-Mittel-Abschätzungen vorzunehmen, bildet die normative Entscheidungstheorie die Basis dieses Ansatzes. Dieser instrumentellen Sicht entsprechend, beschreiben Organisationsstrukturen die Ausprägungen der eingesetzten Gestaltungsinstrumente, die sich aufgabenorientierten und personenorientierten Maßnahmen zuordnen lassen.

Aufgabenorientierte Gestaltungsmaßnahmen abstrahieren von allen individuellen kognitiven und motivationalen Merkmalen der Akteure. Es wird vernachlässigt, dass für die Individuen verschiedene Muster bei der Wahrnehmung und Verarbeitung von Informationen wirken und dass unterschiedliche Interessen Konflikte zwischen den eigenen Zielen und den Zielen der Unternehmung verursachen. Bei einer so verstandenen Aufgabenorientierung ließe sich auf theoretisch-abstrakter Ebene ein vollständiger Katalog von Gestaltungsinstrumenten formulieren. Die Organisationsstruktur würde dann aus Regelungen bestehen, die über die Bestandteile einer Entscheidung das erwartete Entscheidungs- und Kommunikationshandeln festlegen.

Demgegenüber ist eine abschließende Erfassung personenorientierter Gestaltungsinstrumente, die explizit individuelle kognitive und motivationale Merkmale berücksichtigen, nicht möglich. Ein näherer Blick auf das Problem der Motivation in arbeitsteiligen Systemen zeigt, warum das so ist. Motivationsprobleme entstehen, weil nicht auszuschließen ist, dass Individuen ihre persönlichen Ziele zu Lasten des Unternehmungsziels verfolgen. Zur Bewältigung solcher Zielkonflikte lässt sich kein abgeschlossener Katalog von Instrumenten formulieren. Jede Maßnahme, die einen positiven Beeinflussungseffekt verspricht, die also die Wahrscheinlichkeit erhöht, dass das individuelle Handeln dem übergeordneten Unternehmungsziel entspricht, ist ein potenzielles Instrument der organisatorischen Gestaltung. Jeder Versuch einer Systematisierung von Instrumenten der Verhaltensbeeinflussung muss zum einen unvollkommen bleiben, weil empirisch häufig ungeklärt bleibt, ob eine erwogene Maßnahme das individuelle Verhalten im organisatorischen Kontext tatsächlich im Sinne des Unternehmungsziels beeinflusst. Zum anderen existiert keine geschlossene sozialwissenschaftliche Theorie, von der selbst die nach allgemeinem Konsens motivationswirksamen Maßnahmen konzeptionell lückenlos und überschneidungsfrei erfasst würden. Je nach Motivationstheorie ergeben sich verschiedene Kataloge von Organisationsinstrumenten, die auf die Verhaltensbeeinflussung ausgerichtet sind.

Die Gestaltung von Organisationsstrukturen – die Auswahl von Gestaltungsinstrumenten (z. B. die Kopplung monetärer Anreize an Handlungsergebnisse), die jeweilige Ausprägung der Instrumente (z. B. der Grad der Zentralisation von Entscheidungen) und die Verknüpfung der Instrumente (z. B. die Integration der Elemente nach dem Prinzip der marktorientierten Durchdringung der gesamten Wertschöpfungskette) – eröffnet für die Vorstellungen des Gestalters ein weites Feld. Die Struktur ist dabei nicht das Ergebnis eines weitgehend strukturierten, durch deterministische Wirkzusammenhänge gekennzeichneten Problemlösungsprozesses. Sie ist vielmehr in hohem Maße bestimmt durch subjektive Annahmen und Überzeugungen der verantwortlichen Manager hinsichtlich der Machbarkeit (z. B. hinsichtlich der Umsetzung eines unternehmungsweiten Planungssystems) und der Verhaltenwirkungen (z. B. hinsichtlich der bereichsbezogenen Erfolgszurechnung auf die Motivation der Bereichsleitung) von Reorganisationsmaßnahmen.

Bei der Charakterisierung von Organisationsinnovationen wurde bereits auf den Stellenwert von Wissenskomponenten für die organisatorische Gestaltung verwiesen. Im Folgenden werden drei Annahmen herausgearbeitet, von denen unterstellt wird, dass sie einen Zugang zum Verständnis des Änderungspotenzials der sich in der Realität vollziehenden Reorganisationen eröffnen. Es wird davon ausgegangen, dass diese Annahmen in Form von Wissenskomponenten die Methoden-, Motivations- und Kognitionsbasis[1] der subjektiven Gestaltungsphilosophien des Managements charakterisieren.[2] *Methodenwissen* beruht auf Annahmen über die Leistungsfähigkeit von Methoden zur Koordination komplexer arbeitsteiliger Systeme. *Motivationswissen* besteht aus Annahmen über motivational relevante Ausprägungen von Organisationsstrukturen und über ihre Auswirkungen auf das individuelle und kollektive Verhalten. *Kognitionswissen* umfasst Annahmen über kognitiv relevante Ausprägungen von Organisationsstrukturen und ihre Auswirkungen auf das Verhalten von Individuen.

Methodenwissen, wie es hier verstanden wird, ist auf die Bewältigung des in jedem arbeitsteiligem System bestehenden Spannungsverhältnisses zwischen Differenzierung und Integration ausgerichtet. Arbeitsteilung erweist sich als notwendig, wenn die zu erfüllende Aufgabe zu komplex ist, um von einem einzigen Individuum vollständig gelöst zu werden. Die Aufteilung der Gesamtaufgabe in handhabbare Teilprobleme und deren Zuordnung zu verschiedenen Einheiten wird dann unumgänglich. Arbeitsteilige Systeme sind deshalb immer durch Differenzierung und als deren Folge mit einer Beeinträchtigung der Gesamtzielerreichung verbunden. Auf Grund der Abhängigkeiten zwischen den so entstandenen Teilproblemen ist es notwendig, durch Abstimmungsregelungen eine möglichst vollständige Erreichung der Unternehmungsziele zu sichern. Die Gestaltung von Organisationsstrukturen bewegt sich somit stets im Spannungsfeld zwischen der Notwendigkeit zur Zerlegung der Gesamtaufgabe in Teilaufgaben (Differenzierung) sowie dem Erfordernis der Abstimmung interdependenter Einheiten (Integration). Differenzierungseffekte lassen sich durch

---

[1] Anzumerken ist, dass die Unterscheidung zwischen Motivations- und Kognitionswissen insofern nicht ganz unproblematisch ist, als die derzeit vorherrschenden Motivationstheorien überwiegend kognitionswissenschaftlich fundiert sind.
[2] In der Literatur finden sich kaum gestaltungsorientierte Beiträge zur Analyse der Wissenskomponenten in Organisationskonzepten. Eine bemerkenswerte Ausnahme bildet die Studie von Liker, Fruin und Adler (1999).

Autonomiekosten abbilden. Sie erfassen die Differenz zwischen dem bei Entscheidung ohne Arbeitsteilung theoretisch möglichen optimalen Zielwert und dem tatsächlich realisierten Zielwert. Der Abbau von Autonomiekosten durch Abstimmungsmaßnahmen verursacht Abstimmungskosten. Unter Rückgriff auf diese begrifflichen Kategorien kommen im Methodenwissen Vorstellungen darüber zum Ausdruck, wie weit durch den Einsatz bestimmter Gestaltungsinstrumente Autonomiekosten abgebaut werden können, ohne dass die Kostenreduzierung durch Abstimmungskosten kompensiert bzw. überkompensiert wird.

Betrachtet man die Entwicklung der Organisationsstrukturen in Großunternehmungen in den letzten 150 Jahren, so lässt sich feststellen, dass vor allem Änderungen in drei Methodenkomponenten nachhaltige Reorganisationen bewirkt haben: Verbesserung der Planungsfähigkeit durch neue Verfahren (z. B. Prognosemodelle), durch neue organisatorisch relevante Planungsheuristiken (z. B. Modularisierung des Planungsprozesses) und durch informationstechnologische Entwicklungen (computergestützte Bereitstellung von Informationen und Problemlösungshilfen).

Während Methodenwissen im Aufgabenkontext angesichts der Komplexität der Koordinationsanforderungen die Formulierung zielkonformer Handlungsvorgaben unterstützt, erlaubt *Motivationswissen* die gezielte Generierung individueller Verhaltensimpulse. In diesem Sinn charakterisieren Steer, Mowday und Shapiro (2004, S. 379) Motivationsansätze: „They are all principally concerned with factors or events that energize, channel, and sustain human behavior over time." Es kann nicht überraschen, dass in Theorie und Praxis bei einer so elementaren Funktion viele Vorstellungen über die Generierung von Impulsen, die das Verhalten beeinflussen, existieren. Wenn man bedenkt, dass jede auch noch so detailliert geregelte Organisationsstruktur für die Mitarbeiter zwangsläufig Handlungsspielräume lässt, liegt es nahe, dass die Gewährleistung ihrer zielkonformen Ausfüllung jeden Manager beschäftigt. Je mehr die Dynamik und Komplexität der Rahmenbedingungen und unvollkommenes Wissen über Wirkzusammenhänge die Formulierung von Handlungsvorgaben zu einem herausfordernden Problem machen, desto mehr rückt Motivationswissen ins Zentrum der Organisationsgestaltung.

Kognitives Wissen basiert auf Wahrnehmungs- und Problemlösungsmustern sowie auf Werten und Überzeugungen, die sich im Zeitablauf in einer Organisation verfestigen. Es spricht einiges für die Annahme, dass verglichen mit dem Methoden- und dem Motivationswissen das Kognitionswissen beim Management schwächer ausgeprägt ist bzw. weniger explizit in die organisatorische Gestaltung eingeht. Während Methoden- und Motivationsannahmen unmittelbar bei der Bewältigung konkreter Probleme deutlich werden und damit jedem Manager in ihrer Bedeutung bewusst sein dürften, muss hinsichtlich kognitiver Wahrnehmungs- und Problemlösungsmuster wohl eher von impliziten Vorstellungen ausgegangen werden.

Gleichwohl kann unterstellt werden, dass Manager bei herausfordernden Reorganisationen ihr Kognitionswissen, d. h. ihre Annahmen über die Wirkungen organisatorischer Regelungen auf die Wahrnehmung, Absorption und Verarbeitung von Informationen in den Gestaltungsprozess einbringen. So ist beispielsweise das tragende Element bei den aktuellen Bestrebungen, die „Prozessorientierung" der Organisationsstrukturen durch Internalisierung kritischer Schnittstellen zu erhöhen, kognitionswissenschaftlich verankert (Frese 2005, S. 146 ff.). Diese prozessorientierten Gestaltungsmaßnahmen beruhen auf der Hypothese, dass die Zugehörigkeit zu einer Gruppe die kognitive Orientierung der Mitglieder angleicht und sich die Kommunikations- und Problemlösungsaktivitäten innerhalb eines Bereichs effizienter vollziehen als zwischen verschiedenen Bereichen. Es ließen sich weitere gestaltungsrelevante kognitionsorientierte Managementannahmen anführen. So ist das für jede Reorganisation in hohem Maße bedeutsame Konzept der Unternehmungskultur ebenfalls als ein auf kognitionsorientierten Annahmen beruhendes Konstrukt zu werten (Schein 1985).

Es liegt vermutlich in den sublimen, mit den Personen, Prozessen und Regelungen einer Unternehmung verwobenen kognitiven Strukturen (Schein 1985, S. 312), dass Reorganisationen selten durch tief greifende Änderungen im Kognitionswissen angestoßen werden. Entwicklungen im Methodenwissen und insbesondere im Motivationswissen sind ohne Zweifel die treibenden Kräfte bei Reorganisationen. Allenfalls könnte die Entwicklung der Informationstechnologie den Stellenwert des Kognitionswissens verändern (vgl. hierzu den Überblick in Frese 2005, S. 411). Das Potenzial der Informationstechnologie zur Generierung und Absorption von Wissen bestimmt zunehmend die Generierung von Organisationskonzepten. Netzwerkbasierte Reorganisationskonzepte sind ein Ergebnis dieser Entwicklung.

Jeder Versuch, Erscheinungsformen von Innovationen zu systematisieren und Abstufungen im Grad der Neuartigkeit vorzunehmen, muss an den eingeführten Wissenskomponenten ansetzen. Die bloße Betrachtung des äußeren Erscheinungsbildes einer Struktur, etwa im Sinne der Strukturkonfiguration von Mintzberg (1979), verkennt, dass demselben Konfigurationstyp ganz verschiedene Wissensannahmen zu Grunde liegen können. Das lässt sich am Beispiel der in den zwanziger Jahren in der Du Pont Corporation eingeführten produktorientierten Spartenorganisation erläutern, die in der Literatur als „innovative" Reorganisation eingestuft wurde.[3] Entscheidend ist aber nicht das formale Merkmal der Produktgliederung. Eine solche Aufgabenkonfiguration kann innovativ sein, weil im Spartenprinzip ein neuartiges Prinzip der Planungsheuristik zur Etablierung leistungsfähiger Systeme der unternehmungsweiten Planung gesehen wird (Methodenwissen). Sie kann als innovativ gelten, weil durch die produktorientierte Abgrenzung und Zuordnung von Erfolgen neuartige Anreizeffekte generiert werden können (Motivationswissen). Das Spartenprinzip kann aber auch durch Kognitionswissen begründet werden, wie Levinthal und March betonen: „Although the transformation from functional to product organizations has usually been justified as a segregating means to enhance control and coordination, it also is a way of segregating experience" (Levinthal/March 1993, S. 98). Sie stellen in diesem Zusammenhang die These auf, dass eine enge Bereichskopplung (funktionsorientierte Gliederung und intensive Prozessinterdependenzen) die Entdeckung von Fehlern fördert, eine lose Bereichkopplung (produktorientierte Gliederung und gering ausgeprägte Prozessinterdependenzen) die Diagnose der Fehlerursache erleichtert (Levinthal/March 1993, S. 97 ff.).

---

[3] So stellen Chandler und Tedlow (1985, S. 670) fest: „They were the first to build this type of structure ...".

1.3 Kulturelle Verankerung von Organisationsinnovationen

In dem Maße, in dem Methoden-, Motivations- und Kognitionsannahmen den Kern von Organisationsinnovationen bilden, muss in besonderem Maße die Frage ihrer kulturellen Verankerung beachtet werden.

Die Ergebnisse kulturvergleichender Studien (Hofstede 1980; House/Hanges/et al. 2004) zeigen, dass die Ausprägung der Kognitions- und Motivationskomponente kulturellen Einflüssen unterliegt. Hinsichtlich des Kognitionswissens ist diese Feststellung schon deshalb naheliegend, weil die gegenwärtige Forschung ganz überwiegend von einem kognitionswissenschaftlichen Kulturkonstrukt ausgeht (Erez/ Earley 1993). Bemerkenswert ist in diesem Zusammenhang, dass das für die Organisationsgestaltung zentrale Konzept der Planungsfähigkeit kulturgebunden ist. Empirische Studien (Markus/Kitayama 1991; Schwartz 1994) lassen z. B. den Schluss zu, dass die Ausprägung der Planungsfähigkeit in den USA höher ist als in Deutschland und in Japan. Wie weit Motivationseffekte kulturgebunden sind, wurde bei der Auseinandersetzung mit neuartigen japanischen Organisationskonzepten für viele Manager westlicher Industrieländer zu einer aktuellen Frage (Cole 1999; Lillrank 1995).

Diese knappe Skizzierung kultureller Prägungen der gestaltungsrelevanten Wissenskomponenten zeigt, dass kulturelle Unterschiede für die Generierung von Änderungsideen und ihre Übertragung Konsequenzen haben können. Die Organisationstheorie hat sich bisher primär mit dem Transfer eines innovativen Organisationskonzepts auf andere Unternehmungen, Branchen und Länder beschäftigt. Kulturelle Barrieren können ausschließen, dass eine Innovation zu einem globalen Gestaltungsparadigma wird. Auf jeden Fall erweist sich der Versuch einer Herauslösung der innovativen Idee aus seiner historischen und kulturellen Einbettung unter Bewahrung der Funktionsfähigkeit ihrer Wirkannahmen als ein komplexes Unterfangen (Lillrank 1995; Liker/Fruin/Adler 1999). Schon deshalb wäre es verfehlt, die Übernahme neuartiger Organisationskonzepte, die in anderen Unternehmungen und Ländern entstanden sind, als einfaches, wenig inspiriertes Kopieren abzutun. Bei der Verfolgung dieser Einsicht wird die Unterscheidung zwischen der Entstehung und der Verbreitung von Innovationen fließend. Westney (1987) hat in ihrer Studie zum gegen Ende des 19. Jahrhunderts erfolgten Transfer westlicher Organisationskonzepte nach Japan zutreffend darauf hingewiesen, dass der Kultur überschreitende Transfer neuartiger Organisationskonzepte nicht nur das bloße Übernehmen, sondern auch das kreative Anpassen im Sinne einer imitierenden Innovation erfordert.[4] Aufschlussreich ist in diesem Zusammenhang der Beitrag von Miner und Raghavan (1999), der in einem evolutionstheoretischen Bezugsrahmen Variations- und Selektionseffekte bei Imitationsverhalten untersucht.

2. Wie innovativ waren einflussreiche historische Reorganisationen?

2.1 Organisatorische Änderungen der Großunternehmung aus historischer Sicht

Die industrielle Großunternehmung ist aus Handwerksbetrieben und Manufakturen hervorgegangen. Am Anfang dieser Entwicklung steht die Etablierung des Fabriksystems. Es konfrontierte die Unternehmer mit dem Phänomen der Leitung in einer bis dahin unbekannten, den Bestand an Erfahrungen sprengenden Dimension. Gleichgültig, ob es sich um Unternehmer mit kaufmännischem (vor allem Händler, Verleger), mit handwerklichem oder mit technischem Hintergrund (vor allem aus dem Bergbau und der Textilindustrie) handelte, sie alle mussten sich auf Grund des Umfangs in hohem Grade spezialisierter Produktionsprozesse zunehmend mit nichtausführenden Aufgaben auseinandersetzen. Diese Entwicklung kulminierte in der Notwendigkeit der Delegation von verantwortungsvollen Leitungsaufgaben.

Einen theoretischen Zugang zu diesen historischen Prozessen der organisatorischen Anpassung in industriellen Großunternehmungen eröffnet die von Cyert und March (1963) entwickelte Theorie der Entscheidungsprozesse in Unternehmungen. Nach

---

[4] „Where cross-society organizational emulation is concerned, the distinctions between copying and inventing, between imitation and innovation, are false dichotomies; the successful imitation of foreign organizational patterns requires innovation. All organizations draw on the surrounding environment for resources and must respond to the external demand for their products and services. Since the environment in which the organizational model was anchored in its original setting will inevitable differ from one to which it is transplanted, even the most assiduous emulation will result in alternations of the original patterns to adjust them to their new context..." (Westney 1987, S. 6).

Cyert und March werden Entscheidungsaktivitäten vor allem durch die Wahrnehmung von Problemen ausgelöst. Lösungen für die wahrgenommenen Probleme werden zunächst in der Nähe der bisherigen Lösung gesucht. Nur wenn eine solche lokale Fokussierung keinen Erfolg verspricht, wird die Suche in neue Bereiche ausgedehnt. Das Prinzip der lokalen Suche liegt den organisatorischen Anpassungen zu Grunde, die durch das eingangs beschriebene Delegationsproblem ausgelöst wurden. Der Beauftragung von Managern lag der Gedanke zu Grunde, die Unternehmerrolle in ihren wesentlichen Elementen möglichst vollkommen nachzubilden. Im Vordergrund der Maßnahmen standen dabei zwei Anforderungen. Zum einen musste der Gefahr menschlichen Fehlverhaltens, das bis zum Problem der Unterschlagung reichte, begegnet werden; zum anderen musste bei sehr begrenzter Möglichkeit des Rückgriffs auf vorhandenes organisatorisches Wissen ein funktionsfähiges hierarchisches Leitungssystem geschaffen werden.

Die erste Schwierigkeit suchte man vor allem durch die Einstellung von Personen, von denen ein hohes Maß an Loyalität erwartet werden durfte, zu lösen. Die Vertrauenswürdigkeit ersetzte bis zu einem gewissen Grad die Ausarbeitung detaillierter organisatorischer Regelungen. Die nahe liegende Methode bestand darin, Mitarbeiter aus dem Kreis der Verwandten und Freunde zu rekrutieren – eine Vorgehensweise, die sich im deutschsprachigen Raum in der Gründungsphase nahezu aller Fabrikunternehmungen feststellen lässt. So nahm Werner Siemens bei der Gründung der Firma Siemens & Halske seinen Vetter Georg Siemens als Teilhaber mit in die Gesellschaft (vgl. Kocka 1969). Bei dessen Ausscheiden (1855) trat Carl Siemens, ein Bruder Werner Siemens', an dessen Stelle. Später übernahm ein weiterer Bruder, Friedrich Siemens, Aufgaben in der Unternehmung. Weitere Verwandte und Freunde verstärkten in den folgenden Jahrzehnten das Management. In den USA lässt sich eine ähnliche Entwicklung feststellen, die sich bis in das 20. Jahrhundert erstreckte. So waren noch in den ersten 25 Jahren des vorigen Jahrhunderts in dem im nächsten Abschnitt zu betrachtenden Komplex der Unternehmungen Du Pont und General Motors allein zehn Mitglieder der Familie Du Pont mit verantwortlichen Managementaufgaben betraut.

In die gleiche Richtung wie die Aktivierung verwandtschaftlicher oder freundschaftlicher Loyalität zur Stabilisierung der unternehmungsorientierten Verhaltenserwartungen zielte die Abwerbung und Einstellung von Beamten aus dem Staatsdienst (vgl. Frese 1992, S. 14 f.). Man griff dabei auf ein Personalpotenzial zurück, von dem auf Grund formalisierter staatlicher Ausbildungs- und Indoktrinationsprozesse erwartet werden durfte, dass es sich unter Hintanstellung persönlicher Vorteile loyal den übertragenen Unternehmungsaufgaben widmen würde. Beamte boten darüber hinaus noch den Vorteil, dass sie auf das umfassende organisatorische Wissen im staatlichen und militärischen Bereich zurückgreifen konnten. Bestimmte Beamte, insbesondere aus den bis in die zweite Hälfte des 19. Jahrhunderts ausschließlich in staatlicher Regie geführten Bergbaubetrieben und Ingenieure aus dem militärischen Bereich, brachten zudem spezifische wirtschaftliche und/oder technische Kenntnisse in ihre neue Aufgabe ein.

Die Übertragung von Managementaufgaben auf vertrauenswürdige und kompetente Personen war allenfalls in der Frühphase der Industrialisierung ein probates Mittel bei der Auseinandersetzung mit organisatorischen Anforderungen. Mit zunehmendem Wachstum der Unternehmungen und steigender Komplexität der Managementaufgaben erwiesen sich solche personenbezogenen Maßnahmen als nicht mehr praktikabel. Eine eigenständige strukturbezogene organisatorische Problemperspektive bildete sich mit der sich rasch ausweitenden produktbezogenen und regionalen Diversifizierung der Unternehmungsaktivitäten heraus. Ein Rückgriff auf etablierte Regeln und Rollenausformungen nach dem Prinzip der lokalen Suche war unter diesen Bedingungen keine aussichtsreiche Vorgehensweise. Nur der Einfallsreichtum und die Erfahrung der Akteure konnten einen Weg zu neuartigen Organisationskonzepten weisen.

Auch die organisatorischen Maßnahmen einer Übertragung bisheriger Unternehmeraufgaben an vertrauenswürdige und kompetente Personen entsprechen dem Konzept der lokalen Suche. Innovative Reorganisationen verlassen mit ihrer Durchdringung des gesamten Struktur- und Prozesszusammenhangs und neu eingebrachten Wissenskomponenten die Nähe zur bisherigen Lösung. Bei Du Pont und General Motors führen Größe und Diversifikation zu einem neuen Gestaltungsparadigma, das unternehmungsweite Planungssysteme, bereichsorientierte Erfolgssysteme und wissensbasierte Bereichsstrukturen als Ausdruck neuen Methoden-, Motivations- und Kognitionswissens präsentiert. Toyota nimmt unter dem Druck des globalen Wettbewerbs eine Abkehr von tayloristischen Planungsprinzipien und eine Hinwendung zu Konzepten der Prozesssteuerung, der Etablierung von Gruppendruck und der Ausschöpfung des Wissens „vor Ort" vor.

Es ist kein Zufall, dass mit dem Du Pont Pont/General Motors-Modell (DPGM-Modell) und dem Toyota-Modell zwei mit dem Aufkommen und der Entwicklung der Automobilindustrie eng verbundene Organisationskonzepte betrachtet werden, denen der Rang innovativer globaler Gestaltungsparadigmen zukommt. Der sich herausbildende Massenmarkt für das Automobil bedeutete auch in organisatorischer Hinsicht für das Management eine außergewöhnliche Herausforderung. Ein technisch komplexes Produkt mit außerordentlichen Anforderungen an die Produktion musste bei hoher technologischer und konjunktureller Änderungsdynamik in einem Netz unternehmungsübergreifender Zuliefererbeziehungen im harten Wettbewerb mit Konkurrenten vermarktet werden. In den zwanziger Jahren des vorigen Jahrhunderts sieht sich in den USA das Management zum ersten Mal mit diesen herausfordernden Aufgaben konfrontiert. Bis auf den heutigen Tag hat die Automobilindustrie nichts von dieser Herausforderung und Vorreiterrolle verloren.

2.2 Erste umfassende organisatorische Analyse der industriellen Großunternehmung durch ingenieurwissenschaftlich geprägte Unternehmer und Manager (Du Pont/General Motors-Modell)

Das heute weltweit verbreitete Konzept für die organisatorische Gestaltung der Gesamtstruktur von Großunternehmungen ist im ersten Viertel des vorigen Jahrhunderts entstanden. Es geht weitgehend auf Unternehmer und Manager der seiner Zeit finanziell und personell eng verbundenen US-amerikanischen Unternehmungen E. I. du Pont de Nemours & Co. (Chemieindustrie) und General Motors (Automobilindustrie) zurück. Innerhalb eines Jahrzehnts, von 1914 bis 1924, wurden beide Unternehmungen in einem Prozess, der hinsichtlich des Spektrums aufgeworfener Fragen, der Gründlichkeit der Analysen und der Konsequenz des Handelns seines gleichen sucht, tief greifend reorganisiert (Chandler 1969).

Dem DPGM-Modell konnte eine Leitbildfunktion für die Reorganisation der Großunternehmung nur zufallen, weil sich die Herausarbeitung und Konzeptualisierung neuen Organisationswissens unter historisch einmaligen Bedingungen vollzogen. Die handelnden Personen, Unternehmer und Manager waren ausnahmslos Ingenieure; der größte Teil hatte am Massachusetts Institute of Technology (M.I.T.) in Cambridge studiert. Vor allem für General Motors galt, dass viele der führenden Manager auf eigene Erfahrungen als selbständige Unternehmer zurückgreifen konnten. Das traf insbesondere auf Alfred P. Sloan zu, der 1916 die größte Kugellagerfabrik der USA, deren Aktienmehrheit bei ihm und seinem Vater lag, an William C. Durant, den Gründer von General Motors, verkaufte. Er nahm das Angebot einer Managementposition von Durant an und bestimmte über mehr als drei Jahrzehnte die Geschicke des weltweit größten Automobilherstellers.

Das DPGM-Modell verbindet in einzigartiger Weise die analytische Denkweise des Ingenieurs mit der Kompetenz professionalisierter Manager und der schöpferischen Unabhängigkeit von Unternehmern. Stabile Corporate Governance-Strukturen sorgten neben der Etablierung effizienter Strukturen der Projektarbeit für eine produktive Kanalisierung von unvermeidlichen Kontroversen und Konflikten bei der Etablierung von neuen Strukturen. Alle Macht und das letzte Wort lagen in dem entscheidenden Jahrzehnt der Reorganisationen bei Mitgliedern der Familie Du Pont – und hier insbesondere bei Pierre du Pont (Chandler/Salsbury 1971). Da die Du Ponts schon früh Aktionäre von General Motors waren und nach dem Scheitern (und Ausscheiden) des Gründers Durant die Aktienmehrheit erwarben, bestand in der Phase der Reorganisationen ein enger Unternehmungsverbund. Unter diesen Umständen konnte das aus der Du Pont-Reorganisation entstandene Organisationskonzept die Wissensplattform für die Bewältigung der bei General Motors entstandenen Probleme bilden. Der Transfer von Wissen schloss auch den Transfer von Personen ein. So wechselten neben Pierre du Pont auch führende Manager wie F. Donaldson Brown zu General Motors und bestimmten entscheidend die Erweiterung des Du Pont-Modells zum Du Pont/General Motors-Modell.

Die Folge war, dass sich eine Elite des US-amerikanischen Managements in zwei der bedeutendsten Unternehmungen aus der stürmisch wachsenden Chemie- und Automobilindustrie intensiv mit einem breiten Spektrum komplexer Organisationsprobleme auseinandersetzte. Bedenkt man weiter, dass der berufliche Hintergrund der involvierten Manager Branchen wie Bergbau, Stahlindustrie, Elektroindustrie und

Eisenbahnwesen umfasste und dass das Organisationswissen anderer US-amerikanischer Unternehmungen systematisch in den Prozess der Analyse und Lösung von Problemen eingebracht wurde, so waren die Voraussetzungen zur Generierung neuartiger und leistungsfähiger Organisationskonzepte ungewöhnlich günstig. Der „historische Zufall" einer einmaligen Zusammenführung herausfordernder Probleme und eines mächtigen Problemlösungspotenzials erklärt zu einem erheblichen Teil die außergewöhnliche Wirkung des DPGM-Modells.

Du Pont und General Motors repräsentierten zwei Unternehmungen, die sich mit ganz unterschiedlichen Wettbewerbsbedingungen konfrontiert sahen und deren durch unterschiedliche Perspektiven geprägte Lösungen einen breiten Anwendungsanspruch erheben konnten. Du Pont sah sich bei einer mittleren Intensität des Wettbewerbs auf dem Absatzmarkt mit der permanenten Einbringung technologischen Wissens als Grundlage für Produktinnovationen und der Beherrschung eines langfristig stabilen Produktionsverbunds konfrontiert. Bei der Betrachtung dieser Herausforderung empfiehlt es sich, hinsichtlich der Wertschöpfung zwischen der „Upstream"-Phase vom (Beschaffungsmarkt zur Produktion) und der „Downstream"-Phase (von der Produktion zum Absatzmarkt) zu unterscheiden. In der Upstreamphase liegt die Herausforderung in der Bündelung und Ausschöpfung des technologischen Potenzials in der auf Massenproduktion ausgerichteten Wertschöpfung. Die Ausrichtung des Produktionsvolumens auf die differenzierten Bedürfnisse der Kunden ist die anspruchsvolle Aufgabe in der Downstreamphase. Mit ganz anderen Wettbewerbsbedingungen sah sich General Motors in der Automobilindustrie konfrontiert. Der Absatzmarkt ist durch die Nachfrage nach einem Massenprodukt gekennzeichnet, die konjunkturellen und modischen Schwankungen unterliegt sowie von den Aktionen starker Konkurrenten abhängt. Produziert wird eines der komplexesten Konsumgüter. Das Produktionsvolumen und der hohe Mechanisierungsgrad der Produktion verursachen eine hohe Kapitalbindung. Die synthetische Produktionsweise, die sich in einem hohen Anteil von Montageaktivitäten äußert, eröffnet Spielräume für die Gestaltung der Produktion und führt zu laufenden Änderungen der Produktionsstrukturen. Deshalb sind die letzten hundert Jahre der Automobilindustrie vor allem gekennzeichnet durch einen scharfen Wettbewerb um die kosteneffiziente Prozesskompetenz in Entwicklung, Produktion und Logistik.

Vor diesem Problemhintergrund fanden die Anforderungen an die Reorganisation noch ihre Steigerung durch die Tatsache, dass beide Unternehmungen eine Politik der Diversifikation verfolgten. Du Pont hatte ab 1914 und verstärkt nach dem Ende des ersten Weltkrieges das Produktprogramm nachhaltig erweitert. Es war eine geplante, technologische Verbundeffekte zur bisherigen Produktion nutzende Erschließung neuer Absatzmärkte. Die Diversifikation von General Motors war im Einzelnen weniger geplant, sondern im Wesentlichen das Ergebnis der unkoordinierten „Einkaufspolitik" von Durant. Anfang der zwanziger Jahre bestand General Motors aus einem Konglomerat von Automobilunternehmungen, Automobilzulieferern und Herstellern sonstiger Produkte (z. B. Kühlschränke). In beiden Unternehmungen führte die organisatorisch nicht abgesicherte Diversifikation zu Gewinneinbrüchen und Verlusten, die für General Motors in der großen Depression (1921/22) Existenz bedrohende Ausmaße annahm.

Es liegt in dem zeitlichen Vorlauf und der Herausforderung der ausgeprägten Upstream-Downstream-Schnittstellenproblematik, dass Du Pont den größten Zuwachs an innovativem Methoden-, Motivations- und Kognitionswissen generierte. Das Management von General Motors setzte eigenständige innovative Akzente vor allem hinsichtlich des Methodenwissens, das in der Weiterentwicklung des von Du Pont konzipierten unternehmungsweiten Planungssystems zu einem umfassenden Konzept des Unternehmungscontrollings seinen Ausdruck findet.

Bei der *Reorganisation von Du Pont* kam angesichts der Diversifikation und der existierenden Funktionalorganisation der Bewältigung der zahlreichen Prozessinterdependenzen der Methodenkomponente eine herausgehobene Bedeutung zu. Die Unternehmungsleitung musste die effiziente Allokation der Ressourcen auf die verschiedenen Einheiten unter Berücksichtigung der vielfältigen Leistungsverflechtungen sicherstellen. Die Auseinandersetzung mit diesen drängenden Problemen führte zur Etablierung einer in eine langfristige Unternehmungsplanung eingebetteten und auf Marktprognosen beruhenden unternehmungsweiten operativen Unternehmungsplanung. Die Einführung der produktorientierten Spartenorganisation erlaubte mit ihrer Bildung weitgehend eigenständiger Unternehmungsbereiche eine Modularisierung des komplexen Planungsprozesses und somit eine drastische Reduzierung der Zahl der existierenden funktionsübergreifenden Koordinationsausschüsse.

Das Planungssystem und die Bildung produktorientierter Unternehmungsbereiche bildeten das Fundament eines neuen Motivationskonzepts, das auch in den internen Bereichen die Fokussierung auf das Unternehmungsziel, den monetären Erfolg, sicherstellte. Damit war ein großes Problem der funktionalen Struktur gelöst, das Chandler und Tedlow (1985, S. 680) auf eine einfache Formel bringen: „...the appraisal of departments performing in diverse fields became exceedingly complex". Die unternehmungsweite Unternehmungsplanung erlaubte die Vorgabe verlässlicher Zielwerte; zur Zeit der Reorganisation wurden Renditewerte (auf das Gesamtkapital) von 15% als erforderlich angesehen (Chandler 1969, S. 95). Die Reduzierung von Prozessinterdependenzen durch die produktorientierte Modularisierung erlaubte die bereichsbezogene Zuweisung und Kontrolle von Erfolgsgrößen und damit die Umsetzung der zentralen Motivationsphilosophie, die folgenden Grundsatz verfolgte: „The responsibility of profits and the control of the business be in the same place" (Chandler 1969, S. 111/112). Zur Überbrückung unvermeidlicher Prozessinterdependenzen in Form interner Leistungsverflechtungen wurden interne Verrechnungspreise eingeführt. Die Diskussion um das Motivationskonzept wurde beherrscht durch den Konflikt zwischen dem Streben nach der die einzelnen Produkte übergreifenden Ausschöpfung funktional gebündelter Produktionsressourcen und der Generierung von Anreizeffekten durch die Bildung weitgehend autonomer Produktbereiche. Vor diesem Hintergrund ist die gefundene Lösung auch insofern bemerkenswert, als solche Zielkonflikte als unvermeidliche Bestandteile jeder komplexen Organisationsgestaltung erkannt und auf die Gewichtung von Teilzielen zurückgeführt wurden.

Das kognitive Element des Reorganisationskonzepts wird in der literarischen Würdigung des Du Pont-Modells wenig beachtet. Ein für die Du Pont-Situation entscheidendes Argument wurde von Frederick W. Pickard, Vice President for Sales, für die produktorientierte Bereichsbildung ins Feld geführt. Es verweist darauf, dass sich in Upstream-Bereichen und in Downstream-Bereichen verschiedene kognitive Orientierungen herausbilden. Die seiner Zeit bestehende Funktionalorganisation führte zu einer unternehmungsweiten Dominanz der Upstream-Perspektive, die nicht ohne Folgen für den Erfolg auf dem Absatzmarkt blieb. Pickard stellte dazu fest: „The expansion of the Du Pont organization into various lines of activities logical from the manufacturing standpoint has produced a sales condition which compels consideration of a wider variety of products which have no logical sales connection with one another" (Chandler/Tedlow 1985, S. 681).[5] Die gesonderte organisatorische Verankerung der Downstream-Aktivitäten und die Bildung autonomer Produktbereiche berücksichtigen diese Probleme. Sie erlaubt als eine Form organisationalen Lernens die Akquisition und den Aufbau von Kundenwissen differenziert für den Vertrieb großer Mengen von Vorprodukten („tonnage sales"; Chandler/Tedlow 1985, S. 683) an wenige Großabnehmer mit relativ homogenen Anforderungen und den Vertrieb geringerer Mengen an viele Abnehmer mit differenzierten Anforderungen ("merchandise sales"; Chandler/Tedlow 1985, S. 683).

Die *General Motors-Reorganisation* hat vor allem wichtige Beiträge zur Weiterentwicklung des Methodenwissens geleistet. Das heutige moderne Controlling-Konzept ist entscheidend von den Reorganisationsmaßnahmen dieser Unternehmung geprägt worden. Die Umsetzung des Spartenkonzepts war für General Motors schon deshalb unspektakulär, weil die strategische Neuausrichtung des Durant-Erbes durch Sloan das Konzept unabhängig von einander am Markt konkurrierender Automobilfabriken unter eigenen Marken beibehielt. Interne Leistungsverflechtungen mit den unternehmungseigenen Zuliefererunternehmungen wurden – wie im Du Pont-Modell – über Verrechnungspreise, die sich an Marktpreisen orientierten, geregelt. In diesem Kontext entwickelte Sloan nach dem Motto „centralized control with decentralized responsibility" (Johnson 1978; Farber 2002) eine Lösung für die diffizile Balance zwischen der Gewährleistung des unternehmerischen Handlungsspielraums auf den Ebenen der Unternehmungsbereiche und den Leitungs- und Kontrollpflichten der Unternehmungsleitung.

Der entscheidende Beitrag des Managements von General Motors zur Weiterentwicklung des Du Pont-Modells liegt damit in der Konzipierung und Implementierung eines leistungsfähigen Planungssystems (Johnson 1978; Hawkins 1963). Das Ergebnis geht über die Du Pont-Konzeption hinaus, weil Unternehmungsgröße, Diversifikation und Marktdruck in der Automobilindustrie ungleich größere Anforderungen

---

[5] Pickward thematisiert damit einen Tatbestand, den Cohen und Levinthal (1990) in einem von der kognitiven Organisationstheorie breit rezipierten Konzept als Absorptionskapazität, d. h. als die Fähigkeit einer Unternehmung, neues Wissen in vorhandene Wissensstrukturen zu integrieren, bezeichnen.

stellten. Der Aufbau dieses Planungssystems, der die Integration des internen Rechnungswesens einschließt, ist vor allem das Werk von Donaldson Brown, dem „chief architect of the accounting procedures" (Johnson 1978, S. 493). Den Kern des General Motors-Systems bilden Investitions-, Kosten- und Erlöspläne, die entscheidend von der Qualität der Prognose der Absatzentwicklungen abhängen. Geprägt wurden die Anforderungen an Unternehmungsleitung und Bereichsleitungen durch das kompromisslos verfolgte Konzept des „Shareholder-Values"; 20% Rendite nach Steuern bei 80% Kapazitätsauslastung war die zu erfüllende Norm (Johnson 1978, S. 495).

In der Geschichte der Großunternehmung findet sich keine andere Situation, in der für eine höchst komplexe Konstellation unter Einsatz eines so außergewöhnlichen Potenzials an Managementkompetenz die Frage nach neuen organisatorischen Lösungen so radikal gestellt und beantwortet wurde. In einem intensiven Prozess kollektiven Lernens wurde das vorhandene Wissen ausgeschöpft und hinsichtlich des Methoden-, Motivations- und Kognitionswissens weiterentwickelt. Die seiner Zeit wahrgenommenen und konzeptionell erfassten organisatorischen Anforderungen beschreiben auch heute noch wesentliche Problemfelder der Organisationsgestaltung. Die entwickelten Lösungen wird auch heute noch kein reflektierender Manager ignorieren. Die Manager von Du Pont und General Motors haben Organisationsinnovationen generiert, die den Rang globaler Paradigmen haben.

2.3 Abkehr vom Leitbild tayloristischer Planung im japanischen Produktionsmanagement (Toyota-Modell)

Während das DPGM-Modell das Ergebnis einer durch Unternehmungskrisen ausgelösten Auseinandersetzung mit einer neuartigen organisatorischen Situation ist und das erste Gestaltungsparadigma für die diversifizierte moderne Großunternehmung hervorbringt, löst das innovative Toyota-Modell ein etabliertes Gestaltungsparadigma ab. Das DPGM-Modell entstand in einer Zeit, in der kein fundiertes, die gesamte Struktur- und Prozessproblematik der Großunternehmung erfassendes Organisationswissen existierte. Das Toyota-Konzept ist das Produkt einer Zeit, in dem sich das Produktionsmanagement weltweit an tayloristischen Prinzipien der Planung oder – konkreter formuliert – an US-amerikanischen Methoden des „Shopmanagement" orientierte. Die innovative Reorganisation konnte deshalb nicht das Produkt einer sich plötzlich herausbildenden, rasches Handeln erfordernden Unternehmungskrise sein. Das neue Konzept erwuchs aus der Einsicht japanischer Manager, dass sich Wettbewerbsvorteile im hart umkämpften japanischen Binnenmarkt und insbesondere im US-amerikanischen und europäischen Exportmarkt nur durch nachhaltige Steigerungen der Kosteneffizienz und des Qualitätsniveaus realisieren ließen (Frese 1994). Treibende Kraft der in der japanischen Industrie um 1950 beginnenden und sich bis in die siebziger Jahre hinziehenden Restrukturierungsprozesse war der Automobilhersteller Toyota (Fujimoto 1999, S. 16).

Das Toyota-Modell löste das Taylor-Modell ab, das auf einer ausgeprägt hierarchisch orientierten Ableitung von Planungsvorgaben und Kontrollen bei einer auf hoher Spezialisierung ausgerichteten Aufgabenabgrenzung beruhte. Gruppenkonzepte spielten keine Rolle; das Taylor-Konzept betrachtete das Arbeitsverhalten des Individuums. Das Toyota-Modell hebt nicht nur diese Prämissen auf; es verwirft auch das durch Abkopplung vom Markt verfolgte Prinzip der möglichst vollen Auslastung vorhandener Maschinen und Anlagen durch die Bildung von Lagern. Das neue Konzept entsteht, weil das verantwortliche Management in der japanischen Industrie zu der Einsicht gelangt, dass die herausfordernden Kosten- und Qualitätsziele sowie die kundenindividuelle Produkt- und Prozessgestaltung die Abkehr von tayloristischen Prinzipien erfordern. Das innovative Element des neuen Modells ist der Prozessgedanke oder – konkreter – die konsequente Verwirklichung der Fließfertigung. Der innovative Stellenwert des Prozessgedankens äußert sich nicht zuletzt darin, dass die Fließfertigung sowohl im Mittelpunkt des Methodenwissens wie des Motivationswissens steht.

Das Fundament des neuen Methodenwissens wird deutlich, wenn man bedenkt, dass die verfolgte Wettbewerbsstrategie durch anspruchsvolle Kosten- und Qualitätsziele sowie durch Stärkung der Kundenorientierung, die unter anderem den Faktor „Zeit" in den Rang eines eigenständigen Kriterium erhebt, die methodischen Anforderungen an die Planung erhöht. Diese Wettbewerbsstrategie hatte zur Folge, dass mehr Ungewissheit und mehr Komplexität planerisch bewältigt werden mussten. Für die Produktionsplanung bedeuten mehr Ungewissheit und Komplexität zwangsläufig ein Anwachsen ungeplanter Eingangs-, Zwischen- und Ausgangslager sowie ungeplante Leerkapazitäten bei Anlagen und Personal. Zunehmende Ungewissheit (z. B. durch Eingehen auf kurzfristige Dispositionen des Kunden) reduziert den zeitlichen Handlungsspielraum der Planung. Entscheidungen werden in die Nähe des Realisationszeitpunktes gerückt. Die so erzwungene Ad-hoc-Abstimmung äußert sich u. a. in Engpässen oder nicht genutzten Kapazitäten. Zunehmende Komplexität (z. B. durch Erhöhung der Produktvarianten) erfordert sukzessive Planung, d. h. die bis zu einem gewissen Grade isolierte Lösung von Teilproblemen mit der Folge einer für den Fall der Ungewissheit bereits beschriebenen mangelnden Abstimmung. Diese strategisch begründeten Abstimmungsprobleme erhöhen die Kosten der Kapitalbindung – für einen auf Kosteneffizienz setzenden Wettbewerbsvorteil eine äußerst problematische Konsequenz (Ohno 1984, S. 198).

Die niedrigsten Werte für Durchlaufzeiten lassen sich verwirklichen, wenn durch Vorhaltung von ausreichenden Kapazitäten bei Anlagen und Personal Engpässe vermieden werden können. Puffer in Form von Zwischenlagern an Halb- und Fertigfabrikaten („work in progress") werden durch Puffer bei Anlagen und Personal substituiert. Dieses Prinzip liegt allen aktuellen Konzepten zur Steigerung der Prozesseffizienz zu Grunde. Es bedarf keiner näheren Erläuterung, dass eine so ausgerichtete Kapazitätspolitik, insbesondere angesichts der Notwendigkeit, das Produktprogramm durch Einführung von Produktvarianten aufzufächern, über Kosteneffekte die Wettbewerbsfähigkeit der Unternehmung gefährden kann. Der erfolgreiche Versuch, den Zielkonflikt zwischen der Ausschöpfung von Ressourcenkapazitäten und der Gewährleistung eines reibungslosen Prozessablaufs möglichst weitgehend aufzuheben, stellt eine der eindrucksvollsten Leistungen des japanischen Produktionsmanagements dar.

Die Innovation der Toyota-Reorganisation liegt in der Erkenntnis, dass nur eine kundeninduzierte Fließfertigung die Option zur nachhaltigen Senkung der Kapitalbindungskosten eröffnet. Wenn es gelingt, die Produktion mit den zeitlichen und mengenmäßigen Anforderungen der Kunden zu synchronisieren, lassen sich Eingangs- und Zwischenlager weitgehend vermeiden. Die eigentliche Herausforderung einer solchen „Kanban"-Produktion liegt im Abbau von Zwischenlagern. Das ist nur gewährleistet, wenn ausreichende Anlagen- und Personalkapazitäten das Auftreten von Engpässen verhindern. Allerdings verursachen Kapazitätspuffer Kosten der Kapitalbindung. Hier wird der Substitutionseffekt zwischen Pufferbildung bei der Gestaltung des Materialflusses (Zwischenlagern) und der bei der Gestaltung der Anlagenkapazitäten (Reservekapazität) deutlich. Erreichen Ungewissheit und Komplexität einen gewissen Grad, bedeutet der Abbau von Zwischenlagern den Aufbau von Kapazitätspuffern. Der innovative Beitrag des japanischen Organisationskonzepts liegt nicht zuletzt in dem erfolgreichen Versuch, diesen Trade-off abzubauen. Der Grundgedanke besteht dabei einerseits in der Erweiterung des Einsatzfeldes von Anlagen und Personal durch Flexibilisierung und andererseits in der radikalen Vereinfachung und Beschleunigung von Umrüstvorgängen (Womack/Jones/Roos 1990, S. 52). Im Anlagenbereich äußert sich die Flexibilisierung am deutlichsten im Einsatz flexibler Fertigungssysteme. Eine Flexibilisierung des Personals erfolgt vor allem durch eine Erhöhung des Qualifizierungsgrades bei den Mitarbeitern. Dabei besteht zwischen beiden Maßnahmen insofern eine enge Beziehung, als der Einsatz flexibler Anlagen eine höhere Qualifikation der Mitarbeiter erfordert (Abo 1991; Cole 1992). In der radikalen Durchdringung dieser Planungsprobleme und der konsequenten Auflösung der aufgezeigten Zielkonflikte bei der flächendeckenden Umsetzung der entwickelten Lösung liegt das innovative Element dieses Methodenkonzepts.

Der bisher aus der Sicht des Methodenwissens betrachtete Prozessgedanke bringt auch ein neuartiges Element in die Lösung von Motivationsproblemen. Nach der motivationsorientierten Prozessgestaltung verkörpert ein Produktionssystem, in dem alle Elemente im Fluss („just in time") und in planmäßiger Bewegung sind, die idealen (effizienten) Produktionsbedingungen (Ikeda 1992). Jede Untätigkeit von Personen, jeder Stillstand von Maschinen sowie jede Unterbrechung des Materialflusses, die sich in Zwischenlagern oder „Untätigkeit" von Maschinen und Personen äußert, signalisieren ein Problem. Ein Produktionssystem ist deshalb möglichst so zu gestalten, dass diese Signalfunktion wahrgenommen werden kann. Es liegt in der Logik dieser Konzeption, dass auf diese Weise visualisierte Probleme unmittelbar nach ihrer Identifizierung beseitigt werden sollen. Das lässt sich am besten erreichen, wenn diese Aufgaben den Mitarbeitern „vor Ort" übertragen werden.[6] Sie nehmen die Stö-

---

[6] In diesem Zusammenhang ist auf die große Bedeutung der Bildung von Gruppen im Toyotamodell hinzuweisen, die hier nicht im Einzelnen behandelt werden kann. Gruppen mit Spielräumen bei der interpersonellen Verteilung und Regelung zugewiesener Aufgaben sichern nicht nur rasches Handeln bei Störungen und anderen ungeplanten Ereignissen, sie entfalten angesichts verbreiteter gesellschaftlicher Normen wie der Gruppenidentifikation, der kollektiven Verantwortung, der Loyalität und des Gefühls gegenseitiger Verpflichtungen (Hill 1995) auch nachhaltige Motivationseffekte.

rung als erste wahr und können deshalb mit dem geringsten zeitlichen Vorlauf handeln. Außerdem sind sie mit den Bedingungen der Störungen des Störungsumfeldes am besten vertraut. Dieses Prinzip der schnellen Visualisierung und Lösung von Problemen hat, insbesondere bei Qualitätsmängeln, den Vorteil, dass eine (in der Regel aufwändigere) „Nachbesserung" auf nachfolgenden Produktionsstufen oder die Verschwendung von Ressourcen durch die Weiterverarbeitung von Ausschuss vermieden werden. Es liegt auf der Hand, dass ein solches Konzept der Visualisierung von Problemen, gekoppelt mit der Verpflichtung, Probleme sofort zu beseitigen, Motivationswirkungen ganz besonderer Art entfaltet. Das Prinzip, das menschliche Verhalten im jeweiligen Zustand des Produktionssystems abzubilden und für alle (Mitarbeiter und Manager) sichtbar zu machen, ist allerdings von einer fast gnadenlosen Konsequenz. Auch hinsichtlich der Motivationskomponente ist das Neuartige der Gestaltung in der umfassenden und konsequenten Umsetzung eines einheitlichen Prinzips zu sehen.

Die Einbeziehung der Mitarbeiter, die als Element des innovativen Methoden- und Motivationswissens herausgearbeitet wurde, prägt auch die innovativen Annahmen über die kognitive Komponente. Das Toyota-Modell beruht auf der konsequent verfolgten Annahme, dass sich ohne den Rückgriff auf das (weitgehend implizite) Wissen der Mitarbeiter die ehrgeizigen Ziele einer permanenten Verbesserung der Kosten- und Qualitätssituation nicht realisieren lassen. Mit der Annahme, dass die Mitarbeiter ein wertvolles Potenzial zur Wahrnehmung und Lösung von Problemen besitzen, entfernt sich die neue Konzeption weit von den tayloristischen Konzepten – das kommt in der folgenden sehr selbstbewussten, ja aggressiven Bewertung westlicher Konkurrenten durch Konosuke Matsushita, den Gründer der Matsushita Electric Company, zum Ausdruck: "We will win and you will loose. You cannot do anything about it because your failure is an internal disease. Your companies are based on Taylor's principles. Worse, your heads are Taylorized, too. You firmly believe that sound management means executives on the one side and workers on the other, on the one side men who think and on the other side men who can only work. For you, management is the art of smoothly transferring the executives' idea to the workers' hands....Only the intellects of all employees can permit a company to live with the ups and downs and the requirements of the new environment." (zitiert nach Best 1990, S. 1).

In seiner Interpretation dieses kognitiven Konzepts arbeitet Fujimoto (1999, S. 18/19) drei organisatorische Regeln heraus, auf denen dieser Prozess des organisatorischen Wissenserwerbs – des organisatorischen Lernens – beruht. (1) Die Identifikation von Problemen wird durch stabile (vorgegebene) Verfahrensweisen erleichtert. Sie decken Probleme auf, visualisieren ihr Erscheinen und sensibilisieren den Mitarbeiter für die Funktion von Normen und den Anspruch ihrer Verbesserung. (2) Die Fähigkeit, Alternativen zu generieren und ihren Beitrag zu bewerten, wird systematisch gefördert. Gruppen, deren Mitglieder unterschiedliche Bereiche und Hierarchie-Ebenen repräsentieren, erlauben die Bündelung von Wissen, Fähigkeiten und Verantwortung für Problemlösungen. (3) Die Diffusion und Verantwortung von Verbesserungen in der gesamten Unternehmung wird sichergestellt. Der entscheidende Gedanke ist dabei, generierten Verbesserungen nach ihrer Autorisierung durch das Management unternehmungsweite Verbindlichkeit zu verschaffen. Dieses Konzept des organisationalen Lernens weist der Standardisierung von Produktionsprozessen eine zentrale Bedeutung zu. Adler und Cole (1993, S. 89) bringen diesen Zusammenhang auf eine einfache Formel: „... it is easy to identify problems, define improvement opportunities, and implement improved processes."

Zwei Anmerkungen sollen die vorstehende komprimierte Skizzierung des Toyota-Modells abschließen.

Zum einen ist hervorzuheben, dass sich die vorangegangene Darstellung unter didaktischen Überlegungen bemüht, den inneren Zusammenhang der innovativen Gestaltungskomponenten herauszuarbeiten. Mit dieser Argumentationsweise soll nicht behauptet werden, das Toyota-Modell sei das Ergebnis eines planmäßigen, ganz dem Prinzip analytischer Stringenz verpflichteten Managements (Fujimoto 1999, S. 4/5). Gleichwohl lässt die Entwicklung des Toyota-Modells verglichen mit der Entstehung des DPGM-Modells ein klares und kohärentes Muster erkennen. Das liegt nicht zuletzt an der Tatsache, dass der sich über Jahrzehnte hinziehenden Entwicklung eine starke Fokussierung auf Kosten- und Qualitätszielen zu Grunde lag. Auch hatte das Modell mit der Abkehr vom Taylorismus einen prägnanten Ausgangspunkt. Ebenso darf nicht übersehen werden, dass sich der Reorganisationsprozess in einer Zeit vollzog, in der, verglichen mit der DPGM-Reorganisation, der

Stand der relevanten Literatur ungleich besser entwickelt war. Das gilt insbesondere hinsichtlich der Arbeiten zum Qualitätsmanagement (Deming 1986; Ishikawa 1985).

Zum anderen vollzog sich die Ausdifferenzierung und Verbreitung des Toyota-Modells unter anderen Bedingungen als sie für das DPGM-Modell galten. Berater, Joint Venture-Partner und die Fachwelt spielten für das Toyota-Modell eine ungleich größere Rolle. Bis in die fünfziger Jahre war der Einfluss von Beratern auf die Verbreitung des Konzepts gering. Im Wesentlichen verbreitete sich das Modell über eine Leitbildrolle, die Du Pont und General Motors übernahmen. Bei beiden Unternehmungen wurde der Unternehmungserfolg (Gewinn, Wachstum) mit den spektakulären Reorganisationen in Verbindung gebracht. Es lag für andere Unternehmungen, insbesondere für Konkurrenten, die sich in wirtschaftlichen Schwierigkeiten befanden, nahe, die als erfolgreich angesehenen Organisationsmaßnahmen zu übernehmen. Ein anschauliches Beispiel für eine solche Anpassung liefert die Ford Company, nachdem die verfehlte Modellpolitik von Henry Ford die Unternehmung in eine Krise geführt hatte. Im Magazin „Fortune" (35. Jg. No. 5, 1947) werden die nach dem zweiten Weltkrieg durchgeführten Reformen sehr aufschlussreich beschrieben und kommentiert. Sie beruhen im Wesentlichen auf der Abwerbung von General Motors Managern, die das DPGM-Modell als Blaupause für die Restrukturierung von Ford nutzten.

Das Innovative des Toyota-Modells liegt in der einmaligen Konsequenz bei der flächendeckenden Umsetzung eines zentralen Gestaltungsprinzips. Die Geschlossenheit des Konzepts ist zum einen die Folge der Beschränkung auf den Produktionsbereich. Nur hier hat der Prozessgedanke eine so überragende Bedeutung und kann die systematische Erfassung des verfügbaren Methoden-, Motivations- und Kognitionswissens sowie ihre Weiterentwicklung induzieren. Diese Perspektive und diese Generierung von Wissen, die aller Wertschöpfungsaktivitäten durchdringt und restrukturiert, begründen den Rang der Organisationsinnovation, die gegenwärtig weltweit Maßstäbe für Industrieunternehmen setzt.

3. Wie weit sind Organisationsinnovationen theorieinduziert?

Keine der im vorangegangenen Abschnitt betrachteten Organisationsinnovationen lässt sich auf die Umsetzung einer ausgearbeiteten Organisationstheorie zurückführen. Ausgelöst wurden die Reorganisationen durch wahrgenommene Probleme auf dem Absatzmarkt. Die Problemlösung vollzog sich „in den Köpfen der Manager" in mehrjährigen arbeitsteiligen Prozessen unter dem Einfluss der subjektiven Gestaltungsphilosophien der dominierenden Akteure. Der allenfalls schwache, wenn nicht fehlende Einfluss etablierter Organisationstheorien auf die Lösungssuche ist hinsichtlich des DPGM-Modells angesichts der seiner Zeit kaum entwickelten Organisationswissenschaft nicht überraschend. Für das Toyota-Modell waren die Voraussetzungen für einen ertragreichen Dialog zwischen Praxis und Wissenschaft angesichts einer sich in den fünfziger und sechziger Jahren rasch entwickelnden Organisationstheorie eher erfüllt. Der Rückgriff auf wissenschaftliche Erkenntnisse beschränkte sich aber offensichtlich auf die bereits erwähnten Arbeiten zur Qualitätssicherung – für eine Auseinandersetzung mit gestaltungsrelevanten Aussagen der damaligen Organisationstheorie finden sich keine Belege. Insgesamt entsteht der Eindruck, dass die Organisationstheorie bis heute (Fujimoto 1999) mehr damit beschäftigt ist, die in der Praxis vorgefundenen Reorganisationsaktivitäten organisationstheoretisch zu verarbeiten, als eigenständige unterstützende Beiträge für die Lösung konkreter Gestaltungsprobleme zu generieren.

Die Frage, ob die weitgehende Beschränkung auf subjektive Gestaltungsphilosophien ihre Erklärung in Wissensdefiziten des Managements oder in einer negativen Einschätzung des Problemlösungspotenzials etablierter Organisationstheorien findet, kann hier nicht im Einzelnen untersucht werden. Es ist jedoch aufschlussreich, zwei theoretisch bestimmte Organisationskonzepte, denen nach der für diesen Beitrag gültigen begrifflichen Konzeption das Attribut „innovativ" zukommt, näher zu betrachten. Dabei wird zur Vereinfachung unterstellt, dass Manager die Großunternehmung leiten, dass also „Geschäftsführung" und „Eigentum" getrennt sind. Das erste Organisationskonzept fand in den sechziger und siebziger Jahren vor allem in Europa als „Humanisierung der Arbeitswelt" Verbreitung. Es offerierte dem Management ein geschlossenes Konzept zur Neugestaltung der Produktion, dessen Basis im

Wesentlichen die psychologische Motivationstheorie von Herzberg (1982) und die am Tavistock (London) entwickelte sozialpsychologische Theorie soziotechnischer Systeme (Thorsrud/Emery 1969) waren. Das zweite Konzept lässt sich als „Marktkontrolle des Managements" bezeichnen; sein theoretisches Fundament bildet die moderne institutionenorientierte Mikroökonomie (Shleifer/Vishny 1997).

Beide Organisationsinnovationen finden ihre Begründung in Stakeholder-Positionen. Sie konfrontieren das Management und das traditionelle, aus Anforderungen des Absatzmarktes abgeleitete Konzept der Organisationsinnovation mit selektiven, interessenbestimmten Sichtweisen. Das Modell der „Humanisierung der Arbeitswelt" verfolgt die Perspektive des Arbeitsmarktes und beschränkt seine Aussagen und Empfehlungen ganz auf die Mitarbeiter auf der unteren Ebene der Unternehmungshierarchie. Die „Marktkontrolle des Managements" konzentriert sich auf das Top Management als höchste Ebene der Unternehmungshierarchie und findet ihre konzeptionelle Verankerung im Kapitalmarkt. Auf Grund dieser Interessenfokussierung und der daraus abgeleiteten Verhaltensbeeinflussung der jeweiligen Bezugsgruppe (Arbeiter bzw. Top Manager) äußert sich das innovative Element nahezu ausschließlich im eingebrachten Motivationswissen. Die Gestaltung ist ganz auf die Verhaltenssteuerung der jeweiligen Bezugsgruppen ausgerichtet. Es bedarf keiner näheren Begründung, dass solche interessenbasierten Modelle nur Akzeptanz und Verbreitung finden, wenn das Management kooperationsbereit ist, sei es aus eigener Einsicht oder als Reaktion auf das Machtpotenzial der jeweiligen Stakeholder-Gruppe.

Das „Humanisierungs-Modell" entstand in Skandinavien und verbreitete sich von dort in andere, vornehmlich europäische Länder (Ulich/Groskurth/Bruggemann 1973). In Skandinavien wurde der neue Gestaltungsansatz durch ein kooperationsbereites Management unterstützt. Vor allem in der Automobilindustrie (Volvo) wurden gravierende Probleme in der Produktion (Fluktuation, Absentismus, Leistungsdefizite) mit den im Produktionsmanagement vorherrschenden tayloristischen Prinzipien in Verbindung gebracht. Dazu kam, dass das Reformkonzept in einer Koalition aus Gewerkschaften, Arbeitgeberverbänden und staatlichen Institutionen wirksame, auch die finanzielle Förderung von Umgestaltungen einschließende Unterstützung fand. Eine ähnliche Konstellation von Motiven und Rahmenbedingungen begünstigte die Umsetzung des Modells in Deutschland. Die skandinavische Alternative zur tayloristischen Fließbandproduktion konnte jedoch nur für eine begrenzte Zeit eine Leitbildfunktion für das Produktionsmanagement wahrnehmen. Im globalen Wettbewerb um die überlegene Alternative zur tayloristischen Organisationskonzeption wurde das Toyota-Modell zunehmend als die effizientere Lösung angesehen (Cole 1989; Adler/Cole 1993; Berggren 1992). Die Exporterfolge japanischer Unternehmungen und die Schwierigkeiten ihrer europäischen und US-amerikanischen Konkurrenten wurden als so eindeutige Effizienzindikatoren interpretiert, dass die Kooperationsbereitschaft des Managements endete und die Machtbasis der Stakeholder zerbrach.

Dem am Prinzip der Marktkontrolle des Managements ausgerichteten Gestaltungskonzept („Modell der Marktkontrolle") wird man eine größere Durchsetzungskraft und Nachhaltigkeit als dem Humanisierungsansatz zusprechen können. Diese Einschätzung übersieht nicht, dass bei einem Modell, das potenzielles, Eigentümerinteressen missachtendes Fehlverhalten des Managements zum Ausgangspunkt von Reformbestrebungen nimmt, kooperatives Verhalten des betroffenen Managements nicht ohne weiteres unterstellt werden kann. Der Kapitalmarkt ist aber in jeder Wirtschaftsordnung, die das Privateigentum zum Angelpunkt des ökonomischen Systems macht, eine machtvolle Institution. Hinzu kommt, dass in vielen Ländern die Gesetzgebung zur Corporate Governance die Kapitalmarktperspektive und damit auch den Einfluss von institutionellen Anlegern stärkt. Auch steht das Modell der Marktkontrolle – anders als das Humanisierungs-Modell – nicht in einem wirksamen Wettbewerb um Best Practice. Gegen das skandinavische Modell ließen sich leicht eingängige Argumente unter Verweis auf negative Reaktionen der Kunden angesichts wahrgenommener Preis- und Qualitätsdefizite ins Feld führen. Ein vergleichbarer Zusammenhang lässt sich zwischen der jeweiligen Corporate Governance und dem Erfolg auf dem Absatzmarkt ungleich schwerer behaupten. Für die Nachhaltigkeit des Marktmodells spricht auch, dass die mikroökonomische Theorie der Unternehmung zunehmend die Managementlehre durchdringt und einen wachsenden Einfluss auf die akademische Ausbildung des Managementnachwuchses hat (Ghoshal 2005).

Allerdings dürfen einige Aspekte, die aus der Sicht der Organisationsgestaltung für eine eher begrenzte Wirkung des Marktmodells sprechen, nicht übersehen werden. Dieses mikroökonomische Modell ist geprägt von einer Betrachtungsweise, die den individuellen Eigennutz aller Akteure zum Bezugspunkt der theoretischen Analyse und zur Begründung praktischer Gestaltungsempfehlungen macht (Jensen 1989). Ein so grundsätzlicher Ansatz führt zu umfassenden Reformkonzepten, in denen organisatorische Maßnahmen nur ein Element unter mehreren angestrebten Regelungen, z. B. zur Strategie und Finanzierung, bilden. Zwei organisatorische Gestaltungsanforderungen verdienen besondere Erwähnung. Die eine Anforderung postuliert die Bildung möglichst eigenständiger, vorzugsweise rechtlich verselbständigter Unternehmungsbereiche. Mit dieser Regelung sollen nachteilige Wirkungen einer generell sehr kritisch betrachteten Strategie der Diversifikation verringert werden. Wenn schon nicht der Verzicht auf jede Diversifikation durchgesetzt werden kann, erschwert eine solche Bereichsbildung immerhin die Quersubventionierung zwischen den Geschäftsbereichen. Die zweite organisatorische Gestaltungsregel verlangt die Einführung anteilseignerkonformer Anreizstrukturen. Der Kerngedanke besteht darin, durch die Bindung der Entgelthöhe an die über den Markterfolg gemessene Leistung des Managements die Ausfüllung der Handlungsspielräume im Sinne der Anteilseigner zu erreichen. Insgesamt wird deutlich, dass das Modell der Marktkontrolle nicht den Anspruch einer umfassenden Reorganisation erhebt. So bedeutsame Fragen wie die organisatorische Gestaltung der Wertschöpfungsprozesse in den Unternehmungsbereichen werden nicht thematisiert; allerdings hat das am Gewinn orientierte Anreizkonzept Einfluss auf die Steuerung in diesem Bereich (Lazonick 2002, S. 262). Auch wird die Einhaltung der Prinzipien der Marktkontrolle nicht immer kompromisslos eingefordert. Wenn ein Manager wie Jack Welch sich an seiner eigenen Gestaltungsphilosophie orientiert und sich bei der strategischen Positionierung von General Electric über das mikroökonomische Verdikt zur Diversifikation hinwegsetzt, wird ihm das verziehen, solange die Gewinne sprudeln.

Literaturverzeichnis

ABO, TETSUO

New Technology and Manpower Utilization in Japanese Automobile Firms in Japan and their Plants in the United States. In: Technology and Labor in the Automotive Industry, hrsg. von Sung-Jo Park, Frankfurt/New York 1991, S. 185-205.

ADLER, PAUL S.; COLE, ROBERT S.

Designed for Learning: A Tale of Two Auto Plants. In: Sloan Management Review, 34. Jg. 1993, Nr. 3, S. 85-94.

BERGGREN, CHRISTIAN

Alternatives to Lean Production. Work Organization in the Swedish Auto Industry. Ithaca, NY 1992.

BEST, MICHAEL H.

The New Competition: Institutions of Industrial Restructuring. Cambridge, MA 1990.

CHANDLER, ALFRED D.

Strategy and Structure. Chapters in the History of the Industrial Enterprise. (Paperback) Cambridge, MA 1969.

CHANDLER, ALFRED D.; SALSBURY, STEPHEN

Pierre S. Du Pont and the Making of the Modern Corporation. New York u. a. 1971.

CHANDLER, ALFRED D.; TEDLOW, RICHARD S.

The Coming of Managerial Capitalism: A Casebook on the History of American Economic Institutions, Homewood, Ill 1985.

COHEN, WESLEY M.; LEVINTHAL, DANIEL A.

Absorptive Capacity: A New Perspective on Learning and Innovation. In: Administrative Science Quarterly, 35. Jg. 1990, S. 128-152.

COLE, ROBERT E.

Strategies for Learning: Small Groups Activities in American, Japanese and Swedish Industry. Berkeley, CA 1989.

COLE, ROBERT E.

Issues in Skill Formation in Japanese Approaches to Automation. In: Technology and the Future of Work, hrsg. von Paul S. Adler, New York/Oxford 1992, S. 187-209.

COLE, ROBERT E.

Managing Quality Fads: How American Business Learned to Play the Quality Game. New York u. a. 1999.

DEMING, W. EDWARD

Out of the Crisis. Cambridge, MA 1986.

CYERT, RICHARD M.; MARCH, JAMES. G.

A behavioral theory of the firm. Englewood Cliffs, NJ 1963.

EREZ, MIRIAM; EARLEY, P. CHRISTOPHER

Culture, Self-identity, and Work. New York/Oxford 1993.

FARBER, DAVID

Sloan Rules. Alfred P. Sloan and the Triumph of General Motors. Chicago – London 2002.

FLIGSTEIN, NEIL

The Transformation of Corporate Control. Cambridge, MA/London 1990.

FRESE, ERICH

Organisationstheorie. Historische Entwicklung – Ansätze – Perspektiven. 2. Aufl., Wiesbaden 1992.

FRESE, ERICH

Die organisationstheoretische Dimension globaler Strategien. Organisationstheoretisches Know how als Wettbewerbsfaktor. In: Unternehmensstrategie und Wettbewerb auf globalen Märkten und Thünen-Vorlesung, hrsg. von Manfred Neumann, Berlin 1994, S. 53-80.

FRESE, ERICH

Organisatorische Strukturkonzepte im Wandel. Aussagen der Organisationstheorie zu Änderung und Innovation. In: Innovative Organisationsformen. Neue Entwicklungen in der Unternehmensorganisation, hrsg. von Franz Wojda, Stuttgart 2000, S. 59-88.

FRESE, ERICH

Grundlagen der Organisation. Entscheidungsorientiertes Konzept der Organisationsgestaltung. 9. Aufl., Wiesbaden 2005.

FUJIMOTO, TAKAHIRO

The Evolution of a Manufacturing System at Toyota. New York/Oxford 1999.

GHOSHAL, SUMANTRA

Bad Management Theories are Destroying Good Management Practices. In: The Academy of Management Learning & Education, 4. Jg. 2005, S. 75-91.

HANNAN, MICHAEL T.; FREEMAN, JOHN

Structural Inertia and Organizational Change. In: American Sociological Review, 49. Jg. 1984, S. 149-164.

HAWKINS, DAVID F.

The Development of Modern Financial Reporting Practices among American Manufacturing Corporations. In: The Business History Review, 37. Jg. 1963, S. 135-167.

HERZBERG, FREDERICK

The Managerial Choice: To be Efficient and to be Human. 2. Aufl., Salt Lake City, UT 1982.

HILL, CHARLES W. L.

National Institutional Structures, Transaction Cost Economizing and Competitive Advantage: The Case of Japan. In: Organization Science, 6. Jg. 1995, S. 119-131.

HOFSTEDE, GEERT

Culture's Consequences. London 1980.

HOUSE, ROBERT J.; HANGES, PAUL J. ET AL. (HRSG.).

Culture, leadership, and organizations. The GLOBE study of 62 societies. Thousand Oaks. CA 2004.

IKEDA, MASAYOSHI

Development Networks in the Automobile Industry. In: New Impacts of Industrial Relations, hrsg. von Shigeyoshi Tokunaga, Norbert Altmann und Helmut Deiners, München 1992, S. 207-224.

ISHIKAWA, KAORU

What is Total Quality Control? The Japanese Way. Englewood Cliffs, NJ 1985.

JENSEN, MICHAEL C.

Eclipse of the Public Corporation. In. Harvard Business Review, 67. Jg. 1989, Nr. 5, S. 61–74.

JOHNSON, H. THOMAS

Management Accounting in an Early Multidivisional Organization: General Motors in the 1920s. In: Business History Review, 52. Jg. 1978, S. 490-517.

KOCKA, JÜRGEN

Unternehmensverwaltung und Angestelltenschaft am Beispiel von Siemens 1847-1914: Zum Verhältnis von Kapitalismus und Bürokratie in der deutschen Industrialisierung. Stuttgart 1969.

LAZONICK, WILLIAM

The US Industrial Corporation and the Theory of Growth of the Firm. In: The Growth of the Firm. The Legacy of Edith Penrose, hrsg. von Christos Pitelis, Oxford 2002, S. 249-277.

LEVINTHAL, DANIEL A.; MARCH, JAMES G.

The Myopia of Learning. In: Strategic Management Journal, 14. Jg. 1993, S. 95-112.

LIKER, JEFFREY K.; FRUIN, W. MARK; ADLER, PAUL S.

Bringing Japanese Management Systems to the United States: Transplantation or Transformation? In: Remade in America: Transplanting and Transforming Japanese Management Systems, hrsg. von Jeffrey K. Liker, W. Mark Fruin und Paul S. Adler, New York u.a. 1999, S. 3-35.

LILLRANK, PAUL

The Transfer of Management Innovations from Japan. In: Organization Science, 16. Jg. 1995, S. 971-989.

MARKUS, HAZEL ROZE; KITAYAMA, SHINOBU

Culture and the Self: Implications for Cognition, Emotion, and Motivation. In: Psychological Review, 98. Jg. 1991, S. 224-253.

MEYER, JOHN W.; ROWAN, BRIAN

Institutionalized Organizations: Formal structure as Myth and Ceremony. In: American Journal of Sociology, 83. Jg. 1977, S. 340-363.

MINER, ANNE S.; RAGHAVAN, SRI V.

Interorganizatioal Imitation: A Hidden Engine of Selection. In: Variations in Organization Science, hrsg. von Joel A. C. Baum und Bill McKelvey, Thousand Oaks, CA u. a. 1999, S. 35-62.

MINTZBERG, HENRY

The Structuring of Organizations. A Synthesis of the Research. Englewood Cliffs, NJ 1979.

OHNO, TAIICHI

How the Toyota Production System was Created. In: The Anatomy of Japanese Business, hrsg. von Kazno Sato und Yasuo Hashino, Armonk, NY u. a. 1984.

OHNO, TAIICHI

Toyota Production System: Beyond Large-Scale Production. Cambridge, MA u. a. 1988.

POWELL, WALTER M.; DIMAGGIO, PAUL J.
The New Institutionalism in Organisational Analysis. Chicago, Ill 1991.

SCHEIN, EDGAR H.
Organizational Culture and Leadership. San Francisco/Washington/London 1985.

SCHWARTZ, SHALOM H.
Beyond Individualism/Collectivism. New Cultural Dimensions of Values. In: Individualism and Collectivism. Theory, Method, and Application, hrsg. von U. Kim, Harry C. Triandis et al., Thousand Oaks, CA 1994, S. 85-119.

SHLEIFER, ANDREI; VISHNY, ROBERT W.
A Survey of Corporate Governance. In: The Journal of Finance, 52. Jg. 1997, S. 737–783.

SIMON, HERBERT A.
A Behavioral Model of Rational Choice. In: Quarterly Journal of Economics, 69. Jg. 1955, S. 99-118.

SIMON, HERBERT A.
The Architecture of Complexity. In: General Systems, 10. Jg. 1965, S. 63-76.

STEER, RICHARD M.; MOWDAY, RICHARD T.; SHAPIRO, DEBRA L.
The Future of Work Motivation Theory. In: Academy of Management Review, 29. Jg. 2004, S. 379-387.

THORSRUD, EINAR; EMERY, FRED E.
Form and Content in Industrial Democracy: Some Experiences from Norway and other European Countries. London 1969.

ULICH, EBERHARD; GROSKURTH, PETER; BRUGGEMANN, AGNES
Neue Formen der Arbeitsgestaltung. Frankfurt/M. 1973.

WESTNEY, ELEANOR D.
Imitation and Innovation: The Transfer of Western Organization Patterns to Meiji Japan, Cambridge, MA. 1987.

WILLIAMSON, OLIVER E.

Comparative Economic Organization. The Analysis of Discrete Structural Alternatives. In: Administrative Science Quarterly, 36. Jg. 1991, S. 269-296.

WOMACK, JAMES P.; JONES, DANIEL S.; ROOS, DANIEL

The Machine that Changed the World. New York u. a. 1990.

Innovation im fraktalen Unternehmen

Innovationsprozesse als intellektuelle
Herausforderung

Horst Strunz

Inhaltsverzeichnis

1. Warum braucht ein Unternehmen Innovation? 423
2. Struktur und Eigenschaften des fraktalen Unternehmens 425
3. Innovationsprozesse im fraktalen Unternehmen 432
   - 3.1. Am Anfang steht die Herausforderung 432
   - 3.2. Wie werden Innovationsideen generiert? 433
   - 3.3. Wie werden die erfolgversprechendsten Ideen identifiziert? 436
   - 3.4. Warum gibt es bei der Umsetzung der ausgewählten Innovationsidee eine breite Unterstützung in der Organisation? 437
4. Fazit 438
5. Epilog 439

Literaturverzeichnis 441

1. Warum braucht ein Unternehmen Innovation?

Ein Unternehmen kann sich im Markt nur dann dauerhaft behaupten, wenn die von ihm angebotenen Produkte oder Dienstleistungen zu Preisen nachgefragt werden, die eine Kostendeckung einschließlich einer Verzinsung des eingesetzten Kapitals erlauben. Als sozio-technisches offenes System sieht sich jedes Unternehmen, das in einer freien Marktwirtschaft agiert, vielfältigen Bedrohungen ausgesetzt:

- die Nachfrage nach den angebotenen Produkten und Dienstleistungen kann einbrechen,
- es können kritische Engpässe in der Bereitstellung der geschäftsnotwendigen Ressourcen auftreten,
- unter den Individuen, die das soziale Subsystem des Unternehmens bilden, können ernste Konflikte entstehen, die vom bestehenden Machtgefüge nicht mehr beherrscht werden können,
- Aktionen von Wettbewerbern können das Unternehmen in Bedrängnis bringen.

Innovation wird als geeignetes Hilfsmittel gesehen, mit einem Großteil dieser Bedrohungen fertig zu werden. In Anlehnung an Aregger[1] wird hier folgendes Verständnis von Innovation zugrunde gelegt: *Innovation* ist eine signifikante Änderung im Status quo der Struktur der Subsysteme, der Geschäftsprozesse oder der Austauschprozesse des Unternehmens mit dem Markt, welche, gestützt auf neue Erkenntnisse, soziale Verhaltensweisen, Materialien, Maschinen und Informationssysteme, eine direkte und/oder indirekte Verbesserung innerhalb oder außerhalb der Unternehmung zum Ziel hat. Evolutionäre Weiterentwicklungen von Strukturen und Prozessen, die im Zusammenhang mit der Beseitigung von Störungen oder Unwirtschaftlichkeiten im Tagesgeschäft von den Verantwortlichen selbst auf den Weg gebracht werden, sollen hier nicht als Innovation verstanden werden[2].

---

[1] Vgl. Aregger, S. 118
[2] Der hier zugrunde gelegte Innovationsbegriff ist weiter gefasst, als bei Szyperski, der beispielsweise eine Produktinnovation als solche nur beim „Ersten", „dem es gelingt, eine wirklich neue Idee im Markt zu verwirklichen und damit seine Konzeption des Neuartigen durchzusetzen" gelten lässt. Vgl. Szyperski 2003. Dagegen würde der Autor auch eine Imitation als Innovation gelten lassen, wenn diese beim durchführenden Unternehmen vergleichbar signifikante Änderungen im Produktangebot und den Geschäftsprozessen bewirkt. Es soll also darauf ankommen, dass der Innovation eine Herausforderung einer besonderen Qualität vorangeht, für deren Bewältigung die betroffene Organisation keine Routine-Geschäftsprozesse bereithält.

Die Initiatoren einer Innovation im Unternehmen können nicht davon ausgehen, dass ihre Aktivitäten von den anderen Mitgliedern der Organisation begrüßt und widerspruchslos akzeptiert werden. Es gibt durchaus rationale Gründe, eine Innovation abzulehnen. Einige davon sind:

- sie kann ungeeignet sein, die tatsächlichen Probleme zu lösen,
- ihre Umsetzung kann mit nicht beherrschbaren Risiken verbunden sein,
- sie kann unzureichend ausgearbeitet sein, so dass nicht erkennbar ist, ob sie geeignet ist,
- sie kann vielleicht ein technisches Problem lösen, aber ein schwerwiegendes wirtschaftliches Problem hervorrufen.

Selbst dann, wenn eine Innovation zur Lösung der aufgetretenen Probleme theoretisch in der Lage ist, können Widerstände auftreten, die ihre Umsetzung verhindern, wie beispielsweise:

- einzelne einflussreiche Organisationsmitglieder können sich als Opfer der Innovation empfinden oder sich in anderer Weise in ihren persönlichen Zielen beeinträchtigt fühlen,
- Innovationen können von vielen Organisationsmitgliedern, die sich stark mit dem Status quo identifizieren, wie ein Angriff aus der Außenwelt auf die Organisation empfunden werden[3],
- der Problemlösungsdruck kann bei verschiedenen Organisationsmitgliedern durchaus unterschiedlich empfunden werden, so dass nicht bei allen die Einsicht in einen dringenden Handlungsbedarf vorhanden ist,
- in einem wirtschaftlich gesunden Unternehmen werden auftretende Probleme weniger als Bedrohung empfunden und deshalb die Notwendigkeit von Innovationen weniger eingesehen als in einem krisengeschüttelten, obwohl das prosperierende Unternehmen über weitaus bessere Ressourcen zur Umsetzung der Innovation verfügt.

---

[3] Vgl. Aregger, S. 185

Von Shephard[4] wurde aufgezeigt, dass die Innovationsresistenz von Organisationen damit zusammenhängt, dass sie meist so angelegt worden sind, dass sie eine genau vorgeschriebene Auswahl von Prozessen zuverlässig abwickeln und deshalb starke Abwehrmechanismen gegen Innovationen entwickeln. Nur wenn die Innovation von der Spitze der Autoritätsstruktur ausgeht, wird sie nicht als „feindlich" empfunden. Zahlreiche Ausarbeitungen beschäftigen sich mit der Thematik, für gängige Organisationsformen Vorgehensweisen zu entwickeln, mit denen Innovationsprozessen trotz auftretender Innovationsresistenzen zum Erfolg verholfen werden kann. Dies geht bis zur Forderung der Einrichtung eines besonderen Innovationsmanagements[5], was vermuten lässt, dass die Autoren die dazu notwendigen Prozesse nicht zum Repertoire dessen zählen, was vom Management standardmäßig erwartet werden kann.

Angenommen, es soll eine Abteilung, ein Geschäftsbereich oder ein neues Unternehmen gegründet oder eingerichtet werden, bei dem Innovation erfolgskritisch ist. Es läge dann nahe, von vorneherein eine Organisationsform ohne inhärente Innovationsresistenzen zu wählen. Dazu könnte das Modell des fraktalen Unternehmens ein geeignetes Leitkonzept sein.

2. Struktur und Eigenschaften des fraktalen Unternehmens

Das von Warnecke[6] aus der mathematischen Theorie der Fraktale[7] abgeleitete Modell des „fraktalen Unternehmens" bietet einen innovativen Ansatz zur organisatorischen Gestaltung des komplexen Geschehens in einem Fertigungsunternehmen. Ein Fraktal definiert Warnecke als „selbständig agierende Unternehmenseinheit, deren Ziele und Leistung eindeutig beschreibbar sind" mit den Eigenschaften „Selbstähnlichkeit", „Selbstorganisation", „Selbstoptimierung", „Zielorientierung" und „Dynamik".[8]

---

[4] Vgl. Shephard 1971, S. 375
[5] Einen Überblick über das Innovationsmanagement gibt Hauschildt 1992, S. 1030 ff.
[6] Vgl. Warnecke 1993 und 1995
[7] Vgl. Mandelbrot 1987
[8] Vgl. Warnecke 1993, S. 152

Auf der Arbeit von Warnecke und eigenen Erfahrungen in der Softwareindustrie aufbauend, wurde das Modell des fraktalen Unternehmens am Beispiel eines Softwareunternehmens[9] konkretisiert. Bei Unternehmen dieser Art mit den von Kunden und Mitarbeitern geforderten Eigenschaften und Fähigkeiten[10] werden herkömmliche Formen der Organisationsgestaltung sowohl von den Unternehmern als auch den Mitarbeitern oft als unbefriedigend empfunden, so dass sich in der Praxis „unkonventionelle" Formen der Organisation und Führung herausgebildet haben.

Die Triebfeder für diese Entwicklung ist zweifellos, dass diese Unternehmen ihren hoch qualifizierten Mitarbeitern ein kulturelles Umfeld bieten wollen und müssen, das ihre Bereitschaft erhöht, dem Unternehmen ihr gesamtes Potenzial zur Verfügung zu stellen. Innovationen finden in einer solchen Kultur deshalb den erforderlichen Nährboden, weil die Mitarbeiter nicht Gefahr laufen, mit neuen Ideen Regelverstöße zu begehen. Einige dieser Entwicklungen der Praxis lassen sich mit Hilfe des Modells des fraktalen Unternehmens in einen theoretischen Gesamtzusammenhang einbinden.

Da sich Softwareunternehmen aufgrund der raschen Weiterentwicklung der Informationstechnologien durchaus als Vertreter der Klasse innovationsabhängiger Unternehmen verstehen lassen, sollten sich Erkenntnisse über die Innovationskultur fraktaler Softwareunternehmen auch auf andere innovationsabhängige Unternehmen oder Unternehmenseinheiten übertragen lassen.

Einblick in die charakteristischen Eigenschaften einer Organisationsform erlangt man üblicherweise dadurch, dass man untersucht, welche Organisationseinheiten es gibt, wie diese zueinander in Beziehung stehen und nach welchen Regeln diese ihre Geschäftsprozesse abwickeln.

Die elementare Organisationseinheit des fraktalen Softwareunternehmens ist der im Unternehmen tätige Mitarbeiter. Jeder Mitarbeiter besitzt die Eigenschaften eines Fraktals[11]: Er besitzt die Fähigkeit zur Erbringung von Dienstleistungen für andere

---

[9] Vgl. Strunz 2000 und 2003
[10] Vgl. Strunz 2003, S. 324 ff.
[11] Vgl. Strunz 2003, S. 328 f.

fraktale Organisationseinheiten; im Rahmen seiner Fähigkeit zur Selbstorganisation und Selbstoptimierung kann er die zur Erfüllung seiner Aufgaben notwendigen Prozesse selbst organisieren und ständig optimieren; er nutzt das in der Organisation vorhandene Wissen; er ist zum Austausch von Informationen mit anderen Organisationseinheiten oder der Umwelt in der Lage; er erkennt Störungen und verfügt über Fähigkeiten zur Beseitigung dieser Störungen und schließlich besitzt er die Fähigkeit und Bereitschaft, sich selbst in höhere Organisationseinheiten einzubinden.

Höhere oder *multipersonale* Organisationseinheiten werden erforderlich, wenn komplexe Aufgaben abgewickelt werden müssen, die die Kompetenz und die Kapazität eines einzelnen Mitarbeiters übersteigen. Solche Organisationseinheiten erlauben, dass sich ihre Mitglieder auf bestimmte Fähigkeiten spezialisieren und erzielen dadurch eine Produktivitätssteigerung und Qualitätsverbesserung. Sie konkretisieren sich in der Softwarebranche beispielsweise in Form von Kompetenzteams oder Projektteams. Kennzeichnend für *fraktale* Kompetenzteams oder Projektteams sind folgende ergänzende Merkmale und Eigenschaften[12]:

Sie können komplexe Prozesse arbeitsteilig abwickeln; ihre Mitglieder können unterschiedliche Funktionen oder Rollen übernehmen; situationsbedingt können Rollen getauscht werden; gemeinsam erlernte Prozesse können fehlerfrei und zunehmend produktiver wiederholt werden; aufgrund auftretender Synergien ist das Potenzial der multipersonalen Organisationseinheit größer als die addierten Einzelpotenziale der Mitglieder; aufgrund der Selbstähnlichkeit ist eine konstruktive Zusammenarbeit mit anderen fraktalen Organisationseinheiten möglich; die einzelnen Mitglieder sind bereit, ihre individuellen Ziele zugunsten übergeordneter Ziele der multipersonalen Organisationseinheit zurückzustellen.

Multipersonale Organisationseinheiten ermöglichen, Schwächen in den Kompetenzprofilen einzelner Mitglieder durch Stärken in den Kompetenzprofilen anderer Mitglieder zu kompensieren: Wenn mehr als ein Mitarbeiter zur Erfüllung einer anstehenden Aufgabe zur Verfügung steht, wird derjenige ausgewählt, dessen Kompetenzprofil den größten Erfolg für ihre optimale Erfüllung verspricht.

---

[12] Vgl. Strunz 2003, S. 329

Ein Softwareunternehmen wird erst dann zu einem fraktalen Softwareunternehmen, wenn alle Organisationseinheiten bis hin zum Gesamtunternehmen als fraktale Organisationseinheiten agieren[13]. Jede Organisationseinheit steuert sich einerseits selbst und wirkt andererseits an der Aufgabenerfüllung derjenigen Organisationseinheiten mit, der sie selbst unmittelbar oder mittelbar angehört.

Der Schlüssel zur Effizienz eines fraktalen Softwareunternehmens ist sein struktureller Aufbau aus ineinandergeschachtelten selbststeuernden und selbstähnlichen organisatorischen Einheiten[14]. Bei einem mittelgroßen Softwareunternehmen wäre jeder Mitarbeiter Mitglied eines Kompetenzteams, sein Kompetenzteam bildet mit anderen Kompetenzteams einen Geschäftsbereich und sein Geschäftsbereich bildet mit allen anderen Geschäftsbereichen das Gesamtunternehmen. Jeder Mitarbeiter ist dann als selbststeuerndes Subsystem gleichzeitig Mitglied eines Subsystems Kompetenzteam, eines Subsystems Geschäftsbereich und des Gesamtunternehmens. Das Selbstverständnis eines Mitarbeiters im fraktalen Unternehmen ist, dass er in allen fraktalen Unternehmenseinheiten unterschiedlicher organisatorischer Ebenen, denen er angehört, Rollen besetzen und damit auf die ablaufenden Geschäftsprozesse Einfluss ausüben kann. Dies gelingt nur deshalb, weil aufgrund der Selbstähnlichkeit in allen Organisationseinheiten vergleichbare Kulturen und Prozessstrukturen implementiert sind.

Zur Übernahme einer Führungsrolle reicht die bei einem Mitarbeiter vorhandene Führungsmotivation allein aber nicht aus, vielmehr wird derjenige Mitarbeiter ausgewählt, der nach Einschätzung seines kollegialen Umfeldes dazu über die beste Ausprägung aller dazu notwendigen fachlichen und sozialen Kompetenzen verfügt. Insgesamt wird dann erreicht, dass die in einer Organisation vorhandene Kompetenz zu einem höheren Anteil genutzt und für das Geschäft des Unternehmens mobilisiert wird. Dieses bedeutet nicht nur einen ökonomischen Vorteil für das Unternehmen, auch die

---

[13] In der Realität gibt es viele Softwareunternehmen, die einzelne Merkmale fraktaler Unternehmen aufweisen. Ein Unternehmen, das sich konsequent nach dem Modell des fraktalen Unternehmens organisiert hat, ist dem Autor jedoch nicht bekannt.
[14] Die Selbststeuerung ist der wesentliche Gehalt des als „Selbstorganisation" intensiv erforschten Prinzips der Organisationsgestaltung, vgl. den Überblicksartikel zur Selbstorganisation in den Organisationswissenschaften Probst 1992, Sp. 2255 ff. Durch die hinzutretende Eigenschaft der „Selbstähnlichkeit" und die jedem Mitarbeiter eingeräumte Möglichkeit, Rollen in allen organisatorischen Ebenen zu besetzen, erhält die fraktale Organisation eine neue Qualität.

Zufriedenheit der Mitarbeiter steigt, wenn sie sich nicht nur selbst entsprechend ihren Fähigkeiten einbringen können, sondern sie auch davon überzeugt sind, dass die Rollen der anderen Organisationsmitglieder aufgrund ihrer Kompetenzen gerechtfertigt sind.

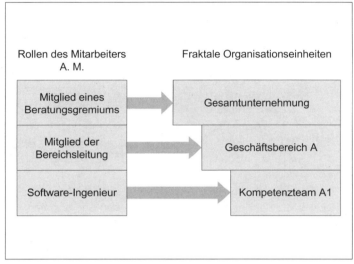

Abbildung 1: Gleichzeitig ausgeübte Rollen eines Mitarbeiters in „seinen" fraktalen Organisationseinheiten

In Ansätzen findet sich dieses Organisationsprinzip in vielen mittelständischen Softwarehäusern – besonders häufig in der Gründungs- und Aufbauphase des Unternehmens –, auch wenn die Akteure von der fraktalen Organisationsform noch nichts gehört haben. Ein Mitglied der Geschäftsführung kann durchaus zusätzlich in der Führung eines Geschäftsbereichs vertreten sein, als Spezialist(in) einem Kompetenzteam angehören und sich mit seinen (ihren) Fachkenntnissen in einem Kundenprojekt betätigen, wobei es sich in dieser Rolle den Anweisungen des Projektleiters unterordnet. Ebenfalls findet sich in Softwareunternehmen die Praxis, bei wichtigen Entscheidungen auf Geschäftsleitungsebene kompetente Spezialisten des eigenen Unternehmens nicht nur zu fragen, sondern verantwortlich einzubinden. Auch bei der Besetzung von Projektleiterpositionen in Kundenprojekten geben die für das jeweilige Projekt erforderlichen Kompetenzen den Ausschlag für die Personalauswahl. Die Führung des Gesamtunternehmens oder von Geschäftsbereichen unter

Einsatz von Kollegien mit nur grob umrissenen Zuständigkeiten sind ebenfalls ein Versuch, die vorhandene Kompetenz bestmöglich auszuschöpfen.

Zwei Beispiele zur Erläuterung:

Beispiel A:

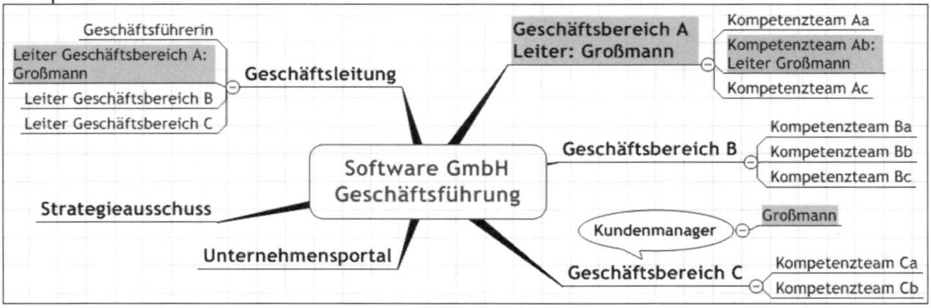

Abbildung 2: Rollen des Organisationsmitgliedes Großmann

Herr Großmann wurde aufgrund seiner herausragenden fachlichen und sozialen Fähigkeiten von seinen Kompetenzteamkollegen gebeten, die Führung des Kompetenzteams Ab zu übernehmen. Nachdem er große Initiative in der strategischen Neuausrichtung des Geschäftsbereichs A gezeigt hat, schlagen ihm die anderen Kompetenzteamleiter des Geschäftsbereichs vor, zusätzlich die Geschäftsbereichsleitung zu übernehmen. Die Geschäftsführung stimmt zu und erteilt Herrn Großmann Prokura. Als Geschäftsbereichsleiter und Prokurist ist er geborenes Mitglied der Geschäftsleitung. Sein Bereichsleiterkollege vom Geschäftsbereich C kann ihn trotz der gestiegenen Verantwortung dafür gewinnen, mit einem Teil seiner Zeit das Kundenmanagement bei einem Schlüsselkunden des Geschäftsbereichs C zu übernehmen. Herr Großmann kennt den Projektmanager auf der Kundenseite schon seit vielen Jahren aus früheren gemeinsamen Projekten und dieser legt großen Wert auf die Betreuung durch Herrn Großmann[15].

---

[15] Zum besseren Verständnis der fraktalen Unternehmensorganisation ist es wichtig, die unterschiedliche Qualität der von Herrn Großmann übernommenen Funktionen zu erkennen. Steuerungsaufgaben im Sinne der Selbststeuerung eines Fraktals nimmt er nur innerhalb seiner „eigenen" Organisationseinheiten wahr, dem Kompetenzteam Ab, dem Geschäftsbereich A und in der Geschäftsleitung. Die Kundenmanagerfunktion für den Geschäftsbereich C übernimmt er im Rahmen eines erteilten Auftrages. Aus dieser Tätigkeit würde er niemals den Anspruch ableiten, eine Rolle im Leitungsgremium des Geschäftsbereichs C zu übernehmen.

Beispiel B:

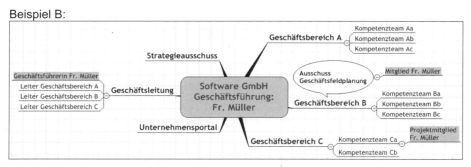

Abb. 3: Rollen des Organisationsmitgliedes Frau Müller

Frau Müller ist erst seit Kurzem Geschäftsführerin. Sie entstammt dem Geschäftsbereich B und hat sich für die neue Aufgabe durch einige Jahre erfolgreichen Aufbaus dieses Geschäftsbereichs in verschiedenen Rollen, zuletzt in der Leitung des Geschäftsbereichs, empfohlen. Ihr Nachfolger in der Leitung des Geschäftsbereichs B verpflichtet sie, bei einem neu gegründeten Ausschuss zur Geschäftsfeldplanung mitzuwirken, um ihre Ideen weiterhin nutzen zu können. Frau Müller hatte einmal ihre fachliche Laufbahn in der Software GmbH als Datenbankspezialistin begonnen und hat dann trotz Übernahme von Managementaufgaben immer einen Teil ihrer Zeit in Projekten auf ihrem Fachgebiet mitgearbeitet, um ihren Wissensstand zu halten. Sie nimmt deshalb gerne das Angebot an, in einem Projekt des Kompetenzteams Ca einen anspruchsvollen Datenbankentwurf zu erstellen. In dieser Rolle arbeitet sie dem Projektleiter zu.

Fehlleistungen in hierarchischen Organisationen werden häufig darauf zurückgeführt, dass bei den Entscheidungsträgern mit Organisationsmacht die notwendigen Kompetenzen nicht vorhanden waren und umgekehrt sich die kompetenten Organisationsmitglieder wegen fehlender Macht nicht durchsetzen konnten. Die „Arroganz der Macht" und die „Beratungsresistenz" sind zwei Seiten derselben Medaille.

Im fraktalen Unternehmen haben prinzipiell alle zu einem Sachverhalt kompetenten Mitarbeiter eine Einflussmöglichkeit auf die Entscheidungsprozesse. Der Einsatz moderner Kommunikationseinrichtungen ist dazu allerdings die Voraussetzung[16]. Über das jedem Mitarbeiter von allen Standorten aus zugängliche Unternehmens-

---

[16] Vgl. Strunz 2003, S. 338

portal und ein ausgefeiltes Informationssystem wird er über alle wichtigen Vorgänge „seines" Kompetenzteams, „seines" Geschäftsbereichs und des Gesamtunternehmens informiert, über digital moderierte Diskussionsforen[17] kann er seine Meinung und seine Vorschläge ohne Teilnahme an zeitraubenden Besprechungen und unabhängig von seinem Aufenthaltsort einbringen.

3. Innovationsprozesse im fraktalen Unternehmen

3.1 Am Anfang steht die Herausforderung

Am Beginn jedes Innovationsprozesses steht die Erkenntnis, dass das Unternehmen einer Herausforderung gegenüber steht, die wahrscheinlich im Rahmen der routinemäßigen Geschäftsprozesse nicht bewältigt werden kann. Neu auftretende Wettbewerber nehmen dem eigenen Unternehmen Marktanteile ab, die „Cash Cows" erwirtschaften dramatisch abnehmende Erträge, langjährige Kunden entscheiden sich überraschend für Mitbewerberprodukte. Wertvolle Dienste leistet bereits derjenige Mitarbeiter, der schon die ersten Indizien einer solchen Entwicklung erkennt und die Gefahren aufzeigt, selbst wenn er nichts zur Problemlösung beitragen kann.

Hierarchische Organisationen versagen oft schon in diesem Stadium des Beginns eines Innovationsprozesses. Leider haben viele Mitarbeiter in ihrem Berufsleben schon einmal die Erfahrung gemacht, dass die „zuständigen" Führungskräfte jede Diskussion über auftretende Probleme ablehnen, weil sie dies als Kritik an ihrer Kompetenz oder ihrer Führungsfähigkeit verstehen. In der Abwägung, etwas Positives für das Unternehmen tun zu wollen, aber dadurch möglicherweise persönliche Nachteile in Kauf nehmen zu müssen, entscheiden sich viele kompetente Mitarbeiter leider dafür, dem Konflikt aus dem Weg zu gehen und erst einmal abzuwarten. Gehandelt wird oft erst dann, wenn die durch das aufgetretene Problem eingetretenen Schäden so groß geworden sind, dass sie von einer übergeordneten Managementebene bemerkt werden und diese dann im Rahmen ihres Führungsauftrages handeln muss.

---

[17] Zum Beispiel unter Einsatz der digitalen Metaplanmethode, deren Einrichtung im Intranet keine allzu große technische Herausforderung darstellt

Das Führungssystem in fraktalen Unternehmen[18] funktioniert nicht auf der Basis von Machtausübung gegen die „Untergebenen", um Stabilität zu gewährleisten. Die Selbststeuerung einer multipersonalen fraktalen Organisationseinheit macht Führung aber auch nicht überflüssig. Sie entsteht nicht dadurch, dass sich jedes Mitglied selbst steuert und dadurch die Steuerung der multipersonalen Organisationseinheit obsolet wird. Vielmehr übertragen die Mitglieder demjenigen Organisationsmitglied die Führung, das dafür über die notwendigen Kompetenzen verfügt. Das Organisationsmitglied, dem Führungsaufgaben übertragen wurden, empfindet den Führungsauftrag als Anerkennung seiner Kompetenz aber auch als Vertrauensbeweis der Kollegen auf Zeit, den es permanent zu rechtfertigen gilt. Der Zeitraum kann sehr kurz sein, wenn nämlich auf ein bestimmtes Ereignis kurzfristig reagiert werden muss und der derzeitige Inhaber der Führungsrolle einem anderen – für diesen Fall kompetenteren – Organisationsmitglied die notwendigen Entscheidungen überlässt. Dies wäre ein Fall einer situativen Führung. Er kann aber auch viele Jahre umfassen, wenn ein Mitarbeiter über eine breite Palette fachlicher und sozialer Kompetenzen verfügt und deshalb von seinen Kollegen auf diese Rolle dauerhaft verpflichtet wird. Dies wäre der Fall einer institutionellen Führung.

Tritt eine Bedrohung auf, die die Selbststeuerungsfähigkeiten einer fraktalen Organisationseinheit überfordern könnte, dann muss der Inhaber der Führungsrolle weder Entmachtung noch einen Statusverlust befürchten. Es wird lediglich von ihm erwartet, dass er die Unterstützung kompetenter Stellen der Organisation anfordert und sich an der Organisation des Prozesses zur Problembewältigung beteiligt. Konsequenterweise fehlt jeder Anreiz, den Überbringer der schlechten Nachricht zu drangsalieren und damit entfällt auch jede Hemmung für den Mitarbeiter, dem die Bedrohung als Erstem bewusst wird, diese umgehend publik zu machen, damit die Organisation ihre Abwehrkräfte mobilisieren kann.

3.2 Wie werden Innovationsideen generiert?

Nachdem das Auftreten einer möglicherweise bedrohlichen Herausforderung einen Innovationsprozess eingeleitet hat, werden als nächstes Ideen benötigt, wie der Bedrohung begegnet werden kann.

---

[18] Vgl. Strunz 2003, S. 339 f.

Es gibt einige Beispiele dafür, wie innovative Ideen gegen außerordentlich große Widerstände der Organisation durchgesetzt werden konnten[19]: durch lange Verheimlichung aller Aktivitäten im Rahmen lokaler Verschwörungen, durch die Verpflichtung externer Berater, die offiziell einen unverfänglichen Auftrag erhielten und inoffiziell an der Entwicklung der Innovation mitwirkten, durch vielfältige Formen des intelligenten Unterlaufens von Verboten des Managements, sich mit dem Innovationsgegenstand auseinander zu setzen.

Die bekannt gewordenen „Helden-Geschichten" mit glücklichem Ausgang sollten nicht darüber hinweg täuschen, wie viel volkswirtschaftlicher Schaden dadurch bereits entstanden ist, dass in den wohl zahlreicheren Fällen die Organisationswiderstände nicht unterlaufen werden konnten und als Konsequenz der unterlassenen Innovation Arbeitsplätze vernichtet wurden oder ganze Unternehmen vom Markt verschwunden sind. Es gehört nicht sehr viel Phantasie dazu, sich auszumalen, dass in vielen dieser Fälle die wesentlichen Kompetenzen zur Problemerkennung und Problemlösung in den Unternehmen selbst durchaus vorhanden waren, die Kluft zwischen den Kompetenzträgern und der Macht ausübenden Autorität aber unüberwindlich war.

Wie werden Innovationsideen in der fraktalen Organisation generiert? Sie nutzt ihr eigenes Potenzial zunächst dadurch, dass sie die Herausforderung, vor der das Unternehmen steht, bei allen Mitgliedern transparent macht und einen Wettbewerb der Problemlösungsansätze ausruft. Wenn es darum geht, eine Lösung für ein nicht mehr marktfähiges einzelnes Produkt oder eine nicht mehr ausreichend nachgefragte einzelne Dienstleistung zu finden, werden die unmittelbar betroffenen Mitarbeiter in der Regel Ideen generieren, wie die bestehenden Abläufe so optimiert werden können, dass die Marktfähigkeit wieder erreicht wird. Die Vermutung, dass das Problem dadurch nur für eine kurze Frist und deshalb nur scheinbar gelöst wird und ergänzend auch radikalere Alternativen untersucht werden müssen, wie beispielsweise Einstellung der Aktivität und Nutzung des Know-hows der Mitarbeiter zum Aufbau eines neuen Geschäftsfeldes, kommt eher von persönlich nicht direkt betroffenen

---

[19] Vgl. dazu auch Shephard 1971, S. 376

Kollegen. Auch externe Fachleute – beispielsweise Wissenschaftler oder Berater – können in dieser Phase Anregungen beisteuern.

Alle Mitglieder der fraktalen Organisation, die in solche Diskussionen involviert sind, benötigen keine besonderen Anreize, um ihre Kreativität in den Dienst der Sache zu stellen, weil sie die Beteiligung an Innovationsprozessen als selbstverständlichen Teil ihrer Aufgabenerfüllung sehen. Um die Ursache für diese „Selbstmotivation" zu erläutern, sollen in einem kurzen Exkurs die Entstehung von Zielen und ihre Akzeptanz bei den Mitgliedern einer fraktalen Organisation erläutert werden.[20]

Jedes Mitglied einer fraktalen Organisation akzeptiert Ziele, die sich aus der Mission der Organisation ergeben. Wenn beispielsweise ein fraktales Unternehmen für seine Kunden Dienstleistungen erbringt und von Zulieferern Dienstleistungen empfängt, dann werden alle Unternehmensziele als „natürlich" empfunden, die dazu beitragen, diesen Leistungsaustausch langfristig und in einer ökonomisch effizienten und für die Organisationsmitglieder befriedigenden Weise zu ermöglichen. Dazu zählen

- das **Überleben** im wechselnden wirtschaftlichen Umfeld,
- **Wachstum** in einem Ausmaß, dass die Position im Markt behauptet werden kann,
- **Unabhängigkeit/Selbstbestimmung**, weil Fremdbestimmung die Selbststeuerungsfähigkeiten einschränkt,
- **Gewinn**, damit die finanziellen Ressourcen für das Überleben, das Wachstum und die Verteidigung der Unabhängigkeit bereit stehen und die Kapitalgeber an ihrer Investition Freude haben,
- **Steigerung des Unternehmenswertes**, als Bestätigung der eingeschlagenen Strategie, als Mittel der Stabilisierung der bestehenden Eigentumsverhältnisse und damit Abwehr von Fremdbestimmung,
- **Förderung einer Unternehmenskultur der höchstmöglichen Zufriedenheit der im Unternehmen tätigen Individuen**, und eben auch
- **Innovation**, die das Überleben sichert[21].

---

[20] Vgl. die ausführlichere Darstellung bei Strunz 2003, S. 341 ff.
[21] Wer damit ein Problem hat, sich Innovation als ein natürliches Ziel vorzustellen, welches das Überleben sichert, soll daran erinnert werden, wie die meisten Menschen auf die Nachricht reagieren würden, dass sie eine lebensbedrohliche Krankheit haben und es eine innovative Therapie zur Heilung gibt.

Ein Individuum, das diese Ziele nicht mit seinen persönlichen Zielen in Einklang bringen kann, wird nicht in der Organisation verbleiben oder sich der Organisation erst gar nicht anschließen.

Jede fraktale Organisationseinheit definiert ihre operativen Ziele so, dass sie den von ihr erwarteten Beitrag zu den als natürlich empfundenen übergeordneten Unternehmenszielen leisten kann. Es bedarf dann auch keiner ständigen Motivations- und Überzeugungsmaßnahmen, um einen Mitarbeiter „auf Kurs" zu halten. Die Einsicht jedes Organisationsmitgliedes, dass Innovation als unverzichtbarer Bestandteil der Überlebensstrategie in einer Marktwirtschaft ein „natürliches" Ziel der Organisation ist, fördert die Innovationsbereitschaft und lässt Innovationswiderstände erst gar nicht entstehen.

3.3 Wie werden die erfolgversprechendsten Ideen identifiziert?

Nicht jede generierte innovative Idee kann umgesetzt werden. Die Entstehung einer innovativen Idee kann auf einem Geistesblitz eines Einzelnen beruhen, die Prüfung, ob diese Idee das Problem wirklich löst und ob sie im vorhandenen Umfeld unter den bestehenden Randbedingungen überhaupt umsetzbar ist, bedeutet oftmals harte Arbeit und manchmal ungleich mehr Kreativität vieler Mitarbeiter.

In einer fraktalen Organisation wird auch für diesen Vorgang das Wissen der gesamten Organisation genutzt. In einem ebenfalls im Intranet ablaufenden moderierten Prozess, der sich dem Prozess der Ideenfindung nahtlos anschließt oder diesen auch zeitlich überlagern kann, werden die Mitarbeiter aufgefordert, zu jeder formulierten Idee ihre Assoziationen einzubringen. Diese können konkrete Vorschläge zur Umsetzung beinhalten, sich aber ebenso auf die wahrscheinlich auftretenden Widerstände beziehen. Wenn ein Mitarbeiter einen potenziellen Widerstand identifiziert, hat ein anderer Mitarbeiter dann möglicherweise wieder eine weiterführende Idee, mit welcher Strategie dieser Widerstand überwunden werden kann. Am Ende dieses Prozesses stehen einige aus dem Wissen der Organisation heraus ausführlich kommentierte Problemlösungsideen, die erkennen lassen, welchen Beitrag sie zur Bewältigung der entstandenen Herausforderung leisten können[22].

Ein Bewertungsprozess, der zu einer Rangfolge der Lösungsvorschläge führt, erlaubt die Identifizierung der erfolgversprechendsten Innovationsideen. Von den Teilnehmern an diesem Auswahlprozess wird verlangt, eine Bewertung aller präsentierten Ideen abzugeben. Mitentscheidend für die Gewichtung der Innovationsideen ist die Art der Fragestellung. Die Frage „Welche Innovationsidee bringt uns kurzfristig einen Erfolg?" bringt vermutlich eine andere Rangliste hervor als die Frage „Welche Innovationsidee löst unser Problem am nachhaltigsten?"

Erkenntnisreich sind auch Sonderauswertungen der Voten einzelner Teilgruppen unter den Teilnehmern. So kann die Bewertung der Teilnehmer, deren organisatorische Einheit von der gesuchten Innovation stark betroffen ist, anders ausfallen als die Bewertung der Teilnehmer, die sich aus Spaß am intellektuellen Wettbewerb oder einem allgemeinen Interesse am Überleben der Gesamtorganisation beteiligt haben.

Wie auch immer der Bewertungsprozess abläuft, am Ende werden sich einige Innovationsideen als erfolgversprechender als andere herauskristallisiert haben. Jetzt erst schlägt die Stunde der Spezialisten – interner oder externer – sowie des Managements und der hauptsächlich betroffenen organisatorischen Einheiten, um die endgültige Entscheidung zu treffen und die Umsetzung im Detail zu organisieren.

3.4 Warum gibt es bei der Umsetzung der ausgewählten Innovationsidee eine breite Unterstützung in der Organisation?

Die Innovationsideen, die nach dem beschriebenen Auswahlprozess auf den oberen Rängen gelandet sind, haben jeweils eine breite Unterstützungsbasis in der Mitarbeiterschaft. Gleichwohl können es auch miteinander unvereinbare Ideen bis in die Spitzengruppe geschafft haben, so dass es unvermeidlich ist, eine gute Innovationsidee zu opfern, um eine andere gute Innovationsidee umsetzen zu können. Jeder Mitarbeiter eines fraktalen Unternehmens gesteht dem verantwortlichen Manage-

---

[22] Wer Chatrooms im Internet verfolgt, kann sich leicht vorstellen, wie das funktionieren kann.

ment das Recht der endgültigen Entscheidung zu. Das verantwortliche Management kann aber sicher sein, seine Entscheidung auf der Basis eines Auswahlprozesses zu treffen, für den das gesamte Wissen der Organisation mobilisiert worden ist. Als Unterstützer für die Umsetzung der ausgewählten Innovationsidee kann das Management nicht nur auf die Protagonisten dieser Idee zählen, auch die Promotoren der unterlegenen Innovationsideen erkennen an, dass die endgültig ausgewählte Innovationsidee Ergebnis eines fairen Wettbewerbs der Ideen unter Einbeziehung des verfügbaren Wissens des Unternehmens war und akzeptieren die ihnen im Rahmen der Umsetzung der Innovation zugedachte Rolle.

In Organisationsformen mit hierarchischen Strukturen ist es üblich, als Mittel gegen auftretende Organisationswiderstände Projektarbeit zu praktizieren. Erfahrungen aus der Projektleiter-Praxis beweisen aber, dass Erfolge sehr stark von einem fähigen Projektmanagement und der Unterstützung der Autoritäten in der Organisation abhängen[23], aber die Vielzahl misslungener Projekte lässt leider vermuten, dass diese Voraussetzungen nicht sehr häufig gegeben sind.

4. Fazit

Innovationsprozesse im fraktalen Unternehmen verlaufen deshalb erfolgreicher, weil es weniger organisationsimmanente Innovationswiderstände gibt und das vorhandene Potenzial der Mitarbeiter besser zum Nutzen des Unternehmens eingesetzt werden kann. Organisationsmacht wird im fraktalen Unternehmen nicht von der an der Spitze implementierten Autorität ausgeübt, sondern entsteht an den Stellen der Organisation, die über Kompetenzen zur Bewältigung der Aufgaben verfügen. Innovationsprozesse werden von den Mitarbeitern fraktaler Unternehmen nicht als Bedrohung empfunden, sondern eher als intellektuelle Herausforderung zur gemeinsamen Bewältigung eines Problems begriffen, das die Zielerreichung des Unterneh-

---

[23] Vgl. Hansel, Lomnitz 2003, S. 120 ff. Hansel und Lomnitz analysieren die Ursachen und Erscheinungsformen der Widerstände gegen Innovationen und Veränderungen und beschreiben überzeugend die Anforderungen an den Projektleiter, der in einem solchen Umfeld Erfolg haben kann. Zweifel entstehen aber, wenn man darüber nachdenkt, ob es genügend Mitarbeiter mit solchen Qualifikationen gibt, um in den heute überwiegend hierarchisch strukturierten Unternehmen die notwendigen Innovationen und Veränderungen umzusetzen.

mens und damit auch die Erreichung ihrer persönlichen Ziele gefährdet. Da sie sicher sein können, dass die anderen Organisationsmitglieder ähnlich wie sie empfinden, können sie zu Recht davon ausgehen, dass die Gemeinschaft ihr gesamtes Wissen mobilisiert, um mit dieser Herausforderung fertig zu werden.

Wenn eine ausgesprochen gut funktionierende Innovationskultur für ein Unternehmen oder einen Unternehmensbereich erfolgskritisch oder sogar überlebenswichtig ist, könnten durch die Übernahme der Organisationsform des fraktalen Unternehmens die ansonsten durch permanente Auseinandersetzungen mit Innovationswiderständen vergeudeten Ressourcen zur Intensivierung von Innovationsprozessen eingesetzt werden und diese nicht nur abkürzen, sondern ihre Erfolgswahrscheinlichkeit signifikant erhöhen.

5. Epilog

Den möglichen Einwänden, dass die beschriebenen Partizipationsprozesse für die Mitarbeiter viel zu zeitaufwendig und für das Unternehmen zu teuer seien, möchte der Autor entgegenhalten, dass auch herkömmliche Besprechungen sehr viel Mitarbeiterzeit binden. Außerdem schlagen Zeitaufwand und Kosten zur Korrektur von Fehlentscheidungen, die unter Vernachlässigung des in der Organisation vorhandenen Wissens zustande gekommen sind, auch erheblich zu Buch. Mitarbeiter, die sich souverän im Internet bewegen, werden kaum Probleme mit der Akzeptanz digital moderierter Prozesse haben und sind sehr wohl in der Lage, ihre verfügbare Zeit ökonomisch aufzuteilen. Sie werden sich dort am intensivsten einmischen, wo sie sich am kompetentesten fühlen.

Einen anderen Einwand nimmt der Autor ernster: Wenn nicht der Glücksfall der Neugründung mit wenig hierarchiegeschädigten Mitarbeitern vorliegt, sondern eine etablierte Organisation durch Einbeziehung von Elementen der fraktalen Organisation umgestaltet werden soll, erfordert dies als Erstes den Abbau der Hierarchie in den Köpfen der Mitarbeiter und eine Entwicklung ihrer Fähigkeiten zur Selbststeuerung. Selbststeuerung setzt die Fähigkeit zum selbstbewussten eigenverantwortlichen Handeln voraus. Fraktale Organisationseinheiten können nur entstehen, wenn sich jedes Mitglied dieser Organisationseinheit als Fraktal mit allen geforderten Eigenschaften versteht. Es darf bezweifelt werden, ob ein genügend hoher Prozentsatz der in Wirtschaft und Öffentlicher Verwaltung tätiger Mitarbeiter so empfindet und ob unsere Gesellschaft ihre nachwachsende Generation auf ein solches Selbstverständnis vorbereitet. Deshalb ist der Autor weit davon entfernt zu glauben, dass sich alle Organisationen nach dem Leitbild einer fraktalen Organisation umgestalten lassen und erst recht glaubt er nicht, dass alle Unternehmen ihr Innovationsproblem durch Adaption der Organisationsform des fraktalen Unternehmens lösen können.

Es kann aber erwartet werden, dass sich viele Unternehmen durch den von der Globalisierung ausgelösten Wettbewerbsdruck zunehmend weniger leisten können, im Unternehmen vorhandene Potenziale der eigenen Mitarbeiter ungenutzt zu lassen. Ist einmal diese Einsicht gewonnen, wird es auch die Bereitschaft geben, in stark innovationsabhängigen Teilbereichen des Unternehmens mit alternativen Organisationsformen zu experimentieren. Den Entscheidungsträgern solcher Szenarien empfehle ich, sich mit dem Modell des fraktalen Unternehmens auseinander zu setzen. Es könnte der Beginn eines überraschenden Erkenntnisprozesses über das Reservoir an ungenutzten Potenzialen der eigenen Organisation sein.

Literaturverzeichnis

AREGGER, KURT

Innovation in sozialen Systemen 1. Bern, Stuttgart 1976

HANSEL, JÜRGEN; LOMNITZ, GERO

Projektleiter-Praxis. 4. Aufl. Berlin, Heidelberg 2003

HAUSCHILDT, JÜRGEN

Innovationsmanagement. In: Handwörterbuch der Organisation. 3. Aufl. Stuttgart 1992, Sp. 1030–1041

MANDELBROT, BENOIT B.

Die fraktale Geometrie der Natur. Basel, Boston 1987

PROBST, GILBERT J. B.

Selbstorganisation. In: Handwörterbuch der Organisation. 3. Aufl. Stuttgart 1992, Sp. 2255–2269

SHEPHARD, HERBERT A.

Innovationshemmende und innovationsfördernde Organisationen. Übersetzung eines im Oktober 1967 im Journal of Business Review, Vol. 40, Nr. 4 erschienenen Aufsatzes. In: Gruppendynamik 2. Jahrgang 1971, S. 375–382

STRUNZ, HORST

Das fraktale Softwareunternehmen – ein Beitrag zur Organisation von High Tech-Unternehmen. White Paper ExperTeam AG, Köln, März 2000

STRUNZ, HORST

Das fraktale Softwareunternehmen – machbare Utopie? In: Informationsmanagement – Neue Herausforderungen in Zeiten des E-Business. Festschrift für Prof. Dr. Dietrich Seibt anlässlich seines 65. Geburtstages, hrsg. von Hans-Georg Kemper und Wilhelm Mülder. Lohmar, Köln 2003, S. 231–356

SZYPERSKI, NORBERT

Freude am Gestalten. Oder: Wo kommen Innovationen her und wo führen sie hin? Kolumne für den Gründer-Compass, Heft 2, 2003

WARNECKE, HANS-JÜRGEN

Revolution der Unternehmenskultur. Das Fraktale Unternehmen. 2. Aufl. Berlin, Heidelberg, New York 1993

WARNECKE, HANS-JÜRGEN

Aufbruch zum Fraktalen Unternehmen. Praxisbeispiele für neues Denken und Handeln. Berlin u. a. 1995

Steigende Wirtschaftskriminalität –
Indikator abnehmender Führungseffektivität[*]

Gerhard Reber

---

[*] Der Beitrag basiert auf einem zeitlich parallel entwickelten Aufsatz von G. Reber und W. Auer-Rizzi, der unter dem Titel „Zu Ursachen von Wirtschaftskriminalität und ihren Folgen für Gesellschaft und Unternehmen" erscheinen wird in: Wolf Böhnisch u. a. (Hrsg): Werteorientierte Unternehmensführung in Theorie und Praxis, Frankfurt am Main u. a.: Peter Lang 2006, S. 75-112.

Inhaltsverzeichnis

1. Symptome eines Unbehagens 447

2. Theoretische Ansätze zur Erklärung des Unbehagens 453
   2.1 Gerechtigkeitsproblematik 454
   2.2 Finanzmärkte 457
   2.3 Kapitalismuskritik 457
   2.4 „Neuer Kapitalismus" 458
   2.5 Individuelle Alleinstellung 460
   2.6 „Gefangenen-Dilemma" 461
   2.7 Motivationale Zusammenhänge 463
   2.8 Zusammenfassung 464

3. Empirische Daten zur Veränderung des Führungsverhaltens in Deutschland .. 465
   3.1 Charakterisierung des Vroom/Yetton Modells 466
   3.2 Untersuchungsdesign 467
   3.3 Ergebnisse im Bereich der Führungsstrategien 468
   3.4 Ergebnisse im Bereich der Führungsregeln 470

Literaturverzeichnis 473

Anhang 479

Gerhard Reber

In unserer heutigen gesellschaftlichen Situation ist ein Unbehagen über die Kultur der Sozialbeziehungen auf allen Ebenen des Wirtschaftssystems ubiquitär. Viele einzelnen Symptome treiben wie Gasblasen in geöffneten Mineralwasserflaschen an die Oberflöche. Einige dieser Symptome werden als Ausgangspunkt für diesen Beitrag wiedergegeben. Im nächsten Schritt werden Theorien aus sehr unterschiedlichen Betrachtungsweisen bzw. Wissenschaftsdisziplinen als Erklärungsversuche für diese Einzelerscheinungen angesprochen und auf ihre Gemeinsamkeiten überprüft. Im letzten Schritt wird anhand einer empirischen Studie berichtet, inwieweit im realen Führungsverhalten Verhaltensänderungen in „Zeiten wie diesen" feststellbar sind und welche Konsequenzen mit diesen Veränderungen des Führungsstils in deutschen Betrieben verbunden sind. Die Bezugnahme auf das Führungsverhalten setzt eine thematische Tradition fort, welche in der Festschrift 2001 für Norbert Szyperski angesprochen wurde.

1. Symptome eines Unbehagens

Keine Nachrichtensendungen, keine Tageszeitungen, keine wöchentlichen Magazine kommen in unseren Tagen ohne Berichte über sehr irritierende Ereignisse im heutigen deutschen Wirtschaftssystem aus. Hierbei wurden häufig sehr drastische Überschriften wie „Soziale Eiszeit", „Raubtierkapitalismus", „Sozialzange", „Kündigungssäge" (alle aus einer Ausgabe von „Die Zeit" im Dezember 2003) gewählt. Das Manager Magazin wählte für seine Ausgabe am 23.04.2005 auf seiner Titelseite die Schlagzeile: „Die Kumpanei der Mächtigen", welche „die Reform der Corporate Governance verhindern". Die Salzburger Nachrichten berichten zum Jahresabschluss von 2005 über das „Jahr der Korruption" in Deutschland; „Gleich fünf der dreißig deutschen Konzerne aus der ersten Börsenliga, dem DAX, hatten in diesem Jahr mit Korruptionsaffären zu kämpfen: VW, Daimler Chrysler, BMW, Commerzbank und Infineon". Im Rampenlicht stehen Inhaber von höchsten Managementfunktionen in Vorständen und Aufsichtsräten, welche meist für diese Praktiken verantwortlich gemacht werden. Dabei richten sich die Scheinwerfer nicht nur auf in der Privatwirtschaft Tätige, sondern auch auf jene in gemeinwirtschaftlichen Betrieben und Gewerkschaften: So ist z. B. in „Die Zeit" (2003, 22) von Helmut Schmidt folgende Aussage zu finden: „Die Streikdrohungen von verdi und der auf Lohnausgleich zielende

Streik der IG Metall im Osten Deutschlands haben im Jahr 2003 gewerkschaftliche Rücksichtslosigkeit gegenüber dem Gemeinwohl offenbart."

Insbesondere Mannesmann und die Deutsche Bank sind bedeutende Firmen, deren Vorstands- und Aufsichtsratsmitglieder wegen Geldgier (Die Zeit, „Gier vor Gericht", 22.01.2004, 1) ins „Gerede" gekommen sind. Im Wahlkampf in Nordrhein-Westfahlen wurde für das Fehlverhalten von Topmanagern der Ausdruck „Heuschreckenplage" geprägt, der von der internationalen Presse übersetzt wohl um den ganzen Globus für Aufsehen und u. U. Nachdenklichkeit gesorgt hat. Dass hier nicht nur Polemik und Populistik vorliegen, zeigt die Entwicklung von hoch angesehenen Firmen wie z. B. jene der Firma Grohe. Auf einer Betriebsversammlung des weltweit für Jahrzehnte sehr erfolgreichen Armaturenherstellers in Lahr im Schwarzwald dominierte mit Bitternis die Kapitalismuskritik. Diese basierte auf dem Tatbestand, dass nach dem Verkauf des Unternehmens an eine britische Investmentgruppe im Jahre 1998 diese aus dem grundsoliden Unternehmen mit einer Eigenkapitalquote von 50% „…genau das Gegenteil dessen machte, was die Bezeichnung 'Private Equity' (privates Eigenkapital) suggeriert. Anstatt welches einzubringen, entzog sie der Firma fast das gesamte Eigenkapital und ersetzte es durch Bankkredite und eine besonders teure Anleihe zum Zinssatz von 11,5 %. Anfang 2004 standen darum rund € 760 Millionen Schulden in den Büchern, die Eigenkapitalquote sank auf 6%." (Tagesspiegel, 03.06.2005, 3). Als Folge sollen 3000 der 4500 Arbeitsplätze in Deutschland abgebaut werden.

Wirft man einen genaueren Blick auf all diese unterschiedlichen Diskussionspunkte, so fällt insgesamt auf, dass explizit über Fehlverhalten gesprochen wird, aber die Werte implizit bleiben, gegen welche verstoßen wird und damit keine konstruktive Diskussion einsetzt, welche Werte anzustreben sind, die diesem Fehlverhalten entgegenwirken können. Dennoch ist klar, dass solche Werte vorhanden sein müssen, sonst könnte man keine Verurteilungen aussprechen. Zum anderen wird bei einer Analyse der „Akteure" deutlich, dass überwiegend Personen im Vordergrund des Fehlverhaltens stehen. Erst in zweiter Linie werden auch Systeme, Gesellschafts- und Wirtschaftsordnungen als „Governance-Strukturen" angesprochen, welche disfunktionale Konsequenzen erzeugen. Man kann dies im Gegensatz zu Individual-

auch als Systemkriminalität im Anschluss an Luhmanns (2000) Unterscheidung zwischen Individual- und Systemvertrauen bezeichnen.

In der alltäglichen Kritik sowie in den Schlagzeilen der Medien stehen konkrete Personen im Mittelpunkt. An ihnen lässt sich Fehlverhalten festmachen, und sie sind zur Verantwortung zu ziehen. Die Systemkriminalität zeigt sich, wenn z. B. der Kapitalismus im Mittelpunkt der Anklage steht, wie dies z. B. im Fall der Firma Grohe akzentuiert wird. Diese Systemperspektive wird angesprochen, wenn z. B. Kritik geübt wird an Mitbestimmungsmodellen in Deutschland, neue Governance-Strukturen bzw. eine Änderung der Gesetzgebung zur Rückgewinnung des Vertrauens der Anleger in den Kapitalmärkten etwa in Analogie zu dem in den USA realisierten Sarbanes-Oxley Act gefordert werden oder das kapitalistische System als Ganzes zur Diskussion gestellt wird.

Beide Ebenen, die individuelle und die systemische sind direkt miteinander verflochten; ihre Unterscheidung fällt außerordentlich schwer. Die Prozesse um die Vergütung des Vorstandes sowie Aufsichtsrates nach der Übernahme von Mannesmann durch Vodafone zeigen diese Problematik. Zuerst erfolgte ein Freispruch der beteiligten Manager; das Verfahren geht aber in die Wiederaufnahme, in welcher insbesondere der Sprecher der Deutschen Bank im Mittelpunkt des Interesses steht. Da für Systemkriminalität keine einzelnen (individuellen) Akteure „festzumachen" sind, gibt es keine gerichtlichen Verfahren. Das Problem liegt im System: Im Falle der Investmentgruppe, die Grohe übernommen hatte, wurden „nur" die Spielregeln des „Marktes" eingehalten.

Immer dann, wenn kriminelle Vergehen diskutiert werden, geschieht dies auf der individuellen Ebene. Wissenschaftliche Untersuchungen zur Wirtschaftskriminalität sind selten, aber dennoch in den verschiedenen nationalen Volkswirtschaften und als internationale Vergleiche vorhanden (Übersicht zu finden in: Zahra et al., 2005).

Wirtschaftskriminalität/ dolose Handlung	Oberbegriffe für die nachstehenden Formen von Handlungen zum Nachteil von Unternehmen
Betrug	Erlangung eines Vermögensvorteils durch Täuschung
Falschbilanzierung	Erstellung unrichtiger Informationen zur Verschleierung der wahren Vermögens-, Finanz- und Ertragslage eines Unternehmens
Geldwäsche	Verschleierung der Tatsache, dass Geld aus illegalen Handlungen stammt
Industriespionage	Illegale Beschaffung von Informationen über Produkte oder Technologien von Wettbewerbern
Korruption (Bestechung)	Einen Vorteil für eine Gegenleistung anbieten, Versprechen zu gewähren oder gewähren zu lassen, die im Widerspruch zu eigenen Pflichten oder denen anderer stehen
Produktpiraterie	Nachahmung und marktliche Verwertung von Produkten oder Markenzeichen unter der Missachtung von Schutzrechten
Unterschlagung	Zueignung von Sachen, über die man Verfügungsmacht besitzt
Veruntreuung	Pflichtwidrige Wahrnehmung von Vermögensinteressen anderer zu deren Nachteil oder dem eigenen Vorteil

Abbildung 1: Definition einzelner Delikte von Wirtschaftskriminalität

Eine internationale Studie, welche den Deutschen Wirtschaftsraum detailliert mitbehandelt, wurde von Price Waterhouse Coopers in Zusammenarbeit mit dem Economy and Crime Research Center der Martin-Luther Universität unter der Leitung von K.-D. Bussmann 2005 (im Folgenden als PE-Studie zitiert) vorgelegt. Die einbezogenen Deliktarten werden in Abbildung 1 wiedergegeben. Aus den zahlreichen Befunden werden in den folgenden Abbildungen 2-8 Beispiele für die systematische Entwicklung in der jüngsten Vergangenheit repliziert.

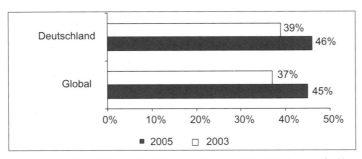

Abbildung 2: Entwicklung der Wirtschaftskriminalität (PE-Studie, S. 7)

Im Durchschnitt wurde fast jedes zweite Unternehmen in Deutschland (46%) und weltweit (45%) innerhalb der letzten zwei Jahre Opfer eines Wirtschaftsdelikts [Abbildung 2].

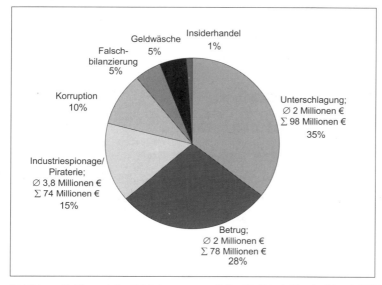

Abbildung 3: Finanzielle Schäden ausgewählter Delikte in Deutschland (PE-Studie, S. 13)

Die finanziellen Schäden ausgewählter Delikte in Deutschland werden in Abbildung 3 wiedergegeben.

Zu den materiellen Schäden kommen nach deren Bekanntwerden immaterielle hinzu [Abbildung 4].

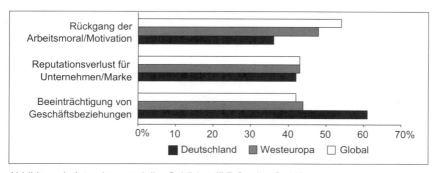

Abbildung 4: Arten immaterieller Schäden (PE-Studie, S. 15)

Deutsche Unternehmen müssen wie in der gesamten Welt die Erfahrung machen, dass etwa die Hälfte der Täter aus dem Kreis der Mitarbeiter stammt [Abbildung 5].

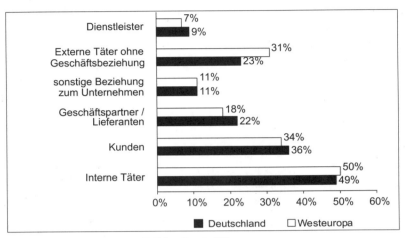

Abbildung 5: Tätergruppen (PE-Studie, S. 20)

Die Täterprofile weisen die in Abbildung 6 wiedergegebene Verteilung auf. Die finanziellen Schäden und die immateriellen Auswirkungen einer Wirtschaftsstraftat nehmen parallel zur Bedeutung der Position des Täters im Unternehmen zu [Abbildung 7].

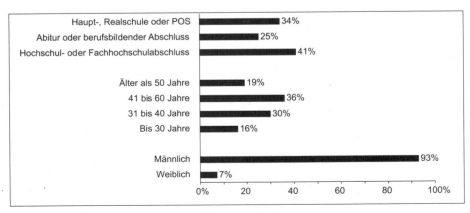

Abbildung 6: Täterprofile Deutschland (PE-Studie, S. 21)

Stammte der Täter aus dem Topmanagement, so erfolgt im globalen Vergleich nur in 32% der Fälle eine Strafanzeige. Bei Angestellten lag deren Quote bei 61% (PE-Studie, S. 31).

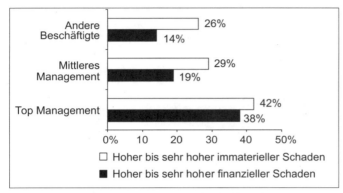

Abbildung 7: Schäden durch Täter in verschiedenen Positionen (PE-Studie, S. 22)

Die PE-Studie gibt weiterhin Aufschluss über das geringe Unrechtsbewusstsein der Täter [Abbildung 8].

2. Theoretische Ansätze zur Erklärung des Unbehagens

Eklektisch werden Theorien zur Bestimmung von Gerechtigkeit, Erkenntnisse aus dem Bereich des Finanzwesens, Überlegungen zur Kapitalismuskritik aus der Volkswirtschaftslehre, Theorien aus der Soziologie und den politischen Wissenschaften, die Diskussion des Gefangenen-Dilemmas sowie Beiträge der Psychologie zur Motivation im Betriebsgeschehen angesprochen. Sie geben sowohl Erklärungshinweise als auch Anregung auf der systemischen und personalen Ebene zu Reaktionsmöglichkeiten zum Abbau der angesprochenen Dysfunktionalitäten.

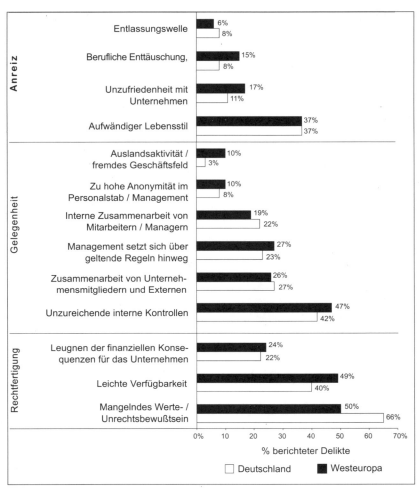

Abbildung 8: Ursachen für wirtschaftskriminelles Handeln (PE Studie, S. 26)

2.1 Gerechtigkeitsproblematik

Die Gerechtigkeitsproblematik spielt eine zentrale Rolle, wenn – wie häufig – das Unbehagen an der Unverhältnismäßigkeit der Einkommen von Spitzenmanagern kritisiert wird. Anselm Bilgri spricht dies z. B. in einem Essay in der Zeitschrift Capital (18, 2005, S. 32) an:

Ganz ehrlich: Mir fällt es schwer zu verstehen, mit welcher Entschlossenheit sich Führungskräfte trauen, für fünf Jahre und in einem anderen Fall für anderthalb Jahre Arbeit Pensionsgelder von 120 Millionen beziehungsweise eine Abfindung von 30 Millionen Euro zu beanspruchen. Da vermisse ich Demut und meine damit die Fähigkeit, sich selbst zu erkennen, geerdet zu sein, auf festem Boden zu stehen und eine Relation herzustellen zu dem, was es heißt, sein Geld im Schweiße seines Angesichts zu verdienen.

In diesen Überlegungen werden zwei wesentliche theoretische Konzepte angesprochen. Einerseits die Frage der Entwicklung eines Anspruchsniveaus und andererseits jene nach der Fairness der Relationen dieser Ansprüche in einem sozialen System. Mit der Einflussgröße auf die Bildung von individuellen Leistungs- und Verteilungsansprüchen hat sich Kurt Lewin mit seinen Schülern 1944 (Lewin et al.) befasst und dabei gezeigt, dass sowohl die Einschätzung der eigenen Leistung als auch ihre Würdigung keine „objektiven" Tatbestände darstellen, sondern aus sozialen Vergleichsprozessen ihren subjektiven Wert erhalten.

Nicht auf der individual-/sozialpsychologischen Ebene der Arbeiten Lewins, sondern auf der gesamtgesellschaftlichen kommt John Rawls zum gleichen Ausgangspunkt für seine Theorie der Gerechtigkeit:

„Ausgangspunkt dieser Theorie ist nicht eine objektive Verankerung einer Konkretisierung gerechter sozialer Verhältnisse, sondern ihre intersubjektive Produktion von vertraglich zu verankernden Fairnessregeln. Auf jeden Fall möchte ich behaupten, dass die vernünftige Vorstellung einer Gerechtigkeit als Fairness zu Gerechtigkeitsgrundsätzen führt, die dem Utilitarismus und dem Perfektionismus entgegengesetzt sind, dass also die Gesellschaftsvertragstheorie eine Alternative zu diesen Theorien ist." (Rawls, 1979, S. 33)

Die Subjektivierung/Relativierung bedeutet keineswegs eine Schmälerung der gesellschaftlichen Bedeutung der Gerechtigkeit bzw. des Strebens nach ihrer Verwirklichung. Dieses Streben nach Gerechtigkeit bzw. Fairness kann nicht für sich alleine stehen, es ist eingebunden in die Einigung „vernünftiger" Bürger über die Grundwerte bzw. „Grundstruktur" der Gesellschaft":

> *Für uns ist der erste Gegenstand der Gerechtigkeit die Grundstruktur der Gesellschaft, genauer: die Art, wie die wichtigsten gesellschaftlichen Institutionen Grundrechte und -pflichten und die Früchte der gesellschaftlichen Zusammenarbeit verteilen. Unter den wichtigsten Institutionen verstehe ich die Verfassung und die wichtigsten wirtschaftlichen und sozialen Verhältnisse. Beispiele sind etwa die gesetzlichen Sicherungen der Gedanken- und Gewissensfreiheit, Märkte mit Konkurrenz, das Privateigentum an den Produktionsmitteln und die monogame Familie. Zusammengenommen legen die wichtigsten Institutionen die Rechte und Pflichten der Menschen fest und beeinflussen ihre Lebenschancen, was sie werden können und wie gut es ihnen gehen wird (Rawls, 1979, S.23).*

Rawls lässt keinen Zweifel darüber aufkommen, dass er die Verwirklichung des auf der „Grundstruktur" aufbauenden Gerechtigkeitsideals immer als unvollkommen, „imperfekt", korrekturbedürftig ansieht. Als wichtig und als Bestandteil der Grundstruktur insbesondere der Realisierung der Gewissensfreiheit sieht er die Beteiligung möglichst aller Betroffenen an den Verhandlungen darüber, welche konkreten Werte bei der Verteilung von sozialen Lasten und Erträgen festzusetzen sind. Im Sinne von Hirschman (1970) ist den Beteiligten eine „Voice" – man kann dies auch als Mitbestimmung übersetzen – zu geben und nicht nur ein „Exit", z. B. auf der Straße zu revoltieren, vorzusehen. In diesen Gestaltungsprozessen fairer sozialer Beziehungen kommt es Rawls besonders auf die Wahrung der Selbstachtung der Beteiligten/ Betroffenen an. Diese Überlegungen finden ihre Parallele zur Bedeutung des „Commitments", die insbesondere im Rahmen der Theorie der kognitiven Dissonanz von Brehm/Cohen (1965) herausgearbeitet wurde: „Commitment" setzt starke Kräfte bei der Verwirklichung von Aufgabenstellungen frei, dabei wird vorausgesetzt, dass ein Mindestmaß an Freiheit beim Eingehen der Selbstverpflichtung erlebt wurde. Bei dieser Selbstverpflichtung spielen soziale Vergleichsprozesse eine wesentliche Rolle und hierbei insbesondere die Wahrnehmung von Fairness/Gerechtigkeit im sozialen Zusammenwirken.

2.2 Finanzmärkte

Als profunde Kenner globaler Finanzmärkte und der Bankenwelt beurteilt Wolfgang Gerke in einem Editorial in der DBW das gegenwärtige (Finanz-)Wirtschaftssystem und unterstreicht dabei wie Rawls die Bedeutung von grundlegenden gesellschaftlichen Werten („Metawerte"):

> *Es war ein gefährlicher Fehler, darauf zu setzen, Managermenschen würden mit besserer Moral handeln als Normalbürger. Appelle zu mehr Managerethik sind gut gemeint aber naiv. Die Funktionsweise der internationalen Kapitalmärkte erzieht zu egoistischen Sichtweisen. In den Börsenterminmärkten stellt der Gewinn des einen den Verlust des anderen dar. In diesem harten Geschäft bleibt kein Platz für Altruismus. ... Dass auch der Zeitgeist unmoralisch sein kann, hat die Geschichte zur Genüge bewiesen. Kriterium für diese Einschätzung kann nur eine Metamoral sein. Sie zu definieren bedarf der Rückbesinnung auf die Menschenwürde und das Recht auf ein lebenswertes Leben. Die Gesetzmäßigkeiten der modernen Kapitalmarkttheorie und der globalen Finanzmärkte werden dieser Metamoral nicht gerecht. Sie werden deshalb auch nur für einen begrenzten Zeitraum die Weltwirtschaft bestimmen. (Gerke, 2005, S. 435)*

2.3 Kapitalismuskritik

Die bei Gerke thematisierte Kapitalismuskritik wird von John Kenneth Galbraith in seinem jüngsten Buch (2004) unter dem Titel „Die Ökonomie des unschuldigen Betrugs – Vom Realitätsverlust der heutigen Wirtschaft" auf die (unkontrollierte) Macht der Konzerne fokussiert (vgl. hierzu auch Daten aus der PE-Studie insbesondere die oben wiedergegebene Abbildung 7).

> *Diese Abhandlung muss zunächst einen scheinbar eklatanten Widerspruch auflösen: Wie kann jemand einen anderen „schuldlos" in die Irre führen beziehungsweise betrügen? Wie kann Betrug unschuldig sein? Die Antwort darauf ist nicht belanglos, denn „schuldlose", rechtlich zulässige Irreführungen sind im Privatleben und im öffentlichen Diskurs weithin üb-*

lich. Doch weder diejenigen, die dies glauben, noch diejenigen, die dies praktizieren, erkennen die Tatsache ausdrücklich an. Um es noch einmal zu sagen: Niemand fühlt sich schuldig oder verantwortlich. (Galbraith, 2004, S. 17)

Der Glaube, letztlich hätten die Eigentümer das Sagen, hat sich indes bis heute gehalten. Auf den Hauptversammlungen erhalten die Aktionäre Informationen zur Geschäftsentwicklung, Ertragslage, künftigen Unternehmensstrategie und zu vielen weiteren Sachthemen. Die Herrschaft der Manager wird in keiner Weise geschmälert; dazu gehört auch, dass sie ihre Vergütungen in Form von Barbezügen oder Aktienbezugsrechten weitgehend nach eigenem Belieben festsetzen. In der jüngsten Vergangenheit haben sich die Führungskräfte, bestärkt vom materialistischen Zeitgeist, großzügige Gehaltspakete geschnürt, deren Wert sich auf mehreren Millionen US-Dollar pro Jahr belaufen kann (Galbraith, 2004, S. 62).

2.4 „Neuer Kapitalismus"

Die Überlegungen von Richard Sennett setzt gleichfalls am „neuen Kapitalismus" an. Seine Hauptaussage zielt darauf ab, dass das „Regime" des globalen Wertschaffens Flexibilitätsanforderungen an die beteiligten Menschen stellt, denen sie letztlich nicht gewachsen sind.

Die Betonung liegt auf der Flexibilität. Starre Formen der Bürokratie stehen unter Beschuss, ebenso die Übel blinder Routine. Von den Arbeitnehmern wird verlangt, sich flexibler zu verhalten, offen für kurzfristige Veränderungen zu sein, ständige Risiken einzugehen und wenig abhängig von Regeln und förmlichen Prozeduren zu werden. (Sennett, 1998, S. 11).

Sennett verdeutlicht seine Auffassung über die Wirkung von Flexibilität sehr anschaulich:

Das Wort „Flexibilität" wurde im 15. Jahrhundert Teil des englischen Wortschatzes. Seine Bedeutung war ursprünglich aus der einfachen Be-

obachtung abgeleitet, dass ein Baum sich zwar im Winde biegen kann, dann aber zu seiner ursprünglichen Gestalt zurückkehrt. Flexibilität bezeichnet zugleich die Fähigkeit des Baumes zum Nachgeben wie die, sich zu erholen, also sowohl die Prüfung als auch die Wiederherstellung seiner Form. Im Idealfall sollte menschliches Verhalten dieselbe Dehnfähigkeit haben, sich wechselnden Umständen anpassen, ohne von ihnen gebrochen zu werden. Die heutige Gesellschaft sucht nach Wegen, die Übel der Routine durch die Schaffung flexibler Institutionen zu mildern. Die Verwirklichung der Flexibilität konzentriert sich jedoch vor allem auf die Kräfte, die die Menschen verbiegen. (Sennett, 1998, S. 57)

Ob ein „Verbiegen" wirklich beabsichtigt ist, mag dahingestellt bleiben. Faszinierend an diesem Urbild des Wortes Flexibilität ist die Einsicht in die Gefahr, dass das „Biegen" im Winde nach allen Seiten für einen Baum nur solange möglich ist, wie seine Wurzeln eine feste Verankerung bieten. Lösen sich diese aus der Erde, ist keine Gegenwehr mehr möglich, der Baum oder seine abgebrochenen Zweige werden „vom Winde verweht" ohne gegen ihn Widerstand bieten zu können. Von der Entwurzelung betroffene Personen werden hilflos durch verschiedene Standorte, Betriebe, Berufseinsätze, Kulturen von für sie undurchsichtigen Mächten geweht und finden dabei kaum noch einen „Halt".

Sennett verbindet den Begriff der Flexibilität mit jenem der Fragmentierung: Das „…Fehlen langfristiger Bindungen ist mit einem zweiten persönlichen Merkmal der Flexibilisierung verbunden, der Hinnahme von Fragmentierung" (Sennett, 1998, S. 79). Hierbei geht es insbesondere um den Verlust der Ganzheitlichkeit bzw. „Gestalt" von Wertsystemen: Einmal wird dieser Wert zur Begründung von Verhalten herangezogen, einmal ein anderer, je nachdem wie der Wert zu einem bestimmten Verhalten passt, langfristiges Miteinander wird weniger wichtig als eine individualistische Wertemaximierung."

Über die Flexibilisierung hinausgehend, aber gleichfalls auf eine Überforderung hinauslaufend sind die Ergebnisse einer Studie der „Ashrige Consulting Limited" in Zusammenarbeit mit der HEC School of Management (Binney et al., 2003). Zielgruppe dieser Untersuchung sind Spitzenmanager. Hiernach stammt ihre Überforderung nicht allein aus dem Betriebsalltag, sondern wird gerade auch von Wissenschaftlern und Beratern verursacht, bei denen sie eigentlich Unterstützung suchen.

So sollen sie charismatischen bzw. transformationalen Führungstheorien (House/Shamir, 1995; Den Hartog u. a., 1999) zufolge „Emotionale Intelligenz" (Goleman, 1996) beherrschen und dem Druck, Wachstum (z. B. McKinseys Programm: The Alchemy of Growth – Baghai u. a., 1999) und Sicherheit zu erzeugen, standhalten. Sie werden als realistisch genug beschrieben, die Diskrepanz zwischen dem, was Fremd- und Selbsterwartung von ihnen fordern („Was sein soll") und den beschränkten Möglichkeiten, ihre Betriebe beherrschen zu können („Was ist") klar erkennen zu können. Eine Möglichkeit, diese Dissonanz zwischen Sollen und Können abzubauen, besteht in dem Aufbau einer Fassade, die Selbstsicherheit ausstrahlt und als Selbstherrlichkeit und Eitelkeit (Mohn 2002) wahrgenommen wird, jedoch innerlich von großen Angstzuständen begleitet wird. Diese intrapersonale Dissonanz (Festinger, 1957) beschränkt die soziale Kompetenz und hierbei die Akzeptanz von produktiven, abweichenden Meinungen von Mitarbeitern und fördert in dessen Folge das Entstehen von „groupthink" (Janis, 1972; Auer-Rizzi, 1998) und damit eine abnehmende Problemlösungsqualität. Diese Tendenz wird insbesondere dann verstärkt, wenn Führungsaufgaben zunehmend unstrukturiert sind und immer schneller Entscheidungen gefordert werden. Gerade dieser Zeitdruck scheint immer kürzere Dimensionen anzunehmen.

Im Blick gerade auf die angesprochene Rolle von Beratern kam Chris Argyris auf Grund mehrjähriger Beobachtungen ihrer Tätigkeit zu dem überraschenden Ergebnis, dass gerade sie am erfolgreichsten sind, (Weiter-)"Lernen zu vermeiden". (Argyris, 1991)

2.5 Individuelle Alleinstellung

Der von Sennett angesprochene Trend zur Fragmentierung individueller Alleinstellung steht im Mittelpunkt der Forschung von Robert D. Putnam (1993/2000). Er sieht einen Zusammenhang zwischen einer funktionierenden Demokratie eines Staates und einem Phänomen, das er als „Sozialkapital" bzw. „ziviles Engagement" seiner Bürger in freiwillig gegründeten und funktionierenden Gruppen und Organisationen bezeichnet. Diese Grundidee entstand aus einer Studie über die Dezentralisierung demokratischer Regierungsformen in Italien im Jahr 1970. Aus der Beobachtung des Prozesses fand er heraus, dass die unterschiedlichen Regionen sehr unterschiedliche Strukturen in Bezug auf den Anteil der Bevölkerung in Sportclubs, Gesangsvereinen, Musikkapellen, Jugendgruppen usw. aufwiesen und die Dichte und Intensität der Beteiligung der Bürger einer Region an diesen freiwilligen Organisationen die kritischen Voraussagewerte für die Qualität und den Erfolg der lokalen Regierungsreform darstellten (Putnam, 1993). Auf dieser Grundlage beobachtet er die US-amerikanische Gesellschaft; seine Ergebnisse fasste er in dem Buch „Bowling Alone" (2000) als Darstellung des „collapse and revival of American community" zusammen.

Er verfolgt Trends in allen wesentlichen Bereichen der US-amerikanischen Gesellschaft und kommt zu dem übereinstimmenden Ergebnis der Abnahme von „sozialem Kapital" unter dem Einfluss einer angewachsenen Individualisierung der Gesellschaft. So berichtet er z. B. als typisch und zur Erklärung seines Titels, dass die Gesamtzahl der „Bowler" in den US zwischen 1980 und 1993 um 10% zugenommen hat, „League Bowling", d. h. die Anzahl der Personen, welche Mitglieder eines Bowling Clubs sind, aber um 40% zurückgegangen ist (Putnam 2000, S. 112). Andere Beispiele zeigen, dass die Zahl der Kirchenbesucher rückläufig ist, dass sich die Anzahl der Mitglieder in Gewerkschaften seit 1950 mehr als halbiert hat (von 33% auf 13% im Jahr 2000; Putnam 2000, S. 81), die Anzahl der Eltern in der „Parent-Teacher Association" (PTA) von 12 Millionen (1964) auf 7 Millionen (1997) (Putnam, 2000, S. 56) zurückging und die Freiwilligen beim Roten Kreuz von 1956 bis 1997 um 61% (Putnam, 2000, S. 438) abgenommen haben. Als Hauptgründe für diese Entwicklung zur Individualisierung benennt er: „Pressure of Time and Money", „Mobility and Sprawl" and „Technology and Mass Media" (Putnam, 2000, S. 183-284).

2.6 „Gefangenen-Dilemma"

Das „Gefangenen-Dilemma" steht für die Situation eines „gemischten Spieles", d. h. einer Konstellation, in welcher die Spieler sowohl gemeinsame als auch gegensätzliche Ziele haben und langfristig und zum Erreichen individueller Erfolge auf eine Kooperation angewiesen sind. Die überwiegende Zahl der Sozialbeziehungen – z. B. Arbeitgeber/Arbeitnehmer, Vorgesetzte/Untergebene, Ehepaare – weist einen solchen Charakter auf. Das „Dilemma" dabei ist, dass bei jedem Spielzug die Versuchung besteht (auch „temptation to defect" genannt), einen höheren individuellen „Gewinn" zu erzielen, wenn man das Prinzip der Gewinnmaximierung anwendet. Wenn allerdings diese Strategie von allen Spielern im gleichen Spielzug angewendet wird, verlieren sie alle. Wenn nur einer dies tut, erreicht er das individuelle Maximum, verliert aber langfristig, da sich die Mitspieler einem Weiterspielen verweigern oder durch einen „Gegenschlag" ihr eigenes Maximum anstreben und dadurch alle anderen und sich selbst schädigen. Allein ständige Kooperation unter Verzicht auf kurzfristige Maximalerfolge führt für alle Spieler zu dem überlegenen Erfolg; es ist also angebracht, bei jedem Spielzug die langfristigen Erfolge nicht auf's Spiel zu setzen, also den „shadow of the future" zu berücksichtigen. Insgesamt gilt also: Der aufgeklärte Egoist kooperiert (Luce/Raiffa, 1957; Rapoport/Chammah, 1965; Ridley, 1996; Hofstadter, 1998). Es kann also allen „Materialisten" und „Egoisten" eine Beibehaltung ihrer Strategie empfohlen werden, wenn sie diese Strategie nur „vernünftig" zum Einsatz bringen und der „temptation to defect" widerstehen können.

Axelrod (1995) beschäftigt sich mit einem Turnier, in welchem bekannte Spieltheoretiker aufgefordert werden, in einem Wettbewerb gegeneinander in der Form von Computerprogrammen anzutreten. Die höchste Punktezahl erreicht ein Programm des Altmeisters Anatol Rapoport, das TIT for TAT (mit 504 von 600 optimal möglichen Punkten) genannt wurde und folgende Charakteristika aufweist (Abbildung 9).

Im Verlauf des Turniers wurde auch die Strategie TIT for TWO TATS diskutiert. Ihr Einsatz brachte eine Verbesserung auf eine Punktezahl von 532 von 600 möglichen Punkten. Es blieb strittig, wie realistisch die Bedingungen dieser Strategie sind. Sicher ist, dass „vernünftige" Strategen ihr Bestes gegeben haben, zu einem nachhaltigen kooperativen Verhalten zum Nutzen aller Beteiligten zu kommen. „Vernünftige" Spieler bilden ja auch die Grundlage der Gerechtigkeitstheorie John Rawls (1979, S. 28: „Die Entscheidung, die vernünftige Menschen in dieser theoretischen Situation der Freiheit und Gleichheit treffen werden, bestimmt die Grundsätze der Gerechtigkeit."). Mit den Strategien TIT for TAT bzw. TIT for TWO TATS wurde eine große Annäherung an die maximal mögliche Punktezahl von 600 erreicht. Ist dies das „imperfekte" Gerechtigkeitsmaß, das vernünftige Menschen erreichen können? Gemessen an den angesprochenen Symptomen des Unbehagens, scheint das Erreichen dieser Zielmärkte noch in einiger Entfernung zu liegen.

---

1. Schenke dem Gegenspieler beim ersten Spielzug (Interaktion) Vertrauen, d. h. maximiere nicht Deinen individuellen Gewinn.
2. Kommuniziere, dass Du vom Partner erwartest, dass er auch nicht seinen individuellen Gewinn maximiert.
3. Reagiere präzis und unüberhörbar, dass Du verletzt wurdest, wenn er Deiner Erwartung nicht entsprach, bzw. erfreut, wenn der Partner auch Deine Interessen berücksichtigt hat.
4. Im nächsten Zug spiele genau den Zug, den Dein Partner im vorangehenden Zug praktiziert hat: D. h. beantworte „kooperatives" mit „kooperativem" Verhalten und „konkurrierendes" mit „konkurrierendem" Verhalten.
5. Tue dies mit exakter, berechenbarer Strategie unter gleichzeitiger Kommunikation Deiner Erfahrung: Enttäuschung und Schmerz über Ausbeutung und Freude über Vertrauensbeweise.

Abbildung 9: Charakteristika der TIT for TAT Strategie Anatol Rapoports

2.7 Motivationale Zusammenhänge

Motivationale Zusammenhänge beschäftigten auch Osterloh/Frey (im Druck) angesichts vielerlei Forderungen zur Neugestaltung der Corporate Governance als Reaktion zur verbesserten Führung von Unternehmen. Sie fassen ihre Überlegung mit folgenden Hinweisen zusammen:

Die Skandale verursachen enorme Schäden und nicht allein zu Ungunsten der betroffenen Unternehmen, sondern für die gesamte Marktwirtschaft: Als Lösung wird nach konventionellem Wissen vorgeschlagen, die Überwachung und Sanktionierung von Führungskräften zu erhöhen. Wir argumentieren, dass diese Versuche zu einer „Governance Struktur für crooks" führen. Dies führt dazu, dass dies das Problem nicht löst, sondern es verschärft: Selbstsüchtige extrinsische Motivation wird verstärkt. Wir schlagen Maßnahmen vor, welche zu konventionellen Weisheiten im Widerspruch stehen: Selektion von Mitarbeitern mit prosozialen intrinsischen Motivausprägungen, einer geringen Betonung variabler Einkommen in Abhängigkeiten von Leistungen, die Verstärkung von Partizipation und Selbststeuerung der Mitarbeiter. Diese Maßnahmen helfen intrinsisch motivierte Tugenden und Ehrlichkeit im Betriebsgeschehen zunehmen zu lassen. (Osterloh/Frey, im Druck, S. 1)

2.8 Zusammenfassung

Die aus unterschiedlichen Objekt- und Theoriebereichen stammenden Überlegungen zu dem angesprochenen Unbehagen über unser derzeit herrschendes Gesellschafts- und Wirtschaftssystem haben vieles gemeinsam (vgl. Abbildung 10): **Kernpunkt ist die Entsolidarisierung bzw. Individualisierung in unserer Gesellschaft**. Je nach ihrer Herkunft stellen die angesprochenen Autoren Systemmerkmale – „neue" Formen des Kapitalismus, Verlust des Sozialkapitals – oder individuelle Phänomene – Selbstbereicherung, mangelnde Vernunft – in den Vordergrund. Die systembezogenen Merkmale dominieren im Gegensatz zu den eingangs angesprochenen Symptomen die Diskussion. Es wird aber auch evident, dass beide Ebenen – die personale und die gesellschaftliche – interdependent sind.

Auf der Systemebene sind die Gesellschaftsgestalter – Politiker, Verbände, Interessensgruppen – zu neuen Gestaltungsmaßnahmen herausgefordert, auf der individuellen jeder Einzelne. Das Ausbildungssystem scheint vor einer besonderen Herausforderung zu stehen: Immer wieder erwähnen die Theoretiker den „vernünftigen" Menschen und die Problematik seiner Überforderung in unserer Zeit. „Vernünftig" zu sein, lässt sich lernen, wenn man es überhaupt systematisch betreibt. Die Diskussion um das Schulsystem hat sich am PISA-Beurteilungssystem festgehakt. In ihm geht es um das Lesen und Rechnen. Diese Qualitäten sind zweifellos wichtig; allein diese Kompetenzen reichen nicht aus. Wo bleibt eine Konzentration auf ethische interpersonale und interkulturelle Kompetenzen? Jedenfalls gerade die Manageraus- und -weiterbildung hat an unseren hohen Schulen gegenüber der Fachausbildung keinen oder nur bescheidenen Platz. Dies hat direkt nachweisbare Folgen – wie man auf der Grundlage der Daten aus dem Vroom/Yetton-Führungsmodell sehen kann – für die Effektivität des Führungsverhaltens in unseren Betrieben.

Rawls:	Gerechtigkeit als Fairness auf der Grundlage gesellschaftlich konsensfähiger Grundwerte und vernünftiger Gesellschaftsteilnehmer, denen das Recht auf Mitbestimmung („voice") zukommt.
Lewin:	Das Anspruchsniveau des Einzelnen wird wesentlich aus sozialen Vergleichspersonen bestimmt.
Gerke:	Das gegenwärtig vorherrschende globale Finanzsystem erzieht zu egoistischem Verhalten. Das System wird keinen Bestand haben.
Galbraith:	Die unbeschränkte Macht des Topmanagements in (Groß-) Konzernen fördert die Tendenz zur Selbstbereicherung.
Sennett:	Der „neue" (globale) Kapitalismus überfordert die Flexibilität des Menschen und „entwurzelt" ihn. Die Gesellschaft wird „fragmentiert". Die Überforderung gilt auch für die Führungskräfte in den Unternehmen.
Putnam:	Verlust des Sozialkapitals, Individualisierung („Bowling Alone")
Prisoners Dilemma:	Der aufgeklärte Egoist kooperiert, ist aber der „temptation to defect" im Sinne kurzfristiger Gewinnmaixierung ausgesetzt.
Osterloh/Frey:	Förderung prosozialer intrinsischer Motivationsprägung, Verstärkung der Partizipation und Selbststeuerung der Mitarbeiter an Stelle von Fremdkontrolle.

Abbildung 10: Zusammenfassung der Haupthypothesen zu den Problemen moderner Gesellschafts- und Wirtschaftssysteme

3. Empirische Daten zur Veränderung des Führungsverhaltens in Deutschland

Im Beitrag zur Festschrift zum 70sten Geburtstag Szyperskis wurde das Vroom/Yetton Modell vorgestellt und hierbei u. a. gezeigt, dass das Führungsverhalten tief eingebettet ist in die nationale Kultur und zeitlich gesehen einen hohen Stabilitätsgrad einnimmt (Reber, 2001). Es müssen hiernach gravierende Veränderungen innerhalb einer Kultur auftreten, um Wirkung auf das Führungsverhalten zu haben. Mit diesem Beitrag wird der Frage nachgegangen, ob sich solche Veränderungen bei der Fortsetzung der damaligen Studien seit 2001 tatsächlich nachweisen lassen. Damit verbunden ist die Frage, ob die angesprochenen Symptome nur oberflächlicher, kurzzeitiger Art oder bereits verhaltensprägend geworden sind.

3.1 Charakterisierung des Vroom/Yetton Modells

Vroom/Yetton (1973) haben ihr Modell auf der von Fiedler (1967) entwickelten Kontingenztheorie aufgebaut. Hiernach ist kein Führungsstil in allen Führungssituationen gleich erfolgreich (effektiv). Die Kontingenzlogik in der Ausprägung von Vroom/Yetton ist auf den Bereich der persönlichen Partizipation zwischen Führungskraft und Mitarbeiter fokussiert, wobei die Führungskraft in der Tradition von Tannenbaum/Schmidt (1958) durch die Variation ihrer „Führungsstrategie" die Intensität der Beteiligung der Mitarbeiter bestimmt.

Drei Variablengruppen stehen im Zentrum des Modells:

(1) Eine Differenzierung der Führungsstrategien nach ihrem Partizipationsgrad;
(2) diagnostische Fragen zur Kennzeichnung der wichtigsten Charakteristika der Führungssituation und
(3) Führungsregeln, welche an einer Entsprechung („Fit", „Match") zwischen Führungssituation und erfolgversprechender Strategie ausgerichtet sind.

In den Bezeichnungen dieser drei Bausteine des Modells werden kognitive, entscheidungstheoretische Bezeichnungen bevorzugt. Dies scheint im Widerspruch zu der allgemeinen Erfahrung zu stehen, dass das Führungsverhalten im Alltag eher auf sozialisierten Gewohnheiten beruht als auf bewussten Entscheidungsakten (Szabo et al., 2001). Die Hervorhebung bewusster Führungsentscheidungen hängt mit der normativen Perspektive des Modells zusammen. Es geht Vroom und seinen Kollegen von Anfang an und bis zum heutigen Tag mit Weiterentwicklungen des Modells (Vroom/Jago, 1988; 1991) nicht nur um die Beschreibung von Führungsverhalten – welche gerade für interkulturelle Vergleiche sehr interessant ist –, sondern normativ um die Verbesserung des Führungsverhaltens (Vroom, 2005).

Rein beschreibend sind allein die Führungsstrategien. Empirische Befunde in ihrem Bereich werden nach einer kurzen Beschreibung des Untersuchungsdesigns wiedergegeben. Hiernach folgen normative Befund, wobei diese im Sinne der Differenzierung von Wöhe (1959) nicht „ethisch," sondern „praktisch normativ" sind. Es geht hierbei nicht um „humane" Werturteile, sondern um Verhalten der Führungskräfte zur effektiven Erfüllung der Betriebsziele, welche allerdings nicht kapitalistisch/marktwirtschaftlich bestimmt sein müssen. (Zur Problematik der Umformulierung von Theorien in „technologische Systeme": Albert, 1964, 66 ff). Die normativen Dimensionen – neben den jeweils beschreibenden – liegen in der Grundsatzannahme, dass die betriebliche Effektivität eines Führungsprozesses von seiner fachlichen Qualität und der Akzeptanz (Einsatz bei der Implementierung einer fachlich hochstehenden Lösung) abhängt. An beiden Aspekten sind sowohl Führungskräfte als auch deren Mitarbeiter beteiligt. Zusätzlich zu diesen diagnostischen Grundannahmen wird die normative Kraft des Modells in den „Führungsregeln", welche direkt nach der Diskussion der Anwendung der Führungsstrategien im Mittelpunkt unserer Wiedergabe empirischer Daten stehen, besonders angesprochen.

3.2 Untersuchungsdesign

Die an dieser Auswertung teilnehmenden Personen haben an Führungstrainings teilgenommen. In Vorbereitung auf die Trainingstage wurden sie aufgefordert, die fünf im Vroom/Yetton differenzierten Führungsstrategien auf 30 Kurzfallstudien anzuwenden. Diese Strategien reichen von autokratischen bis konsensualen Vorgehensweisen. Ihre Definitionen (siehe Anhang 1) wurden den Teilnehmern mit den Fallstudien schriftlich postalisch oder elektronisch zugestellt. In einem Antwortformular wurden die Teilnehmer um die Rücksendung ihrer Fallbearbeitung gebeten. In diese Antwort waren demographische Daten einbezogen: Geschlecht, Alter, hierarchische Stellung, Funktionsbereiche. Die Strategie AI steht für Alleinentscheidung ohne Informationseinholung, AII für Alleinentscheidung mit vorheriger Informationseinholung, BI bedeutet Beratung mit einzelnen Mitarbeitern, BII mit der ganzen Gruppe, GII bedeutet konsensuale Gruppenentscheidung. Die jeweilige Partizipationsintensität der fünf Strategien zwischen den Extremen 0% (AI) und 100% (GII) wird auf eine Skala von 1-10 transformiert. AI=0, AII=1, BI=5, BII=8, GII=10. Diese Zuordnung ist empirisch auf der Basis der Befragung von 597 US-amerikanischen Führungskräften unter Einsatz der Unfolding-Technik von Coombs (1964) ermittelt worden (Vroom/Yetton, 1973, 65 ff; Böhnisch, 1991, 53). Mit Hilfe dieser Skala können der Mittelwert (MLP – Mean Level of Participation) ermittelt werden sowie die intrapersonale Standardabweichung vom Mittelwert, in der die Flexibilität der Führungskraft, unterschiedliche Strategien einzusetzen, zum Ausdruck kommt.

Das Durcharbeiten und Beurteilen der Fallstudien betrug im Durchschnitt zwei Stunden. In zwei Studien wurde gezeigt, dass die Verhaltensvorschläge für die 30 „künstlichen" Fälle mit dem tatsächlichen Verhalten in den entsprechenden Situationen in ihrem „realen" Berufsalltag übereinstimmen (Jago/Vroom, 1978; Böhnisch et al., 1988).

Auf der Grundlage dieser Prüfungsergebnisse entstand ein präzisierendes Führungsmodell (Szabo u. a., 2001), in welchem im Sinne von Locke/Lathan (1990) und Kuhl/Beckmann (1994) das Vroom/Yetton Modell als verhaltensnah („close-to-action") im Gegensatz zu verhaltensfern („far-from-action") kategorisiert werden kann. Hieraus wird angenommen, dass Führungsentscheidungen in den 30 Kurzfallstudien ebenso wie im Alltag mehr auf der Grundlage langjährig sozialisierter „Gewohnheiten" („habits" getragen von „tacit knowledge" bzw. automatisierten Reaktionen auf Situationsänderungen – Bargh et al., 1996) getroffen werden.

Einbezogen in unsere Studien wurden 1120 deutsche Führungskräfte von 1990 bis 2005 (davon 431 von 2001-2005). Der Anteil der weiblichen Führungskräfte beträgt 6%. Das Durchschnittsalter liegt bei 42 Jahren. Im Bezug auf die hierarchische Stellung in ihren Betrieben nehmen 27% Abteilungsleiterpositionen ein, 32% sind auf der zweiten Führungsebene tätig, 5% kommen aus den obersten Führungsriegen. 23% sind im „General Management" tätig, während der Rest in den verschiedenen Funktionsbereichen, wie z. B. Marketing, Produktion oder Forschung und Entwicklung arbeitet.

3.3 Ergebnisse im Bereich der Führungsstrategien

Die Ergebnisse (Abbildung 11) zeigten in früheren Untersuchungen (Reber/Jago, 1997, 170) für die Periode 1991-1996 eine extreme Konstanz: In keiner Dimension konnte eine Unterschiedlichkeit auf dem $p < 0,05$ Niveau gemessen werden. Aus der Erweiterung der Untersuchungsperiode bis zum Jahr 2000 (Tabelle 1, AB Werte) zeigt sich ein erster noch schwacher Hinweis auf eine Zunahme des autoritären Verhaltens (AII-Strategie); diese Tendenz reicht aber nicht aus, den Mittleren Partizipationsgrad (MLP) signifikant zu verändern. Aber in der nachfolgenden Periode 2001-2005 (ABC-Werte sowie CD-Werte in Tabelle 1) wird deutlich, dass in ihr der MLP dadurch sinkt, dass die weitgehend autoritäre AII-Strategie auf Kosten der konsensualen Gruppenentscheidungen (GII) zunimmt.

Periode	A 90-95	B 96-00	C 01-05	D 90-00	AB F-Wert	ABC F-Wert	CD F-Wert
Anzahl Teilnehmer (N)	361	328	431	689			
Häufigkeit Strategien in %							
AI - Autokratisch	19,65	19,82	20,12	19,73	ns	ns	ns
AII - Autokratisch	13,11 ^{a}	14,90 ^{b}	16,19 ^{c}	13,96	8,037**	13,140***	18,460***
BI - Beratend	16,45	16,14	16,81	16,30	ns	ns	ns
BII - Beratend	30,58	29,48	29,35	30,06	ns	ns	ns
GII - Gruppe	20,20 ^{a}	19,66 ^{a}	17,52 ^{b}	19,95	ns	7,087**	13,743***
Mittlerer Partizipationsgrad (MLP)	5,42 ^{a}	5,28 ^{ab}	5,10 ^{b}	5,35	ns	7,399**	12,317***
Intrapersonale Standardabw.	3,62	3,61	3,63	3,61	ns	ns	ns

* $p < 0,05$ ** $= p < 0,01$ *** $p < 0,001$

Fuer den Vergleich aller 3 Perioden (ABC) wurde zusätzlich der Duncan Multiple Range Test gerechnet. Fuer jede Variable gilt, dass sich jene Perioden nicht signifikant voneinander unterscheiden, die den gleichen hochgestellten Buchstaben haben.

Abbildung 11: Häufigkeit der Entscheidungsstrategien

Mit dem Erkennen einer „Periodenabhängigkeit" bleibt die Frage offen, ob eventuell individuelle Veränderungen Verursacher der gezeigten Entwicklung sind. Auf der Suche nach einer Antwort auf diese Frage können die demographischen Merkmale eingeschaltet werden. In früheren Studien erwiesen sich diese miterhobenen Variablen – Alter, Geschlecht, Hierarchieebene und Funktionsperiode – als relevant für individuelle Unterschiede im Führungsverhalten (Jago, 1980; Jago/Vroom, 1982; Jago u. a., 1993; Reber u. a., 1993). Allerdings zeigte sich auch, dass der Einfluss von demographischen Faktoren insgesamt viel schwächer ist als die Prägung durch die Landeskultur. Die Ergebnisse beispielsweise von Reber u. a. (2000) demonstrieren, dass im Vergleich von sieben Ländern 76% der erklärten Varianz auf den Einfluss der Landeskultur zurückzuführen sind, hingegen lediglich 3% auf das Geschlecht und 1,2% auf das Alter. Weitere demographische Merkmale wie z. B. die Branche, Beschäftigungsdauer und Anzahl der Untergebenen bzw. Kontrollspanne ergeben in keiner der genannten Studien einen signifikanten Einfluss.

Um dem Einfluss der Periode noch deutlicher nachzugehen, wurde in einer jüngsten Untersuchung das Datenmaterial einem strengeren Test unterworfen (Auer-Rizzi u. a., 2005, 242 f.). Wir führten eine zusätzliche mehrfaktorielle Varianzanalyse mit den unabhängigen Variablen Fünfjahresperiode, Alter, Geschlecht, Hierarchiestufe und Funktionsbereiche durch. Bei einer Konzentration auf den MLP als abhängige Variable ergibt sich, dass der MLP durch die Periode (F=3,349; p < 0,05) und Alter (F=5,429; p < 0,05) signifikant beeinflusst wird, wobei 24% der erklärten Varianz auf die Periode entfallen und 19% auf das Alter. Insgesamt gesehen, lesen wir hieraus die Bestätigung ab (Reber, 2004), dass makrosoziale, kulturelle Zusammenhänge den wesentlichen Einfluss auf das Führungsverhalten in den Corporate Governance Strukturen deutscher und österreichischer Betriebe haben.

3.4 Ergebnisse im Bereich der Führungsregeln

Getreu dem Kontingenzprinzip geben Veränderungen im Bereich der Führungsstrategien keinen Hinweis auf die Effektivität eines Führens; d. h. eine Zunahme von autoritärem Verhalten kann leistungssteigernd sein, wenn die situativen Bedingungen – abgebildet im Versuchsdesign in den 30 Fällen – dieser Strategie entsprechen. Auskunft über diese Entsprechung geben die 7 Entscheidungsregeln. Zu ihrer Definition siehe Anhang 2. Die ersten drei dieser Regeln dienen der Absicherung der (Fach-) Qualitäten – besonders deutlich z. B. in Regel 1 – (z. B. Kostenkontrolle, Qualitätssteigerung der Produkte/Dienstleistungen). Die folgenden vier Regeln zielen auf die Akzeptanz der an der Durchführung von Führungsentscheidungen Beteiligten ab. Falls eine solche Beteiligung überhaupt notwendig ist – hierauf richtet sich neben den diagnostischen Fragen insbesondere die 4. Regel –, beziehen sich die Regeln 5, 6 und 7 auf Konfliktsituationen, welche durch eine Variation des Führungsstils adäquat zu behandeln sind. Der angesprochene Impetus des Vroom/Yetton Modells, für Führungstrainings eingesetzt zu werden, hat die Ziele, den Führungskräften Regelverletzungen aus der Analyse ihrer Bearbeitung der 30 Fälle sichtbar zu machen und Anregungen für einen Wechsel ihrer Gewohnheiten zu einem bzw. einigen geeigneteren Strategien zu geben.

Solche Empfehlungen sind wissenschaftlich nur dann vertretbar, wenn nachgewiesen werden kann, dass mit einer Verringerung der Regelverletzungen die Führungseffektivität wächst. Solche Nachweise wurden immer wieder erbracht (Vroom/Jago, 1978; Field, 1982; Field/Andrews, 1998; Böhnisch, 1991; Böhnisch et al., 1988). Abbildung 12 gibt die Entwicklung der Regelverletzungen der beteiligten Führungskräfte wieder. Die ersten Zeilen dieser Tabelle („Übereinstimmung in % mit den zulässigen

Regeln") gibt „positiv" an, in welchem Ausmaß die Versuchspersonen, welche die Regeln nicht explizit kennen („tacit knowledge"), diese insgesamt befolgen. Die nächsten 7 Zeilen zeigen, in welchem Ausmaß die Führungskräfte gegen jede einzelne Regel „negativ" verstoßen. Die letzten beiden Zeilen fassen die Werte der ersten drei Regeln („Qualitätsregeln") und die folgenden Regeln 4-7 („Akzeptanzregeln") zusammen. Die Gruppen zeigen, dass mit der Veränderung der Strategien in Richtung einer abnehmenden Partizipationspraxis die Übereinstimmung mit den Regeln insgesamt abnimmt. Dieser Trend beginnt mit dem Eintritt in die Periode 2001 mit hoher Signifikanz.

Periode	A 90-95	B 96-00	C 01-05	D 90-00	AB F-Wert	ABC F-Wert	CD F-Wert
Anzahl Teilnehmer (N)	361	328	431	689			
Übereinstimmung (in %) mit							
zulässigen Strategien	73,20 a	72,02 b	70,70 c	72,64	3,827	10,192***	16,381***
Modell A - Zeitersparnis	38,86 a	38,17 a	36,57 b	38,53	ns	4,640**	8,605**
Modell B - Lernfördernd	29,64 a	28,69 a	25,85 b	29,19	ns	13,595***	25,852***
Regelverletzungen in %							
R 1 - Informationsregel	08,24	07,62	07,73	07,95	ns	ns	ns
R 2 - Ziel-Übereinstimmung	11,36	11,13	09,55	11,25	ns	ns	5,255*
R 3 - Unstrukturierte Probleme	35,41	36,18	38,48	35,78	ns	ns	3,1917*
R 4 - Akzeptanzregel	15,07 a	17,23 b	19,72 c	16,10	4,217*	10,859***	17,620***
R 5 - Konfliktregel	32,30 a	35,06 ab	37,73 b	33,61	ns	5,337**	8,249**
R 6 - Fairnessregel	33,66 a	41,43 b	45,94 b	37,30	9,027**	13,430***	17,674***
R 7 - Akzeptanz-Vorrang-R.	60,18 a	62,42 a	66,07 b	61,25	ns	5,553**	9,735**
Qualitätsregeln (R 1-3)	14,92	14,74	14,61	14,83	ns	ns	ns
Akzeptanzregeln (R 4-7)	29,53 a	32,38 b	35,33 c	30,89	6,438*	15,473***	24,352***

* $p < 0,05$ ** = $p < 0,01$ *** $p < 0,001$

Fuer den Vergleich aller 3 Perioden (ABC) wurde zusätzlich der Duncan Multiple Range Test gerechnet. Fuer jede Variable gilt, dass sich jene Perioden nicht signifikant voneinander unterscheiden, die den gleichen hochgestellten Buchstaben haben.

Abbildung 12: Regelverletzungen

Bei einer differenzierten Betrachtung der einzelnen Regeln zeigen die Führungskräfte eine Konstanz bei der Regel 1 („Informationsregel"), eine signifikante Zunahme der Verletzungsrate der Regel 3 („Regel für unstrukturierte Probleme") und eine Abnahme der Verletzungen der Regel 2 (Ziel-Übereinstimmungsregel). Die Informationsregel verbietet autokratisches Verhalten in Fällen ungenügender Information und Expertise seitens der Führungskräfte. Regel 2 verbietet eine konsensuale Gruppenentscheidung (GII) in Situationen, in welchen die betrieblichen Ziele mit den persönlichen Zielen der Mitarbeiter in Konflikt stehen. Regel 3 scheidet die Strategien AI, AII und BI als Lösungsstrategien zugunsten von (synergetischen) Gruppenentscheidungen – BII und GII – aus. In der Durchschnittsrechnung für alle Qualitätsregeln (Regeln 1-3) gleichen sich diese Ab- und Zunahmen der Verletzungen aus, so dass dort keine Veränderungen sichtbar werden.

Das Schwergewicht der Zunahme von Regelverletzungen liegt bei allen Akzeptanzregeln: Der Trend setzt mit dem Beginn der Periode ab 1996 ein. Dies zeigt, dass die „soziale Kompetenz" der Führungskräfte abnimmt; der Rückgang des Partizipationsgrades, der Führungssolidarität bzw. die Zunahme der Machtdistanz (Hofstede, 1980) vermindern die Effektivität des „Produktionsfaktors" Arbeit bzw. des „Sozialkapitals" in den Betrieben. Das „Unbehagen" über die Entwicklung in der deutschen Wirtschaft betrifft keinen oberflächlichen Tatbestand. Die nationale Kultur und mit ihr das Führungsverhalten in den Betrieben scheint die theoretischen Annahmen über die Entsolidarisierung/reduzierten Partizipationsgrade zu bestätigen und mit ihr die geringere Effektivität der Führungskräfte in Bezug auf das Erreichen der Betriebsziele.

Literaturverzeichnis

ALBERT, H.

Probleme der Theoriebildung. Entwicklung, Struktur und Anwendung sozialwissenschaftlicher Theorien, Tübingen: Mohr, 1964.

ARGYRIS, C.

Teaching Smart People How to Learn. In: Harvard Business Review, 1991, S. 99-109.

AUER-RIZZI, W.

Entscheidungsprozesse in Gruppen. Wiesbaden: Gabler, 1998.

AUER-RIZZI, W./REBER, G./SZABO, E.

Governance-Strukturen und Führungsverhalten: Symptome von Entsolidarisierung in Deutschland und Österreich. Industrielle Beziehungen, 2005, S. 12, 231-252.

AXELROD, R.

Die Evolution der Kooperation. 3. Auflage, München: Oldenburg, 1995.

BAGHAI, M./COLEY, S./WHITE, D.

The Alchemy of Growth – Kickstarting and Sustaining Growth in Your Company. London: Texere, 1999.

BILGRI, A.

Die Pfeile der Unmoral. In: Capital, 18, 2005, S. 32-33.

BINNEY, G./WILKE, G./WILLIAMS, C.

Leaders in Transition: The Drama of Ordinary Heroes. http://www.ashridgeconsulting.com/web/acl.nsf/w/LeadersInTransition/$FILE/LeadersInTransitionChapter1.pdf , 2003 (download am 30.4.2005).

BÖHNISCH, W.

Führung und Führungskräftetraining nach dem Vroom/Yetton-Modell. Stuttgart: Poeschel, 1991.

BÖHNISCH, W./JAGO, A. G./REBER, G.

Zur interkulturellen Validität des Vroom/Yetton-Modells. Die Betriebswirtschaft, 1987, S. 47, 85-93.

BÖHNISCH, W./RAGAN, J. W./REBER, G./JAGO, A. G.

Predicting Austrian Leader Behavior from a Measure of Behavioral Intent: A Cross-Cultural Replication. In: Dlugos, G./Dorow, W./Weiermair, K. (Hrsg.): Management Under Differing Labor Market and Employment Systems. Berlin: Springer, 1988, S. 313-322.

BÖHNISCH, W./FREISLER-TRAUB, A./REBER, G.

Der Zusammenhang zwischen Zielvereinbarung, Motivation und Entgelt – Eine theoretische Analyse. Personal, 2002, S. 52(1), 38-42.

BREHM, J.W./COHEN, A. R.

Explorations in Cognitive Dissonance, New York: Wiley, 1965.

COMMHS, C .H.

A Theory of Data. New York: Wiley, 1964.

DEN HARTOG, D. N./HOUSE, R. J./HANGES, P. J./RUIZ-QUINTANILLA, A./DORFMAN, P. W./ BRODBECK, F. C./REBER, G./SZABO, E./WEIBLER, J./WUNDERER, R. UND 165 WEITERE AUTORINNEN

Culture Specific and Cross-Culturally Generalizable Implicit Leadership Theories: Are Attributes of Charismatic/Transformational Leadership Universally Endorsed? Leadership Quarterly, 1999, S. 10, 219-256.

DIE ZEIT

1, 2004.

DIE ZEIT

12, 2005.

FIEDLER, F. E.

A Theory of Leadership Effectiveness, New York: McGraw-Hill, 1967.

FIELD, R. H. G.
A Test of the Vroom-Yetton Normative Model of Leadership. Journal of Applied Psychology, 1982, S. 67, 523-532.

FIELD, R. H. G./ANDREWS, J.P.
Testing the Incremental Validity of the Vroom-Jago Versus Vroom-Yetton Models of Participation.in Decision Making. Journal of Behavioral Decision Making, 1998, S. 11, 251-261.

GALBRAITH, J. K.
Die Ökonomie des unschuldigen Betrugs. Vom Realitätsverlust der heutigen Wirtschaft, München: Siedler, 2005.

GERKE, W.
Manager mit morscher Moral, Editorial. Die Betriebswirtschaft, 2005, S. 65, 433-435.

GOLEMAN, D.
Emotionale Intelligenz. München: Hanser, 1996.

HIRSCHMAN, A.
Exit, Voice and Loyality. Cambridge, MA: Harvard University Press, 1970.

HOFSTADTER, D. R.
Tit for Tat: Kann sich in einer Welt voller Egoisten kooperatives Verhalten durchsetzen? Spektrum der Wissenschaft – Digest 1/1998: Kooperation und Konkurrenz, 1998, S. 60-66.

JAGO, A. G./VROOM V. H.
Predicting Leader Behavior From a Measure of Behavioral Intent. Acadamy of Management Journal, 1978, S. 21, 715-721.

JANIS, I. L.
Victims of Groupthink. Boston: Houghton Mifflin, 1972.

KUHL, J./BECKMANN, J. (HRSG.)

Volition and Personality: Action Versus State Orientation. Seattle: Hogrefe & Huber, 1994.

LEWIN, K./DEMBO, T./FESTINGER, L./SEARS, P. S.

Level of Aspiration. In: Hunt, J. McV. (Hrsg.), New York: Ronald, 1944, 333-378. Übersicht in: Ackermann, K.-F./Reber, G. (Hrsg.): Personalwirtschaft. Motivationale und kognitive Grundlagen, Stuttgart: Poeschel, 1981, S. 229-260.

LUHMANN, N.

Vertrauen. 4. Aufl. Stuttgart: Lucius & Lucius, 2000.

MANAGER MAGAZIN

23.4.2005.

MOHN, R.

Die Eitelkeit im Leben des Managers. Gütersloh: Verlag Bertelsmann-Stiftung, 2002.

OSTERLOH, M./FREY, B. S.

(im Druck): Corporate Governance For Crooks? The Case for Corporate Virtue. In: A. Grandori (Hrsg.): Corporate Governance and Firm Organization.

PRICEWATERHOUSECOOPERS/ECONOMY AND CRIME RESEARCH CENTER DER MARTIN-LUTHER-UNIVERSITÄT [BUSSMANN, K. D.]

Wirtschaftskriminalität 2005 (Global Economomic Crime Survey 2005); Internationale Ergebnisse; deutsche Ergebnisse; österreichische Ergebnisse. [im Text zitiert als PE-Studie]; alle drei Berichte unter: https://www.pwc.com

PUTNAM, R. D.

Making Democracy Work: Civic Traditions in Modern Italy. Princeton: Princeton University Press, 1993.

PUTNAM, R. D.

Bowling Alone: The Collapse and Revival of American Community. New York: Simon & Schuster, 2000.

RAPOPORT, A./CHAMMAH, A. M.
Prisoner's Dilemma: A study in conflict and cooperation. Ann Arbor: University of Michigan Press, 1965.

RAWLS, J.
Eine Theorie der Gerechtigkeit, Suhrkamp Taschenbuch Verlag, Frankfurt a. M., 1979.

REBER, G.
Divergenzen im Führungsverhalten. In: Klein, S./Löbbecke, C. (Hrsg.): Interdisziplinäre Managementforschung und -lehre. Festschrift für Norbert Szyperski zum 70. Geburtstag, Wiesbaden, Gabler, 2001, S. 27-77.

REBER, G./JAGO, A. G./BÖHNISCH, W.
Interkulturelle Unterschiede im Führungsverhalten. In: Haller, M./Bleicher, K./Brauchlin, E./Pleitner, H.-J./Wunderer, R./Zünd, A. (Hrsg.): Globalisierung der Wirtschaft: Einwirkungen auf die Betriebswirtschaftslehre. Bern: Haupt, 1993, S. 217-241.

REBER, G./JAGO, A. G.
Festgemauert in der Erde... Eine Studie zur Veränderung oder Stabilität des Führungsverhaltens von Managern in Deutschland, Frankreich, Österreich, Polen, Tschechien und der Schweiz zwischen 1989 und 1996. In: Klimecki, R./Remer, A. (Hrsg.): Personal als Strategie. Neuwied: Luchterhand, 1997, S. 158-184.

REBER, G./JAGO, A. G./AUER-RIZZI, W./SZABO, E.
Führungsstile in sieben Ländern Europas – Ein interkultureller Vergleich. In: Regnet, E./Hofmann, L. M. (Hrsg.): Personalmanagement in Europa. Göttingen: Verlag für angewandte Psychologie, 2000, S. 154-173.

REBER, G./AUER-RIZZI, W.
Zu Ursachen von Wirtschaftskriminalität und ihren Folgen für Gesellschaft und Unternehmen. Im Druck, in: Wolf Böhnisch u. a. (Hrsg): Werteorientierte Unternehmensführung in Theorie und Praxis. Frankfurt am Main u. a.: Peter Lang 2006, S. 75-112

RIDLEY, M.

The Origins of Virtue: Human Instincts and the Evolution of Cooperation. New York: Penguin, 1996.

SALZBURGER NACHRICHTEN

31.12.2005, S. 18.

SENNETT, R.

Der flexible Mensch – Die Kultur des neuen Kapitalismus, 8. Aufl., Berlin: Berlin-Verlag, 1998.

SZABO, E./REBER, G./WEIBLER, J./BRODBECK, F. C./WUNDERER, R.

Values and Behavioral Orientation in Leadership Studies: Reflections Based on Findings in Three German-Speaking Countries. Leadership Quarterly, 2001, S. 12, 219-244.

TIME MAGAZINE

30.1.2006.

VROOM, V. H/YETTON, P. W.

Leadership and Decision Making. Pittsburgh: University of Pittsburgh Press, 1973.

VROOM, V. H/JAGO, A. G.

On The Validity of the Vroom/Yetton Model. Journal of Applied Psychology, 1978, S. 63, 151-162.

WÖHE, G.

Methodologische Grundprobleme der Betriebswirtschaftslehre. Meisenheim: Hain, 1959.

ZAHRA, S. A./PRIEM, R. L./RASHEED, A. A.

The Antecedents and Consequences of Top Management Fraud. Journal of Management, 2005, S. 31, 803-828.

Anhang 1: Entscheidungsstrategien im Vroom/Yetton Modell

AI Sie lösen das Problem selbst und treffen dabei die Entscheidung alleine. Grundlage für Ihre Entscheidung bilden dabei die im Moment verfügbaren Informationen.

AII Sie verschaffen sich die für die Entscheidung Ihrer Ansicht nach notwendigen Informationen von Ihren Mitarbeitern; dann entscheiden Sie selbst, wie das Problem zu lösen ist. Die Rolle, die Ihre Mitarbeiter bei der Entscheidungsfindung spielen, besteht eindeutig nur in der Beschaffung der speziellen Informationen, die Sie für Ihre Entscheidung brauchen; Ihre Mitarbeiter haben weniger die Aufgabe, Lösungen abzuschätzen oder gar anzuregen.

BI Sie besprechen das Problem mit einzelnen Mitarbeitern, ohne sie als Gruppe zusammenzubringen. Sie holen deren Ideen und Vorschläge ein und treffen dann selbst die Entscheidung. Diese Entscheidung kann die Vorschläge oder Ideen Ihrer Mitarbeiter berücksichtigen, muss aber nicht.

BII Sie diskutieren das Problem mit Ihren Mitarbeitern in einer Gruppenbesprechung. In dieser Gruppenbesprechung holen Sie deren Ideen und Vorschläge ein, entscheiden aber selbst über die Lösung des Problems. Diese Entscheidung kann die Vorschläge oder Ideen Ihrer Mitarbeiter berücksichtigen, muss aber nicht.

GII Sie diskutieren das Problem zusammen mit Ihren Mitarbeitern als Gruppe. Alle zusammen entwickeln Alternativen, wägen sie ab und versuchen, Übereinstimmung (Konsens) für eine Lösung zu finden. Ihre Rolle entspricht mehr der eines Vorsitzenden, der die Diskussion koordiniert, auf das Problem zurückführt und sicherstellt, dass die kritischen Punkte tatsächlich diskutiert werden. Sie können und sollen Ihre Informationen und Ideen in die Gruppe einbringen, versuchen jedoch nicht, der Gruppe Ihre Lösung „aufzuzwingen". Sie sind bereit, jede Entscheidung zu übernehmen und zu verantworten, die von der gesamten Mitarbeitergruppe gewünscht und unterstützt wird.

Anhang 2: Regeln des Vroom/Yetton Modells

1. Informationsregel $A + \cancel{B}$

Wenn die Qualität der Entscheidung wichtig ist und Sie als Vorgesetzter nicht genügend Informationen oder Fachkenntnisse haben, um genau zu wissen, welche Lösungsvariante die beste wäre, so dürfen Sie nicht nach AI vorgehen.

2. Ziel-Übereinstimmungsregel $A + \cancel{F}$

Wenn die Qualität der Entscheidung wichtig ist und die Mitarbeiter die Betriebsziele nicht teilen, die durch die Lösung des von Ihnen zu entscheidenden Problems erreicht werden sollen, so entfällt GII als Möglichkeit.

3. Regel für unklare Probleme $A + \cancel{B} + \cancel{C}$

In Fällen, in denen die Qualität wichtig ist, Sie als Vorgesetzter aber nicht genügend Informationen oder Sachkenntnis besitzen, um das Problem selbst optimal zu lösen, und auch unklar ist, welche Informationen Sie genau brauchen bzw. woher sie sich die fehlenden Sachinformationen holen sollen, müssen Sie eine Entscheidungsform wählen, mit der Sie sicherstellen können, dass Sie möglichst alle notwendigen Informationen auf eine möglichst günstige Art bekommen. Daraus folgt, dass Sie in diesen Fällen nicht nach AI, AII oder BI vorgehen sollten.

4. Akzeptanzregel $D + \cancel{E}$

Ist die Akzeptanz der Entscheidung durch die Mitarbeiter für die wirkungsvolle Ausführung wichtig und können Sie nicht sicher sein, dass die Mitarbeiter eine von Ihnen alleine (autoritär) getroffene Entscheidung akzeptieren würden, so scheiden AI und AII als mögliche Vorgehensweisen aus.

5. Konfliktregel $D + \cancel{E} + G$

Wenn die Akzeptanz der Entscheidung durch Ihre Mitarbeiter wichtig ist, Sie aber nicht davon ausgehen können, dass man Ihre allein getroffene Entscheidung akzeptieren würde und die Mitarbeiter verschiedene Lösungen bevorzugen, die zu Konflikten zwischen ihnen führen werden, so sollten Sie nicht nach AI, AII oder BI vorgehen.

6. Fairneß-Regel $\cancel{A} + D + \cancel{E}$

Sollten Sie eine Entscheidung zu treffen haben, bei der keiner der möglichen Lösungsvarianten aus sachlichen Überlegungen heraus der Vorzug einzuräumen ist, die Akzeptanz aber wichtig ist und durch eine einsame Entscheidung Ihrerseits nicht unbedingt erreicht werden kann, so sollten die Strategien AI, AII, BI und BII vermieden werden.

7. Akezptanz-Vorrang-Regel $D + \not{E} + F$

Immer dann, wenn die Akzeptanz einer Entscheidung durch die Mitarbeiter wichtig ist, die alleine von Ihnen getroffene Entscheidung aber nicht unbedingt akzeptiert werden würde und die Mitarbeiter die in diesem Fall wichtigen Betriebsziele teilen, sollten Sie AI, AII, BI und BII nicht anwenden.

Teil 6

Innovationen in der Wirtschaft – ICT, Informationssysteme und Management

Innovation durch Informations- und Kommunikationssysteme im Unternehmen

Joachim Griese

Inhaltsverzeichnis

1. Einführung und Übersicht 489

2. Der Innovationsprozess 489

3. Der Einsatz der Internettechnik 491
   3.1 Informations- und Kommunikationssysteme im Absatzkanal 492
   3.2 Virtualisierung von Unternehmen 495

4. Schlussfolgerungen 498

Literaturverzeichnis 499

1. Einführung und Übersicht

Unter Innovation wird die in ergebniswirksame Leistung umgesetzte Kreativität im Unternehmen verstanden. Der Begriff Informations- und Kommunikationssysteme steht als Abkürzung für computergestützte Informations- und Kommunikationssysteme auf der Basis von Daten, Text, Bild und/oder Sprache. Treibende Kraft für Innovation durch Informations- und Kommunikationssysteme sind die Fortschritte der Informations- und Kommunikationstechnik, die durch Produktinnovationen (z. B. Hardware, Software) Geschäftsprozessinnovationen im Unternehmen ermöglichen.

Szyperski schätzte 1977, dass das in einer (deutschen) Branche bezüglich des Einsatzes der Informations- und Kommunikationstechnik führende Unternehmen erst 15% der technischen Möglichkeiten ausgeschöpft hat[1]. Diese Aussage soll am heutigen Stand der Informations- und Kommunikationssysteme im Unternehmen reflektiert werden. Dabei spielt vor allem die durch Internettechnik veränderte Kommunikation im Unternehmen und zwischen Unternehmen und ihrer Umwelt eine bedeutende Rolle. Nach einer allgemeinen Skizzierung des Interneteinsatzes wird auf zwei Entwicklungen schwerpunktartig eingegangen, nämlich die Nutzung der Internettechnik im Absatzkanal und die Virtualisierung von Unternehmen.

2. Der Innovationsprozess

Innovationen diffundieren über der Zeit anhand einer S-Kurve (Abbildung 1). Dabei sind zu Innovationen durch Informations- und Kommunikationssysteme folgende Bemerkungen angebracht.

Die Ordinate von Abbildung 1 bildet die Grundgesamtheit, über die eine Innovation diffundiert, ab; dies können z. B. alle Unternehmen eines Landes sein oder – wie im Falle der Aussage von Szyperski – alle Unternehmen einer Branche. Die Innovation kann ein Produkt, z. B. eine Standardsoftware zur Finanzbuchhaltung, sein, und z. B. nach 7 Jahren (abgetragen auf der Abszisse) ist in der betrachteten Grundgesamt-

---

[1] Szyperski 1977, S. 67 ff.

heit die vollständige Diffusion erreicht. Die Innovation kann auch aus einer Menge der für eine Branche möglichen Produktinnovationen bestehen, und man kann in einer dritten Dimension angeben, welchen Mengenanteil der Produktinnovationen die Unternehmen realisiert haben (dies sind dann z. B. die 15% in der Aussage von Szyperski).

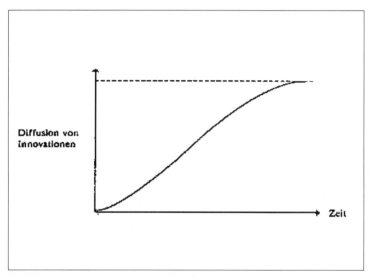

Abbildung 1: Diffusion von Innovationen

Die Diffusionszeit hängt von einer Reihe von Größen ab, von denen hier nur einige aufgeführt werden sollen. Wenn die Produktinnovation (z. B. ein Telefaxgerät) den Geschäftsprozess – Übermittlung von Informationen über Distanzen – nur unwesentlich vom Produktinnovationsvorgänger (Telexgerät) verändert, kann die Diffusionszeit kurz sein. Wird der Geschäftsprozess dagegen wesentlich verändert (z. B. der Einsatz der Internettechnik im Absatzkanal), kann sich eine längere Diffusionszeit ergeben. Ist der Geschäftsprozess klar strukturiert (z. B. eine Lagerbestandsführung), kann die Diffusionszeit für die Einführung eines computergestützten Lagerbestandsführungssystem kurz sein, bei wenig strukturierten Geschäftsprozessen kann sich eine längere Diffusionszeit ergeben. In den Geschäftsprozessen, in denen Produkt- und Prozessinnovationen eingeführt werden, arbeiten Menschen, die qualifiziert und bereit sein müssen, mit den neuen Geschäftsprozessabläufen zu arbeiten; auch dies kann die Länge der Diffusionszeit beeinflussen.

3. Der Einsatz der Internettechnik

Etwa seit Mitte der 90er Jahre haben Unternehmen Internettechnik für Informations- und Kommunikationssysteme eingesetzt[2]. Damit ist die in den 70er und 80er Jahren im wesentlichen evolutionäre technische Entwicklung durch einen revolutionären Schritt fortgesetzt worden.

Eine für die betrachtete Grundgesamtheit aller Schweizer Unternehmen des zweiten und dritten Sektors mit mindestens fünf Mitarbeitern repräsentative Stichprobe ergab 2001 eine Nutzung der Internettechnik in 84% aller Unternehmen[3]; die dabei genutzten Dienste gehen aus Abbildung 2 hervor und zeigen sehr klar den Diffusionsprozess. Der Einsatz in den Geschäftsprozessen lag 2001 schwerpunktmäßig in der Beschaffung, 2002 bei einer vergleichbaren Stichprobe in der Leistungserstellung (Abbildung 3)[4].

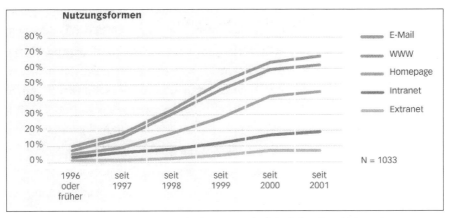

Abbildung 2: Nutzung von Diensten der Internettechnik in Schweizer Unternehmen
(Abbildung ist von oben nach unten zu lesen)

---

[2] Griese und Sieber 1996.
[3] Netzwoche und Institut für Wirtschaftsinformatik der Universität Bern 2001, S. 4.
[4] Griese und Zaugg 2002, S. 7.

Die folgenden Abschnitte fokussieren auf eine Detaillierung des Interneteinsatzes, zum einen auf den Einsatz im Absatzkanal („e-commerce"), zum anderen auf die Veränderung der Unternehmensorganisation in Richtung eines virtuellen Unternehmens.

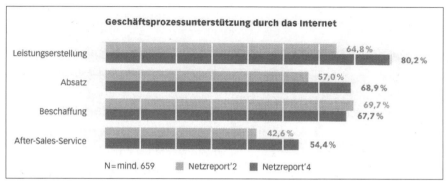

Abbildung 3: Geschäftsprozessunterstützung durch Internettechnik in Schweizer Unternehmen 2001 (Netzreport 2) und 2002 (Netzreport 4)

3.1 Informations- und Kommunikationssysteme im Absatzkanal

Mitte 1995 erschien die Website des Buchhändlers Amazon im Internet; bis 2006 ist daraus ein Unternehmen mit einem Jahresumsatz von über 10 Mrd. US$ und einem weit über Bücher hinausgehenden Sortiment geworden[5]. Dies ist wohl das populärste Beispiel eines „clicks"-Unternehmens, das nur im Internet präsent ist. Der häufigere Fall besteht darin, dass Unternehmen neben dem klassischen Absatzkanal, sei es über ein Geschäftslokal und/oder über ein Versandgeschäft, einen zusätzlichen Absatzkanal über das Internet einrichten („bricks & clicks"-Unternehmen); für diese Unternehmen entsteht eine neue Aufgabe, nämlich die Nutzung der Absatzkanäle bestmöglich mit den Unternehmenszielen abzustimmen („multi-channel-management"). Der Absatzkanal über das Internet kann besonders dann erfolgreich sein, wenn auch die Kunden in grosser Zahl im Internet vertreten sind; das ist heute bei einem großen Teil der Bevölkerung der Fall (Abbildung 4)[6] ebenso wie bei den Unternehmen.

---

[5] Spector 1997.
[6] EITO 2006, S. 22.

Internetnutzer als % der Bevölkerung		
Land Jahr	2005	2009
Deutschland	63	80
Frankreich	57	76
Grossbritannien	67	81
Italien	49	68

Abbildung 4: Internetnutzer als Anteil an der Bevölkerung 2005 und 2009

So melden „bricks & clicks"-Unternehmen, die man in der jeweiligen Branche bezüglich der Nutzung der Internettechnik im Absatzkanal als führend bezeichnen kann, beeindruckende Erfolge:

- Die im stationären wie im Versandhandel sowie im e-commerce tätige Otto-Gruppe meldet für das Geschäftsjahr 2005/2006 einen e-commerce-Umsatz von 3 Mrd. Euro (das sind mehr als 10% des Gesamtumsatzes) und plant für 2010 einen „e-commerce"-Umsatz von 20% am Distanzhandelsgeschäft[7].

- Die im Lebensmittelhandel sowie in anderen Bereichen tätige Tesco nennt für das Geschäftsjahr 2005/2006 einen Online-Umsatz von 1 Mrd. £ (mehr als 2% des Gesamtumsatzes[8]). Dass dieser Anteil am Gesamtumsatz wesentlich niedriger ist als bei der Otto-Gruppe, hat auch damit zu tun, dass Lebensmittel (Frische, Kühlung) anderen Transportrestriktionen unterliegen als die Produkte eines klassischen Versandhandels.

Aber auch die Querschnittsbetrachtung (in diesem Fall wiederum der schon erwähnten Schweizer Unternehmen) zeigt, dass Unternehmen die Internettechnik im Absatzkanal in betriebswirtschaftlich sehr sinnvoller Weise nutzen (Abbildungen 5 und 6)[9].

---

[7] Otto-Group 2006.
[8] Tesco 2006.
[9] Griese und Zaugg 2002, S. 11.

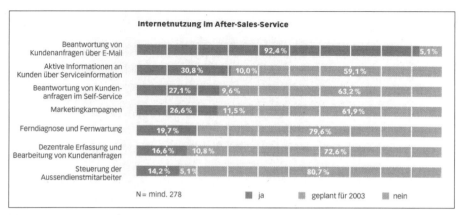

Abbildung 5: Nutzung der Internettechnik im After-Sales-Service in Schweizer Unternehmen
(Abbildung ist von links nach rechts zu lesen)

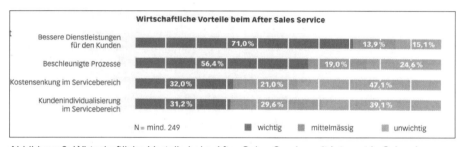

Abbildung 6: Wirtschaftliche Vorteile beim After-Sales-Service mit Internet in Schweizer
Unternehmen
(Abbildung ist von links nach rechts zu lesen)

Daneben gibt es jedoch sehr viele Unternehmen, die bei Innovationen im Absatzkanal auf Basis der Internettechnik in Problembereiche geraten. Beispiele hierfür sind in der Bankenbranche zu finden. So trifft man im Wertschriftenhandel sowohl „clicks"-Unternehmen als auch „bricks & clicks"-Unternehmen an sowie auch solche, die sich von der einen Art zur anderen (nicht selten durch Unternehmensübernahmen) wandeln. Hunziker[10] zeigt anhand der Analyse zahlreicher Fallstudien auf, dass dieser Wandlungsprozess einem Entwicklungsschema folgt, bei dem reine bricks-Unternehmen über die Zeit kontinuierlich Marktanteile verlieren, während "bricks & clicks"-Unternehmen Marktanteile gewinnen. Die reinen "clicks"-Unternehmen wachsen zu Beginn stark, verlieren jedoch ihre Marktanteile sukzessive wieder. Banken haben

---

[10] Hunziker 2003.

traditionellerweise große Investitionen in ihre Infrastruktur getätigt und sind deshalb weniger flexibel als Unternehmen anderer Branchen, sich rasch neuen Entwicklungen zuzuwenden. Kaufmann[11] macht mit Hilfe von Fallstudien aus dem Retailbanking sichtbar, wie es den Banken bei durchaus vorhandenem Kundeninteresse einer verstärkten Nutzung des Internet nur mühsam gelingt, ein erfolgreiches „multichannel"-Management aufzubauen.

Zusammenfassend lässt sich feststellen, dass sich Informations- und Kommunikationssysteme im Absatzkanal auf Basis der Internettechnik bei einigen Unternehmen, insbesondere Handelsunternehmen, zu einer beachtlichen Reife entwickelt haben.

3.2 Virtualisierung von Unternehmen

„Unternehmungsnetzwerke stellen eine polyzentrische, oftmals jedoch von einer oder mehreren Unternehmungen strategisch geführte Organisationsform ökonomischer Aktivitäten dar, die sich durch komplex-reziproke, eher kooperative denn kompetitive und relativ stabile Beziehungen zwischen rechtlich selbständigen, wirtschaftlich jedoch meist abhängigen Unternehmungen auszeichnet"[12]. In diesen Unternehmensnetzwerken, die heute insbesondere in Branchen zu finden sind, in denen Aufträge projektartig abgewickelt werden, hat sich eine Fähigkeit, die als Virtualität (virtualness) bezeichnet werden kann, als wesentlicher Erfolgsfaktor herausgestellt. „Virtualness is the ability of the organization to consistently obtain and coordinate critical competencies through its design of value-added business processes and governance mechanisms involving internal and external constituency to deliver differential superior value in the marketplace"[13]. Virtualität kann sich in Unternehmensnetzwerken in drei Dimensionen entfalten (Abbildung 7)[14].

In der Dimension „Customer Interaction" (und dies wird typischerweise über Internettechnik im Absatzkanal realisiert) kann sich der Kunde aus der Distanz über Produkte und Dienstleistungen informieren, sich seine Produkte und Dienstleistungen individuell zusammenstellen und in Form von Kundengemeinschaften aktiv an der

---

[11] Kaufmann 2004.
[12] Sydow und Winand 1998, S. 13
[13] Venkatraman und Henderson 1996, S. 4.
[14] Venkatraman und Henderson 1998, S. 35.

Produktgestaltung teilnehmen, d. h. die Kunden werden in das Unternehmensnetzwerk einbezogen. In der Dimension „Asset Configuration" lassen sich die für das Unternehmensnetzwerk erforderlichen Kapitalressourcen auf mehrere Partner verteilen. In der Dimension „Knowledge Leverage" gilt das gleiche für die Wissensressourcen. Die Zusammenarbeit im Netzwerk wird durch Informations- und Kommunikationssysteme, heute nahezu ausschliesslich auf Basis der global verfügbaren und kostengünstigen Internettechnik, geleistet.

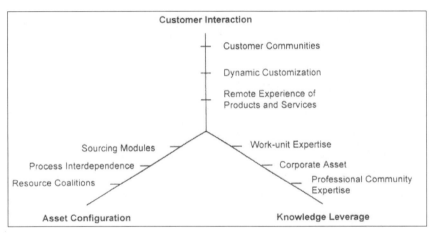

Abbildung 7: Die drei Dimensionen der Virtualität

In der betriebswirtschaftlichen Literatur finden sich viele Einzelbeispiele von Unternehmensnetzwerken, in denen Virtualiät erfolgreich mit Hilfe von Informations- und Kommunikationssystemen auf Basis der Internettechnik genutzt wird[15]; ein Beispiel soll das verdeutlichen[16] Die Seitz-Gruppe (IT-Servicespezialist für die Fertigung und den Handel – von Hard- und Software bis hin zum kompletten Outsourcing) betreibt ein Unternehmensnetzwerk (Abbildung 8), in dem je nach Projekt temporäre Partnerschaften eingegangen werden, um die zum Teil individuellen Wünsche des Kunden mit den Ressourcen der temporären Partner und einem bei den Partnern vorhandenem Wissen zu erfüllen (Die Dimensionen der Virtualität sind entsprechend Abbildung 9 ausgeschöpft.).

---

[15] Mertens, Griese und Ehrenberg 1998; Griese und Sieber 1998; Griese und Sieber 2000; Dittewig 2000.
[16] Griese und Sieber 1998, S. 207 ff.

Ungeachtet der Bedeutung von Informations- und Kommunikationssystemen in Unternehmensnetzwerken kann zusammenfassend derzeit aufgrund mangelnder flächendeckender empirischer Daten keine branchenbezogene Aussage gemacht werden, die eine Ausschöpfung der technischen Möglichkeiten zulässt.

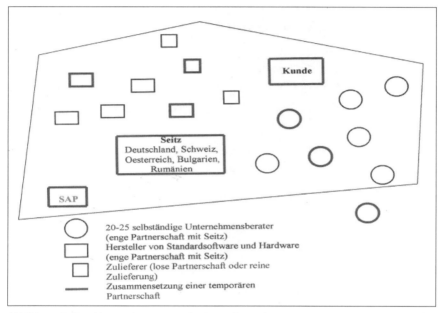

Abbildung 8: Das Unternehmensnetzwerk der Seitz-Gruppe

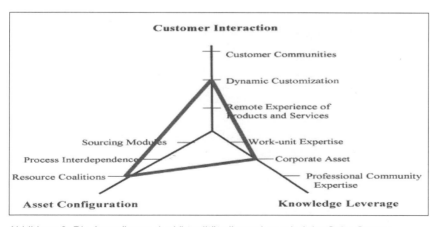

Abbildung 9: Die Ausprägung der Virtualitätsdimensionen bei der Seitz-Gruppe

4. Schlussfolgerungen

Das Reflektieren der Aussage von Szyperski aus dem Jahre 1977 an der bruchartig eingetretenen Entwicklung der Internettechnik seit Mitte der 90er Jahre lässt folgende Schlüsse zu:

- Informations- und Kommunikationssysteme im Absatzkanal von Unternehmen haben sich in Einzelbeispielen und flächendeckend (in diesem Fall für die Schweiz) zu einer beachtlichen Reife entwickelt, so dass vermutet werden kann, dass das in einer Branche (in diesem Falle Handelsunternehmen) führende Unternehmen durchaus 15% der technischen Möglichkeiten ausgeschöpft hat.

- Allerdings gibt es daneben Branchen (z. B. Banken), bei denen die Aussage von Szyperski noch durchaus zutreffen kann.

- Bei dem Stand von Informations- uns Kommunikationssystemen zur Realisierung der Virtualität in Unternehmensnetzwerken lassen sich mangels flächendeckender empirischer Daten zur Zeit keine verlässlichen Kommentare formulieren; es lässt sich jedoch vermuten, dass die Aussage aus dem Jahre 1977 immer noch gilt.

Zusammenfassend heisst das ja nichts anderes, als dass die technische Entwicklung in den letzten 30 Jahren eine höhere Geschwindigkeit hatte als diejenige, mit der Unternehmen diese technische Entwicklung in Innovationen umgesetzt haben.

Literaturverzeichnis

DITTEWIG, K.

Marketing Business Networks in the Information Technology Industry, A Qualitative Economic Analysis of Sources of Effectiveness and Efficiency, Dissertation an der Universität Bern 2000.

EITO (HRSG.)

European Information Technology Observatory 2006, Frankfurt/Main 2006.

GRIESE, J. UND SIEBER, P.

Internet-Nutzung für Unternehmungen, Bern 1996.

GRIESE, J. UND SIEBER, P.

Virtualität bei Beratungs- und Softwarehäusern, in: Winand, U. und Nathusius, K. (Hrsg.), Unternehmungsnetzwerke und virtuelle Organisationen, Stuttgart 1998, S. 157-254.

GRIESE, J. UND SIEBER, P.

Virtualität als Kernkompetenz in Unternehmungsnetzwerken, Zeitschrift für Betriebswirtschaft, Ergänzungsheft 2/2000, S. 75-95.

GRIESE, J. UND ZAUGG, A.

Nutzungsboom trotz Investitionskrise. Verbreitung, Nutzen und Kosten des Interneteinsatzes in Schweizer Unternehmen 2002, Basel 2002.

HUNZIKER, D.

Bricks & Clicks im E-Business, Dissertation an der Universität Bern, Köln 2003.

KAUFMANN, S.

Multi Channel Management im Retailbanking, Dissertation an der Universität Bern, Aachen 2004.

MERTENS, P., GRIESE, J. UND EHRENBERG, D. (HRSG.)

Virtuelle Unternehmen und Informationsverarbeitung, Berlin u. a. 1998

NETZWOCHE UND INSTITUT FÜR WIRTSCHAFTSINFORMATIK DER UNIVERSITÄT BERN

Schweizer Unternehmen: Internetnutzung und Investitionsprioritäten 2001/2002, Basel 2001.

OTTO-GROUP (HRSG.)

Pressemitteilung zum Geschäftsjahr 2005/2006 vom 4.3.2006.

SPECTOR, R.

Amazon.com – get big fast, New York 2000.

SZYPERSKI, N.

Realisierung von Informationssystemen in deutschen Unternehmungen, in: Müller-Merbach, H. (Hrsg.), Quantitative Ansätze in der Betriebswirtschaftslehre, München 1977, S. 67-86.

SYDOW, J. UND WINAND, U.

Unternehmungsvernetzung und -virtualisierung: Die Zukunft unternehmerischer Partnerschaften, in: Winand, U. und Nathusius, K. (Hrsg.), Unternehmungs-Netzwerke und virtuelle Organisationen, Stuttgart 1998, S. 11-31.

TESCO-GROUP

Press Release vom 25.4.2006.

VENKATRAMAN, N. UND HENDERSON, J.C.

The Architecture of Virtual Organizing: Leveraging Three Independent Vectors, Discussion Paper, School of Management, Boston University 1996.

VENKATRAMAN, N. UND HENDERSON, J.C.

Real Strategies for Virtual Organizing, Sloan Management Review 39 (1998) 4, S. 33-48.

‚Quality Governance'

Ein Rahmenwerk für die Industrialisierung
von IT-Projekten

Heinz Bons und Rudolf van Megen

Inhaltsverzeichnis

1. Einleitung: Qualität als Risikofaktor 505

2. Der Faktor Qualität als weitere Steuerungsgröße 508

3. Qualitätssteuerung und ihre Infrastruktur 511

4. Kennzahlen – Das operative Herzstück von Quality Governance 515

5. Fazit 518

Literaturverzeichnis 520

1. Einleitung: Qualität als Risikofaktor

Bei der zunehmenden Industrialisierung der Software-Produktion rückt derzeit ein Faktor auf die Tagesordnung des Unternehmensmanagements, der bislang nur im operativen Geschäft im Mittelpunkt stand: Software-Qualität. Dies ist der Fall, da Software-Fehler zunehmend häufig und zunehmend schwerwiegend funktionalen und wirtschaftlichen Schaden verursachen. Mit der steigenden Komplexität der entwickelten und eingesetzten IT-Systeme steigt auch das Risiko durch fehlerhafte Programmkomponenten. Da außerdem die IT immer mehr geschäftskritische Aufgaben übernimmt und steuert, wächst sich dieses IT-Risiko immer mehr zu einem Risiko für das Geschäft selbst aus.

Zwei Beispiele der vergangenen Jahre illustrieren diese Situation:

Die Tokioter Börse musste am 1. November 2005 wegen eines Software-Crashs zum ersten Mal seit ihrem Bestehen den Handel komplett einstellen. Die nächste Panne passierte schon am 8. Dezember, als ein Mitarbeiter eines Finanzunternehmens zwei Eingabefelder der Börsensoftware verwechselte. Die Software akzeptierte die völlig unlogische Eingabe. Die darauf folgende Kettenreaktion führte letztlich dazu, dass dem Finanzunternehmen ein Schaden von rund 280 Millionen Euro entstand. Der Chef der Börse Tokio und zwei Direktoren traten zurück.

2004 musste sich die Bundesagentur für Arbeit mit einer Kostenexplosion bei ihrer neuen Online-Jobbörse auseinandersetzen. Das ursprünglich veranschlagte Budget von 65 Millionen Euro weitete sich am Ende auf 165 Millionen Euro aus. Der Grund waren Nachbesserungsarbeiten, die notwendig wurden, da das zunächst ausgelieferte System nur eingeschränkt funktionierte. Zum Beispiel reichte die Performance nicht aus, komplette Systemausfälle störten den Betrieb und die neue Software-Lösung lieferte falsche Suchergebnisse.

Diese Einzelbeispiele reihen sich in das Gesamtbild ein, das alle zwei Jahre vom Beratungshaus Standish Group gezeichnet wird. Dessen Analysten untersuchten für ihren letzten Report (2004) weltweit über 9.000 IT-Projekte in Unternehmen unterschiedlicher Größe und Branche. In ihrem Bericht kommt die Standish Group zum

Befund, dass 53 Prozent aller Projekte den gesetzten Zeit- und/oder Budgetrahmen überschritten. 18 Prozent scheiterten ganz. Nur 29 Prozent der IT-Projekte erfüllten die an sie gestellten Vorgaben. Diese Erfolgsrate ging im Vergleich zur vorherigen Studie sogar um fünf Prozentpunkte zurück. Zwei Jahre zuvor waren noch 34 Prozent der Projekte als erfolgreich eingestuft worden.

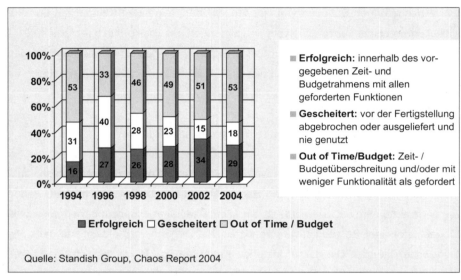

Quelle: Standish Group, Chaos Report 2004

Abbildung 1: Weltweit überschreiten mehr als zwei Drittel aller IT-Projekte den gesetzten Zeit- und Kostenrahmen oder scheitern ganz

Diese Zahlen machen deutlich, dass sich der Faktor Qualität zum Risikofaktor nicht nur für IT-Projekte, sondern für den Unternehmenserfolg allgemein entwickelt hat. Dies ist der Fall, da die meisten Software entwickelnden Unternehmen oder Organisationen über kein ausreichendes Instrumentarium verfügen, mit dem sie den jeweils aktuellen Stand der Software-Qualität in den unterschiedlichen Projekten transparent machen, steuern und dadurch verbessern könnten. Dies impliziert zugleich, dass nur die wenigsten Unternehmen Ziele hinsichtlich der von ihnen benötigten Software-Qualität definieren. Insofern kann die Software-Entwicklung noch nicht als Ingenieursdisziplin bezeichnet werden, sondern greift weiterhin auf eher künstlerische Vorgehensweisen zurück.

Die zunehmende Komplexität der Software-Systeme und deren Entwicklung machen dieses Vorgehen immer kontraproduktiver. Die bislang aufgaben- statt prozessorientierte Qualitätssteuerung führt dazu, dass eine schlechte Qualität zunehmend auch die Faktoren Zeit und Kosten negativ beeinflusst. Nachbesserungen und in die Wartungsphase verlagerte Reparatur- und Mehrkosten gefährden letztlich ebenfalls die Gesamtkostenrechnung. Dies unterhöhlt die bereits bestehenden Governance-Systeme für Zeit und Kosten und deren Kontrollmechanismen. Diese steigenden Risiken für die Wirtschaftlichkeit und Steuerbarkeit der eigenen Organisation werden derzeit flankiert von Regularien, wie zum Beispiel dem US-amerikanischen Sarbanes-Oxley Act oder den neuen internationalen Eigenkapitalrichtlinien für Banken (Basel II). Sie kommen auf Unternehmen als Auflagen seitens staatlicher Institutionen oder Branchenorganisationen zu. Diese formulieren zwar keine expliziten Anforderungen in Richtung IT oder Software. Dennoch ziehen ihre Vorgaben grundlegende Konsequenzen auch für die IT nach sich: Sie fordern implizit von den Unternehmen, ihre IT-Prozesse nach den heute verfügbaren Verfahren des Qualitätsmanagements zu regeln und zu steuern. Andernfalls drohen Sanktionen. Insofern fordern diese teils staatlichen, teils privaten Regelwerke ebenfalls vorbeugende Maßnahmen, die jenem zunehmendem Risikopotenzial entgegen wirken, das der Faktor Software-Qualität inzwischen darstellt.

Quality Governance (QG) ist ein Ansatz, der dieses Risiko spürbar senkt. Er ergänzt die bereits vorhandenen Governance-Systeme für Zeit und Kosten mit dem Ziel, die Anzahl erfolgreicher IT-Projekte zu erhöhen. Dazu verfolgt QG die folgenden operativen Ziele:

- die frühzeitige Identifizierung risikobehafteter Projektbereiche
- das frühzeitige Finden von Software-Fehlern
- die Erhöhung der Effizienz in IT-Projekten.

Quality Governance ist ein Rahmenwerk, das vom Top-Management unterstützt, vom Prozessmanagement definiert und von allen Projektbeteiligten operativ umgesetzt wird. Es ist ein weiterer Schritt bei der Industrialisierung der IT-Industrie – Industrialisierung deshalb, da die Software-Produktion im Rahmen von QG zunehmend nach standardisierten Regeln erfolgt und die Erfüllung dieser Regeln durch ein systematisches Qualitäts-Controlling auch nachgeprüft wird.

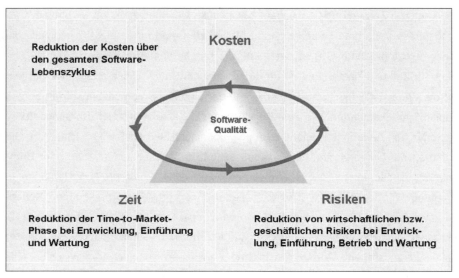

Abbildung 2: Unternehmerische Ziele im Spannungsfeld von Zeit, Kosten und Risiken

2. Der Faktor Qualität als weitere Steuerungsgröße

Bislang bietet sich in IT-Entwicklungs- und Wartungsprojekten zumeist folgendes Bild:

1) Die Unternehmen fokussieren auf finanzwirtschaftliche Aspekte, Qualität gilt nicht als entscheidender Erfolgsfaktor.
2) Dadurch werden Ursache-Wirkung-Analysen schwierig. Treten Abweichungen im Projekt auf, fehlt meistens die Transparenz für zielgerichtete Ursachenanalysen, da die Verantwortlichen die Probleme zwar meistens als finanzielle Engpässe wahrnehmen. Doch die Ursachen bleiben oft im Dunkeln, da sie auf Seiten der Qualität zu suchen wären, dort aber wegen des fehlenden Monitorings nicht sichtbar werden.

3) In der Kommunikation der Unternehmensstrategie in die IT spiegelt sich bisher die noch vorindustrielle Struktur der Software-Produktionsprozesse: Da diese an einzelnen Aufgaben und nicht an den Geschäftsprozessen ausgerichtet sind, kommuniziert das Management seine Strategie in die IT nur lückenhaft oder uneinheitlich.
4) Da die IT-Produktion mit der strategischen Unternehmensplanung nicht integriert ist, lässt sich eine entsprechende Zielerreichung durch die IT auch nicht messen.
5) Häufig erfolgt kein organisatorisches Lernen.
6) Im Controlling herrscht eine vergangenheitsorientierte Sichtweise vor, die über keine Instrumente verfügt, mit denen Trends ableitbar sind. So erfolgt etwa die Budgetkontrolle oft nur quartalsweise.

Die bisherige Vernachlässigung des Qualitätsaspekts von IT-Prozessen und Produkten ist auch dadurch bedingt, dass über Qualität nicht direkt entschieden werden kann. Zeit- und Finanzressourcen lassen sich quantitativ verteilen. Qualität gestaltet sich hingegen komplexer und ist nur indirekt steuerbar – eben über den Einsatz und die Verteilung von Ressourcen. Dabei kommt es vor allem auf eine richtige Verteilung dieser Ressourcen an, was häufig mit dem Einsatz zusätzlicher Zeit- und Geldressourcen verwechselt wird. Oft ist sogar das Gegenteil der Fall: Durch eine dezidierte Qualitätsplanung und -steuerung sparen Unternehmen mittel- und langfristig Aufwände ein.

Qualität ist also mehrdimensional gegenüber den klassischen Controlling-Größen. Qualität braucht zudem immer eine fallbezogene Definition. Denn in unterschiedlichen Systemumgebungen kann die Definition einer "guten Qualität" sehr unterschiedlich ausfallen. Diese hängt immer direkt von den Geschäftszielen und zum Beispiel auch der jeweiligen Benutzergruppe ab. Dies bedeutet, dass Qualität immer einen starken Bezug zum Geschäft hat oder haben muss. Eine rein technische Betrachtung ist unzureichend.

Diese auf das Business bezogene Sichtweise setzt sich allmählich durch. Denn die derzeitige Wettbewerbssituation ist durch mehrere Entwicklungen gekennzeichnet, welche die Qualität als dritten Hauptfaktor neben Zeit und Geld ins Blickfeld heben.

- Qualitätsmängel wirken sich erst verzögert negativ aus – sei es in Entwicklungsprojekten im Test oder meistens noch dramatischer: im laufenden Betrieb der Software. Diese Qualitätsmängel jedoch verursachen zunehmend hohe Zusatzkosten. Dies ist der Hauptgrund, warum sich Unternehmen auch des komplexeren Themas Qualitätssteuerung derzeit auf höchster Ebene annehmen.
- Auch die noch vergleichsweise jungen IT-Märkte differenzieren sich mehr und mehr aus. Qualität wird bei einer steigenden Anzahl von Mitbewerbern zu einem wichtigen Unterscheidungsmerkmal. Anbieter müssen sich entscheiden, welcher Qualitätslevel mit ihren Geschäftszielen und Zielgruppen konform geht. Auch bei einer bewussten Entscheidung für niedrige Qualität, zum Beispiel für die Massenproduktion, bedeutet dies, dass die Verantwortlichen ein Instrumentarium benötigen, mit dem sie Qualität bewusst und flexibel steuern können.
- Unternehmen entdecken Quality Governance als Mittel für Kostensenkung und -kontrolle. Mittelfristig kosten an den Geschäftszielen ausgerichtete Investitionen in Qualitätsmanagement und Qualitätssicherung weniger als sie an Einsparungen in Software-Entwicklung, -Betrieb und -Wartung bewirken.
- Im Rahmen der rasant zunehmenden Arbeitsteilung in der IT – Stichwort (Offshore-)Outsourcing – kommt Qualitätsfragen eine entscheidende Rolle zu. Denn im Zug dieser wachsenden Arbeitsteilung steigt auch die Komplexität der IT-Prozesse rasant an und muss entsprechend kontrolliert und gesteuert werden, wenn sowohl die Qualität der Arbeitsergebnisse als auch deren Wirtschaftlichkeit gewahrt bleiben sollen.
- Darüber hinaus steigt die Komplexität der IT-Produkte und der damit verbundenen Prozesse selbst an. Die Anzahl der Glieder der funktionalen und technischen Wirkungskette erhöht sich. Deren Stabilität hängt von der Qualität des schwächsten Gliedes ab. Je länger die Kette wird, umso fataler wirkt sich darüber hinaus der Ausfall eines einzelnen Kettengliedes aus. Die gründliche Qualitätssicherung der tragenden Komponenten wird dadurch zu einem Imperativ.

Vor diesem Hintergrund suchen Unternehmensverantwortliche unter anderem nach folgendem Nutzen durch die IT:

1) Wert steigern, den die IT für das Geschäft liefert
2) Erreichung von Business-Zielen sichern
3) Positionierung im Wettbewerb unterstützen
4) Metriken liefern, um Wertschöpfung messen zu können
5) Anforderungen von externen, verpflichtenden Regularien erfüllen
6) Risiko kontrollierbar machen
7) IT-Kosten kontrollieren/senken
8) IT-Organisation und in ihr die Kommunikation effizienter machen
9) Reporting-Systeme bereitstellen, die dem Management einfach und schnell den erreichten Wert der Systeme dokumentieren und die Potenziale zur Verbesserung aufzeigen.
10) Effizienz des IT-Managements erhöhen

Diese Ziele sind letztlich wiederum nur die Voraussetzung für das Erreichen strategischer Vorteile wie Transparenz, Effektivität, Effizienz, Beherrschbarkeit, Wartbarkeit, Management von Service Level Agreements, aussagefähiges Benchmarking und Flexibilität.

3. Qualitätssteuerung und ihre Infrastruktur

Die zunehmende Komplexität von IT-Produkten und -Prozessen und das damit steigende Risiko für den Geschäftserfolg hat also die Bedeutung des Faktors Qualität auf die Agenda des Top-Managements gehoben. Um den beschriebenen Risiken durch fehlendes oder lückenhaftes Qualitätsmanagement entgegen zu wirken, benötigt es Prozesse, mit denen die Verantwortlichen Qualitätsziele im Einklang mit den Geschäftszielen definieren, kontrollieren und steuern können. Die dafür benötigte Infrastruktur ist heute zumeist, wenn überhaupt, nur in Bruchteilen vorhanden.

Eine solche Infrastruktur muss vor allem folgende Aufgaben unterstützen:

1) Identifikation und Priorisierung von funktionalen und qualitativen Anforderungen unter Kosten-Nutzen-Gesichtspunkten für das Geschäft
2) Umsetzung der qualitativen Anforderungen der IT-Systeme

3) Betrieb der IT-Systeme gemäß qualitativen Anforderungen, z. B. hinsichtlich Performance und Verfügbarkeit
4) Laufendes Monitoring und Benchmarking der Systeme in Produktion mit Blick auf technologische und ablauftechnische Verbesserungspotenziale
5) Generell laufendes Monitoring und Benchmarking der IT-Prozess- und IT-Service-Qualität

Eine entsprechende Quality-Governance-Infrastruktur orientiert sich an einem Kreislauf, der vom Unternehmensmanagement, namentlich dem Chief Information Officer (CIO), hin zur operativen Ebene in den Projekten und von dort über Rückkopplungsschleifen wieder zurück zum CIO führt. Das Unternehmensmanagement legt die IT-Strategie in Abhängigkeit von den Unternehmenszielen fest und entwirft ein entsprechendes Projektportfolio. Das Prozessmanagement greift diese Vorgaben auf und setzt sie in geeignete IT-Prozesse, -Methoden und -Werkzeuge um. Diese bilden den Rahmen, innerhalb dessen sich das Projektmanagement bewegt und seine Projektpläne auf dieser Basis aufsetzt. Die Projektmitarbeiter schließlich erstellen die notwendigen Fachkonzepte, das Design und implementieren die Systeme. Zugleich vermessen sie die Prozesse und Ergebnisse kontinuierlich, so dass dem Projektmanagement alle wichtigen Kennzahlen für die Projektlenkung zur Verfügung stehen. Falls die Metriken Hinweise auf notwendige Prozessverbesserungen geben, leitet das Projektmanagement diesen Befund an das Prozessmanagement weiter. Falls sich an dieser Stelle ein größeres Delta zwischen IT-Praxis und der IT-Strategie auftut, muss schließlich wiederum der CIO im Rahmen der IT-Strategie Anpassungen vornehmen, so dass der Regelkreislauf erneut beginnt.

In der Praxis finden sich vor allem drei Szenarien für den Ablauf dieses Kreislaufs:

1. Das Management erkennt über das bereits vorhandene Reporting, dass das Unternehmen mit (teilweise) suboptimalen Prozessen arbeitet und leitet deshalb gezielte Verbesserungsmaßnahmen ein – mit dem Ziel, Best Practices einzuführen.
2. Das Management führt Assessments durch, um eine detaillierte Analyse der bestehenden Schwachstellen zu erhalten. Solche regelmäßig, zum Beispiel jährlich durchgeführten Assessments sind eine gute Basis, um Prozesse und Produkte

umfassend zu bewerten, Verbesserungsmaßnahmen nach ihrer Dringlichkeit zu gewichten und gegenüber anderen Projekten sowie gegebenenfalls Unternehmungen zu benchmarken. In der Praxis haben sich solche Assessments bislang als eines der wichtigsten Instrumente im Rahmen von Quality Governance erwiesen.

3. Das Management definiert detaillierte Qualitätsanforderungen an Prozesse und Produkte. Deshalb gibt es ein Kennzahlensystem in Auftrag, mit dem es kontinuierlich, und nicht nur punktuell über ein Assessment, Soll und Ist bewerten kann. Dieser Weg ergänzt den unter Punkt 2 beschriebenen in der Praxis immer häufiger und etabliert sich zunehmend als neues Vorgehensmodell, mit dem Organisationen schrittweise ihre IT-Prozess- und Produktqualität verbessern und an den Geschäftszielen ausrichten.

Zumeist findet sich in der Praxis eine Kombination der drei hier beschriebenen Wege, wobei Punkt 1 das am längsten etablierte Vorgehen beschreibt, während Punkt 3 die historisch jüngste Variante repräsentiert.

Das Management gibt über den beschriebenen Kommunikationskreislauf deutlich vor, welche Qualitätsanforderungen es an bestimmte Produkte oder Prozesse stellt. Basis für diese Anforderungen sind nicht in erster Line finanzielle Ziele, sondern so genannte Key Performance Indicators (KPIs), die es zum Beispiel ermöglichen, den Erfolg von Produktmarken oder eine erhöhte Kundenzufriedenheit zu beziffern. Derartige KPIs bestimmen, wie eine Organisation Qualität definiert und überprüft. In diesem Sinn ist die jeweilige Organisation immer dann erfolgreich, wenn die definierten KPIs erfolgreiche Werte aufweisen. Eine mit KPIs arbeitende Quality Governance liefert damit einen Ansatz, der auch die Effektivität der IT hinsichtlich der allgemeinen Unternehmensziele misst und transparent macht.

Im Unterschied zum Ansatz der IT-Governance, die sich ausschließlich auf die IT-Prozesse bezieht, ist Quality Governance an erster Stelle auf die Ergebnisse dieser Prozesse fokussiert. In diesem Sinn ist Quality Governance die gesamtheitliche Betrachtung, was ein Unternehmen mit seinen Prozessen an Mehrwert für die gesamte Organisation erreichen will und realiter dann auch erreicht.

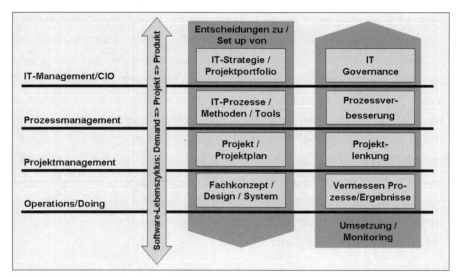

Abbildung 3: Quality Governance schafft einen Kommunikations- und Berichtskreislauf, der vom Unternehmensmanagement bis zur operativen Ebene reicht

Eine Infrastruktur für Quality Governance stützt sich vor allem auf folgende Elemente:

Prozessstandards, inklusive Methoden und Werkzeuge u. a. für

- Change-Management für neue oder bereits bestehende Produkte
- Produktmanagement im Sinne von Versions- und Einsatzmanagement
- Portfolio- und Auftragsmanagement
- Konkretisierung von Anforderungen und Fachkonzepten, inklusive Qualitätssicherung/Test
- Realisierung, inklusive Funktions- und Systemtests
- Produktabnahme und -freigabe
- Release-Management und Produktionseinführung

Produktstandards unter anderem für

- Fachkonzepte
- Architektur, Design und Coding
- Prozessdokumentation
- Produktdokumentation

Prozess- und Produkt-Qualitätsradar (Metrikensystem) mit den Zielen:

- Transparenz über Prozess- und Produktstatus
- Erkennen von Optimierungspotenzialen
- Benchmarking mit anderen (Teil-)Projekten innerhalb und außerhalb des Unternehmens
- Frühwarnung vor Risiken

Für die Implementierung und den Betrieb dieser Elemente sind in der Regel organisatorische Veränderungen notwendig. Sie ergeben sich aus den Verbesserungsprozessen – angestoßen durch die Analysen der Metriken- beziehungsweise KPI-Systeme. Dies setzt voraus, dass die Verantwortung für die Steuerung der einzelnen KPIs klar geregelt ist. Dazu gehört nicht nur, dass das Management kommuniziert hat, wer welche KPIs erhebt und analysiert, sondern auch wer die Macht hat, Maßnahmen daraus abzuleiten und diese auch umzusetzen.

4. Kennzahlen – Das operative Herzstück von Quality Governance

QG lebt von einem Regelkreis, der Anforderungen an Prozess- und Produktqualität vorgibt, Prozess- und Produktstandards definiert und einführt sowie schließlich die Einhaltung dieser in den operativen Prozessen kontrolliert. Dieses Monitoring setzt das Erheben von Metriken auf der operativen Ebene voraus. Denn zwar kann und muss ein CIO Strategien, Ressourcen, konkrete Aufgaben sowie deren Priorisierung festlegen. Doch benötigt er auch qualifiziertes und gesichertes Feedback, anhand dessen er die Umsetzung seiner Maßnahmen überprüfen kann.

Ein auf Metriken und KPIs basierendes Monitoring sind die dafür geeigneten Instrumente. Sie erlauben

- den direkten Abgleich gegen Vorgaben oder Erwartungen,
- das interne Benchmarking mit eigenen Projekten
- sowie das Benchmarking mit externen Projekten anderer Unternehmen am Markt, zum Beispiel innerhalb der eigenen Branche.

Beim Aufbau eines solchen Kennzahlensystems kommt es nicht auf die Anzahl der erhobenen Messgrößen an. Im Gegenteil: Das Operieren mit zu vielen Zahlen wird schnell unpraktikabel. Erfolgsentscheidend ist vielmehr, dass das Management jene Kennzahlen erhält, welche die Hauptrisiken für den aktuellen Status und die strategische Entwicklung des Geschäfts abdecken. Dies sind, vor allem beim Aufbau eines Kennzahlensystems, zumeist nur wenige Werte, die dann Schritt für Schritt um weitere und detailliertere Messgrößen erweitern werden können.

Die Auswahl der Kennzahlen mit dem Ziel, einen Best Practice zu erreichen, folgt einem Dreischritt:

1) Das Management identifiziert jene KPIs, anhand derer es die wichtigsten und risikoträchtigsten Prozesse beurteilen und bewerten kann.
2) Das Management vergleicht die Ergebniswerte zunächst mit Projekten innerhalb des eigenen Unternehmens.
3) Nach den ersten Verbesserungsschleifen vergleicht das Management die Ergebniswerte zusätzlich mit Projekten anderer Organisationen und kann auf Basis der ersten Erfahrungen weitere KPIs definieren, die Aufschluss über die Erfüllung der Geschäftsziele bringen.

Bei Auswahl und Definition der Kennzahlen können die Verantwortlichen zwei Richtungen einschlagen: Entweder sie detaillieren die strategischen Geschäfts- und IT-Ziele auf die operativen Schlüsselprozesse hinunter oder sie aggregieren die Ziele für die operativen Schlüsselprozesse schrittweise nach oben, bis sie sich mit den übergeordneten Geschäfts- und IT-Zielen decken. Diese Definition erfolgt im Rahmen von Workshops mit den jeweils für die unterschiedlichen KPIs verantwortlichen Managern.

Für den Monitoring-Prozess selbst gibt es vor allem zwei Maßnahmen, die dessen Komplexität reduzieren und ein Kennzahlen-System praktikabel und wirtschaftlich machen:

Die erste Maßnahme zielt auf die Struktur des Monitoring-Prozesses, indem sie so genannte Quality Gates etabliert, die vor der eigentlichen Abnahme eines Produkts schon während eines Entwicklungsvorhabens verbindliche interne Abnahmeschritte und -prozeduren festlegen. Dies bedeutet, dass ein Projekt erst dann fortschreiten kann, wenn es zu einem bestimmten Zeitpunkt die als verbindlich festgelegten Produkteigenschaften erfüllt und dies über die entsprechenden Kennzahlen auch dokumentieren kann. Derartige Quality Gates beenden in der Regel drei Projektphasen: Sie weisen nach, ob die fachlichen Anforderungen an eine Software a) „Ready for Implementation" sind, die Software nach der Implementierung b) „Ready for Test" und nach dem Test c) „Ready for Operation" ist.

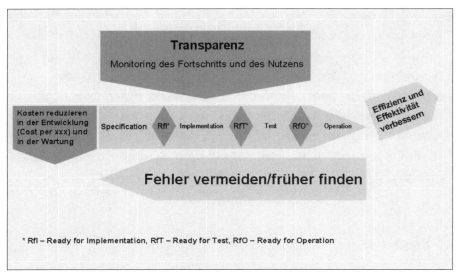

Abbildung 4: Projektinterne Abnahmen überprüfen, ob das Software-Entwicklungsprojekt die qualitativen Anforderungen erfüllt

Die zweite Maßnahme zielt auf die Automatisierung des Monitorings, da eine manuelle Erhebung und Aufbereitung der Metriken zu aufwändig und unwirtschaftlich ist. Für diese Automatisierung bietet der Markt zum einen einzelne Messwerkzeuge und darüber hinaus komplette Software-Leitstände oder Dashboards, die nicht nur Messwerkzeuge integrieren, sondern auch andere in den Projekten verwendete Entwicklungs- und Testwerkzeuge. Dies erlaubt den Verantwortlichen eine benutzerfreundlich aufbereitete Gesamtsicht auf das laufende Projekt.

Neben den Prozessverbesserungen und teilweise auch Veränderungen in der Werkzeugstruktur bedeutet die Interpretation von Kennzahlen im Rahmen von Quality Governance immer auch eine Überprüfung der organisatorischen Struktur und gegebenenfalls auch eine Veränderung. Folgenden Änderungsbedarf stellt das jeweilige Management dabei in der Praxis am häufigsten fest:

1) Oft verfügen Unternehmen über keine unabhängige Testorganisation – sei es innerhalb der Projekte oder als separates Test Center.
2) Meistens herrscht eine kontraproduktive Arbeitsteilung: Beim Anforderungsmanagement müssen die Fachbereiche die Requirements in diesen Fällen alle selbst erarbeiten und dokumentieren. Sie müssen sich dafür in Software-Tools einarbeiten und die damit verbundene Methodik erlernen. Diese steht jedoch in ihrer Logik konträr zur üblichen Arbeitsweise von Fachbereichen. Wirtschaftlicher ist es deshalb, diese Aufgaben von Spezialisten des Anforderungsmanagements übernehmen zu lassen beziehungsweise deren Unterstützung zu nutzen.
3) Ähnliches gilt für Systemdesign und -architektur, deren schlechte Qualität für viele Verzögerungen und Fehler in IT-Projekten verantwortlich sind sowie vor allem die Systemperformance oft erheblich verschlechtern. Auch hier erledigen Design- und Architektur-Experten diese Aufgaben qualitativ besser und kostengünstiger.

5. Fazit

Unsere Erfahrungen aus einer Vielzahl von IT-Anwendungsprojekten macht deutlich, dass Unternehmensführungen IT-Governance heute als 'Best Practice' für das Management der IT einsetzen – insbesondere auch, um eine geregelte Kommunikation zwischen IT-Dienstleister und Auftraggeber (Fachbereich) zu etablieren. Quality Governance ergänzt diesen Ansatz um eine wichtige Komponente: Sie ist das Rahmenwerk, das sicherstellt, dass die Vorgaben aus dem Unternehmensmanagement nicht nur Eingang in IT-Governance finden. QG überprüft vielmehr auch kontinuierlich, ob die jeweiligen Projekte diese Vorgaben im Sinne der Geschäftsziele erfolgreich umsetzen. Das Regelwerk fungiert analog zum Finanzcontrolling quasi als

Buchhaltung der Qualität in IT-Projekten. Indem QG dem bereits bestehenden Finanz- und Zeit-Monitoring ein systematisches Qualitäts-Monitoring zur Seite stellt, geht es einen weiteren Schritt in Richtung Industrialisierung der IT, das heißt zu einer vor allem transparenten, steuerbaren, standardisierten und durchgängig arbeitsteiligen Produktionsweise. Ziel ist es letztendlich, die weiter sehr schlechte Erfolgsrate von IT-Projekten signifikant zu erhöhen. Dies ist notwendig, da ohne den von der IT geschaffenen Mehrwert viele Unternehmen ihre Wettbewerbsposition nicht verbessern und nicht weiter wachsen können.

Quality Governance ist ein Mittel, mit dem das Unternehmensmanagement seiner Verantwortung gerecht wird, seine Ziele in wirtschaftlicher Weise durch IT-Maßnahmen zu unterstützen – sei es gegenüber den Mitarbeitern, den Aktionären oder gegenüber Wirtschaft und Gesellschaft. Das Risiko für das Geschäft sinkt, auch das persönliche der Verantwortlichen in der Unternehmensführung. Dies ist derzeit besonders vor dem Hintergrund aktuell, dass immer mehr Gesetze und branchenspezifische Regelwerke die Unternehmensverantwortlichen persönlich für unzureichendes Risikomanagement haftbar machen.

Schließlich reduziert Quality Governance Kosten. Unsere Erfahrungen zeigen, dass auf den gesamten Software-Lebenszyklus bezogen Einsparungen von bis zu 20 Prozent möglich sind.

Literaturverzeichnis

IT GOVERNANCE INSTITUTE
   IT Governance Global Status Report. 2005

KÜTZ, MARTIN
   Kennzahlen in der IT. Werkzeuge für Controlling und Management. 2003

SIMON, FRANK; SENG, OLAF; MOHAUPT, THOMAS
   Code Quality Management. 2006

STANDISH GROUP
   CHAOS Report. 2004

WILSON, DAVID A.
   Managing Information. IT for Business Processes. 2002 (3. Aufl.)

Migration als Methode – Spezielles Innovationsmanagement

Udo Winand und Jörg Schellhase

Inhaltsverzeichnis

1. Anforderungen an moderne IT-Systeme 525

2. Innovationspotenziale für IT-Systeme mittels Migration 525
   - 2.1 Migrationsanlässe 528
   - 2.2 Migrationsobjekte 529
   - 2.3 Migrationskontext 530
   - 2.4 Migrationsziele und -potenziale 531
   - 2.5 Migrationsstrategien und -methoden 532

3. Betriebswirtschaftliche Aspekte von Migration 534

4. Fallbeispiel: Migration von Windows auf Linux bei der Stadtverwaltung München 536

5. Zusammenfassung 539

Literaturverzeichnis 540

1. Anforderungen an moderne IT-Systeme

Informations- und Kommunikationstechnologien unterliegen einem permanenten Wandel. Das Computerzeitalter begann mit der Nutzung von Großrechnern und wird über die Zwischenstufe der – weltweiten – Vernetzung der Rechner, durch die Integration von Rechner- und Sensortechnik in die Alltagsgegenstände zu einer Welt allgegenwärtiger Rechnertechnik führen. Die Entwicklung von Anwendungssystemen[1] ist somit durch eine zunehmende Vernetzung und Integration bei einer gleichzeitig zunehmenden Systemvielfalt gekennzeichnet. Zukünftig werden verstärkt mobile Nutzungsmöglichkeiten und damit verbunden eine größere Endgerätevielfalt in den Fokus rücken, so dass unterschiedlichste Benutzerschnittstellen (z. B. Web-Browser, PDA, Handy) bedient werden müssen. Die zunehmende Komplexität von Anwendungssystemen führt jedoch zu steigenden Kosten. Allein in den USA entstehen jährlich schätzungsweise 60 Milliarden Dollar Verlust durch computerbedingte Produktionsausfälle und Reparaturen[2]. Im globalen Wettbewerb gewinnt die Fähigkeit, schnell innovative Geschäftsmodelle zu entwickeln und umzusetzen, an Bedeutung. Für die schnelle Umsetzung neuer Geschäftsmodelle bedarf es flexibler Anwendungssysteme. Flexibilität und hohe Reaktionsgeschwindigkeit[3] sind wichtige Anforderungen an zukunftsfähige Anwendungssysteme[4]. Die technischen und fachlichen Anforderungen an Anwendungssysteme steigen also kontinuierlich und erfordern somit ökonomisch und gesellschaftlich vertretbare Strategien des Wandels.

2. Innovationspotenziale für IT-Systeme mittels Migration

Grundvoraussetzung für erfolgreiche Innovationen ist die Abstimmung von technischen Erneuerungen und ihren gesellschaftlichen Auswirkungen[5]. Technische Innovationen müssen einerseits die Bedürfnisse von Individuen, Gruppen und der Gesellschaft befriedigen oder Entwicklungschancen geben, werden andererseits aber auch durch die gesellschaftlichen Bedürfnisse angestoßen.

---

[1] IT-System bestehend aus Hardware, Software und Daten.
[2] Vgl. Schmundt 2004, S. 148.
[3] Mit hoher Reaktionsgeschwindigkeit ist hier gemeint, dass Anwendungssysteme schnell an veränderte Umfeldbedingungen/Anforderungen angepasst werden können.
[4] Vgl. Barak 1997, S. 1.
[5] Vgl. Szyperski u. Roth 1990.

Anwendungssysteme sind heutzutage in der Regel keine Insellösungen, sondern teilweise hochgradig mit anderen Anwendungssystemen innerhalb und außerhalb eines Unternehmens vernetzt. Innovationen können sich auf einzelne Anwendungssysteme, Teile von Anwendungssystemen oder auf komplette Anwendungssystemlandschaften beziehen. Aber auch wenn sich eine Innovation „lediglich" auf ein einzelnes Anwendungssystem bezieht, so ist dabei die Umgebung, in die das Anwendungssystem eingebettet ist, zu berücksichtigen.

Der Wandel der Anwendungssysteme in Unternehmen vollzieht sich in drei Varianten. Erstens werden Anwendungssysteme gewartet und gepflegt und somit kontinuierlich an neue technische und fachliche Anforderungen angepasst. Zweitens kann ein Altsystem durch Migration in ein neues System, unter Beibehaltung wesentlicher Komponenten des Altsystems, überführt werden. Drittens können Anwendungssysteme durch komplette Neuentwicklungen abgelöst werden. Häufig muss aber auch im Rahmen einer kompletten Ablösung der Übergang von alten Anwendungssystemen zu neuen Anwendungssystemen mittels eines Migrationsplans (Umstellungsplan) bewältigt werden.

Der Begriff Migration wird in ganz unterschiedlichen Kontexten verwendet und hat dadurch eine enorme Bedeutungsvielfalt erlangt[6]. Bezogen auf Anwendungssysteme umfasst er die vollständige Ablösung bzw. die Erweiterung eines bestehenden Systems zu einem Nachfolgesystem mit dem Ziel, einen optimierten Gesamtzustand zu erreichen. Im Kontext dieses Beitrags zielt Migration zusätzlich auf eine konzeptionelle, strategische Entwicklung und den Erhalt von Bewahrenswertem[7] ab. Der Begriff Migration beschreibt somit einen geplanten und gesteuerten Übergang von informationstechnischen Anwendungssystemen einschließlich ihrer Auswirkungszusammenhänge mit dem Ziel, einen angemessenen Ausgleich von Erneuerung und Bewahrung hinsichtlich Funktionalitäten und Nutzungsmöglichkeiten zu gewährleisten.

---

[6] Vgl. Dömer 1998, S. 68 f.
[7] Inwieweit vorhandene materielle und immaterielle Ressourcen bewahrenswert sind, muss im Einzelfall aufgrund technischer, sozialer und ökonomischer Überlegungen entschieden werden.

Innovationen innerhalb der Anwendungssystemlandschaft von Unternehmen vollziehen sich nicht ausschließlich durch Ablösung alter Anwendungssysteme, sondern vielfach im Rahmen geplanter Migrationsprozesse. Größere Migrationsprojekte sind stets auch eine Chance für zielgerichtete Innovationen. Häufig werden größere Migrationsprojekte mit dem Ziel durchgeführt, die Innovationsfähigkeit des Unternehmens zu stärken, denn eine effizientere und flexiblere Anwendungssystemlandschaft ist stets auch Voraussetzung für die effiziente Umsetzung innovativer Geschäftsmodelle und -prozesse.

Aufgrund des hohen Durchdringungsgrades von Unternehmen mit IT-Technologien können Entwicklungen und Einführungen von Anwendungssystemen im Allgemeinen nicht auf einer „grünen Wiese" durchgeführt werden. Technische, organisatorische, finanzielle und kapazitätsbezogene Restriktionen erlauben bei komplexen IT-Projekten häufig keinen stichtagsbezogenen vollständigen Austausch von Anwendungssystemen, sondern erfordern schrittweise Migrationen von einem Ausgangssystem zu einem Zielsystem[8].

Im Folgenden werden einige Beispiele für „einfache" Migrationen (Migrationsprojekte) aufgeführt:

- Wechsel eines Betriebssystems, z. B. von Windows 2000 auf Windows XP oder von Windows 2000 auf Linux
- Umstellung von Großrechnern (Mainframes) auf Client-Server-Systeme (Architekturmigration)
- Umstellung einer Softwarearchitektur von einer strukturierten Programmierung auf eine objektorientierte Programmierung (Architekturmigration)
- Umstellung einer klassischen Softwareanwendung auf ein Web-basiertes System (Oberflächenmigration)
- Release-Wechsel bei einem komplexen IT-System, z. B. die Umstellung von SAP/R2 zu SAP/R3 (komplexes Migrationsprojekt)
- Portierung eines Programms von einem Windows-Betriebssystem auf ein Linux-Betriebssystem

---

[8] Vgl. Barak 1997, S. 19.

Sofern sich innovative Tätigkeiten nicht auf die kontinuierliche Weiterentwicklung vorhandener Anwendungssysteme oder auf Neuentwicklungen bisher nicht vorhandener Anwendungssysteme beziehen, sind Innovationen im Bereich der Anwendungssystemlandschaft innerhalb eines Unternehmens häufig mit Migrationen verbunden. Bei einer Vielzahl von Migrationen müssen äußerst komplexe und teilweise langwierige Projekte geplant und durchgeführt werden. Komplexe Migrationsprojekte werden in der Regel nur dann durchgeführt, wenn entweder sehr zwingende technische und wirtschaftliche Gründe vorliegen oder aber ein deutlicher strategischer Fortschritt erwartet wird. Je komplexer das Migrationsvorhaben ist, desto höher ist das mit der Migration verbundene Risiko. Die erfolgreiche Durchführung von Migrationsprojekten erfordert somit den Einsatz spezieller Managementtechniken, die als Migrationsmanagement bezeichnet werden.

Bei Migrationsprojekten ergeben sich u. a. die folgenden wesentlichen Fragen:

- Weshalb muss die Migration durchgeführt werden (Migrationsgründe, -anlässe)?
- Was ist zu migrieren (Migrationsobjekte)?
- Wer oder was ist von der Migration betroffen (Migrationskontext, -umfeld)?
- Worin liegt der Nutzen der Migration (Migrationsziele, -potenziale)?
- Wie soll die Migration erfolgen (Migrationsstrategie, -methode)?

2.1 Migrationsanlässe

Migrationsanlässe können durch interne oder externe sowie funktionale oder technologische Faktoren gegeben sein. Interne funktionale Ursachen werden durch neue Anforderungen des Unternehmens ausgelöst, die mit dem Altsystem nicht erfüllbar sind. Interne technologische Ursachen sind häufig mit einer schlechten Wartungsqualität von Altsystemen verbunden, die dazu führt, dass zu viele (Mitarbeiter-)Ressourcen durch Altsysteme gebunden werden. Externe funktionale Ursachen werden durch den Wettbewerb ausgelöst. Beispielsweise kann der Wettbewerb das Angebot neuer Dienstleistungen erzwingen, die ohne Migration vorhandener Anwendungssysteme nicht erbracht werden können. Externe technologische Ursachen liegen beispielsweise dann vor, wenn Anwendungssysteme bzw. Anwendungssystemkomponenten von einem Hersteller nicht mehr unterstützt werden oder wenn neue Technologien erhebliche Nutzengewinne ermöglichen[9].

Die Problematik von Altsystemen wird bei der Betrachtung der IT-Budgets von Unternehmen deutlich. Viele Unternehmen müssen 50 bis 75 Prozent ihrer IT-Budgets für Wartungszwecke aufwenden. Von diesen Wartungsaufwendungen dienen im Durchschnitt lediglich 40 Prozent der wertsteigernden Weiterentwicklung der Systeme[10].

2.2 Migrationsobjekte

Migrationsobjekte sind Objekte von IT-Systemen, die im Rahmen eines Migrationsprojektes von einem alten Zustand bzw. einem alten System hin zu einem neuen Zustand bzw. einem neuem System überführt (migriert) werden sollen. Mögliche Migrationsobjekte sind Daten, Softwarekomponenten, Softwareapplikationen, Anwendungssysteme sowie komplette Anwendungssystemlandschaften.

Bei der Datenmigration geht es um die Migration von Daten von einem (alten) Anwendungssystem zu einem anderen (neuen) Anwendungssystem. Die Migration einer Softwarekomponente beinhaltet in der Regel deren Umprogrammierung gemäß einem anderen Programmierparadigma bzw. die Portierung in eine andere Programmiersprache. Die Migration einer Softwarekomponente kann aber auch bedeuten, dass eine Portierung auf ein anderes Betriebssystem oder eine andere Hardware erfolgt.

Softwareapplikationen bestehen heutzutage aus verschiedensten Softwarekomponenten. Bei der Migration einer Softwareapplikation muss sowohl eine Gesamtmigrationsstrategie (zum Beispiel Überführung zu einer Service-orientierten Architektur) festgelegt werden, als auch entschieden werden, wie mit den einzelnen Softwarekomponenten zu verfahren ist. Einzelne Softwarekomponenten können beibehalten, migriert, verworfen oder durch Neuentwicklungen bzw. Standardkomponenten ausgetauscht werden.

---

[9] Vgl. Dömer 1998, S. 57 f.
[10] Vgl. Balzert 1998, S. 664.

Die Migration eines Anwendungssystems beinhaltet in der Regel Daten- und Softwaremigrationen. Da Anwendungssysteme mit anderen Anwendungssystemen zusammenarbeiten, muss bei einer Migration eines Anwendungssystems das technische Umfeld berücksichtigt werden.

Bei der Migration von Anwendungssystemlandschaften müssen die vorhandenen Anwendungssysteme sowie das Zusammenspiel dieser Systeme betrachtet werden. Eine 1:1 Migration vorhandener Anwendungssysteme würde erhebliches (Innovations-)Potenzial verschenken. Einzelne Anwendungssysteme können beibehalten, migriert oder durch Neuentwicklungen bzw. Standardanwendungen ersetzt werden.

2.3 Migrationskontext

Die Migrationsplanung darf sich nicht nur auf Techniksysteme (Anwendungen, Architekturen, Konzepte, Entwürfe, Schnittstellen) beziehen, sondern muss sich auch auf organisatorische Aufbaustrukturen, personale Qualifikationen (Humankapital), Prozesse und Funktionen sowie auf Konfliktpräventionsstrategien und Konfliktlösungen erstrecken.

Neben den Systemen und Technologien sind in einer erweiterten Sicht auf die Migrationsthematik insbesondere bestehende Organisationsmodelle und Prozesse zu betrachten und gegebenenfalls anzupassen. Hierbei sind zwei unterschiedliche Ansätze denkbar: Einerseits können neue Technologien eine effektivere oder im Idealfall effizientere Organisation ermöglichen. Andererseits können veränderte Rahmenbedingungen, die sich auf die Organisation und die Prozesse auswirken, neue oder erweiterte Anwendungssysteme erfordern. Daher sind in (ganzheitlichen) Migrationskonzepten nicht nur Technologien, sondern auch Kompetenzen, Organisations- und Geschäftsmodelle zu berücksichtigen. Immaterielle Investitionen stellen eine wesentliche Größe bei Migrationsprozessen dar, da beispielsweise bereits Know-how und andere Werte für das Unternehmen entstanden sind (z. B. durch Schulungen, F&E-Projekte, Wissensmanagementsysteme). Ein unreflektiertes Ignorieren derartiger immaterieller Investitionen führt nicht nur zu kostenintensiven, riskanten und unnötigen Neuinvestitionen, sondern kann auch erheblichen Schaden durch Demotivation und Verunsicherung von Mitarbeitern auslösen. Durch geplante

Migrationen können bereits getätigte materielle und immaterielle Investitionen identifiziert und berücksichtigt werden, so dass eine Vielzahl vorhandener Ressourcen im ökonomischen Sinne sinnvoll weitergenutzt werden können. Ein unternehmensweit eingesetztes ERP-System beispielsweise enthält bereits einiges an Know-how des Unternehmens in Bezug auf Daten, Unternehmensabläufe und Kompetenz im Umgang mit dem System.

2.4 Migrationsziele und -potenziale

Eine „Mixtur aus Innovation und Investitionsschutz ist das spezifische Kennzeichen der Migration: Mit dem Ziel der Kosten- und Risikominimierung soll einerseits ein Maximum an Weiterverwendung erreicht werden, andererseits müssen ausreichende Innovationen für eine entsprechend verbesserte technische und funktionale Qualität sorgen."[11]

Migrationsziele hängen von Migrationsanlässen ab. Bei zu hohen Wartungskosten (interner technologischer Migrationsanlass) kann eine Migration ein Altsystem in ein Neusystem überführen, das unter dem Aspekt der Wartung und Weiterentwicklung deutlich kostengünstiger ist. Auf diese Weise können langfristig einerseits Wartungskosten eingespart werden und andererseits ergeben sich neue Möglichkeiten für zukünftige Weiterentwicklungen/Innovationen. Migrationsziele sollten jedoch nicht nur aus dem Migrationsanlass abgeleitet werden. Vielmehr sollte überprüft werden, ob im Rahmen einer Migration nicht zusätzliche weitere vorteilhafte Migrationsziele verfolgt werden sollten.

Bei der Festlegung von Migrationszielen sind Unternehmensstrategien, IT-Strategien sowie der Migrationskontext zu berücksichtigen. So müssen beispielsweise zukünftige technologische Entwicklungen eingeschätzt werden. Es wäre fatal, ein Migrationsprojekt zu starten, das eventuell zwei bis drei Jahre dauert und auf Technologien setzt, die bereits vor Projektende als veraltet anzusehen sind. Wie bereits in Abschnitt 2.3 dargestellt, sind u. a. unternehmensinterne Faktoren (vorhandenes Mitarbeiter Know-how, organisatorische Gegebenheiten, Erfordernisse für zukünftige Ge-

---

[11] Vgl. Dömer 1998, S. 3.

schäftsmodelle und -prozesse) sowie unternehmensexterne Faktoren (technologische Tendenzen, gesellschaftliche Entwicklungen, Arbeitsmarktsituation, rechtliche Rahmenbedingungen) zu beachten.

Die bewusste Wieder-/Weiterverwendung von vorhandenen Systemkomponenten sowie von vorhandenen Qualifikationen, Kompetenzen und Wissensressourcen spart nicht nur Entwicklungsressourcen, sondern trägt zu einer höheren technischen und sozialen Stabilität des neuen sozio-technischen Systems bei und vermindert somit das Risiko des Scheiterns von IT-Projekten. Die Motivation der von dem Systemwandel Betroffenen wird positiv beeinflusst, da sie erkennen, dass Wissen und Erfahrungen weitgehend ihren Wert behalten. Innovative Tätigkeiten können bei Migrationen im Gegensatz zu Totalentwicklungen stärker auf spezifische Entwicklungen konzentriert werden. Wird ein komplettes System neu entwickelt, bleibt weniger Zeit für gezielte Innovationen.

Migrationen sollten zu Systemen führen, die mehr Freiraum für zukünftige innovative Weiterentwicklungen schaffen. Die Flexibilität der Anwendungssysteme sollte derart erhöht werden, dass die Entwicklung und Umsetzung neuer innovativer Geschäftsmodelle und -prozesse ermöglicht bzw. beschleunigt wird.

2.5 Migrationsstrategien und -methoden

Die Gefahr bei der Durchführung von Migrationen liegt in der Unterschätzung der Komplexität des Alt- wie des Neusystems sowie der Migrationsdurchführung[12]. Voraussetzung für eine geplante Migration ist die Identifizierung unterschiedlicher Szenarien (Alternativen) des potenziellen Zielzustandes. Ferner müssen diese bezüglich ihrer Realisierbarkeit und den inhärenten Erfolgsaussichten ökonomischer Natur bewertet werden. Zur Realisierung einer gewählten Alternative sind verschiedene Migrationswege denkbar, welche ebenfalls aus verschiedenen Sichten bewertet werden müssen. Das Ziel ist die Festlegung eines adäquaten Migrationskonzepts.

---

[12] Vgl. Etzel et al. 2000, S. 189.

Für ein Migrationsprojekt muss eine mit der Unternehmens- und IT-Strategie kompatible Migrationsstrategie festgelegt und verfolgt werden. Darüber hinaus müssen verschiedene Migrationsmethoden ausgewählt und gegebenenfalls neu entwickelt und vor ihrem Einsatz getestet werden.

Eine grundsätzliche Migrationsmethode ist das Software-Reengineering, das die Methoden des Reverse-Engineering, der Restrukturierung und des Forward-Engineering umfasst. Im Rahmen des Reverse-Engineering erfolgen eine nachträgliche Dokumentation, die Herleitung des ursprünglichen Entwurfkonzeptes sowie die Herleitung der ursprünglichen Anforderungsspezifikation. Im Rahmen der Restrukturierung werden auf der Grundlage der Nachdokumentation, des ursprünglichen Entwurfkonzeptes sowie der ursprünglichen Anforderungsspezifikation das Entwurfskonzept und die Anforderungsspezifikation für das neue System erstellt und die Recodierung von Softwarekomponenten vorgenommen. Beim Forward-Engineering handelt es sich um klassische Methoden der Softwareentwicklung.

Insbesondere bei komplexen Migrationsprojekten, die einen Technologiewechsel sowie erhebliche funktionale Veränderungen beinhalten, kann es sinnvoll sein, einen Migrationsprozess in die Teilprozesse Sanierung, technische Migration sowie funktionale Erweiterung aufzuteilen. Im Rahmen der Sanierung wird der Großteil eines Systems von seiner Struktur her überarbeitet, so dass dieses im nächsten Schritt leichter auf eine neue technologische Basis (technische Migration) gestellt werden kann. Das neue System kann nun sehr gut gegen das alte System getestet werden, da es funktional identische Leistungen erbringt. Erst im letzten Schritt erfolgt die funktionale Überarbeitung des Systems. Insgesamt bedeutet das geschilderte Vorgehen zwar einen größeren Entwicklungsaufwand, bedingt aber einen deutlich geringeren Testaufwand und eine deutlich höhere Sicherheit für die Stabilität und Korrektheit des neuen Systems.

Elementare Migrationsmethoden sind die Konversion (Anpassung) von Komponenten, die Alteration (qualitative Überarbeitung im Rahmen eines Reengineering), die Neuentwicklung von Komponenten, die Verwendung von Standardkomponenten sowie die Kapselung von Komponenten[13]. Die genannten Migrationsmethoden können auf unterschiedlichen Granularitätsstufen (z. B. Softwarekomponente, Softwareapplikation, Anwendungssystem, Anwendungssystemlandschaft) eingesetzt werden. Mittels der Methode der Kapselung können beispielsweise herkömmliche Anwendungssysteme hin zu Service-orientierten Architekturen (SOA) migriert werden.

Das Konzept der Service-orientierten Architektur stellt ein vielversprechendes Konzept für Migrationen dar. In einer solchen Architektur werden für Anwendungssysteme Dienste definiert, die über standardisierte Schnittstellen von beliebigen anderen Anwendungssystemen innerhalb eines Unternehmens in Anspruch genommen werden können. Aufgrund dieses Ansatzes ist es möglich, in verhältnismäßig kurzer Zeit neue Geschäftsprozesse mit neuen Anwendungssystemen zu realisieren, die im Wesentlichen Dienste bereits vorhandener Anwendungssysteme nutzen. Ein wichtiger Vorteil Service-orientierter Architekturen ist es, dass alte und neue Technologien „leichter" mit einander gekoppelt werden können.

3. Betriebswirtschaftliche Aspekte von Migration

Die Entscheidung für eine Migration sowie die Planung und Durchführung einer Migration beinhaltet Management-Entscheidungen, die erhebliche Konsequenzen für Unternehmen haben können. Insbesondere komplexe Migrationsprojekte können einen starken Einfluss auf die Wettbewerbssituation eines Unternehmens haben[14]. Im Vordergrund wirtschaftlicher Betrachtungen steht in der Regel der Investitionsschutz. Komplette Ablösungen sind aus folgenden Gründen oftmals nicht möglich:[15] Neue Technologien erfordern häufig veränderte Abläufe. Damit verbundene Änderungen der Ablauforganisation wären zu umfangreich und damit auch die Dauer der Umstellungsphase und der Schulungen. Alte Systeme enthalten oft nachträglich erstellte unternehmensspezifische Funktionen, die durch kommerzielle, am Markt verfügbare Systeme nicht ohne weiteres zur Verfügung gestellt werden können. Risiken

---

[13] Vgl. Dömer 1998, S. 75.
[14] Vgl. Barak 1997, S. 21.
[15] Vgl. Sneed 1992, S. 125.

und Kosten einer Totalablösung sind nicht einschätzbar oder zu hoch. Finanzielle Mittel für eine Totalablösung sind nicht vorhanden.

Hohe Kosten und Risiken veranlassen viele Verantwortliche, auf Standardsoftware zurückzugreifen oder alte Systeme zu behalten. Die Anpassung und Einführung neuer Systeme erfordert Zeit. Es ist darüber hinaus nicht sichergestellt, ob die Anpassungen einwandfrei funktionieren. Kosten und Risiken einer Migration von Altsystemen sind hingegen häufig niedriger als bei Neuentwicklungen, denn häufig können bewährte Teile eines alten Systems noch verwendet werden. Es sollte daher vor einer Migrationsentscheidung eine Nutzwertanalyse in Bezug auf die einzelnen Komponenten eines Altsystems durchgeführt werden[16]. Eine Migration von einem alten zu einem neuen System lohnt sich, wenn das neue System einen deutlichen Mehrwert verspricht oder die Betriebs- und Erhaltungskosten des alten Systems zu hoch sind.

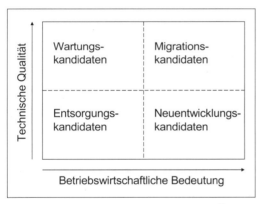

Abbildung 1: Positionierung des Altsystems[17]

Neben der technischen Positionierung kann auch eine strategische Positionierung eines Altsystems vorgenommen werden. Betriebliche Anwendungen haben jeweils eine sehr unterschiedliche betriebswirtschaftliche Bedeutung. Einige Altsysteme haben sogar eine besondere strategische Bedeutung für das Unternehmen. Die Positionierung des Altsystems wird aus fachlicher Sicht durch die Fachabteilungen beurteilt. Zur Bewertung der Positionierung (betriebswirtschaftliche Bedeutung) des Alt-

---

[16] Vgl. Sneed 1992, S. 125 f.
[17] Vgl. Sneed 1999, S. 86.

systems kann darüber hinaus eine Nutzwertanalyse durchgeführt werden. Sie ermöglicht auch die Portfolio-Analyse sämtlicher Anwendungssysteme.

Je nach Verhältnis von technischer Qualität und strategischer Bedeutung können unterschiedliche Vorgehensweisen bezüglich eines Altsystems gewählt werden. Altsysteme von geringer technischer Qualität und geringer betriebswirtschaftlicher Bedeutung werden in der Regel entsorgt und, falls erforderlich, durch ein neues System ersetzt. Weist ein Altsystem eine hohe technische Qualität bei gleichzeitig geringer betriebswirtschaftlicher Bedeutung aus, so gehört es zu den Wartungskandidaten. Eine Neuentwicklung lohnt sich, wenn ein Altsystem eine hohe betriebswirtschaftliche Bedeutung aber eine geringe technische Qualität hat. Migrationskandidaten sind Altsysteme, die sowohl über eine hohe technische Qualität als auch über eine hohe betriebswirtschaftliche Bedeutung verfügen[18].

4. Fallbeispiel: Migration von Windows auf Linux bei der Stadtverwaltung München

Die Migration eines Betriebssystems auf einem einzelnen Rechner ist für sich genommen primär eine „einfache" technische Migration. Plant jedoch eine komplette Verwaltung den Umstieg von einem Betriebssystem eines Herstellers zu einem Betriebssystem eines anderen Herstellers, so ist dies ein äußerst anspruchsvolles Migrationsprojekt, bei dem technische, wirtschaftliche, gesellschaftliche, rechtliche, organisatorische und nutzerorientierte Aspekte zu berücksichtigen sind.

Migrationsanlass: Im Jahr 2003 gab es für die Stadtverwaltung München einen extern induzierten Migrationszwang in Bezug auf das eingesetzte Betriebssystem Windows NT 4. 2001 wurde der Vertrieb des Betriebssystems Windows NT 4 von Microsoft eingestellt und angekündigt, den Support für das Betriebssystem nur noch bis 2003 zu gewährleisten[19]. Die Folge war, dass ab 2003 von Microsoft für das Betriebssystem Windows NT 4 keine weiteren Sicherheitsupdates[20] bereitgestellt wur-

---

[18] Vgl. Sneed 1999, S. 86.
[19] Vgl. Heise Online 2001.
[20] Vgl. Heise Online 2003.

den und auch keine neuen Lizenzen des Betriebssystems erworben werden konnten[21]. Die Stadtverwaltung München hat sich aufgrund dieser Situation für ein mehrjähriges komplexes Migrationsprojekt entschieden, das voraussichtlich erst 2008 abgeschlossen sein wird.

Migrationsobjekte: Gegenstand der geplanten Migration sind etwa 14.000 Arbeitsplatzrechner der Münchner Stadtverwaltung sowie zahlreiche Fachanwendungen und Office-basierte Formulare.

Migrationskontext: Von der Migration sind etwa 14.000 Nutzer betroffen, die in Bezug auf ein neues Betriebssystem, ein neues Office-Paket sowie auf veränderte Fachanwendungen geschult werden müssen. Im Jahre 2004 musste das Migrationsprojekt aufgrund einer angedachten europäischen Richtlinie über Softwarepatente, die erhebliche Auswirkungen auf Open Source Software hätte haben können, für drei Monate gestoppt werden. Nach der Einholung eines positiven Rechtsgutachtens konnte das Migrationsprojekt weiterverfolgt werden.

Migrationsziele: Ein wesentliches Migrationsziel der Münchner Stadtverwaltung besteht darin, eine größere Herstellerunabhängigkeit zu erlangen. Darüber hinaus soll die Verwendung von Open-Source-Softwarelösungen als Alternative zu kommerziellen Softwareprodukten erleichtert werden.

Migrationsmethode: Die Münchner Stadtverwaltung entschloss sich, neben der Möglichkeit der nahe liegenden Migration auf ein aktuelleres Microsoft Betriebssystem auch die Möglichkeit der Migration auf ein anderes Betriebssystem in Betracht zu ziehen. Zu diesem Zweck wurden verschiedene Alternativen zur Nutzung von Microsoft Betriebssystemen und Office-Anwendungen im Rahmen einer Client-Studie erarbeitet und analysiert. Die Client Studie berücksichtigte drei Zielkonfigurationen: MS Windows XP mit MS Office XP, MS Windows XP mit einer Open-Source-Office-Suite sowie Linux mit einer Open-Source-Office-Suite. Für die Linux-Alternative wurden zudem weitere Konfigurationen unterschieden: Komplettumstieg auf Linux, Umstieg auf Linux mit zusätzlicher Windows-Emulation und Linux mit zusätzlichen Ter-

---

[21] Vgl. Unilog Integrata Unternehmensberatung GmbH 2003, S. 7.

minaldiensten. Für die Beurteilung der verschiedenen Alternativen wurde eine Kosten- und Nutzwertanalyse[22] durchgeführt. Die unter Kostengesichtspunkten günstigste Lösung war eine reine Windows-Lösung, die mit etwa 34 Millionen Euro veranschlagt wurde. Die zweitgünstigste Lösung, Linux mit einer Open-Source-Office-Suite und zusätzlicher Windows-Emulation, wurde mit etwa 36 Millionen Euro beziffert. Bei der Nutzwertanalyse wurden in Bezug auf die Kriterien „Aufwand für die Einhaltung von Gesetzen und Verwaltungsvorschriften", „Auswirkungen auf die IT-Sicherheit", „Auswirkungen auf die Mitarbeiter", „Auswirkungen auf die IT-Organisation", „Auswirkungen auf externe Adressaten" und „Erfüllung weiterer strategischer Punkte" für die einzelnen Alternativen Punkte vergeben. Für die Gesamtbewertung wurden Kosten pro Nutzpunkte ermittelt. Im Gesamtergebnis wurde die Variante Linux mit einer Open-Source-Office-Suite und zusätzlicher Windows-Emulation favorisiert. Ausschlaggebend für das Ergebnis waren vor allem strategische Vorteile, die im Zusammenhang mit der gewählten Linux-Variante gesehen wurden. In der zweiten Phase des Migrationsprojektes wurde ein Feinkonzept in Zusammenarbeit mit den Firmen IBM und SuSE/Novell erstellt. Wesentliche Arbeitsschritte waren die Definition und Umsetzung eines einheitlichen Arbeitsplatzcomputers (Basic Client), die Überprüfung der technischen Machbarkeit, die Untersuchung der Kosten und Zeitrahmen mittels Migrationsszenarien zwecks Erarbeitung von Migrationsplänen sowie die Aufdeckung vorhandener Defizite der bisherigen IT-Infrastruktur. Die Umsetzung des Feinkonzeptes wurde im Juni 2004 entschieden. Die wesentlichen Ziele der Umsetzungsphase sind die Umstellung der überwiegenden Zahl von PC-Arbeitsplätzen auf den einheitlichen Basic Client, unter Aufrechterhaltung des Dienstbetriebes, der Bevorzugung von hersteller-, betriebssystem- und officeproduktunabhängigen Lösungen, der Migration von Fachverfahren auf webbasierte oder native Linux-Lösungen, die Konsolidierung und Migration von PC-Standard-Anwendungen, die Konsolidierung und Migration von Formularen, Makros und Vorlagen sowie die Einführung von Systemmanagement-Lösungen für den Basic Client[23]. Die Aufgabe der Erstellung, Konfiguration und Pflege von 14.000 Linux-Arbeitsplätzen wurde im Rahmen einer europaweiten Ausschreibung an zwei Firmen vergeben[24]. Die ersten Umstellungen der 14.000 PC-Arbeitsplätze sollen Mitte 2006 beginnen.

---

[22] Vgl. Unilog Integrata Unternehmensberatung GmbH 2003, S. 23.
[23] Vgl. Hoegner 2004, S. 7 ff.
[24] Vgl. Heise Online 2005.

Das Beispiel zeigt, dass von einer Betriebssystemmigration eine Vielzahl weiterer Migrationen ausgeht, die sinnvoll aufeinander abgestimmt werden müssen. Das Migrationsprojekt wurde zudem dazu genutzt, Altanwendungen auf betriebssystemunabhängige Web-Anwendungen umzustellen.

5. Zusammenfassung

Veränderungsprozesse in Wirtschaft und Gesellschaft, die durch technologischen Wandel (Hard-, Soft-, Netware, Multimedia etc.) und/oder durch veränderte Bedürfnisse bzw. strategische Ausrichtungen (Kunden-, Prozess-, Wissensorientierung, Integration und Vernetzung) ausgelöst werden, erfordern ein spezielles Innovationsmanagement. Erfolgreiche Innovation ist nur möglich, wenn gesellschaftliche und technische Prozesse und Systeme auf einander abgestimmt sind. Im Gegensatz zu Innovationsstrategien, die zumindest für Teilbereiche auf „radical change" setzen, einen „greenfield approach" verfolgen und „disruptive technologies" nutzen, ist Migration eine Methode der Erneuerung, die zugleich auch auf Bewahrung des Bewährten zielt.

Migration als Methode erlaubt es, wissenschaftlich-technische Innovationen effektiver durchzuführen. Im technischen Bereich liegt der Schwerpunkt auf dem Effektivitätsaspekt, weil bewährte Lösungen beibehalten, Innovationsanstrengungen auf einen bestimmten Aspekt begrenzt und technische Umgebungen schrittweise angepasst werden können. Im wirtschaftlichen Bereich bewahrt Migration ökonomische Entwicklungen, die gesellschaftliche Bedürfnisse getroffen haben, behält erfolgreiche Geschäftsprozesse und Geschäftsmodelle bei und bietet zugleich Chancen für deren Fortentwicklung. Im wirtschaftsinformatischen Bereich beinhaltet Migration die Chance auf investitionsschonende Innovation durch Beibehaltung effizienter technologischer Ansätze, die um weitere Möglichkeiten ergänzt werden können. Im sozialen Bereich erleichtert Migration die Einpassung neuer Techniken in bestehende soziale Strukturen und individuelle Verhaltensweisen, indem sie gewünschte Lebensformen respektiert und fördert. Schließlich können im rechtlichen Bereich bewährte Regeln und Konfliktlösungsverfahren auf neue technologische Entwicklungen (z. B. mobiles Internet, Ubiquitous Computing) übertragen werden.

Literaturverzeichnis

AMJAD, UMAR

Application (Re)Engineering – Building Web-Based Applications and Dealing with Legacies. Prentice Hall, Upper Saddle River 1997.

BALZERT, HELMUT

Lehrbuch der Software-Technik II. Spektrum Akademischer Verlag, Heidelberg 1998.

BARAK, VLADIMIR

Systemmigration. Deutscher Universitäts-Verlag, Wiesbaden 1997.

BOHL, OLIVER; FRANKFURTH, ANGELA; KUHLENKAMP, ANDREAS; SCHELLHASE, JÖRG; WINAND, UDO

Migrationskompetenz im Kontext der Komplexität mobiler Systeme. In: Engelien, Martin; Meißner, Klaus: Virtuelle Organisation und Neue Medien 2004. Workshop GeNeMe 2004 – Gemeinschaft in Neuen Medien. TU Dresden, 7./8.10.2004. Josef Eul Verlag, Lohmar-Köln 2004, S. 115-126.

DÖMER, FABIAN

Migration in der Informatik: Die schwierige Balance zwischen Investitionsschutz und Innovation. In: HMD 194 (1997), S. 6-23.

DÖMER, FABIAN

Migration von Informationssystemen. Erfolgsfaktoren für das Management. Deutscher Universitäts-Verlag, Wiesbaden 1998.

ETZEL, H.-J.; HEILMANN, E.; RICHTER, R.

IT-Projektmanagement – Fallstricke und Erfolgsfaktoren. dpunkt.verlag, Heidelberg 2000.

HEISE ONLINE

Hasta la vista Windows NT4. 09.08.2001. http://www.heise.de/newsticker/meldung/print/20001. Abruf am 05.05.2006.

HEISE ONLINE

Gnadenfrist für NT4-Server. 30.01.2003. http://www.heise.de/newsticker/meldung/print/34135. Abruf am 05.05.2006.

HEISE ONLINE

München setzt auf Debian. 14.04.2005. http://www.heise.de/newsticker/meldung/print/58574. Abruf am 05.05.2006.

HOEGNER, WILHELM

Das Projekt LiMux stellt sich vor. Vortrag auf dem E-Government-Forum Systems 2004. http://www.muenchen.de/vip8/prod1/mde/_de/rubriken/Rathaus/40_dir/limux/publ/linuxtag2004.pdf

SCHMUNDT, HILMAR

Würdevoller Verfall. Der Spiegel. Ausgabe 16/2004, S. 148.

SNEED, HARRY

Softwarewartung und -wiederverwendung. Band II: Softwaresanierung (Reverse und Reengineering). DV-Praxis online. Verlag Rudolf Müller, Köln 1992.

SNEED, HARRY

Objektorientierte Softwaremigration. Addison Wesley, Bonn 1999.

SZYPERSKI, NORBERT UND ROTH, PAUL (HRSG.)

Entrepreneurship. Innovative Unternehmensgründung als Aufgabe. Stuttgart 1990.

UNILOG INTEGRATA UNTERNEHMENSBERATUNG GMBH

Clientstudie der Landeshauptstadt München – Kurzfassung des Abschlussberichtes inklusive Nachtrag (Version 1.3.1). http://www.udslinux.de/pdf/doku/stadt_muenchen_clientstudie_kurz.pdf

Unterstützung von Innovationen in Unternehmen durch IT

Hemmnisse und Ansätze zu deren Beseitigung

Juliane Kronen

Inhaltsverzeichnis

1. Prolog 547

2. Die Verzahnung zwischen Informationstechnologie und
   Unternehmenszielen 547

   2.1 Ursachen der unzureichenden Verzahnung zwischen IT und
   Unternehmenszielen 548

   2.2 Die Verbesserung der Verzahnung der IT mit den
   Unternehmenszielen 550

3. Kooperation von IT-Abteilung und Anwendern 552

   3.1 Ursachen der mangelnden Kooperation von IT-Abteilung und
   Anwendern 553

   3.2 Ansätze zum „Brückenbau" zwischen Anwendern und IT 554

4. Persönliche Reflektion 557

1. Prolog

Innovation will jeder – da sind sich Literatur und Unternehmensführung einig. Auch die tragende Rolle der Informationstechnologie als Innovationsquelle wurde erkannt und thematisiert. Dennoch sind Unternehmen mit ihrer Innovationsfähigkeit bezüglich Umfang und Geschwindigkeit regelmäßig unzufrieden.

Ziel dieses Beitrages ist es nicht, konzeptionell ein neues Modell zur Innovation vorzustellen. Hierzu gibt es hervorragende Arbeiten, unter anderem wertvolle Impulse in diesem Band. Vielmehr soll die Gelegenheit genutzt werden, aus der Perspektive der Beratungspraxis[1] zu reflektieren, warum die Unterstützung von Innovationen in Unternehmung durch Informationstechnologie (IT) hinter den Möglichkeiten zurück bleibt, warum sich Menschen in der Unternehmenspraxis in Bezug auf Informationstechnologie so schwer tun mit Innovationen und Veränderungen und welche konkreten Möglichkeiten es gibt, hier Verbesserungen zu erreichen.

Zwei Bereiche springen heraus, wenn wir die stärksten Innovationshemmnisse analysieren und dann Ansätze vorstellen, um ihnen zu begegnen und ein innovationsfreudigeres Klima in den Unternehmen zu schaffen. Auf der Ebene des **Unternehmens** stehen strukturelle Hemmnisse und Lösungsansätze insbesondere der unzureichenden Verzahnung zwischen IT und dem Geschäft im Vordergrund und an der Nahtstelle zwischen der **IT und ihren Nutzern** finden sich dazu unstrukturierte und verhaltensorientierte Hindernisse bei der Kooperation von IT-Fachleuten und Anwendern.

2. Die Verzahnung zwischen Informationstechnologie und Unternehmenszielen

Die meisten (Groß-)Unternehmen haben eine Entwicklung hinter sich, in der der IT-Bereich immer wachsende Budgets vereinnahmt hat und gleichzeitig bei den Unternehmenslenkern die Unsicherheit groß ist, welchen Nutzen man eigentlich aus den

---

[1] Es ist auch die Perspektive der Autorin, einer ehemaligen Schülerin des Jubilars, die sich nach der Promotion der Beratungspraxis gewidmet hat.

immensen Beträgen generiert habe. Die IT ist immer noch eine „Black Box" in den meisten Unternehmen.

Bei genaueren Analysen der IT-Budgets und ihrer historischen Entwicklungen wird deutlich: Unternehmen geben nur einen kleinen Teil ihres IT-Budgets für wirkliche geschäftsbezogene Themen aus – der größte Teil wird im Betrieb und der Weiterentwicklung bereits bestehender Anwendungen gebunden. Typischerweise wird etwa die Hälfte der IT-Kosten im Betrieb gebunden, etwa ein Drittel in Wartung und lediglich ein kleiner Teil für „Weiterentwicklungen". Ein Budget für Neuentwicklungen und neue Anforderungen, die zur Unterstützung der strategischen Prioritäten des Geschäftes notwendig sind, ist praktisch nicht vorhanden. Die Ursachen hierfür sind vielfältig.

2.1 Ursachen der unzureichenden Verzahnung zwischen IT und Unternehmenszielen

Mangelnde Transparenz

Die Aufteilung der Ressourcen in den Kategorien Betrieb, Wartung, Weiterentwicklung und Neuentwicklung ist häufig nicht transparent, geschweige denn geplant und bewusst gesteuert. Abgrenzungen sind unscharf, lang laufende Großprojekte dienen als „trojanische Pferde" für immer komplexere Wünsche aus den Fachabteilungen und führen ein zunehmendes Eigenleben. Kostenmanagement betrifft allenfalls die Entwicklungsprojekte, aber nie die einzelnen Anwendungen. Unabhängig vom Lebenszyklus einer Anwendung werden erhebliche Wartungsbudgets gebunden, die für Innovationen fehlen.

Gewachsene Legacy-Landschaften ohne Zielarchitektur

In den meisten Unternehmen wurden zwar immer mehr Anwendungen entwickelt und mit hohem, oft manuellem Aufwand an die bestehende Anwendungslandschaft angekoppelt, alte Anwendungen blieben jedoch weiter bestehen. Ein konsequentes „Application Life Cycle Management" oder „Retirement" wird erst jetzt langsam als Chance zur Komplexitätsreduktion entdeckt. Ein „Bebauungsplan" für eine Anwendungslandschaft, der sich an der Logik des Geschäftes ausrichtet und auf Basis von Funktionsblöcken festlegt, welche Anwendungen verschiedene Geschäftsbereiche gemeinsam nutzen können, fehlt zumeist. Stattdessen wird die Architektur auf der technischen Ebene umfangreich definiert.

Hoher Anteil an Eigenbeauftragung der IT-Abteilung
IT-Abteilungen entscheiden nach wie vor in vielen Unternehmungen selbst, wie sie Anforderungen der Nutzer umsetzen und wofür sie die genehmigten Budgets einsetzen. In den typischen Bestandsaufnahmen zu Beginn eines Projektes, das die Anwendung der IT stärker auf die Geschäftsunterstützung ausrichten soll, findet man daher einen erheblichen Teil der Projekte direkt von der IT-Abteilung beauftragt. Selbstverständlich sind Infrastrukturmaßnahmen und Performance-Optimierung notwendig – und die IT-Abteilung benötigt hierfür ebenso ein angemessenes Budget wie eine Fachabteilung, aber in der Realität finden sich überdimensionierte, technikgetriebene Projekte, deren Nutzen für keinen Unternehmensbereich sichtbar ist. Es werden umfänglich neue Technologien ausprobiert, die Funktionalität oder gar die Angemessenheit der Lösung steht dabei jedoch im Hintergrund. Gemäß dem Spruch „Bauknecht weiß, was Frauen wünschen" (so der Originalton eines IT-Leiters) handelt die IT-Abteilung im vermeintlichen Interesse ihrer Kunden – und hält die gemeinsame Basis und die Brücken zwischen Anwendern und IT schmal.

Ein Beispiel aus der Praxis: die IT-Abteilung eines Telekommunikationsunternehmens portierte die 'Billing'-Anwendungen für den Festnetzbereich auf eine Echtzeittechnologie, so dass jederzeit der aufgelaufene Rechnungsbetrag für einen Telefonanschluß ermittelbar ist. Gespräche mit dem Fachbereich ergeben, dass es kein Produkt im Festnetzbereich gibt, das Echtzeitabrechnung erfordert, auch keines in den nächsten Jahren geplant ist und das Geschäftsmodell der Festnetztelephonie auch kein solches Produkt zulässt. Dennoch – die hier gebundenen Mittel ohne Kundennutzen fehlen für Projekte, die Innovationen unterstützen könnten.

Entsteht zusätzlich, wie in den letzten Jahren geschehen, massiver Kostendruck für ein Unternehmen, werden neue Projekte gekürzt, verschoben oder eingestellt – während der hohe „Sockel" an Betriebs-, Wartungskosten als notwendig für die Aufrechterhaltung des Geschäftsbetriebes angesehen und weitestgehend unangetastet bleibt. Geld für Investitionen zur Reduktion von Komplexitätskosten in der Zukunft ist nicht vorhanden, stattdessen werden alte Architekturen mit vielen provisorischen Lösungen überfrachtet, alte Anwendungen „tot gewartet". Unternehmen können diesen Teufelskreis nur durchbrechen, wenn sie eine bessere Abstimmung der IT mit dem Geschäft erreichen. Drei Ansätze zur besseren Abstimmung und Verknüpfung werden im folgenden Abschnitt kurz beleuchtet.

2.2 Die Verbesserung der Verzahnung der IT mit den Unternehmenszielen

Gemeinsame Priorisierung

Geschäft und IT müssen sich ein gemeinsames Verständnis davon erarbeiten, was die strategischen Prioritäten des Unternehmens sind, wie die ‚Roadmap' aussieht, und wie ihre Rollen bei der Erreichung dieser Ziele definiert sind. Ohne eine gemeinsame Marschrichtung kann die IT die Unternehmensziele nicht optimal unterstützen. In der Realität werden häufig Projekte zur Erstellung einer IT-Strategie beauftragt – und sehr schnell wird deutlich, dass eine Unternehmensstrategie in Bezug auf Märkte, Kunden, Produkte nicht bekannt ist oder nicht existiert. Hier kann die IT Unternehmen zwingen, die Grundlagen für ihre Strategie zu bestimmen. Umgekehrt muss die Geschäftsseite sicherstellen, dass ihre Initiativen entsprechend auf der IT-Seite berücksichtigt werden. In einer typischen Analyse im Beratungsprojekt werden die Investitionsschwerpunkte der IT den von den Geschäftseinheiten priorisierten Stoßrichtungen gegenübergestellt. Regelmäßig existiert hier ein absoluter „Missmatch" – der beiden Seiten nicht bewusst ist und die Fehlallokation der Ressourcen deutlich macht.

Gemeinsame Priorisierung bedeutet gemeinsame Diskussionen, Ringen um gegenseitiges Verständnis auf oberster Führungsebene und gemeinsame Planung. Sie bedeutet auch gemeinsamer Umgang mit Unsicherheit. Ein gemeinsam erarbeitetes, priorisiertes und budgetiertes Portfolio ist das sichtbare Ergebnis dieses Dialoges. Der IT kommt im Priorisierungsprozess eine wichtige Rolle zu, da sie über Alternativen in der Umsetzung von Anforderungen hinsichtlich Technologie, Zeitpfaden und Funktionalitäten beraten muss, um der Geschäftsseite fundierte Entscheidungen zu liefern.

Funktionale Zielarchitektur

Unternehmen brauchen eine gemeinsame funktionale Sicht auf ihre Geschäftsarchitektur: Losgelöst von existierenden Anwendungen, muss deutlich werden, nach welcher Logik das Geschäft geschnitten ist, um in einem späteren Schritt eine schlüssige Anwendungslandschaft und deren technische Parameter zu gestalten.

Die Frage nach dem „richtigen" Schnitt – stellen wir uns regional, nach Kundensegmenten oder Produkten auf? – steht am Anfang der Arbeit an einer Zielarchitektur. Häufig ist diese Frage, die sich eigentlich aus der Strategie ableiten sollte, nicht zu beantworten. Damit liegt oft zu Beginn der Erarbeitung einer Zielarchitektur, eines so genannten „blueprints", eine intensive Diskussion um die zukünftige Geschäftsstrategie. Das gemeinsame Verständnis gegenwärtiger und zukünftiger Marktentwicklungen ist zentral, um auch Innovationspotenziale und Technologiesprünge zu erkennen. So stellt die zunehmende Verbreitung des Internet-Protokolls alle Dienstleister im Infrastrukturbereich vor die Herausforderung, in naher Zukunft sowohl ihre Produkt- als auch ihre Produktionslandschaft umbauen zu müssen, aber parallel die „alte Welt" weiter bedienen zu müssen. Was „flat rate" für eine existierende Technologiebasis bedeutet, ist offensichtlich. Wie man Innovation als Chance zur Flurbereinigung nutzen kann oder aber noch mehr Komplexität in die eigene Landschaft einziehen kann, ist in der europäischen Telekommunikationsindustrie zurzeit in allen Varianten zu beobachten.

Ergebnis dieses Dialogs ist ein besseres Verständnis des eigenen Geschäftes und dessen Segmentierung. Erst dann können existierende Anwendungen aufgenommen, Überlappungen, Medienbrüche und Schnittstellen festgestellt und der Migrationsbedarf artikuliert werden.

Darstellung des Wertbeitrages der IT

Die IT muss ihren Wertbeitrag argumentieren – und dies kann sie nicht nur auf Basis der technischen Parameter zur Leistungsfähigkeit einer IT tun. Einen Geschäftsbereich interessieren beispielsweise Kosten pro MIPS[2], MTBF-Kennzahlen[3] oder Help-Desk-Quoten wenig, da er sie nicht in seiner eigenen Geschäftslogik und seinen ei-

---

[2] MIPS = 'Million Instructions per second'
[3] MTBF = 'Mean Time Between Failure'

genen Bewertungskriterien wieder findet. Der Geschäftsbereich hat einen Anspruch auf Transparenz, wie ihn die IT in der Erfüllung seines Geschäftes unterstützt.

In Projekten, die die bessere Verzahnung von IT und Geschäft bezwecken, werden Cockpits ermittelt, die in der Sprache der Kunden die Leistung der IT messbar machen. Zur Festlegung dieser Cockpits ist wiederum der gemeinsame Dialog zwischen IT und Fachbereichen Bedingung, um deren Bewertungs- und Entscheidungskriterien zu verstehen. So wird beispielsweise dargestellt, wie sich die Zeit zwischen Akquisition eines Kunden und Bereitstellung der Leistungen in Tagen verkürzt hat, oder wie sich die Kosten für die Administration eines Kundenkontos nach unten bewegen. Fehler in Endkundenrechnungen sind für die IT eine uninteressante Größe, für die wahrgenommene Leistung und Reputation eines Unternehmens im Massenmarkt aber hochrelevant. Für den Fachbereich und den Endkunden wiederum sind die typischerweise gemessenen Systemabbrüche und Tickets bedeutungslos. Durch ein Cockpit aus Kundensicht hat der Fachbereich unmittelbare Transparenz über die Kerngrößen in seinen 'Business Cases' zum Einsatz der IT und kann vor allem den Nutzen auf der Endkundenseite steuern und steigern.

Es gibt Unternehmen, in denen die Kopplung zwischen Unternehmensstrategie und IT von Anfang an funktioniert: Die Beispiele Google und Yahoo machen aktuell deutlich, wie neue Unternehmensmodelle aussehen könnten, die die Kluft zwischen Fachbereich und IT gar nicht erst entstehen lassen. Eine hohe Identifikation mit den Produkten der Unternehmung kann hilfreich sein, ist aber nicht notwendig. Entscheidend ist hier vielmehr das Selbstverständnis, dass alle Funktionen gemeinsam auf den Endkunden und den Markt gerichtet an einem Strang ziehen, statt einen großen Teil der Energie und Ideen auf die Definition und Verteidigung der eigenen Positionierung in der Organisation zu lenken.

3. Kooperation von IT-Abteilung und Anwendern

Der Fokus der zweiten Kernfrage dieses Beitrages ist die Ebene zwischen der IT-Abteilung und den Anwendern von IT aus der Perspektive des Projektalltags und des täglichen Geschäftslebens. Hier treten vor allem unstrukturierte Hemmnisse auf, weshalb auch die Lösungsansätze nur einen Rahmen vorgeben können, der im täglichen Geschäftslebens ausgefüllt werden muss und in dem die Führungskräfte mit gutem Beispiel vorangehen können, um die IT-Abteilung zur echten Unterstützung der Geschäftseinheiten anzuspornen.

3.1 Ursachen der mangelnden Kooperation von IT-Abteilung und Anwendern

Angst vor Veränderungen

Individuen versuchen vor allem in großen Organisationen, Komplexität um sich herum auf ein verträgliches Maß zu reduzieren. Veränderung bedeutet zunächst einmal Unruhe und Unsicherheit:

- Die Unsicherheit, Neues lernen müssen und den Herausforderungen vielleicht nicht gewachsen zu sein.
- Unsicherheit, ob man in einer neuen Situation die eigene, über lange Zeit erworbene Position absichern kann.
- Die feine Kalibrierung gegenüber Kollegen innerhalb und außerhalb der eigenen Abteilung wird zerstört.
- Das delikate Gleichgewicht, sich gegenseitig beschäftigt zu halten, bloß keinen Prozessfehler zu begehen, funktioniert nicht mehr. Darüber hinaus werden bequeme Ausreden ungültig.
- Veränderungsbedarf wird zudem oft als Urteil und schlechte Note für die eigenen Entscheidungen in der Vergangenheit verstanden.

Angst vor Verantwortung

In vielen Unternehmen ist es immer noch gängige Praxis, dass IT-Abteilung und Fachbereiche in großer Sprachlosigkeit und gegenseitiger Unkenntnis miteinander umgehen. Von „miteinander umgehen" kann eigentlich nicht die Rede sein, vielmehr werden Anforderungen „über den Zaun geworfen", die IT wird mit der Umsetzung mehr oder minder klarer Anforderungen konfrontiert, und nach einem (viel zu langen, viel zu teuren) Projekt ist das Ergebnis „wie immer" unbefriedigend.

Nutzer haben darauf reagiert: Wenn die IT-Abteilung sie schon nicht versteht, dann soll sie wenigstens keine Ausrede mehr haben, dann muss man eben die Sprache der IT-Fachleute sprechen. Folgerichtig wurden Menschen aus den Fachbereichen an der Schnittstelle der IT darin ausgebildet, in formalen Sprachen den IT-Fachleuten zu erklären, was man eigentlich benötigt. So werden Anforderungen an die Einführung eines neuen Sparproduktes halt in Boolescher Algebra abgebildet, man will dem Programmierer die Arbeit erleichtern, indem man schon einmal Entscheidungstabellen ausfüllt oder gar – auch dieses wurde schon bei der Entwicklung für eine Anwendung zur Abbildung der Riester-Rente gesichtet – in Pseudocode programmiert.

Alle diese Bemühungen kurieren an Symptomen, treffen aber nicht den wirklichen Grund der Unzufriedenheit: Man geht dem harten Ringen um ein gemeinsames Verständnis aus dem Weg, legt lieber mehr Energie in eine „saubere Aktenlage", statt miteinander zu reden.

Hohe Abhängigkeit von Externen

Viele Unternehmen arbeiten mit einem hohen Anteil externer Mitarbeiter – oft insbesondere in Projekten mit den Themen, die direkt dem strategischen Portfolio zugeordnet werden. In der Realität werden bis zu einem Verhältnis von zehn zu eins externe Mitarbeiter herangezogen. Diese arbeiten mit unklaren Vorgaben, definieren zugleich oft die fachlichen Anforderungen selbst und entkoppeln somit Inhalt und Dimensionierung der erstellten Anwendungen zunehmend vom Geschäft, das sie unterstützen sollen. Für die Unternehmen ist dieses eine bequeme, wenn auch teure Lösung. Diese Abhängigkeit bleibt in der Regel auch bei Betrieb und Weiterentwicklung der Anwendung erhalten.

3.2 Ansätze zum „Brückenbau" zwischen Anwendern und IT

Konkrete Ansätze zum „Brückenbau" zwischen Anwendern und IT, die sich in der Beratungspraxis bewährt haben und nachweislich zu einer signifikanten Verbesserung geführt haben, sollen im Folgenden kurz dargestellt werden. Unabhängig von einzelnen Maßnahmen ist es notwendig und möglich, Menschen auf Veränderungen vorzubereiten – auch darauf, dass es bei jeder Veränderung zu erwarten ist, dass Dinge zunächst schlechter als vorher laufen, bevor Quantensprünge der Verbesserung sichtbar werden. Innovieren zu können bedeutet, Verantwortung zu übernehmen – für Entscheidungen, für Veränderungen, auch für (temporäres) Schlechtfunktionieren, für Improvisation.

Gemeinsame Projektverantwortung

Wenn IT die Innovationen im Unternehmen unterstützen soll, ist die Verantwortung für IT nicht teilbar. Anforderer und IT-Abteilung sind gemeinsam gefordert, hier die optimale Unterstützung zu erarbeiten und zu gewährleisten. Die organisatorische Absicherung der unteilbaren Verantwortung dafür im konkreten Projekt ist die gemeinsame Projektverantwortung. Per „Doppelspitze" sind sowohl ein Projektleiter aus der anfordernden Fachabteilung als auch aus der IT gemeinsam für den Projekterfolg verantwortlich. Dem Argument, dass nur Fachleute der einen oder anderen Seite die Qualität der jeweiligen Ergebnisse beurteilen können, kann man getrost entgegenstellen, dass Führungskräfte jeglicher Herkunft in der Lage sein müssen, um ein gemeinsames Verständnis mit Vertretern benachbarter Funktionen zu ringen. Zwar werden im Projektmanagement die primären Verantwortlichkeiten für bestimmte Ergebnistypen der Fach- bzw. IT-Seite überantwortet, das Ergebnis einer jeweiligen Projektphase ist aber von beiden Seiten gemeinsam zu vertreten.

„Projekt-Wohngemeinschaft"

Bereits in der Phase der Anforderungsdefinition wird der Grundstein für den späteren Erfolg eines Projektes gelegt – nicht nur in Bezug auf eine realistische Planung von Kosten und Projektlaufzeit, sondern vor allem in Hinsicht auf die Erfüllung der funktionalen Anwendungen. Missverständnisse in den inhaltlichen Anforderungen führen zu den Fehlern, die in späteren Projektphasen am schwierigsten und am teuersten zu beheben sind. Empirisch lässt sich belegen, dass die Phase der Anforderungsdefinition zwar häufig zu kurz oder zu knapp besetzt ist, obwohl jeder Euro, der in eine weitere Klärung der Anforderungen gesteckt wird, etwa drei Euro in Realisierung und Fehlerbehebung einspart.

Um das gegenseitige Verständnis zwischen Nutzern und IT von Beginn an im Projekt systemisch anzulegen, empfiehlt sich – zumindest für die Phase der Anforderungsdefinition – eine echte „Projekt-Wohngemeinschaft". Dies bedeutet das physische Zusammenziehen aller im Projekt Beteiligten aus IT und Fachbereich, um alle inhaltlichen Fragen früh und vollständig beantworten zu können. Diese Form ersetzt nicht ein sauberes Projektmanagement mit Meilensteinen und Terminen, verhindert aber die typische Falle von Projekten, die formal sauber geführt sind, inhaltlich tatsächlich aber unzureichend durchdrungen sind und in viel späteren Phasen zu Verlusten führen.

Widerstände beim Kunden sind zu Beginn oft hoch – macht die „Projekt-WG" doch die tatsächliche Ressourcenverfügbarkeit deutlich und zwingt sie alle Beteiligten zum dauerhaften Dialog. Jeglicher gegenseitiger Schuldzuweisung in späteren Stadien wird hierdurch jedoch von Beginn an der Nährboden entzogen.

Schlagkräftige und kompetente Teams
Damit Teams wirklich handlungsfähig sind und inhaltlich gemeinsam fundierte Entscheidungen treffen können, müssen fragmentierte, nur mit einem geringen Teil ihrer Kapazität verfügbare Mitarbeiter, die mehr auf Prozessfortschritt als inhaltliche Substanz achten, ausgewechselt werden gegen Mitarbeiter, die Spaß an der gemeinsamen Entscheidung und am Projektfortschritt haben. Ein Kunde hat diesen Weg mit kleinen, schlagkräftigen Teams, die mit hohen Qualitätsansprüchen den permanenten Dialog um die „richtigste" Lösung führen, einmal treffend als „Straße der Verbindlichkeit" bezeichnet. Unter den Schlagworten „Verständlich – verbindlich – verantwortlich" wurde in einem globalen Versicherungsunternehmen der Anwendungsentwicklungsprozess neu strukturiert mit messbaren Ergebnissen: Ein Viertel weniger Ressourcenverbrauch, aber auch ein Drittel weniger Fehler waren innerhalb kürzester Zeit nachweisbar.

Rotation in der Ausbildung
Unwissenheit voneinander und Vorurteile gegeneinander verhindern den Dialog, zementieren Positionen und führen zu suboptimalen Ergebnissen. In der IT ist dies nicht anders als in anderen Umgebungen. Eine optimale Unterstützung der Geschäftsstrategien durch die IT profitiert enorm von gegenseitiger Kenntnis und gegenseitigem Verständnis. Die IT muss die Nutzendimensionen ihrer Arbeit im Koordinatensystem der Anwender verstehen, und Anwender müssen begreifen, wie ihre Anforderungen zu Anwendungen und erst damit zur Veränderung ihres Arbeitsalltags

werden. Beide müssen verstehen, wo Schnittstellen und Quellen von Missverständnissen liegen. Es hat sich in der Praxis bewährt, Vertreter aus der IT-Abteilung in die von ihnen betreute Fachabteilung zu einem „Praktikum" zu entsenden und umgekehrt.

4. Persönliche Reflektion

Abschließend sei die Reflektion erlaubt, welchen Bezug diese kursorischen Beobachtungen und Überlegungen zu Innovationshemmnissen in Unternehmen zu Norbert Szyperski haben. Norbert Szyperski hat immer Brücken gebaut, Menschen mit unterschiedlichen Perspektiven und Hintergründen zusammengebracht. Er hat sie eingeladen, gemeinsam – entlang seiner Planungsanalogie – Segeltörns zu planen und Segelreviere zu kreuzen. Seien es die Sylter Runden, seine Seminare, die Dialoge, die er zwischen Wissenschaft und Praxis initiiert und moderiert hat: Er ist entschieden gegen „über den Zaun werfen" und bequeme Sprachlosigkeit.

Ich gratuliere Norbert Szyperski von ganzem Herzen zu seinem 75. Geburtstag. Vieles aus seinen Arbeiten und Gedankengängen finde ich in der Praxis wieder – und insofern ist er nicht nur ein herausragender akademischer Lehrer, sondern auch ein Mensch, der mit beiden Beinen im Leben steht und ein untrügliches Gespür dafür hat, wie Menschen sich verhalten, sich blockieren oder kooperieren können. Ich bin dankbar, dass ich den einen oder anderen Gedanken in meinem täglichen Berater-Leben aufgreifen und die Theorie dem Praxistest unterwerfen darf.

Wenn in Projekten zur Optimierung der IT-Funktion der Berater zu einem Treffen einlädt, in dem sowohl Vertreter der IT als auch der Fachbereiche erstmalig gemeinsam außerhalb enger Projektrunden an einem Tisch sitzen und sehr bald deutlich wird, wie unterschiedlich die Wahrnehmungen gleicher Sachverhalte sind, wenn Vertreter beider Fraktionen schnell laut werden und sich in gegenseitigen Vorwürfen ergehen, dann wird mir klar, wie wichtig der selbständige eigene Standpunkt ist. Wenn im Laufe des Projektes dann erste Bemerkungen fallen, wie etwa: „ [...] die sind ja doch richtig gut und auch sehr nett", wird klar, dass gerade Brücken entstehen. Und wenn ich dann merke, dass ich mit meinem Standpunkt ‚an der richtigen

Stelle stehe', dann bin ich Norbert Szyperski dankbar für das, was ich von ihm lernen und „ins richtige Leben" mitnehmen durfte.

Dokumentenlogistik –
Ein Schwerpunkt der Informationslogistik

Klaus Höring und Robert Dekena

Inhaltsverzeichnis

1. Informationslogistik, Dokumentenlogistik und Bürokommunikation 563

2. Optimierung der Geschäftsprozesse 565
   2.1 Die organisatorische Perspektive 565
   2.2 Technische Unterstützung von Geschäftsprozessen 568

3. Das 4-Ebenen-Modell zur Wirtschaftlichkeit von Systemen der Dokumentenlogistik 570
   3.1 Das Konzept 570
   3.2 Anwendung des Modells am Beispiel von modernen Papierausgabesystemen 571
   3.3 Potenziale erschließen mit Dokumentenlogistik 572

4. Strategie und Organisation 574

Literaturverzeichnis 575

1. Informationslogistik, Dokumentenlogistik und Bürokommunikation

Während viele Begriffe einen Gegenstand beschreiben, stehen andere für ein Programm oder ein Konzept und müssten eigentlich mit einem Ausrufezeichen versehen werden. Ein solcher Begriff ist die „Informationslogistik"[1]. Er entstand in den 70er Jahren, in einem Jahrzehnt, in dem die Logistik eine neue Aufmerksamkeit erreichte, weil das integrierte Optimieren von Transport, Lagerung und Verarbeitung von Gütern im nicht-militärischen Bereich neue Chancen eröffnete.[2] Inspiriert von derartigen Denkansätzen, lag es nahe, die Möglichkeiten auszuloten, die sich analog zur Güterwelt im Bereich der Informationen boten. Gerade erst hatten die Computer als Rechen- und Speichermaschinen ihre Wachstumsphase begonnen, noch gab es keine Personal Computers (PC's), und das Schreiben von Texten wurde erst einmal auf elektrischen Schreibmaschinen erledigt. In der Telekommunikation hatte man in Deutschland die Vision von der Kommunikation für Jedermann (zuerst noch mittels Bildschirmtext) sowie von schnelleren Datennetzen mit Paketverarbeitung, währenddessen gab es in den USA schon das Arpanet als Vorläufer des Internet mit ersten Anwendungen von E-Mail-Systemen. Es lag also nahe, nach Konzepten und Realisierungen zu suchen, wie durch Integration dieser neuen Informationstechnologien bessere geschäftliche Lösungen zu erreichen wären.

Im BIFOA (Betriebswirtschaftliches Institut für Organisation und Automation an der Universität zu Köln) nutzten wir den Begriff „Informationslogistik" schon damals, um die Bemühungen um Integration und Optimierung in allen Bereichen der Verarbeitung, der Speicherung und des Transportes von Daten und Texten zu beschreiben und zu fordern. Auch wenn diese Bemühungen heute wie selbstverständlich erscheinen, so waren sie doch damals noch eine erhebliche Herausforderung[3]. In diesem Zusammenhang und aus vergleichbaren Motiven wurde auch der Begriff „Bürokommunikation" im Jahr 1977 in einem Projekt unter der Leitung von Herrn Professor Szyperski im BIFOA kreiert, um die Diskussion im Bereich der Büroarbeit mit einem

---

[1] Szyperski 1990, Szyperski/Klein 1993
[2] Kirsch 1973
[3] Heute gibt es zahlreiche Studiengänge zur Informationslogistik, das Fraunhofer Institut für Software und Systemtechnik besitzt ein Kompetenzzentrum Informationslogistik, und zahlreiche IT-Hersteller nutzen den Begriff bei vielfältigen Gelegenheiten.

Fachterminus zu belegen, der die integrative Entwicklung der Bürosysteme und die Tatsache berücksichtigt, dass die Büroarbeit im Wesentlichen mit Kommunikation verbunden ist[4].

Die fortschreitende Systemunterstützung der Bürokommunikation verstärkte das Bewusstsein dafür, dass nicht nur Daten, sondern auch Dokumente wesentliche Objekte der Informationslogistik sind. Denn die meisten Geschäftsprozesse setzen voraus, dass Dokumente erstellt, modifiziert, ausgetauscht und gespeichert werden[5]. Da Nutzung, Bearbeitung, Speicherung und Transport von Dokumenten andere Methoden und Instrumente voraussetzen als der entsprechende Umgang mit Daten, steht mit der „Dokumentenlogistik" einen differenzierenden Begriff zur Verfügung. Er behandelt alle technisch unterstützbaren Prozesse des Transports (physischer Transport, elektronische Übertragung, Sendung), der Lagerung (Speicherung, Aufbewahrung, Ablage, Archivierung), des Handlings (Sortierung, An- und Einordnung, Zusammenstellung, Beschriftung, Kuvertierung, Verpackung) und des Wandelns (Eingabe, Aufnahme, Scannen, Anzeige, Visualisierung, Drucken, Kopieren) von der Erstellung bis zur Verwendung und Vernichtung von Dokumenten. Der Begriff steht zugleich für die Forderung, alle Aktionen zur Bereitstellung der benötigten, „richtigen" Dokumente zur rechten Zeit, am rechten Ort, für den richtigen Empfänger in der richtigen Form integrativ zu behandeln und dabei die Zwecksetzung der Geschäftsprozesse zu berücksichtigen. Er hilft auf diesem Wege, moderne Technik zur Optimierung der Geschäftsprozesse unter wirtschaftlichen Gesichtspunkten einzusetzen.

Die vielfältigen Prozesse der Dokumentenlogistik, die im Rahmen der Bürokommunikation behandelt werden, lassen sich unter dem Blickwinkel einer handelnden Person (also aus organisatorischer Sicht) veranschaulichen (siehe Abbildung 1).

---

[4] Szyperski 1982.
[5] Im Gegensatz zu Dokumenten werden Daten unbeachtlich der äußeren Form in strukturierten Datenbanken oder Dateien verwaltet.

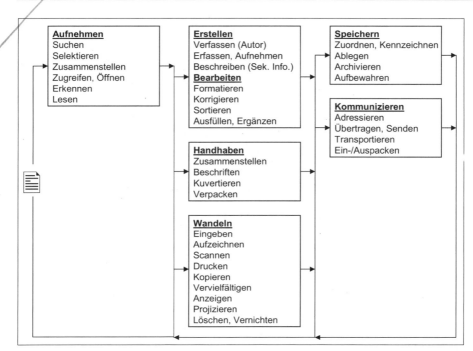

Abbildung 1: Der Dokumentenzyklus aus organisatorischer Sicht zur Veranschaulichung der Dokumentenlogistik

2. Optimierung der Geschäftsprozesse

2.1 Die organisatorische Perspektive

Mit der massenhaften Verbreitung von PC's an den Arbeitsplätzen und der Nutzung der gängigen Software-Produkte für die Dokumentenerstellung (zumeist Microsoft Office) und Dokumentenversendung (zumeist per e-Mail) erscheinen wesentliche Optimierungsansätze der Bürokommunikation ausgeschöpft. Noch immer sind aber Teilbereiche der Bürokommunikation, wie z. B. die Dokumenten-Archivierung oder die Schnittstelle zwischen den elektronischen Dokumenten und dem Papier, Gegenstand vielfältiger Optimierungsbemühungen in den Unternehmen. Gerade hierbei handelt es sich um Ansätze der Dokumentenlogistik, die im Folgenden näher beleuchtet werden.

Der Durchlauf von Dokumenten in Unternehmen erfolgt vielfach noch sehr konventionell in Papierform. Zwar hat die Kommunikation per e-Mail stark zugenommen, aber immer noch ist der Papierverbrauch zunehmend. In vielen Phasen der betrieblichen Kommunikation stellt sich die Frage, mit welchem Medium sich die Geschäftsprozesse am besten unterstützen und optimieren lassen. Dabei sind zahlreiche organisatorische und technische Fragestellungen zu behandeln. Die Abbildung 2 vermittelt einen exemplarischen Überblick über typische Entscheidungstatbestände.

Viele Vorgänge in Geschäftsprozessen laufen nach dem klassischen Muster ab, in dem Informationen von außen, z. B. von einem Kunden oder Lieferanten, eingehen, auf verschiedene Weise bearbeitet, diskutiert und entschieden werden, worauf sich eine Kommunikation nach außen anschließt. Diese vereinfachte Abfolge stellt sich in der Praxis natürlich viel differenzierter und komplexer dar. Dennoch lassen sich an diesem Grundmuster die elementaren Schritte erkennen, die es zu optimieren gilt.

Die zweckmäßige Auswahl der Medien (z. B. Papier, elektronische Dokumente oder Audio-/Video-Kommunikation) ist für viele Geschäftsprozesse nicht endgültig beantwortet. Damit hängen die organisatorischen Abläufe und die Verantwortlichkeiten sowie Befugnisse vieler Stelleninhaber zusammen. Schließlich ermöglichen neue technische Systeme die Gestaltung neuer Lösungen. Diese erfordern wiederum die Auswahl und den Einsatz moderner Technik.

Obwohl diese Zusammenhänge seit vielen Jahren diskutiert werden, bestehen immer noch erhebliche Optimierungspotenziale, die nicht ausgeschöpft sind. Diese ergeben sich weniger aus der Verbesserung bestimmter Teilaufgaben als vielmehr aus der sinnvollen Gestaltung der übergreifenden Prozesse. Übergreifendes, prozessorientiertes Denken ist gefragt. Damit rückt der „Logistik"-Ansatz in den Vordergrund und verspricht das Aufdecken und Ausschöpfen bisher nicht genutzter Optimierungspotenziale.

Entscheidungsfelder	Mediennutzung	Organisation	Techn. Ausstattung
Dokumenten-Kommunikation	Auswahl und Zweck	Verantwortungen, Abläufe, Befugnisse, Nutzungsberechtigung	Art, Umfang, Produktauswahl, Anzahl, Ort der Installation
1 Eingang	Interne Post-Weiterleitung auf Papier und/oder elektronisch	Regeln für Verteilungsweg (Post, Fax)	Scanner
Posteingang		Nutzungsberechtigungen für E-Mail	E-Mail-System, Firewall (Viren-, Datenschutz)
Abruf	E-Mail	Zugangs- und Vertretungsberechtigungen für Netze und WWW	Groupware, Workflow-System
	Fax	Regeln für Nutzung und Archivierung	Fax-Technik (Einzelgeräte, Gateway)
	Internet, Extranet, Intranet	Zuständigkeit für Service/E-Commerce	Portal-Software, Knowledge Management
	Datenträgeraustausch (DTA)	Nutzungsberechtigung für Datenträger	Lesegeräte für DTA
	Online-Banking	Nutzungsberechtigung	Online-Banking-Software
2 Interne Prozesse	Papier-Elektronik-Mix bei Sachbearbeitung (ist Papier nötig?)	Kostenzuordnung zu Verursachern	Drucker und Kopierer
Sachbearbeitung	Verwendung von Farbe u. Bildern	Unterschriftenbefugnis	Verschlüsselung, Zugangsschutz
	Vorgangsverwaltung:	Zugriffrechte auf Akten	Dokumenten-/Vorgangsverw. System
	– Vorgangs-Ablage (lfd. Vorgang)	Verantwortung für Vorgänge	Groupware, Workflow-System
	– Vorgangs-Steuerung	Dokumenten-Verteilung („Tageskopien")	Output-Management
	– Langzeitarchiv	Regelung der Archivierung als Papier- und als elektronische Dokumente	Archiv-System Digitale Kamera, Scanner
Meeting, Besprechung	Projektion	Standards für Layout und Medienwahl	Interaktive Tafel, Projektoren
	Interaktion	Anforderungen an Mediennutzung	Pin-Wand, Moderationsmaterial
	Videokonferenz, Audiokonferenz, Telekooperation	Anpassung der Mediennutzung an Unternehmens-Kultur	Video-Konferenzausstattung, Dokum.-Kamera, Electronic Meeting Systems
3 Ausgang	Information über Intranet, Extranet, Internet	Zuständigkeit für Informationsinhalte u. Freigaben, Redaktionsprozess, Koordinationsprozesse	Internet-/Intranet-Server u. Software: Portal-Manager, Content-Manager, Knowledge Management-System
Verarbeitung, Postversand	E-Commerce, E-Business, Online-Banking	Zuständigkeit für Informationsverarbeitung u. Zugang	Firewall (Datenschutz), dig. Unterschrift
	Print-Medien	Corporate Identity	Druckmaschinen, Drucker, Kopierer
	Unternehmens-TV	Kommunikationsregeln	TV-Studio, Endgeräte
	Post	Unterschriftenregelungen (alle Medien!)	Kuvertierer, Freistempler
	Fax	Ausgangskontrolle	Fax-Technik (Einzelgeräte, Gateway)
	E-Mail	Medien-Nutzungs-Regelung	E-Mail-System
	Datenträgeraustausch (DTA)	Nutzungsberechtigung für Datenträger	Schreib-/Lesegeräte für DTA

Abbildung 2: Entscheidungsfelder der betrieblichen Dokumentenkommunikation

2.2 Technische Unterstützung von Geschäftsprozessen

Technologien spielen neben organisatorischen Fragen eine wichtige Rolle bei der Optimierung der Dokumentenlogistik. Workflowsysteme, 'Document related Technologies' und Outputmanagementsysteme sind einige wesentliche aktuelle Ansätze, Geschäftsprozesse technologisch zu unterstützen. Wenn auch die Entwicklung dieser Systeme zumeist evolutionär erfolgt, können doch immer wieder Technologiesprünge auftreten, die auf einmal ganz neue Möglichkeiten der Optimierung der Geschäftsprozesse eröffnen und damit besonders berücksichtigt werden sollten. Als Beispiel für einen solchen Technologiesprung sei hier der Übergang von der analogen in die digitale Technologie bei Kopiersystemen genannt. Technisch ausgereifte analoge Systeme, die über Jahre weiterentwickelt und den Bedürfnissen im Büroalltag angepasst wurden, verloren auf einmal ihren monofunktionalen Charakter. Plötzlich waren Kopierer nicht mehr nur zum Kopieren geeignet, sondern verhielten sich wie Laserdrucker mit aufgesetztem Scanner. Schlagartig konnten die Systeme auch Drucken. Das hatte gewaltige Auswirkungen in der Branche für Kopiersysteme. Denn jetzt standen die klassischen Kopiersystemanbieter in direkter Konkurrenz zu den Anbietern von Drucksystemen. Nicht nur die Technologien, sondern auch die zuvor strikt getrennten Märkte wuchsen zusammen. Heute können Papierausgabesysteme noch vielmehr. Sie sind eingebunden in die Netzwerke der Unternehmen und Verwaltungen, sind multifunktional einsetzbar und können Kopieren, Drucken, bei Bedarf auch Faxen und Scannen sowie E-Mails verschicken. Die Systeme lassen sich direkt in die Geschäftsprozesse integrieren, und sie übernehmen als Ein- und Ausgabestationen an den Übergängen zwischen der elektronischen und der papiergebunden Welt vielfältige Aufgaben. Umso mehr gilt es für Unternehmen und Verwaltungen, nun die Potenziale solcher Systeme zu erkennen und für die Verbesserung der eigenen Geschäftsprozesse zu nutzen. Dazu können die Systeme in vielfältiger Hinsicht beitragen.

Natürlich könnte jedes Unternehmen alles wie bisher weiter machen und dabei nur etwas am Equipment sparen. Allerdings bliebe zu bedenken, dass sich in den letzten Jahren an der technischen Ausstattung der Arbeitsplätze und der Arbeitsorganisation zu viel geändert hat, als dass die herkömmlichen Konzepte ungeprüft übernommen werden sollten. Heute ist jeder Arbeitsplatz im Büro mit einem eigenen Rechner ausgestattet und an das Unternehmensnetz angebunden. Drucker sind auf vielen Schreibtischen selbstverständlich. Fax-Serverlösungen werden in mehr und mehr Unternehmen angewendet. Mit der zunehmenden Verbreitung von Dokumenten-Management-Lösungen werden Scanner immer wichtiger. Die Bedeutung von Kopiersystemen nimmt dagegen eher ab. Es wird immer weniger kopiert. Gleichzeitig steigt das Druckvolumen.

Während die Kopiersysteme in der Einkaufsabteilung zentral gemanagt werden, entsteht durch die dezentrale Beschaffung und Verwaltung der Drucker und Verbrauchsmaterialien in den einzelnen Fachabteilungen oft ein regelrechter Wildwuchs. 200 verschiedene Druckertypen von 20 Herstellern mit bis zu 300 unterschiedlichen Treibern sind für größere Unternehmen oder Verwaltungen keine Seltenheit. Wenn man jetzt noch bedenkt, dass seit Jahren multifunktionale Systeme auf den Markt drängen, kann die klassische Trennung in Kopier- und Drucksysteme nicht mehr aufrecht gehalten werden. Moderne Outputsysteme haben mehr Funktionen und Leistungsfähigkeiten als die früheren dedizierten Systeme, verlangen aber nach einer Gesamtkonzeption, die auch die organisatorischen Belange berücksichtigt.

Aufgrund der Komplexität der Systeme kann niemand ohne Kenntnisse über die eigene Situation die wirtschaftlichen Potenziale moderner Technologien der Dokumentenlogistik ausschöpfen. Ohne Konzept werden vorhandene Geräte nur durch neue Systeme ersetzt, ohne dass auf die richtige Funktionalität, die angemessene Ausstattung und den optimalen Standort geachtet wird und – das ist mindestens genauso problematisch – ohne dass die bisherigen Geschäftsprozesse hinterfragt werden.

Für die Anwender in den Fachbereichen ergeben sich aus modernen Technologien ganz neue Arbeitsabläufe. Sie können mit integrierten Systemen und Dienstleistungsangeboten anders arbeiten als in ihrer herkömmlichen Systemumgebung. Für das Beispiel der Papierausgabe heißt das, um den Anforderungen der Wirtschaftlichkeit gerecht zu werden, müssen die Anwender bereit sein, ihre Druckaufträge auf den jeweils angemessenen Geräten bzw. in den angemessenen Einheiten zu fertigen und dafür gegebenenfalls auch Wege in Kauf nehmen. Vor dem Hintergrund einer wirtschaftlichen Nutzung versprechen moderne Outputsysteme und neue Strukturen erhebliche Kosteneinsparungspotenziale. Allerdings garantieren nicht allein neue Systeme die gewünschten Einsparungsmöglichkeiten, sondern nur andere Arbeitsweisen unter Verwendung der neuen Möglichkeiten der Systeme. Die Akzeptanz der Systeme und der veränderten Arbeitsprozesse durch die Anwender ist hier unerlässlich. Mitarbeiter müssen über neue Systeme und Verfahren informiert werden, damit sie für sich persönlich den Vorteil erkennen können. Nur dann werden sie das Potenzial der modernen Outputsysteme ausschöpfen.

3. Das 4-Ebenen-Modell zur Wirtschaftlichkeit von Systemen der Dokumentenlogistik

3.1 Das Konzept

Zur Verdeutlichung der Wirtschaftlichkeitspotenziale moderner Systeme im Umfeld der Dokumentenlogistik haben wir ein Vier-Ebenen-Modell entwickelt. Das Modell leitet unsere Überlegungen bei der Optimierung von Geschäftsprozessen und bildet die Grundlage für unsere Vorgehensweise in entsprechenden Projekten. Das Modell geht über die in diesem thematischen Umfeld genutzten Analysekonzepte hinaus und führt den Faktor „Nutzen der Systeme" in die Überlegungen mit ein, denn die Systeme sollten nicht nur als Kostenfaktoren betrachtet werden.

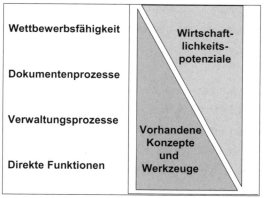

Abbildung 3: Das 4-Ebenen-Modell zur Wirtschaftlichkeit von Systemen der Dokumentenlogistik

Moderne Systeme der Dokumentenlogistik haben neben ihrer direkten Aufgabe immer eine administrative und eine prozessgestaltende Dimension. Sie tragen mit ihrer Funktion und Aufgabe explizit zur Gestaltung der Unternehmensprozesse und damit auch zur Generierung von Wettbewerbsvorteilen bei, die sich aus den Prozessen ergeben. Während die Optimierung der direkten Funktionen (Ebene 1) und ihre wirtschaftliche Gestaltung bereits vielfach analysiert und diskutiert wird, finden sich auf den anderen Ebenen des Modells heute noch weniger Konzepte und Werkzeuge. Und doch versprechen gerade diese Ebenen ein hohes Wirtschaftlichkeitspotenzial. Denn die Funktionen marktüblicher, vergleichbarer Systeme nähern sich immer weiter an, und Einkäufer können die Kostenunterschiede durch geschicktes Verhandeln vielfach ausgleichen. Die administrativen und die Prozess unterstützenden Dimensionen der Dokumentenlogistik einschließlich ihres Einflusses auf die Wettbewerbsfähigkeit werden hingegen oft vernachlässigt.

3.2 Anwendung des Modells am Beispiel von modernen Papierausgabesystemen

Anhand des Einsatzes von modernen Papierausgabesystemen im Rahmen der Dokumentenlogistik lässt sich das 4-Ebenen-Modell veranschaulichen. Für eine umfassende und vollständige Wirtschaftlichkeitsbetrachtung der Nutzung von Papierausgabelösungen greifen die heute in diesem Markt üblichen „Klickpreis-Ansätze" zu kurz. Moderne Systeme bieten zusammen mit einer effektiven Organisation der Systemnutzung und -verwaltung enorme Wirtschaftlichkeitspotenziale, die über die reine Senkung der Kosten pro Seite weit hinausgehen. Das 4-Ebenen-Modell liefert gerade hier einen umfassenden Ansatz für ganzheitliche Konzepte und kann enorme Wirtschaftlichkeitspotenziale aufzeigen, die in konkreten Projekten zu realisieren sind.

Auf der untersten Stufe des Modells werden die Kosten pro gedruckte und kopierte Seite gesenkt. Hiermit lassen sich erhebliche Einsparungen erreichen. Analysten rechnen hier immer wieder Einsparungen von 10% bis 30% vor. Auf der zweiten Ebene wird der Aufwand für die System- und Materialverwaltung deutlich reduziert und die damit verbundenen Prozesse verbessert. Auch diese Effekte sind bekannt, werden jedoch nur selten konsequent umgesetzt. Für die dritte Ebene mit dem Ziel der Senkung der Prozesskosten und Verbesserung des Umgangs mit Dokumenten gilt: Optimierungsansätze für Dokumentenprozesse berücksichtigen nicht ausreichend die funktionalen Möglichkeiten der Systeme; die Systemverantwortlichen kennen zwar die Funktionen der Geräte, aber nicht die Prozesse. Potenziale werden deshalb meist verschenkt. Die oberste Ebene beschreibt die strategische Dimension. Dort lautet das Ziel z. B. Verbesserung der Wettbewerbsfähigkeit gegenüber Kunden oder Bürgernähe in der öffentlichen Verwaltung. Bisher wird der Beitrag der Dokumentenlogistik zur Erreichung dieser Ziele durch rechtzeitig verfügbare und qualitativ hochwertige Dokumente selten problematisiert und optimiert.

3.3 Potenziale erschließen mit Dokumentenlogistik

Unternehmen können sich heute von vielen Anbietern analysieren und eine Neuausstattung vorschlagen lassen. Aber die Fäden des Handelns sollten immer in den Händen des Unternehmens liegen. Jedes Haus ist für die eigene Gesamtkonzeption rund um die Dokumentenlogistik verantwortlich. Vor dem Hintergrund der erheblichen Geldmittel und der personellen Aufwendungen, die in diesem Zusammenhang insgesamt eingesetzt werden, sollte kein Unternehmen auf ein tragfähiges und zukunftsträchtiges Konzept verzichten bzw. dieses ganz den Systemanbietern überlassen. Immerhin betreffen neue Systeme im Sinne von Infrastrukturlösungen fast alle Arbeitsplätze eines Unternehmens. Viele Mitarbeiter bedienen sich der Systeme und sind für ihre tägliche Arbeit darauf angewiesen. Sie alle werden mit den Systemen und den begleitenden Prozessen konfrontiert. Wichtig ist ein Gesamtansatz, der sowohl das dezentrale Drucken, Kopieren, Scannen und Faxen als auch die zentrale Druckerei sowie die Archive und Ablagen umfasst. Ausstattungs- und Funktionsmerkmale sind genauso zu integrieren wie technische Rahmenbedingungen, Zuständigkeiten und organisatorische Prozesse.

Für die Entwicklung der Konzeption sind intelligente Ansätze gefragt, die nicht nur die vorhandenen Daten interpretieren, sondern auch die organisatorischen und personellen Gegebenheiten des Unternehmens berücksichtigen. Je eher die betroffenen Abteilungen und Mitarbeiter in die Konzeption involviert werden, umso leichter gestaltet sich die spätere Einführung der veränderten Prozesse rund um neue Systeme. Bei der Konzeption gilt es deshalb, die richtigen Fragen zu stellen und gemeinsam tragfähige Antworten zu finden. Die zu verwendenden Funktionen und die Ausstattung der Systeme müssen für die einzelnen Standorte festgelegt werden. Aber auch die Frage der Serviceanforderungen, der internen Betreuung und der Beschaffungsprozesse für Materialien usw. müssen geklärt werden. Wie sollen die Verträge aussehen? Was wird neu beschafft und was weiter verwendet? Wie werden Mitarbeiter informiert und eingebunden? Letztlich muss der Einführungsprozess in Phasen aufgeteilt und umgesetzt werden. Das entsprechende Vorgehen ist nicht nur eine einmalige Aktion, sondern erfordert die wiederkehrende Kontrolle. Die Veränderungen der Arbeitsabläufe sind nicht einmalig mit der Einführung der neuen Systeme abgeschlossen. Im Laufe der Anwendung lernen die Mitarbeiter, mit neuen Funktionen umzugehen und die Systeme für ihre speziellen Bedürfnisse anzupassen und zu nutzen. Daraus ergeben sich wieder neue Möglichkeiten der Prozessgestaltung. So ist die Konzeption der Dokumentenlogistik ein fortlaufender Prozess, auch innerhalb der Vertragslaufzeit eines Miet- oder Leasingvertrages. Das heißt auch, dass die Kommunikation mit dem Lieferanten nicht abreißen darf und die Verträge entsprechend flexibel zu gestalten sind.

Auf Seiten der internen Prozessorganisation lassen sich neue Möglichkeiten ausschöpfen, die moderne Systeme bieten. So kann eine vorbeugende Wartung und/oder Bestückung (mit Papier, Heftklammern usw.) der Papierausgabesysteme vorgenommen werden, bevor sich die Anwender beschweren. Im Zusammenhang mit einer Reduzierung der Anzahl unterschiedlicher Lieferanten lassen sich die Bestell-, Verteil- und Lagerungsprozesse für Ersatzteile und Verbrauchsmaterialien neu und straffer gestalten. Nicht zuletzt erlauben moderne Systeme ein Überdenken des Erscheinungsbildes der hauseigenen Dokumente. So können farbige oder individualisierte Elemente in die Dokumente aufgenommen werden. Moderne Dokumentenlogistiksysteme eröffnen damit die Möglichkeit, das äußere Erscheinungsbild eines Unternehmens zu verändern. Immerhin sind die Dokumente ein wichtiges Aushängeschild jedes Unternehmens. So gesehen, gehen die wirtschaftlichen Effekte moderner Lösungen weit über den reinen Preis hinaus. Ohne Berücksichtigung der Nutzenseite werden vielleicht die Kosten reduziert, aber die Potenziale der Systeme bei weitem nicht ausgeschöpft. Die Konzeption der Anwendung der Systeme ist aber ureigenste Aufgabe eines Unternehmens. Ohne eine intelligente Konzeption liegen reichlich Potenziale brach.

4. Strategie und Organisation

Prozessorientierung in Unternehmen ist eine günstige Voraussetzung, um die Dokumentenlogistik erfolgreich als Denkansatz umzusetzen. In vielen betrieblichen Geschäftsprozessen stecken noch immer erhebliche Optimierungspotenziale. Selbstverständlich werden diese nicht allein durch die Verbesserung der Dokumentenlogistik gehoben. Viele andere, wichtige Maßnahmen betreffen die Geschäftsprozess-Organisation und die Datenverarbeitung (z. B. durch den Einsatz von ERP-Systemen und entscheidungsorientierten MIS), die nur dann eine fruchtbare Wirkung entfalten, wenn sie zusammen mit der Dokumentenlogistik eingesetzt werden.

Dieses Plädoyer ist nicht neu, aber immer noch wichtig und erneut in modernen Facetten anzuwenden. Neue Generationen von Organisatoren und Wirtschaftsinformatikern sind aufgerufen, das Grundprinzip der Informationslogistik – die integrierende Optimierung – zu beachten und weiterzuentwickeln.

Bei allen diesen Überlegungen darf nicht übersehen werden, dass die Bemühungen relativ aufwendig und anspruchsvoll in der organisatorischen Umsetzung sind. In der Beratungspraxis lässt sich deshalb auch immer wieder feststellen, dass Unternehmensleitungen vor Änderungen zurückschrecken, die ein erhebliches Maß an Veränderungen in der Organisation mit sich bringen. Dennoch sind Unternehmen gerade in der aktuellen Wirtschaftslage gezwungen, im internationalen Wettbewerb alle Möglichkeiten auszuschöpfen. Sie benötigen Rationalisierungspotenziale und die Chance, durch neue Systeme und Prozesse einen Vorsprung am weltweiten Markt zu erwirtschaften.

Gerade in deutschen Unternehmen ist die Fähigkeit für systematisches und diszipliniertes Organisieren von Prozessen relativ gut ausgeprägt. Es wäre bedauerlich, wenn diese Fähigkeit nicht für einen Wettbewerbsvorteil genutzt würde.

Literaturverzeichnis

KIRSCH, WERNER; BAMBERGER, INGOLF; GABELE, EDUARD; KLEIN, HEINZ KARL:

Betriebswirtschaftliche Logistik. Systeme, Entscheidungen, Methoden. Wiesbaden 1973

SZYPERSKI, NORBERT:

Die Informationstechnik und unternehmensübergreifende Logistik. In: Adam, Dietrich; Backhaus, Klaus; Meffert, Heribert; Wagner, Helmut (Hrsg.): Integration und Flexibilität. Eine Herausforderung für die allgemeine Betriebswirtschaftslehre. 51. wissenschaftliche Jahrestagung des Verbandes der Hochschullehrer für Betriebswirtschaftslehre e. V., 1989 in Münster. Wiesbaden 1990, S. 79-96

SZYPERSKI, NORBERT; GROCHLA, ERWIN; SCHMITZ, PAUL; HÖRING, KLAUS:

Bürosysteme in der Entwicklung. Studien zur Entwicklung und Gestaltung von Büroarbeitsplätzen. Braunschweig/Wiesbaden: Vieweg, 1982

SZYPERSKI, NORBERT; KLEIN, STEFAN:

Informationslogistik und virtuelle Organisationen. In: Die Betriebswirtschaft, 53. Jg., 1993, S. 187-209

‚Shooting in the Dark': Der Einfluss von Informationsüberlastung auf das Entscheidungsverhalten

Hans J. Oppelland und Ksenia Iastrebova

Inhaltsverzeichnis

1. Einleitung 581

2. Informationsüberlastung als Begriff 584

3. Informationsüberlastung des Individuums 586
   3.1 Informationsverarbeitung bei Informationsüberlastung 586
   3.2 Einfluss von Persönlichkeitsmerkmalen auf die
       Informationsverarbeitung 591
   3.3 Einfluss von Umgebungsfaktoren auf die Informationsverarbeitung 592

4. Informationsüberlastung der Organisation 595

5. Konsequenzen für die Praxis 598

Literaturverzeichnis 606

1. Einleitung

Vor einigen Jahren hat die Serie der Berichte über finanzielle Probleme von Unternehmungen in den USA[1] eine Reihe interessanter Fragen aufgeworfen. Bisher ist es noch unklar, wie diese Geschehnisse treffend zu erklären sind: zufällige Verkettung unglücklicher Entscheidungen von Managern im Vorfeld einer ökonomischen Rezession, Niedergang der Unternehmungsethik oder ungewöhnliche Gesetzesverstöße von Top-Managern? Oder ist es vielleicht auch ein Nebenprodukt der dramatischen Veränderung im Verständnis dessen, was man unter "Business Best Practice" zu verstehen hat? Oder ist es doch nur das Versagen von öffentlichen Kontrollinstanzen und der nicht ausreichend auf die Komplexität heutiger Geschäftspraktiken vorbereiteten Gesetzgebung und Jurisdiktion?

Eine Analyse der Fälle von u. a. LTCM (Long-Term Capital Management), Enron und WorldCom lässt ein bestimmtes allgemeines Muster entstehen und macht die Perspektive eines finanziellen Abgleitens von Unternehmungen als Folge von nicht bewältigter Informationsüberlastung[2] ebenso plausibel wie die von ungewöhnlichen Gesetzesverstößen von gewöhnlichen Managern. Wir sind der Ansicht, dass diese und andere Fälle von finanziellen Krisen unsere Aufmerksamkeit verdienen, weil es hierbei vorwiegend um Informationsverarbeitung geht, um die Fähigkeit also, die erforderlichen Informationen zu sammeln, effektiv zu verarbeiten, und um die Sensibilität gegenüber den Veränderungen in der Umgebung der Unternehmung. Informationsüberlastung ('Information overload') kann dann als vielleicht älteste aber doch moderne Krankheit von Unternehmungen gesehen werden, die diese außerordentlich verletzlich macht gegenüber allen Formen der Manipulation von Informationen.

LTCM[3], Enron und WorldCom sind ganz offenbar nicht nur aktuelle, sondern auch repräsentative Beispiele von Unternehmungen der so genannten „Neuen Ökonomie", die auf Technologie und Innovationen ausgerichtet sind und offenbar auch eine neue

---

[1] Z. B. WorldCom, Enron, Global Crossing, Adelphia, Kmart, Xerox, Ahold
[2] Vgl. Schroder, Driver, Streufert (1975), S. 103, hier wird der Begriff „Informationsüberangebot" verwendet.
[3] Long-Term Capital Management (LTCM) ist ein sehr großer und prominenter Spekulationsfonds ('hedge fund') und einer der einflussreichsten Spieler auf den Finanzmärkten der USA, der 1994 von John Meriwether (ein vormaliger Salomon Brothers 'trading star'), Robert Merton and Myron Scholes[3] (Nobelpreis in Economie, 1997) gegründet wurde. Vgl. Dowd (1999), S. 3

Einstellung gegenüber Unternehmungsstrategie, Planung und der Philosophie von Angebot und Nachfrage kennen. Das grundlegende Axiom der so genannten „Neuen Ökonomie" ist, dass alle Formen von Unternehmungen letztendlich konvergieren zu einer Form von "Information Business", wenn die Informationsverarbeitung die Kernaktivität wird und der Wert, der Informationen zugeordnet wird, diese zu einem strategischen Potential werden lässt.

Durch die heutige ökonomische Situation, in der das Zusammenbrechen von Unternehmensgiganten an der Tagesordnung zu sein scheint, was wenige echt zu überraschen scheint, außer vielleicht – ironisch genug – ihre eigenen Topmanager, wird die ernstzunehmende Lücke zwischen „neuer Form" und "altem Inhalt" dramatisch demonstriert. Während sich der Internet-Verkehr seit 1997 von Jahr zu Jahr verdoppelt hat und die Produktion und Übermittlung von Informationen extrem einfach und beinahe kostenlos werden ließ, geschieht die Überwachung und Analyse der exponentiell wachsenden Informationsströme immer noch so wie in der „alten Ökonomie". Im Economist wird in einem analytischen Bericht hierfür die Formulierung geprägt: „... **today, businesses are mostly shooting in the dark**"[4]. Trotz der Tatsache, dass offenbar alle notwendigen Informationen zur Verfügung stehen, weiß niemand genau, welche Informationen das sind und zweitens, wofür die Informationen geeignet sind. Die beschränkte Kapazität der menschlichen Informationsverarbeitung und die beschränkte Fähigkeit, die Umweltkomplexität zu absorbieren, werden durch fehlende oder inadäquate Strategien und Techniken der Informationsverarbeitung verstärkt und führen zu einer signifikanten Informationsüberlastung, von der angenommen werden muss, dass sie über das Entscheidungsverhalten individueller Mitarbeiter hinaus auch die Unternehmung selbst weitgehend beeinflusst.

Der hohe Grad der Komplexität eines Geschäftsmodels und eine aggressive Organisationskultur führen dazu, dass Informationen eher zu Waffen als zu Werkzeugen im Konkurrenzstreit werden und das Prinzip der Geheimhaltung erleichtert den planmäßigen ebenso wie den zufälligen Missbrauch von Informationen. Aufgrund der übermäßigen Komplexität der Systeme zur Dokumentation und Berichterstattung von Geschäftsprozessen ist es relativ einfach, finanzielle Unregelmäßigkeiten (Betrug) zu

---

[4] How about now? In: The Economist, January, 31, 2002

arrangieren, gleichzeitig aber auch zu übersehen, warum die Unregelmäßigkeiten dann doch entdeckt werden könnten. Eine verminderte Ethik der Unternehmungsführung, aber auch die Verformung der Organisationskultur können als Ursachen für diese Unregelmäßigkeiten gesehen werden, aber unbestreitbar ist auch, dass sowohl durch die zunehmende Dynamik der Umgebungseinflüsse als auch durch die zunehmende Informationsüberlastung die Komplexität der Geschäftsprozesse zunimmt und ihre Transparenz abnimmt.

Die zunehmende Informationsüberlastung und die gleichzeitig zunehmende Dynamik der Umgebungseinflüsse bedeuten aber auch eine ungeahnte Herausforderung für Manager in ihrem Entscheidungsverhalten. Die Wissenschaft ist immer noch nicht in der Lage, die Komplexität des Entscheidungsverhaltens von Managern grundlegend zu entschlüsseln und ausreichend genug zu verstehen, um Managern zielgerichtete Empfehlungen für die Verbesserung ihres Entscheidungsverhaltens geben zu können. Sicher scheint zu sein, dass das Entscheidungsverhalten von Managern stark beeinflusst wird durch ihre Informationsverarbeitung. Nur wenn es gelingt, Möglichkeiten für eine effektivere Informationsverarbeitung zu finden, wird das Entscheidungsverhalten von Managern grundlegend verbessert werden können.

Um dieses Ziel zu erreichen, müssen u. a. die folgenden Fragen beantwortet werden:

- Wie beeinflussen die verschiedenen Muster der (menschlichen) Informationsverarbeitung das Entscheidungsverhaltens von Managern?
- Welches sind die entscheidenden Einflussfaktoren, die die Informationsverarbeitung von Managern beeinflussen?
- Kann eine bestimmte Art und Weise (Technik) der Informationsverarbeitung die Fähigkeit von Managern verbessern, mit der wachsenden Fülle von Information umzugehen und damit Informationsüberlastung zu vermindern oder sogar ganz zu verhindern?
- Welche Techniken können Manager anwenden, um die negativen Auswirkungen der Informationsüberlastung zu vermeiden oder zumindest zu reduzieren?

Es zeigt sich, dass Forschungen zur Informationsüberlastung nicht nur tiefere Einsichten in die individuelle Entscheidungsfindung ermöglichen, sondern auch Hinweise geben auf bestimmte Implikationen auf dem Niveau der Organisation. Wenn wir die Entscheidungsfindung als eine Folge von Informationsverarbeitungsprozessen betrachten, dann können wir Informationsüberlastung begreifen als Resultat des Ungleichgewichts zwischen den Anforderungen an die Informationsverarbeitung und der verfügbaren Kapazität für die Informationsverarbeitung. Dieses Ungleichgewicht kann zu einer Reihe von Dysfunktionen bei der Entscheidungsfindung und einer Verminderung der Qualität der Entscheidung führen – und führt allzu häufig dazu.

Ziel dieses Beitrages ist es, die relevante Literatur im Hinblick auf das Entscheidungsverhalten von Managern bei Informationsüberlastung auszuwerten, um theoretisch fundierte Empfehlungen präsentieren zu können, von denen angenommen werden kann, dass sie geeignet sind, die Reduktion der Informationsüberlastung bei der Informationsverarbeitung von Managern leisten zu können[5].

2. Informationsüberlastung als Begriff

Trotz der Tatsache, dass eine wachsende Zahl von Forschungsberichten veröffentlicht worden ist, die das Phänomen Informationsüberlastung[6] untersucht, muss die Wissensausbeute als mager bezeichnet werden. Zum einem Teil liegt das an der nicht ausreichend präzisen Definition des Begriffes der Informationsüberlastung. Der Mangel an Präzisierung des Begriffes wirkt sich nachteilig auf die Qualität der Forschungsergebnisse aus, weil einerseits der Begriff nicht ausreichend durch vorhandene theoretische Erkenntnisse untermauert ist und andererseits die Entwicklung neuer Erkenntnisse dadurch eingeschränkt wird. Es erscheint uns in der gegebenen Situation sinnvoll, das robuste „Black Box"-Modell der Informationsverarbeitung als Grundlage für eine begriffliche und inhaltliche Konzeptualisierung der Informationsüberlastung zu wählen[7].

---

[5] Weitere empirische Resultate einer Untersuchung hierzu sind zu finden bei Iastrebova (2006).
[6] In diesem Beitrag wird der Begriff 'Information overload' mit 'Informationsüberlastung' übersetzt und nicht mit 'Informationsüberangebot', da dieser Begriff im Deutschen weniger gebräuchlich zu sein scheint und nicht die negative Konnotation beinhaltet.
[7] Siehe Abb. 1

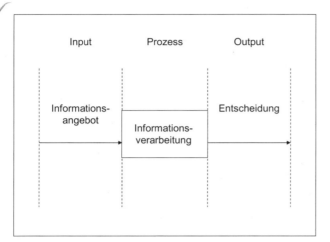

Abbildung 1: Das „Black Box"-Modell der Informationsverarbeitung

Das Informationsangebot[8] (Input), das wir mit einer Reihe von quantitativen und qualitativen Eigenschaften beschreiben können[9], wird im Prozess der Informationsverarbeitung zu einem Ergebnis (Output) transformiert, das wir als Entscheidung von einer bestimmten Qualität sehen können. Praktisch alle Theorien der Informationsverarbeitung folgen der Annahme, dass die Verarbeitungskapazität, d. h. die Menge und Komplexität der Information, die während einer bestimmten Zeiteinheit von einem Menschen verarbeitet werden kann, beschränkt ist. Ein Ungleichgewicht zwischen Informationsangebot und Verarbeitungskapazität führt entweder zu einem Informationsmangel oder einer Informationsüberlastung. Beide Zustände beeinflussen die Effizienz des Entscheidungsverhaltens ebenso wie die Qualität der Entscheidung.

Der Prozess der Verarbeitung des Informationsangebotes wird neben dem Informationsangebot selbst von einer Reihe anderer Einflussfaktoren bestimmt. Für die Identifikation dieser Einflussfaktoren wollen wir[10] drei Bezugsebenen unterscheiden: (1) den individuellen Entscheidungsträger[11], (2) die Gruppe von Individuen[12] und (3)

---

[8] D. h. die Menge und Komplexität der angebotenen Informationen, die innerhalb einer bestimmten Zeitspanne verarbeitet werden müssen.; im Englischen 'information load'; andere, weniger gebräuchliche Begriffe sind Informationslast oder Informationsbelastung
[9] Vgl. Iselin (1988), Vgl. Schick, Gordon, Haka (1990)
[10] Dies in Anlehnung an die Literatur
[11] Vgl. O'Reilly III (1980), Chewning, Harrell (1990), Hahn, Lawson, Lee (1992)
[12] Vgl. Stocks, Harrell (1995)

die Organisation als Entscheidungsträger[13]. Dementsprechend werden hier auch die folgenden drei Dimensionen der Analyse verwendet, Individuum, Gruppe und Organisation.

Die Kapazitätsbeschränkung bei der Informationsverarbeitung gilt offenbar für Individuen, Gruppen und die Organisationen in vergleichbarer Weise. Allerdings führt eine einfache Aggregation der individuellen menschlichen Kapazitäten der Informationsverarbeitung nicht zu einem für Gruppen und die Organisation gültigen Resultat. Für die Bestimmung der gruppenbezogenen und organisationsspezifischen Kapazitätsbeschränkungen müssen eine Reihe weiterer Merkmale der Organisationsstruktur und -umgebung in die Analyse miteinbezogen werden.

3. Informationsüberlastung des Individuums

3.1 Informationsverarbeitung bei Informationsüberlastung

Bereits frühere Forschungen auf dem Gebiet der Kognitiven Psychologie haben die Bedeutung von kognitiven Beschränkungen bei Menschen betont. Die meisten der Forschungsresultate bestätigten das Vorhandensein einer stabilen Beziehung zwischen dem Niveau der Erregung des menschlichen Gehirns und der Effektivität der Informationsverarbeitung. Häufig wurde diese Beziehung illustriert mit Hilfe einer umgedrehten U-förmigen Kurve, die die höhere Übertragung der Information aus der Umgebung bei einem mittelmäßigen bis hohen Grad der Erregung zeigte[14].

Das (damals) wohl einflussreichste Werk zum Thema Informationsüberlastung erschien 1967 von Schroder, Drive und Streufert[15]. Mit ihrem Entwurf eines Konzepts der menschlichen Informationsverarbeitung ('human information processing') wurde auch die Wechselwirkung zwischen der individuellen Informationsverarbeitung und der Umgebungskomplexität formuliert. Menschliche Informationsverarbeitung ist dabei definiert als das Zusammenwirken zweier grundlegender Dimensionen: (1) der

---

[13] Vgl. Daft, Langel (1986), Schneider (1987), Schick, Gordon, Haka (1990)
[14] Vgl. Berlyne (1960)
[15] Vgl. Schroder, Driver, Streufert (1967). In der deutschen Übersetzung Schroder, Driver, Streufert (1975)

verarbeiteten inhaltlichen Komplexität und (2) der Integrationsregeln, die bei der Verarbeitung verwendet werden (integrative Komplexität). Die Umgebungskomplexität wird definiert als ein Konzept, das eine Reihe von primären und sekundären Eigenschaften integriert. Hierzu zählen als primäre Merkmale "die Menge der Informationen (information load), die Vielfalt der Informationen (information diversity) und die Veränderungsrate der Informationen (rate of information change)"[16]. Zu den sekundären Eigenschaften zählen Umweltmerkmale und Merkmale der Organisationsform. Als Umweltmerkmale können zum Beispiel Noxity[17] und Eucity[18] genannt werden, der Grad des Engagements oder der Betroffenheit in einer Aufgabensituation und das „Ausmaß, in dem eine Person durch eine Situation abgestoßen oder desorientiert wird"[19]. Unter Merkmalen der Organisationsform werden zum einen Faktoren verstanden, die durch administrative Normierung der Umwelt entstehen, zum anderen Faktoren, die speziell für Gruppen- oder Interaktionssituationen relevant sind, wie die Anzahl der an der Aufgabenerfüllung beteiligten Personen, das Ausmaß der erforderlichen Interaktionen, das Ausmaß an notwendiger Kooperation und das Ausmaß der organisatorischen oder administrativen Zwänge[20].

Die Autoren fanden heraus, dass der Zusammenhang zwischen dem Niveau der menschlichen Informationsverarbeitung und der Umwelt-Komplexität als eine umgekehrte U-Kurve dargestellt werden kann mit einem Maximum für einen bestimmten optimalen Wert der Umgebungskomplexität (Punkt AX in Abb. 2). Eine Abweichung von dem Optimum in beide Richtungen reduziert das Niveau der Informationsverarbeitung. Eine Zunahme der Umgebungskomplexität durch Veränderung (Zunahme) der Informationskomplexität, der Noxity oder der Eucity oder des kombinierten Effektes aller drei Faktoren wird zu einer Informationsüberlastung und damit zu einer Abnahme (des Niveaus) der Informationsverarbeitung führen (Sprung von AX nach BY bzw. BZ in Abb. 2).

---

[16] Vgl. Schroder, Driver, Streufert (1975), S. 60
[17] „Noxity oder die Schwere der nachteiligen Konsequenzen des Verhaltens in einer spezifischen Situation. Dazu gehört auch die Anzahl der Ergebnisse (outcomes), die negative Konsequenzen zur Folge haben". Vgl. Schroder, Driver, Streufert (1975), S. 62
[18] „Eucity oder die Menge der in einer Umwelt vorhandenen Belohnungen (reward) oder Aussichten (promise)". Vgl. Schroder, Driver, Streufert (1975), S. 62
[19] Vgl. Schroder, Driver, Streufert (1975), S. 62
[20] Vgl. Schroder, Driver, Streufert (1975), S. 62 f.

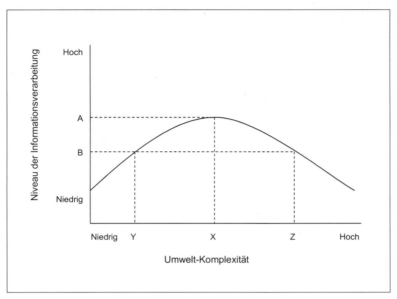

Abbildung 2: Beziehung zwischen Umwelt-Komplexität und Komplexität der Verhaltensweisen (aus Schroder, Driver, Streufert (1975))

Mit einer Erweiterung ihres Konzeptes kommen die Autoren zu dem Schluss, dass sich Individuen hinsichtlich ihrer Informationsverarbeitung signifikant unterscheiden aufgrund ihrer abweichenden Persönlichkeitsmerkmale. Die individuellen Unterschiede in der integrativen Komplexität der Informationsverarbeitung werden illustriert durch die Gruppe von Kurven, die das Maximum der Informationsverarbeitung erreichen bei jeweils verschiedenen Niveaus der Umgebungskomplexität. Folglich ist der Zustand der Informationsüberlastung eine individuelle Reaktion auf den Einfluss der Umgebungskomplexität[21]. Während einige Individuen bereits einen Zustand der Informationsüberlastung wahrnehmen, werden andere weiterhin Information verarbeiten, ohne nennenswerte Beeinträchtigungen zu erfahren.

In Hinblick auf diese Unterscheidungskriterien der Informationsverarbeitung unterscheiden die Autoren zwischen dem integrativ-einfachen Typ einerseits und dem integrativ-komplexen Typ andererseits. Die obere Kurve (Kurve A, Abb. 3) repräsentiert das eher integrativ-komplexe Informationsverarbeitungsverhalten, welches ein Leistungsmaximum bei einem höheren Niveau der Umgebungskomplexität erreicht.

---

[21] Im Gegensatz zu einer allgemeinen und stabilen strukturellen Komplexität der Individuen

Obgleich der Effekt der Persönlichkeitsvariablen hierbei als signifikant gesehen wird, kann die Beziehung nur abgeleitet werden durch die Einführung der Variablen Aufgabenumgebung in die Analyse. Demzufolge ist die generelle Schlussfolgerung, dass integrativ-komplexe Personen unter allen Bedingungen bessere Leistungen zeigen als integrativ-einfache, nicht haltbar. Die kritische Analyse der empirischen Belege zeigte jedoch, dass die integrative Komplexität der Persönlichkeit positiv korreliert mit den integrativen Merkmalen der Informationsverarbeitung. Personen mit den Merkmalen von hoher integrativer Komplexität suchen mehr Arten von Information, bevorzugen komplexere Informationseinheiten und gelangen zu Entscheidungen auf höheren Niveaus der Komplexität.

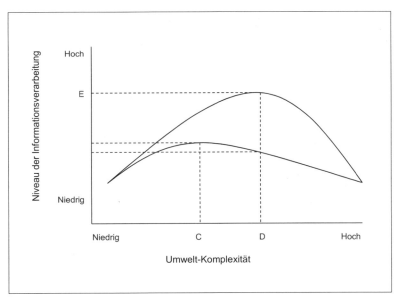

Abbildung 3: Umweltkomplexität und Komplexität des Verhaltens für verschiedene Niveaus der Persönlichkeitsstruktur (Schroder, Driver, Streufert (1975))

Der Grad der Empfindsamkeit von Individuen gegenüber dem wachsenden Druck, der durch Informationsbelastung in Zusammenhang mit den Merkmalen der individuellen integrativen Komplexität entsteht, erfordert noch weitere empirische Forschung. Die Annahme des aktuellen Modells ist, dass sowohl extrem niedrige als auch hohe Niveaus der Umgebungskomplexität mit der Neigung zur Konvergenz des Informationsverarbeitungsverhaltens von Individuen mit Merkmalen verschiedener integrativer Komplexität zusammenfallen. Das bedeutet, dass die Unterschiede in der Informationsverarbeitung zwischen den Individuen unter dem Druck von hoher Informationsbelastung geringer werden und ein eher vergleichbares Informationsverarbeitungsverhalten entsteht.

Motiviert durch die fortschreitende Entwicklung der computergestützten Informationssysteme und der aktuellen Forschung über menschliche Informationsverarbeitung, versuchte Mintzberg[22] eine Antwort zu finden auf die Frage „Why do manager not use information as they apparently should?". Seine Annahme ist, dass die Benutzung von Managementinformation bestimmt ist durch die komplexe Beziehung zwischen der dem Manager verfügbaren Information, dem Arbeitsdruck, den die Organisationsumgebung vermittelt und der Art und Weise, in welcher sein Gehirn die verfügbare Information aufnimmt und verarbeitet[23]. Damit war zum ersten Mal die Aufmerksamkeit auf das Design von Informationssystemen und eine Anzahl von Missverständnissen über Management Informations-Systeme (MIS) gerichtet, so zum Beispiel den eingeschränkten Anwendungsbereich, die übermäßige Aggregation der Daten, die mangelnde Aktualität, die Überflüssigkeit und Zuverlässigkeit der Information[24]. Die Aufzählung der organisatorischen Faktoren, die die Effektivität der Informationsverarbeitung von Managern (negativ) beeinflussen, ist nicht minder eindrucksvoll: Inflexibilität und unklare Zielsetzungen, Wahrnehmung von Informationen als einer vorrangigen Quelle von Macht und Festhalten an einer Vorliebe für unzuverlässige Informationsquellen. Mintzberg benennt auch eine Reihe von Konsequenzen der anlagebedingten kognitiven Beschränkungen des menschlichen Gehirns, z. B. Wahrnehmungsvorurteile und Dogmatismen, Überzeugungen und Heuristiken, die dem gesunden Menschenverstand entsprechen.

---

[22] Vgl. Mintzberg (1973)
[23] Vgl. Mintzberg (1973), S. 1
[24] Die entsprechenden Begriffe bei Mintzberg sind: limited nature, excessive data aggregation, information delay, obsoleteness and unreliability of information.

3.2 Einfluss von Persönlichkeitsmerkmalen auf die Informationsverarbeitung

Der Bereich der Persönlichkeitsmerkmale umfasst Entscheidungsstil, individuelle Unempfindlichkeit (Toleranz) gegenüber Zweideutigkeit[25] und einige weitere Merkmale, wie Kontrollorientierung, Einstellung zu Risiko, strukturelle Komplexität und kognitive Veranlagung, auf die wir später noch zurückkommen werden. Es ist nämlich zu vermuten, dass Persönlichkeitsmerkmale nicht nur die Art und Weise der menschlichen Informationsverarbeitung direkt bestimmen, sondern auch den Grad der Widerstandsfähigkeit gegenüber Informationsüberlastung – und damit die individuelle Informationsverarbeitung in signifikanter Weise indirekt beeinflussen.

Die Qualität einer Entscheidung als Resultat der Informationsverarbeitung kann definiert werden als eine Kombination von Genauigkeit der Entscheidung und der für die Entscheidungsfindung erforderlichen Zeit (Entscheidungszeit). Wir haben die Auswirkung der Persönlichkeitsmerkmale der Entscheidungsträger auf den Prozess der Entscheidungsfindung einschließlich des Grades der Empfindsamkeit gegenüber Informationsüberlastung als einer intervenierenden Variablen der Informationsverarbeitung in einem Model zusammengefasst (siehe Abb. 4).

Driver und Mock[26] untersuchten den Einfluss der individuellen Merkmalen der Entscheidungsträger (Entscheidungsstil und Informationsstruktur) auf die Leistung bei der Entscheidungsfindung (Informationsverarbeitung). Zu diesem Zweck definierten sie zwei Arten von Informationsstrukturen (a) aktuelle und (b) verzögerte Information und teilten die Entscheidungsträger in analytisch-orientierte und heuristisch-orientierte ein, wobei analytische Entscheidungsträger analytische Werkzeuge gebrauchen, um Informationen zu verarbeiten – häufig zusammen mit quantitativen Algorithmen, formalisierten Modellen und mathematischer Logik, während heuristisch-orientierte Entscheidungsträger sich auf den gesunden Menschenverstand ('common sense') und ihre Intuition verlassen und die Veränderungen in der Umgebung mit einbeziehen.

---

[25] Vgl. McGhee, Schields, Birnberg (1978)
[26] Driver und Mock (1975)

Die Autoren vermuteten, dass der Entscheidungsstil einen signifikanten Einfluss auf die Effektivität der Entscheidungsfindung hat. Ihre Forschungsresultate bewiesen, dass analytische Entscheidungsträger hinsichtlich der Genauigkeit der Entscheidung ein besseres Ergebnis erzielen als heuristische Entscheidungsträger, dafür aber längere Entscheidungszeiten in Kauf nehmen mussten. Die Struktur der Information zeigte einen signifikanten Einfluss auf die Länge der Entscheidungszeit. Die aktuelle Information wurde als relevanter beurteilt, erforderte aber eine längere Zeit für die Verarbeitung und die Integration in die Entscheidung.

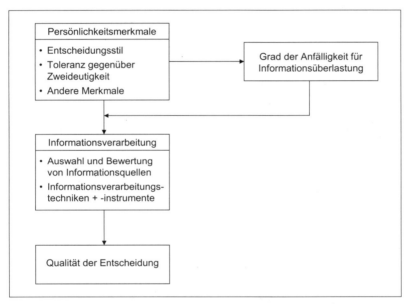

Abbildung 4: Die Auswirkung kognitiver Merkmale des Entscheidungsträgers auf die Qualität der Entscheidung bei Informationsüberlastung[27]

3.3 Einfluss von Umgebungsfaktoren auf die Informationsverarbeitung

Es bestehen zwei allgemeine Gruppen der Umgebungsfaktoren, die für die Untersuchung der Entscheidungsprozesse bei Informationsüberlastung als relevant betrachtet werden können. Erstens scheint der Einfluss der quantitativen und qualitativen Merkmale des Informationsangebotes auf die Entscheidungsfindung bemer-

---

[27] Vgl. Iastrebova, Oppelland (2002).

kenswert zu sein. Zweitens beeinflussen bestimmte Aufgabenmerkmale, wie zum Beispiel die zeitliche Beschränkung, der Aufgabenkontext und der Modus der Aufgabenerfüllung, die Informationsverarbeitung.

Anschließend an die Arbeiten von Schroder, Driver und Streufert[28] war das vorwiegende Ziel der weiteren Forschung, die gemachten Annahmen zu rechtfertigen, ihre möglichen Beschränkungen einschätzen zu können und die Generalisierbarkeit zu erhöhen. Eine ganze Reihe von Forschungsaktivitäten konzentrierten sich auf den Bereich der Wirtschaftsprüfung, da hier sowohl Merkmale des Informationsangebots als auch der Informationsnachfrage gut kontrollierbar schienen. Snowball[29] untersuchte neben der direkten Wirkung des Informationsangebotes auf die Qualität der Entscheidung auch den Einfluss der Sachkenntnisse von Wirtschaftsprüfern und nahm einen zusammengesetzten Effekt der beiden Faktoren auf die Informationsverarbeitung an. Seiner Ansicht nach sind Informationsangebot und Sachkenntnisse wichtige Faktoren, die die subjektive Wahrnehmung von Information und damit die Qualität der Entscheidung beeinflussen. Die Forschungsresultate zeigen jedoch, dass weder die Sachkenntnis noch der Zeitdruck einen signifikanten Einfluss auf die Wahrnehmung von Information haben. Erwartungsgemäß zeigte sich jedoch ein signifikant positiver Einfluss der Sachkenntnis auf das Vertrauen, das Individuen in die gemachte Vorhersage haben.

Die in den Experimenten von Iselin (1988) gewonnenen empirischen Ergebnisse unterstützen die in dem Model der Informationsverarbeitung vorgeschlagenen Beziehungen zwischen Informationsmenge und -diversität einerseits sowie Qualität der Entscheidung und Zeitbedarf für die Entscheidung andererseits. Als individuelle Merkmale der Entscheidungsträger waren die Variablen Erfahrungsniveau und Aufgabenlernen einbezogen. Die Annahme von Iselin, dass „subjects can learn to process higher environmental complexity"[30] wird durch die experimentellen Ergebnisse unterstützt. Die Resultate der Experimente zeigen, dass sowohl die Erfahrung und das Aufgabenlernen von Entscheidungsträgern die negativen Konsequenzen von

---

[28] Vgl. Schroder, Driver, Streufert (1967)
[29] Vgl. Snowball (1980)
[30] Vgl. Iselin (1988), S. 153

zunehmender Menge und Diversität der Information auf die Genauigkeit der Entscheidung und den Zeitbedarf für die Entscheidung reduzieren.

Die Informationsüberlastung ist wahrnehmungsgebunden. Das impliziert, dass verschiedenen Individuen den Zustand der Informationsüberlastung bei verschiedenen Niveaus der Informationsmenge und -vielfalt wahrnehmen. Einige Entscheidungsträger können den Zustand der Informationsüberlastung bereits wahrnehmen, während andere weiterhin die neu hinzukommende Information ohne irgendwelche Beeinträchtigung der Entscheidungsqualität verarbeiten. Chewning und Harrell untersuchten die Diskrepanz zwischen der Qualität von Entscheidung von Individuen, die bei sich selbst einen Zustand der Informationsüberlastung wahrnehmen, in Vergleich mit anderen, für die das (noch) nicht so ist. Die intuitive Vermutung, dass Entscheidungsträger unter dem Druck der Informationsüberlastung schlechtere Leistung zeigen, d. h. eine kleinere Menge der Informationseinheiten in ihre Entscheidung integrieren, wurde durch die Resultate des Experiments bestätigt. Gleichzeitig zeigte sich aber auch, dass Individuen einer Informationsüberlastung ausgesetzt sind, ohne sich dessen bewusst zu sein[31].

Zusammenfassend können die folgenden Schlussfolgerungen gezogen werden:

1) Es ist weitgehend akzeptiert, dass von einem bestimmten Moment ab der Zuwachs an Informationsinput zu der Situation führt, in der von einer Informationsüberlastung gesprochen werden kann, die zu einer Abnahme der Entscheidungsqualität führt.
2) Der festgestellte negative Einfluss der Informationsüberlastung auf die Entscheidungsqualität wirkt sich auf die Genauigkeit der Entscheidung ebenso aus wie auf den Zeitbedarf für die Entscheidung und beeinträchtigt damit sowohl die Effektivität wie die Effizienz der Entscheidungsfindung.
3) Die Erfahrung von Managern kann den Druck der wachsenden Informationsmenge im Entscheidungsprozess teilweise vermindern.

---

[31] Vgl. Chewning, Harrell (1990), S. 537

4) Die Zufriedenheit von Mitarbeitern kann die Wahrnehmung der Informationsüberlastung positiv beeinflussen, mit anderen Worten sind zufriedene Mitarbeiter eher in der Lage, mit Informationsüberlastung umzugehen.

4. Informationsüberlastung der Organisation

Die Idee der Beeinflussung der menschlichen Informationsverarbeitung durch den organisatorischen Kontext finden wir bereits in den frühen Untersuchungen[32]. Es erscheint angemessen, die Organisation als einen Kontext für die individuelle Entscheidungsfindung zu betrachten, da die Organisation nicht nur explizit und implizit Regeln der Informationsverarbeitung, sondern auch wichtige Randbedingungen hierfür bestimmt, die sich z. B. aus der Organisationsstruktur, der Festlegung der Informationsströme und der Organisationskultur ergeben.

Das theoretische Konzept der innerhalb eines organisatorischen Kontextes stattfindenden Informationsverarbeitung wurde von Tushman und Nadler[33] entwickelt und durch Daft und Langel[34] weiterentwickelt (siehe Abb. 5). Die grundlegende Annahme der organisatorischen Informationsverarbeitung ist, das jede Organisation ein System der Informationsverarbeitung ist, das unter Bedingungen der Unsicherheit und Zweideutigkeit funktioniert, während es beide zu reduzieren trachtet. Es sind im wesentlichen zwei Arten von Unsicherheit und Zweideutigkeit, welche die Anforderungen an die Informationsverarbeitung bestimmen: (1) Die **externe** Unsicherheit und Zweideutigkeit, die verursacht wird durch Umgebungsmerkmale, (2) die **interne** Unsicherheit und Zweideutigkeit, die abgeleitet werden kann von den inneren Organisationsfaktoren, zu denen die Stabilität der organisatorischen Beziehungen und die Technologie zählen.

Der Einfluss der externen Umgebung ist mehr oder weniger direkt: (a) Je eindeutiger und analysierbarer die Beziehung zwischen Umgebung und Organisation ist, desto kleiner ist der Grad der Zweideutigkeit und (b) desto höher die qualitativen

---
[32] Vgl. Schroder, Driver, Streufert (1967), Mintzberg (1973), Lloyd, Vaidya, Ford (1975)
[33] Vgl. Tushman, Nadler (1978)
[34] Vgl. Daft, Langel (1986)

Umgebungsmerkmale, wie z. B. Stabilität, Konkurrenzfähigkeit und Attraktivität, ausgeprägt sind, desto geringer ist der Grad der Unsicherheit. Die interne Unsicherheit und Zweideutigkeit entsteht aus zwei Quellen: zum einen aus der Art der Beziehungen zwischen den Abteilungen, wobei ein hoher Spezialisierungsgrad die Zweideutigkeit erhöht und eine höhere gegenseitige Abhängigkeit der Abteilungen untereinander zu höherer Unsicherheit führt. Der Grad der Unsicherheit und Zweideutigkeit wird zum anderen durch die direkte Interaktion der Technologie[35] mit den Aufgabenmerkmalen beeinflusst, wobei die Aufgabenvielfalt[36] positiv mit dem Grad der Unsicherheit korreliert.

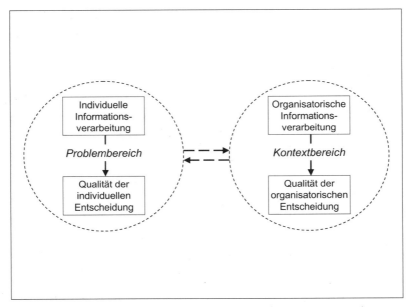

Abbildung 5: Kontextueller Ansatz zum Phänomen der Informationsüberlastung

Im weiteren können wir feststellen, dass die Qualität der organisatorischen Entscheidungsfindung auch von der Informationsverarbeitungskapazität der Organisation abhängig ist. Die verschiedenen organisatorischen Strukturen führen zu unterschiedlichen Kapazitäten für eine effektive Informationsverarbeitung, d. h. der

---

[35] Insbesondere Informations- und Kommunikationstechnologie
[36] Aufgabenvielfalt – „the frequency of unexpected and novel events that occur in the conversion process" vgl. Daft, Langel (1986), S. 563

Menge der Informationen, die sie übermitteln können und der Reichhaltigkeit[37] der übertragenen Informationen. Tushman und Nadler[38] unterscheiden zwei Typen der Organisationsstruktur: (1) eine sehr hoch vernetzte organische Struktur, von der angenommen wird, dass sie im Umgang mit Unsicherheit bessere Resultate erzielt, weil die Vernetzung es möglich macht, die individuellen Engpässe der Informationsverarbeitung zu identifizieren und zu umgehen, wodurch Zusammenbrüche des Netzes vermieden werden können; (2) eine mechanistische Organisationsstruktur, der ein geringerer Grad von Vernetzung zugeschrieben wird und dementsprechend eine geringere Fähigkeit, mit der Zunahme der Informationsmenge und der daraus resultierende Zunahme der Unsicherheit umgehen zu können.

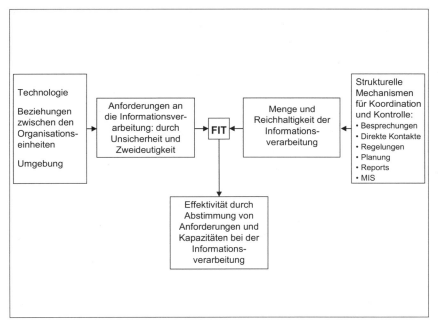

Abbildung 6: Modell der Informationsverarbeitung und Organisationsentwurf (Quelle: Daft & Langel, 1985, S. 568)

Eine andere Einteilung wurde vorgeschlagen von Daft und Langel[39], die das Konzept der unterschiedlichen Informationsverarbeitungskapazitäten von unterschiedlichen

---

[37] Information richness – "the ability of Information to change understanding within a time interval". Vgl. Daft, Langel (1986), S. 560
[38] Vgl. Tushman und Nadler (1978)
[39] Vgl. Daft, Langel (1986)

organisatorischen Strukturen illustriert. In ihrem Modell werden sieben verschiedene organisatorische Formen[40] unterschieden, die sich als effiziente Möglichkeit für die Reduktion der Unsicherheit erwiesen haben. Es scheint dabei, dass die Organisationsstrukturen, die einen Beitrag zur Verminderung von Unsicherheit liefern, nicht immer die gewünschten Ergebnisse bei der Verminderung von Zweideutigkeit erzielen[41].

5. Konsequenzen für die Praxis

In der Einleitung haben wir die Frage aufgeworfen, ob das dramatische Versagen von Managern der genannten Unternehmungen vielleicht nicht nur durch unzulässige Manipulation von Informationen verursacht sein kann, sondern auch im Zusammenhang mit dem Phänomen Informationsüberlastung gesehen werden muss. Dabei sollen nicht jene Manager entschuldigt werden, denen zu recht Fehlentscheidungen und Fehlleistungen, mangelnder Ethik und Gesetzesbrüche vorgeworfen werden.

Sicher ist es auch richtig, für Unternehmen bessere interne und externe Kontrollen auf allen Managementebenen zu fordern. Richtig ist auch, wenn Unternehmungen fortschrittliche und 'intelligente' Informations- und Kommunikationssysteme implementieren, um Managern den Zugang zu aktuellen und zuverlässigen Information zu verschaffen und wenn Unternehmungen nicht nur auf ex-post Kontrollen bauen, sondern auch die Regeln für die unternehmerische Entscheidungsfindung überprüfen. All dies klingt überzeugend und ist geeignet, Optimismus zu vermitteln – allerdings nur bis zu einem bestimmten Punkt. Es scheint wichtig, darauf zu achten, dass diese Art der Maßnahmen nicht die Form der Behandlung von Symptomen einer Krankheit annimmt, ohne die tatsächlichen Ursachen der Krankheit zu kennen.

Produktion und Übermittlung von Informationen geschehen ununterbrochen während der 24 Stunden eines Tages[42]. Zudem macht das Internet Informationen für praktisch

---

[40] Hierzu zählen neben Besprechungen und organisatorischen Regeln auch computergestützte MIS.
[41] Dasselbe gilt entsprechend auch umgekehrt.
[42] Vgl. ein Beispiel aus dem Projekt „How Much Information": *„Email* generates about 400,000 terabytes of new information each year worldwide", [which is roughly equivalent to 200,000 academic research libraries, d. A.], vgl. Lyman, Peter and Hal R. Varian, „How Much Information", 2003. [Quelle: http://www.sims.berkeley.edu/how-much-info-2003, 16.6.2006]

jeden zugänglich und wirft damit die Frage auf, ob ein Informationsmangel überhaupt noch besteht oder lediglich ein überholtes Klischee ist, das vielleicht noch in veralteten Lehrbüchern zu finden ist[43]. Das Thema, das aktuell bleibt, ist die Frage, wie Unternehmen den vollen Nutzen aus der zugenommenen Verfügbarkeit von Information ziehen können und wie Informationen zu einem effektiven und produktiven Werkzeug der Entscheidungsfindung von Managern gemacht werden können. Zu diesem Zweck ist es sinnvoll, das Konzept des Entscheidungsprozesses bei Managern vor dem Hintergrund des Einflusses der Informationsüberlastung neu zu beurteilen, um die Ursachen für das zu beobachtende schrittweise Abgleiten zur schwachen Urteilsformung verstehen zu können.

Dieser Beitrag zeigt auf, dass Informationsüberlastung nicht nur essentiell ist, um tiefere Einsichten in die individuelle Entscheidungsfindung zu ermöglichen, sondern auch, weil es bestimmte Implikationen auf dem organisatorischen Niveau hat. Wenn wir die Entscheidungsfindung als eine Folge von Informationsverarbeitungsprozessen betrachten, dann können wir Informationsüberlastung illustrieren als ein Resultat des Ungleichgewichts zwischen Anforderungen an die Informationsverarbeitung und der verfügbaren Kapazität für die Informationsverarbeitung, was zu einer Reihe von Dysfunktionen der Entscheidungsfindung und Verminderung der Qualität der Entscheidung führen kann (und allzu häufig führt).

Informationsüberlastung kann offenbar niemals selbstregulierend sein – sie entsteht allmählich, nimmt zu und überschreitet auf einmal den kritischen Wert. Die Notwendigkeit, den Zustand der Informationsüberlastung für die einzelnen Mitarbeiter zu vermeiden und ihre eigene Unfähigkeit, effektiv mit der wachsenden Informationsmenge (Informationsfülle) umzugehen, erfordern die Entwicklung neuer Konzepte für den Umgang mit Informationen in Organisationen.

Nachstehend haben wir auf der Grundlage der hier besprochenen theoretischen empirischen Erkenntnisse einige praktische Empfehlungen formuliert, von denen wir annehmen, dass sie beitragen können, die Informationsüberlastung auf dem indivi-

---

[43] Eher ist es wohl so, dass der Heuhaufen, in dem wir die bekannte Stecknadel suchen, inzwischen unvorstellbare Abmessungen erreicht hat.

duellen Niveau zu vermindern oder gar ganz zu vermeiden und ihrer Ausdehnung zu einer Schwäche der gesamten Organisation entgegenzuwirken.

1. Wissensmanagement

Oft ist das Problem der Informationsüberlastung ein direktes Resultat der internen organisatorischen Mängel und der daraus resultierenden Informations- und Kommunikationsprobleme. Eine der wichtigsten Herausforderungen für Organisationen ist es, Wissen zu produzieren und zu kommunizieren. Hierbei ist Wissensmanagement ein umfassendes – nicht immer ausreichend deutlich abgegrenztes – Konzept, in dem zu Wissen auch Fähigkeiten, Geschäftspraktiken, Technologien und Informationen zählen können. Die zu beobachtende Tatsache, dass dem Wissensmanagement zu wenig Bedeutung beimessen wird, führt Organisationen in die Situation, in der Mitarbeiter nicht wissen, welche Art der Informationen sie aus internen Quellen der Organisation erhalten können, während sie zum gleichen Zeitpunkt ungefragt überspült werden mit irrelevanten Informationen[44].

Die Erkenntnis, dass Wissen nicht nur produziert, sondern auch verbreitet werden muss, hat dazu geführt, dass in Organisationen der Entwicklung von Praktiken viel Aufmerksamkeit gewidmet worden ist, die innerhalb der Organisation verfügbaren Kenntnisse zu teilen. Eine notwendige Bedingung für ein effektives Teilen von Kenntnissen ist eine Atmosphäre des Vertrauens und auch die individuelle Bereitschaft, Information und Kenntnisse zu teilen[45]. Zu den Maßnahmen, die das Teilen von Wissen in Organisationen befördern können, zählen unter anderen Job Rotation, Einführung von Gruppen- und Projektstrukturen bei gleichzeitiger Zuweisung von Aufgaben, Mitteln und Verantwortung an Gruppen, Stimulierung der Identifikation von Mitarbeitern mit der Unternehmung, Vermindern der Kommunikationsbarrieren, die direkte Motivation, um Informationen auch anderen in der Organisation zur Verfügung zu stellen, sie mit anderen zu teilen.

---

[44] Zu wissen, was man weiß und was man noch mehr wissen muss, ist offenbar weniger selbstverständlich, als allgemein angenommen wird.
[45] Natürlich ist es nicht besonders konsistent, von Mitarbeitern zu erwarten, dass sie ihr Wissen mit Kollegen teilen, wenn gleichzeitig in Beurteilungsgesprächen nur ihre individuellen Leistungen beurteilt werden und das Teilen von Wissen nicht zu den Beurteilungskriterien gehört.

2. Human Ressource Management

Eine der Möglichkeiten, ein bestimmtes Problem zu vermeiden, ist es, vorbereitet zu sein, um es zu lösen. Das ist sicherlich auch gültig für das Problem der Informationsüberlastung. Wir haben bereits darauf hingewiesen, dass Manager bei der Entscheidungsfindung wegen des Fehlens einer Strategie zur Filterung der Information schwache Leistung zeigen. Diese Strategie definieren wir als die Fähigkeit zu beurteilen, welche Art der Informationen relevant ist und wie diese aus dem verfügbaren Informationsangebot auszuwählen sind[46]. Eine Such- und Filterstrategie von Managern, die mit dem Mäandern zu vergleichen ist, führt im Allgemeinen zu eher unzureichenden Ergebnissen[47]. Wenn man annimmt, dass menschliche Informationsverarbeitung eine kognitive Fähigkeit ist und darum wie alle anderen kognitiven Fähigkeiten trainiert werden kann, dann ist die Entwicklung und Einführung eines spezifischen Ausbildungsprogramms empfehlenswert, in dem Mitarbeiter lernen können, wie sie mit der wachsenden Fülle von Information umgehen können. Drei grundlegende Prinzipien der Fähigkeit, adäquat mit Information umzugehen, können hier unterschieden werden:

- „Die richtige Quelle der Information wissen": wissen, welche Art der Informationen von einer bestimmten Quelle erhalten werden kann und die Eignung der Informationsquelle für die Aufgabenerfüllung beurteilen können;
- „Auswahl der richtigen Information": Hierzu zählen insbesondere das Auswählen von relevanter und aktueller Information;
- „Das richtige Verhaltensmuster wählen": Hier ist gemeint, eine geeignete Strategie für die Verarbeitung der Information auszuwählen und die geeigneten Begründungsstrategien für Schlussfolgerungen zu gebrauchen.

Die Informationsverarbeitungsfähigkeit der Mitarbeiter kann durch spezielles Training verbessert werden. Ein solches Training hat zum Ziel, eine Anpassung des Entscheidungsverhaltens für Tätigkeiten zu erreichen, bei denen ein extensiver Umgang mit Informationen bei einem hohen Grad der Unsicherheit notwendig ist. Darüber hinaus kann ein solches Training ein verbessertes Stressmanagement der Mitarbei-

---

[46] Es ist offenbar nicht so einfach, wie allgemein angenommen wird, zu wissen, wie diese Auswahl zu geschehen hat.
[47] Vgl. Borgman (1994)

ter bewirken, d. h. ihre Fähigkeit, einen höheren Widerstand gegen Stress[48] zu entwickeln, kann gefördert werden.

3. Aufgabenmanagement

Es ist kein Wunder, dass Manager mit Arbeit überladen sind. Die konkurrierenden Anforderungen, die eine Umgebung mit vielfältigen Aufgaben an die Zeit und den Einsatz von Managern stellt, erfordern die Anwendung von Mechanismen zur Bestimmung von Prioritäten. Der Erfolg von Managern wird bestimmt von ihrer Fähigkeit, die Aufgaben nach Dringlichkeit (Priorität) einzustufen, die vorrangigen Aufgaben auszuführen und dabei die Erfüllung der zweitrangigen Aufgaben nicht aus den Augen zu verlieren. Ein wirksames Zeitmanagement kann Manager vor Informationsüberlastung schützen und erhöht die Qualität von Entscheidungen. Anleitungen zum Setzen von Prioritäten, Training für die Entscheidungsfindung, ein System der Belohnung (Bestrafung) für das zeitgerechte (verspätete) Erfüllen der Aufgaben, Kontrolle über die zugewiesene Zeit und den Arbeitsumfang von jedem Mitarbeiter sind einige der Instrumente, die die Fähigkeiten der Manager zum Setzen von Prioritäten befördern können.

4. Organisationskultur und Unternehmungsethik

Die Organisationskultur ist eine der am schwierigsten zu entdeckenden Ursachen der Informationsüberlastung. Veränderungen der Organisationskultur führen nicht nur zu einer Veränderung der alltäglichen Handlungsweisen in der Unternehmung, sondern letztlich auch zu einer Veränderung der Unternehmungsethik. Eine Reihe von Elementen der internen Organisationskultur ist es wert, in Hinblick auf die Perspektive der Informationsüberlastung analysiert zu werden. Erstens bestimmt die Organisationskultur den Wert, der mit Informationen verbunden ist, weist Informationen explizit und implizit eine bestimmte Rolle oder Funktion zu und bestimmt die dabei passenden Muster des Umgangs mit Informationen. Unter der Annahme einer gesunden Organisationskultur können Informationen als normale Grundlage (Input) für die effektive Informationsverarbeitung dienen. In Situationen jedoch, in denen die Organisationskultur es zulässt oder sogar fördert, dass Informationen als ein Mittel einge-

---

[48] Menschliche Informationsverarbeitung kann mit einem hyperstabilen kybernetischen System verglichen werden, bei dem die Abweichung von einem erreichten Gleichgewichtszustand im allgemeinen als Stress wahrgenommen wird.

setzt werden, um Macht zu erwerben und persönliche Ziele zu erreichen, wird der Wert von Informationen zweifelhaft. In diesem Falle nimmt nicht nur die Qualität der Information, sondern auch ihre Verlässlichkeit dramatisch ab. Das Entstehen von Informationsüberlastung wird wahrscheinlich, weil die normalen und relevanten Informationen ergänzt oder teilweise auch ersetzt werden durch Surrogate, die für eine effektive Informationsverarbeitung nicht notwendig und auch nicht geeignet sind.

Die Organisationskultur bestimmt auch die Haltung gegenüber „unerfreulichen" Informationen und beeinflusst, inwieweit diese Informationen übermittelt werden können, ohne negative Auswirkungen für den Überbringer der negativen Nachricht zu haben[49]. Das ist gefährlich in Situationen, wo die negativen Informationen für die Organisation sehr wichtig sind, so dass sie nicht ignoriert werden können. Eine Organisationskultur, die die Angst vor Vorgesetzten fördert und (Top-)Manager weitgehend von den übrigen Mitarbeiten isoliert, führt zu einer Abnahme der Informationsqualität und lässt Informationssurrogate entstehen, die die Wahrnehmung der Realität verzerren und die Entscheidungsträger täuschen können. Und schließlich macht eine Organisationskultur, die Informationsüberlastung gleichsetzt mit „ganz normal und hart arbeiten", Informationsüberlastung fälschlich zu einem eher gewünschten Zustand. Ganz offenbar ist Informationsüberlastung auch kein geeignetes Kriterium, um die Qualitäten oder die Leistungen eines Mitarbeiters zu beurteilen.

Die Entwicklung und ebenso die Veränderung einer Organisationskultur ist ein Prozess, der viel Zeit erfordert. An sich empfehlenswerte Maßnahmen, die Organisationskultur in Hinblick auf einen effektiveren und effizienteren Umgang mit Information zu verändern, werden nicht innerhalb kurzer Zeit positive Ergebnisse erzielen. Und doch kann bereits das Wissen über die Auswirkungen der vorhandenen Organisationskultur auf die Ineffizienz der Informationsverarbeitung die Situation zum Besseren verändern.

5. Organisationsstruktur

Informationsverarbeitung kann nur effizient sein, wenn die Anforderungen an diese Informationsverarbeitung mit der vorhandenen Informationsverarbeitungskapazität

---

[49] Der Überbringer der negativen Informationen kann entweder mit dem negativen Inhalt seiner Nachricht identifiziert werden oder als 'Spielverderber' stigmatisiert werden.

übereinstimmen, d. h. ein Gleichgewicht zwischen beiden besteht. Jede Form der Organisationsstruktur kennt ihre eigene maximale Kapazität für die Informationsverarbeitung. Durch Veränderung der organisatorischen Strukturen und Prozesse kann eine Organisation einen Gleichgewichtszustand erreichen oder erhalten, der in Übereinstimmung mit ihrer Informationsverarbeitungskapazität und den externen und internen Anforderungen ist, die durch die Umgebung an die Organisation gestellt werden.

Eine Organisation kann auch gesehen werden als ein informationsverarbeitendes Netzwerk, in dem jeder Mitarbeiter seine eigene Position und eine Anzahl von Kommunikationsverbindungen besitzt. Die Erfassung und Analyse von Richtung und Intensität der aktuellen Informationsströme in der gesamten Organisation und ihren Teileinheiten kann bei der Beantwortung folgender Fragen hilfreich sein:

- Wo liegen die Kommunikationsengpässe in der Organisation?
- Welche Individuen besetzen zu viele Kommunikationsknotenpunkte und sind darum mit der Kommunikationsübermittlung überbelastet oder sind einer Informationsüberlastung ausgesetzt?
- Wie können die bestehenden Informationsströme neu strukturiert werden, so dass sie wieder im Gleichgewicht sind und eine höhere Effektivität der Informationsverarbeitung möglich machen?

6. Informations- und Kommunikationstechnologie

Die Einführung von effektiven IuK-Hilfsmitteln kann dazu beitragen, die negativen Konsequenzen der Informationsüberlastung zu vermindern. Das zentrale Prinzip für die Gestaltung und Implementierung von betrieblichen Informationssystemen sollte daher sein, „mehr Information ist nicht immer besser" oder „weniger, aber relevante Information ist immer besser". Eine Ausweitung der technischen Kapazität eines Informationssystems für die Datensammlung, Datenspeicherung und Datenübermittlung ist aus der Perspektive der Informationsüberlastung solange nicht sinnvoll, wie nicht gleichzeitig eine konsequente Verbesserung erzielt wird für die Funktionen Datenklassifikation, Datenanalyse und insbesondere die Filterung von Daten. Die vielfältigen Mängel der formellen betrieblichen Informationssysteme tragen in nicht unwesentlichem Maße zu der wachsenden Informationsüberlastung bei, weil sie einerseits sowohl zuviele Informationen anbieten und außerdem diese Informationsfülle auch häufig noch von minderer Qualität ist, d. h. überflüssig, irrelevant und unzuverlässig ist. Ziel muss es sein, die Struktur der Informationssysteme in hohem Maße konsistent und transparent zu machen. Die verschiedenen Funktionen eines Informationssystems müssen selbstverständlich so miteinander kompatibel und integriert sein, dass es möglich wird, einen umfassenden Überblick über die verschiedenen Aspekte der Geschäftsaktivitäten und -resultate zu erhalten.

7. Strategische Anwendung der Informationstechnologie

Insbesondere für informationsintensive Firmen haben Informationen eine strategische Bedeutung und spielen eine bei weitem wichtigere Rolle als die traditionellen Produktionsfaktoren. Die heutige Informations- und Kommunikationstechnologie[50] unterstützt nicht nur die wichtigsten Geschäftsaktivitäten, sondern verändert sie auch und macht neue möglich. Voraussetzung für die erfolgreiche Anwendung der Informations- und Kommunikationstechnologie ist allerdings, dass diese auf die Unternehmungsstrategie abgestimmt ist [51]. Der relativ geringe Stellenwert, den die strategischen Planung von Informations- und Kommunikationstechnologie und ihren Anwendungen in Unternehmungen beim höheren Management hat, ist deshalb überraschend. Die IT-Planung in Organisationen sollte aber nicht nur die organisatorischen Anforderungen an die Informationsverarbeitung zur Unterstützung der Geschäftsprozesse erfassen, sondern auch realistische Vorstellungen darüber entwickeln, wie diese Informationen so zur Verfügung gestellt werden können, dass Informationsüberlastung vermieden werden kann.

---

[50] Die Begriffe Informationstechnologie (IT) und Informations- und Kommunikationstechnologie (IKT) werden hier als Synonyme verwendet.
[51] Vgl. Henderson, Venkatraman (1993)

Literaturverzeichnis

BERLYNE, D. E. (1960)

Conflict, Arousal, and Curiosity, New York

BORGMAN, H. P. (1994)

Navigating the Information Seas: Managers' Information Search Behavior Using Executive Information Systems, Delft

CHEWNING, E. G., JR., HARRELL, A. M. (1960)

The Effect of Information Load on Decision Makers' Cue Utilization Levels and Decision Quality in a Financial Distress Decision Task, in: Accounting, Organizations, and Society, 15 (1990) 6, S. 527–542

DAFT, R. L., LANGEL, R. H. (1973)

Organizational Information Requirements, in: Management Science, 32 (5) S. 554–571

DOWD, K. (1999)

Too Big to Fail? Long-Term Capital Management and the Federal Reserve. CATO Institute, Briefing Paper

DRIVER, M. J., MOCK, T. J. (1975)

Human Information Processing, Decision Style Theory, and Accounting Information Processing, in: The Accounting Review, 50 (1975) 3, S. 490–508

HAHN, M., LAWSON, R., LEE, Y. G. (1992)

The Effects of Time Pressure and Information Load on Decision Quality, in: Psychology and Marketing, 9 (5) S. 365–378

HENDERSON, J. C., VENKATRAMAN, N. (1993)

Strategic Alignment: Leveraging Information Technology for Transforming Organizations, in: IBM Systems Journal, 32 (1993) 1, S. 4–16

IASTREBOVA, K. V. (2006)
Managers' Information Overload – The Impact of Coping Strategies on Decision-Making Performance. Ph. D. Dissertation. RSM Erasmus University, Erasmus Research Institute of Management (ERIM) – http://hdl.handle.net/1765/7329

IASTREBOVA, K. V., OPPELLAND, H. J. (2002)
Managers' Information Overload and the Impact of Their Information Filtering Strategies on Decision-Making Performance. Erasmus University Rotterdam, Working Paper, Faculty of Economics, Rotterdam

ISELIN, E. R. (1988)
The Effects of Information Load and Information Diversity on Decision Quality in a Structured Decision Task, in: Accounting, Organizations, and Society, 13 (2) S. 147–164

LLOYD, R. F., VAIDYA, C., FORD, D. L. (1975)
The Impact of the Communication and Information Flow Characteristics on Organizational Decision Making: A Selected Review and Suggestions for Future Research. Krannert Grad. School of Industrial Administration, West Lafayette, IN

LYMAN, P., VARIAN, H. R. (2003)
How Much Information? UC Berkeley School of Information Management & Systems [Retrieved from http://www.sims.berkeley.edu/how-much-info-2003]

MCGHEE, W., SCHIELDS, M. D., BIRNBERG, J. G. (1978)
The Effects of Personality on a Subject's Information Processing, in: The Accounting Review, 53 (3) S. 681–697

MINTZBERG, H. (1973)
The Nature of the Managerial Work, New York 1973

O'REILLY III, C. A. (1980)
Individuals and Information Overload in Organizations: Is More Necessarily Better?, in: Academy of Management Journal, 23 (1980) 4, S. 684–696

SCHICK, A. G., GORDON, L. A., HAKA, S. (1990)

Information Overload: A Temporal Approach, in: Accounting Organizations and Society, 15 (3) S. 199–220

SCHNEIDER, S. C. (1987)

Information Overload: Causes and Consequences, in: Human Systems Management(7) S. 143–153

SCHRODER, H. M., DRIVER, M. J., STREUFERT, S. (1967)

Human Information Processing. Individuals and Groups Functioning in Complex Social Situations-

Schroder, H. M., Driver, M. J., Streufert, S. (1975)

Menschliche Informationsverarbeitung. Die Strukturen der Informationsverarbeitung bei Einzelpersonen und Gruppen in komplexen sozialen Situationen, Weinheim und Basel

SNOWBALL, D. (1980)

Some Effects of Accounting Expertise and Information Load: An Empirical Study, in: Accounting, Organizations, and Society, 5 (3) S. 323–338

STOCKS, M. H., HARRELL, A. (1995)

The Impact of an Increase in Accounting Information Level on the Judgment Quality of Individuals and Groups, in: Accounting, Organizations and Society, 20 (7/8) S. 685–700

TUSHMAN, M. L., NADLER, D. A. (1978)

Information Processing as an Integrating Concept in Organizational Design, in: The Academy of Management Review, 3 (3) S. 613–624

Teil 7

Innovationen in der Wirtschaft – Lernen und Kooperation

Kooperations-Engineering

Zur lernorientierten Gestaltung von Kooperationen innovativer Biotechnologieunternehmungen

Ulrich Thomé

Inhaltsverzeichnis

1. Kooperationen als Nährboden für Innovationen 615

2. Prinzipien in der Phase der Emergenz 620
   2.1 Rahmenbedingungen und Lernziele 620
   2.2 Prinzipien organisationalen Lernens 623
      2.2.1 Introversive Analyse 623
      2.2.2 'Screening' für lernorientierte Kooperationen 631
      2.2.3 Kompetenzsignaling 640

3. Zusammenfassung 643

Literaturverzeichnis 645

1. Kooperationen als Nährboden für Innovationen

Innovationen gelten zu Recht als das Salz in der Suppe erfolgreicher Unternehmungen. Im Idealfall bedeuten sie für die Organisation profitables Wachstum und tragen wesentlich zum Auf- und Ausbau strategischer Wettbewerbspositionen bei. Ihre Grundlagen sind meist gute Ideen, die aus Lernprozessen und Wissen der beteiligten Akteure entstehen.

Man findet Innovationen in den unterschiedlichsten Formen und Ausprägungen in Unternehmungen. Mal handelt es sich um die kleinen, guten Ideen, die eine erfolgreiche Vorgehensweise wesentlich vereinfachen, beschleunigen oder aber inhaltlich zu einem besseren Ergebnis führen. Mal sind es die großen Erfolge der strategischen Wachstumsprogramme in Großkonzernen, die neue Initiativen gezielt auswählen, mit Ressourcen ausstatten und durch ein professionelles Mentoring begleiten.

Neben den internen Bemühungen von Unternehmungen darum, Neuerungen ins Werk zu setzen, können Innovationen auch außerhalb der Organisation induziert werden. Denkbar ist dies zum einen etwa durch den Rückgriff auf externe Berater, die wirklich neue Impulse geben können – wenn sie denn nicht zu den Sanierern oder Unternehmensentwicklern gehören, deren Aufgaben die betroffenen Unternehmungen selbst zu lösen in der Lage sein müssten[1].

Eine weitere Möglichkeit, die Wissensentwicklung durch Lernprozesse zu fördern und als Grundlage für Innovationen in die Unternehmungen zu tragen, ergibt sich durch die Kooperation mit anderen Organisationen. Letztendlich geht es in beiden Fällen um die kreative Verwendung des vorhandenen und aufzubauenden Wissens, wobei insbesondere die Kooperation zwischen Unternehmungen zunehmend an Beliebtheit gewonnen hat:

> „Organizations are increasingly forming alliances with the specific intention of acquiring new knowledge and know-how. Even when alliances are

---
[1] Dieter Zetsche brachte es bei DaimlerChrysler jüngst auf den Punkt: „Die Entwicklung der Organisation ist die originäre Aufgabe der Organisation." (Vgl. Handelsblatt vom 23.06.2006).

formed for reasons other than learning and knowledge acquisition, such acquisition can be a desirable by-product of their collaboration"[2].

Kreative Tätigkeiten und der Austausch von Wissen nehmen mittlerweile eine Schlüsselrolle unter den Erfolgsfaktoren von Kooperationsprozessen ein[3]. So bezeichnet HILLIG (1997) die Kooperation als „Lernarena in Prozessen fundamentalen Wandels"[4]. Offensichtlich wächst generell „[...] die Notwendigkeit, die eigene Kompetenz und das eigene Tun mit komplementärem Wissen und Handeln anderer zu verknüpfen, das aufgrund der fortschreitenden Spezialisierung immer fremder wird"[5].

Wie erfolgreich wird dieses Ziel nun verfolgt? Ein Blick in die entsprechenden Studien offenbart eine beachtliche Anzahl wenig erfolgreicher und auch gescheiterter Kooperationen[6]. Indizien für Ineffizienzen in der zwischenbetrieblichen Zusammenarbeit lassen sich indes auch in einzelnen Branchen nachweisen. So konnte die BETRIEBSWIRTSCHAFTLICHE FORSCHUNGSGRUPPE INNOVATIVE TECHNOLOGIEN der UNIVERSITÄT ZU KÖLN in den Forschungsprojekten „Bio4C"[7] und „VirtOweB"[8] für Kooperationen in der Biotechnologiebranche kritische Faktoren identifizieren[9]. Die Akteure der hier untersuchten Kooperationen wiesen eine Reihe von bemerkenswerten, tendenziell widersprüchlichen Verhaltensweisen auf, die in ihren Inkonsistenzen eher einem unstrukturierten, künstlerischen Umgang mit dem Management von Koopera-

---

[2] CHILD (2001), S. 657.
[3] Vgl. WISSEN, ZIEGLER (2003), S. 123.
[4] HILLIG (1997), dessen gleichnamiger Beitrag diese Perspektive nochmals unterstreicht.
[5] SEMLINGER (2000), S. 128. Hervorhebungen des Originals wurden geändert.
[6] KOGUT (1988B) und BLEEKE, ERNST (1991) konnten in ihren Untersuchungen der interorganisationalen Zusammenarbeit Instabilitätsquoten von bis zu 50 % nachweisen. KABST (2000, S. 3 ff.) bespricht in seinem Beitrag ebenfalls die Instabilität von Joint Ventures als spezieller Kooperationsform und verweist auf Ergebnisse von insgesamt elf empirischen Studien, in denen Instabilitätsquoten von bis zu 70 % nachgewiesen werden konnten. Instabilität ist hier „[...] defined as a major change in partner relationship status that is unplanned and premature from one or both partners' perspective [...]" (INKPEN, BEAMISH (1997, S. 177)).
Insbesondere für F&E-Kooperationen gibt ROTERING (1990) an, dass mehr als 37 % der Kooperationen in Deutschland von den Befragten als unterdurchschnittlich erfolgreich eingeschätzt werden (Vgl. ROTERING (1990), S. 92). FONTANARI (1996) untersucht die Erfolgseinschätzung von Kooperationen in verschiedenen Sektoren und kommt zu vergleichbaren Ergebnissen.
[7] Vgl. SZYPERSKI, VON KORTZFLEISCH (2001). Gegenstand des Forschungsprojektes war die Ermittlung von Anforderungen und Lösungskonzepten für die Gestaltung webbasierter Kooperationen in der Biotechnologiebranche.
[8] Vgl. die Sammelbände von VON KORTZFLEISCH (2005), HOHENSOHN, JAHN (2005) und O. V. (2005). Gegenstand des Forschungsprojektes war die wissensorientierte Prozessvirtualisierung in der Biotechnologiebranche.
[9] Vgl. VON KORTZFLEISCH, SZYPERSKI & THOMÉ (2005), S. 73.

tionen als einem gezielten, planvollen Vorgehen glichen[10]. Beispielhaft seien als problematische Faktoren wissensintensiver Kooperationen der Biotechnologiebranche genannt[11]:

- die Unklarheit über die eigenen Kooperationsziele vor Beginn der Zusammenarbeit,

- die unstrukturierte Suche und ineffiziente Auswahlprozesse bei der Suche nach Kooperationspartnern,

- das ungeleitete partnerschaftliche Screening mit einem Entscheidungscharakter „aus dem Bauch heraus",

- die stellenweise fehlende Transparenz und Kongruenz gegenseitiger Zielvorstellungen und das latente Opportunismusproblem in wissensintensiven Kooperationen,

- das teilweise fehlende Know-how in den Bereichen der Planung, Organisation, Information, Realisation und Kontrolle zwischenbetrieblicher Zusammenarbeit,

- der problematische Umgang mit Lernprozessen über rechtliche, räumliche und teilweise auch zeitliche Grenzen hinweg,

- die Auswirkungen unterschiedlicher Unternehmungskulturen auf die interorganisationalen Lernprozesse,

- die latente Gefahr des Verlustes von Betriebsgeheimnissen bzw. des Abflusses von Wissen und schließlich

- die Gefahr des Entstehens einer ein- oder gegenseitigen Abhängigkeit durch die Zusammenarbeit.

Vergegenwärtigt man sich einerseits die geschilderte Bedeutung der Zusammenarbeit zwischen Unternehmungen und andererseits den Aufwand, mit dem diese organisatorischen Konstrukte geplant, realisiert und kontrolliert werden müssen[12], so stimmen die offensichtlichen Ineffizienzen im Management von Kooperationen umso

---

[10] Vgl. VON KORTZFLEISCH, SZYPERSKI & THOMÉ (2005), S. 70 ff. und ausführlich THOMÉ, VON KORTZFLEISCH & SZYPERSKI (2003), S. 44 f.
[11] Zu Folgendem vgl. THOMÉ, VON KORTZFLEISCH & SZYPERSKI (2003), S. 45 und insbesondere die Ausführungen in Kapitel 4 der vorliegenden Arbeit.
[12] Vgl. STAUDT ET AL. (1996).

nachdenklicher. Letztendlich müssen Kooperationen auch als sehr risikoreiche Instrumente[13] verstanden werden.

Wenn nun aber Kooperationen einerseits eine hohe Bedeutung für die Wissensentstehung haben und damit eine der wesentlichen Grundlagen für Innovationen darstellen, sie andererseits jedoch nicht einfach zu managen sind und zudem häufig scheitern, stellt sich die Frage, wie das Management von Kooperationen innovativer Biotechnologie-Unternehmungen insbesondere aus Sicht des interorganisationalen Lernens systematisch-planmäßig gestaltet werden kann.

Als Antwort auf diese Fragestellung schlägt der Autor mit dem Kooperations-Engineering die Anwendung eines planmäßigen Vorgehens in der interorganisationalen Zusammenarbeit vor[14]. Eine Effizienzsteigerung des Lernens soll hierdurch unabhängig von den geschilderten Problemen der konkreten Messbarkeit durch die Vorteile eines methodischen Vorgehens genutzt werden. Kooperations-Engineering setzt insbesondere an den durch Strukturmerkmale bedingten Schwachstellen und Hemmnissen für die interorganisationale Zusammenarbeit an. Dort ist ein methodisches Vorgehen nach HABERFELLNER (1980) umso wichtiger[15],

- je umfangreicher das Vorhaben ist und je länger es andauern wird,
- je größer der Kreis der von dem Vorhaben Betroffenen bzw. daran Beteiligten ist,
- je größer die Auswirkungen auf den unternehmerischen Mitteleinsatz und
- je weit reichender die davon ausgehenden organisatorischen Änderungen sind.

Auf diese Eigenschaften des Anwendungsbereiches von Engineering-Konzepten deutet ebenfalls deren begriffliche Herkunft. Denn hiermit ist ein planmäßiges, folgerichtiges und schlüssiges Vorgehen gemeint, um umfangreiche und unübersichtliche Produktentwicklungen oder etwa Analysen komplexer Sachverhalte erfolgreich strukturieren zu können. Hinter dem Kooperations-Engineering verbirgt sich – ebenso wie hinter dem Software-Engineering oder dem Organisations-Engineering[16]

---

[13] Vgl. BACKHAUS, PILTZ (1990), S. 10.
[14] Vgl. THOMÉ (2006)
[15] Vgl. zu Folgendem HABERFELLNER (1980), Sp. 1709 f.
[16] Vgl. SCHMITZ (1982), S. 78.

– also die Vorstellung, die Erfahrungen aus den ingenieurwissenschaftlichen Disziplinen für den Bereich der Gestaltung von Kooperationen und hier insbesondere des Lernens in Kooperationen nutzbar machen zu können.

SZYPERSKI & VON KORTZFLEISCH (2001) prägten im Rahmen des „Bio4C"-Forschungsprojekts den Begriff des Kooperations-Engineerings[17], der bei THOMÉ, VON KORTZFLEISCH & SZYPERSKI (2003) noch erweitert worden ist[18]. Kooperations-Engineering ist danach die Bezeichnung für ein Konzept, welches grundsätzlich die Vorteile eines planmäßigen, methodischen Vorgehens in den Phasen der Planung, Realisation und Kontrolle von Kooperationen zu erschließen sucht[19]. Zudem soll durch entsprechende Anpassungsprozesse der Wandel in Kooperationen („dynamics of cooperations") unterstützt und bewältigt werden. Unterscheidet man den Ablauf von Kooperationsvorhaben nun in inhaltliche Phasen, so können Analysen für jede Phase des Kooperationslebenszyklus Prinzipien erbringen, die dem Handeln in Kooperationen als Leitlinie und Grundlage dienen können[20].

Beispielhaft soll in diesem Beitrag für die erste Phase des Kooperationslebenszyklus, die Phase der Emergenz[21], eine Prinzipiendarstellung erfolgen. Zuvor gilt es jedoch, die in der Phase vorherrschenden Rahmenbedingungen und die bestehenden Lernziele der Beteiligten zu beachten. Im konkreten Fall orientiert sich die Analyse am Beispiel der Biotechnologiebranche, die als Hochtechnologiebranche nicht nur in besonderem Maße auf Innovationen angewiesen ist, sondern zudem auch als ausgesprochen kooperations- und grundsätzlich wissensintensiv gilt[22].

---

[17] Vgl. den Beitrag von SZYPERSKI, VON KORTZFLEISCH (2001).
Die Verwendung des Engineering-Begriffs erfolgt in dem Beitrag der Autoren in einer bewusst gewählten Analogie zu bereits bekannten Engineering-Ansätzen. Für die meisten dieser Ansätze gibt es keine direkte Übersetzung in die deutsche Sprache. Beispielhaft für das Software-Engineering stellen dies HESSE, MERBETH & FRÖLICH (1992, S. 12) fest.
[18] Vgl. den Beitrag von THOMÉ, VON KORTZFLEISCH & SZYPERSKI (2003).
[19] Vgl. SZYPERSKI, VON KORTZFLEISCH (2001), S. 4.
[20] Unter Prinzipien werden allgemein gültige Grundsätze verstanden, die sich aus den wesentlichen Eigenschaften der notwendigerweise als objektiv angenommenen Realität (in Anlehnung an GERISCH, SCHUMANN (1988), zitiert nach CHROUST (1992), S. 50) und aus Erfahrungen bzw. Erkenntnissen ableiten lassen und durch deren Eigenschaften wiederum bestätigt werden. (vgl. BALZERT (1982), S. 22, ähnlich auch HESSE, MERBETH & FRÖLICH (1992), S. 32).
[21] Der Begriff „Emergenz" stammt von dem lateinischen „emergentia" („das Hervorkommende") ab; „emergieren" (lat.: „emergere") steht entsprechend für „auftauchen", „emporkommen" oder etwa „sich hervortun" (vgl. O. V. (2003A), S. 389 f.). Im wirtschaftlichen Sprachgebrauch findet sich der Begriff etwa in Form der „Emerging Markets" wieder.
[22] Vgl. THOMÉ (2006), S. 105 ff.

In der folgenden Darstellung werden unter anderem Auszüge aus Interviews mit Experten aus Deutschen und US-amerikanischen Biotechnologieunternehmungen analysiert und teilweise im Original zitiert. Dabei wurden die Experten durch entsprechende Bezeichnungen anonymisiert (etwa Alpha D für einen deutschen und Beta US für einen US-amerikanischen Experten)[23].

2. Prinzipien in der Phase der Emergenz

2.1 Rahmenbedingungen und Lernziele

Bereits in der Phase der Emergenz spiegelt sich die Dynamik der Umwelt kooperativer Arrangements wider. Kooperationen können nicht nur das Ergebnis gezielter Suchen nach Kooperationspartnern sein, sondern teilweise auf zufällige Zusammentreffen von Partnern auf Messen und anderen Branchentreffen zurückgeführt werden. Insbesondere die Biotechnologiebranche ist durch einen deutlichen Kooperationsdruck gekennzeichnet. Dieser ergibt sich zum einen aus den Forderungen des Kapitalmarktes und seiner Akteure. Kooperationen – zumal mit kompetenten und „prominenten" Unternehmungen – gelten als wertvoll:

> „Unser Finanzier sieht das – diplomatisch ausgedrückt – sehr gerne, wenn wir mit Anderen zusammenarbeiten. Dahinter steht für ihn wohl immer Weiterentwicklung und Geschäft. Das bedeutet Umsatz, der bedeutet Geld und darum geht's ja den Kapitalgebern. [...] Bei aktiennotierten Firmen ist das eher noch intensiver. Manchmal treibt das seltsame Blüten [...]"[24].

Eine ähnliche Einschätzung gibt auch ein US-amerikanischer Experte ab:

> „In one way or another you have to share the work to be done. It's no secret that collaborations among companies in our sector are an exigency.

---

[23] Vgl. hierzu ausführlich THOMÉ (2006), S. 121.
[24] Experteninterview mit GAMMA (D). Nahezu identische Äußerungen tätigte auch EPSILON (US).

Our VC[25] sees them as part of the way to success. He wants us to collaborate with other companies"[26].

Ungeachtet der Probleme und des nicht seltenen Scheiterns von Kooperationen wird der interorganisationalen Zusammenarbeit eine grundsätzlich Mehrwert schaffende Eigenschaft zugeschrieben, die sich nicht zuletzt auch aus dem Innovationspotential der Zusammenarbeit ergibt. Darüber hinaus besteht aufgrund der Ressourcenknappheit relativ junger KMU in Form nicht ausreichender Laborkapazitäten, liquider Mittel und Wissensressourcen in Verbindung mit den enormen Kosten des Produktentwicklungsprozesses oft eine betriebswirtschaftliche Notwendigkeit zur Kooperation. Insofern ist zunächst zu klären, ob in den Tätigkeitsbereichen der eigenen Organisation die Notwendigkeit für eine Kooperation besteht oder ob mit der Unterstützung eines Partners neue Geschäftsfelder durch Innovationen erschlossen werden können.

Interaktionen im Sinne einer konkreten Zusammenarbeit mit anderen Unternehmungen stehen in der Phase der Emergenz nicht im Vordergrund. Vielmehr erfordern Engpässe und Problemsituationen zunächst eine Problemwahrnehmung und -analyse. Daraus ergibt sich ein Prozess der internen Zielentwicklung[27], der durch den Einsatz unterschiedlicher Modelle unterstützt werden kann[28]. Sind Ziele für die Gesamtunternehmung oder für einzelne Bereiche festgelegt worden und sind diese auf ein kooperatives Arrangement ausgerichtet, so ergeben sich konkrete Anforderungen an einen zukünftigen Partner. Die Überprüfung von Anforderungen setzt wiederum möglichst detaillierte Informationen über das Umfeld der Unternehmung und insbesondere den Kreis der in Frage kommenden Kooperationspartner voraus.

Lernziele innerhalb der Phase der Emergenz des Kooperationslebenszyklus lassen sich folglich mit zwei Fragekomplexen beschreiben. Während der erste Bereich Lernvorgänge umfasst, die aus Sicht der Unternehmung nach innen gerichtet sind (introversive Analyse), ist die erste Analyse des Marktes potenzieller Partner auf die Unternehmungsumwelt gerichtet (extroversive Analyse bzw. Screening).

---

[25] VC: Venture Capitalist.
[26] Experteninterview mit EPSILON (US).
[27] Vgl. WILL (1990), S. 298.
[28] Ein Überblick über unterschiedliche Zielmodelle findet sich bei WILL (1990), S. 300.

Leitende Fragestellungen für die introversive Analyse sind:

- Besteht in der Unternehmung eine Problemlage?
- Ergeben sich daraus rechtfertigende Motive für die interorganisationale Zusammenarbeit in einem bestimmten Bereich?
- Welche Kriterien muss eine Unternehmung erfüllen, um als potenzieller Kooperationspartner gelten zu können?
- Was ist der zu erwartende Nutzen einer Kooperation für die Unternehmung?
- Welche konkreten Risiken können sich aus der angedachten Kooperation ergeben?
- Kann insgesamt angenommen werden, dass der gewünschte positive Nettonutzen[29] überwiegt?

Parallel zu den Erkenntnissen der nach innen gerichteten Analyse beginnt idealerweise die Informationssuche außerhalb der Unternehmung hinsichtlich potenzieller Partner. Neue Kooperationspartner sind für Biotechnologie-Unternehmungen unter den weiteren Marktteilnehmern zu finden. Unternehmungen sind deshalb darauf angewiesen, eine Reihe von Fragen zu beantworten, die hier unter dem Begriff der extroversiven Analyse (Screening) zusammengefasst werden sollen:

- Welche Marktteilnehmer kommen als potenzielle Partner grundsätzlich in Frage?
- Wie können überhaupt Informationen über konkrete Marktteilnehmer gesammelt werden?
- Nach welchen Kriterien können diese gesucht und ausgewertet werden?
- Sind bereits jetzt Unternehmungen identifizierbar, die dem Anforderungsprofil gerecht werden?
- Mit welcher Unternehmung aus den Reihen der potenziellen Partner sollen konkrete/detaillierte Kooperationsverhandlungen geführt werden?
- In welchem organisatorischen Rahmen kann der Erstkontakt ermöglicht werden?

---

[29] Vgl. ROTERING (1990), S. 78.

In den geschilderten Rahmenbedingungen zeichnet sich ein Bild ab, das einerseits von Eigenanalyse, andererseits von nach außen gerichteten aktiven Informationsbeschaffungs- und Suchprozessen geprägt ist. Es liegt auf der Hand, dass die Rolle der einzelnen Unternehmung nicht nur der des „Suchenden", sondern umgekehrt auch der des „Gefundenen" entsprechen kann. Unabhängig von dieser Wechselseitigkeit sind die Rahmenbedingungen von Unsicherheit und Informationsbedarfsermittlung auf der einen Seite und Informationsbeschaffung und -auswertung auf der anderen Seite grundlegende Elemente der Phase der Emergenz und insofern auch Anwendungsbereich von Prinzipien, die es im Folgenden zu beschreiben gilt.

2.2 Prinzipien organisationalen Lernens

Zunächst ist die Frage zu beantworten, inwiefern die Lernziele der Phase der Emergenz durch interorganisationale Lernprozesse zu erreichen sind. Sowohl interne Analyse als auch Umfeldanalyse beinhalten Aufgaben der Informationsbeschaffung und -auswertung. Für die Darstellung von Prinzipien in den Phasen des Kooperationslebenszyklus sind diese nur relevant, insoweit sie entweder tatsächlich durch interorganisationale Lernvorgänge erreicht werden können oder aber ihre inhaltliche Ausprägung die Qualität späterer Lernprozesse beeinflusst. Darunter ist zunächst der Bereich der Anforderungserhebung zu nennen, mit dem die Darstellung von Prinzipien in der Phase der Emergenz beginnen soll.

2.2.1 Introversive Analyse

Teil der Phase der Emergenz vor dem Beginn der tatsächlichen Zusammenarbeit ist die grundsätzliche Entscheidung der beteiligten Unternehmungen, eine Zusammenarbeit anstreben zu wollen. Interorganisationale Zusammenarbeit erfüllt keinen Selbstzweck. Damit ist eine erfolgreiche Nutzen- und Bedarfseinschätzung Voraussetzung für ein planmäßiges Vorgehen zum Aufbau einer Kooperation. Der Kern dieser Analysetätigkeiten liegt in der Beantwortung der Frage, welche der von der Unternehmung grundsätzlich verfolgten Ziele in einzelnen Geschäfts- oder Produktbereichen durch eine Kooperation überhaupt erst oder im Vergleich zum solistischen Vorgehen zumindest effizienter erreicht werden können. Von einer Notwendigkeit wird dann die Rede sein, wenn identifizierte Engpässe durch eine Kooperation ausgeglichen werden könnten. Beispiele hierfür finden sich häufig im Bereich der F&E-Kooperationen in Form von entweder nicht ausreichenden finanziellen Ressourcen oder fehlendem Know-how[30]. Erkenntnisse über die Ressourcenausstattung der Unternehmung sind insofern maßgeblich für die Entscheidung, ob aus Schwächen und Engpässen eine Kooperation notwendig erscheint oder ob sich eine Kooperation aus den eigenen Stärken heraus anbietet[31].

Beispielhaft zeigte sich dieser Fall in der Unternehmung von BETA (D) hinsichtlich der Frage, ob für den Aufbau eines Vertriebsnetzes in Frankreich konkrete Partner des Nachbarlandes gefunden werden sollten oder ob das Vertriebsnetz aus der Kraft der Unternehmung selbst heraus entstehen sollte[32]. Die Entscheidung fiel auf die kooperative Lösung. Als Gründe hierfür gab BETA (D) v. a. die bestehenden kulturellen Unterschiede und die fehlenden Marktkenntnisse trotz langjähriger Geschäftsbeziehungen nach Frankreich an. Beides, so BETA (D) weiter, sei zwar durch viel Einsatz wettzumachen, aber nach der Abwägung von Kooperationsnutzen und -risiken weniger wirtschaftlich als die Zusammenarbeit mit den französischen Partnern vor Ort[33]. An diesem Beispiel zeigen sich die Bedeutung eines planvollen Vorgehens zur Beschaffung und Auswertung von benötigten Informationen einerseits (Phase der Emergenz) und der Prozess der Evaluation, Verhandlung und Vereinbarung (Phase der Formation) andererseits. Der Erfolg von diesbezüglichen Lernprozessen ist Voraussetzung für den Erfolg in den Anbahnungsphasen. Darüber hinaus sind v. a. diejenigen Lernvorgänge wichtig, die sich auf ein effizientes Vorgehen in diesen Anbahnungsprozessen beziehen.

Vor dem Hintergrund möglicher Risiken muss grundsätzlich die Frage beantwortet werden, ob die sich aus einer Kooperation ergebenden Vorteile überwiegen können. In den Worten von GAMMA (US):

---

[30] Insbesondere von DELTA (US) und EPSILON (D), deren Unternehmungsschwerpunkt in der innovativen Produkt- und Prozessentwicklung für Pharmawirkstoffe liegt, wurde auf die Notwendigkeit des Kooperierens im Bereich der Forschung hingewiesen.
[31] Die Analyse von Stärken und Schwächen versteht sich durchaus im übertragenen Sinne des WERNERFELTschen Verständnisses der Ressource, die ihm zufolge all das sein kann, „[...] which could be thought of as a strenght or weakness of a given firm." (vgl. WERNERFELT (1984), S. 172). In diesem Sinne dient eine Kooperation der Absorption von Schwächen bzw. der Ausbeutung von Stärken der Unternehmung.
[32] Vgl. Experteninterview mit BETA (D).
[33] Vgl. Experteninterview mit BETA (D).

„They have to do with the resources it takes, if you don't have the resources: don't start! It has to do with the strategic business. Decisions that we make, how much value will they bring? Everything's analyzed from the point of view: how will it impact the bottom line? Even when we are talking about an academic collaboration: What kind of impact does it gonna have? And on our strategic business agendas! It has to be very crystal clear. Because if it is not, it is not worth do it"[34].

Offensichtlich sind nicht alle Wertschöpfungsvorgänge dazu geeignet, durch kooperative Arrangements gestützt zu werden. Tatsächlich gibt es gerade in vielen Biotechnologie-Unternehmungen Kernbereiche, in denen Weiterentwicklungen ausdrücklich nicht gemeinsam mit Partnern in Erwägung gezogen werden. Insbesondere von BETA (D), ALPHA (US) und ZETA (US) wurde betont, dass hierzu vor allem diejenigen Bereiche zu zählen sind, die einzigartige Kompetenzfelder darstellen und in denen unerwünschte Wissensabflüsse in Richtung des Kooperationspartners die Unternehmung in eine existenzgefährdende Lage bringen könnten[35].

Mit den Anforderungen an potenzielle Partner ist eines der wesentlichen Ergebnisse von Lernzielen in der Phase der Emergenz benannt. Durch sie werden explizit diejenigen Eigenschaften eines denkbaren Kooperationspartners beschrieben, die vor dem Hintergrund der eigenen Zielsetzung bestehen. Es kann sich dabei nicht nur um positive (Pflicht)Anforderungen handeln, sondern ebenso um negative (Ausfall-)Anforderungen. Aus der Bedarfsanalyse ergeben sich insofern bereits erste Anforderungen an einen Kooperationspartner, die wiederum für eine effiziente Suche und Informationsbeschaffung Voraussetzung sind. Darüber hinaus dienen sie als Grundlage zur Erstellung von Kriterien, mit denen in der Phase der Formation die Entscheidungssituation hinsichtlich der diversen in Frage kommenden Partner bewältigt werden kann.

Selbst wenn die Unternehmung sich zunächst relativ passiv verhält und erst durch einen externen Impuls potenzieller Kooperationspartner in Richtung Kooperation bewegt wird, ist eine Prüfung von Bedarf und darüber hinaus Fähigkeit unumgänglich.

---

[34] Experteninterviews mit GAMMA (US)
[35] Vgl. Experteninterviews mit BETA (D), ALPHA (US) und ZETA (US).

Aufgrund des beträchtlichen Mitteleinsatzes, den Planung, Durchführung und Kontrolle von Kooperationen erfordern, ist ein bewusstes Eingehen derartiger interorganisationaler Bindungen unbedingt notwendig. Ungewissheit über die eigene und gemeinsame Situation findet ihre Ursache in nicht ausreichenden Analysen und mündet in der späteren Phase der Formation oft in ineffizienten Wiederholungsschleifen, die schließlich doch zu keinem fruchtbaren Ergebnis führen. Stellvertretend für die Aussagen einiger US-amerikanischen und deutschen Experten sei hierzu GAMMA (D) zitiert:

> „Das ist schon bemerkenswert. Wenn ich mir das mal genau überlege, dann haben wir da eine Reihe von potenziellen Kandidaten, mit denen trifft man sich immer wieder mal, telefoniert und bespricht Projekte. Und eigentlich eiern wir seit Jahren mit denen um den heißen Brei rum und dabei ist noch nix herausgekommen. Was wohl zum Teil daran liegt, dass man es nicht richtig durchdenkt oder sich vor einem klaren Ja bzw. Nein einfach scheut. Und das betrifft eigentlich beide Seiten"[36].

Wenn die Frage beantwortet ist, ob überhaupt kooperiert werden soll, muss anschließend für die Entscheidungsvorbereitung der Bedarf an Marktinformationen selbst geklärt werden. Mit PICOT/FRANK (1988) bzw. BERTHEL (1992) wird unter dem Informationsbedarf allgemein die Art, Menge und Beschaffenheit von Informationen zur Erfüllung betrieblicher Aufgaben verstanden.[37] Zu unterscheiden ist einerseits ein objektiver Informationsbedarf (der sich auf die aus der Aufgabenstellung heraus objektiv erforderlichen Informationen bezieht) von dem subjektiven Informationsbedarf andererseits (der aus der individuellen Sichtweise des Aufgabenträgers empfunden wird)[38]. Auch die Hauptursachen für das Auseinanderliegen von objektivem und subjektivem Informationsbedarf, nämlich neben personellen Gründen vor allem mangelnde Aufgabenstrukturiertheit[39], können durch ein strukturiertes Vorgehen zumindest vermindert werden. Für eine wirtschaftliche Informationsversorgung ist eine Kongruenz beider Bedarfstypen anzustreben[40].

---
[36] Experteninterview mit GAMMA (D).
[37] Vgl. PICOT, FRANCK (1988), S. 609 und BERTHEL (1992), Sp. 973.
[38] Vgl. PICOT, FRANCK (1988, S. 609) und wesentlich früher SZYPERSKI (1980A, S. 906), der statt von „individuellem Informationsbedarf" von einem „Informationsbedürfnis" spricht.
[39] Vgl. PICOT, FRANCK (1988), S. 609.
[40] Vgl. PICOT, FRANCK (1988), S. 609 und BÜTTGEN (2000), S. 6.

Je mehr das Lernen in einer Kooperation ein strategisches Ziel darstellt, mit dem das innovative Potential erhöht werdne kann, desto wichtiger sind nicht nur Analysen über Bedarf und Fähigkeiten im eigenen Haus, sondern auch die Klarheit um die eigenen Anforderungen im Sinne einer Bedarfsanalyse als Ausgangspunkt für Maßnahmen der Informationsbeschaffung über potenzielle Partner. Lernorientierte Kooperationen verlangen aufgrund zunächst nicht vorliegender Routinen des Wissenstransfers ein beträchtliches Maß an Rüstkosten. Zudem erfordern Sie einen hohen Personaleinsatz, da der Wissenstransfer letztlich durch die Mitglieder der Organisation selbst getätigt werden muss und bis auf seltene Ausnahmefälle kaum allein durch die Übertragung von explizitem und kodiertem Wissen mithilfe entsprechender Technik bewältigt werden kann. Auch besteht aufgrund des Ambivalenzprinzips des Wissenstransfers ein erhöhtes Risiko durch die Kooperation selbst. Schließlich müssen die Ergebnisse des Wissenstransfers in der Unternehmung als Quelle für neue Ressourcen und Innovationen gesehen werden, deren Qualität in der Branche aus Perspektive der Gesamtunternehmung zukunftsbestimmenden Charakter hat. Lernorientierte Kooperationen haben für Biotechnologie-Unternehmungen oft eine strategische Bedeutung hinsichtlich des Aufbaus und der Pflege von Erfolgspotenzialen[41]. DELTA (US) schildert seine Erfahrung als Ergebnis eines Deutero-Lernens durch Kooperationen, durch das seine Unternehmung die eigene Kooperationskompetenz verstärken konnte:

> „I think you cannot be successful, if you don't know what you want. Especially when it comes to collaborations in R&D, you have to put so much effort in it – you must know what you want before taking those steps. In our earlier days, we were much more trying out what can work for us and what cannot. Nowadays we are planning the thing thoroughly"[42].

---

[41] Vgl. BLEICHER (2004), S. 81.
[42] Experteninterview mit DELTA (US).

Als Prinzip ist zu formulieren:

> **PRINZIP DER STRATEGISCHEN ENTSCHEIDUNG**
> *Für Aktivitäten der Kooperationsanbahnung muss erkannt werden, dass hiermit die Notwendigkeit von Lernprozessen hinsichtlich des eigenen Kooperationsbedarfes, der eigenen Kooperationsfähigkeit und des eigenen Marktinformationsbedarfs im Hinblick auf den konkreten Anwendungsfall verbunden ist.*

Relevante Faktoren für Informationen über den Kooperationsmarkt aus Sicht des organisationalen Lernens sind in Anforderungen zu formulieren, die sich insbesondere auf das Geschäftsfeld/die Branche des zukünftigen Partners und seine vorhandenen Ressourcen beziehen. Für beide Seiten wird ohne ein genaues Bild der Anforderungen eine betriebswirtschaftliche Unsicherheit entstehen, die letztendlich Ressourcen der Unternehmung verbraucht und darüber hinaus eben nicht in effizienten Entscheidungsprozessen hin zu einer erfolgreichen Kooperation mündet. Es ist umso überraschender, dass augenscheinlich bereits in der Emergenzphase von Kooperationen einem gewissen 'Muddling Through'[43] – wenn auch meist unbewusst – der Vorzug gegeben wird:

> „Wenn ich so darüber nachdenke, ist das eigentlich ziemlich unsinnig. Man müsste da einfach mal klare Entscheidungen fassen und irgendwo offen sagen: Nein, wir machen mit dem jetzt nix mehr. Stattdessen köchelt man so vor sich hin, ohne selbst genau zu wissen, wieso"[44].

Die Erarbeitung entsprechender Anforderungsprofile ist der Ausgangspunkt effizienter Informationsbeschaffung in der Phase der Emergenz. Im Sinne eines ingenieurorientierten Vorgehens ist nicht unbedingt relevant, ob gemessen am Zeitpunkt der Erstkontaktierung Kooperationsbedarf und -fähigkeit bereits ermittelt worden sind oder nur ex post ermittelt werden. Vielmehr ist entscheidend, dass diese Analysevorgänge überhaupt getätigt werden und ein eigenes Bewusstsein über diese Sachlage besteht, wie etwa in dem Fall von EPSILON (D):

---

[43] Vgl. MÜLLER-STEVENS, LECHNER (2003), S. 244.
[44] Experteninterview mit GAMMA (D).

„Dann ist ganz klar, dann erkenne ich, was unsere Rolle ist! Wenn es um die von uns bereitgestellte Plattform geht, dann bezieht sie sich auf Plattform-Technologie, dann ist unsere Rolle nur die Lieferung von Plattform-Technologie. Dann brauche ich jemanden, der die Diagnostik auf dieser Plattform entwickelt und dann kommt die dritte Frage: Wer stellt den Zugang zu den Patienten her, nicht? Meine Aufgabe muss mir da aber klar sein – genauso wie meine Rolle"[45].

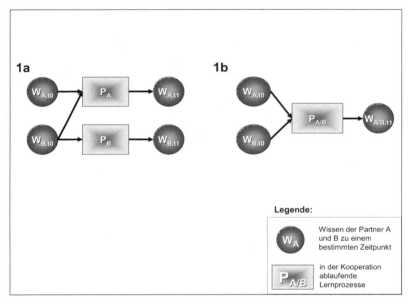

Abbildung 1: Kooperationen mit hoher strategischer Lernausrichtung.

Zielbranche bzw. Geschäftsfeld potenzieller Kooperationspartner ergeben sich in ihrer konkreten Ausprägung quasi automatisch aus den fachlichen Bedürfnissen der Unternehmung. Für Kooperationsziele, die Wissenstransfer beschreiben und bestimmte Kompetenzen erfordern, kommen in der Branche nur diejenigen Partner in Frage, die diese Kompetenzfelder auch bedienen können. So kommen für die Grundlagenforschung fast ausnahmslos Universitäten und Institute und nur in Ausnahmefällen andere Biotechnologie-Unternehmungen oder Pharmakonzerne in Frage. Dagegen sind für Kooperationen in klinischen Phasen der Wirkstoffentwicklung vor allem finanzkräftige Pharmakonzerne geeignete Partner, die zudem über

---

[45] Experteninterview mit EPSILON (D).

das notwendige Prozess-Know-how der klinischen Entwicklung verfügen. Dies gilt insbesondere für Kooperationen mit hoher strategischer Lernausrichtung, in denen sich wie in der folgenden Abbildung gezeigt eine Unternehmung Wissen vom Partner aneignen möchte (1a) oder gemeinsame Wissensressourcen für Forschung und Entwicklung kombiniert werden sollen (1b).

Die Frage nach dem Wissenstransfer in Kooperationen ist insgesamt auch Teil der Frage nach der eigenen Autonomie der Unternehmung. Grundsätzlich ist die Autonomie einer Unternehmung eingeschränkt, wenn sie beim Ressourcenerwerb von anderen Unternehmungen abhängig ist[46]. Durch den Aufbau von interorganisationalen Beziehungen versuchen die Unternehmungen nun, die eigene Abhängigkeit zu mindern, indem sie ein gegenseitiges Abhängigkeitsverhältnis in einer Kooperation aufbauen[47]. Reine Austauschbeziehungen werden folglich durch beidseitige Abhängigkeitsverhältnisse ergänzt bzw. ersetzt[48]. Je nachdem, wie stark die zusammenarbeitenden Unternehmungen auf anderen Märkten Konkurrenten sind, werden Biotechnologie-Unternehmungen grundsätzlich bestrebt sein, ein Abhängigkeitsverhältnis nicht zu groß werden zu lassen. In den Worten von CHILD (2001):

„This question comes down to whether the partners' learning goals are complementary or competitive [...]"[49].

Wenn Interaktions- und Lernprozesse in Unternehmungen die Wissensbestände der an der Kooperation Beteiligten als Ausgangspunkt haben, dann muss klar sein, welche Ausprägungen der Wissensbestände erforderlich sind. Angesprochen werden in erster Linie fachliche Kompetenzfelder, anhand derer nachfolgenden die Know-how-Trägerschaft potenzieller Partner überprüft werden kann. Der eigene Informationsbedarf ist für diesen Bereich dann a priori erkennbar[50].

---

[46] Vgl. PFEFFER, SALANCIK (1978), S. 258–262.
[47] Vgl. VAN GILS (1984), S. 1081.
[48] Vgl. ALDRICH (1979), S. 273.
[49] CHILD (2001), S. 661.
[50] Vgl. zur Erkennbarkeit des Informationsbedarfs in Organisationen insbesondere SZYPERSKI (1980A), S. 907 ff.

Mit dem Kooperationsbedarf werden automatisch Ziele der Kooperation ermittelt. Eng damit verbunden ist ein konkretes Verständnis über die eigene Rolle für den Wissenstransfer in Kooperationen. Hierfür sollen einerseits möglichst die besten Partner des jeweiligen inhaltlichen Feldes gefunden werden. Anderseits versuchen viele Unternehmungen gleichzeitig, in der Kooperation als fachlich starker Partner zu dominieren. Je nachdem, wie groß die inhaltliche Überschneidung der jeweils eingebrachten Kompetenzfelder ist, kann es zu einem Konflikt zwischen Machtanspruch innerhalb der Kooperation und Kompetenzansprüchen an den Partner kommen. Einerseits ist die Dominanz in dieser „Balance of Power" gewünscht, anderseits will man möglichst starke und kompetente Partner haben[51]. Spätestens in der Phase der Leistung werden sich die Auswirkungen der gewählten Konstellation dann bemerkbar machen, so etwa in der Intensität der Wissensflüsse und deren Richtung in der Kooperation. Die Problematik muss Thema der Kooperationsverhandlungen sein, jedoch ist dazu ebenfalls Klarheit über die eigene Position notwendig.

2.2.2 ‚Screening' für lernorientierte Kooperationen

Mit einem Screening wird nun die Beschaffung des Informationsangebotes besprochen. Der systematischen Beobachtung und Analyse des Unternehmungsumfeldes, also der Analyse des Informationsangebotes, wird seit geraumer Zeit ein hoher Stellenwert im Hinblick auf organisationale Lernprozesse zuerkannt[52]. Unter den Begriffen 'Environmental Scanning' bzw. 'Environmental Assessment' und 'Monitoring' ist die systematische Umfeldanalyse durch die Unternehmung von unterschiedlichen Autoren benannt worden[53]. Diese Analysevorgänge beziehen sich auf die Selektion und Auswertung von relevanten Umfeldinformationen, die etwa demografische, soziale, politische und technologische Informationen und Marktentwicklungen berück-

---

[51] Vgl. Experteninterviews mit BETA (D) und ETA (D).
[52] PAWLOWSKY (1994), S. 313 f.
[53] Vgl. etwa GRADDICK, BASSMANN & GIORDANO (1990, S. 72) für die Informationsbeschaffung im Personalbereich und den Beitrag von HAMBRICK (1982) zum Environmental Scanning im Rahmen der Organizational Strategy. Ähnliches findet sich auch bei BOURGEOIS (1980), S. 30. Vgl. zum Environmental Assessment auch die Beiträge von WILSON (1977) im Rahmen des Socio-political Forecasting, BOURGEOIS (1980) zum Thema Strategie und Umwelt, KLEIN, LINNEMANN (1984) mit ihrer Studie zur Corporate Practice des Environmental Scannings sowie BATES (1985) mit dem Vorschlag eines Environmental Analysis Models. Vgl. STAEHLE (1999, S. 634 ff.) insgesamt zu den detaillierten Ausprägungen dieser Analysemethoden.

sichtigen⁵⁴. Auf der Systemebene der Organisation wurde in der bisherigen Forschung insbesondere der Frage nachgegangen, wie Environmental-Scanning und Monitoring die Effizienz eines strategischen Managements erhöhen können. HUBER (1991) stellt fest, dass die Ergebnisse dieser Studien überwiegend die Annahme bestätigen, dass Scanning- und Umweltbeobachtungsaktivitäten die Leistungsfähigkeit der Organisation erhöhen⁵⁵.

Von FUCHS (1999) ist die Festlegung einer bestimmten Suchstrategie vorgeschlagen worden⁵⁶. Der Autor propagiert eine sukzessive Erweiterung des Suchkreises und schlägt als Abstufungskriterium der Erweiterung den Bekanntheitsgrad potenzieller Unternehmungen im eigenen Haus vor. Grundgedanke dieses Vorschlags ist, dass das Risiko von Kooperationen mit Unternehmungen, zu denen bereits Geschäftsbeziehungen bestehen, als weniger risikoreich eingestuft wird. Zudem können Suchprozesse so anfangs mit geringerem Aufwand begonnen werden. Deswegen sollen zunächst die Möglichkeiten mit bereits bekannten Partnern ausgelotet werden, um konkrete Verhandlungen mit unbekannteren Partnern nur dann in Angriff zu nehmen, wenn zuvor kein geeigneter Partner gefunden werden konnte. Der Gedanke, Kooperationspartner insbesondere aus dem bereits bestehenden Netzwerk zu generieren, wurde allerdings bereits von STAUDT ET AL. (1992) kritisch betrachtet⁵⁷. Abgesehen von den sicherlich existenten Vorteilen ist zunächst einmal fraglich, ob unter den bereits bekannten Unternehmungen gerade in einer derartig internationalen Branche wie der der Biotechnologie geeignete Kooperationspartner gefunden werden können. Dies gilt umso mehr, wenn spezielle Kompetenzen für lernorientierte Kooperationen gesucht werden, die je nach Anwendungsbereich nur von wenigen Unternehmungen und Spezialisten weltweit vorgewiesen werden können. Gerade in hoch spezialisierten Technologiefeldern ist die Anzahl der überhaupt denkbaren Kooperationspartner teilweise sehr gering. In Sonderfällen kommt für bestimmte Anwendungsentwicklungen weltweit nur ein Partner überhaupt in Frage. In den Worten von EPSILON (D):

---

⁵⁴ Vgl. DIERKES, HÄHNER (1994). Zur Situationsanalyse in Biotechnologie-Unternehmungen vgl. MÜLLER, HERSTATT (2002), S. 106 ff.
⁵⁵ Vgl. HUBER (1991), S. 98.
⁵⁶ Vgl. FUCHS (1999), S. 127.
⁵⁷ Die Autoren gehen davon aus, dass „[...] die zufallsgesteuere Suche im Bekanntenkreis bei weitem nicht ausreicht." (STAUDT ET AL. (1992), S. 92).

"Wenn Sie in dem von mir beschriebenen Bereich der HIV-Forschung unterwegs sind, dann geht an [Name der Unternehmung] kein Weg vorbei. Sehen Sie sich einfach die Visualisierung von Patenten in dem Bereich an: überall kleine Häufungen und bei [Name der Unternehmung], da haben Sie einen riesigen Berg. Die haben da einfach die fachliche Gebietshoheit [...]"[58].

Bei den zuvor genannten Suchstrategien sind dann negative Folgen zu erwarten, wenn für eine Reduktion der Suchkosten darauf verzichtet wird, den Suchradius signifikant zu erweitern, um so bessere im Sinne kompetenterer Partner erreichen zu können. Die Einschränkung des Suchradius kann jedoch nicht nur durch den Bekanntheitsgrad potenzieller Kooperationspartner geschehen, sondern auch durch deren Standort. Auf diese Problematik der Entfernung zwischen den Partnern angesprochen, traf ALPHA (D) eine Einschätzung zu einem bestimmten Kooperationstyp:

"Gerade im Bereich des Vertriebs mithilfe von Kooperationen stellt sich die Frage: Wie weit kann ich mich von der eigenen Haustür fortbewegen?"[59]

Tatsächlich waren die Kooperationen in dieser Unternehmung im Bereich des Vertriebs hoch spezialisierter Dienstleistungen auf den Westen Deutschlands und das unmittelbar angrenzende Ausland beschränkt. ALPHA (D) führt dies auf die Probleme zurück, die vor allem in den koordinationsintensiven Kooperationen durch räumliche Entfernung und ggf. sprachliche Unterschiede auftreten können. Die bemerkenswerte Clusterung in der Biotechnologiebranche, also die räumliche Konzentration von Unternehmungen in bestimmten Gebieten, mag als ein Mittel gesehen werden, um diesem Problem aus dem Weg gehen und möglichst viele potenzielle Kooperationspartner in unmittelbarer Nähe der eigenen Unternehmung vorfinden zu können[60].

Aufwendiger, aber eine größere Menge potenzieller Partner abdeckender ist der möglichst systematische Aufbau von Informationen über relevante Märkte, Marktsegmente und Marktteilnehmer ohne Berücksichtigung von Bekanntheitsgrad oder

---

[58] Experteninterview mit EPSILON (D).
[59] Experteninterview mit ALPHA (D).
[60] Zu den Clustern der Biotechnologiebranche vgl. THOMÉ, SZPYERSKI & VON KORTZFLEISCH (2005), S. 35 ff.

Standort. Ziel ist die Identifikation von in Frage kommenden Partnern und die Schaffung einer angemessen breiten Informationsgrundlage im Hinblick auf den eigenen Informationsbedarf über Partner sowie deren Kompetenzen und Aktivitäten als Grundlage zukünftiger Entscheidungsprozesse. Die gesammelten Informationen müssen in einem weiteren Schritt einer Auswertung und kritischen Prüfung anhand der zuvor ermittelten Anforderungen unterzogen werden. Konkrete Anforderungen sind wie im vorangegangenen Abschnitt gezeigt Ausgangspunkt für erfolgreiche Informationsbeschaffung. In den Worten von EPSILON (D):

> „Wenn der Partner zum Beispiel die Rolle des Know-how-Trägers spielen soll, dann müsste ich wissen: Was hat er publiziert? Welche Patente besitzt er?
> Aber ist das nicht der Fall, dann möchte ich auch nicht unbedingt auf die Liste seiner Publikation schauen"[61].

Formalisierte Informationen stellen einerseits Veröffentlichungen in entsprechenden Fachpublikationen sowie andererseits Patentanmeldungen dar. Weiterhin gibt es verschiedene andere Informationsquellen. Beispielhaft genannt seien hier: Industriemessen und -ausstellungen, Branchenverzeichnisse, Internet[62], Kooperationsbörsen sowie öffentliche Vermittler, Datenbanken, Verbände und Gremien, Beratungsunternehmungen und schließlich das eigene persönliche Netzwerk.

SCREENINGPRINZIP

Für eine planmäßige Kooperationsanbahnung muss das bedarfsorientierte Screening von Informationen über Kompetenzen und Fähigkeiten potenzieller Partner-Unternehmungen systematisch und im Idealfall permanent stattfinden, um auf neueste Entwicklungen sofort reagieren zu können.

Angestrebt werden sollte nicht nur die problemorientierte Suche im Einzelfall. Es muss vielmehr darum gehen, eine permanente Identifikation von Wissen anzustre-

---

[61] Experteninterview mit EPSILON (D).
[62] Auch haben sich in jüngerer Vergangenheit spezielle Informationsdienste entwickelt, die sich auf biotechnologische Marktinformationen spezialisiert haben. Vgl. etwa die BIOCOM AG (http://www.biocom.de) oder BIONITY.COM, das Informationsportal für Biotechnologie und Pharma (vgl. http://www.bionity.com). International sehr anerkannt sind zudem die Internet-Seiten http://www.biospace.com und http://www.recap.com, zwei auf Biotechnologie spezialisierte Informationsportale.

ben, um bei Bedarf schnell handeln zu können. Allerdings ergeben sich aus dieser Forderung erhebliche Probleme für KMU, die entsprechende Ressourcen nicht ohne weiteres vorhalten können. Die Ausführung gezielter Suchmechanismen setzt einen nicht unerheblichen Einsatz entsprechender technischer und personeller Ressourcen voraus. Vor allem große Pharmakonzerne sind hier aktiv, um geeignete Kooperationspartner zu finden. Der Fall der MERCK KGAA mag als gutes Beispiel dienen:

> „MERCK arbeitet auf der Suche nach Kooperationspartnern weltweit und hat auch neugegründete kleinere und mittlere Unternehmen im Visier. Dazu ein typisches Beispiel: Mit 4.000 Hightech-Unternehmen auf knapp 6 Millionen Einwohner hat Israel im internationalen Ländervergleich besonders viele innovative Unternehmen – vor allem im Bereich der Material- und Biowissenschaften. Seit 2000 haben die MERCKschen Wissenschafts-Scouts deshalb mehr als 170 israelische Technologie-Unternehmen evaluiert. Neben zahlreichen neuen Forschungskooperationen ergab sich zum Beispiel eine intensive Zusammenarbeit mit SOL-GEL TECHNOLOGIES LTD., Bet Shemesh, an der MERCK beteiligt ist. Ende 2001 kaufte MERCK von diesem Start-up die weltweiten exklusiven Vertriebsrechte für eine neue Generation mikroverkapselter UV-Lichtschutzfilter für Sonnencremes – eine attraktive Ergänzung des MERCKschen Produktionsportfolios im Bereich der Hautschutzmittel"[63].

Für KMU ist ein vergleichbarer Ressourcenaufwand kaum zu bewältigen. Dennoch gab es für ein ähnliches Vorgehen auch Hinweise von zumindest einer der untersuchten Unternehmungen. EPSILON (US) stellte für einen Zeitraum von sechs Monaten zwei Mitarbeiter ab, um gezielte Marktforschung im besonderen Hinblick auf das Thema Kooperationen in den USA betreiben zu können[64]. Bei diesen Screening-Aktivitäten ging es vor allem um die Identifikation und Evaluation von Kompetenzfeldern, die für ein späteres interorganisationales Lernen Voraussetzung sind.

Die introversive Analyse geht den Screening-Aktivitäten nach potenziellen Kooperationspartnern voraus. Dennoch handelt es sich im Idealfall um ineinander greifende Prozesse, da Lernvorgänge die Anforderungen an zu erhebende Informationen ver-

---

[63] O. V. (2004A), S. 70 (Kapitalschrift der Unternehmungsnamen durch den Autor der vorliegenden Arbeit).
[64] Vgl. Experteninterview mit EPSILON (US).

ändern können. Auch aus diesem Blickwinkel bietet ein permanentes Suchverhalten Vorteile, da die Veränderung von Anforderungen durch neue Erkenntnisse berücksichtig werden kann.

„We are trying to do our market research on a pretty regular basis. At least it makes us feel comfortable because we do not have to act under pressure in the concrete case, when we need information. Needless to say that it doesn't always work out the way we want it"[65].

Sowohl bei der Patentsuche als auch bei der Suche nach Veröffentlichungen handelt es sich um anspruchsvolle Aufgaben. Dies liegt einerseits daran, dass die in der Branche vorhandenen Patentdatenbanken keine wirklich ausgereiften Suchalgorithmen zur Verfügung stellen. Dahingehend sind die Einlassungen von ALPHA (D) zu werten:

„Wenn wir wieder eine solche Phase haben, dann sitzen zwei Laborleiter drei Tage an der Suche nach Patenten. Das ist ein sehr mühseliges Geschäft, bis man da wirklich alle Primär- und Sekundärinformationen zusammen hat und darüber hinaus auch die entsprechenden Veröffentlichungen"[66].

	Unteres Management	Mittleres Management	Oberes Management
Informations-nachfrage			⊗
Informations-überfluss		⊗	
Informations-rationierung	⊗		

Tabelle 1: Schwerpunktmäßige Zuordnung der Informationsversorgungstypen zur Management-Hierarchie in Anlehnung an SZYPERSKI (1980B)[67].

---

[65] Experteninterview mit JOTA (US).
[66] Experteninterview mit ALPHA (D).
[67] SZYPERSKI (1980B), S. 928.

Zudem gibt ein Blick auf die in Tabelle 1 gezeigte schwerpunktmäßige Zuordnung der Informationsversorgungstypen zur Management-Hierarchie von SZYPERSKI (1980B) den Blick auf eine bemerkenswerte Zirkel-Problematik frei: die allseits geforderte Enddämmung des Informationsüberflusses kann nur durch diejenigen Mitglieder der Organisation getätigt werden, die eigentlich von den Früchten dieser Selektion profitieren sollen.

Für die Patentsuche wie für die Suche nach Veröffentlichungen gilt, dass ein Delegieren an geringer qualifizierte Personen aufgrund der komplexen Inhalte und der notwendigen fachlichen Einstufung und Bewertung vorhandener Patente und Veröffentlichungen kaum möglich ist. Die reine Informationsnachfrage des oberen Managements ist in biotechnologischen KMU gleichfalls problematisch, da aufgrund der Verteilung von Fachkenntnissen nicht selten die Geschäftsführer der Unternehmungen selbst vom Informationsnachfrager zum Informationssucher werden. Die Praxis zeigt, dass annehmbare Resultate derartiger Suchen sowohl zeitintensive als auch qualitativ anspruchsvolle Arbeiten sind[68], auf die bei der Suche nach geeigneten Partnern für Kooperationen mit hoher strategischer Lernausrichtung jedoch nicht verzichtet werden kann:

> „Wenn wir ein bestimmtes Feld inhaltlich aufrollen, dann durchsuchen wir alle Informationen, die wir in die Hände kriegen können. Da sitzen dann regelmäßig die Laborleiter selbst zwei Tage vor der Datenbank, um das auszubuchstabieren"[69].

Dabei kann es insbesondere auch darum gehen, welche Individuen Kompetenzträger innerhalb einer Unternehmung sind:

> „We do lot of reading: annual reports, trade journals, periodical science, magazines, we wanna do a stroke deal with [Name der Unternehmung]. Well: who is the head of their stroke program? That is not even in their annual report, because it doesn't go down that far! So we read all the articles we could find that [Name der Unternehmung] published on stroke to see

---

[68] Neben den Ausführungen von ALPHA (D) wurde dieser Aspekt ebenso von GAMMA (D) und EPSILON (D), DELTA (US), GAMMA (US), EPSILON (US) und JOTA (US) hervorgehoben.
[69] Experteninterview mit ALPHA (D).

who the leading author is. That is why we have a scientist doing the analysis, because he knows where to look"[70].

Die Schilderungen von DELTA (US) erinnern unmittelbar an den Einsatz von Text Mining Verfahren. Dabei beinhaltet die Suche nach Kompetenzfeldern potenzieller Partner bei größeren Unternehmungen auch die Suche nach den Individuen, die dort die jeweiligen Kompetenzträger sind. Diese Besonderheit erklärt sich durch die hervorgehobene Bedeutung der individuellen Lernebene. Die Einschätzung und Auswertung von Informationen hinsichtlich der Kompetenzen anderer Marktteilnehmer und damit die Beschaffung des Informationsangebots setzt besondere fachliche Qualifikationen voraus. Die Ressourcenplanung in der Anbahnungsphase von Kooperationen muss diesem Umstand Rechnung tragen.

Unabhängig von der Frage, wer das Informationsangebot erstellt und mit dem eigenen Informationsbedarf in Einklang bringt, muss beachtet werden, dass bei diesen Analysetätigkeiten das Problem einer kausalen Ambiguität besteht[71]. Darunter ist eine grundsätzliche Unsicherheit zu verstehen, die sich auf die Beantwortung der Frage bezieht, welches Wissen zu der Herausbildung eines spezifischen Wettbewerbsvorteils geführt hat. Nach REED/DEFILLIPPI (1990) sind derartige Einschätzungen keineswegs immer eindeutig zu treffen. Wenn aber Aussagen in Bezug auf die Auswirkungen von Wissen auf Wettbewerbsvorteile nur schwer möglich sind, wird ebenfalls nicht einfach abzuschätzen sein, welche konkreten Auswirkungen des Partnerwissens und seiner Kompetenzen für den Wissenstransfer in Kooperationen zu erwarten sind. Neben der Frage, welche Kompetenzen bei einer Unternehmung vorhanden sind, ist zu klären, ob im späteren Verlauf auch die Bereitschaft besteht, die entsprechenden Kompetenzen offen zu legen. Diesbezügliche Probleme sind in den Abstimmungsprozessen der Phase der Formation zu lösen.

Der Erkenntnisgewinn im Bereich weniger formalisierter Unternehmungsinformationen gehört ebenfalls zu den Aufgaben, die Screening-Aktivitäten zum Gegenstand haben. Damit sind etwa diejenigen Informationen gemeint, die die Beziehung anderer Unternehmungen zu ihrer Umwelt zum Gegenstand haben. Hier handelt es sich nicht

---

[70] Experteninterview mit DELTA (US).
[71] Vgl. REED, DEFILLIPPI (1990), S. 920 f.

um erwünschte Kompetenzen oder Ressourcen, sondern im Gegenteil um eine Überprüfung von Anforderungen mit restriktivem Charakter. Dies wird im Falle von BETA (US) deutlich:

> „The degrees to which the company communicates with our collaborators are always different. So that is how closely that contact is maintained, you know. Collaborators have different preferences. Clearly how actively those things are driven is influenced to some extend by how many other collaborations one of our academic collaborators may be involved in for instance. [...]"He may not only work for our company, he may also work for other companies. So that in some ways drives the nature of the collaboration and how close you may wanna work with them"[72].

Eine Informationssuche muss also nicht nur nachweisen, ob konkrete Kompetenzfelder vom Partner besetzt sind. Kooperationspartner können nicht nur aufgrund ihrer Fähigkeiten als potenziell ungeeignet für Kooperationen mit strategischer Lernausrichtung eingestuft werden, sondern ebenfalls aufgrund der Beziehungen, die sie zur Umwelt unterhalten. Dahinter verbirgt sich eine vorsorgliche Maßnahme zum Schutz des eigenen Wissens, die sich hier bereits in der Auswahl der überhaupt in Frage kommenden Partner manifestiert. Sie ist auch Teil der eigenen Kooperationskompetenz, um vertrauensvollen Wissenstransfer in Kooperationen möglich machen zu können. Als phasenübergreifendes Prinzip war die Ambivalenz des Wissenstransfers bereits beschrieben worden. Erneut kristallisiert sich heraus, dass der Schutz vor ungewollten Wissensabflüssen zentrales Thema biotechnologischer Kooperationen ist – und hier vor allem derjenigen Kooperationen mit hoher strategischer Lernausrichtung.

Insgesamt muss unter dem Eindruck des Screeningprinzips hinterfragt werden, ob die KMU der Biotechnologie zur Anbahnung von Kooperationen nicht in weitaus stärkerem Maße externe Hilfeleistungen in Anspruch nehmen sollten, als dies bisher der Fall ist. Konkret wäre hier denkbar, dass kleinere Unternehmungen für die Durchsetzung des Screeningprinzips insbesondere wegen der eingeschränkten Ressourcen von „Professionellen Scouts" unterstützt werden. Diese Scouts würden dann als

---

[72] Experteninterview mit BETA (US).

Intermediäre zwischen potentiellen Kooperationspartnern handeln: SCHODER, MÜLLER (1999) zufolge haben Intermediäre die Funktion „[...] als unabhängige ökonomisch handelnde Agenten, [...] Transaktionen zwischen Wirtschaftssubjekten möglichst zweckmäßig zu gestalten und dabei Transaktionskosten zu senken"[73]. Als Agenten der Kooperationsanbahnung könnten die Intermediäre unter Berücksichtigung der bestehenden Rahmenbedingungen sowie der allseitigen Informations- und Geheimhaltungsbedürfnisse für potenzielle Partner tätig werden.

Die Zweckmäßigkeit der Gestaltung dieser Konstellation berührt dabei insbesondere den Bereich der Beschaffung und Einordnung relevanter Informationen. Dies vor allem, da aufgrund der Spezialisierung externer Dienstleister Skaleneffekte auftreten werden, die sich im Preis der Leistungserstellung niederschlagen könnten. Zudem ist durch das Einbringen hochwertiger Informationen in den Entscheidungsprozess mit einer geringeren Fehlerrate der Kooperation zu rechnen, da zumindest solche Fehler vermieden werden können, die als Spätfolge eines Mangels an entscheidungsrelevanten Informationen teilweise beträchtliche Kosten für die an der Kooperation beteiligten Unternehmungen bedeuten.

Zwangsläufig müssten diese Scouts allerdings im Sinne einer „Trusted Third Party"[74] agieren, der alle Beteiligten vertrauen können, ohne von einem schädigenden Verhalten oder ungewollten Wissensabflüssen ausgehen zu müssen. Eine wichtige Rolle könnten die vertrauenswürdigen dritten Parteien auch im Rahmen des nachstehenden Kompetenzsignalings spielen.

2.2.3 Kompetenzsignaling

Als besondere Charakteristik der Branche wurde bereits dargestellt, dass es sich in der Regel um kleine und mittelständische Unternehmungen handelt, die zudem vergleichsweise jung sind. Dieser Umstand bedingt, dass viele Biotechnologie-KMU aufgrund des durchschnittlich geringen Alters nicht immer die Möglichkeit in ihrer Unternehmungsgeschichte hatten, ihre Kompetenz[75] in bestimmten Bereichen unter

---

[73] Vgl. SCHODER, MÜLLER (1999), S. 601.
[74] Vgl. SCHODER, MÜLLER (1999), S. 601.
[75] Unter dem Begriff der „Kompetenz" wird im sozialwissenschaftlichen Sprachgebrauch häufig die Übereinstimmung von Wissen und Aktivität verstanden, die eine aufgabengebundene Anwendung

Beweis zu stellen. Dies ist allerdings unbedingt notwendig, um für lernorientierte Kooperationen als Kooperationspartner wahrgenommen zu werden und attraktiv zu sein. Zwar gibt es nach dem Erstkontakt insbesondere von Seiten großer Pharmakonzerne Methoden, um die Kompetenz zu überprüfen[76]. Damit ist aber noch keine Wahrnehmung am Markt sichergestellt, die zuvor geschehen muss. Die Steigerung des Bekanntheitsgrades etwa durch Werbung stellt hierzu kein geeignetes Mittel dar, da es aufgrund der hervorgehobenen Bedeutung von Lernen und damit Wissen bzw. Kompetenzen eben nicht nur um den Bekanntheitsgrad geht, sondern um den Beweis der eigenen Kompetenzen vor dem Hintergrund des hohen Aufwands für kooperative Vorhaben. Formalisierte Kompetenzbeweise sind Veröffentlichungen oder Patentanmeldungen. In den Worten von ALPHA (US):

> „When we recently in the spring had an article in the INVITRO DIAGNOSTICS MAGAZINE, a company that was an animal health company called up and first said I was reading this article in the INVITRO DIAGNOSTICS and I think your technology is pretty interesting, can we talk? So once you got exposed in the market then people come to you"[77].

Teilweise äußerten die befragten Experten, dass in bestimmten, hoch innovativen Technologiefeldern der Biotechnologie Fachpublikationen die Hauptader für Kontakt zu potenziellen Kooperationspartnern darstellen[78]. Dies liegt vor allem daran, dass detaillierte Einzelinformationen zu den vielen biotechnologischen Spezialgebieten[79] für die fachlichen Mainstream-Medien zu spezialisiert sind.

---

bei der Erstellung einer Leistung findet (vgl. etwa ROSS, VON KROGH (1992)). Kompetenz kann folglich nur durch Handlung bewiesen werden, bei der direkt oder zumindest indirekt auf ein zugrunde liegendes Wissen geschlossen werden kann. Insofern ist Kompetenz immer ein Beweis für vorhandenes Wissen.
In einem strengen Sinne kann Kompetenz allerdings nicht gespeichert werden, da sie sich immer wieder neu in der Kombination des Wissensrepertoirs eines Akteurs und seiner Aufgaben sowie Aktivitäten manifestiert (vgl. VON KROGH, ROSS (1995), S. 62). Für die Betrachtungen der vorliegenden Arbeit soll dieser Umstand aus Vereinfachungsgründen jedoch außer Acht gelassen werden.

[76] Vgl. die Ausführungen zu den Prinzipien in der Phase der Formation.
[77] Experteninterview mit ALPHA (US).
[78] Vgl. Experteninterviews mit ALPHA (D), DELTA (US) und ETA (US).
[79] Allein die Forschungsgebiete, die mit dem bekannten "-omics" enden (z. B. Genomics, Proteomics, Epigenomics, Nutrigenomics, Metabolomics usw.) sind mittlerweile fast unüberschaubar (die Bedeutung dieser Nachsilbe liegt in der Erforschung eines bestimmten Feldes, das auf -ome endet. Hinter Genomics verbirgt sich vom Wortstamm her nichts anderes als die Erforschung des Genomes, also der Gesamtheit aller Gene).

Zudem sind auf den bekannteren dieser neuen wissenschaftlichen Teilgebieten der biotechnologischen Grundlagen- und Anwendungsforschung Veröffentlichungen in den führenden Zeitschriften der Branche aufgrund der Ressourcenknappheit der Unternehmungen nicht ohne Weiteres zu erbringen. Dennoch müssen Wege gefunden werden, um in einem Umweltscreening durch andere Marktteilnehmer als potenzielle Kooperationspartner wahrgenommen zu werden. Dabei muss einerseits durch ein „Schönmachen für die Kooperation" externes Interesse geweckt werden. Andererseits darf hierbei nicht zu viel des eigenen Wissens präsentieren werden, um keine ungewollte Wissenstransfers zu riskieren:

SIGNALINGPRINZIP
Um ein Höchstmaß an potenziellen Partnern finden zu können, müssen Unternehmungen ihre eigenen Kompetenzen unter Beweis stellen, ohne jedoch zu viel des jeweils wettbewerbsrelevanten Wissens preiszugeben.

Entsprechende Methoden haben ein Kompetenz-Signaling zum Ziel, mit dem eigene Kompetenzfelder vorgestellt werden, um potenzielle Partner auf sich aufmerksam machen zu können. Die Erhöhung des eigenen Wertes auf dem Markt potenzieller Kooperationspartner darf allerdings nicht durch ungewollte Wissensabflüsse erkauft werden. Der für ein gegenseitiges Kennenlernen zwangsläufig notwendige bidirektionale Informationsaustausch wird in dieser frühen Phase sehr restriktiv gehandhabt. Wissens- und Wettbewerbsvorteile sollen auf diese Weise vor unerwünschten Zugriffen geschützt werden. In den Interviews gaben von den amerikanischen Unternehmungen vier, von den deutschen Unternehmungen drei an, dass bereits die Veröffentlichung nur weniger Schlüsselinformationen über Forschungs- und Technologiebereiche wettbewerbsschädliche Folgen haben könnte[80]. Informationsflüsse zur Identifikation konkreter Partner aus der Gesamtheit potenzieller Kooperationspartner unterliegen also auch inhaltlichen Restriktionen.

Trotzdem stellt sich die Frage, wie die KMU der Branche ihre Kompetenz unter Beweis stellen können. Konkret kommen hierfür Vorträge auf Messen, Vortragsreihen

---

[80] Vgl. Experteninterviews mit ALPHA (US), GAMMA (US), THETA (US), JOTA (US), ALPHA (D), BETA (D), EPSILON (D) und ZETA (D).

auf entsprechenden Roadshows in Betracht, die die Möglichkeit dazu bieten, einem an den konkreten fachlichen Inhalten interessierten Publikum die eigenen Konzepte näher zu bringen und auf sich aufmerksam zu machen. Fachvorträge anlässlich spezieller Fachmeetings gehören mit zu den beliebtesten Methoden, um gezielter nach potenziellen Kooperationspartnern zu suchen[81]. DELTA (US) etwa organisierte für sein Forschungsfeld eigens einen US-weiten Kongress, auf dem die Unternehmung sich als führend auf dem Spezialgebiet und insofern als idealer Kooperationspartner präsentieren konnte. Für die Außenwirkung von Bedeutung ist dabei das Renommee der Teilnehmer der Veranstaltung. Weil DELTA (US) zwei Nobelpreisträger als Keynote Speakers gewinnen konnte, waren alle nordamerikanischen Größen des Fachbereiches und eine bemerkenswerte Anzahl internationaler Experten zu dem Kongress gekommen[82]. Kompetenz offenbart sich wie in diesem Beispiel zu erkennen nicht nur durch eine fachspezifische Argumentation, sondern auch über die Partner, mit denen man bereits zusammenarbeitet[83]. Ein Kooperationsnetzwerk wird dadurch zum Ausweis eigener Kompetenz. Insofern kann es ein legitimes Ziel sein, über die eigenen Kooperationen eine kritische Masse zu erreichen, mit der in der Branche weithin Kompetenz – zumindest indirekt – belegt werden kann. Signaling von Kompetenz ist Teil eines geschickten Marketings für die Anbahnung von Kooperationen. Wie bereits angedeutet, liegen auch hier Potenziale für den Einsatz von Intermediären. Als Scouts könnten diese sich von der Dienstleistungsqualität in KMU ein Bild machen und die Leistungsfähigkeit der Organisationen durch ihr unabhängiges aber vertrauenswürdiges Urteil bestätigen.

3. Zusammenfassung

Ausgehend von einer Reihe von Problemen in der Zusammenarbeit von Unternehmungen, wurde die Frage aufgeworfen, wie das Lernen als Ausgangspunkt der innovationsunterstützenden Wissensbildung durch ein effizientes Management von Kooperationen strukturell gestaltet werden kann.

---

[81] Diese Form des Kompetenzsignalings wurde in den Experteninterviews mit ALPHA (D), DELTA (D), ZETA (D) und von GAMMA (US), DELTA (US) und ETA (US) beschrieben bzw. bestätigt.
[82] Vgl. Experteninterview mit DELTA (US).
[83] Die kurzfristige Zusammenarbeit für eine gemeinsame Veranstaltung darf hier durchaus als Kooperation verstanden werden.

In der Tradition des von SZYPERSK & VON KORTZFLEISCH (2001) geprägten Begriffs des Kooperations-Engineerings[84] wurde von THOMÉ (2006) dazu ein ingenieurorientiertes Vorgehen entwickelt, welches den ineffizienten Handlungsschemata in Kooperationen eine systematisch-planmäßige Ausrichtung entgegen setzt. Beispielhaft wurden für die Phase der Emergenz des Kooperationslebenszyklus zunächst die vorherrschenden Rahmenfaktoren analysiert und ebenso die jeweils vorhandenen, konkreten Lernziele angesprochen. Anschließend erfolgte die Erarbeitung dreier konkreter Prinzipien für die Phase der Emergenz.

Mit dem **Prinzip der strategischen Entscheidungen** wurden die wesentlichen Lernprozesse benannt, welche die Unternehmung und ihre Mitglieder vor dem Beginn einer Kooperation durchlaufen müssen. Während das Prinzip des **Screening** sich auf Lernprozesse im Markt der potenziellen Kooperationspartner bezog, wurde mit dem Prinzip des **Signaling** die Bedeutung des Werbens für die eigene Kompetenz bei anderen Marktteilnehmern betont.

Letztlich ist durch die beispielhafte Darstellung dreier Prinzipien des Kooperations-Engineerings deutlich geworden, wie ein planmäßiges Vorgehen in Kooperationen zur Unterstützung des organisationalen Lernens für den Wissensaufbau und als Ausgangspunkt für Innovationen in Unternehmung Nutzen stiften kann.

---

[84] Vgl. den Beitrag von SZYPERSKI, VON KORTZFLEISCH (2001) und die weiteren diesbezüglichen Beiträge der BETRIEBSWIRTSCHAFTLICHE FORSCHUNGSGRUPPE INNOVATIVE TECHNOLOGIEN, hier insbesondere VON KORTZFLEISCH, SZYPERSKI (2003) sowie THOMÉ, VON KORTZFLEISCH & SZYPERSKI (2003).

Literaturverzeichnis

ALDRICH, H. E. (1979)
Organizations and Environments. New York.

BACKHAUS, K.; PILTZ (1990)
Strategische Allianzen. Zeitschrift für betriebswirtschaftliche Forschung. Sonderheft 27.

BALZERT, H. (1982)
Die Entwicklung von Software-Systemen. Prinzipien, Methoden, Sprachen, Werkzeuge. Mannheim.

BATES, C. S. (1985)
Mapping the environment: An operational environmental analysis model. In: Long Range Planning, Vol. 18, S. 97–107.

BERTHEL, J. (1992)
Informationsbedarf. In: FRESE, E. (Hrsg.): Handwörterbuch der Organisation. Stuttgart, Sp. 872–886.

BLEEKE, J.; ERNST, D. (1991)
The way to win in Cross-border Alliances. In Harvard Business Review, Vol. 69, Nr. 6, S. 127–135.

BLEICHER, K. (2004)
Das Konzept integriertes Management. Visionen – Missionen – Programme. Frankfurt, New York.

BOULDING, K. E. (1956)
The Image. Knowledge in Life and Society. Ann Arbor.

BOURGEOIS, L. J. III (1980)
Strategy and Environment: A Conceptual Integration. In: Academy of Management Review, Vol. 5, Nr. 1, S. 25 –39.

BÜTTGEN, M. (2000)
Marktorientiertes Informationsmanagement in Dienstleistungsunternehmungen. Wiesbaden.

CHILD, J. (2001)
Learning through Strategic Alliances. In: DIERKES, M.; ANTAL, A. B.; CHILD, J.; NONAKA, I. (Hrsg.): Handbook of Organizational Learning and Knowledge, New York. S. 567–680.

CHROUST, G. (1992)
Modelle der Software-Entwicklung. München, Wien.

DIERKES, M.; HÄHNER, K. (1994)
Unternehmenslernen als Komponente des Wachstums. In: ALBACH, H. (Hrsg.): Globale soziale Marktwirtschaft. Ziele – Wege – Akteure. Wiesbaden, S. 247–262.

FONTANARI, M. L. (1996)
Kooperationsgestaltungsprozesse in Theorie und Praxis. Berlin.

FUCHS, M. (1999)
Projektmanagement für Kooperationen. Eine integrative Methodik. Bern, Stuttgart.

GERISCH, M.; SCHUMANN, J. (1988)
Software-Entwurf. Köln

GRADDICK, M. M.; BASSMAN, E.; GIORDANO, J. M. (1990)
The Changing Demographics: Are Corporations Prepared to Meet the Challenge? In: Journal of Organizational Change Management, Vol. 3, No. 2, S. 72–79.

HABERFELLNER, R. (1980)
Organisationsmethodik, In: GROCHLA, E. (Hrsg.): Handbuch der Organisation. Stuttgart, Sp. 1701–1710.

HAMBRICK, D. C. (1982)
Environmental scanning and organizational strategy. In: Strategic Management Journal, Vol. 2, 159–174.

HERSTATT, C.; MÜLLER, C. (2002)
Management-Handbuch Biotechnologie. Strategien, Finanzen, Marketing, Recht. Stuttgart.

HESSE, W.; MERBETH, G.; FRÖLICH, R. (1992)
Software-Entwicklung – Vorgehensmodelle, Projektführung, Produktverwaltung. Handbuch der Informatik, Band 5.3, Oldenbourg.

HILLIG, A. (1997)
Die Kooperation als Lernarena in Prozessen fundamentalen Wandels. Ein Ansatz zum Management von Kooperationskompetenz. Bern et al.

HOHENSOHN, H.; JAHN, S. (2005)
Collaboration für innovative Unternehmen. Lohmar-Köln.

HUBER, G. P. (1991)
Organizational Learning: The Contributing Processes and the Literature. In: Organization Science, Vol. 2, Nr. 2, S. 88–115.

INKPEN, A. C. (1995)
The Management of International Joint Ventures: An Organizational Learning Perspective. London.

KABST, R. (2000)
Steuerung und Kontrolle Internationaler Joint Ventures. München.

KLEIN, H. E.; LINNEMAN, R. E. (1984)
Environmental assessment: An international study of corporate practice. In: Journal of Business Strategy, Vol. 5, Nr. 1, S. 66–75.

KOGUT, B. (1988B)
The stability of joint ventures: Reciprocity and competitive rivalry. In: Journal of Industrial Economics. Vol. 38, S. 183–198.

MÜLLER-STEVENS, G.; LECHNER, C. (2003)

Strategische Prozessforschung – Grundlagen und Perspektiven. In: RINGLSTETTER, M. J.; HENZLER, H. A.; MIROW, M. (Hrsg.): Perspektiven der Strategischen Unternehmensführung. Theorien-Konzepte-Anwendungen. Wiesbaden. S. 43-71.

O. V. (2004A)

Chemie mit Zukunft. Einblicke in die Forschung bei Merck. Darmstadt.

O. V. (2005)

Virtoweb. Collaboration für innovative Unternehmen. Projektbroschüre von C-LAB (www.c-lab.de) für das Forschungsprojekt VirtOweB. Paderborn.

PAWLOWSKY, P. (1994)

Wissensmanagement in der lernenden Organisation. Habilitationsschrift: Universität Paderborn. Quelle: http://www.tu-chemnitz.de/wirtschaft/bwl6

PFEFFER, J.; SALANCIK, G. R. (1978)

The external control of organizations – A resource dependence perspective. New York.

PICOT, A.; FRANCK, E. (1988)

Die Planung der Unternehmensressource Information (II). In: Das Wirtschaftsstudium, 17. Jg. Heft 11, S. 608–614.

REED, R.; DEFILLIPPI, R. J. (1990)

Casual ambiguity, barriers to imitation, and sustaintable competitive advantage. In: Academy of Management Review, Vol. 15, S. 88–102.

ROSS, J.; VON KROGH, G. (1992)

Figuring out your Competence Configuration. In: European Management Journal, Vol. 4, S. 422 – 427.

SCHMITZ, P. (1982)

Methoden, Verfahren und Werkzeuge zur Gestaltung Rechnergestützter Betrieblicher Informationssysteme (RBIS). In: Angewandte Informatik, 34. Jg., Nr. 2, S. 72–79.

SCHODER, D.; MÜLLER, G. (1999)
Disintermediation versus Intermediation auf elektronischen Märkten am Beispiel 'Trusted Third Parties' – Eine empirische Einschätzung. In: ENGELHARD, J.; SINZ, E. J. (Hrsg.): Kooperation im Wettbewerb. Wiesbaden.

SEMLINGER, K. (2000)
Kooperation und Konkurrenz in japanischen Netzwerkbeziehungen, in: SYDOW, J.; WINDELER, A. (Hrsg.): Steuerung von Netzwerken. Wiesbaden. S. 126–155.

STAEHLE, W.H. (1999)
Management. Eine verhaltenswissenschaftliche Perspektive. München.

STAUDT, E.; KRIEGESMANN, B.; THIELEMANN, F.; BEHRENDT S. (1996)
Kooperationsleitfaden. Planungshilfen und Checklisten zum Management zwischenbetrieblicher Kooperation. Stuttgart et al.

STAUDT, E.; TOBERG, M.; LINNÉ, H.; BOCK, J.; THIELEMANN, F. (1992)
Kooperationshandbuch. Ein Leitfaden für die Unternehmenspraxis. Düsseldorf.

SZYPERSKI, N. (1980B)
Informationssysteme, computergestützte. In: GROCHLA, E. (Hrsg.): Handbuch der Organisation. Stuttgart, Sp. 920–933.

SZYPERSKI, N. (1980A)
Informationsbedarf. In: GROCHLA, E. (Hrsg.): Handbuch der Organisation. Stuttgart, Sp. 904–913.

SZYPERSKI, N.; VON KORTZFLEISCH, H. F. O. (2001)
The >> Bio4C<< Life Science Portal: Collaboration and Partnership Engineering as a Support Tool for Entrepreneurial Start-Ups in the Biotechnology Industry. Konferenzbeitrag veröffentlicht auf der CD-ROM der IntEnt 2001 Conference, July 2nd to 4th, 2001, Kruger National Park, South Africa.

THOMÉ, U. (2006)
Kooperations-Engineering. Ein lernorientierter Gestaltungsansatz. Lohmar, Köln.

THOMÉ, U.; VON KORTZFLEISCH, H. F. O., SZYPERSKI, N. (2003)

Kooperations-Engineering Prinzipien, Methoden und Werkzeuge. In: LÜCKE, F.; BÜTTGEN, M. (Hrsg.): Online-Kooperationen. Erfolg im E-Business durch strategische Partnerschaften. Wiesbaden, S. 41–58.

THOMÉ, U.; VON KORTZFLEISCH, H.F.O.; SZYPERSKI, N. (2005)

Perspektiven und Anforderungen bei Interaktions- und Kommunikationsprozessen in virtuellen Unternehmungen. In: VON KORTZFLEISCH, H. F. O. (Hrsg.): Wissensorientierte Prozessvirtualisierung in der Biotechnologiebranche. Lohmar, Köln.

VAN GILS, M.R. (1984)

Interorganizational Relations and Networks. In: DRENTH, P. J. D. (Hrsg.): Handbook of Work and Organizational Psychology. Chicester.

VON KORTZFLEISCH, H. F. O. (2005)

Wissensorientierte Prozessvirtualisierung in der Biotechnologiebranche. Lohmar, Köln.

VON KORTZFLEISCH, H. F. O.; SZYPERSKI, N. (2003)

e-Collaboration Engineering: Notwendigkeit und Dimensionen eines neuen Gestaltungskonzepts. In: KEMPER, H.-G.; MÜLDER, W. (Hrsg.): Informationsmanagement: Neue Herausforderungen in Zeiten des E-Business. Festschrift für Prof. Dr. Dietrich Seibt anlässlich seines 65. Geburtstages. Lohmar, Köln.

VON KORTZFLEISCH, H. F. O.; SZYPERSKI, N.; THOMÉ, U. (2005)

Strategien und Anwendungsszenarien der Virtualisierung für Unternehmungen der Biotechnologiebranche. In: VON KORTZFLEISCH, H. F. O. (Hrsg.): Wissensorientierte Prozessvirtualisierung in der Biotechnologiebranche. Lohmar, Köln.

VON KROGH, G., ROSS, J. (1995)

A perspective on knowledge, competence and strategy. In: Personal Review, Vol. 3, S. 56–76.

WERNERFELT, B. (1984)

A resource-based view of the firm. In: Strategic Management Journal, 5, S. 171-180.

WILL, H. (1990)

Zielarbeit in Organisationen. Frankfurt a. M.

WILSON, I. H. (1977)

Socio-political forecasting: A new dimension to strategic planning. In: CARROLL, A. B. (Hrsg.): Managing corporate social responsibility. Boston. S. 159–169.

WISSEN, M.; ZIEGLER, J. (2003)

Methoden und Werkzeuge für kooperatives Content Engineering, in: MAMBREY, P.; PIPEK, V.; ROHDE, M. (Hrsg.): Wissen und Lernen in virtuellen Organisationen. Heidelberg, S. 123–142.

Wertschöpfung mit Hilfe betrieblicher IKT-gestützter Lernprozesse in Unternehmen

Dietrich Seibt

Inhaltsverzeichnis

1. Abgrenzung 657

2. Betriebliche Wertschöpfungsketten 659

3. Betriebliche Ausbildungsprozesse als Wertschöpfungsprozesse 661

4. Wertschöpfung im Kontext von Lernprozessen – Die Sicht der Beteiligten 664

5. IKT-gestützte betriebliche Lernprozesse 665

6. Wertschöpfungsketten über mehrere betriebliche Ebenen hinweg 672

7. Integration von Arbeits- und Lernprozessen 675

8. Schlussthesen 678

Literaturverzeichnis 685

1. Abgrenzung

Die Fortschritte im Bereich der Lerntechnologien und die bei ihrer Anwendung tatsächlich eingetretenen Wirkungen faszinieren sowohl Lehrer und Lerner als auch die aktiv an der Gestaltung von Lernsystemen und Lernprozessen Beteiligten. Manche Zeitgenossen glauben, damit sei eine Art von Allheilmittel nicht nur für die Lösung einer Vielzahl von Problemen im Zusammenhang mit der schulischen, universitären und betrieblichen Aus- und Weiterbildung, sondern auch für die komplexen Zusammenhänge zwischen Lehr- und Lernprozessen, zwischen Wissensvermittlung und Wissensnutzung verfügbar geworden. Lerntechnologien können aber lediglich „**enabler**" sein, um die Prozesse des Lehrens und Lernens zu verbessern, damit sie Schritt halten mit der rasanten Dynamik, mit der sich immer neue und immer größere Probleme in unserer komplexen globalen Welt vor den Menschen und vor den Organisationen und Institutionen auftürmen. Eine Vielzahl von Komponenten bzw. Faktoren muss kombiniert und integriert werden, viele Disziplinen müssen kooperieren, damit die Aus- und Weiterbildungsprobleme des 21. Jahrhunderts gelöst werden können. Hier nur einige Beispiele für Disziplinen, die kooperationsfähig und kooperationsbereit sein müssen: Pädagogik, Learning Design, Benutzer-zentrierte kollaborative Lernumgebungen, soziale und kulturelle Faktoren und die Bereitschaft, vorhandene Organisationen/Institutionen sowie die in ihnen praktizierten Abläufe und Prozesse zu verändern (Straub 2006). Schließlich sollen bzw. müssen bei allen Arten von Gestaltung zumindest aus Sicht des Organisationstyps „Unternehmen" die Grundforderungen nach Effektivität und Effizienz erfüllt werden.

Wertschöpfung in Wirtschaftsunternehmen steht im Mittelpunkt dieses Beitrags. Nicht nur der Erfolg, sondern generell die Lebensfähigkeit eines Unternehmen ist davon abhängig, ob bzw. dass das Unternehmen befriedigende Beiträge zu seiner Wertschöpfung, zur Wertschöpfung für seine Mitarbeiter, für die Organisation, in die das Unternehmen eingebettet ist, und für die Gesellschaft leistet.

Private Bildungsorganisationen, d. h. Bildungsanbieter und Bildungsinstitutionen verschiedener Art, deren primärer Zweck darin besteht, mit Hilfe der Produktion und des Vertriebs von Bildungsprodukten und -dienstleistungen Umsätze und Gewinne zu erwirtschaften, sind eine spezielle Klasse von Wirtschaftsunternehmen, die aus Sicht ihrer Wertschöpfungsproblematik in besonderer Weise analysiert werden müssen. Ihre Wertschöpfungsprobleme werden hier nicht betrachtet. Hier sei auf die jüngst im Josef Eul Verlag in der Reihe „E-Learning" erschienene Veröffentlichung von Grohmann: „Learning Management" verwiesen, in der detailliert und fachkundig auf die besonderen Management-Probleme und -Notwendigkeiten dieses Typs von Unternehmen eingegangen wird.

In allen **staatlichen Bildungseinrichtungen** ist Wertschöpfung möglich, ja ebenso dringend erforderlich wie in Wirtschaftsunternehmen. In staatlichen Aus- und Weiterbildungseinrichtungen trifft man allerdings auf einen Typ von Organisationen, dessen kurz- bis mittelfristige Lebensfähigkeit nicht von einer bewusst herbeigeführten Wertschöpfung abhängt (Behrendt 2005, S. 529-540). Möglicherweise kommt man bei einer Analyse der **langfristigen** (Über-)Lebensfähigkeit von staatlichen Universitäten oder Bildungseinrichtungen zu einem anderen Ergebnis. Aus Sicht der länderregierungsseitig beschlossenen kurzfristigen Veränderungen im staatlich gesteuerten Hochschulwesen (Beispiel: auch Studenten werden zukünftig Studien-Gebühren zahlen müssen!) wird man langfristig wahrscheinlich nicht umhin können, sich auch an staatlichen Universitäten und öffentlichen Bildungseinrichtungen mit dem Thema Wertschöpfung intensiv zu befassen. Aber das ist ein anderes Thema.

Im Zentrum dieses Beitrags steht die durch Einsatz von IuK-Technik-Systemen realisierbare **Wertschöpfung in Unternehmen**, die nicht Anbieter, sondern **„Anwender"** von Bildungsprodukten und -dienstleistungen sind. Anwender-Unternehmen bilden die Nachfrage-Seite (Käufer, Konsumenten) auf dem Markt der betrieblichen Bildungsprodukte und -dienstleistungen. Schon heute gibt es enge Kooperationen zwischen Anwendern/Nachfragern und Produzenten/Anbietern von derartigen Produkten und Dienstleistungen, bei denen die Rollen der Beteiligten nicht scharf voneinander getrennt werden können. Anzahl und Arten von derartigen Kooperationen werden zukünftig wahrscheinlich erheblich zunehmen. Auf jeden Fall haben oder behalten sie ein starke Verankerung als Anwender auf der Nachfrage-Seite.

2. Betriebliche Wertschöpfungsketten

Wertschöpfung ist das originäre Ziel produktiver Tätigkeiten in Unternehmen, durch die vorhandene, als Input eingesetzte Güter und Dienstleistungen in solche mit höherem Nutzen – in einer kapitalistischen Wirtschaft in Güter und Dienstleistungen mit höherem Geldwert – transformiert werden. Es besteht die Erwartung, dass der geschaffene Mehrwert zu höherem Einkommen des Unternehmens und schließlich auch zu höherem Einkommen der Mitarbeiter führt.

Wertschöpfung misst den Ertrag wirtschaftlicher Tätigkeit als Differenz zwischen der Leistung einer Wirtschaftseinheit und den zur Leistungserstellung verbrauchten Vorleistungen. Wertschöpfung geschieht in bzw. durch „Produktionsprozesse". Der Begriff „Produktion" wird hier sehr weit gefasst, umschließt also nicht nur „Produktion" im engeren Sinne, d. h. Herstellung von Produkten und Dienstleistungen, die am Markt abgesetzt werden oder prinzipiell abgesetzt werden können, sondern auch vorgelagerte, parallele und nachgelagerte Informationsverarbeitungsprozesse, die weder am Markt angeboten noch abgesetzt werden, evtl. auch gar nicht absetzbar bzw. nicht marktfähig sind .

Wertschöpfung umfasst nicht nur monetäre Wert-Steigerungen, sondern auch die Steigerung von nicht-monetären Werten, die das Management und die Mitarbeiter für erstrebenswert halten. Insofern resultiert Wertschöpfung nicht nur aus verbesserter/erhöhter Wirtschaftlichkeit, sondern auch aus erhöhter/verbesserter Wirksamkeit von betrieblichen Prozessen.

Das Modell der Wertschöpfungsketten von Porter (vgl. Porter 1985 und Porter/Millar 1986) hat starke Impulse geliefert, um die in den 80er Jahren in Unternehmen noch dominierende stellen- und abteilungsbezogene Gestaltung von Informationsverarbeitungsprozessen zu überwinden. Im Rahmen des ablauforganisatorischen Gestaltungsansatzes eröffnete sich schon früh die Möglichkeit, beispielsweise administrative Aufgaben aus ihrer funktionalen und abteilungsbezogenen Isolierung zu lösen und entsprechend der Logik und der Zielsetzung von Wertschöpfungsketten neuartig zu verknüpfen (Gaitanides 1983).

Eine Wertschöpfungskette besteht aus Prozessen, Vorgängen bzw. Aktivitäten, die unter Beachtung technischer, personaler, organisatorischer und ökonomischer Gestaltungsaspekte zu einem interdependenten Gefüge zu verknüpfen sind (Gaitanides 1992). Sie definiert sich über Abteilungen und organisatorische Bereiche hinweg durch betriebliche oder/und überbetriebliche Ablauflogiken (Rolf 1986). Wertschöpfungsketten setzen sich aus betrieblichen Vorgangsketten zusammen, von denen Porter die folgenden hervorgehoben hat (Porter 1985): Inbound Logistics Operations, Outbound Logistics, Marketing and Sales, Service.

Porters Denken, insbesondere seine Ausrichtung auf die Zusammenhänge der klassischen betrieblichen Leistungserstellung hat sich in den vergangenen 20 Jahren überall durchgesetzt und viel Positives bewirkt. Hinzu kamen enorme Möglichkeiten zur Verbesserung der Effektivität und Effizienz von Unternehmen durch Anwendung der neuen IuK-Techniken, mit deren Hilfe Arbeitsabläufe entlang von Vorgangsketten neu strukturiert und damit wirksamer und wirtschaftlicher gestaltet werden konnten, z. B. durch Beschleunigung der Arbeitsabläufe, durch daraus resultierende Kosteneinsparungen und durch Steigerung der Flexibilität der betrieblichen Prozesse. Der Einsatz der IuK-Technik erzeugt bspw. die Möglichkeit, durch automatische Verknüpfung von zumindest einem Teil der betrieblichen Vorgangsketten und durch datenmäßige Abbildung der Objekte die betriebliche Leistungserstellung erheblich effektiver und effizienter zu gestalten.

In Unternehmen hat man die Erfahrung gemacht, dass die Wertschöpfung in fast allen betrieblichen Prozessen mit Hilfe des Einsatzes von IuK-Technik gesteigert werden kann. Die Bereitschaft, IuK-Technik-Systeme einzusetzen, ist zwar unterschiedlich stark ausgeprägt, nimmt aber in Wirtschaftsunternehmen weiterhin zu. Inzwischen hat man erkannt, dass es nicht reicht, auf den Hardware- und Software-Märkten angebotene Produkte zu kaufen und diese Produkte technisch zu integrieren, um Wertschöpfungserfolge zu erreichen. Diese lassen sich im allgemeinen nur dann erreichen, wenn man bereit ist, die betrieblichen Prozesse, in denen IuK-Technik-Systeme eingesetzt werden sollen, organisatorisch zu verändern, in die übrigen Systemkomponenten – technischen, organisatorischen, menschlichen – zu integrieren und anzupassen. Dies gilt – vice versa – auch für Veränderungen von Hardware-/

Software-Komponenten, die vorgenommen werden müssen, wenn sich herausstellt, dass bestimmte organisatorische und menschliche Komponenten in bestimmten Situationen nicht verändert werden dürfen.

3. Betriebliche Ausbildungsprozesse als Wertschöpfungsprozesse

Viele Manager, die mit knappen Budgets auskommen müssen, betrachten Lernprozesse häufig nicht als „echte" Wertschöpfungsprozesse. Man weiß, dass Lernprozesse Kosten verursachen. Diese Kosten möchte man ganz vermeiden oder zumindest verringern. Viele Manager sehen betriebliche Weiterbildungsprozesse als eine Art von „Luxus-Prozessen", von denen man glaubt, dass man sie sich eigentlich nur leisten kann, wenn es dem Unternehmen finanziell gut geht. Empirische Beweise für diese negative Einstellung gegenüber der Weiterbildung lassen sich generell bezogen auf Zeiten schwacher Konjunktur und speziell in einer großen Zahl deutscher Unternehmen gerade in den vergangenen Jahren finden. Wenn es dem Unternehmen gut geht, werden Budgets für Weiterbildungs-Seminare u. a. auch als „Bonbons" für Mitarbeiter genutzt, die sich aus Sicht des Management um das Unternehmen in besonderer Weise verdient gemacht haben. Es kommt dann nicht so sehr auf Lernerfolge der Teilnehmer an. Anbieter derartiger Veranstaltungen wissen das und sorgen zusätzlich für einen entsprechenden „Spaßfaktor", der wiederum dazu führt, dass man Bildungsprozesse, insbesondere Weiterbildungsprozesse nicht ernst nimmt bzw. ihnen misstrauisch gegenüber steht (Back 2005, S. 132).

Üblicherweise werden die Entscheidungen, die betriebliche Weiterbildung herunter zu fahren, ohne systematische Prüfung der Frage getroffen, ob Wertschöpfungsdefizite nicht gerade wegen fehlenden Wissens und wegen fehlender Kompetenzen auftreten. Entscheidungen des Management gegen Weiterbildung werden meist mit dem Argument begründet, es ließen sich Kosten für Prozesse einsparen, deren Nutzen-/ Wertschöpfungspotenziale sowieso niemand so richtig einschätzen könne, insbesondere, wenn man selbst Erfahrungen mit dem „Bonbon-Typ" der Weiterbildungs-Veranstaltungen gemacht hat.

Zu differenzieren ist zwischen dem Mehrwert der an einem bestimmten Lernprozess erfolgreich beteiligten Lerner/Innen und dem Mehrwert des Unternehmens, der entstehen kann, wenn sich ein, mehrere oder alle Mitarbeiter/Innen als Lerner/Innen erfolgreich an einem, mehreren oder allen im Unternehmen durchgeführten Lernprozessen beteiligen. Der durch einen bestimmten Lernprozess entstandene Mehrwert eines/r bestimmten Lerners/In kann als Differenz zwischen dem Wert der von ihm/ihr in den Lernprozess hineingesteckten Ressourcen und dem vorher bereits vorhandenen Wert dieses Lerners betrachtet werden. Als ein zweifellos nur partieller bzw. indirekter Maßstab für den Wert eines Mitarbeiters kann die Differenz zwischen dem Einkommen des Lerners vor dem Lernprozess und dem Einkommen, das der Lerner nach dem Lernprozess erzielt bzw. potenziell erzielen kann, gesehen werden.

„Lerner" erbringen im Rahmen von Lernprozessen **Leistungen.** Diese bestehen in der „Vergrößerung ihres Wissens sowie in der Verbesserung ihrer Kompetenzen und Fähigkeiten". Durch die mit Hilfe von Lernprozessen bewirkte Steigerung sowohl der Leistungs-Potenziale als auch der Leistungen von Lernern/Innen in betrieblichen Prozessen gelingt es, den Wert des/der einzelnen Lerners/In und den Wert der betrieblichen Prozesse, in denen die Lerner/Innen tätig sind – kurz: die betriebliche Wertschöpfung –, zu steigern.

Zur Durchführung von Lernprozessen (ver)braucht der einzelne Lerner u. a. die folgenden Arten von **„Vorleistungen"** (nicht vollständig):

→ Vorwissen, Fähigkeiten, Eigenschaften etc., die er/sie nutzen oder sich beschaffen muss, um einen bestimmten Lernprozess erfolgreich durchführen bzw. mit einem geplanten positiven Ergebnis abschließen zu können;
→ Zeit zum Lernen (z. B. Stunden, Tage, Wochen etc.), in der der Lerner eigentlich etwas anderes tun könnte, z. B. Geld mit einem Job zu verdienen, für den das von ihm/ihr bereits Gelernte ausreicht;
→ Such-/Finde-Prozesse, in denen er/sie sich orientiert und herausfindet, was er/sie lernen will/soll und in denen er/sie sich das notwendige Vorwissen etc. beschafft/aneignet;

→ evtl. finanzielle Beiträge zu den Kosten der Lehrveranstaltungen, an denen er/sie teilnimmt, um sich das notwendige Vorwissen etc. anzueignen.

Die durch einen, mehrere oder alle in einem Unternehmen in einem bestimmten Zeitraum (z. B. in einem Geschäftsjahr) erfolgreich durchgeführten Lernprozesse erreichte gesamtbetriebliche Wertschöpfung kann – ceteris paribus – als Differenz zwischen der Gesamtleistung des Unternehmens ohne diese Aus- und Weiterbildungsprozesse und dem Wert der vom Unternehmen in den Lernprozessen verbrauchten Ressourcen/Kosten betrachtet werden (vgl. Schierenbeck 1999, S. 63):

Betriebliche Gesamtleistung
./. Materialaufwand
= *Rohertrag*
+ Sonstige Erträge
= *Erweiterter Rohertrag*
./. Abschreibungen
./. Kosten der Fremddienste und Fremdrechte
./. Sonstige Aufwendungen
= **Wertschöpfung**

Für die hier benannten allgemeinen Kostenkategorien können jeweils Beispiele für Kosten gefunden werden, die in Aus-/Weiterbildungsprozessen auftreten.

Wie bereits hervorgehoben, gilt im Kontext von erfolgreichen betrieblichen Lernprozessen prinzipiell, dass diese Prozesse nicht nur monetär messbare Wert- bzw. Einkommens-Steigerungen von erfolgreichen Lernern oder/und Wertschöpfungssteigerungen ihrer Unternehmen ermöglichen, sondern auch die Steigerung von nicht-monetären Werten bewirken können, die das Management und/oder die Mitarbeiter/Lerner für erstrebenswert halten. Beispiele: Ansehen der Personen oder/und der Unternehmen, das diese durch erfolgreiche Lernprozesse gewonnen haben, als deren Folge bspw. konjunkturelle Krisen von Unternehmen besser, schneller, professioneller als von anderen Unternehmen gemeistert worden sind bzw. gemeistert werden können.

4. Wertschöpfung im Kontext von Lernprozessen – Die Sicht der Beteiligten

Klassische Partner in Lernprozessen sind Lerner und Lehrer. **Lerner** in betrieblichen Aus- und Weiterbildungsmaßnahmen sind heutzutage nicht nur die in Präsenz-Veranstaltungen (z. B. in Präsenzseminaren mit firmeninternen oder externen Dozenten) tätigen Mitarbeiter, sondern auch Mitarbeiter, die am Fernunterricht innerhalb oder außerhalb der Dienstzeit teilnehmen. Gegenwärtig wächst die Zahl der Mitarbeiter, die an E-Learning- oder Blended Learning-Maßnahmen teilnehmen.

Lehrer in betrieblichen Aus- und Weiterbildungsmaßnahmen sind heutzutage nicht nur die im Unternehmen angestellten und die als Externe beauftragten Dozenten, Trainer und Moderatoren, sondern auch die Lieferanten von Teachware, von Kursen, Medien und von Curricula, unabhängig davon, ob diese Materialien und Hilfsmittel IuK-Technik-gestützt sind oder nicht.

Auftraggeber und Bereitsteller der Budgets für die betrieblichen Aus- und Weiterbildungsveranstaltungen ist meist die Unternehmensführung. Diese kann die vom Lerner erfolgreich durchgeführten Lernprozesse „honorieren", bspw. indem sie ihm bei nachgewiesenem Lernerfolg ein höheres Gehalt zahlt. Allerdings findet nicht jeder Lerner nach erfolgreich absolvierten Lernprozessen auch einen besseren oder besser bezahlten Job. Mehr zu wissen/mehr zu können, durch dieses umfangreichere Wissen/Können für einen bestimmten Job kompetenter zu sein als vorher, sind notwendige, aber keine hinreichenden Voraussetzungen für höhere Einkommen.

Lerner betätigen sich nach erfolgreich absolvierten betrieblichen Lernprozessen oft anderen Unternehmen gegenüber als Anbieter ihres vergrößerten Wissens, ihrer umfangreicheren Fähigkeiten und Kompetenzen und hoffen darauf, dass sie ein höheres Einkommen, einen besseren Job oder/und eine bessere, d. h. entwicklungsfähigere Position erreichen können. Unternehmen treten als Nachfrager auf diversen Personalmärkten auf und hoffen, dass sie auf entsprechende zukünftige Mitarbeiter = Anbieter von mehr Wissen und damit auch von mehr Wertschöpfungspotenzial treffen.

5. IKT-gestützte betriebliche Lernprozesse

E-Learning, Computer Based Training (CBT), Web Based Training (WBT) sind englische Begriffe, die von deutschen Aus- und Weiterbildungsexperten sehr schnell übernommen worden sind. Sie werden heute wie selbstverständlich verwendet. Die ihnen zugrunde liegenden Ansätze und Systeme sind in angelsächsischen Ländern früher entwickelt und in der Praxis englisch-sprachiger Länder breiter diskutiert worden als in deutschsprachigen Ländern. Das gilt auch für den Begriff „Blended Learning", der zumindest in der Praxis schnelle Verbreitung gefunden hat (vgl. Reinmann-Roithmeier 2003). „To blend" heißt auf Englisch „verschneiden". Der Begriff wird bspw. in der Tabak- und in der Whisky-Produktion verwendet. Zwei oder mehr Tabak- oder Whisky-Sorten werden „verschnitten", im Sinne von gemischt bzw. integriert, um eine qualitativ höherwertiges oder/und ein den Kundenbedürfnissen besser entsprechendes Produkt zu erzeugen (vgl. wikipedia).

Vorteile/Stärken von Blended Learning	Nachteile/Schwächen von Blended Learning
+ „Eingeschworene" Präsenz-Lerner (PLerner) können ohne Veränderungen ihres Lernverhaltens so weiterlernen wie bisher. Sie bekommen weiter ihr gewohntes Präsenzangebot.	- Für den Aufbau einer Blended Learning Lösung muss eine unternehmensweite Gesamtkonzeption geschaffen werden, in die sowohl Präsenz-Lernkonzepte als auch E-Learning-Konzepte zu integrieren sind.
+ Eingeschworene P-Lerner müssen keinen Änderungs-Aufwand auf sich nehmen. Sie können alle in Abb. 4 zusammengestellten Vorteile des Präsenz-Lernens nutzen.	- Der Aufbau einer Blended Learning Lösung, die meist mehrere bis viele zu integrierende PL- und EL-Maßnahmen umfasst, verursacht höhere Entwicklungs-Kosten, als für die Entwicklung nicht integrierter PL- und EL-Maßnahmen entstehen.
+ P-Lerner können zusätzlich die für E-Learning entwickelten synchronen und asynchronen Kommunikationsmöglichkeiten (White Boards, Online-Chatforen, Diskussionsforen etc.) nutzen, sofern sie über einen Internet-Zugang verfügen.	- Der Betrieb einer integrierten Blended Learning Lösung verursacht in den meisten Fällen höhere Betriebskosten, als für den Betrieb von nicht integrierten PL- und EL-Maßnahmen entstehen.
+ P-Lerner können durch Nutzung der für E-Learning bereit gestellten Lernplattformen/Lernmanagementsysteme ihre eigenen Lernprozesse und Lernerfolge bewusst und kontinuierlich verfolgen sowie bewusst kontrollieren.	- Wartung/Pflege und Weiterentwicklung einer integrierten Blended Learning Lösung verursacht in den meisten Fällen höhere W/P/W-Kosten, als für W/P/W von nicht integrierten PL- und EL-Maßnahmen entstehen.
+ Mit Blended-Learning können sowohl die mit Hilfe des E-Learning als auch die mit Hilfe des P-Lernens hervorgehobenen Vorteile realisiert werden (vgl. Abb. 4 und 5).	- Ein besonderes Problem der höheren Kosten von Blended Learning Lösungen besteht darin, dass es sich bei diesen Kosten primär um Personalkosten für Integrations-Spezialisten handelt, die es gegenwärtig nicht in ausreichender Zahl gibt.
+ Mit Blended Learning Lösungen entstehen Infrastrukturen für Lehr- und Lernprozesse, die erheblich größeren Nutzen für eine erheblich größere Anzahl von Lernern stiften können, als die Infrastrukturen, die entweder nur für P-Lernen oder nur für E-Learning geschaffen werden.	

Abbildung 1: Vor- und Nachteile von Blended Learning

Vorteile/Stärken des Präsenz-Lernens	Nachteile/Schwächen des Präsenz-Lernens
+ Dozent (Lehrer) und Teilnehmer (Lerner) sind im gleichen Raum zur gleichen Zeit präsent. Alle sind an Bord! Klassische Situation: Dozent „liest vor" bzw. präsentiert. Teilnehmer hören und sehen zu. + Jeder kann jeden sehen und hören (wenn das Verhältnis „Raumkapazität/Teilnehmer-Anzahl" stimmt). + Dozent findet (meist) die volle Aufmerksamkeit der Teilnehmer. Wenn nicht, dann liegt das (meist) am Dozenten. + Dozent und Teilnehmer können sich persönlich kennen lernen, wenn sie das wollen. Klassische Präsenzlern-Situation fördert soziale Kontakte; Teilnehmer können sich unterstützen, wenn sie wollen. + Dozent kann auf Fragen und Anregungen der Teilnehmer unmittelbar reagieren; weiterführende Diskussionen können entstehen, wenn sowohl der Dozent als auch die Teilnehmer das wollen. + Dozent kann selbst Fragen stellen bzw. aktiv werden, wenn er aufgrund seiner Erfahrung das „Gefühl" hat, dass einige Teilnehmer nicht mehr mitkommen. + Es gibt charismatische Lehrer, die ihre Schüler begeistern können. (→ Keating in: Der Club der toten Dichter)	- Alle Teilnehmer müssen zur gleichen Zeit am gleichen Ort sein. - Rollenverteilung zwischen Dozent und Teilnehmern ist in hohem Maße reglementiert. Teilnehmer werden „unterrichtet". - Methodik und Didaktik der Lehrveranstaltungen sind auf die Hauptvariante „Frontalunterricht" ausgerichtet. - Dozent bestimmt das Lern-Tempo! Das Lerntempo ist für die Lerner weitgehend vorgegeben, nur in engen Grenzen kann auf individuelle Bedürfnisse und Wünsche von einzelnen Teilnehmern bezüglich des Lerntempos eingegangen werden. - Teilnehmer müssen in etwa das gleiche Vorwissen haben. Bei unterschiedlichem Vorwissen kommen einige Teilnehmer im Unterricht nicht mit. - Bei Teilnehmern mit unterschiedlichem Vorwissen ist man gezwungen, „Vorbereitungs-Veranstaltungen" durchzuführen. - Vorbereitungs-Veranstaltungen zur Angleichung des Vorwissens verursachen zusätzliche Kosten. - Die meisten Lehrer sind keine charismatischen Lehrer, obwohl sie glauben, sie wären es. Viele Lehrer sind nachgewiesenermaßen schlechter als ein gutes CBT- oder WBT-Programm.

Abbildung 2: Vor- und Nachteile des Präsenzlernens

Vorteile/Stärken des E-Learning	Nachteile/Schwächen des E-Learning
+ Teilnehmer lernen zeit- und ortsunabhängig. + Teilnehmer bestimmen ihr Lern-Tempo selbst. + Mehrere Methodik-/Didaktik-Varianten können kombiniert werden. Man ist nicht auf die Hauptvariante „Frontalunterricht" festgelegt. + Teilnehmer können permanent kooperieren. Rollenverteilung zwischen kooperativen Teilnehmern kann von ihnen selbst flexibel gestaltet werden. + Bei Einsatz von Lernplattformen/Lernmanagementsystemen können für die gleichen Inhalte mehrere Lernkanäle entweder parallel oder sequentiell genutzt werden. Der einzelne Lerner entscheidet, mit welcher Art von Lernen er für sich den höchsten Lernerfolg erreicht. + Datenschutz- und Selbstbestimmungsrechte der Teilnehmer können und werden immer streng beachtet. + Wenn Teilnehmer krank werden oder aus sonstigen Gründen nicht am Unterricht teilnehmen können, verlieren sie keine Zeit, weil sie nicht auf die nächste offizielle Präsenzveranstaltung am bestimmten Ort zu bestimmter Zeit warten müssen.	- Teilnehmer müssen sich von lieb gewordenen, seit der Grundschulzeit antrainierten Lern-Gewohnheiten trennen. - Teilnehmer müssen den Willen aufbringen, für neue Arten von Lernprozessen offen zu sein, sie auszuprobieren und zu nutzen, selbst dann, wenn sie sich eigentlich nicht von diesen alten Lern-Gewohnheiten trennen wollen. - Teilnehmer müssen Selbstlernkompetenz haben oder entwickeln. Das verursacht für die Teilnehmer meist zusätzlichen Aufwand. - Teilnehmer müssen bereit sein, den zusätzlichen Aufwand, der mit der Gewöhnung an neue Arten des Lernens verbunden ist, zu tragen. Das kann für die Teilnehmer mit zusätzlichem Aufwand verbunden sein. - Es gibt keinen Rollenträger (Lehrer), der aufgrund seiner Erfahrung „fühlt", dass einzelne Teilnehmer nicht mitkommen. - Es gibt keinen Rollenträger (Lehrer), der während des Lernprozesses persönlich aktiv werden kann, um anwesende unaufmerksame oder nicht „mitkommende" Teilnehmer wieder „an Bord zu holen".

Abbildung 3: Vor- und Nachteile des E-Learning

„Blended Learning" (vgl. Abbildung 1) ist die Kombination bzw. die Integration von herkömmlichem, traditionellem Präsenz-Lernen (vgl. Abbildung 2) und E-Learning (vgl. Abbildung 3) auf Basis des Internet bzw. des WWW. Das Ziel besteht darin, die Vorteile von E-Learning mit den Vorteilen des Präsenzlernens zu verbinden. Der deutsche Begriff **„Integriertes Lernen"** kommt dem englischen Begriff „blended learning" wohl am nächsten. Der Begriff und die dahinter stehende Art zu Lernen entstanden in den USA, als man feststellte, dass „reines" E-Learning im Sinne von raum- und zeitunabhängigem, ausschließlich über Internet vollziehbarem Fernlernen in der Praxis der Aus- und Weiterbildung vielerorts nicht zu den erwarteten Lernerfolgen führte. Lerner, die bisher keine oder kaum Erfahrungen mit E-Learning gemacht haben, tun sich häufig schwer mit den für sie ungewohnten Formen des E-Learning, so wie sie bspw. beim Fernlernen praktiziert werden. Die meisten Lerner akzeptieren/gewöhnen sich schneller an „Blended Learning Lösungen", weil sie als „Startpunkt" das ihnen vertraute Präsenzlernen benutzen können und dann beim Lernen nicht auf so viel Vertrautes verzichten müssen.

Schulmeister verwendet den Begriff „virtuelles Lernen". Er unterscheidet mehrere Varianten des „Virtuellen Lernens", die er aus der Kombination von drei didaktisch begründeten Kriterien ableitet, für die er Skalen mit jeweils mehreren Ausprägungen abgrenzt (vgl. Schulmeister 2003, S. 175–187):

- Organisationsform der Lehre und ihre organisatorische Einbettung in die institutionelle Umgebung mit verschiedenen Ausprägungen von Präsenzveranstaltungen in Kombination mit Skripten bis hin zum Selbststudium bei intensiver Nutzung des WWW
- Funktionen des Lehrens und Lernens mit den Ausprägungen Information bis synchrone Kommunikation
- Methoden für das Lehren und Lernen mit den Ausprägungen Instruktion bis selbstorganisierte Lerngemeinschaften

Auf diese Weise gelangt er zu „vier didaktischen Szenarien des virtuellen Lernens", die er in seinem Buch „Lernplattformen für das virtuelle Lernen" detailliert beschreibt (vgl. Schulmeister 2003, S.177–187):

I. Präsenzveranstaltungen begleitet durch Netzeinsatz mit dem Ziel der Instruktion
II. Gleichrangigkeit von Präsenz und Netzkomponente mit prozessbezogener Kommunikation
III. Integrierter Einsatz von Präsenz- und virtueller Komponente mit moderierten Arbeitsgruppen
IV. Virtuelle Seminare und Lerngemeinschaften und Selbststudium mit kooperativen Zielen.

Schulmeister fasst seine Erkenntnisse in einer Graphik (vgl. Abbildung 4) zusammen (Schulmeister 2003, S. 178), aus der der Grad der Überlappung seiner Kriterien bei Abgrenzung der o. g. vier didaktischen Szenarien hervorgeht.

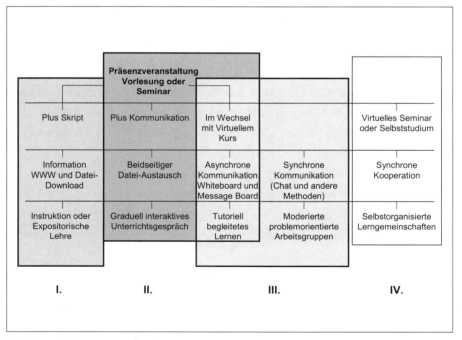

Abbildung 4: Vier didaktische Szenarien des virtuellen Lernens nach Schulmeister (Schulmeister 2003, S. 178)

Bei Analyse der „vier didaktischen Szenarien des virtuellen Lernens" wird deutlich, dass zumindest drei dieser Szenarien den Charakter von „Blended Learning Varianten" (vgl. Abbildung 1) haben, bei denen Präsenzveranstaltungen in E-Learning-

Komponenten integriert werden (Seibt 2004). Schulmeisters vierte Variante „Virtuelle Seminare, Lerngemeinschaften und Selbststudium" kann nach obiger Begriffsabgrenzung nicht als „Blended Learning Variante" bezeichnet werden, weil in diesem vierten Szenario keine Anteile für das Lernen in Präsenzveranstaltungen enthalten sind.

Angeregt durch die Überlegungen von Schulmeister, werden in Abbildung 5 drei „Blended Learning Szenarien" (vgl. Seibt 2004, S. 27; vgl. auch Bruns 2006) abgegrenzt, bei denen jeweils Präsenzveranstaltungen (nicht nur Seminare, sondern auch Vorlesungen, Übungen etc.) mit E-Learning-Komponenten kombiniert werden. Auf diese Weise können sowohl die Vorteile von Präsenzveranstaltungen (vgl. Abbildung 2), als auch die Vorteile von E-Learning-Lösungen (vgl. Abbildung 3) genutzt und die jeweiligen Nachteile vermieden werden.

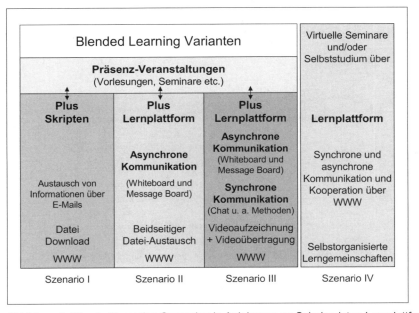

Abbildung 5: Blended Learning Szenarien in Anlehnung an Schulmeister: Lernplattformen 2003, S. 178

Schulmeisters Szenarien 1 und 2 in der Abbildung 4 sind heute in der Unternehmenspraxis relativ weit verbreitet. Für das Blended Learning Szenario III zeigt Abbildung 6 die in der Praxis realisierte Blended Learning Lösung E-LEARN, in der zusätzlich verschiedene anspruchsvolle technische Komponenten zur Unterstützung von asynchronen und synchronen Kommunikations- und Kooperationsprozessen zwischen Dozenten und entfernt lernenden Teilnehmern verfügbar sind und von den einzelnen Lernern in unterschiedlichen Kombinationen eingesetzt werden können. Entscheidend ist dabei, dass der einzelne Lerner sich flexibel einen oder mehrere aus seiner Sicht am besten geeignete „Lernkanäle" auswählen kann. Der Lerner kann die Lernkanal-Kombinationen ausprobieren und dabei Erfahrungen sammeln, wie er am besten lernt, d. h. wie er den geplanten Lernerfolg am effizientesten erreicht. Das System „E-LEARN" ist mehrere Jahre lang erfolgreich in mehreren Hochschulen und privaten Bildungseinrichtungen eingesetzt worden (vgl. Seibt 2004 und Bruns 2006).

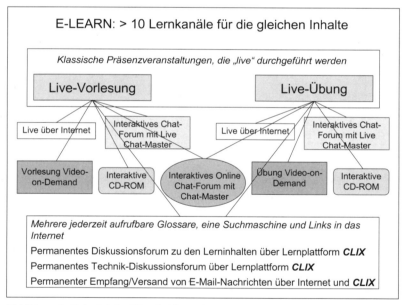

Abbildung 6: Beispiel der Blended Learning Lösung E-LEARN, die dem Szenario III in Abbildung 2 zuzuordnen ist

In betrieblichen Lernsituationen, in denen es darauf ankommt, mit mehreren oder vielen entfernt lernenden Teilnehmern, die aus unterschiedlichen Gründen nicht am Ort der Präsenzveranstaltung anwesend sein können, synchron zu kommunizieren, erscheint der „Blended Learning Ansatz" als der am besten geeignete Lösungsansatz, um den Besonderheiten einer solchen Situation gerecht zu werden.

Die vierte Variante von Schulmeister (vgl. Abbildung 4), d. h. Virtuelles Lernen, das ohne traditionelles Präsenzlernen auskommt, kann nicht als BL-Szenario bezeichnet werden, wird aber in der betrieblichen Realität heute ebenfalls praktiziert. Die Aufmerksamkeit, die man dem „rein" virtuellen Lehren und Lernen heute in deutschen Unternehmen schenkt, ist noch nicht so ausgeprägt wie die Aufmerksamkeit für das Blended Learning. Gründe dafür wurden oben bereits genannt. Die Variante des „rein" virtuellen Lernens wird wahrscheinlich zukünftig auch in Deutschland erheblich stärkere Verbreitung finden. Eine der Voraussetzungen dafür wird sein, dass die Zahl der Lerner mit umfangreichen E-Learning- und Blended Learning-Erfahrungen weiter zunimmt. Selbstbewusste Lerner mit positiven Erfahrungen aus Selbstlernprozessen, die wissen, wie man mit anderen, in der gleichen Situation befindlichen selbstbewussten Kollegen WWW-gestützte Lern-Gruppen organisiert, mit deren Hilfe man über das Lernen hinaus synchron und asynchron kommunizieren, kooperieren und kollaborieren kann, werden mit hoher Wahrscheinlichkeit das vierte Szenario bevorzugen, weil es ihnen für ihre Lernprozesse – wahrscheinlich aber auch für ihre Arbeitsprozesse – den höchsten Grad von Flexibilität und den höchsten Grad an Selbstbestimmung bietet.

In den Abbildungen 1-3 werden die Vor- und Nachteile der drei heute am weitesten verbreiteten Arten des Lernens

- Blended Learning (Abbildung 1)
- Präsenzlernen (Abbildung 2)
- E-Learning (Abbildung 3)

hervorgehoben und jeweils durch Kernthesen zusammengefasst.

Diese drei Arten des Lernens werden heute sowohl in Schulen und Hochschulen (staatlichen und privaten) als auch in Unternehmen und Behörden genutzt. Das Präsenzlernen hat weiterhin den größten Anteil. Der Verbreitungsgrad von E-Learning und Blended Learning ist in Unternehmen deutlich höher als in staatlichen Aus- und Weiterbildungs-Einrichtungen. Aus Platzgründen kann hier nicht detaillierter auf die Besonderheiten dieser drei IuK-gestützten Lernformen in Unternehmen eingegangen werden.

6. Wertschöpfungsketten über mehrere betriebliche Ebenen hinweg

Ziel von betrieblichen Lernprozessen ist die Vergrößerung des für betriebliche Aktivitäten (Entscheidungs-, Planungs-, Durchführungs-, Kontroll-Aktivitäten etc.) notwendigen Wissens, der Fähigkeiten und der Kompetenzen (abgekürzt WFK) von Mitarbeitern (Human Resources), die auf verschiedenen Ebenen aktiv sind. Mit Hilfe der Vergrößerung von WKF der Mitarbeiter kann die Effektivität und Effizienz der betrieblichen Prozesse auf einer oder mehreren Ebenen verbessert werden.

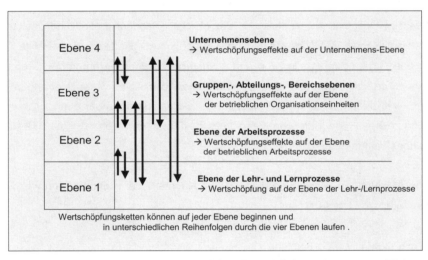

Abbildung 7: Verbindungen zwischen betrieblichen Wertschöpfungsebenen unter Einbezug der Ebene der Lehr- und Lernprozesse

In Abbildung 7 werden beispielhaft vier Ebenen unterschieden. Damit Effektivitäts- und Effizienz-Verbesserungen in betrieblichen Prozessen eintreten, genügt es nicht, auf der Ebene 1 lediglich erfolgreiche Lernprozesse durchzuführen. Parallel müssen auf der Ebene der Arbeitsprozesse (Ebene 2) organisatorische, personelle und Technik-Veränderungen eingeführt werden, damit erworbenes neues Wissen, neue Fähigkeiten und Kenntnisse tatsächlich in den Arbeitsprozessen erfolgreich eingesetzt werden können. Dies gilt insbesondere für die Ablauforganisation der Arbeitsprozesse. Um zu erkennen, welche Rolle fehlende Lernprozesse und damit fehlendes Wissen als Ursachen für die in den betrieblichen Prozessen auftretenden Schwachstellen spielen, müssen die betrieblichen Prozesse, d. h. die durchzuführenden Aktivitäten, ihre Abläufe, ihre Outputs sowie die Faktoren, die sich auf ihre „Outputs" (= Wertschöpfung) auswirken, analysiert werden. Wertschöpfungseffekte entstehen nicht nur auf der Ebene der Arbeitsprozesse, sondern auch auf den „aufbauorganisatorisch" relevanten Gruppen-, Abteilungs- und Bereichsebenen, die hier auf der Ebene 3 abstrakt zusammengefasst sind. Schließlich sind alle monetären und nichtmonetär messbaren Wertschöpfungseffekte auf der Ebene 4, d. h. auf der Top Ebene des Unternehmens, zu verdichten bzw. zu integrieren. An der Spitze steht der Unternehmenserfolg (gemessen durch Gewinn, Deckungsbeitrag, Umsatz etc.). Unternehmenserfolg tritt ein, wenn die das unternehmerische Handeln bestimmenden Wertschöpfungsziele und die Ist-Wertschöpfung – insbesondere auf der Top Ebene – übereinstimmen.

Alle Ebenen sind untereinander durch Wertschöpfungsketten verbunden, die auf jeder Ebene beginnen und in unterschiedlichen Reihenfolgen über die vier hier abstrakt differenzierten Ebenen laufen können. In Abbildung 7 wird dies durch die von unten nach oben oder von oben nach unten verlaufenden Pfeile angedeutet. In der betrieblichen Realität lassen sich erheblich komplizierter verlaufende Wertschöpfungsketten beobachten, die mehrfach ihre Richtung wechseln können.

Abbildung 7 soll außerdem verdeutlichen, dass es quasi „unterhalb" der Ebene der betrieblichen Arbeitsprozesse (Ebene 2) die Ebene der betrieblichen Lernprozesse (Ebene 1) gibt, die nicht vernachlässigt werden darf, wenn das in den letzten 20 Jahren stark ausgebaute Instrumentarium für „Business Process Engineering"/BPE (incl. IuK-Technik-gestützten Analyse-, Entwurfs- und Konstruktions-Werkzeugen) erfolgreich eingesetzt werden soll. Eine der wichtigsten Aufgaben des BPE ist das Erkennen und Beseitigen von Schwachstellen in betrieblichen Prozessen. Dazu gehören Analysen von WFK-Ist-Niveaus und Analysen der Zusammenhänge zwischen unzureichenden WFK-Ist-Niveaus und Schwachstellen in betrieblichen Arbeitsprozessen. Diesen Arten von Analysen sollte zukünftig im Rahmen betrieblicher Schwachstellen-Untersuchungen erheblich größeres Gewicht eingeräumt werden. Fehlende bzw. unzureichende Wertschöpfung kann ebenfalls als eine Schwachstelle betrachtet werden.

Die betriebswirtschaftliche Forschung sollte erweiterte Modelle betrieblicher Arbeitsprozesse entwickeln, in denen zusätzlich zu den heute in derartigen Modellen bereits enthaltenen Parametern mindestens die folgenden Faktoren abgebildet werden:

- WFK-Ist-Niveaus in vorhandenen Arbeitsprozessen (Istzustand)
- Lernprozesse als „Kernprozesse", durch die notwendige Veränderungen in Arbeitsprozessen bewirkt werden können
- WFK-Verbesserungen als Output-Parameter von Lernprozessen
- Effektivitäts-/Effizienz-Verbesserungen und Wertschöpfungssteigerungen in den Arbeitsprozessen.

Eine Reihe von Analyse-, Mess- und Bewertungsproblemen ist zu lösen, um erweiterte Prozessmodelle, Analyse-, Mess- und Bewertungsmethoden sowie -werkzeuge nicht nur für die Forschung, sondern auch für die Praxis der Gestaltung integrierter Lern- und Arbeitsprozesse verfügbar und anwendbar zu machen.

Mit Hilfe von BPE-Maßnahmen sollte dafür gesorgt werden, dass technische und organisatorische – vor allem ablauforganisatorische – Veränderungen in betrieblichen Prozessen vor oder spätestens parallel zur Durchführung der entsprechenden Lernprozesse entworfen und realisiert werden. Häufig bleibt das eine theoretische Forderung, weil Prozess-Veränderungen und Planung/Durchführung entsprechender Lernprozesse in der Praxis unter erheblichem Zeitdruck stehen und weil dafür unterschiedliche Experten zuständig sind, die sich nicht oder nur unzureichend abstimmen. Lernprozesse werden von Business Process Engineers häufig nicht als „ihr" Gegenstand angesehen. Schulungs- und Weiterbildungsmaßnahmen werden losgelöst von Business Process Engineering-Maßnahmen durch Dozenten, Trainer und Aus-/Weiterbildungsexperten geplant und durchgeführt. Daraus resultieren häufig negative Konsequenzen für die Wertschöpfung auf den Ebenen 1 und 2:

Alternative 1: Man zwingt die Lerner vorab zum „Lernen auf Vorrat". Nachteil: Das Gelernte stimmt meist nur grob mit den WFK-Komponenten überein, die tatsächlich in den veränderten betrieblichen Prozessen gebraucht werden. Möglicherweise stellen die Lerner fest, dass sie etwas Interessantes über die Arbeitsprozess-Zusammenhänge erfahren haben, aber nichts oder nur wenig vom Gelernten zur Erfüllung ihrer konkreten Aufgaben im getrennt vom Lernprozess veränderten Arbeitsprozess verwenden können.

Alternative 2: Man bringt den Lernern nur das Wissen, die Kenntnisse/Fähigkeiten bei, die sie zur Durchführung ihrer konkreten Aufgaben im Prozess dringend brauchen. Häufiger Nachteil: Sie erfahren nichts über die Zusammenhänge zwischen ihren Aufgaben und dem Sinn des Prozesses und/oder den Veränderungen, die man im Rahmen des BPE vorgenommen hat.

Die Nachteile beider Alternativen liegen auf der Hand. Sie lassen sich nur dann vermeiden, wenn die Lerner sich nicht nur auf das Lernen konzentrieren, sondern auch am BPE beteiligt werden, d. h. Einfluss auf BPE-Maßnahmen nehmen können, damit ihnen beide Arten von WFK-Komponenten – prozess-/aufgabenspezifische und Zusammenhänge abbildende WFK – im Lernprozess vermittelt werden.

7. Integration von Arbeits- und Lernprozessen

Wertschöpfung auf den Ebenen 1 und 2 (vgl. Abb. 7) kann am wirksamsten realisiert werden, wenn bei der Veränderung/Verbesserung eines oder mehrerer Arbeitsprozesse eine integrative Gestaltung der entsprechenden Arbeits- und Lernprozesse stattfindet. Abbildung 8 zeigt ein fünfstufiges Modell:

1. Ausgangspunkt ist die Feststellung von Schwachstelle(n) im Arbeitsprozess und der Nachweis oder zumindest eine begründete Vermutung, dass die Schwachstelle(n) mit Hilfe eines oder mehrerer Lernprozesse überwunden werden können.

2. Bevor der Lernprozess als „Kernprozess" stattfinden kann, muss auf der zweiten Stufe eine Reihe von Vorbereitungsaktivitäten durchgeführt werden. Falls mehrere Personen am Lernprozess teilnehmen sollen, muss sichergestellt werden, dass alle Teilnehmer die notwendigen Vorkenntnisse haben, damit sie den Lernprozess erfolgreich bewältigen können. Der (veränderte) Arbeitsprozess muss

entworfen und realisiert werden. Die Infrastrukturen für den Lernprozess (z. B. ein oder mehrere Kurse) müssen entworfen und implementiert werden.

3. Auf der dritten Stufe wird der Lernprozess als „Kernprozess" durchgeführt (vgl. Abbildung 8). Der Lernprozess wird am effektivsten sein, wenn nicht nur Dozenten/Lehrer und Lerner beteiligt sind, sondern auch die vor dem Start des Lernprozesses und parallel zu seiner Durchführung aktiven Business Process Engineers für Interaktionen mit den Lehrern und den Lernern zur Verfügung stehen. Es spricht vieles dafür, wenn ein oder mehrere Business Process Engineers als Lehrer tätig werden. Aus Sicht der Lerner, die ja die „Betreiber" des veränderten/verbesserten Arbeitsprozesse sein werden, sollte der Lernprozess dem Ansatz „Learning by Doing" möglichst nahe kommen. Auf dieser Stufe ist das neu gelernte Wissen, die neuen Kenntnisse und Fähigkeiten, außerdem mit den bereits vorhandenen WKF zu integrieren. Das neu Gelernte ist auf Übereinstimmung mit den Lernzielen zu kontrollieren.

4. Im Rahmen der Nachbereitung des/der Lernprozesse (vierte Stufe) werden die neuen WKF im Kontext des veränderte Arbeitsprozesses hinsichtlich der durch sie auszulösenden Effektivitäts- und Effizienzverbesserungen erprobt. Dabei wird kontrolliert, ob Erfolgsverbesserungen im Sinne von Wertschöpfungssteigerungen auch auf der Ebene 3 (beteiligte Organisationseinheiten) und auf der Ebene 4 (= Unternehmensebene) bewirkt werden können. Wenn diese Erfolgsverbesserungen im Sinne von Wertschöpfungssteigerungen nicht erreicht werden, deutet dies auf Fehler im Prozess der Integration von Arbeits- und Lernprozessen hin, denen nachgegangen werden muss und die im Rahmen von Rückkoppelungsprozessen zu beseitigen sind.

5. Im positiven Fall kann auf der fünften Stufe begründet/nachgewiesen werden, dass durch bzw. mit Hilfe des/der Lernprozesse die Schwachstellen im Arbeitsprozess beseitigt worden sind bzw. dessen Wertschöpfung verbessert worden ist. Diese Aktivitäten schließen die integrative Gestaltung des Arbeitsprozesses und der zu seiner Effektivierung durchgeführten Lernprozesse erfolgreich ab.

Szenario „Integration von Arbeitsprozessen und Lernprozessen"

Der Lernprozess im engen Sinne (= „Kernprozess") unterscheidet sich von den ihn umhüllenden, erheblich aufwendigeren Arbeits-, Vorbereitungs- und Nachbereitungsprozessen

Arbeits-prozess	Vorbereitungsprozess für einen Lernprozess	Lernprozess im engen Sinne = „Kernprozess" aus der Sicht des Lerners	Nachbereitungs-prozess für den Lernprozess	Arbeits-prozess
Arbeitsprozess, der Schwachstellen beinhaltet bzw. dessen Wertschöpfung verbessert werden soll. Begründen/ nachweisen, dass diese Schwachstellen mit Hilfe von Lernprozessen beseitigt werden können.	- Spezifikation der Vorkenntnisse, die der Lerner braucht, um den Lernprozess erfolgreich zu absolvieren. - Aneignung dieser Vorkenntnisse - Spezifikation der Veränderungen, die im Arbeitsprozess stattfinden müssen, damit der Lernprozess als Kernprozess erfolgreich sein kann. - Entwerfen und Realisieren der Veränderungen im Arbeitsprozess (z. B. organisatorische, personelle, technische Veränderungen) - Entwerfen und Implementieren der Voraussetzungen bzw. der Infrastrukturen für den Lernprozess - Test/Erprobung der Integrierbarkeit der Arbeitsprozess-Veränderung und des Zustands nach dem Lernen	- Durchführung des Lernprozesses als Kernprozess auf Basis bzw. parallel zu den Veränderungen im Arbeitsprozess - Integration des Gelernten mit Wissen/ Fähigkeiten/Kenntnissen, die der Lerner schon vor dem Lernprozess besaß und bei der Abwicklung des „alten" Arbeitsprozesses genutzt hat. - Kontrolle des Gelernten, d. h. der Ergebnisse des Lernprozesses: Hat der Lerner seine eigenen und die ihm vorgegebenen Lernziele erreicht?	- Integration und Konsolidierung des Gelernten im Arbeitsprozess - Erprobung des neuen WKF im Kontext des hinsichtlich seiner Effektivität und Effizienz zu verbessernden Arbeitsprozesses - Kontrolle der Effektivitäts- und Effizienz-Verbesserungen des bzw. im veränderten Arbeitsprozess - Kontrolle der Erfolgssteigerungen auf der Ebene der Organisationseinheit, die für den Lernprozess verantwortlich ist. - Kontrolle der Erfolgssteigerungen auf der Unternehmensebene	**Arbeitsprozess,** dessen Schwachstellen mit Hilfe von Lernprozessen beseitigt worden sind bzw. dessen Wertschöpfung verbessert worden ist. Begründen/ nachweisen, dass diese Schwachstellen mit Hilfe von Lernprozessen beseitigt worden sind.

Abbildung 8: Teilprozesse, die durchlaufen werden müssen, wenn Arbeiten und Lernen wirksam integriert werden sollen

Abbildung 8 zeigt, dass der mindestens aus fünf abstrakt abgrenzbaren Teilprozessen bestehende Prozess zur simultanen Abwicklung von integrativ zu gestaltenden Arbeits- und Lernprozessen erheblich mehr Aktivitäten umfasst, als im Rahmen betriebswirtschaftlicher Analysen von Lernprozessen bisher untersucht und vorkalkuliert worden sind. Die Realisierung von integrierten Arbeits- und Lernprozessen ist erheblich komplexer und aufwendiger, als man dies in der Praxis bisher erkannt hat. Möglicherweise sind dies Gründe, weshalb in der Praxis die „Integration von Lernen und Arbeiten" immer wieder zwar mit großem Nachdruck gefordert, aber nur selten verwirklicht worden ist.

8. Schlussthesen

Eine nicht geringe Anzahl deutscher Großunternehmen setzt seit längerem E-Learning und Blended Learning erfolgreich ein. Nur selten sind diese beiden Ansätze allerdings neben dem Präsenzlernen zu Pfeilern der betrieblichen Aus- und Weiterbildung geworden. Bisher hat man in den meisten deutschen Unternehmen im Bereich des IuK-Technik-Einsatzes für betriebliche Lernprozesse vorwiegend mit Pilotprojekten operiert. Oft wurden für diese Pilotprojekte keine klaren Ziele oder zu hohe, nicht erreichbare Ziele vorgegeben. Man verwendete den Begriff „Pilotprojekt", erwartete aber nachhaltige Erfolge. Andererseits ging es nur um das Ausprobieren von Technik-Subsystemen, die von den potenziellen Benutzern nicht akzeptiert wurden, weil diese keinen Nutzen für sich erkennen konnten. Die für die Technik Verantwortlichen waren bereits zufrieden, wenn die Technik-Systeme „ans Laufen kamen". Man erntete Verwunderung, ja ärgerliches Unverständnis, wenn man danach fragte, ob das Funktionieren der Technik-Subsysteme denn ausreicht, um die ökonomische, personelle und organisatorische Durchführbarkeit und den nachhaltigen Erfolg solcher Technik-Anwendungssysteme aus Sicht der Unternehmen sicher zu stellen.

These 1: Neue Modelle für die Organisation betrieblicher Ausbildungs-/Weiterbildungsprozesse! Weg von der bisher dominierenden „Aus- und Weiterbildung auf Vorrat"! Hin zu einer Organisation, die auf die aktuell notwendigen Veränderungen der Arbeitsprozesse und der für sie zuständigen Organisationseinheiten in den Unternehmen ausgerichtet ist.

Viele Aus- und Weiterbildungsmaßnahmen, die von Unternehmen in Auftrag gegeben werden, sind mit einer Menge von Inhalten beladen, mit denen zwar ein Wissensvorrat gebildet werden kann. Die meisten Lerner brauchen diesen Wissensvorrat aber nicht oder zumindest nicht direkt für ihre aktuelle tägliche Arbeit bzw. für die aktuell anstehenden Veränderungen in den Arbeitsprozessen. Das meiste wird – weil es nicht genutzt wird – bereits nach kurzer Zeit wieder vergessen. Lernerfolge und Chancen für betriebliche Wertschöpfung könnten mit kürzeren Aus- und Weiterbildungseinheiten erreicht werden. Mit ein bis zwei Tage dauernden Maßnahmen, die im Unternehmen selbst „vor Ort" durchgeführt werden, könnte die Wertschöpfung höher sein als bei Seminaren, die in schöner Umgebung eine ganze Woche dauern. Dies gilt, wenn Hilfe-Einrichtungen, Tutorials, Chatforen, Lerngemeinschaften etc. geschaffen werden, durch die permanent verfügbares Hintergrundwissen aus abgeschlossenen Präsenzlern-Phasen über Internet genutzt werden kann. Das aktuell Gelernte sollte vom Lerner im Betrieb sofort getestet, bewertet und in den Arbeitsprozessen direkt umgesetzt werden. Hier ergeben sich hervorragende Chancen zum Einsatz von E-Learning und Blended Learning. Parallel kann eine Beschleunigung der Lernprozesse erreicht werden. In vielen Fällen ergeben sich Einspar-Effekte, die dabei helfen, die zusätzlichen Kosten der IuK-Technik-Infrastruktur zu decken.

These 2: *Überwindung der „Zeitschranke"! (Schulmeister 2006, S. 207 ff.). Eine zeitliche Flexibilisierung betrieblicher Lernprozesse ist möglich und kann zur Steigerung der betrieblichen Wertschöpfung genutzt werden.*

In Unternehmen wird man auch zukünftig kleinere oder größere Gruppen von Mitarbeitern zusammenrufen, um ihnen in Präsenzlernphasen zeitnah, z. B. rechtzeitig vor dem Start eines neuen Produktionsprozesses, notwendiges Wissen und neuartige Fähigkeiten zu vermitteln. Lernzeiten sind in Unternehmen meist nicht beliebig verteilbar. Dennoch ergeben sich durch Einsatz von E-Learning/Blended Learning neue zusätzliche Möglichkeiten zur Überwindung von Schwierigkeiten, die der/die einzelne MitarbeiterIn mit diesem Modell haben kann. Er/sie kann bspw. gerade krank sein, Urlaub haben oder aus anderen Gründen verhindert sein, wenn eine wichtige Präsenzphase durchgeführt wird. In Präsenzlernphasen können LIVE-Präsentationen, -Diskussionen sowie -Übungen mit Hilfe von Video-Kameras aufgezeichnet und als Video-On-Demand-Einheiten über Internet für kürzere oder längere

Zeiträume verfügbar gehalten werden. Dies wird sowohl von kurzfristig abwesenden Mitarbeitern als auch von neu eingestellten oder versetzten MitarbeiterInnen geschätzt. Zusätzlich können mit Hilfe von asynchronen Diskussionsforen und mit Hilfe von synchronen Chats über Internet, die zu bestimmten geplanten (den betroffenen Mitarbeitern bekannt zu machenden) Zeitpunkten realisiert werden, die Intensität der Lernprozesse und die Dichte des vermittelten Wissens erheblich über das Maß hinaus gesteigert werden, das beim Präsenzlernen erreichbar ist. Es geht ja nicht darum, das Präsenzlernen zu ersetzen, sondern die Zeiten zwischen den Präsenzlernphasen effektiv in permanente Lernprozesse einzubeziehen.

In vielen Unternehmen gibt es Vorurteile gegen den Einsatz von Videokameras in Präsenzlernphasen. Dozenten befürchten, dass damit ihr Einsatzfeld verkleinert und damit ihr bezahlter Arbeitseinsatz minimiert werden soll. Lerner/Mitarbeiter befürchten, dass man sie demnächst zwingen wird, notwendige Lernprozesse auf der Basis des erzeugten Video-Materials zu Hause in ihrer Freizeit durchzuführen. Wenn Geschäftsführungen derartige Maßnahmen primär zum Kostensparen praktizieren und dann möglicherweise auch noch unter dem Label E-Learning/Blended Learning „verkaufen", sollten Dozenten und Mitarbeiter sich gemeinsam wehren. Eine derartige Vorgehensweise führt zwangsläufig zu Qualitätsverlusten in der betrieblichen Aus-/Weiterbildung und damit gleichzeitig zu qualitativ verschlechterten Arbeitsprozessen und reduzierter betrieblicher Wertschöpfung.

Hier wird noch einmal klar, dass mit E-Learning/Blended Learning nur in seltenen Fällen Ausbildungs-/Weiterbildungs-Kosten gespart **und** gleichzeitig Wertschöpfung gesteigert werden kann. Ohne die oben beschriebenen, meist tief greifenden organisatorischen Veränderungen des Gesamtsystems der betrieblichen Aus- und Weiterbildung und ohne seine bewusste Integration mit den bzw. in die betrieblichen Prozesse sind positive Wertschöpfungseffekte nicht erreichbar.

<u>*These 3:*</u> *Überwindung der „Raumschranke"! (Schulmeister 2006, S. 207 ff.) Durch räumliche Flexibilisierung betrieblicher Lernprozesse können Hindernisse verschiedener Art beseitigt werden, die sich gegenwärtig negativ auf die betriebliche Wertschöpfung auswirken.*

Durch E-Learning/Blended Learning ist nicht nur eine zeitliche, sondern auch eine räumliche Flexibilisierung vieler betrieblicher Lernprozesse möglich. Das klassische, auch heute noch weithin gültige Paradigma der betrieblichen Aus- und Weiterbildung besteht darin, Mitarbeiter in Zentren „zusammenzuholen", um ihnen durch erfahrene Pädagogen neues Wissen in Präsenzveranstaltungen „beibringen" zu lassen. Der Einsatz erfahrener Pädagogen ist zweifellos eine wichtige Voraussetzung für den Lernerfolg. Gegen „Zentren" spricht ebenfalls nichts, außer wenn ihre Nutzung als Standardlösung für alle Arten von Aus- und Weiterbildung angesehen wird, wenn man – weil man sie einmal geschaffen hat – glaubt, die Mehrzahl der Aus- und Weiterbildungs-Maßnahmen dort durchführen zu müssen. Die Infrastruktur dieser Zentren dirigiert nicht selten, welche Arten von pädagogisch-didaktischen Methoden und welche Arten von IuK-Technik-Komponenten zur Unterstützung eingesetzt werden können.

Beispiel 1: Starker Einfluss der zur Zentrums-Infrastruktur gehörenden Mitarbeiter auf den täglichen Ablaufplan von Kursen, Seminaren etc. (Arbeitszeit-Regelungen dieser Mitarbeiter sind dominant).

Beispiel 2: Weil ein Zentrum vor 10 oder 15 Jahren geplant und gebaut worden ist, als man die für E-Learning-/Blended-Learning notwendige Technologie noch nicht kannte, gibt es weder die dafür notwendigen Technik-Komponenten, noch die Mitarbeiter, die sie bedienen und betreuen können.

Die Forderung nach räumlicher Flexibilisierung gilt erst recht, wenn Unternehmen – wie das ja heute nicht selten der Fall ist – bestimmte Unternehmensteile in anderen Ländern ansiedeln oder mit anderen Unternehmen fusionieren wollen. Der Einsatz von E-Learning/Blended Learning erleichtert den Prozess der Migration und der Implementierung in die veränderten Organisationsstrukturen. Dies gilt zumindest, wenn die Lerninhalte nicht wesentlich verändert werden müssen und kein Wechsel in eine andere Sprache stattfinden muss. Bei Verfügbarkeit eines ausgereiften Lern-Management-Systems (LMS = Lernplattform), das sich bei den Lernprozessen im eigenen Unternehmen bereits bewährt hat, können sowohl die LMS als auch die vorhandenen Komponenten für die asynchrone Kommunikation (White Boards, Message Boards etc.) meist ohne Veränderungen weiter benutzt werden (vgl. Abb.

5). Die von einem Unternehmen mit E-Learning/Blended Learning-Erfahrungen in starkem Umfang benutzten Komponenten für die synchrone Kommunikation (bspw. Online-Chats auf Streaming Basis und auf Video-Conferencing-Basis) werden ohne technische Schwierigkeiten (keine „Neuland-Effekte") benutzt werden können. Durch jederzeit mögliche synchrone Internet-Kommunikation können Lerngemeinschaften und Tutorien-Gemeinschaften zwischen den „alten" Lernern im eigenen Unternehmen und den „neuen" Lernern in den fusionierten Unternehmen gebildet werden, die sich wahrscheinlich auch positiv auf die Bildung des notwendigen neuen Zusammengehörigkeitsgefühls auswirken werden.

These 4: *Integrativer Entwurf von Arbeits- und Lernprozessen! Die bisher in den meisten Unternehmen dominante institutionelle Trennung der Planung/Implementierung von Arbeitsprozessen auf der einen Seite und der Planung/Implementierung von Lehr-/Lernprozessen auf der anderen Seite kann überwunden werden.*

In Abschnitt 7 sind Überlegungen zur Integration von betrieblichen Arbeits- und Lernprozessen angestellt worden. Mit Hilfe der Integration, die von erfahrenen Praktikern und von Wissenschaftlern mit Modellversuchs-Erfahrungen schon seit langem gefordert wird, kann zeitnah und wirksam auf aktuell festgestellte Wissens-, Kompetenz- und Fähigkeiten-Defizite in der Praxis reagiert werden. Eine wichtige Voraussetzung der Integration besteht allerdings darin, dass das Design der Arbeitsprozesse – so wie es bspw. beim Einführen neuer Produktionsprozesse, aber auch beim Einführen von neuen Dienstleistungsprozessen notwendig ist – integriert mit dem Design der entsprechenden Lernprozesse stattfindet (Grohmann 2006).

In der Praxis sieht man an erster Stelle das neue Produkt, von dem man sich Markterfolge verspricht. Die Erkenntnis, dass bei anspruchsvollen Produkten und Dienstleistungen meist Prozessinnovationen erforderlich sind, um nachhaltige Innovationserfolge und damit Markterfolge zu realisieren, erfordert dann schon einen Reifegrad der Planung, der nicht überall in der Praxis – aber auch nicht in den Fördermittel bereit stellenden Institutionen – vorhanden ist. Dass im Rahmen des Designs der Arbeitsprozesse auch Rücksicht zu nehmen ist auf die zur Aneignung des Wissens über die Arbeitsprozesse zu absolvierenden Lernprozesse, sehen viele Unternehmen noch nicht so recht ein. Häufig werden Lernprozesse immer noch als etwas betrachtet, worüber man nachdenken kann, wenn man weiß, welche innovativen Produkte in welcher Menge wann zuverlässig „vom Band laufen" sollen. Manche glauben, dann könne man sich immer noch überlegen, wie man den Mitarbeitern das Wissen „beibringt", das sie zur Durchführung der neuen Produktionsprozesse brauchen.

These 5: *Effektivere und effizientere Personalentwicklungsprozesse! E-Learning-/ Blended Learning-Einsatz erleichtert die Integration mit Skill-Management.*

In vielen Unternehmen wird den Prozessen der Personalentwicklung – insbesondere der Entwicklung zukünftiger Führungskräfte – heute große Aufmerksamkeit geschenkt. Viele Unternehmen besitzen seit mehreren Jahren Abteilungen für „Skill Management". Es gibt keinen Zweifel, dass mit der Intensivierung der Personalentwicklung Wertschöpfungsziele verfolgt werden. Die Mehrzahl der Personalentwicklungsprozesse beinhalten im Kern Lernprozesse, die allerdings bestimmte Besonderheiten aufweisen, die den Einsatz spezieller Methoden und Werkzeuge erforderlich machen. Häufig steht die Erweiterung der Fähigkeiten, der Kompetenzen, des Wissens und der Persönlichkeit zukünftiger Führungskräfte im Mittelpunkt des Skill Management. Ein erfolgreiches Skill-Management braucht eine starke Controlling-Komponente, durch die der „Skill-Status" zu Beginn der Personalentwicklung sowie die Veränderungen des Skill-Status während der und zum Ende der Personalentwicklung gemessen und protokolliert werden kann. Auf diese Weise werden „Abfahrtspunkte" für die meist auf die individuelle Situation des/der zu fördernden Mitarbeiters/In maßgeschneiderten Maßnahmen zur Verbesserung seiner/ihrer Fähigkeiten, Kompetenzen und seines/ihres Wissens verfügbar. Die heute für Unternehmen entwickelten anspruchsvollen LMS sind umfangreiche Software-Systeme, die nicht nur auf Steuerung, Administration und Controlling der meisten Arten von betrieblichen Lernprozessen ausgerichtet sind (vgl. Schulmeister 2003), sondern auch die meisten Funktionalitäten unterstützen, mit denen in Unternehmen Skill-Management betrieben wird. Die Bedeutung derartiger LMS für das langfristige, wertschöpfungsorientierte Management von betrieblichen Lernprozessen und Personalentwicklungsprozessen wird in Zukunft wahrscheinlich erheblich zunehmen.

Ein weiterer Bereich, auf den sich die Unterstützungswirkungen der LMS auszudehnen beginnen, ist der Bereich der unternehmensweit agierenden Organisationsentwicklung, der enge Bezüge zum Skill-Management aufweist. Auf diesen Bereich kann hier aus Platzgründen nicht eingegangen werden.

Literaturverzeichnis

BACK, A. (2005)

Balanced Learning Scorecard: Den Wert von (E-)Learning-Innovationen für Geschäftsziele kommunizieren. In: U.-D. Ehlers und P. Schenkel (Hrsg.): Bildungscontrolling im E-Learning. Berlin-Heidelberg, S. 131 - 140

BECKER, B. E.; HUSELID, M. A.; ULRICH, D. (2001)

The HR Scorecard. Linking People, Strategy, and Performance. HBS-Press, Cambridge.

BEHRENDT, E. (2005)

E-Learning an Hochschulen. Keine Chance! In: D. Euler und S. Seufert (Hrsg.) E-Learning in Hochschulen und Bildungszentren. München, S. 529 ff.

BOOS, M.; RACK, O. (2005)

Gestaltung netzbasierter Kollaboration: Arbeiten und Lernen in Gruppen. In: D. Euler und S. Seufert (Hrsg.) E-Learning in Hochschulen und Bildungszentren. München, S. 284 – 298

BRUNS, A. (2006)

Kosten und Nutzen von Blended-Learning-Lösungen an Hochschulen. Lohmar.

COENEN, O. (2001)

E-Learning-Architektur für universitäre Lehr- und Lernprozesse. Köln.

COENEN, O.; SEIBT, D. (2001)

Marktentwicklung und Ziele der Anwender; Aufwands- und Erfolgsfaktoren. In: Informationsmanagement, Heft 3, S. 90 ff.

COLLIS, B. (2002)

Information Technologies for Education and Training. In: Adelsberger, H. H.; Collis, B.; Pawlowski, J. M. (Ed.): Handbook on Information Technologies for Education and Training. Berlin, S. 1-20

EHLERS, U.-D. (2005)

Bildungscontrolling, individuelles Bildungsmanagement und E-Portfolios. In: U.-D. Ehlers und P. Schenkel (Hrsg.): Bildungscontrolling im E-Learning. Berlin-Heidelberg, S. 153-164

EULER, D.; SEUFERT, S. (HRSG.) (2005)

E-Learning in Hochschulen und Bildungszentren. München und Wien.

EULER, D. (2005)

Gestaltung der Implementierung von E-Learning-Innovationen: Förderung der Innovationsbereitschaft von Lehrenden und Lernenden als zentrale Akteure der Implementierung. In: D. Euler und S. Seufert (Hrsg.): E-Learning in Hochschulen und Bildungszentren. München, S. 61 ff.

GAITANIDES, M. (1983)

Prozeßorganisation. München.

GAITANIDES, M. (1992)

Ablauforganisation. In: Handwörterbuch der Organisation, hrsg. von E. Frese, 3. Auflage, Stuttgart, Sp. 1-18

GROHMANN, G. (2006)

Learning Management. Lohmar – Köln.

KAPLAN, R. S.; NORTON, D. P. (1997)

Balanced Score Card. Stuttgart.

KIRKPATRICK, D. L. (1998)

Evaluating Training Programs. The Four Levels. 2nd Edition. San Francisco.

PORTER, M. (1985)

Competitive Advantage. Creating und Sustaining Superior Performance. New York, NY, The Free Press.

PORTER, M.; MILLAR, V. (1986)
Wettbewerbsvorteile durch Innovation. In: Harvard Manager, 8. Jg., Heft 1, S. 25-36

PÜTZ, G.; LÜGER, R. (2003)
Flucht in die Technik oder neue Qualität des betrieblichen Lernens. In: Mambrey, P. Pipek, V.; Rohde, M.: Wissen und Lernen in virtuellen Organisationen, Heidelberg, S. 119-215

REINMANN-ROTHMEIER, G. (2003)
Didaktische Innovation durch Blended Learning, Bern.

RÖDLER, E.; RÖDLER, R.; MÜLLER, S. (2003)
Balanced Scorecard und MIS – Leitfaden zur Implementierung, Bonn, S. 23

ROLF, A. (1986)
Ein Konzept zur Nutzung der neuen IuK-Techniken in Büro und Verwaltung. In: Office Management, 34. Jg., S. 1112-1119

SCHIERENBECK, H. (1999)
Grundzüge der Betriebswirtschaftslehre. 14. Auflage, München, Wien.

SCHULMEISTER, R. (2002)
Grundlagen hypermedialer Lernsysteme. 3. Auflage, München.

SCHULMEISTER, R. (2003)
Lernplattformen für das virtuelle Lernen, München.

SCHULMEISTER, R. (2006)
E-Learning – Einsichten und Aussichten, München.

SEIBT, D.; SCHOLL, ST.; DEKENA, R.; RÖSCH, L. (1989)
Kosten und Nutzen des Computerunterstützten Unterrichts bei der DBP. Ergebnisse des Projektes WICUF, Köln.

SEIBT, D.; COENEN, O. (2000)

Computergestütztes multimediales Lernen auf fünf Ebenen. Erfahrungen aus dem E-Learning-Projekt WI-Pilot-I. COLONET-Arbeitsbericht 10/2000, Köln.

SEIBT, D. (2001)

Kosten und Nutzen des E-Learning bestimmen. In: A. Hohenstein und K. Wilbers (Hrsg): Handbuch E-Learning. Expertenwissen aus Wissenschaft und Praxis. Köln, Kapitel 3.3, S. 1-34

SEIBT, D. (2004)

Erfahrungen aus Entwicklung und Einsatz von E-Learning-Systemen. Ergebnisse empirischer Untersuchungen des Lerner-Verhaltens. In: Fachtagung E-Learning in der Öffentlichen Verwaltung. Chancen und Grenzen. Herne.

SEIBT, D. (2005)

Controlling von Kosten und Nutzen betrieblicher Bildungsmaßnahmen. In: U.-D. Ehlers und P. Schenkel (Hrsg.): Bildungscontrolling im E-Learning. Berlin-Heidelberg, S. 35-53

SEUFERT, S.; ZELLWEGER, F. (2005)

Gestaltung von Geschäfts- und Kooperationsmodellen für E-Learning an Hochschulen. In: D. Euler und S. Seufert (Hrsg.) E-Learning in Hochschulen und Bildungszentren. München, S. 61 ff.

SZYPERSKI, N.; KLEIN, S. (1993)

Informationslogistik und virtuelle Organisationen. In: Die Betriebswirtschaft, 53. Jg., Heft 2, S. 187-208

STRAUB, R. (2006)

Competing in a „flat" world. Innovation and openness for lifelong learning. In: EFMD Forum, Summer, S. 14-16

WARNECKE, C. (2005)

Transfersicherung und Bildungscontrolling in ganzheitlichen Blended-Learning-Prozessen. In: Bildungscontrolling im E-Learning, hrsg. von U. D. Ehlers und P. Schenkel. Berlin-Heidelberg, S. 201-214

WEBER, J. (2004)
Einführung in das Controlling, 10. Aufl.

WIKIPEDIA (2006)
HTTP://www.wikipedia.org/wiki/Blended _Learning, Abruf am 30. 4. 2006

WILBERS, K. (HRSG.) (2004)
Stolpersteine beim Corporate E-Learning. Stakeholder-Management, Management von E-Learning-Wissen, Evaluation. München

E-Wissensmanagement

Innovativer Einsatz von Informations- und
Kommunikationstechnologien
zur Unterstützung von Wissensmanagement

Harald F. O. von Kortzfleisch

Inhaltsverzeichnis

1. Ansatzpunkte für eine Unterstützung des Wissensmanagements durch IKT....695

2. IKT-orientierte Strategien im Wissensmanagement 696
   2.1 Wissensmanagement 697
   2.2 Strategien des Wissensmanagements 698

3. Potenziale von IKT für das Wissensmanagement 699
   3.1 Das „Repository"-Modell 699
   3.2 Das „Network"-Modell 700

4. Innovative IKT-Unterstützungspotenziale für Wissensmanagement kritisch hinterfragt 701

Literaturverzeichnis 703

1. Ansatzpunkte für eine Unterstützung des Wissensmanagements durch IKT

Der vorliegende Beitrag geht von der weithin akzeptierten Erkenntnis aus, dass Wissen – und damit unweigerlich verbunden auch Lernen – für Unternehmungen aus strategischer Sicht zunehmend bedeutsamer wird[1]. Ebenso an Bedeutung gewinnt der Einsatz von Informations- und Kommunikationstechnologien (IKT) zur Unterstützung des entsprechenden Managements der Ressource Wissen[2].

In der Literatur zum Wissensmanagement lässt sich mittlerweile Übereinstimmung dahin gehend feststellen, dass Wissen brauchbares, also effektives Handlungsvermögen bezeichnet[3]. Zudem ist es immer kontext- und beziehungsspezifisch[4]. Schließlich greift es auf strukturelle Konnektivitätsmuster (mentale Modelle) im Gehirn zurück[5] und ist unabdingbar mit einem so genannten „personal coefficient"[6] versehen, welcher die Individualität und Subjektivität von Wissen betont.

Wiegand[7] weist darauf hin, dass die Orientierung an einem rein philosophischen Wissensbegriff für die Organisations- und Managementforschung ungeeignet ist. Denn dieser bezieht sich in der Regel auf in sprachlicher Form vorliegendes „explizites" Wissen. Vernachlässigt werden dadurch jedoch jene Fähigkeiten und Fertigkeiten, die Handeln und Kommunikation erst ermöglichen, hierfür aber weder bewusst sein noch sprachlich ausformuliert vorliegen müssen[8]. Dieses „implizite Wissen" („tacit knowledge"[9]) ist zu einem bedeutsamen Konzept in der wissens- und lernorientierten Organisations- und Managementforschung geworden[10].

Wissenschaft und Praxis sind sich einig, dass implizites Wissen immer mehr zum entscheidenden Faktor für die Erzielung von Wettbewerbsvorteilen in Unternehmun-

---

[1] Siehe für einen Überblick über den Stand der Literatur Al-Laham 2003
[2] Siehe Bodendorf 2003
[3] Siehe Senge 1995 und von den Grundgedanken her auch Szyperski 1969
[4] Vgl. Nonaka und Takeuchi 1995, S. 70
[5] Vgl. Güldenberg 1999, S. 161
[6] Polanyi 1962, S. 17
[7] Vgl. Wiegand 1996, S. 164
[8] Siehe Szyperski 1980
[9] Siehe Polanyi 1966; Nonaka 1994
[10] Siehe auch Schwaninger 2000

gen oder öffentlichen Verwaltungen wird[11]. So werden die konstitutiven Charakteristika von Kernkompetenzen, das heißt ihre Kostbarkeit, Seltenheit, Nicht-Austauschbarkeit und Nicht-Nachahmbarkeit[12], wesentlich durch das jeweils vorhandene implizite Wissen bestimmt. Dies gilt auch im Falle der Auflösung von Unternehmungsgrenzen in Netzwerken. Hier werden strukturelle Aspekte der Abstimmung (Koordination) interorganisationaler Arbeitsteilung als Komponenten von Wissen in Netzwerken betrachtet („network as knowledge"[13]). Die nicht greifbaren Ressourcen wie etwa Vertrauen[14], Erfahrung oder Intuition[15] sind dabei entscheidend für die Koordination interorganisatorischer Geschäftsprozesse, weil sie die Ungewissheit an den Schnittstellen der Partner reduzieren helfen.

Die genannten Aspekte impliziten Wissens gehen insofern als zu berücksichtigende Anforderungen in die Gestaltung von IKT ein. Ebenso stellen sie auf der anderen Seite Ansatzpunkte für eine mögliche innovative Unterstützung von Wissensmanagement im Sinne eines E-Wissensmanagements dar, dessen kritische Betrachtung im Rahmen des vorliegenden Beitrags erfolgen soll. Hierfür wird nachfolgend zunächst auf das Konzept des Wissensmanagements und anschließend auf IKT-bezogene Strategien im (E-)Wissensmanagement eingegangen. Die Unterstützungspotenziale von IKT für Wissensmanagement werden in Kapitel 3 gemäß der Unterscheidung in das „repository model" und das „network model" aufgezeigt. Gerade im „network model" liegen die innovativen Möglichkeiten eines E-Wissensmanagements.

2. IKT-orientierte Strategien im Wissensmanagement

Unabhängig davon, dass Wissen von jeher eine zentrale Kategorie menschlichen und sozialen Handelns war[16], wird es immer offensichtlicher, „[...] daß die Generierung von Wissen, die Verfügung über Wissen, die Anwendung von Wissen und ein

---

[11] Siehe als Beispiel für viele nur Szyperski 1980
[12] Siehe Barney 1991
[13] Kogut 2000; siehe auch Szyperski und von Kortzfleisch 2003
[14] Siehe Winand und Pohl 1998
[15] Siehe Luhmann 2000
[16] Vgl. Schwaninger 2000, S. 2

umfassendes Wissensmanagement zunehmend die Lebens- und Arbeitsformen und damit auch die Strukturen der modernen Gesellschaft bestimmen werden"[17].

2.1 Wissensmanagement

Die traditionellen Managementaufgaben der Planung, Steuerung, Organisation und Kontrolle werden im Konzept des Wissensmanagements konsequent auf die Ressource Wissen angewendet[18]. Dabei überlagern sie die Aktivitäten der Wissensidentifikation, des Wissenserwerbs, der Wissens(weiter)entwicklung, der Wissens(ver)teilung, der Wissensbewahrung und der Wissensnutzung[19].

Insgesamt bezeichnet Wissensmanagement die möglichst geplante und kontrollierte Umsetzung von Verbesserungsmöglichkeiten hinsichtlich der Lernfähigkeit von Organisationen[20]. In Anlehnung an Wiegand[21] und Pawlowsky[22] hat organisatorisches Lernen stattgefunden, wenn durch

- Lernprozesse
- zu einem bestimmten Zeitpunkt beziehungsweise ausgehend von einem bestimmten Wissens(zu)stand
- auf individueller, kollektiver und/oder (inter)organisationaler Ebene
- implizites oder explizites Wissen geschaffen wurde,
- welches durch die Veränderung der Wissensbasis die bewussten oder unbewussten Handlungsmöglichkeiten der Organisation im Zeitverlauf ceteris paribus vergrößert,
- so dass sich die Organisation im Zeitverlauf an interne Normen und/oder an die externe Umwelt anpassen und/oder die Problemlösungsfähigkeit (Fortschrittsfähigkeit) der Organisation sichergestellt werden kann.

---

[17] Mittelstrass 1998, o. S.
[18] Siehe praxisorientiert Pawlowski und Reinhardt 2001 sowie theoriebezogen Schreyögg und Conrad 1996
[19] Vgl. ausführlich Romhardt, 1998, S. 49 ff.
[20] Vgl. Pawlowsky 1998, S. 15 f.
[21] Vgl. Wiegand 1996, S. 324
[22] Vgl. Pawlowsky 1994, S. 267

Der genannten Abgrenzung organisatorischer Lernprozesse liegt die gedankliche Hilfskonstruktion von Organisation als Wissensbasis zugrunde[23]. In der Literatur wird auch von „organizational memory" gesprochen[24]. Eine organisatorische Wissensbasis kann als Speicher für implizites oder explizites Wissen auf jeweils individueller, kollektiver, organisatorischer und interorganisatorischer Lernebene verstanden werden[25]. Zusammengefasst ist die organisationale Wissensbasis der Ausgangspunkt für organisatorische Lernprozesse, welche ihrerseits im Ergebnis zu einer Veränderung der Wissensbasis führen. Wissensmanagement bezeichnet somit das Management individueller, gruppenbezogener, organisatorischer sowie interorganisatorischer Lernprozesse, durch welches der Bestand und die Weiterentwicklung der organisatorischen Wissensbasis sichergestellt werden soll[26].

2.2 Strategien des Wissensmanagements

In der Literatur zu Wissensmanagement werden verschiedene konzeptuelle Arbeiten und empirische Untersuchungsergebnisse zum IKT-Einsatz grob in die beiden folgenden Kategorien gegliedert[27]:

- Humanorientierte Beiträge
- Technologieorientierte Beiträge

Humanorientierte Beiträge stellen den Menschen als Träger von Wissen in den Vordergrund. Eine qualitative Erweiterung erfahren die humanorientierten Beiträge, wenn nicht mehr nur das Individuum im Vordergrund steht, sondern Gemeinschaften von Individuen[28]. Wissensmanagement hat hier die Aufgabe, den Lebenszyklus der Gemeinschaft effektiv und effizient zu planen, steuern, organisieren und kontrollieren[29]. Innerhalb technologieorientierter Beiträge wird die treibende Kraft für Wissensmanagement in den Potenzialen von IKT gesehen[30].

---

[23] Vgl. Heppner 1997, S. 150 ff.
[24] Siehe Walsh und Ungson 1991
[25] Vgl. Romhardt 1998, S. 44
[26] Vgl. Schüppel 1996, S. 52
[27] Vgl. Albrecht 1993, S. 94 ff.; siehe auch Dennis und Vessey 2005; Hansen; Nohria und Tierney 1999; Schüppel 1996
[28] Siehe Dennis und Vessey 2005; Fuchs-Kittowski und Reuter 2002; Wenger und Snyder 2000
[29] Siehe auch Seuffert; Moisseeva und Steinbeck 2002
[30] Vgl. Alavi, 2000, S. 22

3. Potenziale von IKT für das Wissensmanagement

Forschungsarbeiten, welche sich mit den Potenzialen von IKT für das Wissensmanagement auseinandersetzen, lassen sich in Anlehnung an Alavi in das so genannte „repository model" und das „network model" unterscheiden[31].

3.1 Das „Repository"-Modell

Mit dem Begriff „Repository" ist die zentrale IKT-gestützte Ablage von Beschreibungen über alle Wissensbestandteile einer Organisation gemeint. Ruggles (1998) weist empirisch nach, dass der Aufbau solcher Repositorien in der Praxis im Vordergrund von Wissensmanagement-Initiativen steht[32]. Eine Besonderheit sind dabei „best practice repositories", gerade bei Unternehmungsberatungen[33].

Swanson[34] vermutet, dass „(t)he new organizational knowledge will be increasingly more system based compared to person based". Die organisatorische Wissensbasis beziehungsweise das „organisatorische Gedächtnis" („organizational memory"[35]) lassen sich durch IKT weitgehend unterstützen, was Stein und Zwass[36] als „actualize" bezeichnen. Diese „Aktualisierung" mittels IKT führt zu „organizational memory information systems" (OMIS[37]), welche als Infrastruktur für die organisatorische Wissensbasis fungieren.

(Explizites) Wissen wird hier als Objekt betrachtet, welches erfassbar, speicherbar, strukturierbar, wieder verwendbar und verteilbar ist. Die Potenziale von IKT liegen dann im schnellen und kostengünstigen Erfassen, Aufbewahren, Pflegen, Suchen und Auffinden von Wissen.

---

[31] Vgl. Alavi 2000, S. 22 ff.; siehe auch Alavi und Leidner 1999; Fahey und Prusak 1998
[32] Siehe kritisch hierzu McKean 1999
[33] Vgl. Hansen; Nohria und Tierney 1999, S. 107 f.
[34] Vgl. Swanson 1996, S. 141
[35] Siehe Walsh und Ungson 1991
[36] Siehe Stein und Zwass 1995
[37] Siehe Faisst 1996; Stein und Zwass 1995

Das Repositorium beziehungsweise „organizational memory information systems" (OMIS) fungiert als eine Art Zentralbibliothek für anfallende Wissensbedürfnisse. Datenbanken und Dokumenten-Management-Systeme sind die relevanten Technologien für solche Bibliotheken. Aber auch Expertensysteme lassen sich hier zuordnen. Hinzu kommen Intranets als unternehmungsweite IKT-Infrastrukturen für das „repository model", welche sowohl unternehmungsinternes als auch -externes Wissen umfassen können[38].

Empirisch fundierte Forschungsbeiträge zur IKT-Unterstützung des Wissensmanagements im Rahmen des „repository model" beschäftigen sich mit dem konzeptuellen Design von OMIS, der Art der Wissensrepräsentation sowie der automatischen Rückgewinnung und Nutzung von explizitem Wissen[39]. Im Vordergrund steht die organisatorische Wissensbasis und damit eng verbunden die (klassische) Auffassung, dass Wissen explizierbar und außerhalb von Personen modellierbar ist. Vernachlässigt wird in diesem Model zumindest indirekt ein wichtiger, gleichsam gegenüberstehender Aspekt: die Kommunikation und der Diskurs zwischen Organisationsmitgliedern.

3.2 Das „Network"-Modell

Im „network model" der IKT-Unterstützung für Wissensmanagement „knowledge remains with the individual who has developed and possesses it and is transferred mainly through person-to-person contacts"[40]. Im Vordergrund steht der Aufbau von sozialen Netzwerken, das heißt zwischen Personen, um somit vor allem implizites Wissen zu transferieren. Dies ist gerade dann der Fall, wenn Personen Lösungen für gleiche oder ähnliche Probleme suchen oder schon einmal gesucht haben („communities of practice"[41]). Es wird in diesem Zusammenhang neben „community memory" auch von „collective memory"[42] oder „group memory"[43] gesprochen.

---

[38] Siehe auch von Kortzfleisch und Winand 1997
[39] Vgl. Robey; Boudreau und Rose 2000, S. 140 ff.
[40] Alavi 2000, S. 23
[41] Siehe Wenger und Snyder 2000
[42] Siehe beispielsweise Ackerman und McDonald 1996
[43] Siehe nur Vasconcelos; Kimble und Gouveia 2000

IKT können solche Netzwerke auf zweierlei Weise unterstützen, zum einen im Sinne der Anbahnung sozialer Kontakte zwischen Wissensanbietern und -nachfragern, zum anderen bei der Durchführung persönlicher Kommunikation zwecks Wissenstransfer. Für die zuerst genannte Variante werden elektronische „Gelbe Seiten", „Wissens-Adressbücher" oder „Wissenslandkarten" als einer Art Repository für Wissensquellen in Form von Personen (Experten) – nicht in Form von abgespeichertem Wissen – entwickelt. Ist eine Wissensquelle erst einmal identifiziert, kann der Austausch des benötigten (impliziten) Wissens über persönliche „face-to-face"-Kommunikation oder auch über IKT-gestützte, in diesem Sinne virtualisierte persönliche Kommunikation und Interaktion erfolgen[44].

Es wird offensichtlich, dass das „network model" mit dem „repository model" konzeptuell wie auch technologisch eng verbunden sein muss[45]. Beide fußen letztlich auf der IKT-gestützten Übertragung explizierten Wissens.

4. Innovative IKT-Unterstützungspotenziale für Wissensmanagement kritisch hinterfragt

Hine und Goul (1998) unterscheiden ausdrücklich zwischen IKT-basierten Systemen, welche den bloßen Informationsaustausch in Gruppen unterstützen und solchen, die organisatorisches Lernen über Diskurse fördern. Für sie umfassen solche letztgenannten Systeme Funktionalitäten, welche automatisch Unstimmigkeiten – hier bei strategischen Entscheidungen – entdecken und offen legen. Ihr System verfügt über eine spezialisierte Wissensbasis, die auf strukturierte Anfragen von verschiedenen Managern antwortet und die jeweiligen Folgerungen sowie Entscheidungen der Manager – quasi-intelligent – katalogisiert. Die Einschätzungen und potenziellen Entscheidungen der Manager werden vom System auf Konsens oder Konflikt unter Berücksichtigung der jeweiligen Bewertungen und Meinungen der anderen Manager gegengeprüft. Ist ein Konflikt identifiziert, dann wird ein elektronisches „Treffen" zwischen den an einer Entscheidung beteiligten Managern initialisiert und das System

---

[44] Siehe Kimble; Hildreht und Wright 2001
[45] Siehe auch Lehner; Maier und Klose 1998

fordert dazu auf, über die unterschiedlichen Positionen zu diskutieren, um darüber letztlich Wissensmanagement zu unterstützen.

Insgesamt verbleibt jedoch auch dieser Ansatz auf der Ebene des infrastrukturellen Ermöglichens der Explizierung impliziten Wissen. Die Explizierung an sich wird angeregt, aber nicht direkt unterstützt. Ein Ansatz, der genau dieses jedoch beabsichtigt, lässt sich dem nachfolgenden und diesen Beitrag abschließenden Absatz entnehmen.

So bestehen Möglichkeiten, den Prozess der Bildung (virtueller Wissens-)Gemeinschaften durch IKT zu unterstützen, ohne das dafür notwendige (implizite) Wissen über das Zusammenpassen und Sich-Zusammenschließen von Personen vorher explizit machen zu müssen. Ein solches innovatives Unterstützungspotenzial bietet zum Beispiel das Produkt Autonomy^{TM} des britischen Unternehmens Autonomy[46].

Mit Hilfe einer intelligenten Daten- und Informationsanalyse („text mining"), die im Kern auf der Bayes'schen Inferenztheorie und Shannon's Informationstheorien beruht, können inhaltliche Verknüpfungen von Informationsobjekten jeglicher Art offen gelegt werden. Dies erfolgt nicht nur mit Bezug auf eine Person, sondern auch auf Gemeinschaften. Grundlage hierfür sind automatisch erstellte Benutzerprofile, die ebenso automatisch gegen andere Benutzerprofile abgeglichen werden und insofern implizite Verbundenheiten zwischen Akteuren offen legen können. Das Offenlegen dieses impliziten Wissens erfolgt über die Potenziale der IKT, gleichsam automatisch. Insofern ist hier ein Ansatzpunkt für eine innovative Unterstützung des Wissensmanagements durch IKT bzw. ein innovatives E-Wissensmanagement zu sehen.

---

[46] Autonomy ist eingetragenes Warenzeichen der Autonomy Corp.; weiterführende Informationen, insbesondere in Form von Whitepapers und Produktbeschreibungen, finden sich unter www.autonomy.com/.

Literaturverzeichnis

ACKERMAN, M. S.; MCDONALD, D. W. (1996)

Answer Garden 2: Merging Organizational Memory with Collaborative Help. In: Proceedings of the 1996 Association for Computing Machinery (ACM) Conference on Computer Supported Cooperative Work – CSCW'96, November 16 – 20, Boston, Massachusetts, S. 97-105.

ALAVI, M. (2000)

Systems for Managing Organizational Knowledge: Framing the Domains of IT Management: In: Zmud, R.; Price, M. F. (Hrsg.): Projecting the Future Through the Past. Pinnaflex Educational Resources: Cincinnati, Ohio, S. 15-28.

ALAVI, M.; LEIDNER, D. (1999)

Knowledge Management Systems: Issues, Challenges, and Benefits. In: Communications of the Association for Information Systems (CAIS), 1. Jg., Nr. 7, S. 1-36.

ALBRECHT, F. (1993)

Strategisches Management der Unternehmensressource Wissen: Inhaltliche Ansatzpunkte und Überlegungen zu einem konzeptionellen Gestaltungsrahmen. Peter Lang: Bern

AL-LAHAM, A. (2003)

Organisationales Wissensmanagement. Vahlen: München.

BARNEY, J. B. (1991)

Firm Resources and Sustained Competitive Advantage. In: Journal of Management, 17. Jg., Nr. 1, S. 99-120.

BODENDORF, F. (2003)

Daten- und Wissensmanagement. Springer: Berlin.

DENNIS, A. R.; VESSEY, I. (2005)

Three Knowledge Management Strategies: Knowledge Hierarchies, Knowledge Markets, and Knowledge Communities. In: MIS Quarterly Executive, 4. Jg., Nr. 4.

FAHEY, L.; PRUSAK, L. (1998)

The Eleven Deadliest Sins of Knowledge Management. In: California Management Review, 40. Jg., Nr. 3, S. 265-276.

FAISST, W. (1996)

Wissensmanagement in virtuellen Unternehmen. Arbeitspapier der Reihe „Informations- und Kommunikationssysteme als Gestaltungselement Virtueller Unternehmen", Nummer 8, hrsg. von D. Ehrenberg, J. Griese und P. Mertens, Universitäten Bern, Leipzig, Nürnberg: Bern, Leipzig, Nürnberg.

FUCHS-KITTOWSKI, F.; REUTER, P. (2002)

E-Collaboration für wissensintensive Dienstleistungen. In: Information Management & Consulting, Nr. 4, S. 64-71.

GÜLDENBERG, S. (1999)

Wissensmanagement und Wissenscontrolling in lernenden Organisationen. Wiesbaden: Gabler; DUV

HANSEN, M. T.; NOHRIA, N.; TIERNEY, T. (1999)

What's Your Strategy for Managing Knowledge? In: Harvard Business Review, 77. Jg., Nr. 2, S. 106-116.

HEPPNER, K. (1997)

Organisation des Wissenstransfers: Grundlagen, Barrieren und Instrumente. Deutscher Universitäts-Verlag: Wiesbaden.

HINE, M.; GOUL, M. (1998)

The Design, Development, and Validation of a Knowledge-Based Organizational Learning System. In: Journal of Management Information Systems, 15. Jg., Nr. 2, S. 119-152.

KIMBLE, C.; HILDREHT, P.; WRIGHT, P. (2001)

Communities of Practice: Going Virtual. In: Malhotra, Y. (Hrsg.): Knowledge Management and Business Model Innovation, Idea Group Publishing: Hershey; Pennsylvania, London; United Kingdom, S. 220-234.

KOGUT, B. (2000)

The Network as Knowledge: Generative Rules and the Emergence of Structure. In: Strategic Management Journal, 31. Jg., Nr. 3, S. 405-425.

LEHNER, F.; MAIER, R.; KLOSE, O. (1998)

Organisational Memory Systems: Application of Advanced Database & Network Technologies in Organisations. Forschungsbericht Nr. 19, Institut für Wirtschaftsinformatik, Universität Regensburg.

LUHMANN, N. (2000)

Organisation und Entscheidung. Westdeutscher Verlag, Wiesbaden

MCKEAN, J. (1999)

Information Masters Secrets of the Customer Race. John Wiley & Sons: Chichester; United Kingdom

MITTELSTRASS, J. (1998)

Information oder Wissen: vollzieht sich ein Paradigmenwechsel? Beitrag als Mitglied des Rates für Forschung, Technologie und Innovation zur „Initiative Informationsgesellschaft Deutschland". In: Physikalische Blätter, 54. Jg., Nr. 5, S. 445-447.

NONAKA, I. (1994)

A Dynamic Theory of Organizational Knowledge Creation. In: Organization Science, 5. Jg., Nr. 1, S. 14-37.

NONAKA, I.; TAKEUCHI, H. (1995)

The Knowledge-Creating Company: How Japanese Companies Create the Dynamics of Innovation. Oxford University Press: New York, Oxford.

PAWLOWSKY, P. (1994)

Wissensmanagement in der lernenden Organisation. Unveröffentlichte Habilitationsschrift, Universität Paderborn: Paderborn.

PAWLOWSKY, P. (1998)

Integratives Wissensmanagement. In: Pawlowsky, P. (Hrsg.): Wissensmanagement: Erfahrungen und Perspektiven. Gabler: Wiesbaden, S. 9-45.

PAWLOWSKY, P.; REINHARDT, R. (2001)

Wissensmanagement für die Praxis. Luchterhand: Unterschleißheim; München.

POLANYI, M. (1962)

Personal Knowledge. The University of Chicago Press: Chicago.

POLANYI, M. (1966)

The Tacit Dimension. Doubleday Anchor: New York; New York.

ROBEY, D.; BOUDREAU, M. C.; ROSE, G. M. (2000)

Information Technology and Organizational Learning: A Review and Assessment of Research. In: Accounting, Management & Information Technology, 10. Jg., Nr. 2, S. 125-155.

ROMHARDT, K. (1998)

Die Organisation aus der Wissensperspektive: Möglichkeiten und Grenzen der Intervention. Gabler: Wiesbaden

RUGGLES, R. (1998)

The State of the Notion: Knowledge Management in Practice. In: California Management Review, 40. Jg., Nr. 3, S. 80-89.

SCHREYÖGG, G.; CONRAD, P. (1996)

Vorwort. In: Schreyögg, G.; Conrad, P. (Hrsg.): Managementforschung 10: Organisatorischer Wandel und Transformation. Gabler: Wiesbaden, S. VII-IX.

SCHÜPPEL, J. (1996)

Wissensmanagement: Organisatorisches Lernen im Spannungsfeld von Wissens- und Lernbarrieren. Deutscher Universitäts-Verlag: Wiesbaden

SCHWANINGER, M. (2000)

Implizites Wissen und Managementlehre: Organisation aus kybernetischer Sicht. Diskussionsbeitrag Nummer 41, Institut für Betriebswirtschaft, Universität St. Gallen, Schweiz.

SENGE, P. M. (1995)

The Fifth Discipline: The Art & Practice of The Learning Organization. Currency Doubleday: New York.

SEUFFERT, S.; MOISSEEVA, M.; STEINBECK, R. (2002)

Virtuelle Communities gestalten. Internet-Dokument, http://www.scil.ch/seufert/docs/virtuelle-communities.pdf, Stand: 09.06.2006.

STEIN, E.; ZWASS, V. (1995)

Actualizing Organizational Memory with Information Systems. In: Information Systems Research, 6. Jg., Nr. 2, S. 85-117.

SWANSON, E.B. (1996)

The New Organizational Knowledge and its Systems Foundations. In: Proceedings of the 29th Hawaii International Conference on System Sciences HICSS'29, 3. – 6. Januar, Hawaii, Band 3, S. 140-146.

SZYPERSKI, N. (1969)

Interdependenzen und Komplexität von Anpassungs- und Lernaufgaben der Unternehmung. In: Zeitschrift für Führung und Organisation, 38. Jg., S. 54-60.

SZYPERSKI, N. (1980)

Informationsbedarf. In: Grochla, E. (Hrsg.): Handwörterbuch der Organisation, Stuttgart: Poeschel, Sp. 904–913.

SZYPERSKI, N.; VON KORTZFLEISCH, H. F. O. (2003)

Kooperationen als Erfolgsfaktor wissensintensiver Unternehmungsgründungen: Ein Beitrag zum Kooperations-Engineering. In: Ringlstetter, M. J.; Henzler, H. A.; Mirow, M. (Hrsg.): Perspektiven der Strategischen Unternehmensführung. Theorien – Konzepte – Anwendungen. Wiesbaden: Gabler, S. 371-401.

VASCONCELOS, J.; KIMBLE, C.; GOUVEIA, F. R. (2000)
A Design for a Group Memory System Using Ontologies. In: Proceedings of 5th United Kingdom Academy for Information Systems (UKAIS) Conference, April 2000, University of Wales Institute, Cardiff, McGraw-Hill: New York; New York, S. 246-255.

VON KORTZFLEISCH, H. F. O.; WINAND, U. (1997)
Ansatzpunkte für die Entwicklung haushaltsgerechter Benutzungsoberflächen beim Einsatz neuer Medien- und Kommunikationssysteme an der Kundenschnittstelle. In: Wirtschaftsinformatik, 39. Jg,. Nr. 3, S. 253-261.

WALSH, J. P. R.; UNGSON, G. R. (1991)
Organizational Memory. In: The Academy of Management Review, 16. Jg., Nr. 1, S. 57-91.

WENGER, E. C.; SNYDER, W. M. (2000)
Communities of Practice: The Organizational Frontier. In: Harvard Business Review, 78. Jg., Nr. 1, S. 139-145.

WIEGAND, M. (1996)
Prozesse Organisationalen Lernens. Gabler: Wiesbaden

WINAND, U.; POHL, W. (1998)
Die Vertrauensproblematik in elektronischen Netzwerken. In: Link, J. (Hrsg.): Wettbewerbsvorteile durch Online Marketing: Die strategischen Perspektiven elektronischer Märkte. Springer: Berlin et al., S. 243-259.

Autorenverzeichnis

Prof. Dr. Felicitas G. Albers, geboren 1954 in Köln; 1972–1977 Studium der Betriebswirtschaftslehre an der Universität zu Köln mit Abschluss als Diplom-Kaufmann; 1977–1984 wissenschaftliche Mitarbeiterin und Projektleiterin am Betriebswirtschaftlichen Institut für Organisation und Automation an der Universität zu Köln (BIFOA); 1983 Promotion zum Dr. rer. pol.; Beratungstätigkeit und seit 1992 Professorin am Fachbereich Wirtschaft der Fachhochschule Düsseldorf, Lehrgebiet: Betriebswirtschaftslehre, insbes. Organisation und Datenverarbeitung.

Prof. Dr. Fred G. Becker, Jahrgang 1955, ist seit 1996 Inhaber des Lehrstuhls für Betriebswirtschaftslehre, insb. Organisation, Personal und Unternehmungsführung, an der Universität Bielefeld. Nach Bankausbildung und Berufstätigkeit begann er 1976 das Studium der Betriebswirtschaftslehre an der Universität – Gesamthochschule Wuppertal. 1978 wechselte er an die Universität zu Köln, wo er das Studium 1981 beendete. Während dieser Zeit war er als Studentische Hilfskraft am Seminar von Prof. Dr. Norbert Syzperski beschäftigt. Nach dem Studium arbeitete er als Wissenschaftlicher Mitarbeiter und Hochschulassistent am Lehrstuhl BWL I: Personal-Management und Unternehmungsführung (Prof. Dr. J. Berthel) der Universität – GH Siegen. 1985 wurde er dort promoviert, 1991 habilitiert. Nach einem Trimester als Lehrstuhlvertreter („Internationales Management") an der Universität der Bundeswehr München (HT 1991) war er von 1992 bis 1996 Inhaber des Lehrstuhls für Allg. Betriebswirtschaftslehre, insb. Personal- und Organisationslehre, an der Universität Jena. Einen Ruf an die Universität Siegen (2004) lehnte er ab.

Dipl.-Kfm. Heinz Bons, Jahrgang 1948, ist COO und Mitgründer der SQS Software Quality Systems AG. SQS ist ein Beratungs- und Serviceunternehmen, das sich ausschließlich mit den Themen Qualitätsmanagement, Qualitätssicherung und Testen in IT-Organisationen beschäftigt und aktuell in verschiedenen Ländern Europas sowie in Südafrika mit Niederlassungen vertreten ist. Im Rahmen des Studiums der Wirtschaftswissenschaften an der Universität zu Köln waren erste Kontakte zum Lehrstuhl von Prof. Szyperski gegeben. Nach Abschluss des Diploms arbeitete Heinz Bons in der Zeit von 1975 bis 1980 in zwei Forschungsprojekten einerseits am Lehrstuhl für Informatik, andererseits am Rechenzentrum der Universität zu Köln. Aus dem Projekt „Testen und Aufwandschätzung in Software-Entwicklungsprojekten" heraus, das vom Bundesministerium für Forschung und Technologie (BMFT) sowie der Siemens AG finanziert wurde, gründete er dann zusammen mit einem Kollegen die Gesellschaft für Software-Qualitätssicherung mbH, die später umbenannt wurde in SQS Software Quality Systems AG. Herr Prof. Szyperski war von Beginn an aktiver Förderer der beruflichen Aktivitäten und hat insbesondere in der Startphase mit seiner Erfahrung wesentlich zum Erfolg der SQS AG, damals GmbH, beigetragen.

Dr. Barbara Breuer, Ministerialrätin; geb. in Köln, Studium der Volkswirtschaftslehre und Promotion in Köln, seit 1987 im Bundesministerium für Bildung und Forschung (BMBF); derzeit Leiterin des Referats „Controlling; Vergabeprüfstelle". Ich kenne Herrn Prof. Szyperski durch sein Engagement für das BMBF allgemein, insbesondere aber durch die persönliche Zusammenarbeit im Rahmen meiner Leitung des Referats „Patente, Unternehmensgründungen, Erfinderförderung" (2003–2005). Herr Prof. Szyperski hat mich bzw. das BMBF bei der Gestaltung und Betreuung des BMBF-Programms „EXIST – Existenzgründungen aus Hochschulen" als Vorsitzender des EXIST-Sachverständigenbeirats unterstützt.

Prof. Dr.-Ing. habil. Prof. e. h. Dr. h. c. mult. Hans-Jörg Bullinger, geboren 1944 in Stuttgart, Maschinenbau-Studium (Fachrichtung Fertigungstechnik), Promotion 1974, Habilitation 1978. 1971–1980 angewandte Industrieforschung, 1980–1982 Professur für Arbeitswissenschaft an der Fernuniversität Hagen, 1982–2002 Professur für Arbeitswissenschaft an der Universität Stuttgart, 1982–2002 Leiter des Fraunhofer-Instituts für Arbeitswirtschaft und Organisation (IAO) in Stuttgart, zudem von 1991–2002 Leiter des Instituts für Arbeitswissenschaft und Technologiemanagement (IAT) der Universität Stuttgart. Während der Leitung der beiden Institute IAO und IAT entstanden immer wieder Kontakte zu Herrn Prof. Szyperski. Seit 1. Oktober 2002 Präsident der Fraunhofer-Gesellschaft mit Sitz in München. Autor und Mitautor von zahlreichen Büchern und von über 1.000 weiteren Veröffentlichungen.

Dr. Robert Dekena, geboren 1963 in Köln; 1983 bis 1988 Studium an der Universität zu Köln und an "The University of Hull", Kingston upon Hull, England, mit Abschluss als Diplom-Kaufmann; 1986 bis 1988 studentische Hilfskraft am, von Prof. Dr. Dr. h. c. Norbert Szyperski gegründeten, Seminar für Allgemeine Betriebswirtschaftslehre und Betriebswirtschaftliche Planung der Universität zu Köln; 1989 bis 1995 wissenschaftlicher Mitarbeiter und Projektleiter am BIFOA (Betriebswirtschaftliches Institut für Organisation und Automation an der Universität zu Köln); 2004 Promotion zum Dr. rer. pol.; 1995 bis 2004 Geschäftsführer der

FUTUREtec Gesellschaft für angewandte Informatik mbH; seit 2005 Inhaber der DOKULOG – Dokumentenlogistik & Management Beratung, Bergisch Gladbach; zahlreiche Veröffentlichungen zu verschiedenen Themen der Dokumentenlogistik.

Prof. em. Dr. Erich Frese, geboren in Bremen 1938; nach Studium der Betriebswirtschaftslehre in Mannheim und Köln Promotion 1966 in Köln; 1970 Habilitation (Köln); 1963 bis 1969 Assistent von Erwin Grochla; 1973 bis 1986 Lehrstuhlinhaber für Industriebetriebslehre, RWTH Aachen; bis 2003 Professor für Organisation am Seminar für Allgemeine BWL und Organisationslehre der Universität zu Köln.

Prof. Dr. Joachim Griese, geboren 1939 in Berlin; 1960–1965 Studium des Allgemeinen Maschinenbaus an der Technischen Hochschule München mit Abschluss als Dipl.-Ing.; 1965–1968 Studium des Wirtschaftsingenieurwesens an der Technischen Hochschule München mit Abschluss als Dipl.-Wirtsch.-Ing.; 1970 Promotion zum Dr. rer. soc. oec. an der Universität Linz/Österreich; 1971–1974 wissenschaftlicher Assistent bei Prof. Dr. Dr. h. c. mult. Peter Mertens an der Universität Erlangen-Nürnberg; nach einem USA-Aufenthalt am MIT von 1974–1983 Ordinarius für Betriebswirtschaftslehre, insbesondere Betriebsinformatik, an der Universität Dortmund; von 1983–2002 Ordinarius für Betriebswirtschaftslehre, insbesondere Wirtschaftsinformatik, an der Universität Bern/Schweiz; Zusammenarbeit mit Prof. Dr. Dr. h. c. Norbert Szyperski in verschiedenen Forschungsthemen.

Dr. Klaus Höring, geb. 1942 in Berlin; 1961 bis 1967 Studium des Maschinenbaus an der Technischen Universität Darmstadt und 1967 bis 1969 Arbeits- und Wirtschaftswissenschaftliches Aufbaustudium an der Technischen Universität München; 1970 bis 1972 Wissenschaftlicher Mitarbeiter am Seminar für Allgemeine Betriebswirtschaftslehre und Betriebswirtschaftliche Planung der Universität zu Köln, Direktor: Prof. Dr. Dr. h. c. Norbert Szyperski; ab 1972 Mitarbeiter und seit 1979 Geschäftsführer des Betriebswirtschaftlichen Instituts für Organisation und Automation an der Universität zu Köln (BIFOA); 1972 bis 1990 Lehrbeauftragter der Universität zu Köln; 1990 Promotion zum Dr. rer. pol.; 1991 bis 1993 Geschäftsführer eines mittelständischen Beratungsunternehmens; seit 1993 selbständiger Unternehmensberater und Gründungsmitglied der Beratergruppe *ConsultingPartners;* seit 2003 geschäftsführender Gesellschafter der MDD Consulting GmbH, Bergisch Gladbach. www.hmc-cp.de

Dr. Ksenia Iastrebova, geboren 1977 in Jekatarinenburg (früher Swerdlowsk), Russische Föderation. Sie studierte Ökonomie an der Staatsuniversität des Urals und erhielt dort den Bachelor (BA) und Master (MA) in Economics. 2000 studierte sie mit einem Stipendium der Europäischen Gemeinschaft an der Faculty of Economics, Erasmus Universität Rotterdam, wo sie 2001 auch ihr Promotionsstudium bei Prof. Dr. H. J. Oppelland begann. 2006 promovierte sie an der Rotterdam School of Management, Erasmus Universität, bei Prof. Dr. H. G. van Dissel. Seitdem ist die Autorin wissenschaftliche Assistentin an der RSM Erasmus Universität Rotterdam.

Prof. Dr. Eike Jessen, geboren 1933 in Göttingen, 1954–1960 Studium der Elektrotechnik/Hochfrequenztechnik an der Technischen Universität Berlin, 1960–1964 Forschung zur digitalen Verarbeitung von Radiosignalen, 1964 Promotion über Assoziative Speicherung, 1964–1972 Entwicklungsleiter Rechenanlagen/Großrechenanlagen bei AEG-Telefunken, 1972–2001 Professor für Informatik an der Universität Hamburg/der Universität der Bundeswehr München/der Technischen Universität München. Mitglied des wissenschaftlichen Beirates der GMD, mehrfach Mitglied des Vorstandes (u. a. im Gründungsvorstand mit Prof. Szyperski) und Vorsitzender des DFN-Vereins.

Prof. Dr. Heinz Klandt ist seit 1998 Inhaber des ersten deutschen Lehrstuhls für Entrepreneurship (EUROPEAN BUSINESS SCHOOL, www.ebs.de in Oestrich-Winkel), einer Stiftung der Deutschen Ausgleichsbank (heute Kreditanstalt für Wiederaufbau) auf Initiative des BMWI. Er ist geschäftsführender Direktor des bifego (betriebswirtschaftliches Institut für empirische Gründungs- und Organisationsforschung: www.bifego.de) sowie Präsident des FGF (Förderkreis Gründungs-Forschung – Entrepreneurship Research: www.FGF-eV.de); Initiator der jährlichen IntEnt-Konferenz "Internationalizing Entrepreneurship Education and Training" (www.intent-conference.de) sowie der G-Forum Konferenz (www.G-Forum.de). Studium der Betriebswirtschaftslehre in Köln (Dipl.-Kfm. 1974). Nach Tätigkeit in der Wirtschaft Assistententätigkeit am IfM (Institut für Mittelstandsforschung, Köln-Bonn), am BIFOA (Direktor: Prof. Dr. Dr. h. c. mult. Erwin Grochla) und am Planungsseminar der Universität zu Köln (Direktor: Prof. Dr. Dr. h. c. Norbert Szyperski). Mehrjährige selbständige Tätigkeit als Unternehmensberater und Trainer. 1984 Promotion zum Dr. rer. pol. (Aktivität und Erfolg des Unternehmensgründers) an der Universität zu Köln. 1990–1998 Professor/Leiter des Fachgebietes Empirische Wirtschafts- und Sozialforschung an der WiSo-Fakultät der Universität Dortmund. Forschungsschwerpunkte sind Gründerpsychologie, -ausbildung, -assessment, Gründungssimulation und -klima.

Autorenverzeichnis

Prof. Dr. Stefan Klein, geboren 1958 in Siegen; 1978 bis 1983 Studium der Betriebswirtschaftslehre an der Universität zu Köln mit Abschluss als Diplom-Kaufmann; von 1980 bis 1987 zunächst studentische Hilfskraft, dann DFG-Projektleiter und Wissenschaftlicher Mitarbeiter am Seminar für Allgemeine Betriebswirtschaftslehre und Betriebswirtschaftliche Planung der Universität zu Köln, Direktor: Prof. Dr. Dr. h. c. Norbert Szyperski. 1987 Promotion zum Dr. rer. pol. Von 1987 bis 1997 Forschungs- und Lehrtätigkeit bei der Gesellschaft für Mathematik und Datenverarbeitung und an den Universitäten St. Gallen und Koblenz-Landau. 1995 Habilitation an der Universität St. Gallen. Seit 1997 Ordinarius für Wirtschaftsinformatik und Interorganisationssysteme und Direktor am Institut für Wirtschaftsinformatik der Universität Münster. 2003–2006 John Sharkey Professor of Electronic Commerce, University College Dublin. Aufenthalte als Gastprofessor bzw. Visiting Scholar an der Harvard University und der Universität Linz.

Dipl.-Kfm. Markus Korell, geboren 1969 in Fulda; 1989 bis 1997 Studium der technisch-orientierten Betriebswirtschaftslehre an der Universität Stuttgart mit Abschluss als Diplom-Kaufmann; 1997 bis 2000 wissenschaftlicher Mitarbeiter am Institut für Arbeitswissenschaft und Technologiemanagement der Universität Stuttgart, Institutsleiter Prof. Dr.-Ing. Hans-Jörg Bullinger; seit 2000 wissenschaftlicher Mitarbeiter am Fraunhofer-Institut für Arbeitswirtschaft und Organisation in Stuttgart, Institutsleiter bis 2002 Prof. Dr.-Ing. Hans-Jörg Bullinger, seit 2002 Prof. Dr.-Ing. Dieter Spath; Leiter von Forschungs- und Industrieprojekten insbesondere in den Themenfeldern Innovations- und Kundenmanagement.

Dr. Juliane Kronen, geboren 1963 in Neuss am Rhein; 1982 bis 1986 Studium der Betriebswirtschaftslehre an der Universität zu Köln (Diplom-Kaufmann) und an der University of Missouri, Columbia (Bachelor of Science). 1985 bis 1987 studentische Hilfskraft am Seminar für Allgemeine Betriebswirtschaftslehre und Betriebswirtschaftliche Planung der Universität zu Köln, Direktor: Prof. Dr. Winfried Matthes; 1988 bis 1993 wissenschaftliche Mitarbeiterin bei der GMD – Gesellschaft für Mathematik und Datenverarbeitung, Forschungsstelle für Informationswirtschaft (Leiter: Dr. Udo Winand); 1994 Promotion zum Dr. rer. pol. zum Thema Computergestützte Unternehmungskooperation bei Prof. Dr. Dr. h. c. Norbert Szyperski. 1994 Einstieg bei BCG – The Boston Consulting Group, Beratungsschwerpunkte zum Einsatz der Informationstechnologie, gegenwärtig in der internationalen Telekommunikationsindustrie. Seit 2002 Partnerin und Geschäftsführerin im BCG-Büro Köln.

Dr. Utz Ingo Küpper, geboren 1942 in Wuppertal. 1961–1969 Studium der Betriebswirtschaftslehre mit dem Schwerpunkt Wirtschaftsgeographie an der Universität zu Köln; Abschlüsse als Diplom-Kaufmann 1966 sowie als Dr. rer. pol. 1969. Studentische Hilfskraft 1964–66 und Wissenschaftlicher Assistent 1969–1973 bei Prof. Dr. E. Otremba. Anschließend mehrere Positionen als Gutachter, Projektleiter bzw. Planer in privaten und öffentlichen Organisationen. 1976–1988 Leiter des Stadtentwicklungsamtes der Stadt Köln; in dieser Zeit Beginn der Gespräche und Kooperationen mit Prof. Szyperski, z. B. in der Kölner Technologierunde und zum Projekt MediaPark Köln. 1988–1992 Geschäftsführer der MediaPark Köln GmbH, 1992–1996 Berufsmäßiger Stadtrat für Stadtentwicklung, Wohnen und Wirtschaft der Stadt Nürnberg, 1997–2004 Geschäftsführer des Eigenbetriebs Wirtschafts- und Beschäftigungsförderung der Stadt Dortmund; auch in Nürnberg und Dortmund projektbezogene Zusammenarbeit mit Prof. Szyperski zur Förderung innovativer Initiativen im Strukturwandel und zur regionalen Selbstorganisation. Seit 2005 im Ruhestand mit fachlichen und sozialen, überwiegend ehrenamtlichen Beratungsaktivitäten.

Prof. Dr. Detlef Müller-Böling, 1948 geboren in Berlin. 1967–1972 Studium der Betriebswirtschaftslehre an der RWTH Aachen und der Universität zu Köln; 1975 bis 1981 Assistent am Seminar für Allgemeine Betriebswirtschaftslehre und Betriebswirtschaftliche Planung der Universität zu Köln (Prof. Dr. Norbert Szyperski); 1977 Promotion an der Universität zu Köln. Seit 1981 Universitätsprofessor für Empirische Wirtschafts- und Sozialforschung an der Universität Dortmund; seit 1986 Direktor des bifego – Betriebswirtschaftliches Institut für empirische Gründungs- und Organisationsforschung. 1990–1994 Rektor der Universität Dortmund. Seit 1994 Leiter des CHE Centrum für Hochschulentwicklung.

Prof. Dr. Klaus Nathusius, geb. 1943; 1969–1974 Studium der Betriebswirtschaftslehre an der Universität zu Köln mit Abschluss als Diplom-Kaufmann; 1974–1978 Leiter des Projektbereichs Gründungsforschung am Seminar für Allgemeine Betriebswirtschaftslehre und Betriebswirtschaftliche Planung der Universität zu Köln, Direktor: Prof. Dr. Dr. h. c. Norbert Szyperski; 1978 Promotion zum Dr. rer. pol., Thema: Corporate Venture Management in den USA; 1978–2001 Lehrbeauftragter zum Thema Unternehmensgründung an den Universitäten Köln, Dortmund und Kassel; 2001 Gastprofessor „Gründungsfinanzierung" an der Wirtschaftsuniversität Wien; seit 2001 Honorarprofessor für Entrepreneurship an der Universität Kassel; seit 2003 Lehrbeauftragter an der Universität Göttingen; 2002–2005 Geschäftsführendes Präsidiumsmitglied des START Netzwerks für Intra + Entrepreneurship e. V. der Universitäten Kassel und Göttingen und der Fachhochschule Fulda; seit 1978 Geschäftsführender Gesellschafter der GENES GmbH Venture Services in Frechen bei Köln. Pionier der Venture Capital-Finanzierung in Deutschland; 1988–1989 Vorstandsvorsitzender des Europäischen Venture Capital-Verbandes EVCA, Brüssel; Mitglied der Entrepreneurship Training Task Force der EVCA; Autor zahlreicher Publikationen zu den Themenbereichen Unternehmensgründung, Gründungsfinanzierung und Venture Management.

Prof. Dr. Hans J. Oppelland, geboren 1943 in Hamburg, studierte Wirtschaftsingenieurwesen an der Technischen Universität Berlin (West). Nach dem Studium war er wissenschaftlicher Mitarbeiter und Projektleiter am Betriebswirtschaftlichen Institut für Organisation und Automation (BIFOA) an der Universität zu Köln, wo er 1982 bei Prof. Dr. Dr. h. c. Norbert Szyperski promovierte. Der Titel seiner Doktorarbeit lautete: Sozio-technische Ansätze für die Gestaltung von Informationssystemen – Exemplarische Fälle und Gestaltungshypothesen. Ab 1983 lehrte und forschte Hans J. Oppelland als "Assistant Professor of Information Systems" an der McMaster University in Hamilton, Ontario, Kanada. 1985 nahm er den Ruf an die Erasmus Universität Rotterdam auf den Lehrstuhl für Wirtschaftsinformatik an, wo er seitdem als ordentlicher Professor tätig ist. An derselben Universität war er "Dean International Executive MBA/MBI Programm" und später Direktor des „Global Executive Master Programm e-Management (GeM)". In dieser Funktion arbeitete er zusammen mit Prof. Dr. Dr. h. c. Norbert Szyperski, der die Teilnahme der Universität zu Köln an diesem innovativen MBA Programm initiierte und ermöglichte. Die Forschungsinteressen des Autors liegen bei Methoden zur Systementwicklung, dem Management von Systementwicklung und Benutzerbeteiligung, Managementstrategien für Informations- und Kommunikationstechnologie (IT) sowie e-Business Strategien. Er ist als Berater einer Reihe bekannter Unternehmungen, insbesondere auf dem Gebiet des Strategischen Managements von IT, tätig.

Prof. Dr. Edda Pulst, Jahrgang 1960, Studium der Betriebswirtschaft in Wuppertal und Lyon, 1983 bis 1985 in Pechiney, Düsseldorf und Paris; 1985–1986 Societé Générale des Minérais, Brüssel und Düsseldorf; 1989–1994 Gruppenleiterin am BIFOA in Köln; 1993 Promotion am Lehrstuhl für Wirtschaftsinformatik der Universität zu Köln; 1994–1995 Lehrstuhl für Unternehmungsführung/Prof. Dr. Dr. h. c. Norbert Szyperski; 1995 Preis des Stifterverbandes für die Deutsche Wissenschaft; ab 1995 FH-Professorin für Wirtschaftsinformatik, Schwerpunkt „Moderne IT-Anwendungen im Kulturdialog". Machbarkeitsstudien in Indien und Nepal, IT-Anwendungsprojekte in Nepal, Machbarkeitsstudien im Mittleren Osten, IT-Anwendungen in China/Tibet, Gastprofessur an der Tehran University, zahlreiche DAAD-Projekte im Mittleren Osten. Interkulturelle Tätigkeit vor Ort, Untersuchungen, Evaluationen und Veröffentlichungen gemeinsam mit Teja Finkbeiner, der auf seine umfangreichen Erfahrungen als Bergführer, Leiter von Auslandsexpeditionen und Fotograf zurückgreifen kann.

Teja Finkbeiner, Jahrgang 1946, Studium der Pädagogik, Studium der Journalistik an der Journalistenschule in München.

Univ.-Prof. Dipl.-Kfm. Dr. Dr. h. c. mult. MBA Gerhard Reber war nach seiner Promotion in Mannheim als Assistent am Seminar für Personalwesen und Arbeitswissenschaft der Wirtschaftshochschule Mannheim tätig. Danach absolvierte er den MBA an der Universität of Toronto und anschließend habilitierte er sich an der Universität Linz. Seit 1973 ist er Ordinarius für Betriebswirtschaftslehre an der Universität Linz. In den Jahren 1977–1988 war er als Gastprofessor an der Universität Regensburg, an der Wirtschaftsuniversität Wien, der University of Dallas, der University of Toronto und der York University (Toronto), der Emory University sowie der Universität in Leipzig und der Handelshochschule Turku (Finnland) beschäftigt. Seit September 2005 ist er Emeritus der Johannes Kepler Universität Linz. Mit Norbert Szyperski verbindet ihn eine 30jährige Zusammenarbeit als Mitherausgeber der DBW. Szyperski ist auch Ehrendoktor „seiner" Universität (Johannes Kepler Universität, Linz).

Prof. Dr. Dr. h. c. mult. August-Wilhelm Scheer, geboren 1941 in Lübbecke i. W. 1961–1965 Studium der Betriebswirtschaft an der Universität Hamburg, 1971 Promotion zum Dr. rer. pol., 1974 Habilitation und Erwerb der Lehrbefugnis für das Fach Betriebswirtschaftslehre. Seit 1975 Ordentlicher Professor für BWL, insbesondere Wirtschaftsinformatik an der Universität des Saarlandes; 1979–2005 Direktor des Instituts für Wirtschaftsinformatik (IWi) an der Universität des Saarlandes, Saarbrücken. 1984 Gründung der IDS Gesellschaft für integrierte Datenverarbeitungssysteme Prof. Scheer GmbH in Saarbrücken und seit 1999 Vorsitzender des Aufsichtsrates der IDS Scheer AG; 1988–1998 und seit 2002 Mitglied des Aufsichtsrates der SAP AG; 1997 Gründung der imc information multimedia communication GmbH in Saarbrücken und seit 2002 Vorsitzender des Aufsichtsrates der imc AG; seit 2005 Mitglied des Senats der Fraunhofer-Gesellschaft; seit 2006 Mitglied im Rat für Innovation und Wachstum der Bundesregierung.

Autorenverzeichnis

Dr. Jörg Schellhase, geboren 1968 in Kassel; 1989 bis 1995 Studium der Informatik an der Technischen Universität Clausthal mit Abschluss als Diplom-Informatiker; 1995 bis 2000 wissenschaftlicher Mitarbeiter am Fachgebiet Wirtschaftsinformatik der Universität Kassel, Leiter: Prof. Dr. Udo Winand; 2000 Promotion zum Dr. rer. pol.; seit 2000 wissenschaftlicher Assistent am Fachgebiet Wirtschaftsinformatik der Universität Kassel.

Prof. Dr. Dietrich Seibt, emeritierter Professor für Wirtschaftsinformatik und Informationsmanagement der Universität zu Köln, geboren 1938 in Ebersbach/Sachsen. 1961–1965 Studium der Betriebswirtschaftslehre an der Universität zu Köln, Abschluss Dipl.-Kfm., 1966–1976 Wissenschaftlicher Mitarbeiter, seit 1970 Leiter von Forschungsprojekten am BIFOA – Betriebswirtschaftliches Institut für Organisation und Automation an der Universität zu Köln. 1970 Promotion zum Dr. rer. pol.; 1977–1990 Professor für Betriebswirtschaftslehre und Betriebsinformatik an der Universität Essen. 1986–1996 Direktor des BIFOA. 1990–2003 Professor für Wirtschaftsinformatik und Informationsmanagement an der Universität zu Köln. Seit 2003 Leiter der Forschungsgruppe ISLP Informationssysteme und Lernprozesse der Universität zu Köln.

Dipl.-Ing. Alexander Slama, geboren 1975 in Stuttgart; 1996 bis 2001 Studium der Elektrotechnik an der Universität Stuttgart mit Abschluss als Diplom-Ingenieur. Seit 2001 wissenschaftlicher Mitarbeiter an der Universität Stuttgart, Institut für Arbeitswissenschaft und Technologiemanagement (IAT). Mitarbeit und Leitung von mehreren Projekten in Forschung und Industrie zu den Themen „Innovationsbeschleunigung" und „Steigerung der Innovationsfähigkeit".

Ass. Elisabeth Slapio, geboren 1958 in Köln; 1976 bis 1981 Studium der Rechtswissenschaften an der Universität zu Köln, studentische Hilfskraft und wissenschaftliche Mitarbeiterin in den Instituten für Rundfunkrecht und für Neuere Privatrechtsgeschichte, Tätigkeit als Rechtsanwältin in Rheinland-Pfalz und Köln, Geschäftsführerin der Industrie- und Handelskammer zu Köln, 1998 Gründung der Initiative KölnKommerz zur Unterstützung elektronischer Geschäftsprozesse im mittelständischen Unternehmen gemeinsam mit Prof. Dr. Dr. h. c. Norbert Szyperski, Candace Johnson, Hermann Josef Hoss und anderen Unternehmern.

Prof. Dr. Horst Strunz, geb. 1941 in Pforzheim, nach Augenoptikerlehre und Abitur auf dem 2. Bildungsweg Studium der Betriebswirtschaftslehre an den Universitäten Köln und Karlsruhe mit Abschluss als Diplom-Kaufmann; 1968 bis 1972 Assistent am BIFOA (Forschungsleiter: Dr. Norbert Szyperski), 1975 Promotion zum Dr. rer. pol. (Koreferent: Prof. Dr. Dr. h. c. Norbert Szyperski); 1970 bis 1985 Lehrbeauftragter an der Universität Köln, 1985 Ernennung zum Honorarprofessor; 1984 bis 1987 Vizepräsident der Gesellschaft für Informatik e. V.; seit 1972 in verschiedenen Funktionen in der Softwareindustrie tätig, seit 1985 eigene unternehmerische Tätigkeit, 1985 bis 2003 ExperTeam-Gruppe, ab 2004 GeoContent GmbH, Magdeburg; seit 1991 Vorstandsmitglied des FTK Forschungsinstitut für Telekommunikation e. V., Dortmund.

Dr. Clemens Szyperski hat an der RWTH Aachen Elektrotechnik studiert (Diplom 1987) und anschließend an der ETH Zürich unter Prof. Niklaus Wirth in Informatik promoviert (1992). Nach einem Jahr als Postdoc-Stipendiat am International Computer Science Institute an der Uni Berkeley (Kalifornien) kehrte er 1993 nach Zürich zurück, um die Firma Oberon microsystems mitzugründen; der erfolgreiche Spin-Off der Firma esmertec folgte 1996 mit einem Börsengang im Jahr 2005. 1994 folgte ein Ruf auf eine Associate Professur in Computer Science an der Queensland University of Technology in Brisbane (Australien). Seit 1999 ist er Software Architect bei Microsoft in Redmond (Washington, USA), zunächst in Microsoft Research, dann in der Office Division und seit 2005 in der Connected Systems Division. Neben zahlreichen Publikationen und acht Patentanträgen hat der Autor Vorträge und Keynotes anlässlich vieler nationaler und internationaler Tagungen gehalten, Konferenzen und Workshops veranstaltet, in Dutzenden von Programm-Komitees mitgearbeitet und war als Gutachter für nationale Forschungsförderungsinstitutionen in Australien, den USA, Kanada und den Niederlanden tätig. Seine Bücher *Component Software* (Addison-Wesley, 1998; 2. Aufl. 2002) und *Software Ecosystem* (MIT Press 2003, mit

David Messerschmitt) haben Auszeichnungen erhalten und internationale Beachtung gefunden.

Dipl.-Geogr. Lorenz Szyperski, geb. 1965 in Berlin als dritter Sohn von Norbert und Edith Szyperski, nach dem Abitur 1985 Wehrdienst und anschließend Studium der Geographie (Nebenfächer: Geologie und Verkehrswissenschaften) an der Universität zu Köln. Nach diversen Forschungs- und Praktikaaufenthalten vor allem in den USA und Namibia zu den Themen „Umweltschutz" und „Tourismus" eine einjährige Fortbildung zum Umwelt-Auditor bei der ICOM in Köln. 1997/1998 Assistent der Geschäftsführung der KSW, Kiev. Zuständig für Marketing in Westeuropa. 1998–2003 Umweltkoordinator für den betrieblichen Umweltschutz bei der Deutschen Ausgleichsbank (DtA), seit 2003 (nach Fusion von DtA und KfW) Umweltkoordinator für den betrieblichen Umweltschutz und Sachverständiger für Umweltfragen bei der KfW Bankengruppe.

Prof. Dr. Thomas Szyperski, geb. 1963 in Berlin; 1982–1983 Grundwehrdienst; 1983–1988 Biochemie- und Chemie-Studium in Tübingen und an der TU München; 1988–1989 Gastwissenschaftler als Quantenchemiker an der Universität Auckland, Neuseeland; 1989–1992 Promotion und anschließend (1996) Habilitation in Biophysik bei Prof. Dr. Kurt Wuethrich (Nobelpreis Chemie 2002) an der ETH Zürich; Stipendiat der Studienstiftung des Deutschen Volkes 1982–1989 und des Fonds der Chemischen Industrie 1989–1991. Seit 1998 Associate und seit 2003 Full Professor für Chemie an der State University of New York, USA. Mitverfasser von über 100 wissenschaftlichen Publikationen, Träger der Medaille der ETH Zürich für herausragende Promotionen, des 1999 Research Innovation Awards, der 2003 Buck-Whitney Medaille der ACS, des Scientific American Awards 2003 für 'Chemie und Materialwissenschaften' und des Laukien Preises 2005 für bahnbrechende Arbeiten im Bereich der Kernresonanzspektroskopie.

Dr. Ulrich Thomé, Jahrgang 1974, studierte nach seiner Ausbildung zum Bankkaufmann Betriebswirtschaftslehre an der Universität zu Köln. Im Jahr 2000 Eintritt in die Betriebswirtschaftliche Forschungsgruppe Innovative Technologien der Universität zu Köln unter der Leitung von Prof. Dr. Dr. h. c. Norbert Szyperski; von 2002 bis 2005 wissenschaftlicher Mitarbeiter. Forschungsaufenthalte u. a. in North Carolina (USA) und an der University of Oxford (Großbritannien). Zudem ist der Autor seit 2002 für die InterScience GmbH als Unternehmensberater im Bereich Strategie & Organisation tätig. 2006 Promotion zum Dr. rer. pol.

Dr. Thilo Tilemann, geboren 1944 in Thüringen; 1963 bis 1969 Diplom-Ingenieur Maschinenbau der Technischen Hochschule Aachen, 1969 bis 1971 Diplom-Wirtschaftsingenieur der Technischen Hochschule München; 1971 bis 1977 Projektleiter im BIFOA und 1976 Promotion (Implementierung von Produktionsplanungssystemen in der chemischen Industrie) an der Universität zu Köln, beides bei Prof. Norbert Szyperski; 1977 bis 1985 Leiter Organisationsplanung, Verwaltung und Vertrieb bei Klöckner Humboldt Deutz AG in Köln; seit 1985 Leitender Angestellter der Linde AG Unternehmenszentrale in den Funktionen Organisation und Informatik Konzern (bis 2001) und Reorganisation Material Handling in Wiesbaden sowie Business Development Hydraulics in Aschaffenburg. 1994 bis 2005 Mitglied und stellvertretender Vorsitzender des Konzernsprecherausschusses der leitenden Angestellten.

Dipl.-Phys. Klaus Ullmann, 1968–1974 Studium der Physik an der Technischen Universität Berlin, Abschluss mit dem Diplom in Theoretischer Festkörperphysik. 1975–1978 wissenschaftlicher Mitarbeiter am Bereich Datenverarbeitung (Rechnernetzgruppe) am Berliner Hahn-Meitner Institut. 1978–1982 Projektleiter im Berliner Rechnernetzprojekt BERNET, das Aufbau und Betrieb eines Netzes von Größtrechnern für die Wissenschaft in Berlin zum Ziel hatte. Nach erfolgreichem Abschluss des Projektes 1982–1984 Aufbauphase des Deutschen Forschungsnetzes (DFN), hier Leiter der Planungsgruppe. Seit 1984 bis heute Geschäftsführer des DFN-Vereins. 1984–1986 zusätzlich Mitglied des Executive Committees der Dachorganisation RARE der nationalen Forschungsnetze in Europa, 1986–1990 deren Präsident. 1994–2002 und erneut seit 2005 Chairman of the Board der Betriebsgesellschaft der nationalen Forschungsnetze in Europa, DANTE, sowie Chairman der Executive des europäischen Verbundprojektes Geant2. Arbeitsschwerpunkte: Netztechnologien, Betriebskonzepte, Managementkonzepte.

Dipl.-Kfm. Rudolf van Megen ist CEO und Mitgründer der SQS Software Quality Systems AG. SQS ist ein Dienstleistungsunternehmen, das ausschließlich auf IT-Qualität fokussiert ist – mit mehr als 700 Mitarbeitern in sieben Ländern Europas und in Südafrika. Rudolf van Megen hat in den letzten 25 Jahren in vielen verschiedenen Gebieten des Software-Testens und Qualitätsmanagements gearbeitet. Seine Hauptinteressen gelten heute den Branchen Financial Services, Embedded Systems und Telekommunikation wie auch Öffentliche Hand. Nach Abschluss des Diploms der Wirtschaftswissenschaften an der Universität zu Köln hat Rudolf van Megen zunächst in einem Forschungsprojekt an der Universität zu Köln im Rechenzentrum gearbeitet, das vom Bundesministerium für Forschung und Technologie (BMFT) und der Siemens AG finanziert worden ist. Themen waren Software-Testen und Aufwandschätzung. Rudolf van Megen ist ein bekannter Vortragender und zudem immer noch Trainer. Er ist Autor diverser Publikationen und mehrerer Bücher. Er ist ehrenamtlich in verschiedenen Funktionen tätig – u. a. für die Stadt Köln und die Industrie- und Handelskammer zu Köln.

Dr. Matthias von Bechtolsheim, Studium der Betriebswirtschaftslehre an der Universität zu Köln; 1992 Promotion bei Prof. Dr. Dr. h. c. Norbert Szyperski mit einer Arbeit zum Thema Expertensysteme. Er ist Partner bei der internationalen Managementberatung Arthur D. Little und dort verantwortlich für das Beratungsfeld Information Management. Der Schwerpunkt seiner Tätigkeit liegt in der Beratung von Dienstleistungsunternehmen bei der Steigerung der Innovationsfähigkeit und dem Komplexitätsmanagement auf der Basis von Informationssystemen.

PD Dr. Harald F. O. von Kortzfleisch, geboren 1962 in Köln; 1981–1987 Studium der Betriebswirtschaftslehre an der Universität zu Köln mit Abschluss als Diplom-Kaufmann; 1988–1993 Wissenschaftlicher Mitarbeiter und Lehrstuhlassistent am Seminar für Allgemeine Betriebswirtschaftslehre und Organisationslehre der Universität zu Köln, Direktor: Prof. Dr. Erich Frese; 1993 Promotion zum Dr. rer. pol. mit einer Doktorarbeit zum Thema „Computergestützte Organisationsgestaltung"; 1993–1994 Postdoktorandenaufenthalt an der Sloan School of Management des MIT auf Einladung von Prof. Michael S. Scott Morton; 1994–2003 Wissenschaftlicher Assistent und Projektleiter am Lehrstuhl für Wirtschaftsinformatik der Universität Kassel, Lehrstuhlinhaber: Prof. Dr. Udo Winand; 1997 Forschungsaufenthalt am Japan Advanced Institute of Science and Technology (JAIST) auf Einladung von Prof. Ikujiro Nonaka; 1999–2000 Gastforscher an der Leonard N. Stern School of Business der New York University auf Einladung von Prof. Henry C. Lukas, Jr.; seit 1998 Gastforscher und Projektleiter der Betriebswirtschaftlichen Forschungsgruppe Innovative Technologien der Universität zu Köln, Leiter: Prof. Dr. Dr. h. c. Norbert Szyperski; 2003 Habilitation an der Universität Kassel zum Thema „Organisatorische Balancierung von Informations- und Kommunikationstechnologien"; seit 2003 Vertretungsprofessur für Informationsmanagement, Organisation und Entrepreneurship an der Universität Koblenz-Landau, Campus Koblenz; seit 2001 Managing Partner der InterScience GmbH zusammen mit Prof. Dr. Dr. h. c. Norbert Szyperski.

Prof. Dr. Udo Winand ist seit 1993 Professor für Wirtschaftsinformatik am Fachbereich Wirtschaftswissenschaften der Universität Kassel und Mitglied des Boards am Forschungszentrum für Informationstechnik-Gestaltung (ITeG) an der Universität Kassel. Nach der Lehre zum Luftverkehrskaufmann bei der Deutschen Lufthansa AG und dem Studium der Wirtschafts- und Sozialwissenschaften an der Universität zu Köln war er Wissenschaftlicher Mitarbeiter am Planungsseminar der Universität zu Köln (Direktor: Prof. Dr. Dr. h. c. Norbert Szyperski). Er promovierte dort mit dem Thema „Spieltheorie und Unternehmungsplanung". Nach einem Gastforschungsaufenthalt am Institut von C. A. Petri in der Gesellschaft für Mathematik und Datenverarbeitung übernahm er zunächst die Leitung der Sektion für Ökonomie bei der Gesellschaft für Information und Dokumentation, anschließend die Leitung der Forschungsstelle für Informationswirtschaft bei der Gesellschaft für Mathematik und Datenverarbeitung. Seine Forschungsschwerpunkte sind die Unternehmungsvernetzung, e- und m-Business (speziell im B2C-Bereich), Migrationskonzepte bei Technologiewandel, Wissensmanagement, die Alltagstauglichkeit von Informationssystemen und als besonderer Schwerpunkt die Virtualisierung von Lernen und Lehren. Er arbeitet an der Entwicklung und der Organisation virtueller, interuniversitärer Lehr- und Lernkooperationen (so im Bildungsnetzwerk WINFO*Line*). Er leitet den Schmalenbach-Arbeitskreis „Unternehmerische Partnerschaften". In zahlreichen Buch- und Zeitschriftenveröffentlichungen sind seine Forschungsergebnisse aus den Bereichen der Unternehmensplanung, des strategischen Managements und der Wirtschaftsinformatik dokumentiert.

Dr. Gerd Wolfram, geboren 1959 in Kirchen/Sieg, 1978 bis 1984 Studium der Betriebswirtschaftslehre an den Universitäten Siegen und Köln mit Abschluss als Diplom-Kaufmann, 1984 bis 1990 Projektleiter des Betriebswirtschaftlichen Instituts für Organisation und Automation (BIFOA) an der Universität zu Köln. 1990 Promotion zum Dr. rer. pol. Seit dem 1. Januar 2005 ist Gerd Wolfram Geschäftsführer der MGI METRO Group Information Technology GmbH. Außerdem leitet er seit Mitte 2002 eines der Innovativen Projekte der METRO Group: die METRO Group Future Store Initiative. Der Autor arbeitet zudem in nationalen und internationalen Gremien, die sich für die Standardisierung von Logistik- und Warenwirtschaftsprozessen im Handel einsetzen.

SCHRIFTENVERZEICHNIS

Prof. Dr. Dr. h. c. Norbert Szyperski

Stand: September 2006

I. Selbständige Schriften

1. Zur Problematik der quantitativen Terminologie in der Betriebswirtschaftslehre, Betriebswirtschaftliche Forschungsergebnisse. Berlin: Duncker & Humblot 1962.

2. Unternehmungs-Informatik. Grundlegende Überlegungungen zu einer Informationstechnologie für Unternehmungen. Arbeitsbericht 1968/2 des Betriebswirtschaftlichen Instituts für Organisation und Automation an der Universität zu Köln (BIFOA). Köln: Wison 1968.

3. Wirtschaftliche Aspekte der Durchsetzung und Realisierung von Unternehmungsplänen. Ein Beitrag zur Betriebswirtschaftlichen Analyse der Unternehmungspolitik. Kölner Habilitationsschrift 1969.

4. MIT ERWIN GROCHLA UND DIETRICH SEIBT:
Ausbildung und Fortbildung in der Automatisierten Datenverarbeitung. Eine Gesamtkonzeption. München – Wien: Oldenbourg 1970.

5. MIT JÜRGEN MAROCK:
Allgemeines Schema für die Vorgehensweise bei der Gestaltung computergestützter Informations-, Planungs- und Steuerungssysteme. BIFOA-Arbeitsbericht 70/1. Köln: Wison 1970.

6. MIT FRIEDRICH MELLER UND HARALD RÖLLE:
Modellgestützte Management-Informations-Systeme in den USA. Erfahrungen und Entwicklungstendenzen. BIFOA-Arbeitsbericht 71/1. Köln: Wison.

7. MIT S. DICKHOVEN, H. G. KLAUS, J. MINNEMANN, S. W. SALESCH, E. SCHILLEN UND A. SCHMIDT:
Konzeption zur Automatisierung des Haushalts-, Kassen- und Rechnungswesens von Hochschulen (HUKEPAK). Forschungsbericht DV 72–06 des Bundesministeriums für Bildung und Wissenschaft. Bonn 1972.

8. MIT D. SEIBT, K. W. CLARK, P.H. PROWSE, J. W. SHERWOOD JR., H. JOBKE, K. STRICKER, U. ULLRICH, R. BISCHOFF UND A. TOLLERT:
Analyse- und Optimierungsverfahren für Hardware und Software, BIFOA-Arbeitsbericht 72/10. Köln: Wison 1972.

9. MIT DIETRICH SEIBT UND ALFRED JOEPEN:
Entwicklung eines computergestützten Informationssystems zur administrativen Steuerung einer Unternehmung. Rahmenkonzept für das Projekt ISAS. BIFOA-Arbeitsbericht 73/1. Köln: Wison 1973.

10. MIT UDO WINAND:
Entscheidungstheorie. Eine Einführung unter besonderer Berücksichtigung spieltheoretischer Konzepte. Stuttgart: Poeschel 1974.

11. MIT KLAUS NATHUSIUS:
Information und Wirtschaft. Der informationstechnische Einfluß auf die Entwicklung unterschiedlicher Wirtschaftssysteme. Frankfurt – New York: Campus 1975.

12. MIT DIETRICH SEIBT, ALFRED HARRMANN UND KARL-HEINZ HAUER:
Entwicklung eines computergestützten Informationssystems zur administrativen Steuerung einer Unternehmung (ISAS) – Ergebnisse und Erfahrungen. Forschungsbericht DV 76–05 des Bundesministeriums für Forschung und Technologie. Bonn 1976.

13. MIT KLAUS NATHUSIUS:
Probleme der Unternehmungsgründung. Eine betriebswirtschaftliche Analyse unternehmerischer Startbedingungen. Stuttgart: Poeschel 1977.

14. MIT UDO WINAND:
Grundbegriffe der Unternehmungsplanung. Stuttgart: Poeschel 1980.

15. MIT HEINZ KLANDT:
Wissenschaftlich-technische Mitarbeiter von Forschungs- und Entwicklungseinrichtungen als potentielle Spinn-off-Gründer. Eine empirische Studie zu den Entstehungsfaktoren von innovativen Unternehmungsgründungen im Lande

Nordrhein-Westfalen. In: Forschungsberichte des Landes Nordrhein-Westfalen Nr. 3061. Opladen – Wiesbaden: Westdeutscher Verlag 1981.

16. MIT KLAUS HÖRING UND MATTHIAS WOLFF:

    Probleme und Forschungsaufgaben der Textkommunikation. GMD-Studie Nr. 57. St. Augustin 1981.

17. MIT GÜNTER KIRSCHBAUM:

    Unternehmungsfluktuation in Nordrhein-Westfalen – Eine empirische Untersuchung zur Entwicklung von Gründungen und Liquidationen im Zeitraum von 1973 bis 1979. Göttingen: Otto Schwartz & Co. 1981.

18. Über die Steintafel hinaus! Zwölf Themen zu Computer und Kommunikation. Stuttgart: Poeschel 1981.

19. MIT ERWIN GROCHLA, KLAUS HÖRING UND PAUL SCHMITZ:

    Bürosysteme in der Entwicklung. Studien zur Typologie und Gestaltung von Büroarbeitsplätzen. Braunschweig – Wiesbaden: Friedr. Vieweg & Sohn 1982.

20. MIT MARGOT EUL-BISCHOFF:

    Interpretative Strukturmodellierung (ISM). Stand der Forschung und Entwicklungsmöglichkeiten. Braunschweig – Wiesbaden: Friedr. Vieweg & Sohn 1983 (Programm Angewandte Informatik).

21. MIT RENATE MAYNTZ:

    Dokumentation und Organisation. Eine vergleichende Studie zu Primär- und Sekundär-Dokumentationen in Wirtschaft, Wissenschaft und öffentlicher Verwaltung. Bergisch Gladbach – Köln: Eul 1984.

22. MIT KLAUS NATHUSIUS:

    Probleme der Unternehmungsgründung. Eine betriebswirtschaftliche Analyse unternehmerischer Startbedingungen. 2. Auflage, Lohmar – Köln: Eul 1999.

23. MIT SIEGFRIED GAGSCH UND STEFAN TRILLING:

    Strukturdynamik der Medienmärkte – Zukunftsperspektiven für neue Mediendienste, Abschlußbericht des Arbeitskreises 6 „Mediendienste" im Rahmen der BMBF-Initiative Dienstleistung 2000 plus. Köln 1996.

24. Unternehmungs-Informatik. Grundlegende Überlegungungen zu einer Informationstechnologie für Unternehmungen. Arbeitsbericht 1968/2 des Betriebswirtschaftlichen Instituts für Organisation und Automation an der Universität zu Köln (BIFOA). 2. Auflage, Lohmar – Köln: Eul 2001.

25. MIT HARALD F. O. VON KORTZFLEISCH UND HORST KUTSCH: Internetbasierte Anwendungen in deutschen Unternehmen: Ergebnisse einer Befragung der Betriebswirtschaftlichen Forschungsgruppe Innovative Technologien der Universität zu Köln. Lohmar – Köln 2002.

II. Beiträge in Sammelwerken

1. Analyse der Merkmale und Formen der Büroarbeit. In: Bürowirtschaftliche Forschung. Hrsg. von Erich Kosiol. S. 74–132. Berlin: Duncker & Humblot 1961.

2. Zur Anwendung des Terminus „pagatorisch". Mit einigen grundsätzlichen Bemerkungen zu der Kritik an einer Terminologie und den Methoden der Extensionsvariation. Festschrift zum 65. Geburtstag von Erich Kosiol. In: Organisation und Rechnungswesen. Hrsg. von Erwin Grochla. S. 351–383. Berlin: Duncker & Humblot 1964.

3. Organisationsspielraum. In: Handwörterbuch der Organisation. Hrsg. von Erwin Grochla. Sp. 1229–1236. Stuttgart: Poeschel 1969.

4. Realisierung und Organisation. In: Handwörterbuch der Organisation. Hrsg. von Erwin Grochla. Sp. 1409–1412. Stuttgart: Poeschel 1969.

5. Rechnungswesen als Informationssystem. In: Handwörterbuch des Rechnungswesens. Hrsg. von Erich Kosiol. Sp. 1510–1523. Stuttgart: Poeschel 1970. (Vgl. II.52).

6. Abgrenzung und Verknüpfung operationaler, dispositionaler und strategischer Wirtschaftlichkeitsstufen. In: Die Wirtschaftlichkeit automatisierter Datenverarbeitungssysteme. Hrsg. von Erwin Grochla. S. 49-61. Wiesbaden: Gabler 1970.

7. MIT ERWIN GROCHLA UND DIETRICH SEIBT:
Proposition for a General Concept for Computer Education in the Federal Republic of Germany. Part Two: Education about Computers. In: IFIP World Conference on Computer Education 1970. Hrsg. von Bob Sheepmaker. S. II/105-115. Amsterdam 1970.

8. MIT FRIEDRICH MELLER UND HARALD RÖLLE:
Thesen zum Anwendungsstand und zur Anwendungsentwicklung computergestützter Informationssysteme in ausgewählten US-Unternehmungen. In: Information Retrieval Systeme (IRS)/Management Information Systeme (MIS). Fachtagung 1970 der Gesellschaft für Informatik vom 9.–11.12.1970 in Stuttgart. S. 389–403. Stuttgart 1970.

9. Vorgehensweise bei der Gestaltung computer-gestützter Entscheidungssysteme. In: Computer-gestützte Entscheidungen in Unternehmungen. Fachtagung 1970 des BIFOA-Instituts an der Universität zu Köln. Hrsg. von Erwin Grochla. S. 39–64. Wiesbaden: Gabler 1971.

10. MIS-Konsequenzen für Objekte und Strukturen wissenschaftlicher Forschung. In: Management-Informationssysteme – Eine Herausforderung an Forschung und Entwicklung. Hrsg. von Erwin Grochla und Norbert Szyperski. S. 171–184. Wiesbaden: Gabler 1971.

11. Das Setzen von Zielen – Primäre Aufgabe der Unternehmungsleitung. In: Information und Organisation als Grundlagen moderner Unternehmensführung. Tagungsberichtsband der CeBIT Fachtagung 1971 vom 26.–29. April in Hannover. Hrsg. von der Deutschen Messe- und Ausstellungs AG, Abtlg. Vb – Technische Presse und Fachtagungen, im Auftrage der Veranstalter. S. 33–58. Hannover 1971.

12. Gegenwärtiger Stand und Tendenzen der Entwicklung betrieblicher Informationssysteme. Beiträge zum Wirtschaftsinformatiksymposium 1972 der IBM Deutschland. In: Probleme beim Aufbau betrieblicher Informationssysteme. Hrsg. von Robert Hansen und Manfred P. Wahl. S. 25–48. München: Moderne Industrie 1973.

13. Forschungs- und Entwicklungsprobleme der Unternehmungsplanung. In: Modell- und computer-gestützte Unternehmungsplanung. Hrsg. von Erwin Grochla und Norbert Szyperski. S. 21–40. Wiesbaden: Gabler 1973.

14. MIT KLAUS SIKORA:
Zur Bedeutung betriebswirtschaftlicher Planungsmodelle beim Aufbau interdimensionaler Bezugsrahmen für die Unternehmungsplanung. In: Modell- und computergestützte Unternehmungsplanung. Hrsg. von Erwin Grochla und Norbert Szyperski. S. 751–760. Wiesbaden: Gabler 1973.

15. Diskussionsbeitrag: Produktionsmitteleigentum und wirtschaftliche Macht. In: Macht und ökonomisches Gesetz. Verhandlungen auf der Tagung des Vereins für Socialpolitik, Gesellschaft für Wirtschafts- und Sozialwissenschaften in Bonn. Schriften des Vereins für Socialpolitik, Gesellschaft für Wirtschaftsund Sozialwissenschaften, neue Folge. Hrsg. von Hans K. Schneider und Christian Watrin. Band 74/II, S. 1199–1214. Berlin: Duncker & Humblot 1973. (2. Halbband).

16. Unternehmungsführung als Objekt und Adressat der Betriebswirtschaftslehre. In: Unternehmungsführung. Festschrift zum 75. Geburtstag von Erich Kosiol. Hrsg. von Jürgen Wild. S. 3–38. Berlin: Duncker & Humblot 1974.

17. Wirtschaftliche Verwaltung – Leistungsfähige Unternehmungen. In: Wirtschaftliche Verwaltungen – Leistungsfähige Unternehmungen. Tagungsberichtsband der CeBIT-Fachtagung 1974 vom 29.4.–2.5. in Hannover. Hrsg. von der Deutschen Messe- und Ausstellungs AG, Abteilung 212 – Referat Fachtagungen, im Auftrage der Veranstalter. S. 9–16. Hannover 1974.

18. Das computerisierte Berichtswesen als Rationalisierungsgegenstand und -mittel. In: Erwin Grochla, Norbert Szyperski und Wolfgang Masuch: Rationalisierung des computergestützten Berichtswesens. Arbeitsgemeinschaft für Rationalisierung des Landes Nordrhein-Westfalen. Band 157, S. 8–27. Dortmund: Sander 1974.

19. Informationssysteme. In: Handwörterbuch der Betriebswirtschaft. Hrsg. von Erwin Grochla und Waldemar Wittmann. Band 1, Sp. 1900-1910. Stuttgart: Poeschel 1975, 4. Aufl. 1984.

20. Planung, Organisation der. In: Handwörterbuch der Betriebswirtschaft. Hrsg. von Erwin Grochla und Waldemar Wittmann. Band 2, Sp. 3016-3026. Stuttgart: Poeschel 1975, 4. Aufl. 1984.

21. MIT DIETRICH SEIBT UND THILO TILEMANN:
Integration der Produktionsplanung in ein computergestütztes System für die Jahresplanung. In: Informationssysteme im Produktionsbereich. Beiträge zum dritten Wirtschaftsinformatiksymposium der IBM-Deutschland. Hrsg. von Hans Robert Hansen. S. 257–272. München – Wien: Oldenbourg 1975.

22. Geldwertstabilität aus der Sicht privater Unternehmungen – Situative und strukturelle Aspekte – In: Stabilisierungspolitik in der Marktwirtschaft. Verhandlungen auf der Tagung des Vereins für Socialpolitik, Gesellschaft für Wirtschafts- und Sozialwissenschaften, in Zürich 1974. Hrsg. von Hans K. Schneider, Waldemar Wittmann und Hans Würgeler. S. 247–272. Berlin: Duncker & Humblot 1975 (Erster Halbband).

23. Rechnergestützte Simulation komplexer wirtschaftlicher und sozialer Systeme. In: Computer an der Universität. Vorträge zur Einweihung des regionalen Rechenzentrums an der Universität zu Köln. S. 53–73. Schloß Birlinghoven bei Bonn: GMD 1975.

24. DV-Einsatz in der Büroautomation als mögliches verwaltungswirtschaftliches Rationalisierungsinstrument. In: DV-Einsatz in der Büroautomation. Tagungsband. S. 3–21. Schloß Birlinghoven bei Bonn: GMD 1975.

25. Die büroorientierte Integration der DV-, Nachrichten- und Textverarbeitungstechniken. In: DV-Einsatz in der Büroautomation. Tagungsband. S. 225–232. Schloß Birlinghoven bei Bonn: GMD 1975.

26. Wo liegen die Fallstricke in der strategischen Planung? In: AGPLAN-Handbuch zur Unternehmensplanung. S. 1–14. Berlin: Schmidt 1976 (13. Erg. Lfg., 3. Band, Nr. 4806).

27. MIT KLAUS SIKORA UND JOCHEN WONDRACEK:
Entwicklungstendenzen computergestützter Unternehmungsplanung. In: Computergestützte Unternehmungsplanung. Beiträge zum Wirtschaftsinformatiksymposium 1976 der IBM-Deutschland. Hrsg. von Hans D. Plötzeneder. S. 453–493. Stuttgart: Science Research Associates 1977.

28. Unternehmungs- und Gebietsentwicklung als Aufgabe einzelwirtschaftlicher und öffentlicher Planung. In: Rheinisch-Westfälische Akademie der Wissenschaften. Vorträge N 266. S. 39–73. Opladen – Wiesbaden: Westdeutscher Verlag 1977.

29. Realisierung von Informationssystemen in deutschen Unternehmungen. In: Quantitative Ansätze in der Betriebswirtschaftslehre. Bericht von der wissenschaftlichen Tagung des Verbandes der Hochschullehrer für Betriebswirtschaft e. V. 1977. Hrsg. von Heiner Müller-Merbach. S. 67–86. München: Vahlen 1976.

30. Informationswissenschaft und Mangement. In: Kunz, Werner (Hrsg.): Informationswissenschaft: Stand, Entwicklung, Perspektiven – Förderung im IuD-Programm der Bundesregierung. München - Wien 1978, S. 128–139.

31. MIT FRANK KOLF:
Integration der strategischen Informations-System-Planung (SISP) in die Unternehmens-Entwicklungsplanung. In: Entwicklungstendenzen der Systemanalyse. Beiträge zum Wirtschaftsinformatiksymposium 1978 der IBM Deutschland. Hrsg. von Hans Robert Hansen. S. 59–91. München – Wien: Oldenbourg 1978.

32. MIT UDO WINAND:
Zur Bewertung von Planungstechniken im Rahmen einer betriebswirtschaftlichen Unternehmungsplanung. In: Anwendungsprobleme moderner Planungs- und Entscheidungstechniken. Hrsg. von Hans-Christian Pfohl und Bert Rürup. S. 195–218. Königsstein/Ts.: Hanstein 1978.

33. MIT FRANK KOLF, HANS JÜRGEN OPPELLAND UND DIETRICH SEIBT:
Tools for Handling Human and Organizational Problems of Computer-based Information Systems. In: Information Systems Methodology. Proceedings of the 2nd Conference of the European Cooperation in Informatics 1978. Hrsg. von

Giampio Bracchi und Peter Christian Lockemann. S. 82–119. Berlin – Heidelberg New York: Springer 1978.

34. MIT THILO TILEMANN:

    Produktionswirtschaftliche Ziele. In: Handwörterbuch der Produktionswirtschaft. Hrsg. von Werner Kern. Sp. 2301–2318. Stuttgart: Poeschel 1979.

35. Computer-Conferencing – Einsatzformen und organisatorische Auswirkungen. In: Computergestützte Textverarbeitung. Beiträge zum Wissenschaftlichen Symposium 1978 in Zusammenarbeit mit der IBM Österreich. Hrsg. von Oskar Grün. S. 151–174. München – Wien: Oldenbourg 1979.

36. State of the Art of Implementation Research on Computer-based Information Systems. In: Design and Implementation of Computer-based Information Systems. Hrsg. von Norbert Szyperski und Erwin Grochla. S. 5–29. Alphen: Sijthoff & Noordhoff 1979.

37. MIT THILO TILEMANN:

    Tools for Model Implementation. In: Design and Implementation of Computer-based Information Systems. Hrsg. von Norbert Szyperski und Erwin Grochla. S. 175–178. Alphen: Sijthoff & Noordhoff 1979.

38. MIT THILO TILEMANN:

    Challenges and Consequences for Future Research on Implementation. In: Design and Implementation of Computer-based Information Systems. Hrsg. von Norbert Szyperski und Erwin Grochla. S. 353–364. Alphen: Sijthoff & Noordhoff 1979.

39. Informationsbedarf. In: Handwörterbuch der Organisation. Hrsg. von Erwin Grochla. Sp. 904–913. Stuttgart: Poeschel 1980. 2. Aufl.

40. Informationssysteme, computergestützte. In: Handwörterbuch der Organisation. Hrsg. von Erwin Grochla. Sp. 920–933. Stuttgart: Poeschel 1980, 2. Aufl.

41. Dynamische Strukturproblematik in der Personalentwicklung von Führungskräften. In: AGPLAN-Handbuch zur Unternehmensplanung. S. 1–22. Berlin: Schmidt 1980 (20. Erg. Lfg., 3. Band, Nr. 4825).

42. Organisational Response to Changes in Information Technology. In: Information Processing 80. Hrsg. von Simon Lavington. S. 759–765. Amsterdam – New York – Oxford: North Holland 1980.

43. Planning and Implementation of Information Systems. In: The Informations Systems Environment. Hrsg. von H.C. Lucas jr., F.F. Land, T.Y. Lincoln und K. Supper. S. 27–45. Amsterdam – New York – Oxford: North Holland 1980.

44. Fachbericht Informationswissenschaft. In: Bericht über den Besuch einer Delegation der Gesellschaft für Information und Dokumentation mbH (GID) in der Volksrepublik China vom 15.–29.7.1980. S. 37–44. Frankfurt/Main: GID Sept. 1980.

45. Unternehmungs- und Gebietsentwicklung als Aufgabe einzelwirtschaftlicher und öffentlicher Planung. In: Wirtschaft und kommunale Wirtschaftspolitik in der Stadtregion. Hrsg. von Norbert Szyperski, Karl-Heinz Kaiser und Wolfgang Metz. S. 1–23. Stuttgart: Poeschel 1980. (gekürzte Fassung von II.28).

46. MIT KLAUS HÖRING:
Bedeutung neuer Informationstechnologien für die Wettbewerbsfähigkeit von Unternehmungen in der Bundesrepublik Deutschland. In: Technische Kommunikation und gesellschaftlicher Wandel. Hrsg. von R. Pfab, F. von Stachelsky und J. Tonnemacher. S. 278–286. Berlin: Spiess 1980.

47. Aspekte der Informationswirtschaft: Management des technologischen Wandels in einer Informationsgesellschaft. In: Informationssysteme für die 80er Jahre: Referate der 2. gemeinsamen Fachtagung der +GI und der GI vom 9.–11.9.1980 in Linz. S. 805–822. Linz: Joh. Kepler Universität 1980.

48. Unternehmungsgründungen in der Krisendynamik. In: Unternehmungskrisen – Ursachen, Frühwarnung, Bewältigung – Bericht über die Pfingsttagung der Hochschullehrer, Juni 1979 in Innsbruck. Hrsg. von Rudolf Bratschisch und Wolfgang Schnellinger. S. 149–174. Stuttgart: Poeschel 1981.

49. Modellimplementierung. Dimensionen der Modellimplementation. In: Operations Research Proceedings – Papers of the Annual Meeting. Vorträge der Jahrestagung 1980 der Deutschen Gesellschaft Operations Research e. V. (DGOR). Hrsg. von G. Fandel, D. Fischer, H.-Chr. Pfohl, K.-P. Schuster und J. Schwarze. S. 387–399. Berlin – Heidelberg – New York: Springer 1981.

50. Geplante Antwort der Unternehmung auf den informations- und kommunikationstechnischen Wandel. Erwin Grochla zu seinem 60. Geburtstag gewidmet. In: Organisation, Planung, Informationssysteme. Hrsg. von Erich Frese, Paul Schmitz und Norbert Szyperski. S. 177–195. Stuttgart: Poeschel 1981.

51. MIT DETLEF MÜLLER-BÖLING:
Zur technologischen Orientierung der empirischen Forschung. In: Der praktische Nutzen empirischer Forschung. Hrsg. von Eberhard Witte. S. 159–188. Tübingen: Mohr 1981.

52. Rechnungswesen als Informationssystem. In: Handwörterbuch des Rechnungswesens. Hrsg. von E. Kosiol, K. Chmielewicz und M. Schweitzer. Sp. 1425–1439. Stuttgart: Poeschel 1981, 2. Aufl.

53. MIT URSULA M. RICHTER:
Messung und Bewertung. In: Handwörterbuch des Rechnungswesens. Hrsg. von E. Kosiol, K. Chmielewicz und M. Schweitzer. Sp. 1206–1214. Stuttgart: Poeschel 1981, 2. Aufl.

54. MIT UDO WINAND:
Planung und Rechnungswesen. In: Handwörterbuch des Rechnungswesens. Hrsg. von E. Kosiol, K. Chmielewicz und M. Schweitzer. Sp. 1348–1368. Stuttgart: Poeschel 1981, 2. Aufl.

55. MIT HEINZ KLANDT:
The Empirical Research on Entrepreneurship in the Federal Republic of Germany. In: Frontiers of Entrepreneurship Research. Hrsg. von Karl H. Vesper. S. 158–178. Babson College/University of Washington 1981.

56. Die Beschaffung als eine Herausforderung an die Unternehmensführung. Einführung. In: Beschaffung und Unternehmensführung. Hrsg. von Norbert Szyperski und Paul Roth. S. 1–5. Stuttgart: Poeschel 1982. Herausgabe im Auftrag der Schmalenbach-Gesellschaft Deutsche Gesellschaft für Betriebswirtschaft e. V.

57. MIT ARNOLD R. BAHLMANN:
Instrument für die organisatorische Eingliederung der Materialwirtschaft in die Gesamtunternehmung (OREM). In: Beschaffung und Unternehmensführung. Hrsg. von Norbert Szyperski und Paul Roth. S. 141–159. Stuttgart: Poeschel 1982. Herausgabe im Auftrag der Schmalenbach-Gesellschaft Deutsche Gesellschaft für Betriebswirtschaft e. V.

58. MIT JÜRGEN MAROCK UND NORBERT TÜSCHEN:
Strategische Aspekte von Office Support Systemen (OSS). In: Dokumentation/1. Europäischer Kongreß über "Büro-Systeme & Informations-Management", 7.10.–8.10.1982 in München (Kurzfassung der Referate). Hrsg. von CW-CSE Communication, Service and Education. München: CW-Edition 1982.

59. MIT GERHARD ESCHENRÖDER:
Unterstützung der Büroarbeit durch Bürokommunikationssysteme. In: Handbuch der Modernen Datenverarbeitung (HMD). Hrsg. von H. Heilmann, W. Bauer, R. Bischoff, M. Katzsch, H. Kernler und H. Nielinger. Nr. 108, S. 53–65. Wiesbaden: Forkel 1982.

60. Bürosysteme der Zukunft. In: Technik und Gesellschaft: Innovation durch Information. Ausgewählte Beiträge aus den IBM-Nachrichten (4). Hrsg. von IBM Deutschland GmbH, Stuttgart. S. 115–123. Stuttgart: IBM Deutschland GmbH 1982. (Vgl. III. 59).

61. Unternehmensgründung und Innovation. Referate und Diskussionsergebnisse eines gemeinsam von der Industrie- und Handelskammer zu Koblenz und dem Planungsseminar der Universität zu Köln am 27.11.1981 veranstalteten Symposiums. In: Beiträge zur Mittelstandsforschung. Hrsg. von Norbert Szyperski, Günter Kirschbaum, Karl Darscheid und Wilfried Naujoks. Heft 91 (141 Seiten). Göttingen: Otto Schwartz & Co. 1983.

62. Arbeitszeitverkürzung – Ein Mittel der Arbeitsmarktpolitik? Gemeinschaftliches Symposium des Wirtschaftsrates der CDU e. V. und des Vereins für wirtschaftliche und soziale Fragen e. V., Stuttgart am 19. Mai 1983 im Wissenschaftszentrum des Stifterverbandes für die Deutsche Wissenschaft, Bonn-Bad Godesberg. In: Schriftenreihe des Vereins für wirtschaftliche und soziale Fragen e. V. Stuttgart. Band 16. Bonn: Verlag Information für die Wirtschaft 1983.

63. Chancen und Probleme technologieorientierter Unternehmensgründungen in Zusammenarbeit mit Forschungseinrichtungen. Symposium Technologie-Transfer aus Forschungseinrichtungen. Bilanz und Perspektiven. In: Technologie-Transfer. Hrsg. von BMFT. Band I/1, S. 177–183. Köln: TÜV Rheinland 1983.

64. MIT GERHARD ESCHENRÖDER:
Information – Resource – Management. Eine Notwendigkeit für die Unternehmungsführung. In: Management betrieblicher Informationsverarbeitung. Hrsg. von Ronald H. Kay. S. 11–37. München – Wien: Oldenbourg 1983.

65. MIT URSULA M. RICHTER:
A Constructive Approach for Impact Research on Information Technology. In: Assessing the Impacts of Information Technology. Hrsg. von Norbert Szyperski, Erwin Grochla, Ursula M. Richter und Wilfried P. Weitz. S. 125–138. Braunschweig – Wiesbaden: Friedr. Vieweg & Sohn 1983 (Program Applied Informatics).

66. Hochtechnologie als Wachstumschance für mittelständische Unternehmen. In: Betriebswirtschaftslehre mittelständischer Unternehmen. Tagungsband. Hrsg. von Horst Albach und Thomas Held. S. 66–90. Stuttgart: Poeschel 1984.

67. MIT HEINZ KLANDT:
An emperical Analysis of Venture-Management Activities by German Industrial Firms. In: Frontiers of Entrepreneurship Research. Proceedings of the 1984 Entrepreneurship Research Conference. Hrsg. von John A. Hornaday, Fred A. Tardley jr., Jeffry A. Timmons und Karl H. Vesper. S. 347–357. Wellesley: Babson College, Center for Entrepreneurial Studies 1984.

68. Gesamtbetriebliche Perspektiven des Informationsmanagements. In: Planung in der Datenverarbeitung. Von der DV-Planung zum Informations-Management. Informations- und Fachtagung für das DV-Management, Wissenschaftszentrum Bonn-Bad Godesberg, 15.–17. Mai 1984. Hrsg. von Horst Strunz. S. 6–20. Berlin – Heidelberg – New York – Tokyo: Springer 1985.

69. Zusammenfassende Betrachtung der Konferenz „Die gesellschaftliche Herausforderung der Informationstechnik". In: 1984 und danach. Die gesellschaftliche Herausforderung der Informationstechnik. Int. Konferenz der Regierung der Bundesrepublik Deutschland und des Senats von Berlin in Zusammenarbeit mit der OECD, 28.–30. Nov. 1984 in Berlin. Hrsg. von dem Bundesminister für Forschung und Technologie. S. 836–850. Berlin: 1985.

70. Führungstechnische Integration eines differenzierten Informations- und Kommunikationsmanagements. In: Angewandte Informatik. Hrsg. von Dietrich Seibt, Norbert Szyperski und Ulrich Hasenkamp. S. 15–28. Braunschweig – Wiesbaden: Friedr. Vieweg & Sohn 1985.

71. MIT DETLEF MÜLLER-BÖLING:
Organizational Structure of Planning Systems in Different Environments. In: Empirical Research on Organizational Decision-Making. Hrsg. von E. Witte und H.-J. Zimmermann. S. 301–326. New York – Oxford – Tokyo: North Holland 1986.

72. Führung und Partizipation unter dem Einfluß moderner Informationstechniken. In: Die Unternehmung in der demokratischen Gesellschaft. Festschrift für Günter Dlugos zu seinem 65. Geburtstag. Hrsg. von Wolfgang Dorow. S. 185–193. Berlin – New York: Walter de Gruyter 1987.

73. MIT HEINZ KLANDT:
New Concepts in entrepreneurial testing. In: Frontiers of Entrepreneurship Research. Proceedings of the Eighth Annual Babson College Entrepreneurship Research Conference. Bruce A. Kirchhoff, Wayne A. Long, W. Ed McMullan, Karl H. Vesper, William E. Wetzel, jr. (Hrsg.); Wellesley: Babson College, Center for Entrepreneurial Studies 1988.

74. MIT HEINZ KLANDT:

 Characteristics of NTBF founders and foundation processes. In: New technology-based firms in Britain and Germany. S. 33–47. Anglo-German Foundation, London 1988

75. Informationstechnisches Anwendungssystem. Stete Herausforderung an Wissenschaft, Wirtschaft und Staat. In: Jahresforum 1988 – Festveranstaltung zum 25jährigen Bestehen des BIFOA-Fördervereins, Köln, 1. Juni 1988. Ansprachen und Festvortrag. S. 13–21.

76. Einige Gründe für die Importabhängigkeit in der Mikroelektronik. In: Industrieforschung. Mikroelektronik-Anwendung. Eine Dokumentation des 4. BDI-Technologiegesprächs vom 22. Juni 1989. Hrsg. von Bundesverband der Deutschen Industrie e. V. S. 101–108. Köln: 1989.

77. MIT UDO WINAND:

 Informationsmanagement und informationstechnische Perspektiven. In: Organisation. Evolutionäre Interdependenzen von Kultur und Struktur der Unternehmung. Knut Bleicher zum 60. Geburtstag. Hrsg. von Eberhard Seidel und Dieter Wagner. S. 133–150. Wiesbaden: Gabler 1989.

78. MIT HEINZ JOSEF MUßHOFF:

 Planung und Plan. In: Handwörterbuch der Planung. Hrsg. von Norbert Szyperski mit Unterstützung von Udo Winand. Sp. 1426–1438. Stuttgart: Poeschel 1989.

79. Die Informationstechnik und unternehmensübergreifende Logistik. In: Integration und Flexibilität. Eine Herausforderung für die allgemeine Betriebswirtschaftslehre. 51. wissenschaftliche Jahrestagung des Verbandes der Hochschullehrer für Betriebswirtschaftslehre e. V., 1989 in Münster. Hrsg. von Dietrich Adam, Klaus Backhaus, Heribert Meffert und Helmut Wagner. S. 79–96. Wiesbaden: Gabler 1990.

80. Innovative Gründer forcieren Technologietransfer. In: Entrepreneurship. Innovative Unternehmungsgründung als Aufgabe. Berichte aus der Arbeit der Schmalenbach-Gesellschaft-Deutsche Gesellschaft für Betriebswirtschaft e. V. Köln und Berlin. Hrsg. von Norbert Szyperski und Paul Roth, S. 3–9. Stuttgart: Poeschel 1990.

81. MIT HEINZ KLANDT:
Diagnose und Training der Unternehmerfähigkeit mittels Planspiel. In: Entrepreneurship. Innovative Unternehmungsgründung als Aufgabe. Berichte aus der Arbeit der Schmalenbach-Gesellschaft-Deutsche Gesellschaft für Betriebswirtschaft e. V. Köln und Berlin. Hrsg. von Norbert Szyperski und Paul Roth. S. 110–123. Stuttgart: Poeschel 1990.

82. Information Systems. In: Handbook of German Business Management. Hrsg. von Erwin Grochla, Eduard Gaugler, Norbert Szyperski u. a. Sp. 1130–1144. Stuttgart, Berlin und Heidelberg: Poeschel und Springer 1990.

83. Wirtschaftliche und soziale Chancen. In: 3. Bremer Universitätsgespräch: Auf dem Wege zur Informationsgesellschaft – Nutzen und Risiken neuen Kommunikationstechniken. Veranstaltung am 9.11.1990 in Bremen. Hrsg. von Friedrich Cordewener und Rolf Speckmann. Bremen 1991: Initiativkreis „Bremer und ihre Universität".

84. MIT JULIANE KRONEN:
Informationstechnik- und Unternehmensstrategie im Wechselspiel – Outsourcing und strategische Allianzen als wichtige Alternativen (Hauptvortrag). In: Organisation und Betrieb von Informationssystemen, 9. GI-Fachgespräch über Rechenzentren, 14.–14.3.1991. Proceedings. Hrsg. von G. Schwichtenberg, S. 1–21. Berlin, Heidelberg, New York u. a.: Springer 1991

85. Auf der Suche nach dem Kerngeschäft: Unternehmerische Orientierungskrise im Sog von Komplexität und beschleunigter Evolution. In: Führen von Organisationen. Konzepte und praktische Beispiele aus privaten und öffentlichen Unternehmen. Festschrift für Edwin Rühli zum 60. Geburtstag. Hrsg. von J. S. Krulis-Randa/B. Staffelbach/H. P. Wehrli. Verlag Paul Haupt Bern – Stuttgart – Wien 1992.

86. Verantwortung und Vertrauen in einer wissenschaftlich-technischen Kultur. In: Mehrwert Information. Kommunikationsformen, Märkte und Arbeitsweisen in der Informationsgesellschaft, Hrsg. vom OFW. Verlag Wirtschaftswoche in Zusammenarbeit mit Schaefer-Poeschel, Stuttgart 1995.

87. Planung. In: Lexikon des Controlling. Hrsg. von Christof Schulte, S. 574–581; R. Oldenbourg Verlag, München Wien, 1996

88. Mediendienste: Plattform für neue Dienstleistungen. In: Dienstleistungen für das 21. Jahrhundert. Hrsg. von Bullinger, Hans-Jörg,S. 377–381; Schaefer-Poeschel, Stuttgart 1997.

89. Entwicklung zukunftsträchtiger Mediendienste. In: Forschungsbericht „Multimedia", hrsg. von der Universität zu Köln, 1997, S. 64–70.

90. Moderne Informationslogistik mit Business Television: Einführung und Überblick. In: Perspektiven und Potentiale von Business Television. Bd. 12 der Landesinitiative media NRW, hrsg. v. Ministerium für Wirtschaft und Mittelstand, Technologie und Verkehr des Landes Nordrhein-Westfalen. Düsseldorf 1998, S. 9–11.

91. Business Television als Zentrum zukünftiger Unternehmungskommunikation. In: Perspektiven der Medienwirtschaft: Kompetenz – Akzeptanz – Geschäftsfelder. Hrsg. von Norbert Szyperski. Josef Eul Verlag: Lohmar, Köln 1999, S. 277–280.

92. MIT SIEGFRIED GAGSCH:

Business Television: Grundlagen, Potentiale, Anwendungsschwerpunkte. In: Perspektiven der Medienwirtschaft: Kompetenz – Akzeptanz – Geschäftsfelder. Hrsg. von Norbert Szyperski. Josef Eul Verlag: Lohmar, Köln 1999, S. 281–316.

93. MIT STEFAN TRILLING:

Wirtschaftlichkeit von Business Television. In: Perspektiven der Medienwirtschaft: Kompetenz – Akzeptanz – Geschäftsfelder. Hrsg. von Norbert Szyperski. Josef Eul Verlag: Lohmar, Köln 1999, S. 347–378.

94. MIT HARALD F. O. VON KORTZFLEISCH:

The „Bio4C" Life Science Portal: Collaboration and Partnership Engineering as a Support Tool for Entrepreneurial Start-Ups in the Biotechnology Industry. Paper, veröffentlicht auf der CD-ROM der IntEnt 2001 Conference, July 2nd to 4th, 2001, Kruger National Park, South Africa.

95. MIT HARALD F. O. VON KORTZFLEISCH:

Cooperation Engineering in the Biotechnology Industry. In: Managing Information Technology in a Global Environment: 2001 Information Resources Management Association International Conference, edited by Khosrowpour, Mehdi, May 20th to 23rd, 2001, Toronto, Ontario, Canada, S. 408–410.

96. MIT HARALD F. O. VON KORTZFLEISCH:

Kooperationen als Erfolgsfaktor wissensintensiver Unternehmensgründungen: Ein Beitrag zum Kooperations-Engineering. In: Max J. Ringlstetter, Herbert A. Henzler und Michael Mirow (Hrsg.): Perspektiven der Strategischen Unternehmensführung: Theorien, Konzepte, Anwendungen, Wiesbaden 2002, S. 371–401.

97. MIT ULRICH THOMÉ UND HARALD F. O. VON KORTZFLEISCH:

Kooperations-Engineering: Prinzipien, Methoden, Werkzeuge. In: Marion Büttgen und Fridjof Lücke (Hrsg.): Online-Kooperationen: Erfolg im E-Business durch strategische Partnerschaften, Wiesbaden 2003, S. 41–58.

98. MIT HARALD F. O. VON KORTZFLEISCH:

e-Collaboration Engineering: Notwendigkeit und Dimensionen eines neuen Gestaltungskonzepts. In: Hans-Georg Kemper (Hrsg.): Informationsmanagement, Festschrift zum 65. Geburtstag von Dietrich Seibt, Lohmar, Köln 2003, S. 159–184.

99. MIT ULRICH THOMÉ UND HARALD F. O. VON KORTZFLEISCH:

Bezugsrahmen für die Identifikation zentraler Geschäftsprozesse in Kooperationen. In: Harald F. O. von Kortzfleisch (Hrsg.): Wissensorientierte Prozessvirtualisierung in der Biotechnologiebranche: Eine Materialsammlung zu den Forschungsaktivitäten und -ergebnissen des VirtOweB-Projektes. Lohmar, Köln 2005, S. 193–211.

100. MIT ULRICH THOMÉ UND HARALD F. O. VON KORTZFLEISCH:

Perspektiven und Anforderungen bei Interaktions- und Kommunikationsprozessen in virtuellen Unternehmen. In: Harald F. O. von Kortzfleisch (Hrsg.): Wissensorientierte Prozessvirtualisierung in der Biotechnologiebranche: Eine Materialsammlung zu den Forschungsaktivitäten und -ergebnissen des VirtOweB-Projektes. Lohmar, Köln 2005, S. 157–191.

101. MIT HARALD F. O. VON KORTZFLEISCH UND ULRICH THOMÉ:

Strategien und Anwendungsszenarien der Virtualisierung für Unternehmungen der Biotechnologiebranche. In: Harald F. O. von Kortzfleisch (Hrsg.): Wissensorientierte Prozessvirtualisierung in der Biotechnologiebranche: Eine Materialsammlung zu den Forschungsaktivitäten und -ergebnissen des VirtOweB-Projektes. Lohmar, Köln 2005, S. 51–74.

102. MIT ULRICH THOMÉ UND HARALD F. O. VON KORTZFLEISCH:

US-Technologietransfer am Beispiel der Biotechnologiebranche. In: Harald F. O. von Kortzfleisch (Hrsg.): Wissensorientierte Prozessvirtualisierung in der Biotechnologiebranche: Eine Materialsammlung zu den Forschungsaktivitäten und -ergebnissen des VirtOweB-Projektes. Lohmar, Köln 2005, S. 33–50.

103. MIT THOMAS RAUEISER:

Seed-Finanzierung durch Business Angels, in: Heussen, Benno et al. (Hrsg.): Unternehmer-Handbuch – Recht, Wirtschaft, Steuern von der Gründung bis zur Abwicklung, München 2005, S. 195–212.

III. Aufsätze in Zeitschriften

1. Die Berechnung optimaler Losgrößen. In: Kostenrechnungs-Praxis. 1. Jahrgang (1957–58), S. 267–272.

2. Die technologische Herausforderung an die Betriebswirtschaftslehre der Gegenwart. In: Zeitschrift für Betriebswirtschaft. 33. Jahrgang (1963), Teil I, S. 275–289, Teil II, S. 349–385, Teil III, S. 423–434.

3. Neuere Bemühungen um Grundlegung und Formalisierung der Theorie der Unternehmungsrechnung in den USA. In: Betriebswirtschaftliche Forschung und Praxis. 16. Jahrgang (1964), S. 218–228.

4. Einige aktuelle Fragestellungen zur Theorie der Unternehmungsrechnung. In: Betriebswirtschaftliche Forschung und Praxis. 16. Jahrgang (1964), S. 270–282.

5. Systemforschung und Automation. In: Technisch-wissenschaftliche Blätter der Süddeutschen Zeitung. 6. Jahrgang (1964).

6. MIT ERICH KOSIOL UND KLAUS CHMIELEWICZ:
Zum Standort der Systemforschung im Rahmen der Wissenschaften (einschließlich ihrer Beziehungen zur Organisations-, Automations- und Unternehmungsforschung). In: Zeitschrift für betriebswirtschaftliche Forschung. 17. Jahrgang (1965), S. 337–378.

7. Möglichkeiten der Anwendung mathematischer Methoden im Informations- und Entscheidungsprozeß der Unternehmung. In: Die Lochkarte. 31. Jahrgang (1967), Heft 201, S. 3–7.

8. Interdependenzen und Komplexität von Anpassungs- und Lernaufgaben der Unternehmung. In: Zeitschrift für Organisation. 38. Jahrgang (1969), S. 54–60.

9. Management Science and Management Information Systems. In: IAG Journal. 2. Jahrgang (1969), S. 81–95.

10. Zur wissenschaftsprogrammatischen und forschungsstrategischen Orientierung der Betriebswirtschaftslehre. Kölner Antrittsvorlesung, gehalten vor der Wirtschafts- und Sozialwissenschaftlichen Fakultät am 18. Mai 1971. In: Zeitschrift für betriebswirtschaftliche Forschung. 23. Jahrgang (1971), S. 261–282.

11. Informationsverarbeitung in kleinen und mittleren Unternehmen. In: Bürotechnik und Organisation. 19. Jahrgang (1971), S. 902–906.

12. Das Setzen von Zielen – primäre Aufgabe der Unternehmungsleitung. In: Zeitschrift für Betriebswirtschaft. 41. Jahrgang (1971), S. 639–670.

13. MIT ERWIN GROCHLA, PAUL SCHMITZ UND DIETRICH SEIBT:
    Ein Vorschlag für den Studiengang „Diplom-Betriebswirt der Fachrichtung Informatik". In: Angewandte Informatik. 14. Jahrgang (1972), S. 81–90.

14. MIT UDO WINAND:
    Wirtschaftliche Aspekte des Einsatzes von Time-Sharing Systemen in Problemlösungsprozessen. In: Datascope. 3. Jahrgang (1972), Heft 9, S. 2–13.

15. Informationstechnologie und die Organisation wirtschaftlicher Systeme. In: Zeitschrift für Organisation. 42. Jahrgang (1973), S. 25–34.

16. Gegenwärtiger Stand und Tendenzen der Entwicklung betrieblicher Informationssysteme. In: IBM-Nachrichten. 23. Jahrgang (1973), Heft 241, S. 473–482. (Gekürzte Fassung des unter II.12 aufgeführten Beitrages).

17. Forschungsstrategien in der Angewandten Informatik – Konzepte und Erfahrungen. In: Angewandte Informatik. 16. Jahrgang (1974), S. 148–153.

18. Planungswissenschaft und Planungspraxis. Welchen Beitrag kann die Wissenschaft zur besseren Beherrschung von Planungsproblemen leisten? In: Zeitschrift für Betriebswirtschaft. 44. Jahrgang (1974), S. 667–684.

19. Wirtschaftliche Verwaltungen für leistungsfähige Unternehmungen. In: Betriebswirtschaftliche Forschung und Praxis. 26. Jahrgang (1974), S. 455–465. (Gekürzte Fassung des unter II.17 aufgeführten Beitrages).

20. Kritische Punkte der Unternehmungsentwicklung. In: Zeitschrift für betriebswirtschaftliche Forschung. 27. Jahrgang (1975), S. 366–383.

21. DV-Einsatz in der Büroautomation als mögliches verwaltungswirtschaftliches Rationalisierungsinstrument. In: GMD-Spiegel. (1975), Heft 3, S. 25–44. (Gekürzte Fassung des unter II.24 aufgeführten Beitrages.).

22. MIT UDO WINAND:
    Spieltheorie – Eine Einführung zwecks Anregung: Ausgangslage, Elemente und Grundbegriffe. In: Das Wirtschaftsstudium (WISU). 4. Jahrgang (1975). Teil I: S.

424–428, Fragen und Antworten: S. 466, Teil II: S. 476–478, Fragen und Antworten: S. 515.

23. MIT UDO WINAND:

    Spieltheoretische Lösungskonzepte für ausgewählte Klassen von Spielsituationen. In: Das Wirtschaftstudium (WISU). 5. Jahrgang (1976), Teil I+II, S. 53–58/101-3, Teil III, S. 5–9, Teil IV, S. 106–110.

24. MIT DIETRICH SEIBT:

    Das Projekt ISAS. Zielsetzung und Ergebnisse. In: Der Lichtbogen. 25. Jahrgang (1976), Heft 180, S. 18–23.

25. MIT KARL-HEINZ KAISER UND WOLFGANG METZ:

    Analyse und Modellierung der Interdependenzen zwischen langfristiger Kommunalplanung und strategischer Unternehmensplanung. In: Wirtschaft und Standort, Strukturpolitische Zeitschrift. 8. Jahrgang (1976), Heft 4, S. 10–14.

26. MIT DIETRICH SEIBT:

    Ergebnisse des Projektes ISAS. In: Angewandte Informatik. 18. Jahrgang (1976), S. 327–336.

27. MIT DIETRICH SEIBT:

    Projekterfahrungen bei der Entwicklung eines integrierten Informationssystems (Projekt ISAS). In: Angewandte Informatik. 18. Jahrgang (1976), S. 373–382

28. MIT KARL-HEINZ KAISER:

    Industrielle Standortsituation und Perspektiven der Wirtschaftsentwicklungsplanung. Auswertung einer Industriebefragung in der Stadtregion Köln. In: Wirtschaft und Standort, Strukturpolitische Zeitschrift. 8. Jahrgang (1976), Heft 11/12, S. X–XVI.

29. MIT KLAUS WELTERS:

    Grenzen und Zweckmäßigkeit der Planung. Eine Diskussion der Argumente aus betriebswirtschaftlicher Sicht. In: Die Unternehmung, Schweizerische Zeitschrift für Betriebswirtschaft. 30. Jahrgang (1976), S. 265–283.

30. Zentrales Management für Datenverarbeitung, Textverarbeitung und Kommunikation. Eine führungstechnische Konsequenz? In: Computerwoche. (1977), Heft 17, S. 6.

31. MIT KLAUS NATHUSIUS:
Gründungsmotive und Gründungsvorbehalte – Ergebnisse einer empirischen Studie über potentielle und tatsächliche Unternehmungsgründer. In: Die Betriebswirtschaft. 37. Jahrgang (1977), S. 299–309.

32. MIS Productivity – Achieving Gains in Efficiency and Effectiveness through MIS. Bericht über die 9. Nationale Jahrestagung der Society for Mangement Information Systems (SMIS) 1977. In: Angewandte Informatik. 20. Jahrgang (1978), S. 82–87.

33. Fachkommunikation im Dienste des Wissens- und Technologietransfers. In: Die Betriebswirtschaft. 38. Jahrgang (1978), S. 117–119.

34. MIT PAUL SCHMITZ:
Organisatorisches Instrument zur Gestaltung von Informations- und Kommunikationssystemen in Unternehmungen. In: Angewandte Informatik. 20. Jahrgang (1978), S. 281–292.

35. MIT UDO WINAND:
Strategisches Portfolio-Management: Konzept und Instrumentarium. In: ZfbF-Kontaktstudium. 30. Jahrgang (1978), S. 123–132.

36. MIT FRANK KOLF, HANS-JÜRGEN OPPELLAND UND DIETRICH SEIBT:
Instrumentarium zur organisatorischen Implementierung von rechnergestützten Informationssystemen. In: Angewandte Informatik. 20. Jahrgang (1978), S. 299–310.

37. Software für das Rechnungswesen – Sprung nach vorn möglich. In: Computerwoche. (1978), Heft 36, S. 6.

38. The Management of Strategic Surprise. Konferenzbericht des 7. Weltplanungskongresses 1978. In: Die Betriebswirtschaft. 38. Jahrgang (1978), S. 644–646.

39. Dynamische Strukturproblematik in der Personalentwicklung von Führungskräften. In: Mitarbeiterpotential im Wandel: Veränderungstrends und ihre Bedeutung für die Unternehmensstrategie. Vorträge der agplan-Arbeits-Tagung 1978. agplan Sonderheft 022.

40. MIT FRANK LUTHER:
Probleme und Möglichkeiten der Finanzplanung in kleineren Unternehmungen. In: Datenverarbeitung, Steuern, Wirtschaft und Recht. 8. Jahrgang (1979), S. 75–78.

41. MIT HEINZ KLANDT UND KLAUS NATHUSIUS:
Zur Person des Unternehmungsgründers – Ergebnisse einer empirischen Analyse selbständig-originärer Gründer. In: Internationales Gewerbearchiv. 27. Jahrgang (1979), S. 1–16. (Gekürzte Fassung des unter IV.14 aufgeführten Beitrages).

42. MIT DETLEF MÜLLER-BÖLING:
Das Planungsbewußtsein von Planungspraktikern und Planungsstudenten – eine empirische Analyse. In: Zeitschrift für Organisation. 48. Jahrgang (1979), S. 441–450.

43. Innovative Unternehmungsgründer als Promotoren der marktwirtschaftlichen Entwicklung. In: Zeitschrift für betriebswirtschaftliche Forschung. 31. Jahrgang (1979), S. 489–499.

44. Die Informationsflut löst den Informationsschock aus. In: Computerwoche. (1979), S. 4.

45. MIT FRANK LUTHER:
Finanz-,Ergebnis- und Steuerplanung per Computer: Großrechner Service für den Kleinbetrieb. In: CW-Team. (1979), S. 10–16.

46. Neue technologieorientierte Unternehmen. Wirtschaftliche Bedeutung, Gründungsforschung, Förderpolitik. In: Wirtschaft und Wissenschaft. 27. Jahrgang (1979), Heft 4, S. 2–4.

47. MIT UDO WINAND:

    Duale Organisation – Ein Konzept zur organisatorischen Integration der strategischen Geschäftsfeldplanung. In: ZfbF-Kontaktstudium. 31. Jahrgang (1979), S. 195–205.

48. Gutachten und Gutachter. Was ist eine „objektive" Beurteilung und wodurch ist sie gefährdet? In: Die Betriebswirtschaft. 39. Jahrgang (1979), S. 659–661.

49. MIT FRANK LUTHER:

    Fiesta – Ein Modell zur integrierten Finanz-, Ergebnis- und Steuerplanung. In: Der Betrieb. 33. Jahrgang (1980), Heft 1/2, S. 1–5.

50. Strategisches Informationsmanagement im technologischen Wandel. Fragen zur Planung und Implementation von Informations- und Kommunikationssystemen. In: Angewandte Informatik. 22. Jahrgang (1980), S. 141–148.

51. MIT DETLEF MÜLLER-BÖLING:

    Gestaltungsparameter der Planungsorganisation. Ein anwendungsorientiertes Konzept für die Gestaltung von Planungssystemen. In: Die Betriebswirtschaft. 40. Jahrgang (1980), S. 357–373.

52. Betriebswirtschaftliche Probleme der Unternehmungsgründung. In: Betriebswirtschaftliche Forschung und Praxis. 32. Jahrgang (1980), Heft 4, S. 309–320.

53. MIT HEINZ KLANDT:

    Bedingungen für innovative Unternehmungsgründung. In: Betriebswirtschaftliche Forschung und Praxis. 32. Jahrgang (1980), Heft 4, S. 354–383.

54. MIT RONALD H. KAY, KLAUS HÖRING UND GANGOLF BARTZ:

    Strategic Planning of Information Systems at the Corporate Level. In: Information & Management. 3. Jahrgang (1980), Heft 5, S. 175–186.

55. MIT GÜNTER KIRSCHBAUM:

    Planungsinstrumente im Gründungsprozeß. In: Datenverarbeitung, Steuern, Wirtschaft und Recht. 9. Jahrgang (1980), S. 147–152.

56. Günter Dlugos zum 60.Geburtstag. In: Zeitschrift für betriebswirtschaftliche Forschung. 52. Jahrgang (1980), S. 1042–1043.

57. Pattern Information Processing Systems (PIPS). Ein Exempel erfolgreicher nationaler informationstechnischer F & E Kooperation? In: Angewandte Informatik. 23. Jahrgang (1981), S. 36–37. (Vgl. III.70).

58. Neue Arbeitsinhalte – zu Lasten der Mitarbeiter? In: CeBIT-Sonderschau Büro „Mensch und Arbeitsplatz". S. 12–14. Hannover 1981.

59. Bürosysteme der Zukunft. In: IBM-Nachrichten. 31. Jahrgang (1981), Heft 253, S. 7–13. (Vgl. II.60).

60. MIT KARL FAßNACHT:

    Mittelbetriebe und Selbständigkeit hoch im Kurs. Eine Befragung zukünftiger Betriebs- und Volkswirte. In: Mitteilungen der Universität zu Köln. (1981), Heft 1, S. 21–22.

61. Information und Kommunikation im Büro. In: Data System Journal. (1981), Heft 6, S. 8.

62. Forschungs- und Entwicklungsperspektiven der Informationstechnologie aus der Sicht der Bundesrepublik Deutschland. In: GMD-Spiegel. (1981), Heft 4, S. 53–72.

63. Auswirkungen der neuen Kommunikationstechniken auf die Verwaltung und Büroorganisation – Ist ein völliges Umdenken notwendig? – Kurzreferat. In: Office Management. 30. Jahrgang (1982), Heft 1, S. 22–23.

64. Organisations- und Kontrollprobleme beim Einsatz mittlerer und kleinerer elektronischer Datenverarbeitungsanlagen. In: Die Wirtschaftsprüfung. (1982), Heft 3/4, S. 62–69.

65. Über drei Jahrzehnte neuere informationstechnische Entwicklung und was nun? In: Angewandte Informatik. 24. Jahrgang (1982), S. 134–139.

66. Zahlen, die erschrecken und verblüffen. In: Manager Magazin. (1982), Heft 5, S. 154–155.

67. Organisation und Wirtschaftlichkeit der Vervielfältigung im Büro. In: FBO-Praxis-Report. (1982), Heft 6.

68. MIT BEATRICE KLAILE:
Unternehmensberatung: pro oder contra? In: Die Wirtschaft. (1982), Heft 8, S. 13–15.

69. Mikroelektronik und Schule im internationalen Vergleich. In: Der mathematische und naturwissenschaftliche Unterricht. 36. Jahrgang (1983), Heft 1, S. 1–7.

70. Pattern Information Processing System (PIPS) – A Report. Commentary. In: Computers & Standards. 2. Jahrgang (1983), Heft 1, S. 23–26.

71. MIT JÜRGEN MAROCK UND NORBERT TÜSCHEN:
Wirtschaftliche Perspektiven der Büro- und Informationstechnikindustrie. In: Branchenreport Büro und Informationstechnik der Wirtschaftswoche. 1983. Jahrgang, Heft März. (Vgl. IV.42).

72. Ein zweiter Alphabetismus – Abschnitt eines Referates aus Anlaß der Siegerehrung im 2. Jugendwettbewerb in Computerprogrammierung am 1. Juni 1983 auf Schloß Birlinghoven bei Bonn. Gastkommentar. In: Computerwoche. 1983, Heft 25, S. 6–7.

73. Jugendförderung in der Informatik – Anforderungen und Probleme. In: GMD-Spiegel. (1983), Heft 2, S. 10–17.

74. MIT PAUL SCHMITZ UND KLAUS HÖRING:
Bürokommunikation. Bezugsrahmen und Perspektiven der Anwendungen. In: Office Management. 31. Jahrgang (1983), Heft Juni, S. 504–509.

75. Mangel im Überfluß. Auszug des Abschlußvortrages am 27.05.83 auf dem Messekongreß der DATEV in Nürnberg. In: Mittelständische Wirtschaft. (1983), Heft 7, S. 49–50.

76. Probleme, Chancen und Strategien des Informationsmanagements mittelständischer Unternehmungen. In: Datenverarbeitung Steuer Wirtschaft Recht. Zeitschrift für Praxisorganisation, Betriebswirtschaft und elektronische Datenverarbeitung. DSWR Sonderheft 2. (1983), S. 151–157.

77. Das elektronische Büro. In: Bild der Wissenschaft. 21. Jahrgang (1984), Heft 1, S. 73–81.

78. Raus aus dem Computeranalphabetentum. In: Bild der Wissenschaft. 21. Jahrgang (1984), Heft 1, S. 87–93.

79. MIT DETLEF MÜLLER-BÖLING:
Aufgabenspezialisierung in Planungssystemen. Eine konzeptionelle und empirische Analyse. In: Zeitschrift für betriebswirtschaftliche Forschung. 36. Jahrgang (1984), Heft 2, S. 124–147.

80. Informatik-Industrie braucht Steuerung durch anspruchsvoll-kritische Nachfrage. In: Computerwoche. 1984, Heft 14, S. 5–6.

81. Dank der japanischen Herausforderung? In: Computerwoche. 1984, Heft 24, S. 8–9.

82. Innovative Gründer forcieren Technologietransfer. In: VDI-Nachrichten. 38. Jahrgang (1984), Heft 38, S. 14.

83. MIT D. H. BRANDIN, J. M. CADIOU, T. MAKINO, B. W. OAKLEY UND F. SALLE:
International Research Activities for New Generation Computers – Their Plans and Social Impacts. (Panel Discussion given at the FGCS'84, held on November 1984). In: ICOT Journal. (1985), Heft 8, S. 21–24.

84. Informationstechnologie – Fragezeichen vor der Zukunft. In: Bild der Wissenschaft. 22. Jahrgang (1985), Heft 9, S. 125–126.

85. MIT KLAUS HÖRING:
Elektronische Mitteilungssysteme – Ein aktuelles Medium für die Bürokommunikation. In: net special. (1985), Heft Okt., S. 4–8.

86. Das Projekt E.I.S. Ein forschungspolitisches Experiment in der Bundesrepublik Deutschland. In: Elektrotechnische Zeitschrift. (1985), Heft 22/23, Band 106, S. 1204–1206.

87. Konzept der Offenheit. Datenaustausch als Grundlage moderner Wissenschaft. In: bit. (1986), Heft Okt., S. 44–46.

88. Organizational Structure of Planning Systems in different Environments. In: Empirical Research on Organisational Decision Making. Hrsg. von E. Witte und H. J. Zimmermann. Amsterdam 1986: North-Holland Publishing Company.

89. Anmerkungen zum Beitrag von Werner Kroeber-Riel: „Informationsüberlastung durch Massenmedien und Werbung in Deutschland". In: Die Betriebswirtschaft. 47. Jahrgang (1987), Heft 4, S. 516–517.

90. Die geistige Armut im Informationsüberfluß. In: Computerwoche. S. 8. 20.11.87.

91. MIT HEIDI HEILMANN:
Das Interview mit Prof. Dr. Norbert Szyperski zum Thema „Informationsmanagement". In: Handbuch der Modernen Datenverarbeitung. (1988), Heft 142, S. 114–118.

92. Internationale Einbindung der Informationstechnik-Forschung. Herausforderung an Wissenschaft, Wirtschaft und Staat. In: GMD-Spiegel. (1988), Heft 2/3, S. 48–51.

93. Erwin Grochla zum Gedenken. In: Die Betriebswirtschaft. 48. Jahrgang (1988), Heft 2, S. 155–160.

94. Informationstechnik und Logistik – Brücken für eine integrierte Wirtschaft. In: Beschaffung aktuell. (1988), Heft 10, S. 28–29.

95. Grenzbereich. Consulting und Beratung. In: UNI. Perspektiven für Beruf und Arbeitsmarkt. Hrsg. Bundesanstalt für Arbeit. Heft 2/Mai 1991 (15. Jahrgang) S. 22–24.

96. MIT STEFAN KLEIN:
Informationslogistik und virtuelle Organisationen. In: Die Betriebswirtschaft, 53. Jahrgang (1993), Heft 2, S. 187–208.

97. MIT PAUL SCHMITZ UND JULIANE KRONEN:
Outsourcing: Profil und Markt einer Dienstleistung für Unternehmen auf dem Wege zur strategischen Zentrierung. In: Wirtschaftsinformatik, 35. Jahrgang, Heft 3, Juni 1993, S. 28–240.

98. Outsourcing als strategische Entscheidung. In: online, Febr. 2/93, S. 32–42.

99. MIT STEFAN KLEIN:
Neue Herausforderungen an das Management. Informationslogistik – ein neues Paradigma? In: Office Management, 41. Jg. (1993) Heft 11; S. 32–37.

100. Das Deutsche Forschungsnetz, Eine nationale Informations-Infrastruktur für die Wissenschaft. In: Forschung & Lehre, Sonderdruck Computer und Wissenschaft, Heft 9/1994, S. 381–382

101. Beiträge in „Meinungen zum Thema: Outsourcing" in: Betriebswirtschaftliche Forschung und Praxis, Heft 4/1994, S. 358–375

102. MIT RICHARD KÖHLER:
Klaus Chmielewicz zum Gedenken. In: Die Betriebswirtschaft, 55. Jahrgang (1995), Heft 1, S. 1–5.

103. MIT EDDA PULST:
Zur Wirtschaftlichkeit aktueller technikgestützter Geschäftsprozesse. Ein Branchenvergleich. In: Information Management, Heft 3/ 1995, S. 22–27.

104. MIT EDDA PULST:
Der Erfolg ausgewählter informations- und kommunikationstechnischer (ICT) Anwendungen in zeit- und erfolgskritischen Geschäftsprozessen. in: Die Betriebswirtschaft, 55. Jahrgang (1995) Heft 3, S. 397–398.

105. MIT SIEGFRIED GAGSCH UND STEFAN TRILLING:

    Strukturdynamik der Medienmärkte. Zukunftsperspektiven für neue Mediendienste. Abschlußbericht des Arbeitskreises 6 „Mediendienste". Universität zu Köln 1996 (DBW-Depot 97-6-4).

106. Component Software – A Market on the Verge of Success. In: The Oberon Tribune, Vol. 2, No.1, January 1997.

107. MIT STEFAN TRILLING:

    Business TV – nur wenige senden. In: Absatzwirtschaft, H. 2, 1999, S. 96–100.

108. Was ist wirklich neu an der New Economy? In: Zeitschrift für Wirtschaftspolitik, 3/2000.

109. Unternehmer versus Controller: Paradoxon oder Syndrom? DBW-Editorial, 3/2001.

110. Personalisierung in den Medien. In: Bertelsmann Briefe, H. 145, S. 66–71.

111. Regional Clustering – zwischen Bremse und Motor. DBW 62. Jg (2002), Heft 3, S. 219–222

112. Mut zur Partnerschaft. Oder: Des Kooperierens Lust und Frust. Kolumne für den Gründer-Compass, Heft 1, 2003

113. Freude am Gestalten. Oder: Wo kommen Innovationen her und wo führen sie hin? Kolumne für den Gründer-Compass, Heft 2, 2003

114. Wer treibt den Software-Standort Deutschland in den Ruin? Kolumne in der Zeitschrift „Wirtschaftsinformatik", Heft 4, 2003

115. „Künstler und Unternehmer – Was können Wissenschaftler von Ihnen lernen?" DBW 64. Jg (2004), Heft 4, S. 389-391

116. Wir wissen, was wir können – aber wer weiß es sonst noch? Oder: Von den dornigen Marketingpfaden und den klugen Schleichwegen. Kolumne für den Gründer-Compass, Heft 3, 2004

IV. Aufsätze im Internet

1. Gründen als Lebenselexier in der Wirtschaft. (2003) URL: http://www.uni-koeln.de/wiso-fak/szyperski/veroeffentlichungen/gruenden.htm

2. Wird aus dem Silberstreif am wirtschaftlichen Horizont ein Hoffnungsschimmer für die Unternehmer? (Januar 2004) URL: http://www.uni-koeln.de/wiso-fak/szyperski/veroeffentlichungen/silberstreif.htm

V. Manuskriptdrucke

1. MIT KLAUS SOMMER UND HELKE LIESON, DEUTSCHE FASSUNG VON BERNHARD BASS: A program of exercises for management and organizational psychology. (deutscher Titel: Übungsprogramm in Management und Organisationspsychologie) The European Research Group on Management (ERGOM). Brüssel 1967.

2. Unternehmungs-Informatik. Grundlegende Überlegungungen zu einer Informationstechnologie für Unternehmungen. Arbeitsbericht 1968/2 des Betriebswirtschaftlichen Instituts für Organisation und Automation an der Universität zu Köln (BIFOA). September 1968. (54 Seiten).

3. MIT ERWIN GROCHLA UND DIETRICH SEIBT: Gesamtkonzeption für die Ausbildung und Fortbildung auf dem Gebiet der Automatisierten Datenverarbeitung. Arbeitsbericht 1969/4 des Betriebswirtschaftlichen Instituts für Organisation und Automation an der Universität zu Köln (BIFOA). März 1969. In: The European Research Group on Management (ERGOM). (76 Seiten). (Vgl. I.3).

4. Mittelfristige Unternehmensplanung aus der Sicht der Wissenschaft. Bericht über die Fachtagung anläßlich der Mitgliederversammlung der Fachgemeinschaft Büro- und Informationstechnik im VDMA (Verein Deutscher Maschinenbau Anstalten) 1972. Heft 27. März 1973.

5. MIT KLAUS WELTERS:

   Grenzen und Zweckmäßigkeit der Planung. Eine Diskussion der Argumente aus betriebswirtschaftlicher Sicht. Arbeitsbericht Nr. 1 des Planungsseminars der Universität zu Köln. August 1975. (36 Seiten). (Vgl. III.29).

6. MIT KLAUS NATHUSIUS:

   Zur empirischen Erfassung der Gründungen, Entwicklungen und Liquidationen von Unternehmungen in der Bundesrepublik Deutschland. Arbeitsbericht Nr. 3 des Planungsseminars der Universität zu Köln. Oktober 1975. (35 Seiten).

7. MIT KARL-HEINZ KAISER:

   Die industrielle Standortentwicklung in der Kölner Stadtregion und Perspektiven der Wirtschaftsentwicklung in diesem Raum. Forschungsbericht KUP-6 des Planungsseminars der Universität zu Köln. März 1976. (20 Seiten).

8. MIT KLAUS SIKORA UND JOCHEN WONDRACEK:

   Entwicklungstendenzen computergestützter Unternehmungsplanung. Arbeitsbericht Nr. 10 des Planungsseminars der Universität zu Köln. September 1976. (55 Seiten). (Vgl. II.27)

9. MIT KLAUS HÖRING:

   Organisation von Informations-Dienstleistungsbetrieben unter besonderer Berücksichtigung der Fachinformationssysteme (ORFIS). ORFIS-Gesamtbericht des Betriebswirtschaftlichen Instituts für Organisation und Automation an der Universität zu Köln (BIFOA). November 1976. (184 Seiten).

10. MIT FRANK KOLF, JOACHIM CLAUS UND HANS-JÜRGEN OPPELLAND:

    The Organizational Implementation of Information Systems: A Design-Oriented Approach. PORGI-Projektbericht Nr. 4 des Betriebswirtschaftlichen Instituts für Organisation und Automation an der Universität zu Köln (BIFOA). November 1976. (21 Seiten).

11. Das Büro – Arbeitsplatz für Millionen – aus der Sicht der Wissenschaft. In: Das Büro – Arbeitsplatz für Millionen. Schriftenreihe der Fachgemeinschaft Büro- und Informationstechnik im VDMA (Verein Deutscher Maschinenbau Anstalten). Heft 33, S. 7–22. Düsseldorf-Oberkassel 1977.

12. MIT R. GILLNER, H. GÜRTH, K. HÖRING, H. G. KLAUS, H. WEBER, U. WINAND UND P. ZANDER:

    Produktive Verwaltungsarbeit – Orientierungs- und Entscheidungsdaten zur Erarbeitung eines Forschungs- und Arbeitsprogramms. Studie im Auftrag des AWV. Köln 1977.

13. Unternehmungsgründer als Promotoren der Marktwirtschaft. Arbeitsbericht Nr. 16 des Planungsseminars der Universität zu Köln. April 1978. (18 Seiten). (Vgl. III.43).

14. MIT HEINZ KLANDT UND KLAUS NATHUSIUS:

    Zur Person des Unternehmungsgründers – Ergebnisse einer empirischen Analyse selbständig-originärer Gründer. Arbeitsbericht Nr. 17 des Planungsseminars der Universität zu Köln. August 1978. (36 Seiten). (Langfassung des unter III.41 aufgeführten Beitrages).

15. MIT DETLEF MÜLLER-BÖLING:

    Das Planungsbewußtsein von Planunungspraktikern und Planungsstudenten – eine empirische Analyse – Ergebnisbericht für die an der Untersuchung beteiligten Unternehmungsplaner. Arbeitsbericht Nr. 18 des Planungsseminars der Universität zu Köln. September 1978. (34 Seiten). (Vgl. III.42).

16. Dynamische Strukturproblematik in der Personalentwicklung von Führungskräften. Arbeitsbericht Nr. 19 des Planungsseminars der Universität zu Köln. September 1978. (30 Seiten).

17. MIT DETLEF MÜLLER-BÖLING:

    Empirische Forschung und Forschung durch Entwicklung. Arbeitsbericht Nr. 20 des Planungsseminars der Universität zu Köln. Dezember 1978. (40 Seiten).

18. MIT WIELAND HOPPEN, GÜNTER KIRSCHBAUM UND KLAUS NATHUSIUS:

    SPIG und MINIPLAN – Standardisierte Planungsinstrumente für Gründungsunternehmungen. Arbeitsbericht Nr. 21 des Planungsseminars der Universität zu Köln. Dezember 1978. (21 Seiten). (Anhang 64 Seiten).

Schriftenverzeichnis 759

19. MIT GÜNTER KIRSCHBAUM UND KLAUS NATHUSIUS:

    Rahmenkonzeption zum computergestützten Planungsinstrument GRÜMOD. Arbeitsbericht Nr. 22 des Planungsseminars der Universität zu Köln. Dezember 1978. (26 Seiten). (Anlagen: 34 Seiten, Anhang: 51 Seiten).

20. MIT HEINZ KLANDT:

    Die Haltung von Personalleitern etablierter Unternehmungen gegenüber Selbständigkeit, Unternehmungsgründung und Gründern. Arbeitsbericht Nr. 25 des Planungsseminars der Universität zu Köln. Juni 1979. In: DBW-Depot 80-2-5 (Kurzfassung). (31 Seiten).

21. MIT GÜNTER KIRSCHBAUM:

    GRÜMOD, ein computergestütztes Planungsinstrument zur Unternehmungsgründung. Arbeitsbericht Nr. 26 des Planungsseminars der Universität zu Köln. Juli 1979. (57 Seiten).

22. Existenzgründungspolitik in der Bundesrepublik Deutschland. Argumente, Beurteilungen und Stellungnahmen aus der Sicht der Gründungsforschung. Arbeitsbericht Nr. 27 des Planungsseminars der Universität zu Köln. Juli 1979. In: DBW-Depot 80-1-4 (Kurzfassung). (40 Seiten). (Anhang: 9 Seiten).

23. MIT HEINZ-THEO FÜRTJES:

    Die Stellung von Pilotprojekten im betriebswirtschaftlichen Erkenntnisprozeß. Arbeitsbericht Nr. 30 des Planungsseminars der Universität zu Köln. Oktober 1979. (36 Seiten).

24. MIT KLAUS HÖRING UND JÜRGEN HANSEL:

    Vorstudie zur Verbesserung der Information und Kommunikation in wissenschaftlichen Institutionen. BIFOA-Arbeitspapier 79AP1. Köln 1979. (93 Seiten).

25. MIT LOTHAR BERENS, KLAUS HÖRING, WOLFGANG STEINBRECHER UND MATTHIAS WOLFF:

    Betriebswirtschaftliche Entwicklungsplanung für Informations-Dienstleistungsbetriebe unter besonderer Berücksichtigung der Fachinformationssysteme (PID). Ergebnisbericht des Projektes PID. BIFOA-Arbeitspapier 79AP9. Köln 1979. (153 Seiten). (Vgl. IV.43).

26. MIT FRANK LUTHER:

    Zukünftige Einsatzmöglichkeiten von Tischcomputern im Bereich kleinerer und mittlerer Unternehmungen. Ein Scenario für die Bundesrepublik Deutschland. Projektbericht Nr. 2 des Forschungsvorhabens ETICO. BIFOA-Arbeitspapier 79AP19. Köln 1979. (50 Seiten).

27. MIT RONALD H. KAY, KLAUS HÖRING UND GANGOLF BARTZ:

    Strategic Planning of Information Systems at the Corporate Level. Projektbericht Nr. 1 des Forschungsvorhabens MIKOS. BIFOA-Arbeitspapier 79AP21. Köln und San Jose 1979. (46 Seiten). (Vgl. III.54).

28. Strategisches Informationsmanagement im technologischen Wandel. Frage zur Planung und Implementation von Informations- und Kommunikations-Systemen. Projektbericht Nr. 2 des Forschungsvorhabens MIKOS. BIFOA-Arbeitspapier 79AP22. Köln 1979. (24 Seiten). (Vgl. III.50).

29. MIT DETLEF MÜLLER-BÖLING:

    Gestaltungsparameter der Planungsorganisation. Ein anwendungsorientiertes Konzept für die Gestaltung von Planungssystemen. Arbeitsbericht Nr. 32 des Planungsseminars der Universität zu Köln. März 1980. (35 Seiten). (Vgl. III.51).

30. Unternehmungsgründungen in der Krisendynamik. Arbeitsbericht Nr. 29 des Planungsseminars der Universität zu Köln. Juli 1980. (37 Seiten).

31. MIT LOTHAR BERENS UND MATTHIAS WOLFF:

    Konzeptioneller Rahmen für die Analyse und Gestaltung betrieblicher IuD-Systeme. Projektbericht Nr. 1 des Forschungsvorhabens BAKID. BIFOA-Arbeitspapier 80AP7. Köln 1980. (76 Seiten).

32. MIT KLAUS HÖRING UND MATTHIAS WOLFF:

    Probleme und Forschungsaufgaben der Textkommunikation (PFT). GMD-Studie Nr. 57. St. Augustin 1980. (124 Seiten).

33. Handhabung schlecht definierter Situationen im Planungsprozeß. Die Gestaltung von Task-Force-Support-Systemen (TFSS) als planungswissenschaftlicher Auftrag. Arbeitsbericht Nr. 33 des Planungsseminars der Universität zu Köln. Januar 1981. In: AI-Depot 2/82. (44 Seiten).

34. MIT KARL FASSNACHT:

Studentenbefragung zur Vorlesung "Grundlagen der Betriebsführung" (G) im WS 1980/81. Arbeitsbericht Nr. 36 des Planungsseminars der Universität zu Köln. Januar 1981. (21 Seiten). (Anhang: 6 Seiten).

35. MIT UDO WINAND:

Der Zusammenhang von Unternehmungsplanung und Rechnungswesen. Arbeitsbericht Nr. 37 des Planungsseminars der Universität zu Köln. Februar 1981. (57 Seiten).

36. Führungsprobleme heute – Vortrag mit Diskussion – Arbeitspapier Nr.1 der Wissenschaftlichen Gesellschaft für Marketing und Unternehmensführung e. V. Juli 1981. Hrsg. von H. Meffert und H. Wagner. (45 Seiten). (Anhang: Diskussion 8 Seiten).

37. MIT MATTHIAS WOLFF:

Zur Effizienz und Effektivität dezentral-bürokratischer und föderativ-marktwirtschaftlicher IuD-Systeme. Projektbericht Nr. 2 des Forschungsvorhabens BAKID. BIFOA-Arbeitspapier 81AP7. Köln 1981. (37 Seiten).

38. MIT DETLEF MÜLLER-BÖLING, HEINZ-THEO FÜRTJES UND MONIKA AICHELE-HOFF:

PLORGA-Handbuch – Version 2.0 – Instrumentarium zur Analyse und Gestaltung der Planungsorganisation. Arbeitsbericht Nr. 44 des Planungsseminars der Universität zu Köln. Januar 1982. (192 Seiten).

39. MIT BEATRICE KLAILE:

Dimensionen der Unternehmensberatung. Hilfen zur Strukturierung und Einordnung von Beratungsleistungen. Arbeitsbericht Nr. 48 des Planungsseminars der Universität zu Köln. August 1982. In: DBW-Depot 82-4-11. (124 Seiten).

40. MIT UDO WINAND:

Einführung in die Planungslehre. Manuskriptdruck des Planungsseminars der Universität zu Köln für die Fernuniversität Hagen. 1982. (244 Seiten).

41. MIT DETLEF MÜLLER-BÖLING:

Planungsorganisation in unterschiedlichen Kontexten. Arbeitsbericht Nr. 1. Universität Dortmund, Abteilung Wirtschaft- und Sozialwissenschaften, Fachgebiet

Methoden der empirischen Wirtschafts- und Sozialforschung. Dezember 1982. (40 Seiten).

42. MIT JÜRGEN MAROCK UND NORBERT TÜSCHEN:

    Stellungnahme für das Sonderheft Bürotechnik der Wirtschaftwoche, Frühjahr 1983. Manuskriptdruck. (8 Seiten). (Vgl. III.71).

43. MIT LOTHAR BERENS, KLAUS HÖRING, WOLFGANG STEINBRECHER UND MATTHIAS WOLFF:

    Betriebswirtschaftliche Entwicklungsplanung für Informations-Dienstleistungsbetriebe unter besonderer Berücksichtigung der Fachinformationssysteme (PID). Forschungsbericht ID 83-007. Manuskriptdruck. Köln Juli 1983. (159 Seiten). (Vgl. IV.25).

44. MIT HEINZ KLANDT:

    Venture-Management-Aktivitäten mittelständischer Industrie-Unternehmungen. Arbeitsbericht Nr. 52 des Planungsseminars der Universität zu Köln. August 1983. (99 Seiten).

45. MIT BEATRICE KLAILE:

    Die Nachfrage nach Unternehmensberatung – Ergebnisse einer empirischen Erhebung im Bezirk der Industrie- und Handelskammer Bonn. August 1983. (19 Seiten). (Anhang 72 Seiten).

46. MIT JÜRGEN MAROCK UND NORBERT TÜSCHEN:

    Wirtschaftliche Perspektiven der Büro- und Informationstechnikindustrie. GMD-Arbeitspapier Nr. 24. (28 Seiten). St. Augustin 1983.

47. MIT RALPH ELFGEN:

    Das Leistungsangebot der Unternehmer. Ergebnisse einer Befragung bei Mitgliedern des BDU und des BVW. Projektbericht Nr. 11 des Planungsseminars der Universität zu Köln. Januar 1984. (57 Seiten).

48. MIT HEINZ KLANDT:

    Wissenschaftlich-technische Mitarbeiter von Forschungs- und Entwicklungseinrichtungen als potentielle Spin-off-Gründer. Eine empirische Studie zu den Entstehungsfaktoren von innovativen Unternehmungsgründungen im Lande Nordrhein-Westfalen. (23 Seiten). (Kurzfassung des unter I.14 aufgeführten Beitrages).

49. MIT KAY MÜLLER-SILVA UND MARGOT EUL-BISCHOFF:
Strukturmodellierung – Methoden zur Problemformulierung. Arbeitsbericht Nr. 57 des Planungsseminars der Universität zu Köln. September 1984. (108 Seiten).

50. MIT KAY MÜLLER-SILVA, MATTHIAS VON BECHTOLSHEIM UND MARGOT EUL-BISCHOFF:
Cognitive Mapping – Methode und Technik computergestützter Problemhandhabung für Einzel- und Gruppenanwendung. Arbeitsbericht Nr. 58 des Planungsseminars der Universität zu Köln. Oktober 1984. (150 Seiten).

51. Innovationsfördernde Managementstrukturen. Vortrag auf dem 37. Deutschen Betriebswirtschafter Tag. Berlin 19.10.1984.

52. MIT EDDA PULST:
Der Erfolg ausgewählter informations- und kommunikationstechnischer (ICT) Anwendungen in zeit- und erfolgskritischen Geschäftsprozessen. Wirtschaftlichkeitsmodell zur Darstellung der Technikeffekte. Arbeitsbericht Nr. 1/1995 des Lehrstuhls für Allgemeine Betriebswirtschaftslehre der Universität zu Köln.

53. Die globale Entwicklung der Informationsgesellschaft – Auswirkungen auf das urbane Leben. Vortrag auf der Gemeinsamen Sondersitzung des Verwaltungs- und Rechtsausschusses und des Wirtschafts- und Verkehrsausschusses des Bayrischen Städtetages zum Thema „Telekommunikation – die interaktive Stadt". München 08.02.1996.

54. MIT SIEGFRIED GAGSCH UND STEFAN TRILLING:
Strukturdynamik der Medienmärkte. Zukunftsperspektiven für neue Mediendienste. Abschlußbericht des Arbeitskreises 6 „Mediendienste" der Universität zu Köln. November 1996.

55. Entwicklung zukunftsträchtiger Mediendienste. In: Forschungsbericht Multimedia der Universität zu Köln. März 1997. S. 64–70.

56. MIT STEFAN KLEIN:

    Referenzmodell zum Electronic Commerce. 1997. http://www.uni-koeln.de/wisofak/szyperski/veroeffentlichungen/electronic-commerce.htm

57. MIT CLAUDIA LÖBBECKE:

    Impact of the Information Society on the Area of Strategy. Presentation of the Current Practice with Respect to Courses, Content and Delivery Media Used in the Area of Strategy and Impact of IS on Organizations and Management Practices Relevant to the Area of Strategy and their Implications for Management Education. Arbeitsbericht Nr. 1/1997 der Betriebswirtschaftlichen Forschungsgruppe Mediendienste der Univiersität zu Köln. April 1997.

58. MIT CLAUDIA LÖBBECKE:

    Impact of the Information Society on the Area of Strategy (II). Results of an individual research and two interviews rounds with academics and top-level practitioners. Arbeitsbericht 2/1997 der Betriebswirtschaftlichen Forschungsgruppe Mediendienste der Universität zu Köln. September 1997.

59. MIT SIEGFRIED GAGSCH, CLAUS KORSCHINSKY UND STEFAN TRILLING:

    Business Television (BTV) Einordnung, Wertschöpfungsprozesse und Entwicklungstrends. Arbeitsbericht im Rahmen „Entwicklung zukunftsträchtiger Mediendienste" (Development of Media Services – DeMeS). Modul 4. Köln, Januar 1998.

60. MIT HARALD F. O. VON KORTZFLEISCH UND THOMAS RAUEISER:

    German-Japanese Case Study on Business Start-ups in High-tech Fields: German Results of the Study. Arbeitspapier, InterScience Consulting GmbH, Rösrath, und Betriebswirtschaftliche Forschungsgruppe Innovative Technologien der Universität zu Köln, Cologne, Germany, 2001.

V. Herausgabe von

a) Einzelschriften

1. Management-Informationssysteme – Eine Herausforderung an Forschung und Entwicklung. Hrsg. von Erwin Grochla und Norbert Szyperski. Wiesbaden: Gabler 1971.

2. Modell- und computergestützte Unternehmungsplanung. Hrsg. von Erwin Grochla und Norbert Szyperski. Wiesbaden: Gabler 1973.

3. Information Systems and Organizational Structure. Hrsg. von Erwin Grochla und Norbert Szyperski. Berlin – New York: de Gruyter 1975.

4. Organisationsstrukturen und Strukturen der Informationssysteme. BIFOA-Arbeitsbericht Nr. 74/5. Hrsg. von Erwin Grochla und Norbert Szyperski. Köln: Wison 1975.

5. Design and Implementation of Computer-based Information Systems. Hrsg. von Norbert Szyperski und Erwin Grochla. Amsterdam – New York – Oxford: Sijthoff & Noordhoff 1979.

6. Wirtschaft und kommunale Wirtschaftspolitik in der Stadtregion. Empirische Materialien für die Kommunal- und Unternehmungsplanung. Hrsg. von Norbert Szyperski, Karl-Heinz Kaiser und Wolfgang Metz. Stuttgart: Poeschel 1980.

7. Organisation, Planung, Informationssysteme. Erwin Grochla zu seinem 60. Geburtstag gewidmet. Hrsg. von Erich Frese, Paul Schmitz und Norbert Szyperski. Stuttgart: Poeschel 1981.

8. Unternehmensverfassung. Hrsg. von K. Chmielewicz, A. G. Coenenberg, R. Köhler, H. Meffert, G. Reber und N. Szyperski. Stuttgart: Poeschel 1981.

9. Beschaffung und Unternehmungsführung. Berichte aus der Arbeit der Schmalenbach Gesellschaft, Deutsche Gesellschaft für Betriebswirtschaft e. V. Köln und Berlin. Hrsg. von Norbert Szyperski und Paul Roth. Stuttgart: Poeschel 1982.

10. Assessing the Impacts of Information Technology. Hope to escape the negative effects of an Information Society by Research. Hrsg. von Norbert Szyperski, Erwin Grochla, Ursula M. Richter und Wilfried P. Weitz. (210 Seiten). Braunschweig – Wiesbaden: Friedr. Vieweg & Sohn 1983 (Program Applied Informatics).

11. Angewandte Informatik. Hrsg. von Dietrich Seibt, Norbert Szyperski und Ulrich Hasenkamp. Braunschweig – Wiesbaden: Friedr. Vieweg & Sohn 1985.

12. Handwörterbuch der Planung. Hrsg. von Norbert Szyperski mit Unterstützung von Udo Winand. Stuttgart: Poeschel 1989.

13. Handbook of German Business Management. Hrsg. von Erwin Grochla, Eduard Gaugler, Norbert Szyperski u. a. Stuttgart, Berlin und Heidelberg: Poeschel und Springer 1990.

14. Entrepreneurship. Innovative Unternehmungsgründung als Aufgabe. Berichte aus der Arbeit der Schmalenbach-Gesellschaft-Deutsche Gesellschaft für Betriebswirtschaft e. V. Köln und Berlin. Hrsg. von Norbert Szyperski und Paul Roth. Stuttgart: Poeschel 1990.

15. Forschung und technologische Entwicklung (FTE) in Europa. Von einer nationalen zu einer europäischen FTE – Politik. Dortmunder Forschungskonferenz 1993. Schriftenreihe der Universität Dortmund. Band 33. Hrsg. von Detlef Müller-Böling und Norbert Szyperski. Projekt Verlag. Dortmund 1994.

16. Perspektiven der Medienwirtschaft: Kompetenz – Akzeptanz – Geschäftsfelder. Hrsg. von Norbert Szyperski. Josef Eul Verlag: Lohmar, Köln 1999.

b) Schriftenreihen

1. Betriebswirtschaftliche Forschungsergebnisse. Berlin – München: Duncker & Humblot.

2. Betriebswirtschaftliche Beiträge zur Organisation und Automation. Wiesbaden: Gabler.

3. Forschungsberichte des Betriebswirtschaftlichen Instituts für Organisation und Automation an der Universität zu Köln (BIFOA). Köln: Wison.

4. Betriebsinformatik. München – Wien: Hanser.

5. BIFOA-Monographien. Köln: Wison und Bergisch Gladbach – Köln: Eul.

6. Fachberichte und Referate/Lectures and Tutorials zum Fachgebiet Informatik und Wirtschaftsinformatik. München: Oldenbourg.

7. Programm Angewandte Informatik. Braunschweig – Wiesbaden: Friedr. Vieweg & Sohn.

8. Information Research and Ressource Report. Amsterdam: North-Holland Publishing Company.

9. Planung, Organisation und Unternehmungsführung. Lohmar – Köln: Eul.

10. Technologiemanagement, Innovation und Beratung. Lohmar – Köln: Eul.

11. Telekommunikation @ Medienwirtschaft. Lohmar – Köln: Eul.

12. Electronic Commerce. Lohmar – Köln: Eul.

13. InterScience Reports. Lohmar – Köln: Eul.

14. FGF Entrepreneurship-Research Monographien. Lohmar – Köln: Eul.

c) Zeitschriften

1. Angewandte Informatik. Braunschweig – Wiesbaden: Friedr. Vieweg & Sohn.

2. Die Betriebswirtschaft. Stuttgart: Schäffer-Poeschel.